贵州
道教碑刻
辑录

曹辉林 编著

新华出版社

图书在版编目（CIP）数据

贵州道教碑刻辑录 / 曹辉林编著 . -- 北京 : 新华出
版社 , 2024. 12. -- ISBN 978-7-5166-7836-7

Ⅰ . K877.42

中国国家版本馆 CIP 数据核字第 20258XH667 号

贵州道教碑刻辑录

作者：曹辉林

责任编辑：李　成　徐文贤　　　　**封面设计：**李尘工作室
出版发行：新华出版社有限责任公司
　　　　　　（北京市石景山区京原路 8 号　邮编：100040）
印刷：文畅阁印刷有限公司

成品尺寸：170mm×240mm　1/16　　**印张：**30　**字数：**615 千字
版次：2025 年 4 月第 1 版　　　　　　**印次：**2025 年 4 月第 1 次印刷
书号：ISBN 978-7-5166-7836-7　　　　**定价：**88.00 元

 微店

 视频号小店

 抖店

 京东旗舰店

 扫码添加专属客服

 微信公众号

 喜马拉雅

 小红书

 淘宝旗舰店

序　言

　　道教自东汉创立以来，至宋初始传入贵州。在嗣后千年的发展中，贵州道教与儒、释二家以及本土巫术信仰相互融合，形成了贵州后来多元混杂的信仰格局。

　　四川作为道教发源地，自然会先波及与川相邻地区。所以，贵州之黔北、黔东北地区首先遭遇道教的影响，在宋时道教已遍布全境。[1]贵州向属封建王朝的边地苗疆，本土民众素奉巫教，加之历史上多次移民运动的影响，以及封建朝廷奉道、地方官绅与土司等社会精英对"神道设教"的社会统治的需要与倡导，这一切因素更推动了道教在贵州的传播与发展。

　　到了元代，贵州道教的散播又因元军的征战、屯戍而得到进一步促进。统治阶级对道教的崇奉与推行，可以从历代朝廷命官乐于捐资修建宫观的普遍现象中得到佐证。这一点，在本书所录碑文中也得到充分的证实。所以，发展至元代，道教已深入贵州民众生活并与民俗紧密结合。

　　明代永乐十一年（1413）贵州建省，贵州社会获得进一步发展，贵州道教也随之迅速传播，官绅信道，广创神祠宫观，尤其土官奉道，对其治下的民众影响甚巨。据考，明代贵州道观有约300多座，[2]由此可见道教在贵州传播发展的程度。此外，据史载，明正统年间，朝廷组织编撰《正统道藏》，并于正统十三年(1448)敕颁贵州一部，藏于贵阳府城大道观内，同时核准贵州置道纪司（省级道教管理机构，设于贵阳大道观）。这表明贵州道教发展颇受朝廷的重视。

　　到了清代，封建王朝走向没落，与全国各省一样，贵州道教亦趋于式微。尽管如此，道教在民间仍有较大势力，其"杂而多端"的多神崇拜特点，仍具有广泛的社会适应性。据考，清代整个贵州地区道观有1000余座。[3]道教深入民间，与民俗和民间宗教结合，扩展了自身发展空间。清代后期（尤其咸同年间），战乱频仍，道观多毁于兵燹。自清末起，王朝数千年封闭的局面被打破，随着西方民主、科学等思想的传播，道教受到致命冲击，其存在根基被彻底动摇。民国政府于民国十七年（1928）颁布《神祠

〔1〕　贵州省地方志编纂委员会编：《贵州省志·宗教志》，贵州民族出版社，2007年版，第159页。
〔2〕　贵州省地方志编纂委员会编：《贵州省志·宗教志》，贵州民族出版社，2007年版，第161页。
〔3〕　贵州省地方志编纂委员会编：《贵州省志·宗教志》，贵州民族出版社，2007年版，第162页。

存废标准》，属于道教的许多宫观神祠被废或被侵占作他用。

　　道教自宋初传入贵州以来，在一千多年的兴衰历史进程中，给我们留下过难以计数的碑刻文献遗产，虽然遭遇过多次劫难，但碑刻作为"刻在石上的历史"是难以灭尽的。有的载入历代文献古籍得以留存，有的至今仍幸存于碑石。历经千年仍留存下来的这些珍贵文物文献孑遗，如今已成为盛世中国宝贵的文化财富。故此，对这些历史碑刻文献的搜集整理，无疑是一项颇有价值意义的工作。

　　习近平总书记多次指出：一个国家、一个民族的强盛，总是以文化兴盛为支撑的。要坚持走中国特色社会主义文化发展道路，弘扬社会主义先进文化，努力建设社会主义文化强国。中华传统文化是我们民族的"根"和"魂"。要很好地传承和弘扬传统文化，增强文化自信和价值观自信。要系统梳理传统文化资源，让收藏在禁宫里的文物、陈列在广阔大地上的遗产、书写在古籍里的文字都活起来。故此，本书的编撰，正是基于国家高度重视传统文化发展这一时代背景下而进行的。

　　本书是在贵州省哲学社会科学规划一般课题结项成果的基础上，经过数年反复的审核、增补与完善之后的研究成果，也是国内首次对贵州道教碑刻文献进行全面系统的辑录和考释校注的一本学术专著。可以预见，它的梓行必将具有多层面的价值意义，至少对贵州、中国西南区域乃至于全国道教学术研究的参考价值不可缺失。

　　目前关于贵州道教的研究尚存在不足，题材视野狭窄，体系不完备，学术成果薄弱，严重缺乏全面系统的文献发掘和搜集整理的基础性研究。所以，此书的出版，恰好可以弥补这一空白，并为贵州道教研究提供基础性的史料依据。

　　其次，它将为贵州人文社科其他学科领域的研究诸如社会史学、宗教学、民族民俗学、政治经济学、法学等提供可资参考借鉴的文献资源。由此可以为贵州社会主义道德文明建设、文化旅游开发等事业的发展提供重要的历史文化资源支持。

　　作为狭义上的中国西南"云贵川"省份之一，贵州邻省均已出版有道教碑刻汇集的学术专著，如四川省龙显昭主编的《巴蜀道教碑文集成》（1997），云南省萧霁虹编著的《云南道教碑刻辑录》（2013）。就连广西也有杜海军辑校的《广西石刻总集辑校》（2014）一书，唯独贵州尚缺。相形之下，贵州作为中国发展"后来居上"的省份，至少在此一文化建设工程方面，实有欠缺之嫌。所以，本书《贵州道教碑刻辑录》的面世，来得正当其时，它为贵州弥补了这一学术缺憾。这一人文社科基础性学术研究，是对贵州传统文化资源的发掘与弘扬，是贵州社会当前乃至未来经济文化发展繁荣战略不可或缺的文化软实力之一种展示。

凡　例

一、文献辑录标准

道教碑刻，其本身有一个如何定义的问题。对于不同的研究者来说，难免存在理解上的差异。本书所录拟定为广义上的道教碑刻，即以关乎道教为准。总之，凡属贵州道教碑刻，皆为本书所辑录的对象。本书将散见于贵州历史以来的方志、文史资料中的道教碑刻，以及地方碑石专辑、拓本和实地查勘所获的道教碑文资料，进行广泛的搜集整理和考释校注。

1. 碑文类型：凡涉道教的碑碣、塑像、塔、洞、阁楼、宫观记（或铭）、摩崖和墓志等，不限体裁，均予辑录。有几篇钟铭、鼎铭等虽非石刻碑文，然与道教相关，亦酌情收入。

2. 碑文时限：鉴于道教于宋初传入贵州的历史事实，本书所录碑文时限，上起宋代，下迄民国。对部分现代碑文，亦酌情采录。

二、碑刻分类与辑录框架

碑刻文献辑录的分类，常见有多种方式。本书在参考学界分类惯例的基础上，同时采纳相关专家的建议，将以碑文归属地为标准进行分别辑录。然后，对归属于某一地区内的碑刻原则上按照立碑时间的先后进行排列，同时兼顾碑文主题意涵的连贯性。如此也构成了本书辑录的基本单元框架，即按照"归属地（附沿革简介）→碑名（附撰者姓名）→碑文→注校"的体例进行辑录。

1. 归属地标准：本书所录碑文，一律以国家对贵州省行政区划的现行规定为准进行分类辑录。

2. 碑名的确定：本书所辑碑刻，基本上是来源于贵州各地方志、图籍、金石碑拓以及碑石专著等文献，先前已基本确定碑名的，本书采取以基本维持原名，并对个别碑名据情加以适当增删的方式进行确定。所依据的主要原则是，碑名要充分显示碑文的主题特性、碑名文字与意义要直观、简约、明朗。当然，要以忠实于原文献为前提，不任意窜改。鉴于古代碑名同名现象普遍，如遇碑题名称相同者，本书将撰者姓名随附于相应碑名之后，以示区别。

3. 碑文排序依据：本书碑文排序，以撰写或立石时间为准。若遇年代不能确定而朝代可确定的，则列于与之相当的朝代之后。而年代大略可确定的，则置于与之相当的年代区间之内。

4. 立场观点：本书坚持马克思主义唯物史观，采取尊重历史、忠实于文献的态度对碑文照录，不作删节、改动。

三、校注规则

1. 繁简取舍：对碑文的辑录整理，本书原则上采用国家现行规范化简体汉字进行，但不机械地追求简化，而是同时兼顾汉字由繁变简时，以不得导致原碑字义的改变甚至错误的发生为准。凡遇此种情形，本书酌情仍保留对个别繁体字的采用。比如人名、地名等专有名词。

2. 文字处理：对于碑文中的错字、讹字、生僻字、通假字、异体字、脱漏字等，本书采用学界一般惯例进行处理。但坚持一个原则，既要全面忠实于原文，又要让读者从本书校注中获得对原碑文完整而又清晰的了解。为求直观明晰，在原碑文中尽量少用符号来处理此类现象。故本书在碑文校注中只采用两种符号：一用圆括号"（ ）"来注释文字或年代干支与公元纪年；二用方框符"□"来替代碑文脱漏字或漫漶难辨字。对碑文中明显错字、讹字直接改正；对异体字、通假字等优先采用现行简体汉字，并通过校注给予说明，尽量不因文字校注而损害原碑文意的连贯性。

3. 多版本参照：对所录碑文，本书务求广泛查阅各种来源文献的版本，从多版本的比对考校中择善而录。对版本差异较大者，作出详细明确的考订校注。

4. 校注要求：本书在每篇碑文之后，都附有碑文注释和文字校记。碑文注释主要是对相应碑文的基本信息给予简介；文字校记主要是对相应碑文中存在的个别文字问题作出适当考校。通过注释和校记，可以让读者对所录碑文获得完整而又清晰的了解。

目　录

🕊 天柱 ··

贵阳

按：唐朝在乌江以南设羁縻州，贵阳属矩州。明洪武四年（1371）设贵州宣慰使司，司治贵州（今贵阳）。六年十二月置贵州卫指挥使司。十五年置贵州都指挥使司，下领贵州等十八卫。二十六年（1393）又置贵州前卫。明永乐十一年（1413）置贵州等处承宣布政使司，贵州建省，贵阳成为贵州省的政治、军事、经济、文化中心。隆庆三年（1569）三月，改新迁程番府为贵阳府。万历十四年（1586）置新贵县，附郭，隶于贵阳府。二十九年（1601）升贵阳府为贵阳军民府。三十六年（1618）析新贵县、定番州地置贵定县，仍隶贵阳军民府。崇祯四年（1631）废贵州宣慰司，析宣慰司水东地置开州。明末，贵阳军民府辖新贵县、贵定县、开州（今开阳县）、广顺州（今长顺县）、定番州（今惠水县），亲领四个长官司。清顺治十六年（1659）设贵州巡抚驻贵阳军民府。康熙五年（1666）移云贵总督驻贵阳。二十六年，省贵州卫、贵州前卫置贵筑县，与新贵县同城，改贵阳军民府为贵阳府。三十四年（1695）省新贵县入贵筑县。乾隆十四年（1749）贵阳府辖贵筑县、贵定县、龙里县、修文县、开州、定番州、广顺州和长寨厅（今属长顺县）。光绪七年（1881）增辖罗斛厅（今罗甸县）。1949 年 11 月成立贵阳市人民政府。同时设贵阳专区，管辖贵筑、修文、开阳、息烽、惠水、龙里等县，专署驻贵筑县治（花溪）。1952 年，裁贵阳专区设贵定专区。现今，贵阳市下辖观山湖、云岩、南明、花溪、乌当、白云六区，修文、息烽、开阳三县，代管清镇一个县级市。

大道观记[1] 　　王训

皇明天启，肇开有国，既用孔子之道，经世理民；而又崇奖二家，阴翊皇度。故自京师以至郡邑，皆有其官，此道纪司之所由设也。贵州古为荒服，我太祖龙飞，覆载归于一统，始创藩臬兵卫，置宣慰使司，文绥武慑，以来远人。未暇及于此也。正统戊辰英庙继成二祖之志，以大道经典颁布天下，而贵受之，贮于省城大道观中。前宣慰使

---

[1] 贵阳市志编纂委员会编：《贵阳市志·宗教志》，贵州人民出版社，1996 年版，第 53—54 页。

安陇富、宋昂深以道纪未立，虽尝访举云游道人戴雪隐为之住持，而尚未有官守，乃上疏请立，制可之。其观盖昉于元，旧名崇真，文献不足，无以详其所自。故址狭隘，前巡抚都御史蒋琳，令有司募财，购得邻之千户方勇废宅一区，平其坎堑，大其营构，旬月告成，门庑室堂，尽合规制，乃遵护持制旨，改其额曰大道。仍荐雪隐于京，拜为都纪，领箓而来，以司其政，天顺丁丑也(1457)。

自雪隐始，以迄于今，历三十年。而凡观之所当为者，无不尽其心焉。继而陇富之孙贵荣与昂之子然，序有民土，勤以为政，法意作新，由是雪隐得以遂其夙心，次第修举，以故常住有田，阐教有器，讲馔有席，居寝有所，以致台榭花木，园林蔬果，无不有焉。是皆雪隐之所致也。尚虑久而湮沦，无征于后，方欲勒石以纪其详，志未成而羽化。今弟子王绍业将以道行端谨，嗣教有官，不忍泯其师绩，属训为序以刻之。训尝周览是方，考其先后沿革建置之殊，由其事体之宜，各有缓急之异，盖自创立郡县藩臬，以至道纪司之建，中间几百年，而是方官制始备。於戏①！祖宗创业垂统，罔不因时损益，其所望于圣子神孙，善继善述，以成两仪无外之业，至是为有征矣。推之天下，岂特一道纪司而已哉！故为之记，使知我朝一统之制，愈久而愈盛且备也。

注释：大道观建于元代至正年间（1341–1368），位于今贵阳市中山东路西口，是贵阳最早的一座道观。据明弘治《贵州图经新志》载："大道观在治城中，元至正间建，旧名崇真观。"观内有玉皇殿、三清殿、雷祖殿、火神殿、娘娘殿、天师殿、丘祖殿（祀丘处机）、孙祖殿（祀孙思邈），祀神多，规模大。明代巡抚都御使蒋琳、宣慰使安陇富、宋昂等人曾捐资重建。明宣德举人王训撰碑记。此碑文另有版本载录，参见王传福主编、贵州省档案馆编：《贵州名胜旧览》，中国档案出版社，2008年版，第106页。

王训（约1417–1497），明朝贵州最早的举人。明正统初年被荐为贵州卫训导，正统十四年（1449）因功升贵州卫教授，被誉为贵州"明代文教之鼻祖"。因仕途受挫，晚年在白岩山隐居，读书作文，与诗人徐节、江澡、陈昌等互为唱和，是贵州诗坛"开草昧之功"第一人。著有《寓庵文集》三十卷、《孙子注解》等，多失传，仅有十几首诗流传下来，《黔诗纪略》收有六首。

校记：①所引原文为简体字"于戏"，应为"於戏"，径改。根据《现代汉语词典》（商务印书馆，1996年修订版）规范标准，古繁体"於戲"的简化字，应为"於戏"，不宜作"于戏"。"於戏"，即"呜呼"。本书凡遇类此，下同。

大道观石坊题刻[1]　　杨师孔

注释：石坊在贵阳府城中大道观内（今贵阳大十字中山东路口），山门内有石坊一

〔1〕 贵阳市志编纂委员会编：《贵阳市志：宗教志》，贵州人民出版社，1996年版，第60页。

座，上书"大罗真境"四个大字，每字大一尺，楷书。旁有小字两行，署名"里人杨师孔书；万历己酉春吉旦立"。为贵阳市最早的石坊。后因扩修路面拆毁。此题刻另有版本载录，但署名为"里人杨师孔书；万历己酉□春吉旦立"。参见贵州省文史研究馆古籍整理委员会编：《贵州通志：金石志·古迹志·秩祀志》，贵州大学出版社，2010年版，第114页。

杨师孔（1570—1630），字愿之，一字冷然，号霞标，明朝贵州卫（今贵阳）人。明末抗清民族英雄杨龙友之父。明万历二十五年（1597）举人，二十九年进士。选庶常，出为山阳知县，又为蕃府官，擢户、工两部主事郎官，顺天教官。三十八年（1610）加翰林院检讨。四十五年补昌平州学正，升国子监学正，升工部都水司主事。四十六年出榷浙关。明天启二年（1622）水西安邦彦叛乱围贵阳城时，杨师孔在贵阳，曾与潘润民等一同参加坚守贵阳。解围后，移家金陵。四年出任云南按察使佥事兼提学。七年转临浣道副使，晋布政司右参议。明崇祯元年（1627）转浙江左参政，久之，在浙卒于官，归葬贵阳。为官清廉，生平工诗文，尤精书法，所至多题咏。《徐霞客游记》对于他在云南的手书石刻多有记述。主要著作有《远游漫记》《秀野堂全集》等。《黔诗纪略》录其诗三首。

南岳山道观碑记[1]　　佚名

注释：南岳山又名长连寿山，在贵阳大南门外，距城约二公里。山顶平敞，俗称仰天坪，南岳山道观即建于此。南岳山道观有殿宇三重，前殿三楹祀关羽，亦称关圣殿；中间大殿三楹，祀南岳之神；后殿三楹祀玉皇，称玉皇楼。殿旁有荷花池，池后为客室、寮房。规模宏敞，殿宇壮丽。山左有洞，名纯阳洞。据《贵阳府志》载，山上有红豆树一株，大可五人围。南岳山道观建于明代。清乾隆、嘉庆间均曾扩建。

南岳山碑记，民国时期尚有石碑数块，今已无存。其中乾隆元年《新建南岳山寺碑记》说，雍正十二年（1734）曾重修。嘉庆二十四年（1819）重修时，有碑记略云："全黔诸峰，南岳为最，稽其创造之始，肇自明时，乾隆年间藩宪陈游于此，委（派）员往江西买杉松三万余株，栽于此山，以培风水，蓄护成林。"道光《贵阳府志》说："南岳山一名长连寿山，去城三里，上有仰天坪，古柏虬松，窈然深秀。上有红豆树一株，大可五丈围。嘉庆二十年巡抚曾燠增修，道光初重建。"关于南岳山道观，另详见贵阳市志编纂委员会编：《贵阳市志：文物志》，贵州人民出版社，1993年版，第83页。

[1]　贵阳市志编纂委员会编：《贵阳市志：宗教志》，贵州人民出版社，1996年版，第55页。

蓬莱寨重修三官庙碑记[1]　　佚名

盖闻诸佛居于遐岭，书乃利利人天。则庙宇威严，无诚不格；佛像整饬，有感皆通。灵运丕昭，远近不乏叩拜。劫造昔人，补理于今，在在皆是。但我蓬莱永兴寺下三官庙，建立多年，神会屡屡，四时供奉，不减当年，无如历年久远，风雨淋漓，庙宇倾颓，遂成萧条之境。本地施主视此不胜致慨。代为之化，斯成壮观。众姓人人发心，异方之民效力，财聚如恒河之沙，功成如法轮之转，则钟鼓复震于虚谷，神灵助三昧之威，显应在于天地。①窃以工兴，石块瓦片，无非布施之金钱，一草一木，必借檀那之力。众等公议，僧设一粗斋，募化功德，共结善缘，永奉香灯，不惜囊金，凑少成多，使辉煌于前者，复继盛于后焉。今后庙宇增辉，神灵显应，僧所□望。倘得四方绅士，仁人君子，乐善完功，勒石垂名，永垂万古。谨将众姓捐资芳名开列于左，永垂不朽。

潘士元书。住持僧明礼。（捐银者姓名略）

大清嘉庆十一年（1806）岁次丙寅三月十二日立。

注释：此碑1982年文物普查时发现，现存白云区文化馆。该馆收藏蓬莱三官庙碑两块：其一为庙产碑，已残缺；另一题额为"永垂万古"四字。碑文叙述重修三官庙情况。碑高1.9米，宽9.7厘米，楷书。

校记：①此处原文有"（虚谷下文有脱漏）"注语。

万松阁碑记[2]　　佚名

环阁皆殿宇也。右殿则毓灵，左殿祀文昌，而三官殿居其前，中附两厢焉。所以培护斯阁者为独至。然稽修殿宇之后，当面复缀以戏台。我洛弯、官庄、湾子、后寨、三边各处，实领阁中银四十两，每年生息以为酬神演戏之资，迄今并无混乱也。惟本阁之重建碑记，泯灭无存，且并庙梁所载年号字迹毁去，好善者能无寒心欤！故蒙贵筑县主陶，责逐恶僧法慧后，众等出具，另招住持甘结在案，复遵断清理庙产，除当堂断令废弃碑文不计外，实存新旧碑文九面，其余田土山林之有契无业者，姑俟详察。至于田土山林之有契有业者，亟宜备载，以示来兹也。田土山林清单如左。

道光十五年（1835）十月谷旦。洛湾寨堡众姓立。

注释：洛弯万松阁，又名洛弯阁，在（贵阳）府城南二十五里，原有石碑九块，现仅存两块：其一为"报享万年碑"（该碑末署"嘉庆十七年桂月谷旦众姓公立"）；另一为"万松阁清理庙产碑"，碑额为"众善实录"四大字。

〔1〕 贵阳市志编纂委员会编：《贵阳市志：文物志》，贵州人民出版社，1993年版，第127-128页。
〔2〕 贵阳市志编纂委员会编：《贵阳市志：宗教志》，贵州人民出版社，1996年版，第56-57页。

雪涯洞摩崖及诗刻

（一）"雪涯秋柳"摩崖[1]

注释：此四字刻于雪涯洞后石壁之上，无款题。雪涯洞俗名薛家洞，在（贵阳）市内雪涯路，前临南明河。洞高两米余，面积约三十平方米，洞上建有殿宇。《贵阳府志》云："雪涯洞，俗名薛家洞，在府城次南门外里许，金杯玉盏坡前，明时建寺。洞中旧有玉皇殿，殿额为纯阳真人仙迹。前为三官殿，左有亭，奉真人像，名来仙亭。岁久倾圮。乾隆五年（1740）布政使陈德荣谓郡中风水所关，改其制而新之。复于洞右凿石为台，建来仙阁，又增建灵官阁，移寺门东向，并设廊庑。中植竹木，遂成胜景。道光六年，贵阳知府于克襄于洞立诸葛武侯、王文成公二主于阁内，又于吕祖殿后建陈公祠三楹，祀布政使陈德荣，有碑记。"雪涯洞民国以来划归贵州师范学校管理使用。20 世纪 50 年代，全部建筑尚完好。以后被改建拆毁，面目全非。洞门封闭作仓库，洞后石壁"雪涯秋柳"四字旧刻犹存。

（二）雪涯洞诗刻[2]

注释：雪涯洞历代题诗甚多，另有版本载录，个别文字略有差异，详见校记。参见（民国）刘显世，谷正伦修；任可澄，杨恩元纂：（民国）《贵州通志（六）》，第 153-154 页。或贵阳志编纂委员会编：《贵阳名胜诗词选》，贵阳志编纂委员会，1984 年版，第 79-84 页。等等。此处仅选录部分供参考。

1.钱元昌题雪厓洞诗

夜郎既伐靡莫灭，山神效灵灵秀出。麟凤鱼龙各擅名，此洞清寒谁赏识。职方图志记载疏，惟有神仙会物色。神仙物色亦年深，壧塌祠荒钟磬失。直待安州方伯来，搜剔空明除碍窒。法相重装丹碧新，洞门四照光华逼。光华透彻洞门开，太虚冥冥通呼吸。六月扬风返日轮，三冬积雪埋云级。还仗高僧一口风，吹散门花杀蟊蟘。太平岁岁庆丰收，夐远苗民安力食。

又题来仙阁：朗吟人不识，别却岳阳楼。直访黔山胜，无如雪洞幽。尘清开法界，机静见瀛洲。片刻飞云驻，仙风万古流。

注释：钱元昌（1676-？），字朝采，号野堂，又号一翁，浙江海盐人。康熙四十一年（1702）举人，官贵州粮道。善诗、书、画，少即以三绝名京师。

[1] 贵阳市志编纂委员会编：《贵阳市志：文物志》，贵州人民出版社，1993 年版，第 33 页。
[2] 贵州省文史研究馆古籍整理委员会编：《贵州通志：金石志·古迹志·秩祀志》，贵州大学出版社，2010 年版，第 137-144 页。

2. 陈德荣游雪涯洞诗

牂江闻道似瀛①洲，为爱清幽览胜游。雉堞四围山北去，黿梁双架水东流。别开云路邀青鸟，暂息尘机玩白鸥。疑是桃源通柳市，风光占尽郭南头。

玉虚宫阙彩云边，下有维摩小洞天。钟磬声中清梵落，松杉影里夜灯燃。闻歌欲证三生果，微笑同参一指禅。会得西来无限意，碧溪芳草自年年。

层楼高矗水云隈，挂斗横参万象开。碧汉乍疑槎泛去，青天应有鹤飞来。梦中蝴蝶原非幻，眼底蜉蝣尽可哀。一瓣心香迎绛节，欲将清浅问蓬莱。

入圣登仙各有因，万缘澄澈见天真。须知卧雪餐②霞客，即是吟风弄月人。一念常惺虚白室，三花应现软红尘。敲③爻妙义通河路④，洙泗源头好问津。——陈德荣题

注释： 刻石存洞内，乾隆六年（1741）。

陈德荣，字密山，直隶安州人，清康熙进士，雍正时任大定知府，迁按察使。乾隆四年（1739）擢贵州布政使，五年兼护总督印，十一年去，在任惠政极多。详《贵阳府志》本传。

校记： ①"瀛洲"，另版作"沄洲"。见《贵阳名胜诗词选》1984年版，第79页。

②另版作"餐"。见上书第80页。

③"敲"，另版作"羲"。见同②。

④"路"，另版作"洛"。见同②。

3. 杜诠题来仙阁诗并序

雪涯洞溪山秀朗，称黔中胜地，洞左旧建吕真人神宇三楹，昔年降鸾处也，岁久倾圮，方伯陈公因其址以修殿，又于洞右甃石为台，建来仙阁，辛酉夏落成，挹山光、吞石濑，巍然钜观，其前后经营，俱尽地势，又增植竹树，蔽翳青葱，游人宛在阆风之苑，爰赋诗以纪之。

云中台榭压层城，一帧仙都罨画明。薜荔墙边山出没，松杉径里鸟飞鸣。跻攀不觉烟霞尽，啸傲还疑双翼生。泉石尽堪招隐士，蓬壶万里不胜情。

清都流憩意迟迟，每忆王乔不可期。鹤去几曾闻客驾，云深何处觅仙居。欲寻卜肆重谈易，难借樵风一看棋。忽睹星河槎泛落，空峒问道好相随。

雕甍绣闼碧琳宫，为驾飘摇紫气中。鄂渚醉吟人世改，邯郸尘梦古今同。龙蛇舞处通玄妙，锦绣裁成尽化工。风露夜深闻鹤唳，溪光月色两融融。

五千文学通羲画，秘钥存存养谷神。玉局难逢河上老，灵台常閟洞中春。临流洗耳宁高隐，抱瓮忘机自率真。此一瓣香情邈邈，沧洲遥拟问芳邻。

注释： 杜诠，云南马龙人。清雍正年间举人。曾任贵州安化（今德江）县知县。雍正十一年至十三年（1733-1735），任仁怀县知县。以儒雅泽吏治、受百姓爱戴。后被劾去职。乾隆元年（1736），受贵州总督兼巡抚张广泗之请，与靖道谟共同修纂《贵州

通志》，历时六年，于乾隆六年（1741）修成乾隆《贵州通志》四十六卷。

4. 姜文泽题来仙阁诗并序

盖闻杯擎湘岳，三醉欲觉，群迷枕授，邯郸一榻，唤醒千古；望蓬莱之佳气，自在人间，泛弱水之慈航，来从天上。继兹黔阳名胜，旧有真迹流传，乃物换星移，竟亭荒榭圯，重光作噩之岁，方伯陈公乐捐清俸，敬妥神灵，众效檀波，俨成巨厦。朝霞飞，碧瓦崇台，直拟舟台；暮霭卷，朱甍杰阁，居然仙阁。苍苔白石，古洞玲珑，细柳新篁，元宫潇洒，溪流清浅，鸢鱼竞乐于镜中，蝶影参差，士女宛行于树杪，武陵之花烂熳，再来不怕迷津，少室之录精微，到此何难证果，试思身中升降，安问世上荣枯，谨志数言，爰成二律。

昔闻此地仙来去，今日来仙仙又来。古洞云深笼下宇，清溪月朗映琼台。恍疑黄鹤飞天外，信有青鸾到水隈。怅望不须搔短发，鸟啼花笑是蓬莱。

函关紫气事非遥，胜日晴云瑞霭飘。画阁题诗留白雪，瑶池飞鸟[①]舞丹霄。但教寸地培灵药，何用深山劚[②]翠苔。愿爇名香凭素几，数爻精蕴细推敲。

校记：①"鸟"，另版作"焉"，见《贵阳名胜诗词选》1984 年版，第 83 页。或（民国）《贵州通志（六）》，第 153 页。

②"劚"，另版作"劚"。见《贵阳名胜诗词选》1984 年版，第 83 页。

5. 王琼雪厓洞次方伯陈公原韵

何烦矫首羡神洲，佛仿仙踪汗漫游。色相祇须窥海月，天机即可识江流。翠微深处鸣幽鸟，浅碧沙边泛野鸥。惭缚尘缘闻道晚，而今白却九分头。

凭虚身在白云边，杰阁峻嶒势插天。一抹烟霞山欲暮，万家灯火夜初燃。豪吟不碍庾楼兴，净业新逃鹿苑禅。谁驾铁船浮黑海，愿将七日换千年。

蜿蜒古洞小桥隈，胜迹尘封今始开。绝好风光留客住，无边苍翠扑人来。林中清磬偏多韵，槛外飞湍未觉哀。勾漏丹沙寻往迹，不如此地辟蒿莱。

生来慧业占前因，驹隙何须苦忍真。蹭蹬本饶泉石志，驰驱未是利名人。浮云眼底浑如梦，世界□中不受尘。记得桃源蹊畔路，好从仙侣问迷津。

6. 刘应鼎雪涯洞次方伯陈公原韵

梦起当年十顷洲，何缘今日得从游。江联玉带波交合，柳映衣衫翠欲流。争羡重新城外景，莫疑相妒水中鸥。惭余服彩无仙术，且喜楼登最上头。

层峦列嶂绕城边，古洞清幽自一天。出郭不遥亦不迩，悬灯如灭复如燃。梳翎野鹤才临水，点石仙人别有禅。纵是莫饶头上雪，登山犹未减童年。

仙室重重傍水隈，元关不用玉匙开。一江风月无拘束，满院春光任去来。宁学岳阳三日醉，肯吟才子七诗哀。惟嫌白雪高难和，尚愧①蓬心起草莱。

神仙应是有前因，入海求仙或未真。烧汞空传不死药，长生难遇百年人。非关妙谛参同异，为爱幽栖远市尘。试看川流来滚滚，当门富水是通津。

校记：①原文"媿"，即"愧"的异体字，径改。

7. 唐璥雪涯洞次方伯陈公原韵

烟霞胜地占三洲，布袜青鞋踏旧游。嶷嶷层峦环洞列，鳞鳞曲水抱城流。楼台势迥临星斗，箫鼓声清戏鹭鸥。恍似置身金色界，纤埃浑不到心头。三神海上浩无边，五岳图中别一天。梵院氤氲花雨下，仙宫窈窕宝灯燃。鸢鱼到处关玄妙，风月分明引道禅。历历□□□篆在，辉煌旧句忆当年①。

郁葱佳气霭城隈，举目俄瞻绛阙开。石座香浓云驻药，炉炉烟袅鹤归来。霜钟远度醒尘梦，风笛横吹卷暮哀。应俟洪厓一招手，拍肩长啸共蓬莱。

莫向空王证往因，且从紫府叩元真。虎丘聚石犹多事，缑岭吹笙自可人。悟澈禅关心是佛，扫清魔障道无尘。不缘谢傅登临兴，望海何由识汉津。

注释：①此处原文有注语"（昔有郑疯子者名国书，为诸生时好道术，独居洞中，人呼为郑仙，志欲募修绀宇，有'辉煌金碧待他年'之句，今公缔建，赋诗且以年字足韵，其前兆欤？）"

8. 姜文滨雪涯洞次方伯陈公原韵

曾闻海上有瀛洲，今日城南纪胜游。风物别开玄圃量，画图又见辋川流。云生远岫吞青嶂，人立平桥起白鸥。乘兴庚公挥彩笔，题诗每到月当头。

来仙阁近斗牛边，缥缈云霞别一天。市远人声喧复寂，沙明渔火灭还燃。思饶绛雪须闻道，好服丹砂不碍禅。愿藉瓣香参妙谛，浑忘白发似华年。

雪厓古洞傍城隈，两水潆洄一鉴开。绿柳蘸波鱼正跃，青松插汉鹤重来。安排丘壑殊堪赏，变幻沧桑岂用哀。最美公馀成雅集，欢然共赋北山莱。

谁向邯郸访旧因，暂随仙侣识仙真。古来铁笛无双调，天下黄冠第一人。景驻楼头当碧落，舟横洞口隔红尘。此间应有登仙路，忍取桃花是渡津。

9. 潘淳雪涯洞次方伯陈公原韵

城南雪洞俯沧洲，四十年来未再游。不信神仙耽世味，甘将岁月付川流。羡公矫拟云中鹤，乘兴间亲渚上鸥。更诵新诗窥啸旨，泠然真到海西头。

蠹蠹花宫接市边，此中日月一壶天。松高不碍仙禽舞，漏尽长教佛火燃。但解平常心是道，自饶定慧力安禅。恒沙历尽逍遥劫，犹是人寰大小年。

玉台重焕碧溪隈，楼殿参差气象开。俨见云衢持节下，定招羽客御风来。求仙须满成仙愿，度世才消出世哀。何必鞭鸾游域外，一丘一壑尽蓬莱。

欲识浮生来去因，身前身后孰为真。千年旧迹何关我，一点灵光不藉人。翰地旋天归净业，梯云履雾忆前尘。他年手把浮邱袖，笑渡沧溟不问津。

注释：潘淳，字元亮，一字南坨，清朝贵阳人。清康熙二十六年（1687）乡试副榜，历任湄潭、施秉教谕，清镇卫教授。五十年举人，五十四年（1715）进士。改翰林院庶吉士，官散馆检讨。雍正元年（1722），因事被罢职归。遍游秦、陇、蜀、滇各地名山大川，后入云南布政使幕，晚年精研内典。诗作颇丰，著有《橡林诗草》和《春明草》等。亦善书法，不拘于成规，颇具天趣。

10. 洪亮吉回途至郭外车转至雪涯洞小憩诗

危桥背郭几人家，石径东西路转斜。清浅溪山浮晓日，冥濛楼阁散栖鸦。闲情乍懒非关病，春气原馨不系花。一带壁龛藏古佛，几回欲与论年华。——洪亮吉题

注释：刻石存洞内，乾隆五十八年（1793）。

洪亮吉（1746-1809），清代经学家、文学家。初名莲，又名礼吉，字君直，一字稚存，号北江，晚号更生居士。阳湖（今江苏常州）人，祖籍安徽歙县。乾隆五十五年（1790）科举榜眼，授编修。乾隆五十七年担任顺天府乡试同考官。后督贵州学政，任内为贵州各府书院购置经、史、《通典》、《文选》等方面图书，提高了贵州学术水平。嘉庆四年，上书军机王大臣言事，极论时弊，免死戍伊犁。次年释还。居家十年而卒。文工骈体，与孔广森并肩，学术长于舆地。

魁星石跋[1]　　王璧

贵州贡院掌卷所有石屹立，类石鼓形。嘉靖己酉科（二十八年·1549），镇远守南楼程公来司所事，奇之，乃篆"魁星石"三字，命匠刻于上且铭之。壬子科（1552），予复与公同事，见而叹曰："美哉！此举乎！"因物取义，章采明征，公之嘉惠贵人士，以寓致望，意何其良哉！夫二十八宿经于天，奎乃其宿之一，与壁宿连垣，说者谓主天下文章，于是乎有奎星焉。自有科目来，士子之首群类、贯一经者谓之魁，于是乎有魁之名。好事者以魁字从鬼从斗，乃肖鬼踢斗形以祀之，于是乎有魁之神，举世咸以尚之。兹石之在兹，不知几千百载矣。主其未遇也，处于遐荒，与众石等块然一物已也。乃

〔1〕 贵州省文史研究馆古籍整理委员会编：《贵州通志·万年历》，贵州大学出版社，2010年版，第467-468页。

今恭逢圣时，据于文明之地，复遇名公巨卿奖援而称眉赏之，锡以佳名，镌之古篆，遂使碔砆①出类，琬琰同荣。石乎，亦何幸哉！今科魁解，若出于兹所石为之兆，何奇侈异，声日益彰，而公之名之心，当与石同悠久矣。猗与休哉！夫石一物也，遇不遇系乎时，若此，人亦时而已矣。修己以俟，因其宜，无妄为觊觎，以贻此石笑。是为跋。

  注释：贵州自明永乐建省以来，一百五十多年未在省城设贡院（乡试考场）。直到嘉靖年间，思南人田秋向朝廷上疏奏请建贵州贡院。此奏疏由皇帝批转贵州巡抚、巡按议行。直到五年后，嘉靖十三年（1534），贵州巡按御史王杏对田秋的奏疏很重视，竭力筹划并报请朝廷批准实施。经朝廷准奏施行，嘉靖十六年（1537），贵州贡院于省城内西南隅建成并首开乡试。贵州学子从此得以就近应试。碑文撰者"王璧"，另有版本作"王壁"，参见（明）王耒贤、许一德纂修：（万历）《贵州通志》（日本藏本），书目文献出版社，1991年版，第598页。本书作者对原书碑记标点略有改动，供参考。王璧，史载不详。

  校记：①"碔砆"，亦作"珷玞"或"碔玞"，意为似玉之石。

重修昭文门文昌阁碑记[1] 佟凤彩

贵阳东门文昌阁（实地调研拍摄）

中州西南皆山也，岜然高而大者不可以数纪。其蜿蜒扶舆欲入于中州，而磅礴郁积钟为郡邑者，黔也。黔之中，山崝而川分，土衍而流驶①，清淑之气于是钟焉。冠盖之盛，于是为最者，贵阳也。奥稽往牒，舞干羽而格命者，此其故墟，盖信然也。岁戊申（1668），余奉命抚兹土，入其境，见负峒而依箐者居相错，椎髻而侏僬②者踵相接，草衣而木食者习相安。余因疑黔之民，殆不可以干羽之治治之也。及观风于士，而见怀瑾握瑜者不胜屈，乃始信黔之民未尝不可干羽之治治之也。黔于明季兵燹之际，僭据之地也。洪维世祖章皇帝，嗟一方之倒悬，命介藩重臣分道出师，群策群力，祗承庙谟，不崇朝而土宇版章。余考其山川，按其图籍，升高以望远，求逋逃陆梁之所，皆宛然可睹也。盖自明失其政，天下耗竭，不逞之徒，乘间而起，倾倒扰攘，民鲜孑遗。大清奉命驱除寇虏，

〔1〕 贵阳市志编纂委员会编：《贵阳市志：文物志》，贵州人民出版社，1993年版，第116—117页。

圣人出而四海一，向之凭陵桀骜者，划削消磨，数年之间，漠然徒见山高而水清。威武纷纭，湛恩汪濊③，近古以来，未尝有也。

今黔介楚、粤、滇、蜀之间，舟车商贾，四方宾客之所时至。民生安于畎亩，衣食以乐生老死，弦诵以果行育德。而孰知上之拯于水火，休养生息，涵煦于文教之深也！余来之明年，因政简民和，时进诸耆老而询以逸事，或告余曰："古开创之世，类以文教为治，故今郡东门之堙，隆然而纷頹者，为文昌阁废址，昔人祠之以为教也。惜丧乱之余，无或能起而鼎新之。"余因之重有感。夫念无所起，起于所触。子衿也，不游胶序，则敦诗说礼之志无由自生。今试立一阁于此，有过之者必曰："斯神也，职司文教也。而国之祠之也，示相助为理也。其翻然于藏修息游之业，而潜消其鄙陋狡黠之性，固不待干羽之舞，而优入于时雍于变之世，无难也。"乃举而质诸少司马卞公，公曰："有是哉！诚不可无以似续之也。"正与捐赀经营之，未果。而公以予告归旗。时少司马甘公代至，闻之，欣然曰："斯固化成之首务也。"力赞之，而阁乃焕然为郡国观也。是役也，不伤财，不劳民，经始于己酉（1669）之梅月，阅七月而落成。余既喜黔之民见斯阁而有矜式之心，又幸其民乐其倒悬之解，而得优游于文教之世。因为本其山川，道其风俗之渐淳，使民知所以安其生④者，皆上之德教为之也。夫宣上之德教，以与民休息，使有所观感而兴起者，一方大吏事也。砻石而书其事⑤，俾后之莅兹土者，视其细，务其大可也。是为记。

注释：康熙《贵州通志》载：文昌阁，在府东门月城上，明万历己酉（1609）建，以培文风。清康熙三年（1664）毁。八年（1669）总督卞三元、甘文焜、巡抚佟凤彩重建。三十一年（1692）巡抚卫既齐、布政使董安国、按察使丹达礼、参政陆祚蕃、知府时腾蛟重修。

所引原文有标点，本书作者略作调整。此碑记另有载录，参见贵州省文史研究馆古籍整理委员会编：《贵州通志：金石志·古迹志·秩祀志》，贵州大学出版社，2010年版，第332页。

佟凤彩（1622—1677），字高冈，汉军正蓝旗人，佟养性从孙也，清朝大臣。初授国史院副理事官。外改顺天香河知县，内擢山西道御史，出视河东盐政。顺治七年，巡按湖南。八年，外转湖广武昌道参议，迁广西右布政使。时师征云南，道广西，供亿浩繁，凤彩筹济无匮。调江西左布政使。十七年，擢四川巡抚。康熙六年，起贵州巡抚。十一年，起河南巡抚。十三年，以疾乞休。十六年，卒官，谥勤僖。河南、四川、贵州并祀名宦。

校记：①"驶"，另版本为"驰"，备考。见《贵州通志：金石志·古迹志·秩祀志》2010年版，第332页。下同。

②原字为"左亻与右离的合一字"，经查字典未见此字。本书作者疑为"儸"的俗体字，径改。侏儸，借指古代少数民族及其乐舞、语言文字之怪异。

③原字为"左氵与右岁的合一字"，经查字典未见此字。本书作者疑为"濊"的俗体字，径改。

④"生"，另版本为"身"，备考。

⑤此句另版本为"爱磐石以书其事"。

重修文昌庙记[1]　　卫既齐

会城东郊外，有峰突起，是为木笔文星，支衍蟠曲而入城中，为院司场屋之祖。术家嫌其未尽耸拔，思有以助之，乃于子城之上建阁三层，中祀文昌，上以祀奎，下祀武安王，而总名之曰文昌阁，盖从其类也。阁成而人文蔚起，科目夺省榜之半，荐南宫、宴鹰扬者从不乏人。即莅官兹土者，亦多誉寡咎，不数年则迁擢。扶舆之灵，信亦有所钟邪！迩来戈戟频仍，城阙荡焉若扫，而此阁岿然独存，不可谓非呵护之力也。然岚侵霜损，桷败瓦飞，神且不免于栉风而沐雨，几几有不能复全之势。余见而有触于衷，遂捐赀①募工以整理之。未几，而朽者轮，敝者奂，摩空切日，顿还旧观。因伐石以志之。曰：吾闻文昌六星：一曰上将，二曰次将，三曰贵相，四曰司禄，五曰司中，六曰司勋。为天六府，计集天道。而其司籍之神，则东晋越嶲张亚子；在周为张仲，诗所称孝友者是也；在建兴为谢艾，《传》所云以铁如意赠姚苌，一麾而戈盾戎马毕列者是也。若夫斗柄戴筐一星奎，其形似履，履以行远，"言之不文，行之不远"，故文章之事归之。而武安王则所谓绝伦超群，读《春秋》，明大节义以成仁者也。是皆有俾②于风教，其从而祀之也宜，然非徒祀之已也。古之大圣至神，即古之忠臣孝子、信友仁人。苟大伦之无忝，斯百世而可师。生为上卿，殁为神明；在天为日星，在地为河岳，无二道也。则欲绍往烈、启新图、掇鸿名、树骏业，当思与鬼神合德，砥躬饬行，补造化之所不及，庶几可相可将，景命有仆，百禄是道，不负重修之意也夫。

注释：庙在贵阳府文庙左。（《图经》）在府城东门月城上。明万历时建。康熙八年（1669），总督卞三元、甘文焜、巡抚佟凤彩重建。康熙三十一年（1692）巡抚卫既齐、布政司董安国，按察司丹达礼，参政陆祚蕃、知府时腾蛟重修。《贵阳志》：在府城由东南隅天井坎上。嘉庆六年，巡抚常明建。有正殿、后殿。后殿以祀文昌先代。道光十九年（1839），僧大楞募修庙内之奎星阁。二十三年，贵筑知县郑士范重葺正殿。此碑文另有版本载录，两版本文字及断句略有差异。参见贵阳市志编纂委员会编：《贵阳市志·文物志》，贵州人民出版社，1993年版，第118页。

---

[1]　贵州省文史研究馆古籍整理委员会编：《贵州通志·金石志·古迹志·秩祀志》，贵州大学出版社，2010年版，第332—333页。

据本书作者实地考证，文昌阁阁楼的右边（南厢房）现立有四通古碑刻，外加南厢房墙壁上嵌有一方，合计有五块。此碑现存立于贵阳文昌阁阁楼右边（南厢房）右数第四号位置。碑石圆首，刻有双龙戏珠图案。碑身文字局部模糊，大部分可以认读。碑文题名实刻为"重修文昌阁碑记"，而非此处所引文献的"重修文昌庙记"。因文昌阁，旧时亦称文昌庙，作者以为，许是所引文献不严谨所致。

另，据此碑实刻文字显示，在碑题"重修文昌阁碑记"之后与正文之前，刻有"巡抚贵州兼理湖北川东等处地方提督军务都察院右副都御史郇阳卫既齐撰文"一列文字。碑身正文之后，刻有"大清康熙三十一年岁次壬申仲夏月中浣谷旦"以及"布政司董安国，按察司丹达礼，参政陆祚蕃、知府时腾蛟"等官衔和人名等信息。这些碑文信息本书所引文献未见载录，特补充说明。

卫既齐（1645—1701），字伯严，山西狝氏人。康熙三年（1664）中式甲辰科进士。选翰林院庶吉士，散馆授检讨。数年后，卫既齐方诣京师补官。圣祖命其以对品外放，授直隶顺天府霸州州判。康熙十八年（1679）任固安县知县，历永清、平谷知县，所至皆有惠政。得到直隶巡抚于成龙疏荐。康熙二十七年（1688），既齐服阕，重诣京师补官。圣祖知其讲学向负清望，破格擢为山东布政使。康熙三十年（1691），授顺天府尹。不久，擢都察院左副都御史，同年，授贵州巡抚。著作有《四书心悟》二十卷、《小学家训》四卷、《道德经解》二卷、《南华经删注》二卷及《运通》一卷。

校记：①另版本为"蠲资"。见《贵阳市志：文物志》1993年版，第118页。据本书作者实地勘察考证，碑刻原文为"蠲赀"二字。

②应为"裨"。

文昌阁右边（南厢房）存立的四通古碑
（实地调研拍摄）

卫既齐重修文昌庙记
（实地调研拍摄）

重修文昌阁碑记　　王士俊

王士俊重修文昌阁碑记（实地调研拍摄）

注释：据本书作者实地考证，此碑现立于贵阳文昌阁阁楼右边（南厢房）右数第三号位置。碑首模糊之中仍可见有楷书题额"重修文昌阁碑记"字样，碑身正文绝大部分文字漫漶不可识，仅局部文字尚可读。

据本书作者勘察辨认，碑文可读的部分文字，于此选录如右："凡邑之不……巽……主文章……盖离为文明之象巽属水木能生火义□□也贵阳东门前朝万历年间……建文昌阁于……国朝康熙……中丞佟凤彩采买重造三十一……里人王士俊顿首拜撰……里人王瓒拜手书丹……乾隆九年岁次甲子孟春月……谷旦……阖省绅士（众绅士名单此略）公立。"

王士俊（1683-1750），清朝名臣，生于清康熙二十二年（1683），贵州平越（今福泉）牛场诸浒人。字灼三，号犀川，出身书香门第、官宦世家。康熙五十六年（1717）中举，六十年（1721）赴京会试，中进士改庶吉士，入翰林院任检讨。雍正元年（1723）选送河南任许州知州，自此开始其官宦生涯。乾隆元年（1736）四月，以兵部侍郎衔署理四川巡抚。乾隆二年（1737），皇帝下诏，削职为民回籍。乾隆二十一年（1750）病逝于家。王士俊官声卓著，颇有学术成就，著有《河南山东古吏治行》《河东从政录》《困之录》《清流县志》等书稿行世。

重修东门文昌阁碑记[1]　　冯光熊①

会城诸山，来自修文之木阁箐，绵亘数十里，至扶风山而一峰矗②立，形家所谓木笔文星也。南拱栖霞，北环相宝，若张两翼，蜿蜒而赴城东门，脊起平冈，实扼全黔之盛。昔人相其阴阳，建阁三层，上祀奎星，下祀武安王，中祀文昌。借③以邀灵贶，培地脉，意良善也。阁始自有④明万历时，国朝康熙中莅斯土者，制军卞公、甘公，中丞佟公、卫公，前后修葺。卫公所为文，实载《省志》，言阁之所系与神之赫濯特详。雍

---

[1] 贵阳市志编纂委员会编：《贵阳市志：文物志》，贵州人民出版社，1993年版，第119-120页。

正年间，经略张襄平、方伯陈武兴，捐俸重修，而乡之缙绅先生亦继⑤维持培护。凡以斯阁之有裨于黔省甚巨，而非同登临游玩之所也。自重葺后，迄⑥今七十余年，风雨剥蚀，不修且坏。乡之善士等目击心忧，醵金鸠工，诹吉重建，而其栋楹梁角板栏⑦之腐黝挠折者，盖瓦级砖之残缺者，而加之丹垩焉。缭垣益坚，金碧重焕，阅两寒暑而落成。复虑既成之后，保护不易，以为地属公所，非一人一家之所得护持也。得勿⑧为游人寓客之所蹂躏，谐谑喧哗，亵亵甚焉。列状请之当官，申严禁令，以崇禋祀，何其意之诚而奉之虔也。尝考《天官书》，斗魁戴筐六星为文昌。《道书》称神，屡降于世，在周为张仲，诗⑨以孝友闻。人皆知文昌掌科名之籍、禄仕之阶，而不知默以阴阳相下民者，无非以为臣尽忠、子尽孝之实行，风厉颓俗于无穷也。

冯光熊重修东门文昌阁碑记（实地调研拍摄）

黔虽苗民杂处，而士风淳朴，人知节义。百余年来，衣冠儒雅，科甲蝉联。仰赖圣朝文教之覃敷，何莫非神明呵护之力欤！邦之人入庙思敬，求其无愧乎神明者，以对越乎神明者⑩，可矣。

禁条开列于左：⑪

一、是阁系阖城保障，风水攸关。阁之前后左右毋得积渣垦土。

一、文昌阁山门，除朔望神会外，住持僧不得擅开。

一、不得在此教书习武；科岁乡场应试士子及异地栖留云游僧道，均不得招住。

一、游人过客及踏青男女，均不得擅入饮酒喧闹。

一、藩署每岁所给香灯银六两，住持僧不得私用。

一、子城内空地，一切军民人等勿得在此造屋搭棚，致干究戾。

一、凡官弁士民，不得在此停棺寄轿；阁中桌几、铺垫、器皿等物，原因神会制办，不得倚势借用。

以上数条，除由司专发府县照录存案外，合行勒石，俾阖省仕宦绅士、军民僧俗人等一体永远遵照。如有不遵禁例，许该住持指名禀官究治；如住持不守清规，众绅士立行将之逐出。遵之勿忽。

贵州等处承宣布政使司布政使、志勇巴图鲁常明。

贵州等处提刑按察使司按察使、统辖全省驿传事务方昂。

督理贵州通省军粮储道兼贵西兵道、兼理驿务孙文焕。

加按察使衔、贵州分巡贵东古州等处兵备道兼理驿务周纬。

置贵州贵阳府事、镇远府正堂程煜。

贵州贵阳府贵筑县正堂王湛恩。

置贵州贵阳府贵筑县正堂吴名馨。

嘉庆四年（1799）岁次己未秋月⑫上浣谷旦张大学立。

注释：本书对所引原文标点符号略有改动。此碑记另有版本称此碑撰写作者为瞿翔时，详贵阳市地方志编纂委员办公室编纂：《贵阳府志》（下册），贵州人民出版社，2005年版，第1819页。或（清）周作楫修、萧琯等纂：（道光）《贵阳府志（三）》，第152-153页。于此特并注两人生平简介，备考。另，据本书作者在贵阳东门文昌阁实地调研考察发现，此碑原文刻为"冯光熊撰文"。因此，本书作者据实证断定（道光）《贵阳府志》（三）和2005年版《贵阳府志》（下册）关于此碑文的作者称为瞿翔时讹误。

冯光熊（？-1801）字太占，浙江嘉兴人。乾隆十二年（1747）举人，考授中书，充军机章京。累擢户部郎中。三十二年，从明瑞赴云南，授盐驿道，母忧归，坐失察属吏科派，夺职。服阕，以员外郎起用，仍官户部，直军机，迁郎中。从尚书福隆安赴金川军，授广西右江道，署按察使兼盐驿道。历江西按察使、甘肃布政使。五十七年，赐花翎、黄马褂，署工部侍郎。未几，授贵州巡抚，调云南。五十九年（1794），署云南总督。明年，偕总督福康安治军设防，命留贵州巡抚任。嘉庆五年（1800），诏光熊治理有声，年近八旬，召授兵部侍郎，寻擢左都御史。六年卒。

瞿翔时（1754-1810），字审庵，号悦山，清朝贵州毕节人。乾隆四十二年（1777）中举人。后四应礼部试皆未中。五十三（1788）年选为贵阳训导，五十六年（1791）为贵山书院院监。时同年举人何泌为山长，两人相交甚深，当时贵阳人为诗鲜知声病，翔时为之指教，精诗律者始多，后来贵阳人能诗者咸称"悦山先生教"云。嘉庆元年（1796）选普安学正，仍监贵山书院。十一年（1806）升贵阳府教授，因母去世未就任。后掌贵山书院并出任主讲席。十五年（1810）去世。门人祀之阳明祠中。

校记：①此碑文撰者有二说，此版为冯光熊，但另有版本为瞿翔时。见注释，备考。

②"蠹"，另两版本均作"兀"。见《贵阳府志》（下册）2005年版，第1819页。或（道光）《贵阳府志（三）》第153页。

③"借"，另两版本均为"藉"。见同②。

④"有"，另两版本，一无此字，见《贵阳府志》（下册）2005年版，第1819页。一有此字，见（道光）《贵阳府志（三）》第153页。

⑤ "继"，另两版本均为"相继"。见同②。

⑥ "迨"，另两版本均为"越"。见同②。

⑦ "梁角板栏"，另两版本均为"梁桷板槛"。见同②。

⑧ "勿"，另两版本均为"毋"。见同②。

⑨ "诗"，另两版本均为"特"。见同②。

⑩另两版本均为"以对越乎神明而可矣"。见同②。

⑪另两版本均未见"禁条开列于左"项以及碑末署名项文字。

⑫此处"秋月"有误。据本书作者考证，原碑文刻为"季秋月"。

文昌阁碑记[1]　　张大学

张大学文昌阁碑记（实地调研拍摄）

文昌阁乃会城入脉左辅，风水攸关，省志载悉。自建阁以来，文风日盛，科甲联绵。凡官弁士民，均蒙福庇。前屡经各大宪并乡缙绅先生不时修葺，规模俨然。近数十年来，倾颓已极。是以苏湛、王胜文、周世俊、陆家骐、并学等五人，筹酌协一，公捐重建。其鸠工庀①材，皆以嘱学。余惧不克荷而未之辞也，择吉兴工，载余尚未告竣，来观者交错于途。有数友过憩，周阅其间，向余言曰："观君等之功，可惊可喜。"余未解而叩其意，诸友曰："喜者，布置有法，坚固可久，文质得宜；惊者，此系风水重地，理合普捐公办，且以数千金公事，而君等引为己任，某言固非谬也。"余曰："非余等好事沽名，斯阁位于生气之方，又在入脉总处，岂宜破碎。譬之首领受病，四肢能保全乎？迩者灾异频仍，各大宪暨公祖父母保赤之诚，有加无已，罔所归咎。安知非风水休戚所致耶？余等熟思久之，此举刻不容缓也。况时值兴义、铜仁苗仲之变，军务尚未告平，人心动摇，未便向人捐款。"诸友聆余言，欣然乐助；李友字天锡，苏州人，独任字藏一座，东西字库各一座，围绕字库，字藏花墙一壁，其工料价值皆属自发，只托余布置监造，

---

[1]　贵阳市志编纂委员会编：《贵阳市志：文物志》，贵州人民出版社，1993年版，第121—122页。

约计须用银一百六十七两。但友字樗，助银百两；夏友字淮，助银百两；王友字兴文，助银二十两；胡友字发荣，助银十两；除李友字藏外，四友共助银二百三十两。余皆学等五人公平捐资完结。凡阅两寒暑而完成，恰逢上下游军务凯旋，是夏又接会试捷首：中式进士五人，用翰林者二，用部属者一，用教习者一。虽曰地运使然，岂非阁中圣神呵护之力哉！风水之响应，略见于兹矣。是为记。

今将新建殿宇房屋、神帐、东壁、西园、周围墙院、石脚、江坎、江带、桌几、铺垫、灯彩、石栏杆、泐石志左。其阁尚属坚固，惟装修油漆、彩画，整顿重新。余皆改其旧制。计开：

娘娘殿三间，财神殿三间，拱辰轩三间，左厢房三间，骡厩一间，马厩一间，内更衣所一间，东壁三间，西园楼阁一间，字藏一座，东字库一座，西字库一座，龙神土地祠一间，上下厨房二所，周围走廊十七间，谒圣台并周围石栏杆共三十一块，栏柱四十九根。东屋二处，漆桌六张，圈几十六把，漆几三十二张，汉文条炕桌一张，汉文小炕桌一张，西洋画挂屏五张，红哔叽桌围六张，红哔叽几披青缎镶边十六张，红哔叽几垫十六个，绿哔叽几垫三十二个，用绿哔叽围蓝布炕幔二床，用青布围红哔叽大炕垫四个，红哔叽大炕枕四个，大小颜色绣纱灯三十对，三花彩绸一匹，周围里面火砖墙，河漫河棚石，骡马厩二甲圈石，七子图窗石，文经武纬匾石，江带脚墙屋基石，各处江坎丈石，皆属新选。苏湛除公捐外，另助银一百两，右厢房三间。

嘉庆五年（1800）岁次庚申季冬月谷旦立。

注释：详见上文昌阁碑记注释。

张大学，清嘉庆年间贵阳人，书法家。曾倡议并主持重修文昌阁修理事务。

校记：①原文为"庇"，误，应为"庀"，径改。

美盛相传碑[1]　　张大学

文昌阁创自前明，至嘉庆庚申（1800）始添设左右殿宇，重廊复道，颇壮观瞻。迄戊寅秋（1818），地复震，阁鼎挫斜，墙垣倾圮，爰谋修葺，而工浩繁①，势难卒②举。窃思东隅，乃吾黔入脉总处，风水攸关。去岁因造作维艰，来年又值方向③不利，况庚申之役，学曾董事其中，今老矣，安知后此之复能为役耶？用是勉力从事，更补前之所未逮。并④列乐输芳名于左：

左宗连捐拱银一百两。伍玉书捐纹银一百两。高廷瑶捐银四两。赵廷瓒捐银一十五两。何正机捐银十两，谭纬纶捐银六两。袁建梧捐银五两。狄思孝捐银四两。范义顺、

〔1〕　贵阳市志编纂委员会编：《贵阳市志：文物志》，贵州人民出版社，1993年版，第122—123页。

陈文郁、马崧三人各捐银二两。喻德兴、王廷璋、董万泰三人各捐银一两。

张大学督工并记。

住持僧⑤合机。

道光元年^{（1821）}岁次辛巳正月谷旦立。

　　注释：现存立于文昌阁阁楼左边（北厢房）右数第三号位置的遗存古碑为上下组合一体形式。上半截"美盛相传"碑碑文清晰，道光元年岁次辛巳正月谷旦立。然，碑的下半截，碑面几乎全剥落，漫漶不可识。本书作者实地勘察时，尽力辨识之中仅能读得数字：碑文首部依稀有"重修文昌阁记"痕迹，碑文末尾模糊可见有"道光拾年……"等字样。

　　阁楼左边（北厢房）的四通碑刻中另有古重修碑记二通（附图见下）。一碑现存立于文昌阁阁楼左边右数第一号位置，碑石因剥落，很多文字难以识读，碑文大概记录了文昌阁修缮捐款人名和银两事宜。另一现存立于文昌阁阁楼左边右数第二号位置，此碑叙述重修该阁经过，全碑面剥落严重，因漶漫过甚，碑文绝大部分难以辨识。

　　校记：①"而工浩繁"，据本书作者实地考证，碑刻实为"而工资浩烦"。

　　②"卒"，碑刻实为"倅"，古同"卒"。

　　③"方向"，碑刻实为"向方"。

　　④"并"，碑刻实为"竝"，繁体。

　　⑤"僧"，碑刻实为"曾"。

文昌阁左边（北厢房）存立的四通碑记
（实地调研拍摄）

张大学美盛相传碑与重修
文昌阁记碑合一
（实地调研拍摄）

重修贵阳东城文昌阁记　　佚名

重修贵阳东城文昌阁记（实地调研拍摄）

注释：据本书作者实地考证，此碑现立于文昌阁阁楼的左边（北厢房）右数第一号位置，碑首严重漫漶，碑题已不可辨识。碑身大部已漫漶，几不可全识。碑文大意为合省官绅士庶捐廉重修文昌阁的捐资记录。因字迹模糊，难以详录。

碑文首部模糊可见有"合省官绅士庶捐银两分泐于后"字样。随后是分列参与本次文昌阁重修的官绅士庶人名与捐资数目。记载的前八位捐资人依次是"巡抚部院贺长龄捐银壹佰两、提督学院钟裕捐银贰拾两、布政使司李向鲲捐银伍拾两、按察使司李钧捐银贰拾两、粮储巡道吴振棫捐银贰拾两、贵阳府知府张志詠捐银肆拾两、贵阳府知府周作楫捐银贰拾两、贵筑县知县陈文衡捐银肆拾两……"因官绅士庶人数众多，且碑文多数模糊，不详录，此略。碑文最后两行字迹尚可读，载明此次重修立石时间与人名。其文为"道光二十二年岁次壬寅仲冬立住持道人曾合机、徒刘教修……郝永受"等字样。

据史考，贵阳文昌阁始建于明万历三十七年己酉（1609），经多次维修和重建。康熙八年（1669）总督卞三元、甘文焜、巡抚佟凤彩重建；康熙三十一年（1692）巡抚卫既齐等重修；雍正中经略张广泗、乾隆六年辛未（1741）布政使陈德荣皆重建；嘉庆四年（1799）郡人修复；道光二十二年（1842）巡抚贺长龄捐廉倡修。

贵阳文昌阁历来是文人荟萃之地，古人留下的碑刻和诗文不少。历经沧桑，文昌阁现遗存石刻古碑九块，其中八块是在阁楼内南北厢房的两端立放，有一块镶在南厢房院墙上。最早的是清康熙三十一年《重修文昌阁碑记》，最晚的是清道光二十二年《重修贵阳东城文昌阁记》。这些碑刻主要记载了文昌阁的历史沿革及历次维修情况。有鉴于此，本书作者推定现立于文昌阁阁楼的左边（北厢房）右数第一号位置的碑石题名，正是刻立于清道光二十二年的"重修贵阳东城文昌阁记"。

文昌阁重修碑记　　佚名

注释：据本书作者实地考证，此碑现立于文昌阁阁楼的左边（北厢房）右数第二号位置，篆书碑额为"文昌阁重修碑记"，碑石剥落严重，碑文漫漶难以识读。据作者现场辨认，碑文首部另有题目"重修贵阳东城文昌阁记"，随后是正文。

此碑正文句子按照先后顺序（因文意中断，于此不标点）模糊可读如右："□文昌星□也□道□子传文昌化书盖以蜀地梓潼君当之谓为周张仲之后身儒者病焉□□□说□近诬而如……御□（此处疑似案字）天有五行地有五行之帝□有五行之神太昊炎帝黄帝少昊颛顼在天五行之帝也伏羲神农轩辕金天高阳则人……□□□念者也功德在人则精爽在天赞化育而参三极所以并立也诗称张仲孝友聿成吉甫北伐之功丕振……□□国家重……文德□义逮我……□□御□之大我崇正附邪益恢前绪承念……□帝君灵迹昭护佑助功宏而祀事未度曷称钜典爰即□城池□□□□□旧祠重躬申展□行九叩礼益……有文明之象……万历……公甘公

文昌阁重修碑记（实地调研拍摄）

中丞佟公卫公次第举修乾隆……又四十年所矣……命作□降祥以为多士……望是后也于道光壬寅八月初十日□□□□□竣董其事……（正文之后依次泐有相关官衔身份与人名，因剥蚀严重不可辨识，此不详录。）"

鉴于上述，本书作者推论（北厢房）右数第二号位置的"文昌阁重修碑记"与（北厢房）右数第一号位置的"重修贵阳东城文昌阁记"二者属于为同一事件而分刻的两方碑石，一号碑石铭刻参与文昌阁此次重修的捐资名单，二号碑石专门记述此次重修文昌阁的前后相关事宜。虽然这两块碑石属于同事同名，但为了便于辑录和碑题的不重复，本书故各安其名。

重修文昌阁神殿功德碑记　　佚名

注释：据本书作者实地考证，此碑现存于贵阳文昌阁阁楼右边，嵌入南厢房的墙壁。碑面大部剥落，仅部分碑文可识。刻碑立石的时间和主持人等漫漶不明。碑文记载的是为某次重修神殿捐助的功德名单与开支明细。为便于辑录，本书作者给此碑命名为"重修文昌阁神殿功德碑记"。今抄录可读部分于后，以飨读者。

碑文如右：右首第一列两字"重修"，第二列为"□神殿功德名次列左"，第三列为："□□衔即补知县胡志科助银伍钱"，第四列为"花翎尽先□府张东忠助银壹两"，第四列为"贵筑城守□□□千总□佳先郡司□助银□六□"，第五列为"大道

重修文昌阁神殿功德碑（实地调研拍摄）

□□□坡小十□街众姓等共捐凡三十六两……（众多人名此略）"……（模糊中略）……倒数第三列"……用去银二十九两□五分"，倒数第四列"一买□□木料杂用去银六两四分"……倒数第七列"一买工资饷金去银五两六分"，倒数第八列"一买石灰二……"

文昌阁修复碑记[1]　　陶信椿

陶信椿文昌阁修复碑记（实地调研拍摄）

贵阳文昌阁，位于东门月城上，明万历中为培文风而建。历遭损毁，多次重修，其特殊结构，全国罕有，民国以来长期为驻兵之所，并一度作囚禁进步人士之监狱，解放以来，先后为民办小学，教师宿舍，街道工厂及部分居民占用。由于年久失修，柱断梁倾，瓦椽全毁。1983年国家文物局及贵州省人民政府、贵阳市人民政府拨款修复，安置搬迁二十余户。1983年动工，施工中不使落架，确保原貌恢复。1984年9月，阁楼主体全部竣工。1986年续修南厢、西厅、碑廊、花坛、水池及庭院环境工程，迄1987年元月将原有建筑全部修复。谨记。陶信椿撰。

公元一九八七年岁次丁卯二月。

注释：此碑现存立于贵阳文昌阁阁楼左边（北厢房）右数第四号位置，乃今人于公元一九八七年二月立石。

---

〔1〕 贵阳市志编纂委员会编：《贵阳市志：文物志》，贵州人民出版社，1993年版，第123页。

贵筑县贡生苏湛创立奎光阁记〔1〕　　郑大进

眉州，晋汉以来，张文纪埋轮都亭，李令伯陈情乞养。彼诚有见于再三之义，出其言行志业以纲维世宇，砥砺颓风。迨宋苏氏父子兄弟崛起，岷峨之间，文章气节尤足仪表人伦，猗与盛已！贵筑苏湛，以邑庠生贡成均，有才行。弟国子生泽，并著名誉。询其家世，实出眉山，本朝顺治初始易籍焉。黔在国初未尽悉华风。生曾祖显芳、祖登龙，懋迁化居，蚩蚩者贸丝抱布，知识都忘。夫当何思何虑之地，还相遇以不雕不琢之天。卫迁楚丘，歌三千之骒牝所由，推本于秉心之塞渊，而榛栗琴瑟诗书礼乐之传，抑未始不并贻之子孙也。先是，马棚街生家为著姓，府君文华处士谋避华嚣，卜居中曹司。比一再举，子皆读书；生更崭然见头角，未弱冠即补博士弟子员。论者以拟余公门间，顾生惟笃于谊，绝不希心仕进。盖世德之作求，其所从来远矣。

岁丙申（乾隆四十一年·1776），抚军河东公兴废举坠，议新先师庙宇，生率其弟首先倡捐。落成之日，功叙不在第二人下。以日者言，复出己赀创巍阁三楹于东南隅，上塑奎宿，中祀文昌，未数月而毕役。於戏！尚已！夫人专己自封，与语姻睦任恤之谊，曾漠然无所动于中。矧系祀典，鲜不以为具于令甲，责在有司，相与观望于局外。其一二生事攘功之徒，呈身当路，往往袭取笑辇①，假托威势以挟制其乡人。如生履仁蹈义，室迩人远，是宁有所为而为欤！得毋嬉戏而陈俎豆，亦禀于性之自然欤！抑明德之后，必有达人；或即眉山文忠、文定之苗裔，易地而发祖德之馨香，以辅世教欤！余嘉其僻在荒服，明礼知书，卓然能树立，为原其世家而备书之石，凡以示风也。

注释：贵筑县，清康熙二十六年（1687），省贵州卫、贵州前卫，置贵筑县（今贵阳市区）与新贵县同城，为贵阳府治所。

郑大进（1709—1782），又名誉捷，号谦基，退谷。清代广东揭阳县梅岗都山尾村人。清雍正十三年（1735）举人，乾隆元年（1736）进士，历任大名府、河间府同知，正定知府，按察使布政使，两淮盐运使，浙江按察使，贵州布政使，河南、湖北巡抚，兼署湖广总督，官至直隶总督。任政期间，草除积弊，关心民生，所至颇具政绩。后加授太子少傅衔。二十二年任正定同知时，纂修了《正定府志》50卷，四十七年十月病卒，追谥勤恪。著有《郑勤恪公奏议》和《爱日堂诗文集》等。

校记：①原注：疑为"效颦"之误。

---

〔1〕　贵阳市地方志编纂委员会办公室编纂：《贵阳府志》（下册），贵州人民出版社，2005年版，第1813页。

武侯祠记[1]　　　席春

易佛宫，崇名宦，胡子知化理矣。胡子曰："祀典趋渥，民俗暌正，祛是邪慝，弘兹玄化，縶观风者是寄。我弗违俗任之，人其谓我何。知任之而玩愒弗力，我其谓人何。吾知之，吾冒为之，人未必尽我尤，我未必弗白于众也，是唯在我。"乃观诸佛刹庙宇祀典弗载者，悉毁之。且曰："毁之重劳，曷稽诸当祀与官署无所者增饰之，力不费，事既功，我其何尽毁矣。"于学宫得文昌阁，曰："是可为乡贤祠已。"于城东得泰岳庙，曰："是可为贵宁道已。"唯名宦祠无可为者，既于城南得南庵，山幽林茂，地爽宇弘，且阙里孔中丞去思碑在焉，曰："名宦祠其无可易是已。"遂撤寺额，去佛像，麾僧徒而入之。乃取合省诸贤宦有功德在民者，置神位祀其中。君子韪之，故曰："胡子知化理矣。"孟子曰："孔言距杨墨者，圣人之徒也。"孟子不得其位，故修言以辟之。则得其位者，当行其道以黜之。得位而黜之者无闻矣。王化之不行，岂端佛者害之哉？

贵州古鬼方，高皇帝设宣慰司，建军卫以控驭其地。文皇帝又设藩省以临制之，百六十年余。易夷俗而文物礼乐与中夏诸大藩等，王化大行矣。然佛老犹盛，则鬼方者又易趋焉。胡子按兹上，去邪崇正，是之谓得其位，行其道，以黜之者哉？奚不可谓圣人之徒矣。春亦叨按是方，喜胡子知化理，故记之。胡子名琼，字国华，闽之延平人。祀是祠者，古今名宦一十六人，刻名碑阴，皆记之，所谓有功德于民则祀之者。御史徐文华力任大艰，克平扰夷民，到于今赖其安，祀之不及，君子事定于身后矣。

注释：武侯祠，《清一统志》云："在（贵阳）府城南门外南明河岸，祀蜀汉丞相诸葛亮。"阎兴邦刻康熙《贵州通志》云："在南郊外，旧为忠烈祠。明万历间，改祀武侯。义王据黔，复以祠为观音寺，而迁武侯祠于涵碧潭之东北，久而倾颓。皇清康熙二十八年（1689），巡抚田雯捐资修之，并新其像，侍以济火。建两廊书院八间，取所录士读书其中，并馆谷焉。后建亭三楹，名之曰'又一草庐'，以为课士之所。三十一年（1692），布政董安国重修之。"乾隆《贵州通志》云："在府城外东南隅，明万历时建，祀诸葛武侯。明末兵燹，祠毁。后迁于涵碧潭东北。国朝康熙二十八年，巡抚田雯增修，像旁侍以济火。建亭于后，名曰'又一草庐'，常课士其中。雍正七年（1729），复建于城南旧址，额曰'丞相祠堂'。"《贵阳府志》略同，更续纪之云：道光十一年（1831）大水，神像为水所毁。旋修复。"

又按，武侯祠初址，本在今观音寺，嘉靖《贵州通志》云："武侯祠在治城南门外，旧圣寿寺。正德间，巡按贵州监察御史胡琼改为武侯祠。清戎御史席春为记。"然春记中则称为名宦祠，仅云："祀是祠者古今名宦一十六人，刻名碑阴。"并无一语及武侯，是盖十六人中，必以武侯冠首，且其功烈，人所易知，故直以武侯祠称之。惜碑阴未

〔1〕　许先德、龙尚学：《贵阳名胜古迹》，贵州人民出版社，1991年版，第169—171页。

存，无可考耳。胡琼以正德十三年（1518）巡按贵州；席春亦于其时任军御史。祠之肇建即在其时。至《康熙志》所谓"旧为忠烈柯，明万历间改祀武侯"之说，殆有误。盖在万历间，壬缉抚黔曾镌《武侯传》于祠，刘秉仁为之记（录后）。《康熙志》即本此。然秉仁记中明云："南崦故有祠祀侯"，则武侯之祀于此，不始万历可知。秉仁释褐于嘉靖，见闻较确，证以嘉靖《通志》，其沿革尤可考。《康熙志》所谓忠烈祠者，乃名宦祠之误。考正德至嘉靖为时无几，若有此纷更，嘉靖《通志》必有叙述。若谓正德以前为忠烈祠，则原为圣寿寺，席春记可证；若谓嘉靖以后为忠烈祠，则武侯庙祀未改，秉仁记可证。盖《康熙志》之修，实未获见《嘉靖志》，隔代传闻，自易失真。

至乾隆《通志》及《贵阳府志》，遂直谓为万历时建，而罔知万历以前之一段史迹矣。又此祠于明季孙可望据黔时迁于涵碧潭之东北，其地今不可考，或有疑水口寺即其遗址，据其方向似乎近情，然尚未得确证。至雍正七年，复迁于观音寺对岸，此即清末犹存之祠址，所谓"丞相祠堂"者。然《乾隆志》谓："雍正七年复建于城南旧址"，又误，此乃新址，旧址在隔岸，仍为观音寺也。此祠两经变迁，至雍正七年以后始定厥居。乾隆五十七年（1792），蒋攸铦典试来黔，所作《黔轺纪行集》亦曾及之云："出南门，经武侯祠，祀像前侧立济济火像，乃南征时蛮酋为先行者，水西安氏始祖也。"厥后纪载者尚多，不赘录。其像至清末仍存，民国十五年（1926），毁其祠以为电汽局，复更为电灯厂，今仍之。详见许先德、龙尚学：《贵阳名胜古迹》，贵州人民出版社，1991 年版，第 167-169 页。

席春（1472-1536），四川承宣布政使司潼川州遂宁县（今四川省遂宁市）人，明朝吏部右侍郎、进士出身。正德十二年（1517）登进士，改庶吉士，授监察御史，巡按云南。

武侯祠碑记[1]　　刘秉仁

世传诸葛武侯略地黔中时，殆抵牂柯遍金筑云。又侯所过，辄有遗迹付诸山灵，后人发得奇闻阗响，必谓侯所遗，盖谓非侯其谁宜为也：今贮甲、铜鼓两岩，皆谓侯遗迹，盖故老相传如是，然不可考矣。南庵故有祠祀侯，前抱郡城，下瞰渔矶，烟水飘渺，翠微亦称庙貌。我龙洲王公开府兹土，瞻侯祠宇，想见侯扶汉三分事，慨然兴怀，低徊久之。乃手侯旧传，增损校雠再四，划之楔，贮之祠，以为荐绅典型，以慰眇庶遐思。愚尝反复深维之，见公有远意，匪直寓仰止之勤已也。忠武在章武时，欲完蜀以瞰中原之变，志图恢复，故其所经略蜀地，务先詟服筭、僰诸夷之心，要在夺之气以藉其

〔1〕 许先德、龙尚学：《贵阳名胜古迹》，贵州人民出版社，1991 年版，第 171-173 页。

力，曰"思维北征，宜先入南"是也。故夷俗习格斗知兵，侯故兵威困之；夷善匿燧燎原，侯故烈焰燔之；夷巧避毒箐幽岩，侯故穷搜之；夷信鬼幻惑，侯故奇迹阒响以震詟之。谓所过辄有遗迹付诸山灵者，盖侯詟夷之一端也。夷詟而无变，然后得藉其力以瞰中原，此侯之远谟也。阅千百祀来，我太祖高皇帝兼有区夏，削砦落而树以郡邑，夷箐洞而代以控弦，戍守自黔达滇蜀，皆星落云屯，已倍蓰什百于侯所措注矣，顾国家亦武侯意也。夫居今诸夷不靖，则黔蜀滇不完；黔蜀滇不完，则非所以重西南之屏翰矣。然欲靖诸夷，匪得侯之才量，及侯之规画，如侯其人者，未足以语此。今观龙洲公之措注，则得之。公自幼挺拔，沉浸群籍，驰骋今古，历职方卿寺，于边腹形胜险易、经略事宜，罔不洞究要领，故抚临遐服，譬之熟辕游刃也。地之货储，利则启，蠹则杜；途之梗塞，高则陂，涉则梁；兵之募蓄，干则称，戈则比；酋之魁杰，驯则怀，叛则兵；土之习俗，游则警，惰则戒。行逾年，夷无鼓噪，民无欢哗，有苗来格，在在帖宁，不与侯之远谟旷世相孚耶！公所经略，匪直全黔以完，滇及三蜀亦借公以完，如侯之故志。侯所完蜀，虽未足窥中原；公所完黔蜀滇，则屹然为中原一大藩镇。衣裔曰边，器羡曰边，裔具而衣泽，器完而中好，他日舒国家南顾者，公力也。公之意远矣，大都欲尚友于侯以继伟略，匪直寓仰止之勤已也。余于亟传侯者，而深维得之矣，试持以念公，将谓余知言哉。故不揣谫陋而僭记之。

注释：详见席春《武侯祠记》。此碑记另有载录，参见贵州省文史研究馆古籍整理委员会编：《贵州通志：金石志·古迹志·秩祀志》，贵州大学出版社，2010年版，第394页。

刘秉仁，字子元，明朝湖北大冶人（今鄂州）。早年随祖在贵阳。明嘉靖二十二年（1543）举人，次年进士。历任德兴知县、擢主事，累迁工部郎中，出为参政，累官右佥都御史，郧阳巡抚，贵州巡抚等职。有集不存，唯传《武侯祠记》一文及诗二首。

重修武乡侯祠碑记[1]　　田雯

黔城南贮甲、铜鼓诸山，多武乡侯陈迹。世传侯于建兴时南征，此其平蛮略地处也。按，侯以南阳布衣，受三顾之知，佐先主，奋有巴蜀而成帝业。自离草庐以来，二十余年，凤昔以管、乐自期，可以无遗憾矣。洎乎永安遗诏，谓其才十倍曹丕，终定大事。夫所谓大事者，非斤斤于六尺之孤而一隅之安也。昭烈之志，实未尝一日忘并魏吞吴，身将殁而志不衰，盖欲侯之大展其才，瞰中原之变，兴复汉室斯已耳。建兴元年，侯以丞相领益州牧，开府治事，手握兵柄。或以侯之处此，痛思先帝之顾命，势必奖率三军，首出祁山，为北伐之举，其事审，其计决矣。而乃岌岌于南征之役者何欤？

〔1〕 许先德、龙尚学：《贵阳名胜古迹》，贵州人民出版社，1991年版，第173-175页。

当是时，成都甫定，根本未固也；主幼国疑，群蛮蠢动，而人心未归也；凫蚕蕞尔之国，财用弗充也。脱一旦兴师动众，骤议远图，彼雍闿、朱褒、孟获之徒，得从而窥伺之，且有以袭其后焉。吾知侯之谨慎，必不出此。所以遣使聘吴，固结和亲，可以毕力于南征，而不敢轻视于北伐，此侯之雄略，亦远谟也。夫侯之南征也，后主亲送于郊，诏赐金钺一、曲盖一、羽葆一，鼓吹各部，虎贲六十人。分兵三路：遣马忠攻朱褒，李恢向益州达昆明，而躬率兵骑，由水路入越隽①。又得酋帅济火率罗鬼诸部，刊山通道，聚粮以供军，不百日，褒、闿悉平。闻孟获为蛮王长，募生致之，于是自艮坑、佛光、漾濞川而北，历雾州、庆甸而西，以暨乎骠国、木鹿、都鲁、普坎之间，七纵七擒，南人不反而心归矣。攻心为上，由于街亭败将之一言，而成都根本之地如磐石矣。三月兴师，五月渡泸，至秋而事定。凡牂柯、昆明、东川、武定、乌撒、沾蒙，地方数千里，莫不收其豪杰，以为官属；出其金银、丹漆、耕牛、战马，以给军旅之用，财用充而国以富饶矣。国富而后治戎讲武，北伐中原，此固善体夫昭烈之志，无负乎平蛮永安之托，而侯之雄略远谟为何如耶？是岂管仲、乐毅之俦所可比拟万一者哉？

嗟乎！出师二表，日月争光；五丈秋风，英雄挥涕；正所谓运数有归，不可以志力争也。若夫损益连弩之妙，木牛流马之奇，行屯田于渭滨，作八阵于鱼腹，又侯之余才剩技矣。然而《蜀书》所载，于侯平蛮之道尤详，不置吏，不留兵，不运粮，三者至当而不易。盖置吏而终不相信，必成祸患；留兵则无所食，运粮则苦于山川险阻，且夕告匮，而多脱巾之呼。惟于既平之后，即其渠帅而用之，示以信义，布以德威，俾之分守其土，各部其民，纲纪初定，而蛮汉相安，此道得也。且其征之之方也，蛮习击刺，侯故威以兵也；蛮善燎原，侯故攻以火也；蛮俗尚鬼，侯之用兵疑鬼疑神也；蛮所恃者，深山密箐之中，为群狐三窟之计，侯故穷搜之无得避，震詟之弗敢出也。至于贮甲铜鼓，陈迹依然，又何莫非侯之奇踪闳响有以服南人之心也耶？山下有祠数百年矣，距城不远，余故谒之，而且新之。复筑小亭于山之上，览黔之胜，而立石其旁；因得考侯南征始末，而述所以平蛮之道如此。是为记。

注释：详参见席春《武侯祠记》。此碑记另有载录，参见贵州省文史研究馆古籍整理委员会编：《贵州通志·金石志·古迹志·秩祀志》，贵州大学出版社，2010年版，第394-395页。

田雯（1635-1704），清初大臣，文学家、藏书家，山东德州人。康熙三年（1664）殿试二甲第四名进士。授中书舍人，十九年（1680）提督江南学政，二十三年授湖广督粮道。二十六年（1687）为江苏巡抚，又调任贵州巡抚，致力发展贵州文教事业，增建县学，整修书院，奖掖黔中人才。三十八年（1699）奉旨督修淮安高安堰河工，以病辞职归里。诗与王士禛、施闰章同具盛名。著有《古欢堂集》36卷、《黔书》2卷、《山姜书屋诗选》15卷、《长河志籍考》10卷等，辑有《德州田氏丛书》等。

校记：①原文"越隽"，即越嶲。

武庙记[1]　　廖志贤

大元江南湖北道宣命虎符武德将军镇守辰阳路、昆元万户府万户镇守八番顺元等处万户府事那怀，至正四年（1344）十月承奉湖广等处行中书省，扎付选差公镇。至正五年春，统领诸翼军马诣府署事。越明年，三边宁谧，军民安和，城市太平，宛如内郡。各翼英济显灵武安王祠宇，修梁巨栋，丹青焕然。惟府城东北隅，乃邓旧、昆阳、两淮三翼所共祀，军民蕃庶，其址旷阔。然以岁久月深，风雨凌震，非惟已侧，行者怆之。惟神之灵，兵士是倚，其庙貌如此，可不修举！兹令拳拳，首输己禄，命工度木，开敞旧址，乃遘雄图，以营新制，山环水朝，吉福来萃。爰以是岁丙戌（1346）六月戊申朔旦经始，至十月三日庚申吉竖立，重檐复栋，如翚斯飞，众庶攻之，不日落祀。十二月甲申，奉安新像，全彩彰施。龙髯凤目，威灵煌煌，檀施郑善，竭力助财，以成其事。而关、周二将，左右具立，塑像采绘，一一备焉。于是楹栋美奂，门庑增制，粉素营饬，丹艧①绘图，环以宫墙，崇以陛级。内则御屏，拥壁画图，圣绩神功，今古忠壮，俾来者、往者观之、迎之，孰不敬悦。此文武吏，陈答、刘璧，并力捐赀，协赞完就。至于绮窗朱户，銮几兽炉，宝盖朱幢，侍卫森列，以戊子秋孟鸠工。一日苑侯谓余曰："我公武德克己，笃念一新，庙庭神欢之人乐之，敬大书王号，昭揭前观，功成事美，请记实焉，以寿诸石。"

嗟夫！王之忠勇，冠于二国，公之诚敬，著于今时，既目盛举，辞不获已，乃记且曰："先君柱国蓟国公平章荣禄存日，以万夫长作二军师，然素秉忠贞，犹存仁恕。大德丙午（十年·1306），青山南列卜兰本作叛，勉获平定。至大庚戌，乖西歹蛮叛，招谕来归，亲率大军，凡在为国宣力，抚绥边庭，号令宽平，神人悦服。后屡立奇勋，位至宰相。公今承受侯爵，来镇府治，莅事四载，安静一方，兵不烦徭，民不苛扰，令行禁止，远近歌欢，庙堂之器，从可见矣。惟敬事神，犹书诚意，作新祠宇，施予不斩，以为埋圮悠久，计其福泽，何可量哉！仍为祠神乐章歌之曰：堂堂英雄惟我王，忠义揭日今古彰。普天庙祀昭灵光，亿千万载流源长。边庭钦仰诚恐惶，三军依安乐且康。新祠赫奕金碧煌，云蒸雾蓊瑞霭苍。荐羞蘋芷何芬芳，笾枕上达徽祯祥。王其惠今家国昌，再拜奠兮王歆尝！"

注释：贵阳府武庙有二，一在治城南三里新添关；一在治城内南，元初建。至正间，镇守八番顺元等处那怀重建。嘉靖三十三年（1554），新建营房以居士众，因故址修建。

廖志贤（1341—1367），元朝顺元路（今贵州省贵阳市）人，著名教育家。元朝至

---

〔1〕贵州省文史研究馆古籍整理委员会编：《贵州通志：金石志·古迹志·秩祀志》，贵州大学出版社，2010年版，第323页。

正年间担任顺元路宣慰司儒学教授。史称他"启迪多方，远迩向风，一时称其善教"。

校注：①"丹艧"，同"丹腰"，指红色颜料或彩饰之义。

建寿亭侯祠记略[1]　　牛桓

前将军汉寿亭侯关公羽祠，在贵州会城者，胜国镇守八番顺元等处万户那怀鼎建，俗尚倚为公社。予镇守又明年，爰谋兴作新祠数楹祇奉侯。经始夏六月甲寅，讫工秋七月壬子。因言于众曰：侯绝伦轶群，华夏震愕。及卒，蜀人祠侯惠陵之左，明侯不二其主也。贵、蜀邻古荆、益，侯古荆守，尝开石西土祠无不可，前那万户创之而寻废，固兴舍有侯于人，自予复之，嗣此，必有同志者相翼，共以保之。

注释：寿亭侯祠，在（贵阳）府城中教场内，即大兴寺也，春秋祭祀于此。明嘉靖三年（1524），总兵牛桓建。

建神武祠碑铭[2]　　郭子章

炎汉日落，皇纲几绝，天生虎臣，为万人杰。蒲坂降神，桃园歃血，龙从豫州，雁行诸葛。辞曹归刘，烛旦植节，美髯桓桓，雄武揭揭。批邻陷坚，雷轰电掣，吴儿夺气，老瞒褫魄。鼎足方峙，天柱遽折，魂游窅冥，灵自光烈。靡地不祝，靡人不德。嗟嗟黔阳，杂糅汉夷。夜郎不虔，煽毒边陲。予小子章，肃将天威。王赫斯怒，嘿护艰危。假梦告犹，凭几赋诗。斩关拔寨，翼我王师。兔穴既扫，边庭乃犁。东市然卓，南粤获嘉。边甿安堵，将士偃旗。功在社稷，谁其酬之？酬之维何？祠创神武。金相玉质，俨然射圃。圣贤可亲，心目可睹。精灵如在，窃比尼父。盘江汤汤，贵山膴膴。庙貌维崇，永奠兹土。绥厥戎蛮，慑彼豺虎。勒石千秋，铭勋万古。聿昭神贶，以笃国祜。

注释：神武祠在贵阳府城内巡抚署东园，明巡抚郭子章建并撰碑铭。此碑另有版本载录，参见黄家服、段志洪主编：《中国地方志集成贵州府县志辑8：民国贵州通志（三）》，巴蜀书社，2006年版，第264页。或贵州省文史研究馆古籍整理委员会编：《贵州通志：金石志·古迹志·秩祀志》，贵州大学出版社，2010年版，第324页。两版本文字及断句略有差异。

[1] 贵州省文史研究馆古籍整理委员会编：《贵州通志：金石志·古迹志·秩祀志》，贵州大学出版社，2010年版，第323页。

[2] （清）郑珍、莫友芝纂：《遵义府志》（下册），遵义市志编纂委员会办公室（内部发行），遵义市人民印刷厂印刷，1986年版，第1437页。

郭子章（1543-1618），江西泰和人。明嘉靖二十一年（1543）出生于江西泰和县一个书香门第。隆庆五年（1571）考中第三甲第二十四名进士。万历十年（1582）迁广东潮州府知府。万历二十六年（1598）被万历皇帝任命为右副都御史巡抚贵州、兼制蜀楚军事，与李化龙合力剿平播州杨应龙叛乱，彻底消灭了盘踞播州八百余年的杨氏土司，又多次平定贵州苗、瑶起义。

神武祠钟铭[1]　　郭子章

考之志曰：钟，西方之声，以象厥成。惟功大者其钟大，垂则为钟，仰则为鼎一也。万历己亥（二十七年·1599），予奉命讨播，离家夕梦关王冠带临予宅。宾主坐，告予曰十有三日播灭，公且重默。六月入黔，予内子梦王带甲来助。已丑梦王临江干，有一棒破老君关之后。明年六月播平。计予入黔期实十三月也。七月双芝产王庙树，惟此播功，实王默右，乃命工范铜铸钟一，悬庙左，铸鼎一，置庙右，用昭神武。为之铭，铭曰：一梦而期播灭，再梦而助之甲，三梦而犁巢穴。惟播之捷，王之伐，雝雝景钟，悬于庙阙，亿千万年，永亡绝。

大明万历庚子（二十八年·1600）季冬朔日赐进士出身、通议大夫、都察院右副都御史、奉敕巡抚贵州提督军务兼制湖北川东等处地方、泰和郭子章撰。

注释：平播钟，万历二十八年（1600）。在贵阳城内省立艺术馆，铜铸，重八百余斤，钟身高二尺六寸，口周五尺六寸，纽长五寸，上段篆书阳文"平播报德之钟"六大字，每字大约五寸，中段篆书阳文铭词，沿钟一周，计四十六行，每行六字，每字大七分，后有稍小字九行。又按：钟上郭衔后尚有小字九行，均篆文，字数不等，已多漫漶，细审乃知府、

同知、通判、新贵县等衔名，不具列。此钟铭虽非石碑，然有类碑文价值，故录。

神武祠鼎铭[2]　　郭子章

考之志曰：钟，西方之声，以象厥成。惟功大者，其钟大。垂则为钟，仰则为鼎，一也。万历二十七年三月（1599），予被黔命讨播，离西昌夕梦关王冠带临予宅，宾主坐，告予曰十有三月播灭，公且重默。六月入黔，予内子梦王带甲来助，己丑梦王临江干，

〔1〕 贵州省文史研究馆古籍整理委员会编：《贵州通志：金石志·古迹志·秩祀志》，贵州大学出版社，2010年版，第101—102页。

〔2〕 贵州省文史研究馆古籍整理委员会编：《贵州通志：金石志·古迹志·秩祀志》，贵州大学出版社，2010年版，第102页。

有一棒破老君关之后。明年六月播平，计予入黔期实十三月也。七月双芝产王庙树。惟此播功，实王默右。乃命工范铜铸钟一，悬庙左，铸鼎一，置庙右。用昭神武而为之铭。铭曰：繄予黔境环播，是邻彼播氛恶兮，痛毒我黔民。维公曰天人，乃武乃神，金铉玉铉。神功攸□。俎于斯，豆于斯，春秋蹲蹲。

大明万历庚子（二十八·1600）季冬朔日 赐进士出身、通议大夫、都察院右副都御史、奉敕巡抚贵州提督军务兼制湖北川东等处地方、泰和郭子章撰。

注释：平播鼎，万历二十八年（1600）。在贵阳省立艺术馆，铜铸，重五百余斤，鼎口周四尺八寸，底周四尺二寸，三足各高五寸，两耳各长三寸六分，沿鼎口横铸篆书阳文"平播安黔之鼎"六大字，每字大三寸。中段铭词，篆书，阳文，五十六行，每行五字，抬头处多一字，每字大约六分。据载，抚署东园有神武祠，明万历庚子郭公青螺（即子章）所建，内有铁鼎一，上有铭小篆，漫漶莫可辨。（《黔书》）

又，平播钟及鼎各一具，皆神武祠故物，系明万历间贵州巡抚郭子章范铜所铸，以志平播功绩而答神庥者。形制古雅，花纹精致，铭词亦灿然可诵。神武祠在巡抚署东园，殿今尚存二器，旧陈殿间，深藏高衙，知者特少，故旧《通志》及《贵阳府志》均未载之，田山姜（即田雯）中丞《黔书》虽曾述及，谓系铁铸，亦未加详审。辛亥改革，始由祠移置古物陈列所。如斯巨制，且因平播而铸造，实为黔省具有历史价值之物，洵可宝也。（《耆斋札记》）此鼎铭虽非石碑，然有类碑文价值，故录。

神武祠碑记[1]　　田雯

署东园有神武祠，祀汉前将军壮缪侯关公，一崇褒祀，封武安王，明万历庚子（二十八年·1600）郭公青螺所建也。壝半亩，殿两楹，马亭在其左。铁鼎一，上有铭，小篆，漫漶莫可辨。而划楔立石则三之。一石言祠之由：平播形于梦中，英灵纪于射圃，心日可埒尼父，爵号不用曹表是也。一石刻像，龙从豫州，雁行诸葛，逸孟起之伦，褫老瞒之魄是也。下载全传，用《蜀书》本文而系之论断，揭达旦之亮节，洒临沮之涕泪，悲天人，恨吕陆也。一石辨壮缪之讹，名与实爽，不宜横加恶谥，借音不借义，以"缪"为"穆"，合乎布德执义之旨，彰公道，慰忠魂也。且也裂石，有歌金芝，有颂青螺之所以祠神武者，至矣！予从而考之。祠之建也，平播以后事耳。当夫青螺奉命讨夜郎离西昌之日，梦王示贼平期。逾年，会楚、蜀师，不五月，悉如梦言。岂非王之呵护黔疆，而勉之以削平祸乱乎？抑亦青螺平生为人，心与神通，故寤寐相告语而有以树兹伟勋也。夫世之祠王者多矣。即穷陬委巷，妇人乳子，皆知尊而事之。然此曰"汉寿

〔1〕 贵州省文史研究馆古籍整理委员会编：《贵州通·志金石志·古迹志·秩祀志》，贵州大学出版社，2010年版，第324页。

亭侯"，彼曰"壮缪"。非失之诬，则失之褒耳。青螺之用心于此，独有以辨其是非而正其声称者，删曹氏之爵封而存前将军之号；痛"壮缪"之非美名而指其"壮穆"之实德。吾知王与青螺神明契合于数百载之上下，而非惟平播之入梦已也。

噫！区区一祠，何足答灵爽！而青螺工为文章，乃以文章追崇之。夫文章者，士君子读书明大义，将以为千秋之定论也。故三石岿然于庙貌之下，反覆流连，阐扬赞颂，俾后之人有所观感而兴起焉。此则青螺之志也欤！而况乎抚黔垂十年，多惠政，正直仁恕，屡立战功，又不止文章乎！《易》曰："聪明睿智，神武不杀。"取以名祠，其大意可概见矣。予才地不及青螺远甚，而事神唯谨。愿以私淑于郭公云。

注释：神武祠，在（贵阳）府城内巡抚署东园，明巡抚郭子章建。（《贵阳志》）

重建大兴国寺关帝殿碑记[1]　　　阎兴邦

昔泰和郭公之抚黔也，方授钺以讨播时，播阻兵有年，屡征不克，郭公至，以四月搜乘，阅六月而渠魁就歼。出师之先一日，梦汉前将军壮穆侯示以贼平之期，其战水田、战壁海，侯皆为之阴祐。不独黔之人至今能言之，而郭公亦神其事，作为文以书之石，藏之于黔抚署内庙中，谓侯之庇吾黔也甚大且厚。于是以平播之功归之于侯，而又刻其本传、辩其谥号，使后之人知所崇敬焉。夫以侯之威灵如两仪丽天、如岳渎载地、海隅日出，罔不锡福，何独私于黔？不知黔地千余里控楚襟蜀，其东皆古荆州之境，北与西旧悉隶于益州。荆为侯之所镇守。当其威震华夏时，凡属荆之疆圉者，咸怀德畏力，凛凛然奉侯之令不息，侯未尝一日而忘荆之民，岂肯一日而忘黔之民哉？益则昭烈之所建国，侯与昭烈义，则君臣恩同兄弟。夜郎巴蜀壤地接而分野同，尤侯之眷眷不忘者，且顺忠岭上嗣将军之俎豆存焉。则有父子之至情而武乡侯永相之庙食遍于黔中，与侯又敦之以朋友。夫世之所重者伦常，千古之大伦，维侯独肩之。以为世道人心之卫，而侯之大伦彰彰史册者，又与黔相终始，则侯之有德于黔非私也。盖其平昔所经营而注念者，若游于通邑大都，而忽逢其子弟若有物焉。为我所拥持爱护而一旦遇之，未有不恻而相怜笑而相携者也。贵阳为黔之省会，朝夕若有侯也，俨乎在上，其报侯宜何如郑重？官僚士庶宜何如虔恭？岁癸酉（1693）奉简命抚黔，至之日，必先成民而后敢致力于神，数月后，纪纲具举，爰询侯庙，则在大兴国寺之前殿。寺创于元之至正间（1341-1368），其殿屡经兵燹，毁已多年，迨壬辰（1652）而重构，虽规模略备，而土木简陋，故仅四十年，栋挠垣颓，渐就倾圮，顾而太息曰：以侯之惠我黔人也如此，以黔人受侯之惠历千余年为之悍大难也如此，而庙貌不称，烝尝不时，即侯聪明正直不责望

〔1〕　本社编选：《中国地方志集成贵州省志辑：康熙贵州通志》，凤凰出版社，2010 年版，第 652-653 页。

于黔人，然崇德报功之谓何？夫民则何知斯守土者之任也？因毅然新之，奉文武，诸执事亦有同心，遂庀材鸠工，阅月而告成于见，父老子弟奔走相告曰：我侪小人所仰戴我侯者，故已寝食不□①。然铢铢而积、寸寸而累，虽俟之百年犹筑舍耳。今轮奂之美如是，盖神安则民安，民安则风雨顺阴阳，和子子孙孙世受侯之赐矣。遂相与砻石而求纪其岁月，独念侯之功德，上际下蟠，充塞宇宙，山陬海澨，僻壤穷乡，莫不有祠。其生前之大节，在天之威神，所以扶世道而翼人心者，操笔之士类能言之，兹特举侯之大造于黔者以告黔人，使世世守之。则斯殿也，应与贵山富水同其流峙矣。不然者，侯庙遍于天下，以妥以侑以介，景福在在，而是岂必肸蠁②此一方哉？

注释：大兴国寺，简称大兴寺，旧名大庆寺，原址在今贵阳市中华南路，是贵阳历史上最早的佛寺。据（道光）《贵阳府志·卷三十六·祠宇副记第六》载：大兴国寺，在府城中大街，武庙居其中，有头门、二门、甬道，两庑旁为诸佛殿，元至正间庐陵贾人彭如玉建。明洪武二年（1369）长沙游僧南宗重修，万历二十年（1592）僧法印赴京师请大藏，巡抚郭子章建阁贮之，南京谕德黄辉题曰"龙轮宝藏"。康熙三十七年（1698）巡抚阎兴邦重修关圣殿，有碑记。雍正间创修毗卢殿。乾隆间重修大士殿、盂兰殿、三元宫。道光十四年（1834）重修毗卢殿，十八年（1838）重修准提殿，殿内设明巡抚郭子章木主，祀之关帝殿前，梁罳下有泉曰"灵泉"。

校记：①原版文字不清晰，似"谖"，故以"□"符代之。
②原文"肸蠁"，亦作"肸蠁"，意为（声响、气体的）散布、弥漫、联绵等，喻灵感通微。

忠烈庙记[1]　　王训

唐忠臣南公，以忠义保江淮之乱，国步亦危，遂死。其英风烈气，炳耀汗青。历世滋多，未有祀典。贵州远在西南万余里，国初肇置方镇，居民乃建神祠，从事惟谨，灵爽泵彰。捍患御灾，赫有明验。景泰辛未（1451），贵州按察使合肥王公奉命廉问是邦，肃政之余，祷谒神祠，慨慕神之风节，且有以荫佑于斯土也，具以事闻。朝廷嘉神忠义灵贶，特颁祀典，命有司以春秋行事。仪文宣著，万世有光。公虑其久而遗坠，敬镌于石，以永其传。噫！神宜庙食，古今之公论也。向非公以言请，千载之下，何以致此？是诚昭代旌忠报德之恩，而公之嘉言善政，亦足以与同其悠远矣。谨勒石下，以志不忘云。

注释：忠烈庙又称忠烈宫，俗称黑神庙，祀唐代名将南霁云。明初洪武年间建庙。现存之大殿，建于清代康熙年间，现为南明区文化馆使用，该庙为贵阳市文物保护单

〔1〕贵阳市志编纂委员会编：《贵阳市志：文物志》，贵州人民出版社，1993年版，第113页。

位。明王训撰碑记。此记另有载录,参见贵州省文史研究馆古籍整理委员会编:《贵州通志:金石志·古迹志·秩祀志》,贵州大学出版社,2010 年版,第 368 页。

忠烈庙重建记略[1]　　胡拱

荣禄大夫、唐忠臣南公霁云,实大唐之名将也。时景泰初,贵之有苗,恃险为乱。宪伯王公宪恳祷于神,以祈阴翊,果获无虞。凡贵之境内,罹水火兵燹之患者,神皆有以相之。公以其事闻,廷敕有司,牲牢而时祀之。于时,镇守太监杨公友、杨公贤,都宪张公廉,总戎颜公玉暨藩臬诸公,咸捐俸赏,属都阃叶公昱以董治之,神像侍从彩塑俨若,足为景仰。经始于正德丙寅(元年·1506)仲春,告成于是岁孟秋七月也。命予记石。呜呼,祭法曰:"圣王之祭祀也,法施于民,则祀之;以死勤事,则祀之;以劳定国,则祀之;能御大灾,则祀之;能捍大患,则祀之。"若此者,皆南公之所毕备焉者也。故纪其岁月,示将来云。

注释:忠烈庙,详见王训记注释。

胡拱,字维辰,明弘治三年(1490)庚戌科殿试金榜第二甲第 36 名进士出身。曾官贵州左参议。

重修忠烈庙碑记[2]　　吴中蕃

贵阳有忠烈祠,以祀南公霁云,旧名"黑神庙"。盖人不知其所自来,从其貌而称之也。明正统间,臬使王公宪请于朝,赐今额,且命有司致祭焉。公之功,著于睢阳。其详附见于《张睢阳传》。在唐,固已立庙睢阳,图像凌烟矣。其所以得祀于贵阳者,则以子承嗣尝为清江守,巡行牂牁、夜郎,间多善政,民爱戴之,因及其亲。而公又往往显灵异于兹土,故至今不废。不独其忠义大节,足以起敬畏、致瞻仰也。然以近市,祠颇湫隘。僧西竺自蜀来,为住持,每欲修葺而未有会。康熙癸丑(十二年·1673)春,殿宇中夕忽劲,僧疑地震,相率避出。比晓视之,中梁已断,不绝如线,以木撑之,乃免坠压,观者异之。正谋新庙宇,忽于城西狮子山下获巨木数根,长数丈余,围可九尺,挺然美材。又于花仡佬溪中得一亦如之,不知始于何年而见于今。众以为是有神助,相与市金捐廉以成其功。又扩其后隙地,建藏经阁五楹,余为蔬圃,香积、僧寮,莫不具

〔1〕 贵州省文史研究馆古籍整理委员会编:《贵州通志:金石志·古迹志·秩祀志》,贵州大学出版社,2010 年版,第 368 页。

〔2〕 贵州省文史研究馆古籍整理委员会编:《贵州通志:金石志·古迹志·秩祀志》,贵州大学出版社,2010 年版,第 368–369 页。

备。遂极壮丽、宏敞为诸刹之冠。因忆大中间，裴休建广教寺，黄蘖禅师募得松罗木，以神通力，皆自涌出。而曹溪之寺，则自空中飞来。或以法力致，或以神力输，莫不有其因缘。今黑神之庙，梁中断而不绝，木自出以供用，其为神，固不待言。而西竺以广长之舌，宣报施之说，为时贤所倾响，得其信从，不可谓非法力之所致也。庙成，而西竺已西归，其徒碧昆欲乞一言以毋忘其师之力，故为记。其略如此，亦欲使入而生敬者，知其所自来也。

注释：忠烈庙又称忠烈宫，俗称黑神庙，祀唐代名将南霁云。明初洪武年间建庙。现存之大殿，建于清代康熙年间，现为南明区文化馆使用，该庙为贵阳市文物保护单位。据载，庙在贵阳府城内大街。康熙十一年（1672）春，夜中，庙动欲坏。望明，庙僧视之，栋不绝如线，尚支全庙，不即倾，众异之。俄而霖雨弥旬，狮子山为溜水所啮，崩其一角，土中获巨木数章，皆围九尺，长将百尺。花仡佬溪中，亦得一木，称是，因以为柱梁。众愈异之。即日布施米粟、金钱、工役。二十九年（1690），庙遂成。吴中蕃为之记。此记另有载录，参见贵阳市志编纂委员会编：《贵阳市志：文物志》，贵州人民出版社，1993 年版，第 114 页。

吴中蕃（1618－1695），字滋大，明朝末年贵州贵阳人，崇祯十五年（公元1642）举人。明末清初贵州著名诗人。诗集有《敝帚集》《响怀集》《断砚草》《断砚草二集》等，《黔诗纪略》录其诗三百九十四首，编为四卷。明朝灭亡，抱定"守节奉明"之志，曾在南明永历年间出任遵义知县、重庆知府、礼部仪制司郎中兼吏部文选司郎中。清康熙三十一年（公元1692），应贵州巡抚卫既齐之聘，曾主纂《贵州通志》。

黑神庙记[1]　　田雯

禳火之役，首告祝融之神，高辛氏，司火也。次祭南明河之水，从黔俗也。次又诣黑神之庙而致祷焉。神姓南，名霁云。庙在黔城之内，凡水旱灾祲，疠疫兵革之事，有祷必应，能有功德于民。而民受其赐，血食于斯，不知历几百年。土人以其长冠、戟髯而貌之黧也，故曰"黑神"云。考，南公，范阳人，行八，为唐名将。射贼将尹子奇丧其左目，立功睢阳。生平未尝入黔也。黔何以有公之庙也？黔《通志》所载名宦，公有子名承嗣者，为清江郡太守，历务、施、涪三州，多善政。后自请讨王承宗，有战功。岂土人之所祀者，乃其子而非其父欤？抑或其子宦游此地，曾为父立庙，遂相沿数百年，而尸祀俎豆之无已欤？唐至德二年（757），尹子奇复围睢阳，城中食尽。张巡令

〔1〕 贵州省文史研究馆古籍整理委员会编：《贵州通志：金石志·古迹志·秩祀志》，贵州大学出版社，2010 年版，第 370 页。

公犯围而出，告急于临淮。贺兰进明拥兵不救，爰公勇壮，具食延之。公曰："睢阳之人，不食月余矣。霁云虽欲独食，且不下咽。大夫坐拥强兵，曾无分灾救患之义，岂忠臣义士之所为乎！"因啮落一指以示进明，曰："霁云既不能达主将之意，请留一指以示信。"呜呼！亦伟矣哉！宜乎其为神之聪明、正直，能大有功德于黔民也。有功德于民而祀之者，正也。今禳火之役，祷而祭之，而遂无不应，火灾以弭而民受其赐。盖黑神之灵焉，故并书之。

　　注释：详见上忠烈庙注释。

重修忠烈庙记[1]　　觉罗图思德

　　贵州省城南有忠烈庙，祀唐赠扬州大都督、忠烈南将军之神。德以乾隆三十七年（1772）巡抚其地，拜庙下。知神庇佑黔民，灵应若桴响。顾庙制未备，不足称崇报之礼。商寮寀，皆欣然同志。遂择吉鸠工庀材。凡前堂、后寝、轩房、廊屋，悉仍旧制。易其朽蠹，加之丹艧。设东西厅为行礼者憩息之所，示虔也。建钟、鼓楼各一，轩然，翼然。嗗吰镗鞳，警听也。增神将四，屹然拱护，以将敬也。台榭阶陛、僧寮庖湢，莫不葺治，朱甍丹棂，耳目一新。既落成，邦人大和会，作礼竦敬，万象一新。金以为宜有词以丽之石以永久。尝考《唐书》，神于唐有再造功，故自肃宗后，凡国家有德音，必于郭汾阳王子仪、李西平王晟，颜太师杲卿、真卿兄弟，段太尉秀实，张、许二公与南将军八族之子孙，各与以五品官，终唐之世如此。神之子承嗣，又以忠勇、惠爱，克荷先业，著清名于涪州、施州、清江间。唐时此地为溪峒，其酋长入贡，必涪州刺史为之请，则此地以祀神自唐始无疑也。明按察使王宪始奏列祀典，忠烈庙则正统时赐额也。前巡抚德州田少宰著《黔书》，谓：明天启壬戌（二年·1622），安酋作逆，城将陷，忽见神兵罗列雉堞，贼惊遁。康熙二十九年（1690），南明河水忽鸣，邦人震恐。田公率寮属祷神，郁攸之患遂永息。黔地山多田少，非雨旸时若，罔获有秋。每农人望泽，齐心默祷，克期立应。此则德躬亲被之、感神赐尤切者也。然则，斯举也，为黔黎庶达神庥于既往，迓介福于方来，慰众心而崇国典，又曷可以已。经始于乾隆三十八年（1773）十一月，阅三月乃竣。勒石以纪岁月，且著灵迹之尤异，并系铭以昭来许。若神之精忠大节，昌黎河东言之详矣，兹不具书。铭曰：贵山苍苍兮，富水洋洋。翼然新宫兮，跻神之堂。跻神之堂，临之在上，质在旁，虎眉虬须黝而长。麟袍犀带雕锦裳，云车风马纷成行。增之卫从，峙两厢，拥以华瑶兮，佩以干将。曷以妥神兮，彤橧垩墙，曷以侑飨兮，笾豆大房。嘉粟馤芬，荔丹蕉黄。考钟伐鼓兮，厥声喤喤。灵之来兮，从天

〔1〕　贵州省文史研究馆古籍整理委员会编：《贵州通志：金石志·古迹志·秩祀志》，贵州大学出版社，2010 年版，第 369 页。

上。佑我下民兮，降福穰穰。曰雨而雨兮，曰晹而晹。麻、麦、黍、稷，重穋稻秔。露积被野，如茨粲粱。闾阎富寿，乐且康。睦姻任邮，厥心臧。仡僚伶楼，仲侏不偾，白狼咏化，歌三章。羊肠九迭，成康庄。椎牛酾酒，刲黄羊。虔修祀事，敢不蘉。惟忠惟孝扶天纲，聪明正直庇黔方。我作铭诗叶浩倡，千祀百世垂耿光。神之听兮，惠我无疆。

注释：贵阳府忠烈庙，在治城中，洪武年间都指挥使程暹建，祀唐忠臣南霁云。景泰间，载在祀典。乾隆十四年（1749）、三十八年（1773），皆重修。三十九年（1774），巡抚觉罗图思德，叙其修复之事，为碑铭立庙中。道光十八年（1838）；增建客厅，改修大门。十九年（1839），学政王庆云书柳宗元《睢阳南府君庙碑》。巡抚贺长龄为之立石于庙中。庙门、庙楼上有康太保神像。正殿又有唐清江境太守、南公承嗣少君、宋麦新团练使康公继英少君主。承嗣，霁云子，曾官施州刺史。施州即清江云。继英，见《宋史·忠义康保裔传》。传云："继英，仕至左卫大将军、贵州团练使。"又，新忠烈庙，在贵阳府新城内西北隅，铜佛庵之右，雍正九年（1731）建。一在城南七十里高坡场，顺治中建。（《贵阳志》）此碑记另有载录，参见（清）周作楫修、萧琯等纂：（道光）《贵阳府志（三）》，第145-146页。

觉罗图思德，满洲镶黄旗人。初自诸生授光禄寺笔帖式。累迁户部员外郎。外授江南常镇道。再迁贵州布政使。乾隆三十七年，擢巡抚。三十九年署云贵总督。十一月，兼署云南巡抚。

卢山司黑神庙记[1]　　李还素

睢阳之溃也，同殉节者三十六人，巡远①外，霁云南将军为最烈焉。呜呼！睢阳陷矣，唐祚绵矣，何以明其然也？国家值板荡之秋，乱臣贼子挟枭雄之姿，往往窥窃神器。所恃者惟忠臣义士，一段浩气丹心、百折不磨之性，披肝胆，激壮士，共相推挽。成则一身可以救人害之坏；不成则一心可以补天地之穷。至德丁酉（757）冬，禄山虽见杀于长安，而灵武初立，蜀辇未回，郭李之功未就，庆绪犹拥僭号，尹子奇、史思明屹然劲敌也，一时拥兵都邑。世受唐恩如令狐潮辈，反颜事仇，恬不知耻，唐之不绝如线矣。将军以顿邱一布衣奉张许之令起孤城以讨贼，大小三百余战，杀贼数万，或曰二十余合全无挫志，何其壮也！迨粮尽被围，乞援进明，慷慨泣陈，矗指示信其平日心，在王室上下一德者可知将军此心，张许二君亦此心也。将军以三十骑突出重围，贼数万莫能遮，三十骑亦此心也。城破之日，饥卒四百宁死无叛，四百人亦此心也。故纸可食，茶可嚼，雀可罗，鼠可掘，爱姬骏马可杀，惟此浩气丹心、百折不磨之性不可夺，天地正气毕萃睢阳一城，睢阳虽陷，不陷矣！且忠臣谋国，何分人我？胜则共勒其勋，败则何妨独任其咎。郭李颜僕当时类多奔走御侮，将军扼冲要地，分贼势于方张，蓄锐气于诸路，且阴以大节坚四方恢复之心。故河朔得从零就理，复还两京绥靖，范阳还唐旧物。将军于李郭，似有幸有不幸焉。然李郭之幸，未必非将军之不幸成之也。人为其易，将军为其难，此其用心公而明，微而婉，又非常情之所可测也。故曰：睢阳陷，唐祚绵也。独是计将军尽节日詎②今千百余年矣。黔又远，去雍邱非若江淮邺鲁犄角为唇齿邦，而黔之祀将军弥谨，恒求其故不得说者，遂以沐平西暨安叛城上所见两异事实之。嗟乎！事之有无，不足论矣。而将军之亮洁光天照曜今古。虽山陬野老愚夫愚妇痛谈往事，或歌或泣，津津乐道，若欲生睢阳诸公于齿颊间者，岂独黔人乎哉！况黔，山国也。民生不见外事，俗虽侈，犹存三代遗风。聆余韵而生感，感斯慕，慕斯奋，有不禁顽廉而懦立者，是将军大有功于名教也。则黔之庙而祀之也，固宜。

注释：此记标点为本书作者所加，供参考。据本书作者考，卢山司黑神庙，在（贵阳府）惠水县古芦山镇，供参考。

李还素，字养田，其先金溪人，后占籍定番（州治在今贵州省惠水县）。中万历四十六年（1618）乡试，授龙阳教谕，以卓异擢云南府同知。主榷务，常蠲其什之二为水脚费，商民便之。居三年，擢永昌知府。时帝留意吏治，纪名屏风，还素名列第二，晋浙江盐运副使、加参政。又二年，升广东布政使，奉檄巡海，巡毕卒于官。

校记：①即唐代名臣张巡、许远的并称。安史之乱中，二人协力死守睢阳而垂名后世。
②"詎"，疑为"距"之误。

"北极驱邪院印"[1]　　　佚名

注释："北极驱邪院印"，铜质，方形，长五十三毫米，宽五十一毫米，厚十五毫米，印的背面有柄，柄长二十五毫米，印重二百五十克。印文为篆书阳刻"北极驱邪院印"六字，其背面四只角分别刻有"丹""平""司""印"四字。

1989年10月，惠水县抵季乡抵塘村布依族村民莫英甫，在挖其旧宅基石时发现此祖辈遗物，经贵州省博物馆鉴定为明代道教用印。据《莫氏家谱》记载，该印系明代成化年间，为丹平司（明清时期定番州下辖长官司）长官所颁发。

"北极驱邪院印"在抵季乡抵塘村发现，说明早在明代，惠水地区（明清为定番州）就有道教信徒的分布，这对研究惠水地区明清两代的封建社会、土司统治提供了历史资料。此印虽非道教碑刻，鉴于其有类道教碑刻文物文献价值，酌情特录。

────────────

〔1〕　贵州省惠水县政协文史资料委员会编：《惠水文史资料第9辑》，第104页。

城隍庙记[1]　　萧俨

国朝之制，内而京师，外而府州县之治，遍遐迩，皆许建城隍之祠，自天子、亲王以及守令之职，通上下皆得祀其神。盖为天下国家生民计也。易曰："城复于隍。"史曰："增濬隍舟。"则城隍之称远矣。城以居民，隍以固险。此功之大，不可无崇祀之典。故有天下国家者，立法定礼，必以城池是重，而奉以明神司之位秩，牲帛、品节咸具，每岁两配山川之享，三主厉坛之祭，与先师孔子、社稷诸祀并。盖诸神以教育民，城隍以居民，皆万世永赖之功。祀之、庙之，可归废乎？京都西南行万里，为贵州，界于辰、播、淯、蜀之际，四古三苗荒服不治之区。迨我皇明统运御极，遣大将军临征。贵之诸酋慑伏，始城其地以居其众，即城北隅创庙，用栖城隍之神。维时，都布政三司，以次而设，总戎旅，专教养，肃以宪度。治具既张，祀缩有谨，幽明并治，人神胥悦。边尘静而诸夷听役，帖帖乎百年矣。此固列圣相承治化之隆，抑边藩得人神灵阴庇之故也。今总戎南宁伯毛公过祠宇，睹其屋隳弗修，揭处弗称，爰谋于镇守太监郁公、巡抚秦公、巡按戴公，洎三司诸公，撤而新之。公既捐己资，吏民响应，财用不匮。木取于箐，甓取于冶，庀工择辰，委文武职有干力者程督，不期年而成。中为殿庭，后为寝室，甃露台，列两庑，前门有屏，固缭有垣，舟舣金碧。与夫肖像绘塑之工，皆极精巧。可谓矩模宏壮，足为边境观瞻矣。且公尝以庙门迫临河渠，而适庙之巷窄隘，稍遇雨雪，泥污没胫。乃命工于河浒，依崖垒石补缺，高与巷齐。又自庙至城闉，皆补阪石，直接通衢，是以巷道宽平，凡谒庙名贵与士女往来者便之。公以庙成，属余为记。予惟古者诸侯，祀其封内山川，盖以形体之戴，神气之通，有感孚之道焉。唐绍云令李阳冰，因旱与其城隍神约，以五日不雨焚庙。及其果沛，乃迁庙以答神庥。前元大都城既成，增弘废制，设像封王而祠之。自内庭及官庶水旱疫疾之祷，无不崇礼，遂致治平，民物繁阜。国初，太祖高皇帝驻师汴城，册进开封城隍，亦以王谥。天章宸翰，至今辉烛中土。嗟夫神也，如水行地，随处而注，有以阴翊皇祚，溥庇黎元。此感而彼应，茫茫赫赫，曷有古今上下之间乎。

有天下国家者，所以隆重于神而弗斁也欤。况公以文武材勇，受命来镇贵阳，于兹三载。首征都事开锋破寇，大著功烈。而政行人服，四境肃然，乃能垂意葺理。所以示镇边隅，昭答神贶，而能体朝廷崇祀之意，不负委托之重矣。虽然公之祀神，非为己之徼福，为生民计也。与神共守一方，均有责耳。祈国康民之政，既修筹边御寇之策，复善则雨畅。乖戾之祸祲迫，其谁之责？所谓永赖之功亦泯，尚可与诸通祀者并哉。必也，志有不逮，则启之；力有不能，则扶之。俾封内之民，熙熙皞皞氛祲不起，兵革无

〔1〕 贵州省文史研究馆古籍整理委员会编：《贵州通志·金石志·古迹志·秩祀志》，贵州大学出版社，2010 年版，第350 页。

用，此则神之职也。役始于成化五年（1469），讫工于十二月云。

  注释：城隍庙在贵阳府治城西北，洪武间建。成化间，总兵官南宁伯毛荣重建。据《贵阳志》，顺治初建，道光十八年（1838）重修，二十三年（1843）加修。

  萧俨，明代成化五年（1469）官贵州左布政使。余不详。

重修城隍庙记略[1]　　周凤

  贵州东南苗酋曰"乜富架"者，据险阻，僭伪号，众至数万，谋不轨。都匀军民，骚动无宁岁。疏奉皇命，巴陵邓公廷瓒以右副都御史提督军务兼巡视，帅师往征之。弘治壬子（五年·1492），公次贵之会城，首谒城隍祠而誓之曰："予奉天子明命，来征僭乱，冀神翊佑。"继而经画刍粮，调度兵马，癸丑（1493）秋九月，偕三五同事，刚日出师，奋威深入。贼闻公来夺气，无敢抗敌。遂克坚寨，擒元凶，平群丑，乃郡县其地，军民安堵。越明年，甲寅（1494）春暮，全师振振而还。晋公右都御史，留巡抚贵州。公以神有默相我师之功，因往谢之。顾瞻殿宇，历岁滋久，栋桡坏朽。乃捐己赀，委属职裒材鸠工。凡正殿、两庑、仪门以及庖湢墙垣，总撤而新之。又于像设，亦加彩绘焉。经始于是年夏五月，落成于弘治八年（1495）六月。时镇守太监江公德、总戎都督王公道，暨藩、臬诸君目击其事，谓余宜为之记。予知公之事神不谄以徼一己之福，神之佑公不私以惠一方之民。是皆宜以传信于不朽者也。因为之记。

  注释：此碑注，详见萧俨城隍庙记。周凤，明弘治年间人，余史载不详。

东岳庙记[2]　　陈宜

  《书》曰："有功于民，能御灾患，则祀之。"故自君国子民，于凡百神，克弭灾捍患，民物资之以遂生育者，则皆庙祀，以为黎元康靖之图。而四方之人亦皆建庙设像，致其崇奉之意加谨焉。如东岳之神，历代祀于泰山。我朝祀之亦隆，故内而畿甸，外而郡邑、边陲，皆有庙像之设，人家尊礼而向往之。盖以是神，位居东震，听司生育，有功于世而为民之利，故尔。贵阳城之东北，旧有东岳神祠，相传恒有显应。凡城内外与旁邑之人，有疾疫灾患，诣祷祠下，辄获灵验。岁或水旱，吏民屡祷，即应感不爽，人赖以济。厥祠历岁滋久，几于倾覆，风雨不蔽，像貌剥蚀，民殆无所赡礼。昨镇守太监

〔1〕 贵州省文史研究馆古籍整理委员会编：《贵州通志：金石志·古迹志·秩祀志》，贵州大学出版社，2010年版，第350—351页。

〔2〕 贵州省文史研究馆古籍整理委员会编：《贵州通志：金石志·古迹志·秩祀志》，贵州大学出版社，2010年版，第357页。

郑公忠，惟以爱民报国是念，顾兹敝毁，乃惕然于怀，谓既无以妥神灵，且无以致远人敬神而趋善。遂谋于总戎南宁伯毛公荣，暨藩、臬诸君子，各捐己赀，衰良材。而乡之耆名善士，咸愿有助。鸠工择日，撤而新之。作前后殿七十二司，正门、旁屋凡若干楹。巍然奂然，高明宏壮。像设庄严，彩绘鲜丽，咸臻精妙，诚边陬之伟观者也。经始于成化戊子（四年·1468）十月，毕工于明年六月癸丑。佥谓是宜有记，而以属余。窃谓之，德以长育民物为用。而太监郑公镇守是邦，则以恤民阜物为心，故其所以加意于神者，盖欲一方之人，皆蒙神之荫佑，风雨时而百谷登穰，寿龄延而疠疫消疹，边境宁谧，寇盗不兴，咸乐熙之治于悠久，非徒邀于一己而已。此其所宜书者也。故余特记其事，刻石于庙，俾后之览者，知太监之用心不苟。而凡继吏斯土者，庶几知是祠重建之所自云。

注释：庙在贵阳府治城内南振武坊，明永乐间建。成化间重建。巡抚都御史陈宜撰庙记。《图经》在治城中三牌坊，今改为贵宁道。嘉靖《志》在府城东北隅。（《贵阳志》）

陈宜（？-1472）字公宜，号静轩，江西泰和人。明正统七年（1442）进士，授官工科给事中，升应天府丞，累迁云南左布政使。明成化三年（1467）八月，升右副都御史巡抚贵州。贵阳城之东北，旧有东岳神庙，陈宜作有《东岳庙记》。陈宜抚贵州，政尚简易，在黔三年，贵州称治。八年（1472）三月卒。

观风台碑记[1]　　毕三才

昔称人物志多系乎风土。夫五方之英，成于天地，孕于山川，资为国用，地灵人杰，祥发符征，机固不偶然也。黔当万山中，为西南荒服，称不庭不贡之区。乃高皇帝开辟疆宇，列圣翱翔道化。迨我皇上御宇三十二年（1604），车书礼乐，廓为大同，一时户口殷繁，豪杰飚起，声名文物，几埒上国。夫非山灵使然欤？岁壬寅，余奉命按兹土，入境见山川构会，慨然有望云物察祲祥之思。惟是行役不遑，事有所待，迄二年所，其于士民土俗形胜，历览益遍，窃疑黔风气虽开而未甚开，人物虽盛而未甚盛。岂天运固然？或亦山灵气脉未尽培补欤？暇日与中丞郭公偕藩臬长，纵步陟遐。见黔山势皆从北来，折而东，两江磅礴西来，大汇于城南之渔矶；东山迤支回首而挽搏，团坡大金，横拖曜气，上收众水，此实水神。前中丞江公曾筑堤建祠于前。第水势方奔，龙神未合，关键不设于尾闾，而于肠腹障之亟，则压而易溃，无当堪法。余既得兹山之阳，轩然心目，图一标创，诸缙绅父老益怂恿以进。余乃复申之曰："人聚于地，气聚于人。

---

[1] 许先德、龙尚学：《贵阳名胜古迹》，贵州人民出版社，1991年12月，第192-194页。

昔有慕富强者，观山河而兴思，历览名邦隘塞，往往培造以全生气，非徒侈美观也。尔士民既咸有经营子来之思，余奈何不为地方人才计？"于是量费捐资，择日鸠工，公之诸执事，逾年而台岿然落成，时甲辰（万历三十二年·1604）二月三日，余邀中丞郭公偕往以观。是日也，云蒸霞蔚，日丽风恬，登空中楼阁，芙蓉四面，环带三溪，东壁帐屏，西清卓笔。郭公憬然曰："兹其观风问俗之一奇观乎！"因额其台曰"观风"。余复以兹山奠位东南，考卦次为巽，稽星野为文曲，图史奎壁，实兆厥瑞。台成，计黔人士必有从龙从虎，益响应于井鬼之分野者，余兹实厚望焉。诸大夫请余记。

　　夫古今亭池台榭，率多以游观逸乐，夺民力而丛之怨，如楚章华、秦曲房、齐晋强台平台之类，俱足永鉴。惟诗称文王灵台，谓其偕民同乐，故能令民欢乐而速之成。说者以为台池鸟兽之乐，无关人士；第张子有言："灵台辟雍，文王之学也；镐京辟雍，武王之学也。"则灵台之筑，孰非周家作人地乎？余恶敢当文王，顾一念作人之意，则文王我师，敢勒贞珉而为之记。

　　注释：观风台，《职方典》云："在（贵阳）府城南里许。明万历间，巡按毕三才建亭其上，以镇水口。"按，观风台上有寺，据毕三才记，成于甲辰，则万历三十二年（1604）也。越其杰诗则以观象台称之。民国十七年（1928），以作无线电台。今其山麓辟为住宅区，域内古墓皆迁徙，惟张先璧、应龙等墓得保存。此碑记另有载录，参见贵州省文史研究馆古籍整理委员会编：《贵州通志：金石志·古迹志·秩祀志》，贵州大学出版社，2010年版，第110-111页。

　　毕三才，（江西）贵溪人，明朝万历年间政治人物、进士出身。毕济川之孙、毕济时之子。万历十七年（1589）登进士，授监察御史。

重建药王庙碑记[1]　　阎兴邦

　　天有六气：阴、阳、风、雨、晦、明是也。人有六疾：寒、热、腹、末、心、惑是也。于是，圣人用六味以节宣之而医道兴焉。医者，燮天之气，治人之疾，使其民不至札瘥夭昏，以瘠于死。此自神农尝百草，黄帝与岐伯诸臣，辨其标本、虚实、升降、浮沉而著书以诏天下。后世和扁、张华、孙真人辈，修而明之。奏十全济万姓，其功溥矣。独楚、粤之俗，性好机初，信巫不信医。往仕西粤，哀其民之阽于危亡，正言告之，至于再，至于三。及抚中州，为修药王庙，勒文于石，而民遂无淫祀。今来抚黔，黔古鬼方之国，苗多氓少。其地则山高风劲，一日之间，朝寒暮暑。百里之内，此燠彼凉。人质柔脆，易生疹疾。当其有病，则求之淫昏之鬼，磔豕烹鸡，鸣钲击鼓，呜呜吹

---

〔1〕　贵州省文史研究馆古籍整理委员会编：《贵州通志：金石志·古迹志·秩祀志》，贵州大学出版社，2010年版，第372页。

牛角，更唱迭和，穷昼夜不休。又其巫有大奚婆、鬼师之号，履刀吞火，以愚其民，至破家而不悔。且俗罔知医，间或用药，则寒温、补泻，悉反投之，往往杀人愈迅，吁可叹也，尤可哀也。予过城之西南隅，闻旧有药王庙以祀孙真人。真人者，生于后周，尸解于永淳（682-683）。所著《千金方》《福禄论》《摄生真箓》等书，以救世者也。因趋而谒之，则藤萝拥蔽，风雨倾欹，骎骎有败垣颓壁之惧。然后知黔之民，其丑正崇邪，非一日矣乎。真人之言曰：天运乎上，四时五行备焉。人动乎下，四肢五藏成焉。阳用其精，阴用其形。天、人之所同也。一觉一寐，呼吸吐纳，精气往来，流而为荣卫，彰而为气色，发而为声音，皆与天相应。虽有灾厉，谁能干之。及其疾也，良医导之以药石，救之以针灸。圣人和之以至德，辅之以人事。故体有可愈之疾，天有可消之灾。明乎此者，道通于治国。今不取古之良方、成法，以卫其生，而徒为巫觋所愚。黔民之疾，曷其有瘳乎？予既新其庙宇，堂除廊庑，比旧有加，并为文以纪，使知信巫不信医者，疾真不可治。苟审症以用药，而黔之民，庶不至札瘥夭昏以瘏于死也。

注释：药王庙，又名延寿堂，祀孙真人思邈，在贵阳府城内西南隅，贯城河侧。旧为尊经阁隙地。康熙六年（1667），都司张光焕建药王庙于后。三十五年（1696），巡抚阎兴邦移尊经阁于府学内，因阁地再建正殿大门，门楼下有洞。此碑记另有载录，参见《中国地方志集成贵州省志辑：康熙贵州通志》，凤凰出版社，2010年版，第650页。或黄家服、段志洪主编：《中国地方志集成贵州府县志辑八：民国贵州通志（三）》，巴蜀书社，2006年版，第285页。

阎兴邦，号梅公，清直隶宣化（今张家口宣化）人，先祖为山西忻州人。康熙二年（1663）中举，康熙九年，补授直隶新城知县。因才干卓著，被擢升为通州知州。康熙十五年升任工部员外郎，继升任监察御史，后再升鸿胪寺卿、光禄卿。康熙二十七年，升任顺天府尹，适逢湖广发生了叛乱，赴任河南巡抚。四年后，又调任贵州巡抚。为表彰其治黔的功绩，诰授文职正一品散官"光禄大夫"。康熙三十七年（1698）卒于任上。诗文著有《冰玉堂集》行世。

重建玉皇阁碑记 [1]　　　　阎兴邦

维天於①穆，维帝监观②。古礼独天子祭天，诸侯以下则谓之僭。祭之日，兆于南郊，燔柴升臭，扫地以示质，陶匏以象性，有泰③坛而无宫庙，祛④之至也。若士君子之事天，则见于诗书者曰克谨天戒、曰具严天威；无敢戏渝、无敢驱驰而已。观宇之设，起于汉季，一时徼福之所为而不知其近于亵，虽然以形体言之谓之天，以主宰言之

---

〔1〕 本社编选：《中国地方志集成贵州省志辑：康熙贵州通志》，凤凰出版社，2010年版，第651页。

谓之帝，既有主宰则必有庙之可昭格，有象之可凭依，以致其尊崇承事之意，亦人情之所不能已也。《甫刑》⑤有言，"苗民弗用灵，制以刑"，其时已"泯泯棼棼，罔中于信"矣。况三古以降，虽朴日漓，诈伪日起，虽日凭庭坚之典司寇之条，而民有瞽不畏死者。彼亦曰："我获罪于天，无所祷耳。"顾惟士君子内省厥身，小心翼翼，昭事上帝，独行不愧影，独寝不愧衾，如赵清献昼之所为夜则焚香以告、司马君实平生所为未尝不可对人言，此何待入庙而思敬哉？若夫鸥张奸宄、夺攘矫虔之民，日指天以示之，援神以告之，亦悍然不顾，迨入庙瞻像，恍若鬼神之诃⑥其侧，雷霆之震其傍，则死生祸福之说，有以惕之也。在《易》之"观"⑦曰圣人以神道设教，而天下服意者。愚夫愚妇虽不惧于明明之法，而不能不惧于冥冥之诛。既可以警人之邪心，则庙之所在，必当严威俨恪以奉之矣。郡城大道观建于元之至正间，址因山阜势□⑧爽垲，前殿祀道家之始祖，后有阁，则昊天上帝之像在焉。乃湫隘卑陋，甃乱石以为壁，鸠杂木以为材，阴翳不见日月，又历年已久，飘摇虺虺，殆不敢登，始疑立庙以事天者之为亵，今而知荒芜不治其亵天也滋甚，于是谋所以易之。覆其窊者而使之平；绳其曲者而使之直。筑石为台而，周三丈、高丈有二尺。阁则仍其旧，式为圆□⑨，体圆故象之，高如台之周数而杀其十之一。基砮栋固，实实枚枚，墍涂丹雘，焕然一新。自冬徂夏，聿观厥成，此岂以徼福哉！凡以明其不敢亵焉耳。夫我以敬天者事天，而民之登之，睹⑩其严威俨恪之容，亦思改恶而迁善，所谓神道设教者，非即以佐政刑乎！且黔古三苗地也，先王恶其腥闻在上，命重黎绝地天通，而苗民即叙今，使之知有天，以发其馨香，德是亦因势利导之一机也夫。

注释：（民国）《贵州通志（六）：金石志（四）》称："玉皇阁，在贵阳府城内大道观。康熙三十五年（1696）贵州巡抚阎兴邦撰碑记。又按：碑记原文见《秩祀志》。"

本书作者经查，未见（民国）《贵州通志：秩祀志》详载此碑文。详见黄家服、段志洪主编：《中国地方志集成贵州府县志辑十一：民国贵州通志（六）·民国今日之贵州》，巴蜀书社，2006年版，第151页。或黄家服、段志洪主编：《中国地方志集成贵州府县志辑八：民国贵州通志（三）》，巴蜀书社，2006年版，第285页（秩祀志三）"玉皇阁"一项。此项仅有"玉皇阁在大城门外马棚街"一注语。另，贵州省文史研究馆古籍整理委员会编：《贵州通志：金石志·古迹志·秩祀志》，贵州大学出版社，2010年版，第371页"玉皇阁"一项，亦未见载录。此碑记仅见载于康熙（后）《贵州通志》，即《卫阎本贵州通志·艺文》（卷之三十五），其余如乾隆《贵州通志》、（道光）、（咸丰）《贵阳府志》以及现代方志版本均未见载。

据（道光）《贵阳府志》载："大道观，在（贵阳）府城内三浪坡，旧名崇正观，元至正间建。明洪武时重修，改今名。康熙三十五年（1696）巡抚阎兴邦复修，有碑记。嘉庆二十五年（1820）重葺，道光二十一年（1841）改建山门。内有石坊，坊上有'大罗真境'四字，字画苍劲，为前明郡人杨师孔手书。殿下有洞，极深邃。"碑记标点符号为本书作者所加，供参考。

校记：①原文"於"，此处不等于简体"于"，不改。"维天於穆"一句，出自《诗经·周颂·维天之命》。

②原文"覌"，同"观"，径改。

③原文"泰"，"泰"的异体字，径改。

④原文"㓝"，古同"刑"。

⑤《甫刑》，即《尚书·吕刑》，借指周代刑法。

⑥原文"诃"，同"呵"，意为怒责。

⑦《易》之"观"，此处指《易经》之"观卦"。《易经·观》云："大观在上，顺而巽，中正以观天下。观盥而不荐，有孚颙若，下观而化也。观天之神道，而四时不忒，圣人以神道设教，而天下服矣！"

⑧原版此字不清晰，似"颏"，故以"□"符代之。

⑨原版此字不清晰，似"尖"，故以"□"符代之。

⑩原文"覩"，古同"睹"，径改。

建来仙阁暨汇川桥碑记[1]　　陈预

昔东野诗云："旧说天下山，半在黔中青；又闻天下水，半落黔中鸣。"窃赏疑之。洎予以宦来黔，见山环水绕，始信公言不妄。间于公暇诣贵山，与掌院翟悦山先生纵谈黔中名胜，因及会城东北麦穰一隅，有石矶在水中央，里人于最上建阁一事，即请予

来仙阁（实地调研拍摄）

---

[1]　贵阳市志编纂委员会编：《贵阳市志：文物志》，贵州人民出版社，1993年版，第66—67页。

序。予询及颠末。悦山曰："吾黔称山水窟，而麦穰之山钟英于云峰石矶。自凤凰哨蜿蜒曲折至仙临桥畔，涌突波间，形家所谓罗星锁水也。前明万历间，李氏曾构水月小亭，距今亭废已久，故址犹存。上有桥，桥名九眼，其下两水：一为南明河，源出广顺东北山涧，流经郡城至牛渡河委曲而下；一为龙洞河，在城南十里，源头活泼，汩汩有声，折而东，又折而至东北，绕龙井、头堡、乌九数村而下，至麦穰寨前与南明河交流，乃利济要津。桥不知建于何时，自万历十八年（庚寅·1590）重修，至今数百余年，往来称周道焉。嘉庆丁卯春（十二年·1807），白昼万里无云，至夜悬雨，势如破竹，河水骤涨奔腾，不可提防。戊辰夏（1808），雨如前，桥倾圮者九分之三。里人鸠工缭石，不数月而蒇事，因思石矶风水攸赖，当小亭颓废之余，成思建复，爰除桥工赀费外，复协力醵金①，鼎建一阁。时首事胡延弼、申锡祚、袁一铭等，建芙蓉石桥三硐，修补石桥六硐，易其名曰汇川。阁上祀奎宿，中祀文昌，左配鲤跃龙门，右建得月小轩，石径数十步，檐铃十余口，书其额曰：'来仙'，盖取仙临桥有异人足迹意。溯自己巳冬至庚午岁杪桥成，阁亦寻成。"余闻而曰："昔人云，成事有机，其此之谓乎？水不涨则桥不修，桥不修则亭终废。古之琼楼玉宇湮没于荒烟蔓草中者，曷可胜道！今乃由桥溯亭，由亭建阁，则信乎机之为也。且机之所成巨矣。予闻兹地甲黔中，其山纠纷群叠；其水曲绕萦洄；其寨瓦屋鱼鳞，炊烟互接。每于筑场纳稼，枷板铮铮，有吹豳击壤之风。又其问夕阳暮霭，牧笛渔歌，泠泠匝耳；修竹垂杨，莎汀凫渚，环绕于田畴村落间。盛矣！乃兹虹桥翼水，杰阁凌虚，较昔年景物之佳为尤最。则夫异日之衣冠文物百倍于今，不仍于机决之哉？"予雅嗜登临，思得一览，会奉调粤西，遂以中止。然而高山流水之怀，尚勃勃不能自已，因书此以为序。

注释：来仙阁位于贵阳市乌当区东风镇麦穰寨河中一石矶上。四面环水，有小舟往来，旧名水月庵，或水月招堤，距市区十六公里，距新添寨六公里。明嘉靖三十四年（1555）乡人于河中石矶上建立一庙名水月庵。万历年间（1573-1619）总督某在阁侧建仙临桥。武弁胡某构亭于矶上，额曰"水月招堤"。后阁圮而桥存。清嘉庆十三年（1808）夏，暴雨成灾，桥被洪水冲毁，乡人又于矶上重建一阁名"来仙阁"，清布政使陈预有记。光绪三十四年（1908），阁焚于火，乡人复集资重建。

来仙阁高24米，为六面六角三重檐攒尖顶木结构建筑，高耸如危塔，奠基于石矶之上，形制稳固。阁檐九角上翘，各缀铁铃，风动铃响，竟日清音不绝。山门前有石碑，上刻"来仙阁"三字，"文化大革命"期间，被砸断推入河中。底层正中悬"来仙阁"三字横匾，字极劲道，题款时间为光绪三十四年（1908），两侧以蓝色碎瓷镶成"天高地迥""岳峙渊渟"八字，分别嵌于左右墙壁之上。阁楼门窗，或雕或镂，为花为草，形态各异，上层旧祀奎宿，中祀文昌，下供观音。清人唐肇健《来仙阁》诗：兹庵绕野趣，四面俯涟漪。客少苔藓嫩，僧慵佛火迟。茶厨依水结，莲座凿山支。静极晨昏候，梵声云外吹。

　　此碑文另有载录，参见贵州省文史研究馆古籍整理委员会编：《贵州通志：金石志·古迹志·秩祀志》，贵州大学出版社，2010年版，第146页。或田茂康主编：《锦绣乌当：乌当文史旅游专辑》，贵阳市乌当区政协，2003年版，第40-41页。

　　陈预，清朝官员，于嘉庆年间曾任贵州布政使、福建巡抚。余不详。

　　校记：①原文"全"，疑误，径改为"金"。备考。

三元宫乐善堂记[1]　　许义宗

　　贵阳西门外，旧有三官庙，年久倾圮不堪，乐善诸君子慨然兴复修之志，爰集义资，鸠工庀材，始于前清光绪戊子（1888），成于丁酉（1897）。大殿三层，堂开五楹。一层供奉三官地藏，二层供奉关帝、吕祖，三层供奉上帝，配诸四相。气象巍峨，规模雄壮，改名三元宫。己丑（1889）加修左右两廊，各计三楹，上配钟鼓二楼。庚寅补修山门戏台一座，上加一阁，秀如文笔，此正殿形势也。壬辰（1892）又于左侧隙地建乐善祠，用祀始事者诸同志焉。上系经楼三座，下有两厢一厅，名曰望水厅。凡办慈善事业①者多②于此，故又名乐善堂。堂左傅以小亭，曰众乐亭，亭下有池曰半月池。至辛亥民国政变，愚氓毁庙弃神，置贡院魁神于河干，诸善士不忍神道废坠，斯文将丧，丁巳（1917）于祠南拓地特建一阁，高出云表，名曰明文，祀孔圣、文昌、魁星于其上。己未（1919），复于阁旁修

贵阳三元宫（现属贵州画院）（实地调研拍摄）

一船楼，以配三台，塑真武像坐镇其中。于是亭阁台榭，无一不备。大河前横，山水清幽，此善堂胜景也。嗟乎！追溯由来，三元之建，善堂之成，良非易易。其始也，或捐资以创修，其终也，或积会以继续，前后经营五十余载，用度至十数万两③之多，方能成斯壮观。而其中艰难筹画，苦心劳思，未尝终止者，悉诸同人和衷共济之力，并未获公家分毫之补助也。似此捐私人之款，作公益之举，博施济众，宁有讥议乎？且夫善堂之有益地方大矣！天灾流行，国家代有，或遭旱灾，则竭诚祈雨；或遭荒年，则平粜薯粥；或遭时疫，则施药送方；其贫苦之无告者，路毙则棺之，冬寒则衣之，岁暮则米之，种种善端，昭昭在人耳目。先慈善事不普及也，则提倡好生会，惜字会，乐善联络

〔1〕　刘应安主编；贵阳市志编纂委员会编：《贵阳市志：宗教志》，1996年版，第57-58页。

劝导之；观世风不古若也，则采择先圣遗训，印刷经文，家喻户晓，使人人讲求五伦，蔚成忠孝风俗，挽回末世劫运，此诸善士苦心也。是故民国以来，天下多故，而贵州灾患独轻者，谓非作善降祥之欤？况数十年间坚忍耐劳，乐善不倦，虽迭遭驻军蹂躏，别兵摧残，而百折不稍挫者，岂沽名钓誉哉！诚以读圣贤书，良知难昧，用是报上苍好生之德灵也。诚义之功，俾后之贤者有所观感焉！

民国二十有三年（1934）孟夏。贵阳许义宗撰并书。

注释：三元宫位于贵阳大西门外今立交桥旁。现有《三元宫乐善堂记》石碑一块，碑存三元宫。此碑文另有版本载录，两版本文字及断句略有不同。参见韦廉舟编：《贵阳名胜古迹略览》，贵阳市文物管理委员会办公室，1991 年版，第 199-200 页。据另版称：贵阳西门外旧有三官庙，1980 年文物普查时发现民国二十三年（1934）贵阳人许义宗撰并书的《三元宫乐善堂记》碑刻一方。碑高 2.67 米，宽 1 米，厚 0.35 米，系楷书阴刻。

校记：①另版本无"业"字。见《贵阳名胜古迹略览》1991 年版，第 199 页。

②另版本"多"后有"在"字。见同①。

③指白银。

仙人洞摩崖[1]

贵阳仙人洞"万里云山"摩崖（实地调研拍摄）

注释：（贵阳）仙人洞碑记已失，现仅存摩崖两处。一在仙人洞玄女阁后侧，刻有"万里云山"四字，"宣统元年（1909）提督徐印川题"。今尚完好，刻于山半崖壁上，高 2.5 米，宽 1.25 米。另一"吕洞宾摩崖像"刻于八仙洞亭东侧石壁上，高 2.5 米，宽 1.25 米。未载所刻年月。详参刘应安主编；贵阳市志编纂委员会编：《贵阳市志：宗教志》，贵州人民出版社，1996 年版，第 54 页。

又据《贵阳市志·文物志》载：摩崖在贵阳水口寺后悬崖上，每字约四尺见方。款题为"宣统元年提督徐印川题。"另有吕纯阳线画像在寺后登山石磴右方悬崖

〔1〕　贵阳市志编纂委员会编：《贵阳市志·宗教志》，贵州人民出版社，1996 年版，第 60 页。

上，约六尺高，三尺宽。详见贵阳市志编纂委员会编：《贵阳市志：文物志》，贵州人民出版社，1993 年版，第 110 页。

洛湾三官庙八仙庆寿浮雕[1]

　　注释：贵阳乌当洛湾三官庙建于清代嘉庆十九年（1814）。大殿神座前有一巨石"八仙庆寿"浮雕，长约两米，宽一米。庙已不存，这座浮雕已移万松阁神座前保存。

乌当协天宫碑群[2]

　　注释：协天宫位于贵阳市乌当区东风镇乌当村西街上老场坝，又名财神庙。关羽，被奉为关帝，又为武财神。全国祀奉关羽的庙宇，名称不一，有关帝庙、协天宫、财神庙，武圣庙等。协天宫，属于道教宫观，因奉"协天护国忠义大帝"关羽，故名。

乌当协天宫（实地调研拍摄）

　　据史载：乌当协天宫于明正德年间（1506-1522）始建，清同治年间（1862-1874）匪徒作乱，庙宇破坏严重，清光绪十六年至三十二年（1890-1906）重新修复。1991 年 11 月，协天宫被列为贵州省文物保护单位。

　　协天宫由大殿、戏楼、南北二层楼厢房组成封闭的四合院建筑群，坐东朝西，占地面积八百四十五平方米，建筑面积约五百平方米。协天宫大殿属于明清时期的建筑风格，混合式硬山顶青瓦屋面，庄严肃穆，主要供奉财神、关帝（即武财神关羽）、玉皇、三官等神灵。大殿两侧有走廊通向书房和厨房，形成完整的建筑群。宫内右厢房内有碑记八通，略录如下：

　　（一）"永垂万古"碑：于右厢房内墙下。青石质，方首无座。高 1.7 米，宽 0.63 米。额刻"永垂万古"四字，每字 0.1 米见方。碑文竖向楷书阴刻，凡十七行，满行

〔1〕　贵阳市志编纂委员会编：《贵阳市志：文物志》，贵州人民出版社，1993 年版，第 164 页。
〔2〕　贵阳市乌当区地方志编纂委员会编：《贵阳市乌当区志》（下），贵州人民出版社，2007 年版，第 888-890 页。

五十二字，共计八百八十字。记乌当里开场事。镌于乾隆三十七年（1772）。

（二）"玉石生灵"碑：于右厢房内墙上。青石质，方首无座。高1.7米，宽0.65米。额刻"玉石生灵"四字，每字0.1米见方。碑文竖向楷书阴刻，凡二十七行，满行六十字，共计1600字。记乌当里场坝事。镌于乾隆四十八年（1783）。字迹大部分现已漫漶不清。

（三）塑财神像碑：于右厢房内墙上。青石质，横卧式。高0.95米，宽两米。碑文竖向楷书阴刻。首题"牛王财神二金像新塑暨桩造神龛碑叙"，每字0.03米见方。凡六十一行，满行二十三字，共计1400字。记新塑协天宫内牛王财神二金像和桩造神龛事。镌于清嘉庆六年（1801）。

（四）重建堂厅碑：于右厢房内墙上。青石质，横卧式。高0.85米，宽1.45米。碑文竖向行草阴刻。凡三十九行，满行二十一字，共计八百二十字。记重建堂厅事。立于清嘉庆七年（1802）。

（五）"永垂示谕"碑：于右厢房内墙上。青石质，方首无座。高1.6米，宽0.8米。额刻"永垂示谕"四字，每字0.13米见方。碑文竖向楷书阴刻。凡十四行，满行三十八字，共计五百二十字，记重修协天宫事，镌于光绪二十九年（1903）。

（六）"善与人同"碑：于右厢房内墙上。青石质，方首无座。高1.62米，宽0.8米。额刻"善与人同"四字，每字0.13米见方。碑文竖向楷书阴刻，首题"今将抽收各项匠人出入数目列于左"每字0.05米见方。凡十五行，满行四十四字，共计六百六十字。记重修协天宫时抽收数目，系堡场众姓客商镌于清光绪三十二年（1906）。

（七）"福田广种"碑：于右厢房内墙上。青石质，方首无座。高1.62米，宽0.8米。额刻"福田广种"四字，每字0.1米见方。碑文竖向楷书阴刻，首题"皇修东上里乌当场坝协天宫碑序"，每字0.05米见方，凡十九行，满行六十六字，共计1200字，记重修协天宫事。系乌当堡场众镌于光绪三十二年（1906）。

（八）"垂前遗后"碑：高1.58米，宽0.82米。额刻"垂前遗后"四字，每字0.1米见方。碑文竖向楷书阴刻。首题"今将四庙遗留各自田土地名开于左"，每字0.04米见方。凡二十一行，满行七十字，共计1470字。记协天宫遗留各地田土地名。无时间、落款。

字塔（字库）刻石[1]

注释：惜字塔位于贵阳市乌当区东凤镇龙井村，处在东凤镇到渔洞峡、情人谷的

---

[1] 贵阳市乌当区地方志编纂委员会编：《贵阳市乌当区志》（下），贵州人民出版社，2007年版，第888页。

三岔路口。始建于清道光年间（1821-1850），1941年重修。坐南向北，通高十米。五层六角攒尖顶砖石结构。塔基石砌，平面呈六边形。塔身第一层为青石砌筑，第二、三、四、五层为青砖砌筑，底层边长为1.4米高，高1.67米。第三层塔身前二方刻石上竖向楷书阴刻"字库铭"，记述了重修惜字塔的原因、经过等，其余四面分别镌刻"过""化""存""神"四个大字。修建此塔为珍惜文字，培养地方文风之意。2000年12月列为区级文物保护单位。

灵应山摩崖[1]

注释：摩崖位于贵阳市花溪区高坡乡新关村灵应山。山顶有灵应寺，为清代中晚期摩崖。共有四处：第一处为山南麓崖壁竖幅楷书"灵应山"。双钩阴刻。字径五十厘米。左侧竖幅楷书"清道光丙申"（1836）。字径十厘米；第二处为山西面石壁横幅楷书"飞云岩"字径十五厘米。两侧分别阴刻楷书。"县正堂杨伟题"、"同治庚午年"（1870）。下方竖幅楷书楹联："三乘妙法，一派清虚"；第三处为山顶灵应寺一泉边石壁横书阴刻"玉池"。字径二十厘米。第四处位于"玉池"摩崖东隅，崖石上刻有"仙池""清一阁"。

"水湖山官堂"题刻

注释：此"水湖山官堂"，是乡村供奉神灵的一座小庙，现立于贵阳市乌当区东风镇云景村况家组的村口山脚石壁下路边，堂前有山泉溪水，堂后有古柏树。庙门两边刻有一联曰："无僧风扫地，无灯月照明"，庙的门楣处刻有"水湖山官堂"五字。据本书作者实地调研，此庙旧时有之，后毁，现为当地村民重建。庙内安立有三尊神的塑像

水湖山官堂（实地调研拍摄）

（其中右一位置为一尊女神像，疑为地母娘娘神；另两尊为男神像，疑为土地神和山神），此地乡民时有香火祭祀。

〔1〕 贵阳市花溪区地方志编纂委员会编：《贵阳市花溪区志》，贵州人民出版社，2007年版，第592-593页。

瓦窑村禁止破坏风水碑[1]　　佚名

禁止青龙山罗文汉、罗文时、罗永洪、罗应光、罗占学、罗占鳌及合寨人等，因于去岁罗占鳌新开此山石头，众等凭其乡老勘验，有伤本寨青龙要脉，并关四围坟冢妙处，罚银六钱，以为刊碑，永禁不朽。嗣后倘有无知之徒，再开此山，众议罚银十两。从此之后，言出罚随，勿论亲疏，决不徇情。凡本寨人等，均宜各秉天良，慎勿忽视。

光绪二十九年（1903）正月二十九日合寨公立。

注释：此碑在贵阳市白云区牛场乡瓦窑村，是一布依族聚居的山寨。此碑系该布依族村寨订立的不准开山取石的公约。碑高90厘米，宽54厘米。此碑另有载录，参见彭福荣主编：《乌江流域民族地区历代碑刻选辑》，重庆出版社，2007年版，第492页。

---

[1]　贵阳市志编纂委员会编：《贵阳市志：文物志》，贵州人民出版社，1993年版，第100页。

清镇

按：明初为贵州宣慰司辖地。洪武二十一年（1388），置威清站（今清镇市新华路）。二十三年（1390），分贵州宣慰司置威清卫，隶于贵州都司。崇祯三年（1630），以水外六目地即阿戈、龙尔、龙夜、底区、化那、引叶遮勒六目所在的六慕则溪地置镇西卫（今卫城镇）、赫声所（今茶店）、威武所（今甘沟）。这片地方为彝族世居地，故彝语称为"引叶遮勒"，因是镇压彝族之后所置，故名镇西。清康熙二十六年（1687）以威清、镇西二卫置清镇县，取二卫首字为名，属安顺府。1992年撤县设市。现为贵阳市下辖县级市。

玉冠山题刻[1]

注释：玉冠山，原名香炉岭，位于清镇市西南部犁倭乡小屯村境内。何以得名玉冠山，《嘉庆重修一统志》《贵阳府志》《安顺府志》《清镇县志》均有记载。据史书记载，玉冠山原为水西据地，当地部落酋长在山上筑城抗明，后来吴王剿水西，山上城堡尽毁。一山西道人云游到此，看中玉冠山的俊秀险拔，遂建道观。《清镇县志稿》载：山上道观于明洪武八年（1375）建造，清雍正十三年（1735）重修。同治初年苗变焚毁，光绪初年再建，中间历经六百余年。然据当地知情者回忆，该观清末民初曾有修葺之举。当时观中主持为李白云（四川人氏），曾亲率民夫往青岩运输砖瓦，甚为卖力，颇为当地信众颂赞。

历史以夹玉冠山几经损毁，现存遗迹多为残垣断壁。从玉冠山脚到山顶，沿路可见许多摩崖石刻，其中大都字迹模糊，难以辨认。唯其中一块尚可一阅，名为"玉冠禅记"。所刻近五百字，似为功德名录之类，上录有嘉庆、乾隆和雍正年号时日，其间偶见一"山西人"字样，其余模糊不清，虽可辨字一二，然其意均不可考。攀至山峰大半处，即见一石穹门，高约两米，门额上书"玉冠圣境"四字，阳刻，每字七八寸见方。

---

[1]　清镇市政协委员编：《清镇文史资料选辑第14辑·清镇文物古迹专辑》，2004年版，第55–61页。

有楹联一副镌刻左右，上联书"金阙化身百千载威灵如在"，下联书"玉虚上帝亿万年圣德昭明"，亦为阳刻。此联颇具道教气息。

清朝咸丰年间邑廪生邓福谦于1942年登临玉冠山时，即赋《登玉冠山绝顶放歌》，歌云："我闻玉冠久已名，今日来游二月天。老僧见我如相识，斯游始信有前缘。平生事事肯居后，惟有登临独占先。东眺金筑百余里，西瞻比喇俨目前。南北极目成一望，诸山罗列起苍烟。缥缈五城十二楼，一一尽态更骋妍。有如拱立相迎近，又如执笏来朝参。或如狮象盛驺从，或如旗鼓仪丈鲜。又如龙蛇体盘屈，亦如鸾凤势高骞。我想鸿蒙以前山水人物陶铸一炉内，至今上为星辰下为河岳奇巇异蟠际在人间。兹山实为八屯祖，往往毓秀产高贤。游人到此空归去，谁为山灵表壮观？昂首放歌天地阔，回首足下薜萝苔藓尽云端。""文革"期间，玉冠山文物悉数被毁。

青龙山摩崖[1]

注释：青龙山位于清镇城区。清代江阴陈鼎传《黔游记》："清镇，故威清卫。有两尖峰，平地突起，俱高千仞，上各有庙，每仲春，游者络绎"。"两尖峰"意指东山、青龙山。青龙山留有很多历史古迹，青龙山摩崖石刻就是其中之一。青龙山摩崖石刻共有三处，其中有两处于山麓北坡一处陡峭石壁之上。沿着路前进，在青龙山入口右侧亭阁斜上七八米处，峭壁荆棘丛中即见两方并排摩崖石刻："忠孝神潭"和"重修碑记"。

相传明洪武年间（1372-1393）修建三清殿时凿壁而成，清光绪二十五年（1899）重修，距今已有600多年的历史。据《清镇县志稿》记载："忠孝神潭"摩崖石刻，位于青龙山右侧山腰崖壁，离地十余米。摩崖呈竖长形，高2.2米，宽1米。竖向楷书（行楷）阴刻"忠孝神潭"四字，每字0.35米见方。书刻者及年代已无法辨认。

与"忠孝神潭"并排斜下的是"重修碑记"摩崖石刻。"重修碑记"摩崖石刻呈竖长形，高1.7米，宽0.9米。横向楷书阴刻"重修碑记"四字，每字0.1米见方。碑文竖向楷书阴刻二百六十余字，因风化严重，字迹已辨认不清，书刻者及年代也无法考证。从"忠孝神潭"摩崖石刻碑文中，依稀能看出其散布在四周已风化严重的一些小字："建立三清殿□住碑记""名泡二唐又田一分大小""上分三垃""拾田一""河田一分大小""田一分""永远□□□年昌□□□当□田土"等等，数字及田、分、大小等用得较多。

青龙山第三处摩崖石刻在"文明洞"洞口，斜上三五米有一巨石崖壁之上，上刻有"仰之弥高"摩崖石刻。"仰之弥高"摩崖石刻，离地三米。摩崖呈横长形，长1.85

---

[1]　清镇市政协委员会编：《清镇文史资料选辑第14辑·清镇文物古迹专辑》，2004年版，第108—113页。

米，高 0.48 米。摩崖为横向楷书阴刻，每字 0.37 米见方。系清镇典史颜逢贞题于道光二十二年（1842）。现青龙山下粮油公司驻地为原三清殿所在地，该地与"忠孝神潭"和"重修碑记"相距不远。

"青龙山"原名"火焰山"，山下常年发生大火灾，百姓苦不堪言。《安顺府志》记载：火焰山在城南门外炎帝宫后，形如覆釜，凝重崔巍，万木丛杂。清光绪十九年（1893）一月，镇西卫南街大火，延烧二百余户。二月，北街又大火，亦延烧二百余户。清光绪二十一年，县城内场坝大火，风猛火烈，延烧数十户，汛署被烧成灰烬。

据说产生火灾的原因主要是得罪了火焰山神，于是人们遍求压火之术。曾有一游方道士观其山势后说："惟焰高气雄，宜种树以压之。"后来，人们在山上山下建起庙宇，供奉神仙菩萨，以求国泰民安。后来因火灾之患，"山神"突现，山下建起了"火神庙"，以求消灾避祸。同时，为补伐木之过，人们每年上山种树，忌讳砍伐，保护山上的一草一木，裸露的山石渐渐青翠，树木成荫，"火焰山"也因此易名叫"青龙山"。《清镇县志稿》记载：青龙山原名"火焰山"，烈日晒得山如石，又常发生火灾，因而居民上山种树，此后树木青翠，遂名"青龙山"。无独有偶，与青龙山仅一壑之隔的马鞍山，也曾为闹火患，于清光绪十五年（1889）清镇知县吴镜澄，在山上题写了"一帆风顺"四个大字，表达民众愿望。青龙山顶，原建有玉皇阁、凉亭，山腰处还建有观音殿，即"文明洞"，均已被毁。三清殿，相传建于明洪武年间，原庙宇气势宏伟，神龛灶舍齐备，神像威严，"文革"期间毁坏。

清镇县新建梯青塔记[1]　　张日晸

邑近郊西北隅溪之中流，有河堤阁旧址，碑文磨灭，"万历"二字仅存。迨所防与建阁之由，大抵形家术，搢绅①先生难言之。惟是先民所作，宜还旧观，《春秋》大复古之义也。日晸幼时，尝见先公徙倚门前，矫首西望，趋而问焉。先公曰："河堤阁倾久矣。"意盖深有嘱云。后三十余年，道光癸巳（1833），日晸守蜀郡，同村赵孝廉廷椿过访，谈乡里事，语及斯阁，心怦怦动。嘱赵君归谋于众，酿资重建，日晸捐廉助役，费累千金，阁成，复圮于水。丁未（1847），日晸奉讳家居，邑人士谓前功之宜毕也。既服阕，乃与相度距旧址数十弓，山麓水隈，土石隆起，佥指其地曰："若因势为高，易阁为塔，可以避溪涨之冲啮，耐风雨之飘摇，杜宵小之潜匿。河自东而西流，经其下稍曲而南，若挽逝波而使回也，若据中流而屹立也。"邑师儒李君、陈君皆曰："善。"转告于邑大夫李侯，乃购地鸠工。经始己酉（1849）三月十七日，落成六月初九日。复旧迹

---

〔1〕　安顺市地方志编委会点校：《安顺府志》，贵州人民出版社，2007 年版，第 1137 页。

而变通之，倘所谓师其意者耶？夫成毁之数，相寻无穷，兴其废而图其新，后人之不忘于前人也。维桑与梓，必恭敬止，矧夫前人经营构造之遗，袯濯钓游之地，可任其荡然湮没乎哉！日暨久客归来，得与父老朋侪从容游历，回忆垂髫侍先公瞻眺时，不禁怆然神伤也。

　　注释：张日晸（1791-1850），本名日暄，字东升，号默庵，晓胆，晚号松庐，清朝贵州清镇人。清嘉庆十五年（1810）举人，二十三年（1818）进士。授翰林院庶吉士，旋任武英殿总纂、文渊阁校理、乡试正考官、大考同考官等。后历任四川叙州知府、成都府知府、建昌兵备道、四川按察使、浙江盐运使、湖北按察使、四川按察使。又任四川、河南布政使、云南巡抚等。道光二十九年（1849）捐银修清镇城北梯青塔，至今尤存。二级塔基正面嵌刻有他亲笔撰写的"新建梯青塔记"。道光三十年（1850）病死于云南巡抚任上。曾接纂《大清一统志》，在其手中告成。著有《庶常集》《编修集》以及公文底稿集《默庵公牍手稿》等。爱书画，有画作《篝灯课子图》等多幅，手书有《训子琐言》一帙等。

　　校记：① "播绅"，指有官职或做过官的人。一般称为"缙绅"。此照原文录。

"洞天一品"石刻[1]　　孙嗣奎①

　　注释：距清镇城西约二里的西山南坡，有"清镇八景"之一的凉伞洞。因洞内石幔如伞得名；又有氤氲之气，蕴然蔚然，而得"云龙洞"之美称；左有石鼓，击之则鸣，右一石，如华盖然，故又称"华盖洞"。1919年，时任县长孙嗣奎重修凉伞洞，并题诗勒之于石《以志鸿爪》："一生殊自得，岂慨老将临。浪迹寄天下，放怀观古今。筋流春水曲，人坐暮山阴。快与诸贤会，清风类竹林。"题书"洞天一品"四个大字，为横向草书阴刻，四字离地4.5米，长3米，高0.8米。

　　张日民之孙张绍鋆为孙嗣奎重修凉伞洞撰写了《重修华盖洞记》。文中写道："前清光绪末年，好事者醵金建阁覆之，石之真象既隐，洞之光线亦蔽，人为不臧，天趣反损。今县长孙嗣奎，政务之下，访古莅之，慨建筑之失宜。爰召地绅者，共谋改良，并亲为规划，移阁洞左，阁前添左右两厢，为游人憩息及住持食宿之所。石之碍者伐而去之，地之口者筑以补之，以至缭垣，辟门径，靡不尽善。几所需费，由公筹发，不足则更募诸境内之乐输者，鸠工应庀材，五阅月而告成。于是乎真境既复旧观，而禅院亦别成新构焉。其原把话像，一皆仍之，不欲拂社会这心响也。夫吾邑以贫瘠故未设公园，幸斯洞与巢凤青龙诸山，距城俱近，每逢佳日，游者络绎，其为用盖与公园等。"新中

〔1〕　清镇市政协委员会编：《清镇文史资料选辑第14辑·清镇文物古迹专辑》，2004年版，第99-103页。

国成立后，凉伞洞延用作民用炸药库，二十世纪九十年代初期，炸药库搬迁，至今昔日凉伞洞的石刻、寺院、洞内景观等文物古迹已荡然无存。

孙嗣奎（生卒年不详），字竹孙，贵州著名画家，民国时期曾任都匀县、清镇县、镇远县等地知事。主持民国《都匀县志稿》编撰，并与窦全曾、陈矩为此书卷首作序。

校记：①关于"孙嗣奎"，史志文献中，亦有写作"孙嗣熿"。详见本书都匀地区孙嗣熿撰"补修文峰塔记"一项校注。鉴于此，照原文直录。

修文

❧

按：修文，先秦时期先后属梁州、荆州、夜郎国地。秦汉以降，先后属象郡、牂
牁郡、蛮州和功州、罗氏鬼国、功州、顺元路军民安抚司、贵州宣抚司、贵州宣慰司。
元至元二十年（1283）于今县境置长官司，明崇祯三年（1630）建敷勇卫，清康熙
二十六年（1687）裁卫置修文县。民国三年（1914），析出县境北部置息烽县。新中
国成立后先后隶属贵阳、贵定、安顺地区和贵阳市，1963 年复隶安顺地区，1996 年 1
月复改隶贵阳市。现为贵阳市所辖县。

重修城隍庙记[1]　　温安独

修邑，古龙场地也。龙冈自南来，蜿绵十余里，天马高山耸翠于邑门之西，中出
奇峰，迤逦而下，为黉宫佳址。左护之山，横抱北阁，而其一则若迎若揖，与东郊四水
合于白马潭之岸。斯地也，前襟万卷，后带三潮，城①一邑之关锁，圣朝之屏藩，其有
关于修邑者，良非小也。故明崇祯初，安氏既平，版筑告竣，一时坐镇诸公，爰建城
隍之庙于斯，地最灵也，神最妥也。越今八十余年，风雨飘摇，祠宇朽塌，将从前郁葱
之区，一变而为瓦砾颓垣之地。□□之不安，即非一县生灵之福也。关圣祠和尚名元一
者，先君子之剃度僧也。口不读书，苦行五十余年，目睹寒烟荒草，不禁慨然自任。谋
之于余，余因甚壮之，以成其美。师徒不辞艰钜，相继沿门持钵，寡妇孤儿，亦乐为之
助。募得白金若干两，午夜奔驰，鸠工修葺，越三年而庙成焉。又云新祠三丈有余，实
难迁就，□□秉烛焚香，拜祷神前，架木作竿，不片石之力，而法像已就新位。片金寸
土，毫无捐绽。乡城士女聚族而观者不下千人，莫不共仰神威之默助也。

丙申（康熙五十五年·1716）春，三祠宇告成。□□殿俱已庄严，所恨者，山门道路安置
未妥。元一复谋之于余，余周匝审处，遂按堪舆家八门之法，得延年方，于本山之左，
坐坤望艮而立向焉，其向山呈双，水漾澄清。登斯门者，目睹长桥深潭，中漾一派，云

---

[1]　朱五义编撰：《修文名胜风光诗文选》，修文县志编纂委员会办公室，1991 年版，第 115–116 页。

波纵□□□明，不□□尘心先洗矣。此山为一邑外缠，最斜飞不顾，故曰山门。出不数武，其路即而南。两行盛裁②花木，中作角道，数十丈纡回盘曲，以完其回护盘旋之势。曰：斯道翡翠盈眸，□□挹，不独身近蓬壶，而且回头是岸矣。斯门也，斯路也，其立方立向之处，不必拘拘求合天官之书，五门之伦，惟顺乎情者，自可近乎理。天下□平，有不□□谓之类。□□绵力，不能独任，故此山之门与路必迟之又久，而后竣之，今则诸事落成矣。元一师徒复诣余而曰：斗栗③尺布俱属取人，为善之片瓦寸椽，无非好善乐施之意，□□善男信女捐助之物，僧不敢没人之善，必须勒石旌名，用垂永久，方不枉慈悲路上走一遭乎！余闻之而欣且感也。盖施之而不望报，于阴阳一定之理，又况城隍王者，为一县生民之神主，山川社稷之所凭依。使无元一师徒不终，听其香灯寂寂冷落长年，以贻□□我父老子弟为耶。今日者，庙貌巍峨，规模宏壮，辉煌坚固，大倍从前。虽由元一师徒之焦劳跋涉，而后鼎之新之，其实皆一县之善人君子所劻勷④乐助而成之者也。窃慰自兹以往，钟鼓长存而香烟弥盛，历百世而常新，亘千古而不朽。行见忠臣孝子，义夫节妇，入庙而加荣，则君子光其光；刀山血海⑤，马面牛头，登堂而生畏，则小人悔其恶。羽仪学校而造福苍生，水火不惊而祲氛不作。□斯邑之士气，□□□风，端赖振作，默佑于神庥，正方兴而未艾也。是则此庙之成也，其有功于修邑之国计民生，岂止一人一世被其乐利，蒙其福泽哉！欢欣敬怖而记之碑云。

注释：城隍庙在修文县城北门（今修文二中校址），为三重殿宇。庙门临街。庙自明万历十三年（1585）僧人度禄募款始建，清康熙五十八年（1719）僧人元一补修。乾隆三十七年（1772）僧人真常重修。庙有田十亩，纳粮三石，岁收其租以为香火之资。道光十三年（1833）僧人诲悟募捐建彩楼三间。光绪三十二年（1906）邑人张焜等集资重修。民国四年培修。春秋二祭，香火鼎盛。新中国成立后改为校址。康熙五十八年（1719）温安独撰有碑记。详见朱五义编撰：《修文名胜风光诗文选》，修文县志编纂委员会办公室，1991年版，第114页。

校记：①疑为"诚"之误。
②疑为"栽"之误。
③疑为"粟"之误。
④"劻勷"，此处即"匡襄"，指辅佐，帮助之义。
⑤原文为"诲"，误，径改为"海"。

水口寺庙碑[1]　　佚名

粤自定权衡而凭阴骘，道应六匡；完大节以笃忠贞，名高三国。宏文宣化，储天地

［1］　朱五义编撰：《修文名胜风光诗文选》，修文县志编纂委员会办公室，1991年版，第177页。

之精英；荡寇伏魔，秉乾坤之正气。以故神明如在，庙貌几遍寰区；灵之丕昭，馨香持隆历代。二圣之神在天下，如水之在地下，固无所往而不在也。吾乡水口寺创自有明，上下两殿俱供佛像。近因住持僧铢集寸累，欲邀二圣之精灵鉴临斯土，爰集乡人卜地，于寺门首鸠工庀材，第二工程浩讵①，所集无多，欲成圭壁②之观，尚冀分金之助，所幸集腋成裘，图终不懈于厥，始积铢成□③，众志得期于同仁。将见层楼耸翠，作保障于一乡；飞阁流丹，壮观瞻于四境。神灵妥而风水有资，文教兴而武功丕起。实文武帝君在天之灵，当亦默佑而深许也。是为序。

注释：此碑文选自（民国）《修文县志·秩祀志》（十）。该寺在修文县城西面三十里之乌粟，始建于明代，内奉文昌、关帝二圣。

校记：①"讵"，疑为"钜"之误。备考。

②"圭壁"，亦作"圭璧"，玉器，指非常有价值的东西。

③原字形为"左钅与右两的合一字"。经查字典未见此字，暂以缺字符代之，备考。本书作者疑为俗体字。同"银"。

三教寺碑[1]　　　　佚名

神道设教，由来尚矣。先祖袁了凡先生，尝言庙宇神像，总宜修饰而尊礼之，夫岂无所见而云，然是三教寺感梦而建多室佛塔，良非偶然。郡麦西里乡，地否下立，军民不满百，而崇山峻岭，茂林修竹，望之蔚然深秀，胜境也。儒业农修，男耕妇绩，遗风善良之俗也。里门之外，有庙曰三教寺。栋起二层，其上栋则三教佛神，圆觉、牛王、马王莲座矣；其下栋则三生娘娘，四官韦驼、土地、龙神，钟鼓之所颓旧新修也。僧了尘自楚至黔，勤因果，精能人妙。所过者化，广结良缘。其所致而兴者，若修邑之扯泥、龙滚、巫洒、索桥，开邑之沙锅寨，贵筑之扎佐司等处，俱有成功。盖亦空门中之有功弟子，江湖上之大志高人，非等闲僧也。余等今岁春，清水众姓，募化捐资，延请复修斯庙。始亦守前之创，因于后之守，亦继述先人之雅意。僧欣然而诺其请，虑赀费不足，爰作十方，募化一簿请序。予曰：定之方中，揆以日作于此宫，作于此室，惟冀四方善男信女，共襄厥成。千狐之白，集而成裘；一篑之土，累而成山。一大快事也。神得其栖，人亦得其宁。况乎僧来道往，何处更访湖山；鼓发钟敲，此地一关风水。知胜地之匪遥，比桃源而犹近。得善俗以流长，访蓬岛于咫尺。神道之设，利用大哉！爰作功德一簿首序。

乾隆四十一年（1776）丙申十二月初五竖碑。

---

〔1〕　朱五义编撰：《修文名胜风光诗文选》，修文县志编纂委员会办公室，1991年版，第180—181页。

注释：此碑文选自（民国）《修文县志·秩祀志》（十一）。三教寺在修文县县城东北 30 余里的清水寨。建于明代，清乾隆时复修。三教寺，即把儒、释、道三教的教祖孔子（或仓颉）、释迦牟尼、太上老君合祀于一座庙里，故名。三教寺现象，极类似于道教"杂而多端"的特点，尽管不能简单地把它归类于道教信仰，但它与道教直接有关，故录，供参考。三教寺，是儒释道三教合一的表现，在贵州地区明清历史上普遍存在。

息烽

按：唐武德三年（620），设黔州都督府，羁縻51州，县境属蛮州，治所在今开阳。次年置矩州，治所在今贵阳，县境属之。元至元十七年（1280），隶四川省顺元等处宣慰司。二十九年（1292），隶湖广行省顺元路军民安抚司。明洪武四年（1371），隶四川行省贵州宣慰司。永乐十一年（1413），属贵州布政司贵州宣慰司节制。息烽之名源于明崇祯三年（1630），其意为"烽火平息"。总督朱燮元平定水西，拟在今县境置诘戎、于襄两千户所，经崇祯御批，更诘戎名为息峰。清顺治十五年（1658），属敷勇卫治理。康熙二十六年（1687）撤销敷勇卫，建立新县，以修文县、息烽县地建立修文县，息烽等四守御千户所入修文县，隶属贵阳府。同治十年（1871），缩建息烽县城。民国三年（1914），开始建立息烽县。四年（1915），移贵筑县治于息烽城，改名息烽县。三十七年（1948），复归贵州省直辖区。1949年，属贵阳专区。1952年，属贵定专区。1956年，属安顺专区。1958年，属遵义专区。1965年，复归安顺专区。1970年，属安顺地区。1996年改属贵阳市管辖至今。

玄天洞碑记[1]

注释：玄天洞位于息烽县城东约16公里处，南山山脉中断之山腰间。洞高约15米，洞内面积约1300多平方米。据乾隆三十五年（1770）二月初七日镌立之碑文记载："上人号月天者自四川庐州至此创修正殿五间……以供玄帝，因名曰玄天洞。"玄天洞古建筑群始建于明代崇祯年间，经清代多次增修扩建，共有玉皇殿五大间、三官殿三间、上殿七大间、下殿九大间和大小山门等。山下道旁还建有约六百平方米（上下两层）的三清宫一幢（俗名踏脚寺）。据（民国）《息烽县志》载："玄天洞，在南望山中，又名木皮庵，明王辅建。小庵三橡，用木皮盖顶，故云。崇祯初拓为观。清乾隆三十七年（1772）□□□上人改建。民国□□年□□□上人改建。民国□□年□□□上人拓建新

〔1〕 贵州省文管会、贵州省文化局编：《贵州文物志稿（第二集）》，贵州省文物管理委员会贵州省文化出版厅，1983年版，第131-132页。

庙宇一座，各□□□（注：名地母洞）。民国二十年（1931）□□□上人又于洞下创建藏经楼一座。"

据王延直《秋游南山玄天洞》诗云："言游玄天洞，载望南山麓。山顶似当前，路径乃纡曲。曳筇寒林间，落叶深碍足。盘空磴道窄，欲上不能速。久之达洞门，俯仰快瞻瞩。白云时复来，回护崖下屋。道人年百岁，不知世清浊，入山亦云深，恐为尘累束。回首声利场，锱铢枉争逐。巢笑鹪鹩枝，饮怜偃鼠腹。所欲讵有涯，转令意境蹙。尘梦历半生，一炊未曾熟。笑羡隐居人，于此得清福。"（《息烽县志》）

玄天洞所有庙宇均系明代建筑风格，雕梁画栋，黑底金字大匾，合抱马桑树殿柱上凸身金龙缠绕，龙头腾空喷珠，庙檐透雕腾云金龙。二十尊神像多系铁砂石雕刻好后贴金。洞内建筑，雄伟壮观，金碧辉煌。洞口层层悬岩，千姿百态。洞口上方，摩崖石刻，苍劲高悬，多为当时名人所题。玄天洞旧时为贵州省一名胜。可惜在贵州省物资局储运公司使用时，古建筑群被夷为平地。现已作为省级文物保护单位——"息烽集中营"旧址的一部分加以保护。详见（民国）王佐、樊昌绪修、顾枞纂：（民国）《息烽县志》，第 36 页。或何静梧：《贵阳历史研究》，贵州人民出版社，1996 年版，第 428 页。或息烽县县志办公室主编：《息烽县志》，息烽县县志办公室，1988 年版，第 38 页。

开阳

按：宋，以唐之蛮州地分置矩州、功州等，开阳地属蛮州，隶绍庆府；开宝八年（975），蛮州改称大万谷落总管府，治今羊场。元属顺元路（治今贵阳）。明崇祯四年（1631）置开州。明洪武四年（1371），置顺元路，合水西安氏，水东宋氏土司地置贵州宣慰司于今双流同知衙。天顺中，贵州宣慰司治所从大羊场（今开阳杠寨）移至杨黄寨（今开阳县城）。崇祯四年（1631），将陈湖十二马头改置为开州，治所杨黄寨，隶贵阳军民府。辖地与今开阳县地略同。清康熙二十六年（1687），改贵阳军民府称贵阳府，开州仍隶之。开阳之名源于清嘉庆十五年（1810）所建之开阳书院，取开阳明之学命名。民国三年（1914）年废州，更名为紫江县，属黔中道。民国十六年（1927），直隶省政府。民国十九年（1930）改称开阳县。1949 年成立开阳县人民政府，隶贵阳专区。1952 年贵阳专区改为贵定专区。1956 年划归安顺专区；1958 年属贵阳市郊区县，1963 年改属遵义专区；1965 年复归安顺专区。1970 年改称安顺地区。1992 年改属贵阳市至今。

关岳庙碑[1]　　佚名

署理贵阳府开州事即补同知直隶州加五级纪录十次刘，为立碑存记，以垂久远事。盖维春秋两季，乃朝廷祀典之隆，文以兴夫教化，武以兴夫功勋。故于致祭之必用牺牲玉泉，以昭其敬。四海之内，皆遵循而相率焉。本州莅①任期年祗承祭献，文庙尚有三牲之设，武庙别无太牢之供。殊为阙典，何足以答神庥而彰盛祀？窃黔省上下两游，自苗教各匪倡乱以来，礼皆废弛，各属地本丰腴易于复兴，惟开州僻处山陬难期备就，以致多未筹及，实于大祀，则有歉然焉。查有让、弟、廉、刘司等里，曾经呈请印簿，将所存义仓谷石，查照向章。春借秋收，议取息谷，每石收息二斗，以一斗作为州署公用，前任均经照办。本州自愧才疏，无力捐办，告厥成功，岂能不以地方现有之成规，

〔1〕 黄家服、段志洪主编：《中国地方志集成贵州府县志辑 38：嘉庆仁怀县草志·光绪增修仁怀厅志·民国开阳县志稿·民国修文县志稿·康熙龙泉县志草》，巴蜀书社，2006 年版，第 343—344 页。

复兴我朝之盛典？兹共获谷六十三石，悉数变价，计银四十两零九钱，均经交与本城汎②即补守备刘长寿，绅士记名简放镇佘士举，寻商生息，每岁春秋祭祀，即作为办理武庙太牢，及一切祭品之需。庶于馨香之荐，聊敬区忱，还冀诸君子热力勖勤，其有未办之件，亦将次第即可兴举矣，岂不善欤？是以誌之，用附诸石为记。

大清光绪九年（1883）岁次癸未季春月吉日。

注释：在开州（今开阳）中正街，原为关帝庙，崇祯三年（1630）建，康熙二年（1662）知州徐昌出俸银五百两修之。前后殿各三间，前厅三楹，左右有厢。大门、仪门各三间。雍正五年（1727）知州冯咏重修，后殿改为追封殿。乾隆四十二年（1777）知州蔡奏功建戏楼三间，阁一座。四十五年知州王炳文、僧湛涤，以其倾圮，醵金重建前后殿各五间，左右厢房各二间。成同之乱（1855—1873），毁于兵，仅存大殿一间。同治十三年（1874）知州龙声洋重建。民国初年，军政部令武庙各祀武穆，故曰关岳庙。现存大殿五间，甬墙一座，左右门及两旁走廊，及后殿遗址而已。兹录光绪九年（1883）碑文一通如上。碑文标点为本书作者所加，供参考。

校记：①原文"蒩"，即"苴"的异体字，径改。
②原文"汎"，即泛。

重修开州奎阁碑记[1]　　陈惟彦

日月星辰，天之文也。山川草木，地之文也。人纪人纲，六艺之道，人之文也。古者圣人，观天文以察时变，观人文以化成天下。文之时义大矣，而说者曰：天道远，人道迩，然欤不欤？黄农以前，载籍埋化，不可考。自尧以来，稍焕乎有文，至周称郁郁乎有文者不诬。岂非天之垂象，河洛之出图画，有以积为圣人之则象者邪？不然何其盛也！《贲》之象曰：刚柔交错，天文也。意阴之与阳，日之与月，错然而成章者，近退若乃星辰之数。则天官家言：有主名，有相事，若所主鉴鉴者然。意即圣人观察之所繇系者乎，其亦诬乎不乎？非斗魁枕参，首魁戴筐，六星曰上将、曰次将、曰贵相、曰司命、曰司中、曰司禄，而皆曰文昌宫，其于称也，奚取焉？若奎与参，并西宫，宿近北斗。马书班志，皆云奎封豨为沟渎，又主毒螫杀万物者。《星经》则言为府库、为大将，而或者曰奎主文昌。夫文昌宜在斗魁，中魁非即文昌宫也。文昌又非宿也，于古昌训明，岂皆以文明之义名之邪？于是天下之祠文昌，祀魁与祠奎者众矣，然其实主武为最。岂即所谓刚柔交错为文者乎，不可深究。呜呼！恶在天道之不远也。虽然，客星之犯，德星之圣，尝有明验矣。且宋景公有德言三，而荧惑退，感动不爽如此，恶在其必

[1]　黄家服、段志洪主编：《中国地方志集成贵州府县志辑38：嘉庆仁怀县草志·光绪增修仁怀厅志·民国开阳县志稿·民国修文县志稿·康熙龙泉县志草》，巴蜀书社，2006年版，第346-347页。

远也。然则祠文昌及魁与奎者，无亦天人交感之义所不废乎。今文昌者，皇皇祀典矣，魁亦祀在天下。而郡邑之尚文风，作星家言者，于是尤重奎阁。抑闻之，宋徽宗时，道士奏青词云：值奎宿奏事帝前，奎宿者，苏轼也。于是文人藉响传焉，此其不经于古而尤大成于今者欤？昔在圣人之抱天文观焉，而辨察焉，而□①象焉，而断则焉，而成其本末表里焉。可见后世之下，感而上应者，盖亦有之。春秋遇变而荧，君子谓之不知道，汉武之祠，灵星徼福，诸葛之礼斗延寿，非正也。今之尤加意于奎者，如何哉？举其事者，文人学士倡焉，子何必谓其不然。夫今之文，非古之所谓文矣。而今之祠文昌者，特重于古，意亦焕乎郁乎之机，将有复明者乎。敦牂岁，岁阴在午，予领开州牧事。开州瘠地也，又遭兵火既久，祀典多不载②，于是视其不当③。粤虽约而苟简无当者，筹资规度，悉如其礼。而州人士因思新其奎阁以为请，越明年，修杨公桥，法古徒杠舆梁之义，济病涉者，去桥未远，奎阁在焉。盖危乎其将圮也，乃遂折而为之，且落成矣。六风猝倒，而又为之，夐夐乎难哉。如是其不能已，著州之文学，蒸然勃然，喜而相与以有成也。予于州人士，盖尝告以大者远者，于是向学君子，不以予言河汉，盖视往者之眄为有间矣。建阁之祠奎也，所由来者非一日。昔蔡文端之先人，争于祠官，欲正文昌之祀，几行而仍其旧，盖入人者深也。鼓舞风俗，刺史之职，今州人士，求新其阁也，盖亦仍天下旧。刺史任责焉耳，奚硁硁然执古为言哉？虽然不可以不告也，古之人，因天而尽人，因人以合天。遂因人而教人，传之以其实者，不苴祷视而觊觎者，非古圣人意也。且贫贱也而富贵之，短折也而寿考之，其不知命，而震为徼鬼神之权者，难与明矣。宁有遇鲁而智琴之者乎？虽然天启其心，不能保无藉口，然何如尽人者之不眩。夫椎轮大辂之始也，祠奎者，其因此蒸然勃然者，而蔚然决其焕乎郁乎之机，人文于是乎存焉。则祀奎亦椎轮之大辂，盖犹行恶之道也。若曰仍天下之旧者，仍天下之情。呜呼！是诬之诬者，则否不敢如也。

在任候补知府开州知州大理寺丞陈惟彦撰。

都司陈冠英捐银一两，武举萧逢春、陈玉安各捐银一两正，袁泽捐银十二两，陶秀书捐银十五两。陈德堃、刘文元、石生云、梁孝礼、裴森以上五人各捐银八两正。

董事范至诚、向锡龄、王国香、陶炳香。

大清光绪二十二年（1896）岁次丙申仲春月穀旦。

注释：奎阁在（开州）东门外，云峰山左。府志云：道光七年，知州谭炜建。仅二级。咸同之乱未毁。光绪二十二年（1896），陈惟彦重修，改为六方三层。阁前有屋三间，现改作农团办公处。

陈惟彦（1856-1925），字劢吾，今（安徽）广阳乡人。性刚毅，官终知府，曾选授为贵州省开州知州，调署婺川县开缺和以知府充任贵州厘金提调，署黎平府。前后在贵州省为官七年，声名远播。惟彦在贵州任职期间，竭力提倡工艺教育，主张兴学育才；杜戒种植鸦片，提倡妇女戒裹足；创设"体仁养老"善堂，救济老弱孤寡。光绪二十九年（1903），离开贵州到江苏任道员。翌年受两江总督周恩慎（周馥）的委任，总办南京厘捐局。宣统元年（1909），被授为湖南财政正监理，官加四品卿衔。

校记：①原文此处模糊难辨，暂以"□"符替之，备考。

②原文此处模糊难辨，疑为"载"，备考。

③原文此处模糊难辨，疑为"当"，备考。

新建开州火神庙碑铭[1]　　　陈惟彦

《记》曰：治人之道，莫急于礼。礼有五经，莫重于祭。盖从来祭之为先如此。圣朝受命二百余年，制礼作乐之事，骎骎大备，所以怀柔百灵，绥承祉福，孚洽神人者，规于古先圣王之意。而斟酌之，而损益之，非族者不在祀典。谋始之慎，亦犹行古之道也。其有功烈于民者，监杀等差之辨，靡有遗弃。著于令甲，纂为典要，俾天下知重民事神之义，无敢不敬。朝廷体制，盖有本焉。至如忠孝节烈之事，匹夫匹妇之诚，亦在朝廷褒崇之列。往祠宇相循，布满天下。春秋匪懈，典在祀官。其余顺阴阳通鬼神者，至矣！尽矣！顾惟五行之神，祀之而未定也。昔者周公制礼，有明祀矣。孔子及柳下惠皆常论之，又信而有征矣。岂亦菲族之不在祀典哉？夫五行之系夫天人，非细故也。古之圣人详焉，以重其义。其于国家重民祀神之意，下及匹夫匹妇之得列祀官者，何如也？自王肃于五祀，谓无天帝，意在与注《礼》之郑氏为难，其莜也，并人帝、人官之祀，不复明于天下。其后蔑古者，多附肃论。竟无申其义，以为治世议礼之助者。意者，天人显晦之间，亦有时数耶。夫五行之与天地相终始也，周公孔子之为百世帝王所取法也，德亦有所不伸，言亦有所不著，即幸际圣朝之礼明乐备，而犹不得豁然大光明之，此其祀可终于不明哉？窃查典礼夜明之祀，则配五星，历代帝王，首先炎嗥，人官之五，敢见于社稷先贤，而于合一专崇之祀。及颁之天下，正其大义者，未若他祀详也。且既别立火神庙，而直省荐飨之仪，仍缺弗着，水火于民事尤切，而顾不备者，知为议礼之漏，无以助益盛明，必非圣人进退百神之本意，谓仅如是已也。盖五祀大典，准之古者，制祭祀等威之辨，惟圣人为能飨帝。天下郡县，从月令百县雩祀之文，按《礼》为祭，义有当焉。

自京师外祀火者，固以奉祝融氏为宜。今天下援祀火神之典，而立庙者，罔或有间，意其本于协民情，而和神人，虽犹私祭，而既有以开其先者，即不得谓私矣。岁甲午，余来知开州事。地故僻处，民生皆瘠贫。守土者相率视如传舍，地方祀事，文献因陋就简，率皆弗究。而于火神之□①，他郡县所视为切切者犹缺如。节孝之祠，至以之从孔子庙中，以与乡贤共室而祭，于义安乎？余既视事后，悯焉惕焉，皇皇焉，而慨曰

---

[1]　黄家服、段志洪主编：《中国地方志集成贵州府县志辑38：嘉庆仁怀县草志·光绪增修仁怀厅志·民国开阳县志稿·民国修文县志稿·康熙龙泉县志草》，巴蜀书社，2006年版，第344—345页

守土责也，谋举废坠而更张之。而集资苦弗易，以地多阴渗，而灾潦疫厉之无所祷也。亦援祀火之义，立庙栖神，以扶阳气，妥灵佑。若节孝祠，必出于孔庙外，以严有辨，而别立祠。为人心观感者，将以次举。他如有所待为，及为之而有未竟，则将俟之异日。或后贤之来此同余志者，求其不至因陋就简如前日焉，固地方之事之所宜耳。余既慨于此州祀火之废，并慨然于五行之祀之不明也。一于今之立庙而详说之，知我罪我，其是也夫。庙经始于岁之七月，越五月而落成，纪其缘由，永诸乐石。系以铭曰：祝融司方发其英，沐日浴月百宝生。禹玉牒辞奉神灵，享祀妥佑嘉会亨。官兼火土食相乘，觥觥德分岳岳精。芳风庵蔼升飶馨，我父我子望旄旌。小大稽手神式凭，神光见兮满户庭。曰旸曰雨福我氓，福我氓兮畀与仍。

诰授中宪大夫在任后补知府开州知州前大理寺丞加三级陈惟彦撰。

大清光绪二十年（1896）季冬月中浣穀旦立。

注释：火神庙在（开州）统一街。光绪二十年（1900），知州陈惟彦建立。有屋宇五间，祀祝融。

校记：①原文此处模糊几近空白，故以"□"符替之。据文意推测，此字疑为"祀"。

宝王庙碑记[1]　　佚名

注释：宝王庙在开阳城西30公里的白马乡，现国营七六一矿所在地。寺庙先建于乾隆四十七年（1782）；道光二十八年（1848），八大礐厂主（开采朱砂矿砂的单位）承首重建。据庙碑载"耗银一千五百余两，钱七百余串，石工五千七百余，木工二千三百余，雕工一千六百余①，食米八十余石，咸丰七年落成"。该庙毁于清咸同时期，仅存残楼。民国元年（1912）重建正殿五间。整座寺庙布局合理，造型别致、工艺精巧，可称开阳古建筑之冠。1985年开阳县人民政府公布为第二批文物保护单位。

校记：①此处另版本有（"小工三千余"），参见黄家服、段志洪主编：《中国地方志集成贵州府县志辑38：嘉庆仁怀县草志·光绪增修仁怀厅志·民国开阳县志稿·民国修文县志稿·康熙龙泉县志草》，巴蜀书社，2006年版，第349页。

安家洞石刻群[2]

注释：安家洞，又名曙云洞。在开阳县马场区宅吉公社场坝附近，俗名陈家屋基

〔1〕贵州省开阳县志编纂委员会编：《开阳县志》，贵州人民出版社，1993年版，第735页。
〔2〕贵州省安顺地区文化局编：《安顺文物》，安顺地区文化局内部资料，1982年版，第88-89页。

山。主洞荒草掩映，残墙犹存。洞口有天然石柱，上有两小方石刻。一方为"宝王山"，一方为"曙云洞"。洞右岩壁上有石刻"别有天地"四字，系楷书，字迹横向。两边有对联，经朱红涂过。上联为"人来迷处是仙居"；下联是"客到此处无俗气"。步入洞内，洞壁上有许多诗词题咏。字迹清晰可辨者，多为壬辰年（民国十五年）所书。更有字迹模糊，朝代不可考的石刻多处。

洞内有许多钟乳石，洞壁深处，一石人于岩石之上，笑容可掬，偏偏欲倒，上有题词曰"醉仙台"。左壁上有人工凿石为梯，经一石门，有一方土台，当地人称皇位。相传是明朝水西宣慰司安邦彦所坐。据县志记载；该洞为明朝天启年间（1621-1627），安邦彦驻兵之地。出主洞，左右有耳洞。右耳洞口上方有一横额，题为"槐亭幽意"，左右又有石刻几处。诗词内容多为超凡出世的吟咏，年代模糊不可考。左耳洞洞壁题名"龙源小洞天"。洞下又有洞。下洞宽敞宏大，高几十丈，可容数百人，有钟乳石、阴河，并有小洞若干，互相串连，四通八达。此洞是开阳境内仅有石刻文化遗存的洞穴，堪称开阳第一洞天。开阳县人民政府 1982 年公布为县级重点文物保护单位。

大荆书院字塔石刻[1]

注释：该字塔在开阳县城东南六十公里的羊场区坝子布依族乡的大荆村。道光十年（1830）大荆少数民族在莫文达的倡导下捐银修建。现仅存书院遗址和字塔。字塔离书院三十米，座北向南，偏东十一度，石料结构，中空用来焚化废字纸，塔上镌文"从来珍文惜字，圣有明箴，揆敬典崇书，皇书挽近，天子庶人，其敬字纸者，先后同揆，无贵贱"，体现了当时少数民族对文化的爱惜和崇拜。

字塔分塔座塔身两部分。塔座高 1.85 米，正面有石台阶。塔身共分三层，第一层为八角八面，高 1.04 米，每隔一面阴刻草书和楷书文字，第二层为六角六面，层高 0.9 米，正面开一小拱门，废字纸从拱门处送进塔里焚化。门边刻有"敬惜字纸"四个楷书大字，第三层高 0.8 米，四角四面，每面刻有"文笔光治"四字。顶端塔尖高 0.8 米。原三层塔角上系有风铃。整座塔身为短出檐，檐上阴刻花纹图案，三层封顶，塔角相错，造型别致，具有民族特色。

六盘水

按：元代，于矢部地（自杞国）被命为于矢万户，后改为普安路总府；罗殿国被命为普定万户，后改为普定府；罗氏鬼国被命为八番顺元宣慰司。二府一司任用"蛮夷官"，实行土司制度。土司在其领土上仍然"世有其土，世长其民"。明代，改土归流。这个时期，普安路总府改为普安州，明永乐十三年（1415）设流官知州，普定府改为西堡官司，八番顺元宣慰司改为贵州（水西）宣慰司。清雍正年间，今市境内改土归流基本结束，今市境内北设水城厅，东设郎岱厅，南设普安州。民国时期，今市境内设水城县、盘县、郎岱县。1978 年 12 月经国务院批准，六盘水地区改设为六盘水市（省辖市），下辖六枝特区、盘县特区、水城特区。1987 年 12 月经国务院批准，撤销水城特区，分设钟山区和水城县；1999 年 2 月经国务院批准，盘县特区更名为盘县。至此，六盘水市辖一特区两县一区，为六枝特区、盘县、水城县、钟山区。

重修东山寺记 [1]　　张仁政

从来山川之灵，特钟乎人物，而人物之盛，亦应乎山川，此理可必至，亦数有固然也，特不思所以培之，斯无以毓其秀而发其奇耳。郎岱城东二里许，旧有东山寺，创自乾隆年间，为郡城左辅。登其岭，心旷神怡，飘飘然有凌云之概焉。试一纵目，见夫东有天门、凤凰诸山，出没隐见①，若近若远，庶几为人文蔚起之象乎？而其北则领秀山为一郡关键，堪舆家所谓来龙是也。又西有三台、九层，罗列森布，南则宝塔、冠诰，挺秀争奇，皆得而备览之。他如落雨、西陵，争长西北，双仙、石龙，雄峙东南，与夫马鞍、笔架，莫不回环拱卫，毕见于寺。而又有如榜如旗，如冠如笔，如仙马，如狮子，苍苹万态，诡类壮观，谓是不足以助此山之灵，而培我郡文风之盛欤。美哉！此基之矣。然而此都人士，勿论隐居乐道，不求闻达者，固亦有人，即岁科试取十人，暨府庠隽才、国学俊士，不可谓不众矣。其间锐志取进，观韩潮，泛苏海，经经纬史，可以

〔1〕　李志高：《郎岱县志长编》，六枝特区政协编委会，1995 年版，第 331–333 页。

中选者，又岂鲜哉。乃自建城以来，百余年于兹矣，虽有屡掇巍科第者，未闻有捷南宫而入词馆，何也？是岂废学之过哉？抑亦山川之少助也？斯山寺之重建固不可不亟欤。甲午（乾隆三十九年·1774）夏，简堂鹿公祖自郡公旋，时值岁旱，路经山下，即默祈雨泽，次日复竭诚步祷，礼拜之余，见夫庙宇倾圮，遂有捐廉重修意，即时果甘霖沛然。盖山岳之灵，有求必应矣。吾不知山岳欲因公祖以大其观瞻欤，抑欲有所建修以盛其人物欤，试为考之古，证之今，而知此山寺之不可不建也。

我朝粤西己卯岁（嘉庆二十四年·1819），继方伯建景福楼于贡院之南，堪舆家谓楼成当出状元，明岁庚辰（1820），陈横山果三元及第。夫文运之昌，因乎天，尤藉之乎地，庶几勤学者得所凭藉而兴也。而或者曰：东山寺地处旷野，昔人建此原以备骚人韵士选圣登临，子言得毋过矫欤。然窃论之，天地与人列为三才，天于斯世，钟灵一人，即于大地，必钟灵一山，东山寺雄峙城东，为郡城之门户，其右连分二支以入城，今建寺于其上，譬如人身而冠冕之也。山境之盛衰，即人文之盛衰因之，间②尝走通都，过大邑，见夫苍峦耸翠，殿阁飞丹，一种富厚醇茂之气，扑人眉宇，则知其间有名臣宿儒，见夫山势薄削，木落山空，一种萧条颓败之气，令人志沮，则知其间必无杰士伟人。且夫机不蓄则不泄③，物不培则不昌，今试置一物于此，其灵秀珍奇固为世所希有，然无人焉以培植之，其于冥顽何异也。彼东山聚一方之灵秀，非有至灵者以镇乎其间，虽灵犹未神，今兹之建，仍奉东岳大帝于正殿，因前基址甚狭，辟而新之，所费不可量也；十二殿虽仍旧贯，然必移置亦不无所费；他如头二门、书房、僧房、厨房以次而兴，是在乐善君子，解囊中之金，成山间之盛，一时鸠工庀材，焕然一新。又有简堂公祖，月订课期，多士互相观摩，人既杰矣，地亦称灵，将见灵秀所感，人物间生，向之谓屡掇巍科者，而今可以绵延不绝矣！向之所谓未捷南宫者，而今可以联步词林矣！至若岁有丰凶，时有旱潦，皆得于此籍④其灵。人才⑤由是兴，阴阳由是和，则山岳之流泽不且万年而如新哉，非第以为一方游⑥眺之胜而已。是为记。

注释：东山在郎岱县城东门外，过去建有东岳殿、奎阁等庙宇。张仁政撰有碑记。郎岱，古县名，相当于今六枝县一带。此记另有载录，参见安顺市地方志编委会点校：《安顺府志》，贵州人民出版社，2007年版，第1126-1128页。

张仁政，乾嘉年间人，余不详。

校记：①"见"，通"现"。

②原文"间"，为"間"的简体，此处同"閒"，即简体"闲"，意为闲暇。

③原为"洩"，即"泄"的异体字，径改。

④"籍"，通"藉"，意为凭借。

⑤原为"材"，同"才"，径改。

⑥原为"遊"，即"游"的异体字，径改。

东山记[1]　　白槐

东出城门一里许，有山焉，屹立道左，与左近山不相接，曰"东山"。昔人于山之下大道旁建砖坊一座，表曰"紫气东来"，纪胜也。由坊下小石径直上盘旋，即升山顶，山不高。顶下面规其势建殿宇数重其上，屡遭发、土匪诸变，瓦砾无余，四面樗栎，独以木材获寿，与故址俱存。前清光绪初，邑中布商捐资，因遗址复修正殿三间，塑东岳大帝其上，东西两厢塑十二阎君；邑侯唐树桐继复倡捐，建重楼于前，曰"奎阁"，塑魁星其上。每岁三月二十八日，祝岳帝诞，邑中人士老少杂沓云集，距城二三十里诸女媪，亦奔走偕来赴是会场，烧香念佛，诸少年宴饮作乐，文人学士亦相与歌咏其中，可谓极一时之盛已。古人拟东山早霞品为八景之一，良有以也。

民国二年（1913），槐主席西街初等小学，是日也，即不以地方习惯放假，而学生无一至堂者。槐素性雅，不好游，独处校中，神与天游者久之。后月余得睹吾友唐君宜游东山记，时有友人相为问难者曰：东岳大帝所谓黄飞虎者非耶。应之曰：此小说家戏言，齐东野人之语，非经生家所道。唐君宜已辩晰之，槐何赘言。然今不能已于言，且长言不已，不嫌琐碎记者。吾人读圣贤书，第一务要识字，称人称物贵有确凿之见，切忌窃似仿佛，变乱黑白，理事失实，以误人见闻。吾岱自前清鄂西陵（林）①开滇黔中道，改土归流，雍正八年始建城设治。城二十五里曰那邦山最高，为全邑冠，其山高之极于天者，即与那邦之半坡塘遥遥对面挺峙，土人因名其山曰老王山云。昔人徒以守旧为高，理无新悟，盲于师古，以王郎音韵相近，又名之曰老郎山，夜郎自大，故习依然泰山拟称，居然武城弦歌，且言游牛刀割鸡之概。孟子曰：孔子登东山而小鲁，登泰山而小天下。东山者鲁城东高山，泰山在齐北鲁南②间，犹屹然孑立，夏商前曰岱，周曰泰，管子称封泰山者七十二君，汉司马相如祖述之，厥后封泰山者不一。其后唐武后封泰山为天齐王，礼秩加三公一等，泊时君邀福心甚，赠以东岳大帝之号，已属无谓之极。昔季氏旅于泰山，孔子曾谓泰山不如林放乎，何物夜郎以弹丸瓯脱之地，既曰郎岱，乃亦仍称东山仍称泰岱，穿凿附会，又增东岳大帝之庙云诸。槐暇日闲登其间，览之不觉一笑。宋人林逋诗云：茂林他日求遗稿，犹喜曾无封禅书。我思古人，实获我心，记以待后之识者云。

注释：东山在郎岱县城东门外，过去建有东岳殿、奎阁等庙宇。郎岱，古县名，相当于今六枝县一带。

校记：①此注照录原文。

②此处原书有注语："（应为齐南鲁北）"。

---

[1]　李志高：《郎岱县志长编》，六枝特区政协编委会，1995 年版，第 344–345 页。

小桃源记^[1]　　黄文灿

郎岱多灵山发地，峭壁林立，四野环山为城。城之东为东山，城之北为岱山，西南为郎山。去城南里许半山之麓有洞焉，荒草之所蒙翳，狐虺之所窜伏，其后为南岳，下为霜河，河上曲梁曰"霜板桥"，茂林恶木，乱杂峥嵘，莫知其妙。今县长邹公鉴来莅兹邑，期年政成，望其地而异之，率二三子观游其上，始命芟荒草，伐恶木，驱狐虺，蠲浊流，美恶自别，清浊攸分。视其山则清秀敷舒，视其水则荡漾纤徐，奇势突出，洞谷幽邃，乃谓人曰，此一小桃源也。于是鸠工庀材，考极相方，辟一路如蛇，蜿蜒而上，左右植桃柳环绕洞门；洞之上倚岩为屋，作洞天茅庐对峙岱山，翠烟自留，清风自生，顾盼城郭，鸡犬相闻；洞之下作阁亭俯瞰清流，鱼乐广闲，迤延绿野，远混天碧，连山林麓，万石如林，或立或仆，皆效技于亭之下，遽然万变。若与安期羡门接于屋外，二三子赞且贺曰：见公之作，知公之志，值此万方多难，避秦无地，公之所以为其邑人之计虑者远且周，是故辟洞天于山麓之间，天下有道出而仕，则跬步庙廊之上，天下无道归而隐，则俯仰山林之下，于以养生治性，行义求志，无适而不可。然非郎山之灵，不足有此奇境，非公之鉴，不能得此奇观，将使继公之理者，成有公之志，则民之福其可既乎，小桃源之得名自此始。邑人念斯洞之遭，倩文灿为文，请志诸石，所以贺斯洞之遭也。

注释：黄文灿撰文，民国九年（1920）刻石，湘西邹之微书。

文笔记^[2]　　黄文灿

文笔之说，地理学家恒以为培风水，壮观瞻，吾则以为不然。文之取意，古人曾借为在天成象，在地成形之统词，不观夫天地之所以绚烂，山川之所以郁结乎？故论其星，则曰文星，论其斗，则曰文斗，是天之文也，论其峰，则曰文峰，论其海，则曰文海，是地之文也。而且山有林则曰文林，川有泽则曰文泽，是山川之文。又不见夫草木之所以蔚萃，鸟兽之所以繁滋乎？彼蕙曰文蕙，兰曰文兰，松曰文松，柏曰文柏，是草木之文可以类推也，风曰文风，鸾曰文鸾，龙曰文龙，马曰文马，是鸟兽之文可以例及也。要而言之，何事不可以为文，何物不可以为文，岂必沾沾焉，文之以笔乎？清光绪庚寅^{（十六年·1890）}之岁，唐敏斋司马来摄斯篆，始议建修奎阁，工竣后复召集绅商各界会议，于东山之左侧建修文笔，需费四百余金，阅三月而告成，下筑石台，阔四丈余尺，高约八丈余尺。台之形分四面，所以别四象也；笔之形转六方，所以变六爻也；至

〔1〕 李志高：《郎岱县志长编》，六枝特区政协编委会，1995 年版，第 346–347 页。
〔2〕 李志高：《郎岱县志长编》，六枝特区政协编委会，1995 年版，第 347–348 页。

下达上共八丈有余，所以配八卦也。盖有取于易象之理，以见阴阳不测而变化无穷者也，夫何必限之于文哉。顾或者曰，文笔之为用，亦自有故，则将以宇宙之大文，古今之至文，属之于笔可也，盖有是笔也。或使莘莘学子无虑向隅，莽莽神州共臻郅治，欲不文者以进于文，则文者愈文，同游于文明之世，所谓笔补造化。天无功宛如江淹之梦呈五色，兴酣落笔摇五岳，预卜才子之辟易于人，将见出类拔萃之笔，一易而为旋乾转坤之笔，闳中肆外，殆无时而不文，无地而不文，即无物而不文，五百年名世挺生，固当于是笔验之矣。吾邑所期望者在此，即唐公修建之意亦在此。噫！是文笔也，巍峨耸于云霄，秀健光乎日月，岂徒天马呈材，壮郎阳之胜概，石龙挺秀，作吾岱之奇观也哉。

注释：文笔在郎岱县城东门外东山之左。黄文灿撰记。

重修关圣帝君庙记[1]　　佚名

剥极必复，否极必泰。天运循环，理固然也。水城自雍正十一年（1733）始建治，未修石城以前已建帝君庙于城中，盖英光浩气塞于两间，故自都会以至乡间，莫不庙祀焉。但历年久，风雨飘摇，倾斜颓坏，虽曰尊崇，转近亵渎矣。莅斯土者，未始无重修意，而功巨用繁，动念辄止。道光八年（1828），游击苏克精额赴任，进谒喟然曰：是固兴孔庙文昌宫并隆祀典者也，必巨梁伟栋，广宇崇闳，斯足以荐馨香而修礼乐，商之别驾林澍，遂倡捐廉俸，合属绅民莫不欢欣鼓舞，上至观察总戎，皆乐捐资以助，夫劝募同方化缘，异地以创修寺观者，何地蔑有，然有能若斯之速而又皆出于自然者哉，功成，较从前规模，固宏壮肃穆，而随时补葺则又有望于将来。时道光十年（1830）庚寅岁也。

注释：碑记标点为本书作者所加，供参考。

盘县碧云洞摩崖群

（一）"廊庙江湖·人间仙境"[2]　　蒋宗鲁
注释：盘县特区城郊西南二三里之碧云洞，又名水洞，明清志书均有记载，乃古今名见文史的游览胜地。明《一统志》称之为"普安第一奇观"。《中国名胜辞典》亦有具体记载，把它列为全国名胜之一。1638年，明代有名的旅游家、地理学家徐霞客

〔1〕 （清）陈昌言纂修：〔光绪〕《水城厅采访册》，第351页。
〔2〕 六盘水市政协委员会文史资料研究委员会：《六盘水文史资料第3辑》，1988年版，第92~96页。

（1586—1641）在畅游、考察黄果树瀑布之后，复跋山涉水，畅游碧云洞。1958年5月下旬中央交通部副部长潘琪和有关科研部门同志组成了《徐霞客游记》考察组前来碧云洞考察。1964年5月《人民画报》刊登了水洞的照片。

历代留下的摩崖甚多。四百六十多年前，明朝嘉靖三年（1524），朝廷监察御史江良材游后，在绝壁上题刻了"水洞"二字，其大过斗，至今犹存。1986年12月22日，在外临危坡的崖壁下发现了"廊庙江湖·人间仙境"八个横写的斗大之字。大字前后刻有小字。前刻"壬戌九日"，后刻"虹泉书"题字。据考证，作者虹泉乃盘县特区历史上四百多年来名见史传、盛为流传的"蒋都堂"。省志和州、厅地方志均有记载："右佥都御史蒋宗鲁，字道父，普安卫人，母罗氏梦虹饮井而生公，因号虹泉。"蒋在云南为官时期，还给当时修的《嘉靖普安州志》（盘县在明清时一直以"普安"称谓）作序。丙辰（1556）年十月蒋与下属云南副史张敦仁等五人游碧云洞，就题刻铭兴，以记其游。之所以会有题刻，是因为这里在四百余年前建有寺庙。至于寺庙，《嘉靖普安州志》在"坊廓"（当时有名的大建筑）项下特有记载："云水奇观，在碧云洞前"（二十世纪五十年代末所毁弃的碧云观，乃前清道人陈鼎均修建）。

关于碧云洞前的奇丽景色，明代的"诗官"和骚人墨客多有咏载。如明洪武初年，浙江余姚人杨晔赞美碧云洞的七律《游城南新洞》："山腰谁凿洞门开，绝谷层峦亦壮哉。满口白云无径路，一溪流水隔尘埃。欲从阮肇登仙去，曾见初平叱石来。胜览于人随处有，何须海上觅蓬莱。"及其《游水洞长歌》："老夫平生爱山水，每闻胜景心独喜。故人邀我城南游，出郭溪行二三里。峰崖路转非尘环，鸡犬人家足生理。恍然置我桃园中，风景依稀乃相似。耕田凿井不记年，疑是秦人始居此。谷中树暗连桑麻，洞底花香杂兰芷。阴阳古洞苍山根，绝壁飞崖半空倚。豁然深入天窗明，外狭中间如屋里。醉眠云蹬高似床，袖拂平沙净于几。松风一派从天来，散作泉流和宫徵。泉来直与海眼通，鹤发仙人烹石髓。蛟龙窟宅变斯须，白日阴崖电光紫。此时豪兴为谁发，笔下诗成泣山鬼。安得凌空生羽翼，共载吹笙玉童子。一声长啸洞云寒，日出林梢鹤飞起。"另有，江苏高邮人沈勖唱和之诗《和杨晔游城南新洞》："丹崖一窍蓦然开，此地清虚亦怪哉。浪说蓬壶连弱水，定知琼馆绝纤埃。游人尽日连镳至，仙子何年炼药来。应有蛟龙居洞底，早为霖雨洗蓬莱。"

再有，明嘉靖年间，普安州人邵元善一首为州志、厅志、区志皆无记载的《碧云洞赋》："推古今之物理，慨巨灵之神元，莫万汇之位置，配真宰之自然，惟兹洞之奇妙，非此乎其谁先？承滇首、黔面、坤负、乾吞、山川而为一。纳万壑之风烟，翠屏当门以为立。云石历乱而悬垂，郁潆洞而喷出。髡重沓而翔飞，青黛绿玉，焕彩生辉。显敞瞳胧，乍明乍蒙。践莓苔而始入，迥然摄蓬莱之仙宫。飞流澎湃，溶溶落落，挂清光于露壑。晨光熠耀，烟霏漠漠，象启明于闾阖。尔其峭壁如肺，厚薄殊形。击之而神钲清越，扣之而珠玉哀鸣。杂流泉其间奏，况闻广乐于洞庭。绿波淡淡，金沙淋漓。当盛夏而凝冱，入隆冬而温熙。此其洞灵之酝酿，而气候之均齐也！轶凌阴之地室，穿窈冥之洞壑。上峣峥以垒嵲，下崭岩而嵒崿。眇尘世之踪迹，分洲渚其脉络。虽假曜于松膏，乃须臾而有获。足进目朗，豁然阳开。划天梁之高馆，伟造化之鸿裁。纵耳目之观听，骇神识之恢愢。仰矫首以高视兮，目冥眴而亡见。徒徘徊以徨徨兮，魂渺渺而昏乱。于是敛袷危坐，发盖挥麈；凝神定志，以游以睹。望天窗之洞启，漏阳灵而迸射。中无为而不照，粲明珠之不夜。既沈廖以爌朗，亦鸿纷而紃错。恍天宇之浩荡兮，厥高广而不可摩。度量汤汤，惊波滔滔。骇浪触石，则电击雷奔。安流而渊渟演漾，夏潦既尽，澄潭载石，漏石分沙，坐空明而数游鳞。飞濠梁之逸思，得世外之闲身。沈度潜溢，去无止极。层石清澜，此焉游息。献献珍台，目以流云。越潢溪而超陟，聊肆志以怡神。景炎燎烛，浮烟满宫。祥光灏气，浮游空中。信鸿笔其莫状，何绘事之能容！乃有碧眼番僧，依倚崖阿，仪状突兀，舞袖婆娑。西方佛子，东土大士，或踞石而趺跏，或蟠崖而仰唏。绝壁岩岩，有龙升天。华盖垂珠，鳞甲新鲜。虎豹狮象，大小殊状。斯乃灵液之所凝结，故经岁月而益长。石龙之下，悬水之滨，晶石为田，畎亩匀纭。高低连络，沟塍囷轮。天草琅玕，罗列缤纷。酌玉醴以解渴，茹芝英而颐神。将呼龙而鞭虬，乘云雾而为霖。寻不死之大药，冀古仙之所云。削壁嵌空，鸟道才通。宵然一窍，而莫之其所入。非夫羡门、赤斧其奚从？炼丹遗灶，紫泥旧封。丹器毕具，烟霞丰融。虽灵仙之幻迹，亦谲诡而奇工。天窗之里，浮屠崛起。上柱天极，下维地纪。界天光而两分，盖日月之所蔽弥。乃若层级之状，玲珑之象，大小相连，疏附拱向。青莲倒垂，缁友辑让。尽鳘绣之居，盖犹未能万一其模放者也。天宇晶莹，玉雪飞空，回环往复，并包兼容。灵奇恍惚，变现出没。晴岚朝凝，紫烟暮属。容光所遗，兰膏是续。尔乃结裳扶藜，岑岑高跻。猿魈避迹，潜虬登梯。仰通天而直上，俯万山而皆低。坐石床而少憩，复回盼以神迷。但一气之鸿蒙，分仙凡其所在斯。吾亦莫测其神妙之若此，即方壶、蓬岛其谁知？想八骏之皇舆，泛览乎昆仑之墟，遗神州与赤县，即皇帝之仙居。倘荒忽而谬庋，即比况其焉如。远眺川原，平楚寒烟。林麓之饶，弥皋被阡。沟血脉散，沃野坟腴。黍稷油油，芳树离离。涌川汇渎，渺渺悠悠。水当春而澹绿，花夹岸而芳柔。周道临溪而纡曲，姿士女之行游。拟桃园之幽秀，岂金谷之人谋？乱曰：仰止至人甘遁藏，韬名晦迹含炫光。遗世独立还太清，何必飘举朝玉京。广入空间与世忘，涓栖岩壑与众芳。徐入海岛隔渺茫，大药可就天难升。今者不乐将何营？御风而行徇我情。佩兰纫蕙杂杜蘅。枕石漱流调丝桐，攀石可娱剡洞中，于焉逍遥以徜徉。"

以及明嘉靖朝名臣大儒，清平（今黔东南凯里）人孙应鳌的《邵台山寄〈碧云洞赋〉到辄兴怀》诗一首："早罢荆门外，言寻石户耕。风尘闲老眼，丘壑淡秋情。忽枉骚人札，深怀胜地盟。洞泉开僻壤，词赋振韶英。一径层林入，千崖曲窦平。轩窗含宿润，箭括引新晴。云彩罗青壁，霞标带赤城。龙蟠潭隐隐，猿啸谷铮铮。五嶞俱称美，千奇不辨名。鬼神留斧凿，造化见生成。日净沉朝彩，天澄起夜声。蔚蓝盘岛屿，花鸟映空明。信矣遗尘世，悠然薄太清。会心思得象，阅世欲餐英。何日褰裳去，同君策杖行。钩元纤雅况，发兴出高评。独往探牛斗，相知洽弟兄。斯游如可遂，岂羡接蓬瀛。"

还有，清莫友芝编的《黔诗纪略》收有蒋宗鲁的《碧云洞》诗一首："云水难明万象天，奇踪异宇洞中悬。瑶坛翠挂虬龙见，华盖丹崖鸥鹤旋。洞道风湍开远献，石门花雾带平川。蓬瀛仙侣耽春胜，对酌仓洲思爽然。"如此诗文，不一而足。

蒋宗鲁，字道父，明朝普安卫（今贵州盘县）人。明嘉靖十六年举人，次年（1538）进士，为贵州单独开科闱试后普安第一个进士。历官浚县知县、刑部主事、云南临沅兵备副使、河南按察使、右布政使、副都御史巡抚云南。著有《治浚款议疏草》《牧政事宜》《诗文集》《齐良监税录》《嘉靖普安州志序》《碧云洞》等。作为普安州第一进士的蒋宗鲁，他的"经世致用之才能"与"文章经济，尤冠一时"的影响深广。清康熙年间的贵州巡抚田雯在其所著的《黔书》中，将他与贵州大儒尹珍、孙应鳌、王祚远等列为贵州"已明之以理学、文章、气节著者""皆大雅复作，声闻特达者也"的人物。亦正如徐霞客在其《游记》中指出的那样，"是城文运，为贵州之首。前有蒋都宪，今有王宫詹（名祚远），非他卫可比"。此处的"蒋都宪"，正是"蒋都堂"——蒋宗鲁。

为便于读者对照参考，于此顺录尹珍、孙应鳌、王祚远三人生平简介。

尹珍（79-162），字道真，东汉牂柯郡毋敛（今贵州正安）人，是贵州最早见诸文字，最先走出大山、叩问中原文化的著名儒学者、文学家、教育家和书法家，曾任尚书承郎、荆州刺史等职。是贵州汉文化的传播人，西南汉文化教育的开拓者，数千年来一直受到人们的敬仰。川滇黔三省皆留其办校的遗迹，祭祀庙宇香火绵延。

孙应鳌（1527—1586），字山甫，号淮海，谥文恭。贵州清平卫（今凯里）人。先祖孙华原籍江苏如皋县。孙应鳌生于明嘉靖六年（1527），九岁能作文，嘉靖二十五年（1546）中举人第一名。三十二年（1553）成癸丑科进士，选庶吉士，改户科给事中，出京为江西按察司佥事。历官陕西提学副使、四川右参政、佥都御史。隆庆六年（1572）建清平山甫书院，吴国伦提学贵州时，亲晤应鳌于山甫书院。官至工部尚书。孙应鳌为黔省第一个给皇帝（神宗）讲课的老师。

王祚远，字无近，明朝贵州普安卫（今贵州盘县）人。明神宗万历三十一年（1603）举人。四十一年（1613）进士。选庶吉士，授检讨，充经筵讲官，礼部右侍郎，兼翰林院侍读学士、协理詹事府事掌院事，转吏部左侍郎，晋尚书。少负异书，下笔万言立就，试牍不起草，既成而后补之。充经筵讲官时，丰仪秀整，音吐洪亮，颇受明熹宗朱由校器重。明熹宗朱由校专门赐诏嘉奖，授其通议大夫。明崇祯初年（1628）还乡。后卒于家，所著诗文甚富，所惜其集无存。书法尤工，喜作行草，兼带章草味。《黔诗纪略》录其诗一首。

(二)"通天一门"〔1〕 陈效

注释：碧云洞摩崖群之第七号摩崖"通天一门"，在天洞左边即"水洞"摩崖的右上方，字径近尺，楷书、横写、圈刻。大字前刻有"万历十八年庚寅仲冬立"，后刻有"巡按贵州监察御使成都陈效题"。据《黔记》载，"陈效，字忠甫，井究人，监军朝鲜，卒于师，赠□□□。"又《贵州通志》载："万历十八年（1590），贵州巡抚叶孟熊疏论应龙凶恶诸事，巡按陈效历数应龙二十四大罪。后史所载时间、官职都与摩崖同。"

《盘县特区文史资料第10辑》第200-210页载录有摩崖二十几处，这里只选录五项作为代表。其余如：第一号"天下奇观"、第二号"复处春深"、第三号"神钲（浮磬）"、第四号"三个石槽和'一'字（隶体）"、第五号"水洞"、第八号"花盈曲径水盈川"、第九号"南之阳"、第十至十五号摩崖群（共六起）"碧云宫"、"游逸天半"、"溪流深处"、"别有洞天"、"异宇奇踪"和一草书摩崖、第十号"地帅天宫"、第十七号"广善记"、第十九号"神龛石刻"即"观音菩萨石刻"（横楣"慈航普渡"，楹刻"身著白衣称大士，手执杨柳度众生"）、第二十号"冗翁诗文"、第二十二号碑刻已毁、第二十三号"碧锁云封"、第二十四号"人大自十"、第二十五"褚民谊石刻"等均不单录。

(三)"尘清"〔2〕 佚名

注释：第十八号摩崖"尘清"，在干洞最右边小洞顶额上，笔势庄重，粗劲，大小近似"水洞"二字，亦涂红色。记事较为清楚完整。时间是同治八年（1869）。

(四)"独立撑天"〔3〕 余云焕

注释：第二十一号摩崖"独立撑天"，刻于干洞左上峰一块独立成碑状的巨石上，字大一尺见方，坐南朝北，颜体直书阴刻，乃碧云园处最高的摩崖。作者和第二十号摩崖一样，同属余云焕作，时间同为光绪甲申年（1884），前者为春天，后者为冬天。

余云焕（1834-1913），字凤笙，平江（今属湖南）人。诸生，官四川知县。后任贵州兴义府知府、特授贵州思南府知府。诗人，著有《白雨湖庄诗钞》。

(五)"碧水云山洞天福地"〔4〕 郭平欣

注释：第二十六号摩崖"碧水云山洞天福地"，在第九号摩崖"南之阳"的右边，行书、阴刻涂蓝色，郭平欣题刻于丁卯年（1987）冬月。

〔1〕 盘县特区政协委员会文史资料委员会：《盘县特区文史资料第10辑》，1988年版，第205页。
〔2〕 盘县特区政协委员会文史资料委员会：《盘县特区文史资料第10辑》，1988年版，第207页。
〔3〕 盘县特区政协委员会文史资料委员会：《盘县特区文史资料第10辑》，1988年版，第208页。
〔4〕 盘县特区政协委员会文史资料委员会：《盘县特区文史资料第10辑》，1988年版，第210页。

郭平欣（1918-2010），盘县人，高级工程师，北京大学兼职教授，著名计算机技术管理专家。

永远碑记[1]

注释：此碑俗名"马王碑"，因赶马人常在碑前祭马王得名。位于水城县城南郊凤凰乡石桥村下马坎，为一摩崖石刻。刻于清乾隆五十九年（1794），计五十六字楷书。石刻面积为0.16平方米。下马坎南面穿岩洞一带，自明代以来，以开采铅锌驰名，至清乾隆嘉庆年间（1736-1820），达极盛时期。随矿业发展，修筑开通下马坎古道。

《永远碑记》记载："古者，此路崎岖，莫人修砌，来往君子轿马，难以上下。是吾施钱财修此路，以勉君子方便。信士潘尚福妻徐氏，乾隆五十九年仲秋月立。"1987年12月公布为县级文物保护单位。

南极观石刻[2]

注释：南极观位于（今盘县）城南郊。据《普安直隶厅志》记载：明代蒋虹泉（蒋宗鲁）建玉皇阁、斗母阁，后毁；清乾隆间僧广秀复建三清殿、礼斗亭；嘉庆间添修两廊过楼；咸丰四年（1854）僧道品创立祖师殿；光绪十一年（1885）邓道人明善增建两厢走楼。

是观占地面积2000余平方米，有前、中、后三院。前殿、中殿面北，后殿面西。各院有围墙，形成一个封闭式三进四合院。前殿面阔五间，明间为过道。前檐装修成四柱三门牌楼式，柱石质八棱，阴刻楹联，顶端雕一佛像，今已残缺。屋面为歇山顶抬梁式梁架。后殿建在一石垒台基之上，台高1.51米，长十六米。宽11.5米，为光绪二十年（1894）重修；硬山顶抬梁式，五开间，前带三步廊；面阔15.72米，进深9.37米，廊深1.75米，檐高5.52米，筒瓦覆顶。山墙和后檐墙均用细剔的六面石砌筑。

明间廊柱石质，上阴刻对联："瑞霭接瑶天星回斗转灵鹤舞；祥凤飘玉阙灯莹烛晃彩鸾飞。"此联为贵阳青岩状元赵以炯所书。明间装修摘扇六合门；次间装修"卍"字棂槛窗，梢间用木板封闭。此殿至今仍完好。其右配殿亦为硬山顶抬梁式建筑，面阔三间，尚完好。1984年后，用房单位将后殿及右配殿隔修楼层。院坝用方块石铺筑，亦完整。此观其余建筑均已被拆除另建，面目不识，但整体布局尚未改变。

---

〔1〕 水城县地方志编纂委员会编：《水城县（特区）志》，贵州人民出版社，1994年版，第854页。
〔2〕 贵州省盘县特区地方志编纂委员会编：《盘县特区志》，方志出版社，1998年版，第861-862页。

赵以炯（1857-1907），字鹤林，贵阳花溪青岩人。清光绪五年（1879）中举人，十二年（1886）成进士，参加廷试（殿试）获第一甲第一名，成为贵州省以状元及第而夺魁天下的第一人。十四年（1888）充四川乡试副考官。十七年（1891）年任广西提督学政。二十一年（1895）充会试同考官。二十六年（1900）丁母忧回籍，主讲贵阳学古书院。服阕入京，旋归青岩讲学。光绪三十三年（1907）八月病卒。

遵义

按：唐贞观十三年（639），将隋代的郎州改名为播州，领辖今黔北的大片地域。播州之名，历经五代、宋、元到明朝末叶，存在了962年。所以习惯用"播州"来代称古代的遵义。唐贞观十六年，将播州所领的罗蒙县改名遵义县。这是"遵义"名称最早的出现。遵义之名沿用至今已有1364年。播州从唐末到明末的725年间，为杨氏土司所世袭统治。明万历二十八年（1600）"平播之役"后，取消土司制度，实行"改土归流"，于次年分播州为遵义、平越两个"军民府"，分别隶属四川、贵州两省。清康熙年间取消"军民"二字，直称遵义府。今遵义市大部分地域属于这两府，还有部分地域属于石阡府、思南府。清雍正五年（1727），遵义府由四川省划归贵州省管辖。民国初年，废除"府"的建制。民国二十四年（1935），贵州省设十一个行政督察区，黔北十余县为第五行政督察区。1949年11月，遵义解放，"第五行政督察区"改为遵义专区，后称遵义地区，为省政府派出机构，并以原遵义县城区为基础新建遵义市。现今，遵义市辖三个市辖区（红花岗区、汇川区、播州区）、七个县（桐梓县、绥阳县、正安县、凤冈县、湄潭县、余庆县、习水县）、两个自治县（道真仡佬族苗族自治县、务川仡佬族苗族自治县），代管两个县级市（赤水市、仁怀市）。

杨粲墓石刻[1]

注释：杨粲墓坐落于遵义县龙坪永康公社皇坟嘴，北距遵义市约十公里。据考古研究，杨粲墓的道家气息很重，不但墓葬按"左青龙，右白虎，前朱雀，后玄武"的方位修建，而且石刻中多有道教符文，杨粲墓的镇墓石上还刻有"太一上治皇天土"的字样。

杨粲，字文卿，小字伯强，是唐僖宗乾符三年（876）入据播州（今遵义）的杨氏鼻祖杨端十三代孙。粲为杨轼之子，幼年过继给伯父杨轸为嗣。少怀大志，秉性好学，崇尚儒术。宋嘉泰初年（1201）袭播州安抚使，掌播事三十余年，是播州史上一位颇有

〔1〕 史继忠等著：《贵州文化》，内蒙古教育出版社，2006年版，第561页。

作为的中兴人物。其治播以"文武兼资"著称，史籍说他"性孝友、安俭，素治政宽简，民便之"。粲继承其祖杨选、其父杨轼"结庐养士"的传统，"肇修郡之儒学、琳宫、梵刹、桥道"，众多学者、僧人、道士在播州传播学术和宗教，各得其所。《杨文神道碑》称赞杨粲："士类羽流，皆称其喜儒而好礼，乐善而种德。"

大报天正一宫记[1]　　张亚

　　金阙上相、检校太师、混元内府三清上宰、大都督府行便宜事、虎符、龙券、总诸天星耀、判桂禄嗣籍、九天开化主宰、文昌司知贡举真君臣张亚谨撰。

　　曰祭之大者，莫大夫祭天；天之尊者莫尊乎上帝。天子祭天地，诸侯祭社稷及封内山川，此万世不易之大法也。故季氏旅泰山，孔子深责冉有，而大林放之问，及有"非其鬼而祭为谄"之语，其示训已明矣。播自唐乾符间，太师杨端肇基此土，十有三传，至宋忠显庙威灵英烈侯价，天挺英豪，聪明勇智，公余之暇，常登高眺望，谓城西碧云峰下公府西北隅，夷衍清胜，隐然有神仙窟宅气象。由是慨念先公保此民社，贻遗子孙，实荷上穹显锡骘佑所致。凤莫荐熏，葵倾芹献，宜严厥所，舍是无称建置者。乃独断于衷，鸠工度①材，即地创宇，署曰"大报天正一宫"，西据东向。北安大殿，榜曰"玉京金阙"。中严帝像，壁涌释迦玄元主徒。埏饬环奇。左右廊庑，复阁斋堂，凡若干区，朱碧翚飞，实一时之伟观，盖宝庆丁亥岁（1227）也。历枢密崇德公文、平章事惠敏公邦宪、平章事忠宣公汉英，奉祠惟谨。天历己巳（二年·1329），六丁取将，土木虽隳，而朵云驻空，瑞气犹在。元统元年，嗣公宣慰使嘉真锦还自京，未居拘室，首即旧址，扫除瓦砾，赓建是宫。凡十载而中殿、二庑、门、庖、斋舍始成。宝像庄严，端居在上，三官五帝，列曜群辰，岳渎祀典，百灵环侍，壁绘咸备，规模宏广，视前有加，而奢俭得所。仍增常住田亩数十，户口亦如之，以给主奉者。且易故额为"昊天宝殿"，谒臣作文以纪之。臣钦惟皇皇上帝，其尊无对，高居九重之上，虽真仙侍宸，未尝获睹②慈容。惟见红云郁蔼，即知帝临御焉。主张万汇，降衷下民，以自然为功，以大生为德，无一命不由其赋予，无一物不被其化育，巍巍荡荡，不可得而名言。故以形体谓天，以主宰谓帝，以妙用谓神，以性情谓乾，以气色情味相备，则曰苍昊、旻上，以方维，则曰皋变玄幽，皓朱炎阳，以中央，则曰钧天。合而言之，则一而已矣。古今有天下者，禋祀于圆丘，法象然也。今嘉真善继祖志，重设枫宸，恪恭小心，对越昭事。仰则归美圣君，祈绵景祚；俯则悔庚臣职，保奠邑家。惕励孜孜，图悠久计，非亡谓也。或曰：诸侯祭社稷山川，播秩列公，乃建宫祠帝，以臣召君，于礼岂不谬耶？臣亚曰：

〔1〕　（清）郑珍、莫友芝纂：《遵义府志》，遵义市志编纂委员会办公室（内部发行），遵义人民印刷厂印刷，1986年版，339–341页。

然则然矣，是乃礼之经也；必有权焉，所谓"有其举之，莫敢废也。"《戴记》曰："獭祭鱼，豺祭兽"，豺獭尚知报本，曾谓人而不如豺獭乎？况播为西南大藩府，杨氏实千万世方伯连帅者也。时至正六年丙戌（1346）嘉平③吉旦。

资德大夫、湖广等处行中书省左承、上护军臣杨嘉真，资德大夫、播州军民宣慰宣抚都指挥使臣杨忠彦重建。

右正德庚午（1510）秋七月，逆贼杨友等叛乱，攻劫州治，琳宇遂罹兵再安宗社，凡十四载，旧规始复。仍各施田若干亩以供香火之用。上愿皇图巩固，侯祚绵长，福及子孙，泽罩黎庶。

大明嘉靖元年（1522）岁次壬午孟秋吉日，前昭勇将军、四川按察司按燹。仰仗上天恩佑，祖祢遗麻，察使、掌播州宣慰使司事臣杨斌偕男怀远将军、播州宣慰使司宣慰使臣杨相重建。

注释：此碑在（遵义府）城内玉皇观中，其文自《补蜀艺文志》及《四川总志》、《陈志》皆载之，而《贵州通志》不载。据《遵义府志·金石》载，杨嘉真和其子杨忠彦至正六年（1346）重建，当时立有一《玉皇观碑》，上刻《大报天一正宫记》，叙述了寺观建造历史、传承和变化。今考此文作在至正中，而杨氏家声即于此时自嘉真隳之。《记》首责以祀天非礼，盖逆知此后之杨氏将不复可制矣。晓以大义，庶有惩乎？卒不自警省，以取灭亡，宜哉！碑两侧载施田人、地，不具录。嘉真，诸志皆作"嘉贞"，当以碑为是。见《遵义府志》341页。

另据载，"南宋以降，道教传入播州，颇受土官杨氏重视，杨粲崇奉佛道，在普济桥建琳宫梵刹。宋宁宗嘉定初，在播州治东桃源山建玄妙观。宋理宗宝庆三年（1227），土官杨价登高眺望，谓城西碧云峰下公府西北隅'隐然有神仙窟宅之气'，于是创建宫观，题名为'大报天正一宫'，后称玉皇观，这大概是正一道传入的一个证据。"参见史继忠等著：《贵州文化》，内蒙古教育出版社，2006年版，第561页。

张亚，元至正年间（1341-1370）人，其余史载不详。

校记：①疑为"庀"字之误，备考。
②原文为"覩"，古同"睹"，径改。
③"嘉平"，即嘉平月，农历十二月的一种别称。

牛蹄塘龙洞碑[1]　　　佚名

□□□□之碑 真书额

缺于古人物□造于观拆置田第一行　缺缺昔非匪□乃独力敢为将后恐第二行　缺训子之家，

---

[1]　（清）郑珍、莫友芝纂：《遵义府志（上册）》，遵义市志编纂委员会办公室，1986年版，第338-339页。

邻里乡党五姓□人族_{第三行} 缺无识之徒，妄立名色，为民主证□_{第四行}人各该备童男童女二双，白牛十只，赴_{第五行}□□祀刁诱□口之人，亦同如是，其_{第六行}众姓人等，各宜安分守己，永守此土。无_{第七行}宜二心，代代昌盛，其传派子孙，乃昌乃_{第八行}吉，可远可大，各宜请认者。_{第九行}

至正十年（1350）岁次戊寅九月天赦日^①书。

永祯忠祖□尉示□□_{下缺}龙拆□立石。

注释：龙洞碑高二尺许，广尺许，上有额，下字十一行，前四行及第六行，灭者仅二三字，然语多不可通。碑在（遵义）郡北三十里牛蹄塘西龙洞上，前三十年，土人于洞上垦出。时龙见数日，乡人醮祀，大涨，乃没。道光辛丑（注：1841）正月十一日，洞水忽缩。至五月廿三，甚雨大涨，水复出流。据碑，知当时洞龙肆虐，乡人严祀之，此碑乃其要约也。至用四童男女，快饱妖涎，极骇观听。至今似尚有灵者。吁！无吹毛殷此牛蹄也。

此碑另有版本载录，详贵州省文史研究馆古籍整理委员会编：《贵州通志：金石志·古迹志·秩祀志》，贵州大学出版社，2010年版，第49页。

校记：①"天赦日"，古人认为一年之中有四天是"无所禁忌"的吉日，即春戊寅，夏甲午，秋戊申，冬甲子。"九月天赦日"即秋九月的戊申日。

桃源洞题刻三首^{〔1〕}　　　杨斌

（一）破衲蓬头方竹杖，提壶到处一盘桓。眼前俗事真堪笑，雨后黄花也耐看。酒醉诗怀如许壮，秋高洞口不胜寒。有人欲识无生法，只在身中九转丹。

（二）沽酒登高一典衣，却看秋草未离披。晴分野色供诗料，凉送西风入鬓丝。人世不堪伤往事，菊花又见绕东篱。饮余回首谁为主，洞口斜阳树影移。

（三）或卖痴来或卖颠，谁能识我是神仙，有人问道家何处？只在桃源洞口边。

注释：桃源洞在遵义府城东，是遵义古名胜之一。

杨斌，字全之，号道凝，别号洞清颠仙，神霄散吏，二酉山人等，明朝播州（今遵义）人，杨端第廿六代孙，世袭播州宣慰使职。明弘治十四年（1501）参加平定普安米鲁叛乱有功，明正德二年（1507）升四川按察使，兼理播州宣慰使。后被革职，官场失意借修仙以隐名。十三年（1518）随道士白飞霞学道，次年在高坪紫霞山建道教宫宇"先天观"，修炼于石室中。喜诗文，擅书法，尤工草书，遵义桃溪、大水田、香风山诸处有其手书石刻保存至今。著有《玄教大成道法》等书。

---

〔1〕 遵义市政协委员会文史资料委员会编：《遵义文史资料第16辑》，内部资料，1990年版，第222—223页。

元妙观题壁诗一首：重游桃源山[1]　　佚名

空山楼阁自峥嵘，策杖来时青鸟鸣。云满苔阴仙路合，风回兰气野香生。吹笙箫史元无分，放鹤林逋似有情。愧我重来浑是梦，桃花红烂眼双明。

注释：元妙观在遵义治南桃源山。诗见旧《府志》。此诗乃明代无名氏作。此诗刻另有载录，参见（清）郑珍、莫友芝纂：《遵义府志》，遵义市志编纂委员会办公室（内部发行），遵义市人民印刷厂印刷，1986 年版，第 1450 页。

普济桥摩崖诗一首[2]　　佚名

溪山青，溪水绿，云霞深处蟠桃熟。西风忽落桃一枝，欲为人间疗尘俗。

注释：普济桥在遵义县北三里许，有小溪自半山崖来会。穆家川桥跨溪尾，俗称高桥。溪北岸皆石壁。宋威毅侯杨粲《肇基郡治黉序》：桥道诸政具举，此桥其一也。壁上刻此诗，草书，其署款旧认柴存，载入《府志》。今细审存字，终不确。此刻即在白飞霞题刻"水�渌，石齿齿，白飞霞，曾到此。"十二字之左，字迹颇类桃源鹤鸣诸刻，故或疑杨斌为，或疑飞霞作，皆无确证，姑编诸《失名》卷中。此诗乃明代无名氏作。

此摩崖诗句另有版本载录，参见中国人民政治协商会议遵义市委员会文史资料委员会编：《遵义文史资料第 16 辑》，内部资料，1990 年版，第 223 页。

史□二首①：游桃源洞有序[3]　　佚名

余黔人也，往过桃源者非一。见古□题咏有感，□□问津□□□桃花□□□事既□□此地，口占二绝以志。

洞口桃千树，花开日日春。纷纷名利客，谁是问津人。

漫话桃源事，桃花始识春。今皇方有道，何必学秦人。

右二诗见武陵唐开韶《桃花源志略》云，见石刻。

注释：桃源洞乃遵义名胜之一。此诗乃明代无名氏作。

校记：①原本作"一首"，实有诗二首，径改。"史□"疑为"古诗"之误。

[1]（清）唐树义等编；关贤柱点校：《黔诗纪略》，贵州人民出版社，1993 年版，第 1300 页。
[2]（清）唐树义等编；关贤柱点校：《黔诗纪略》，贵州人民出版社，1993 年版，第 1300 页。
[3]（清）唐树义等编；关贤柱点校：《黔诗纪略》，贵州人民出版社，1993 年版，第 1302 页。

白飞霞题字[1]

水淴淴①，石齿齿。白飞霞，曾到此。

注释：《贵州通志》："石壁仙题，在（遵义）府城北三十里石壁上，刊有'山齿齿，石淴淴②。白飞霞，曾到此'十二字。下有清泉一道，初传白真人曾于此沐手，至今取以疗疾，颇验。"今按：此刻实在府北三里竹圌溪上，《通志》云三十里，衍十字。且上二句颠倒错异，皆《志》之误。所谓清泉，即在此刻下，滨于溪。刻后无年月。

考颠仙《紫霞石室记》云："戊寅春，始从飞霞白仙师游，相与半载"。记即刻于（明）正德十四年己卯（1519），是飞霞到此时正德十三年也。飞霞著书有《韩氏医通》、《方外奇方》（见《本草纲目》引）。

韩懋（1441-1522），明代医家、峨眉山道士。又名白自虚，字天爵，号飞霞子，人称白飞霞，明代四川泸州人。早年游遍天下，遍访名医，曾先后师从其表舅华恒岈、金华王山人、武夷仙翁黄鹤老人，又得峨眉高人陈斗南秘术，成为明代中叶誉满天下的名医。正德年间曾被明武宗召见，赐号"抱一守正真人"，敕建飞霞宫让其居住。著有《韩氏医通》两卷，《杨梅论治方》一卷和《方外奇方》等。现仅存《韩氏医通》，被后人誉为"韩氏有效方"。

校记：①、②"淴淴"，同"瀰瀰"，即"弥弥"，意为水深且满。

桃源洞口诗刻三首[2]　　　张道凝

（一）破衲蓬头方竹杖、提壶到处一盘桓。眼前俗事真堪笑，雨后黄花也奈看。酒醉诗怀如许壮，秋高洞口不胜寒。有人问我长生法，只在身中九转丹。

（二）沽酒登高一典衣，却看秋草未离披。晴分野色供诗料，凉送西风入鬓丝。人世不堪伤往事，菊花又见绕东篱。饮余回首谁为主？洞口斜阳树影。

（三）或卖痴来或卖颠，谁能识我是神仙。有人问我家何处？只在桃源洞口边。（并石刻）

注释：桃源洞口诗刻（存）。按：刻在（遵义）府城东桃源洞内口左右石壁上，左刻"破衲蓬头方竹杖"七律，末书"颠仙醉笔"。右刻"沽酒登高一典衣"七律，末书："神霄散吏"。其内方稍下，又刻"或卖痴来或卖颠"七绝，末书"颠仙"。皆草书。三诗已入《艺文》，故不重录。见347页。

[1] （清）郑珍、莫友芝纂：《遵义府志》，遵义市志编纂委员会办公室（内部发行），遵义市人民印刷厂，1986年版，第343-344页。
[2] （清）郑珍、莫友芝纂：《遵义府志》，遵义市志编纂委员会办公室（内部发行），遵义市人民印刷厂印刷，1986年版，第1443-1444页。

游桃源洞诗碑〔1〕　　童仲揆

洞隐桃花客竞跻，幽深绝胜武陵溪。不缘指点应难入，却笑舟人此欲迷。山藏一窍路逶迤，隔断红尘总不知。想是避秦人未到，桃花流水至今疑。

万历乙未（1595）仲春江东童仲萤①题。

注释：碑在（遵义）府城东桃源洞口，行书，甚清拔，二七绝亦秀逸可喜，末书"万历乙未仲春江东童仲萤题"。乙未在万历二十三年（1595），仲萤，《明史》有传，曾为四川都督同知，当时以何事至播，不可考矣。（《遵义府志》）

校记：①原文"童仲萤"，与前称"童仲揆"不一致，备考。本书作者认为是童仲揆撰诗碑。

童仲揆，南京人。举武会试，历都指挥，掌四川都司。万历末，擢副总兵，督川兵援辽，与同官陈策并充援剿总兵官。熹宗初阵亡，敕赠都督同知，增世荫三级。

桃源洞石刻〔2〕　　程仲愚

虚石窍中天，痴云时独发。寒煦自觉殊，风露匪所及。石柱屹当门，迎人不拜揖。清响出沉冥，空翠宛可拾。摩岩旧字残，苔藓不敢集。阴森行欲尽，参差危磴级。飞阁临高烟，竹柏秀林立。中有古僧留，幽气与人袭。真隐何必深，元液聊饮吸。洞禽知客意，残啄胡麻粒。太白亦有□，狂歌松岭急。寄语避秦人，问津良不易！（并石刻）

注释：程仲愚，明末人，籍贯生卒年不详。

桃源洞中诗刻〔3〕　　颠仙

树入天台石路新，云和草静迥无尘。
烟霞不省生前事，水木空疑梦后身。
往往鸡鸣岩下月，时时犬吠洞中春。
不知此地归何处，须就桃源问主人。

——右刘晨阮肇游天台

〔1〕　贵州省文史研究馆古籍整理委员会编：《贵州通志·金石志·古迹志·秩祀志》，贵州大学出版社，2010年版，第98页。

〔2〕　（清）郑珍、莫友芝纂：《遵义府志》，遵义市志编纂委员会办公室（内部发行），遵义市人民印刷厂印刷，1986年版，第1450页。

〔3〕　（清）郑珍、莫友芝纂：《遵义府志》，遵义市志编纂委员会办公室（内部发行），遵义市人民印刷厂，1986年版，第347—348页。

天和树色霭苍苍，霞重岚深路渺茫。
云窦满山无鸟雀，水声沿洞有笙簧。
碧纱洞里乾坤别，红树枝边日月长。
愿得花间有人出，免教仙犬吠牛郎。

——右刘阮洞中遇仙人

殷勤相送在天台，仙境那能得再来？
云液既归须细饮，玉书无事莫频开。
山当洞口应长在，水到人间定不回。
惆怅溪头从此别，碧峰明月照青苔。

——右仙子送刘阮出洞

不将法曲理霓裳，尘梦那如鹤梦长。
洞里有天春寂寂，人间无路月茫茫。
玉池瑶草连溪碧，流水桃花满酒香。
晴露风灯自飘落，此生无处问刘郎。

——右仙子洞中有怀刘阮

再到天台访玉真，青苔白石已成尘。
笙歌寂寞闲深洞。云鹤萧条绝旧邻。
草树总非前度色，烟霞不似往年春。
桃花流水依然在，不见当时劝酒人。

——右刘阮再到天台不复见张仙子

注释：此五诗刻在（遵义）府城东桃源洞中右壁上，为五幅，草书。各幅末并有印文，曰"颠仙"。俗间谓桃源洞有张三丰仙迹，即指此与洞口三诗，莫有知其为颠仙者矣。又，考此五诗，乃曹唐《大游仙诗》，颠仙书之，而未系所出，故并详焉。见348页。

鹤鸣洞摩崖诗刻[1]　　颠仙

黑头犹未是龙钟，客气消磨逸兴浓；

---

[1]（清）郑珍、莫友芝纂：《遵义府志》，遵义市志编纂委员会办公室（内部发行），遵义市人民印刷厂，1986年版，第348-349页。

回首□□□□□①，也于范蠡继高踪②。

——颠仙印文曰"致政宪使"，后三诗印文同。

□□光阴过隙驹，人间闲事好祛除。
□□元晦朱夫子③，也在□泉读道书④。

——□□深处□夜□□书⑤

年来希□又希陶，岂为虚名强折腰？
独倚南窗无一事⑥，清风□袖更飘飘⑦。

——鹤鸣洞避暑偶书

碌碌红尘梦一场，闲云笑我向来狂。
□兹长揖归山去⑧，莫漫儿童说子房。

——右致政公宴有作

注释：此四诗刻于（遵义）府城南三十里天池（旧称"播雅天池"，即今之共青湖）上鹤鸣洞中石壁，左右各二。洞中额刻径六寸书"鹤鸣风景"四字，中又刻"四时八节神炁"，皆草书。又有草书六行，不可识。

此摩崖诗刻另有版本载录，据该版本称，鹤鸣洞，位于遵义县城西北八公里大水田畔山腰，亦称"仙女洞"，俗称"小米洞"，为一岩溶洞穴。洞口高五米、宽4.9米、纵深十五米。洞内左右石壁上，有剔地摩崖诗四幅；洞外岩壁上有数十幅大小不等的道教符箓和神祇灵位石刻；洞上方正中的剔地石刻横额，上书"鹤鸣风景"四字。摩崖诗在离地两米高的岩壁上，四幅长方形石刻条幅，均长七十五厘米、宽三十四厘米，字体狂草，有如龙蛇飞舞，因年久风化剥蚀，漶漫难辨。其诗原文如上。以上诗的左下角，均刻有方形篆字印章一方，曰"致政宪使"。

据清人郑珍考证，颠仙即明播州土司第二十六世杨斌，于明武宗正德二年（1507）袭昭勇将军，授四川按察司按察使、播州宣慰使司宣慰使。以"狡横不受节制，贿取战功，挟求为流官"，于明正德三年（1508）被革职。由于政治上失意，"晚年乃欲借神仙隐名以欺世"，修真于城北三十里紫霞山石室，他自名道凝，又名洞清，字全之，号颠仙，又号神霄散吏。于正德十三年（1518）春，随道士白飞霞游历学道。次年在高坪北紫霞山建造道教宫宇"先天观"，有屋数椽，凿石为室，修炼其中。著述有《玄教大成道法》《神霄清啸》《玉府琼章》等。详见贵州省遵义地区文物管理委员会、遵义地区文化局编：《遵义地区文物志》，1984年版，第140-141页。

第三首"避暑偶书"诗还有一个不同版本，全诗为"年来希谢又希陶，肯为虚名强折腰，独倚南窗无一事，清风舞袖鬓飘萧"。参遵义市政协委员会文史资料委员会编：《遵义文史资料第16辑》，内部资料，1990年版，第223页。

校记：①此句另版本为"回首月湖云水阔"。见《遵义地区文物志》1984年版，第140页。下同。

②"踪"，另版本为"纵"。

③此句另版本第二字为"公"。

④此句另版本第三字□为"云"；"读"为"订"。

⑤此句另版本为"□山深处月夜□烛书"。

⑥此句另版本为"南窗读书无一事"。

⑦此句另版本第三字为"拂"。

⑧此句另版本第一字为"颠"。

栖神石刻[1]　　颠仙

注释：此石刻在（遵义）府城北三十五里狮子山李氏坟上，乃石牓楷书"栖神所在"四大字，旁书"颠仙题"。阴有草书，亦颠仙之迹。颠仙数刻无年月，以先天观碑类附。

溪山青诗刻[2]　　柴存

溪山青，溪水绿，云霞深处蟠桃熟。

西风忽落桃一枝，欲为人间疗尘俗。

——柴存书

注释：此诗刻与白飞霞字，同在竹齖溪上，草书。末题二字，细审上一字，上半为草书"此木"二字，下半为"存"字，疑为"柴存"。下一字则"书"字也。柴存无可考。疑亦颠仙辈所为，姑附此。见349页。

桃源洞诗刻[3]　　周志伟

（一）

洞中仙子何年去？野外元戎此日来。

绿树苍岩相掩映，桃花流水空莓苔。

〔1〕（清）郑珍、莫友芝纂：《遵义府志》，遵义市志编纂委员会办公室（内部发行），遵义市人民印刷厂，1986年版，第349页。

〔2〕（清）郑珍、莫友芝纂：《遵义府志》，遵义市志编纂委员会办公室（内部发行），遵义市人民印刷厂，1986年版，第349页。

〔3〕（清）郑珍、莫友芝纂：《遵义府志》，遵义市志编纂委员会办公室（内部发行），遵义市人民印刷厂，1986年版，第357页。

乾坤岁月留棋局，城郭风烟落酒杯。
见说闾阎刀买犊，不妨游览更登台。

(二)

闲情欲看仙人着，胜地惊偕上将来。
洞口秋风飞落叶，山中夜雨长鲜苔。
蛮童缚竹新成阁，羽士烹泉旋洗杯。
箫管只疑天上奏，连骑正好月明回。

(三)

昔人已随猿鹤去，此地空遗麋鹿来。
岂有诗篇酬胜迹？漫劳樽俎扫荒苔。
晴云霭霭如迎盖，谷鸟嘤嘤欲劝杯。
莫向登临伤往事，滔滔湘水去难回。

注释：此诗刻在桃源洞中颠仙"或卖痴"诗右，楷书，凡四诗。诗刻存，以下并无年月。第一，五律，已据《陈志》(注：清初遵义令陈瑄所纂，成书于康熙二十四年)收入《艺文》，不重录。末款书阳山周志伟。志伟无可考。诗云"元戎"，云"偕上将"，当是明末奢安之乱、两次复遵后，志伟以幕客杯酒从游耳。

其右一诗云："□□山下桃源洞，千古那知□度来；旭日□□□□树，清□□满径中苔。蛮花剪落……"余悉为石乳所齧。未详何人。即"来""苔"二韵同此三诗，知为当时唱和之作。

残诗左又有梅东沈德元题美哉亭二律诗(不录)，知洞上会仙亭亦名美哉也。三诗下，有题桃源洞元妙观二七律，其一已载《艺文》，一不录。题名处已为后人所磨。三诗上方之左，又有行书末一刻云："□□桃源洞口游，临风寄概几千秋。他年卜筑□□处，拟在白□天□□□□□初秋播郡□□散吏高梁郭□□凯□□题。"见357-358页。

游桃源洞石刻[1]　　周志伟

吏事山中少，言寻洞口幽。桃花非往日，湘水自清秋。古柏垂崖合，晴云抱石流。宁知城郭外，窈窕有丹邱。

注释：见上。

---

[1] (清)郑珍、莫友芝纂：《遵义府志》，遵义市志编纂委员会办公室(内部发行)，遵义市人民印刷厂，1986年版，第1450页。

颠仙七言诗摩岩[1]

注释：明正统十三年（1448）刻。摩崖高七十五厘米，宽三十五厘米。书体狂草。刻于贵州遵义高坪紫霞洞，今仍完整。碑文草书字迹难辨。文字三纵行（二十九字），有落款。

成化誓鬼符刻[2]

注释：此刻在（遵义）府城南七十里庙林，古藤缠抱，不著地，俗因呼"飞来碑"，上刻日月符篆，下一行书"成化二十年三月二十八日立"，中行书"勑天师誓鬼石敢当"，末行书"誓以绝咒除㑈①解散冤颂"等字。城北六十里道旁阜上亦有此刻。

校记：①此处所引原文为"左口与右东的合一字"。经查字典未见此字，疑为"㑈"的俗体字，故本书作者以"㑈"代之。

紫霞石室碑[3]　　　邹志学

嗣唐太师守播、四十七代云霄紫霞石室碑记篆书额。

丙子（1516）乡闱进士、云贵两省解元、金陵邹志学撰文。

赐进士第、光禄大夫、柱国、少师、兼太子太师，吏部尚书、华盖殿大学士、经筵讲官、重修国史会典新都杨廷和篆额。

嗣汉四十八代天师、诰授致虚冲静承先宏道大真人、掌天下道教事湛然张彦頨书丹。

神霄散吏有颠仙者，依紫霞洞天建大宫宇，榜曰"先天观"，以为崇奉所。其山去播南三十里地名高坪之北，乃涵蟾子炼丹之地也。其南下三里许为千岁峰，河流拥前，诸山森立，磐迤峻异，极一方之形胜焉。仙翁尝命童子执香导引，振衣长步。时或岚销雾敛，景明物熙，乃抚掌而歌曰："水冷冷兮山苍苍，云随鹤杖兮风吹我裳。浮生辗转兮春梦悠扬。千万斯年兮任流光。"已而顾谓童子曰："夫始终者，万物之大归；化生者，性命之区域。是故斫心断性、泛而不切者，乌在其为儒？含生执有，泥而不达

---

〔1〕潘成义主编：《中国西南地区历代石刻汇编第19册：贵州卷》，天津古籍出版社，1998年版，第12页。

〔2〕（清）郑珍、莫友芝纂：《遵义府志》，遵义市志编纂委员会办公室（内部发行），遵义市人民印刷厂，1986年版，第341–342页。

〔3〕（清）郑珍、莫友芝纂：《遵义府志》，遵义市志编纂委员会办公室（内部发行），遵义市人民印刷厂，1986年版，第344–346页。

者，乌在其为仙？神而明之，存乎其人。此良，可为寿宅也。若宜凿石为室，即予冲举后，收簪裳藏焉。童子其成之。"寻拂衣归。崇奉所傍有屋数椽，日与神霄诸弟子讲《周易》，论心性。凡先天后天之蕴，无极太极之精，与乎内圣外王之学，无不发扬殆尽。尝曰："昔在帝王御世，圣贤垂训，仙师度人，未尝不以人道为先者。盖人之有生，以有此心；心之活灵，以有此理。天理一息不存，则人心随之而失；人心既失，则身无管摄，而人道绝矣。虽欲长生久住，竟亦何所为哉！故曰，未修仙道，先修人道，人道既修，则天道不远矣。然人道之大，惟孝与忠，千绪万端，皆由此出；尽其道而往，则庶乎仙阶可臻矣。旌阳许祖净明秘旨，率是道焉。"又曰："太上《五千言》，其旨不过清静无为而已；在儒家则定静之学焉。释氏金刚要领，其功在降伏其心。夫所谓心，即儒学之人心也。夫所谓降伏，即入学之谨独而精一也。同宗异派，大抵如此。异学者流，顾以炉火、醮祭、符咒、邪枉私已惑人者争尚竞逐，悲乎！诚三教之罪人也！小子勉旃！"由是而观，仙翁之自修与其所以教人，皆本之于儒，以开其端；参之于道，以神其用。其凝定修养之学，又勿忘勿助之心耳。据仙翁系古夜郎诸侯国之裔，一元道人冢子也。名道凝。嗣派居五也。一名洞清，字全之，颠仙其所自号焉。方母氏太夫人之娠也，老媪马真者，梦一童子从七曲帝君侧，乘白鹿入寝，诘朝而仙翁诞。既长，服官政，动以旌阳诸公为法，人多德之。然值世运多故，乃以权变自处，而不失经常之道。其循良之绩，战阵之功，宠贵之深①，出处之正，较之流辈绝无而仅有者也。甫弱冠，太玄欧阳先生授以清微雷法，凡呼召风雨，役使鬼神，立有奇应。后云山道人授以五雷法，青霞真人授以灵宝法，四十八代天师授以正一法，凡入坛行持，辄有异感。大概济人利物之功居多，匪旁出祈禬②，漠无意于斯世也。先是尝梦一老师谓曰，子宜学道，以赎往憾③，则寿可延矣。乃朗吟曰："写遍丁香叶，到处不求知，若问吾姓名，八卦柱九枝。"遂失所在。盖南极星云。丁丑（1517）冬十一月癸丑，夜方静坐，忽闻异香入室，氤氲经时乃散。寻梦，感旌阳许祖授以净明忠孝至道。时亦神游玉京，累感高真授以内外二丹之旨。戊寅春，始从飞霞白仙师游。仙师知为伟器，相与半载，乃以神霄心印传焉。补上清大洞回车毕道经箓、太清三箓境金阙法师、天机上相净明法祖、洞玄明道辅圣真君，嗣神霄玉府心印箓雷吏玉蟾白真君宗派。间亦旁通儒释之典，博览百家技艺，著有《玄教大成》《道法双明玉书》《神霄清啸》《玉府琼章》诸书，盖会万法而集大成，犹儒门之有考亭也。然大要则凝神定性，以合大道自然之虚；外则明教演法，以祛俗流妄诞之弊，此则垂世立训之本意也，固非以养生为端门焉。夫卫身而自私者，玄门之标榜也；久延而归空者，仙室之门户也。仙翁则异是焉。殆烛其机而行之以诚，洞其微而守之以正与（欤）④？可谓有道士也已。呜呼！七曲之精，其降临也；南极之星，其寿征也；后天而凋，三光不毁，道气永存也。维彼石室，抑示人以理之真也。

　　皇明正德十有四年（1519）岁在巳卯菊月吉旦。颠仙立石。

注释：此碑在（遵义）府城北三十里紫霞山先天观中。颠仙，旧不详其何许人及何姓。《陈志》（注：清初遵义令陈瑄所纂，成书于康熙二十四年）书"杨颠仙"，《通志》书张颠仙，以此碑额首云"嗣唐太师守播"考之，则姓杨是也。其误为张者，颠仙有诗刻府城东桃源洞，世俗悉谓张三丰书因是耳。颠仙又有诗刻城南三十里鹤鸣洞中，其印文曰"致政宪使"。考杨氏在明时，惟斌曾为四川按察使，在正德二年（1507），踰年载之。见《明史》。又，十二年，以凯里、重安更相仇杀，巡抚邹文盛遣参议入播，督致仕杨斌抚平之。则斌此时已先致仕。至嘉靖元年（1522）重建正一宫碑题衔尚有斌名，则斌至嘉靖中犹存。此碑建年适在中间，与"致政宪使"之印文相契，是颠仙必杨斌也。且碑云"夜郎裔"，必指杨氏；又云"冢子"，斌即（杨）爱长子；又云"战阵之功，宠赉之渥"①，亦与《明史》所载斌事应。想杨氏当时境内不外总管、把目，如记文所称勋位尊荣、膴仕高退、唯意自适，计必无足当之者，则颠仙之为斌，益无疑。至额所谓"四十七代"者，与杨氏自端至斌为二十六代不合，乃其道家师承之代，下属为文，不当与"守播"连读也。斌以狡横不受节制，掠取战功，挟求为流官，晚年乃欲借神仙隐名以欺世，何为哉？而其诗笔字画之见存者，亦殊不俗。

此碑文另有载录，详参李黔雷主编：《遵义县文物志（第二集）》，政协遵义县宣教文卫委员会，2003年版，第5-6页。

邹志学，明正德十一年（丙子年·1516）乡闱进士，明代云南七十八位解元之一，其余不详。

张彦頨（1490-1551），字士瞻，别号湛然，道教正一天师道第四十八代天师。第四十七代天师张玄庆长子。明弘治十四年（1501）袭天师位，诰封正一嗣教致虚冲静承先弘化真人。嘉靖二十五年（1546），加封为正一嗣教怀玄抱真养素守默葆光履和致虚冲静承仙弘化大真人。娶安远侯柳文之女为妻，建上清宫、真人府和正一观，善诗文。羽化后，葬弋阳迭山书院。

杨廷和（1459-1529），字介夫，号石斋，四川成都府新都人，明代著名政治改革家，文学家杨慎之父。历仕宪宗、孝宗、武宗、世宗四朝。成化十四年（1478）中进士，授翰林检讨。明孝宗时为皇太子朱厚照讲读。正德二年（1507）入阁，拜东阁大学士，专典诰敕。刘瑾诛后拜少傅兼太子太傅、谨身殿大学士。正德七年（1512）出任首辅。嘉靖三年（1524），因"大礼议"事件与世宗意不合，罢归故里。嘉靖七年被削职为民。嘉靖八年卒于新都。明穆宗隆庆初复官，赠太保，谥号文忠。杨廷和善书。曾参与编修《明宪宗实录》《明孝宗实录》《明武宗实录》《大明会典》，著有《杨文忠公三录》传世。

校记：①一作"渥"字，详见《遵义府志》1986年版，第346页按语。

②原文为"左礻与右会的合一字"。本书作者疑为"禬"的俗体字，意为古代为消灾除病而举行的祭祀。

③ 一作"恨"字，详见《黔诗纪略》1993 年版，第 1305 页，颠仙诗"梦老师朗吟"注释。

④ 原文注有"（欤）"字。文言句末语气助词，表示疑问、感叹、反诘等语气。"与"同"欤"。

张氏祭田记碑[1]　　杨应龙

宜人①何氏，适②汉天师□十九世孙。松溪张公……母……诰封太夫人……以嘉□丁未③年送吾母入……隆庆丙寅年（1566）④葬于高平竹垭庄……系官田。先是□松溪□公捐银两代……勘结地方，谢仪吾母请命于……先君镇国公，遂将竹垭庄抵□坟券。太夫人……以庄所入之租不足以祭扫□费，又自出价银置买任……跳水人田……礼田去高平二三里许，通计田□⑤石余地。于是岁时扫祭……告……庄……石玖斗七升三合当遗命云。宜人为我而求，遂身葬□里……时几多扶柩送□，我谓葬□安妥洩⑥迁则露灵气，况路途远险，不可轻举。且……人庆，繁衍子孙，□仍茂盛水木之念，不可忌也。当流落吾乡者，可比哉。令买□村□跳水人田，葬竹垭庄。□遂复能事□价谢仪。即系吾父用价置买者矣。宜将人……载碑记，永作祭扫……张氏子孙世守之业。庶来播者，有所依赖。此吾母太夫人之遗命，应龙敢不敬□之。于是树勒坚□以传永久。我之子孙居官司者，其尚念一本之亲，世世相承□加优厚，毋得侵夺更变，自取薄恶之咎，神灵鉴之，不可不慎。

万历十年（1582）岁在壬午季夏月丙申日。

播州宣慰使司宣慰使嗣唐太师三十代孙杨应龙立石。

注释：此碑现存于遵义县文管所，2002 年 9 月被发现于高坪镇白岩沟。碑宽七十一厘米，厚十三厘米，高一百五十六厘米。碑首和碑身四周边沿为五厘米宽相连回环纹。碑首高二十二厘米，为浅阴刻闲云、野鹤、繁花组成吉祥图案。碑首和碑身用阴刻横线分开。碑身文字为行草阴刻。竖行排列，满行三十六字，共计十六行，绝大部分文字尚清晰。碑文右题为《张氏祭田记》，碑左尾署"万历十年岁在壬午季夏月丙申日""播州宣慰使司宣慰使嗣唐太师三十代孙杨应龙立石"。是目前仅存的有杨应龙署名又有实物留存的末代土司叙事碑刻。

此碑叙事上虽非道教意涵，但其文字如"宜人何氏，适汉天师□十九世孙。松溪张公……"等的叙述与道教"正一道（派）"有历史联系，具有道教文献价值，故录。据道教历史，"正一道"（亦称"天师道"）由汉末张陵（张道陵）创立，后世称其为"（祖）天师"，其传人为其子孙世袭，后皆称为"天师"，因此张姓即被称为"张天师"。从元世祖起，"天师"称号始被官方正式承认。

〔1〕　李黔雷主编：《遵义县文物志第二集》，政协遵义县宣教文卫委员会，2003 年版，第 54-55 页。

　　杨应龙（1551-1600），播州（旧属四川今贵州省遵义）世袭土司，杨氏地方政权的第二十九（一说为三十）代统治者。明隆庆五年（1571），杨应龙世袭其父亲杨烈的播州宣慰司一职。明万历十四年（1586）任都指挥使，因从调有功，加封为骠骑将军。后反叛被明朝派兵围剿，溃败而自缢身亡于海龙囤（遵义一座古代军事城堡，始建于唐朝，扩建于南宋及明朝，之后焚毁于明朝。遗址位于遵义老城北约三十里的龙岩山东麓，又名龙岩囤）。

　　校记：①"宜人"，古代妇女的封号，此制始于宋代。

　　②原文"适"，疑为"嗣"之抄误。备考。

　　③"嘉□丁未"，疑为"嘉靖丁未"，即嘉靖二十六年（1547）。

　　④"隆庆丙寅"年（1566）是否准确，存疑。从明朝年号干支纪年对照而言，此"丙寅"是否宜为"嘉靖丙寅"年，即嘉靖四十五年，亦是嘉靖朝最后一年，备考。

　　⑤原文为"左米与右劳的合一字"。本书作者疑为俗体字，其异体字同"醪"。经查字典未见此字，暂以缺字符代之。

　　⑥原字为"左氵与右曳的合一字"，本书作者疑为"洩"的俗体字。因"曳"为"曳"的讹字，故原字为"洩"（即泄）。

高崖祖庙修庙记^{〔1〕}　　陈盟

　　辅世而剪凶□^①害，□^②幽而奠境义民，是其生为名臣，为卓宦，而声华炳烺于当代也，则宜。其没为上真，为明神，庙貌祠之，血食奉之，而精爽昭于异世也，则尤宜。昔在汉初，有李公为吾蜀益州守，冰，其讳也。德政并茂。当时水神作祟，川波泛壅，大贻民害，公奋然殪之于江，俾厥安流。其事甚奇，功甚著。灌溉之利，迄今千数百年，蜀民犹食其泽；而公之英灵，亦远与厥功不磨。迄今千数百年，蜀民所以崇奉尸祝之者，阅唐宋至我皇明，犹凛凛如一日。是以三川形胜之地，往往建宇以像公。而夜郎之东，距城二十里，高峰屼岬，俯瞩万山，台阁岿然，呼吸六虚，有公祠在焉。凡夜郎之民，岁时蒸尝者、趾相错于途，则以公之灵爽、较它处尤著；而荫庇斯土者、非伊朝夕之故也。曩自么么弄兵遵城，千里烽燧，纵横一时，琳宫梵刹，鲜不罹于爇，而斯祠独存，其殆公之明威、有以慑蛇豕之凶焰而悸其胆乎！于时监、督、宪、副环水卢公、蜀镇朝石侯公、遵镇春宇刘公、协镇信吾陈公，剿蔺抚黔，首复遵城。扫天狼而集鸿雁，歌《貍首》而革鴂音。废坠俱举，百度维新。幸公祠之获存，而倾圮未葺，于遵民妥佑之意既弗惬；且规制湫隘，于国家崇报之典又弗光。乃相与捐俸而改创之。堂寝庑室，皆倍于旧；且买田若干亩，供四时焚献之需。用以顺民志而答神庥也。落成之

〔1〕　（清）郑珍、莫友芝纂：《遵义府志》（上册），遵义市志编纂委员会办公室，1986年版，第232-234页。

日，予适因展垅，赐假旋里，卢公移书，俾予记之。予于是有感焉。夫有严有赫，好是正直，神何求于世？而世自求之，岂非功德在人，不可忘耶？然则内而卿相师保，外而岳牧连帅，□遵□庇民③，丰功茂绩，各循其职，而不求人知，然而人自称颂于身前，且思慕于身后者，又何以异于神耶？嗟乎！鼎冲钧轴，大纛高牙，世岂乏贵显哉？乃生而碌碌，没而泣泣，其于世道无分毫补，以此事神，神其吐之。今四君勘定之勋，伟于兹土；辑怀之泽，洽于群心。《诗》云："恺悌君子，神所劳矣"，则神之保厘凋敝，与四君之膏沐疮痍，其余休均未有艾，吾知其并垂不朽矣！是为记。

注释：庙在遵义县城外（《通志》作"东"）二十里（旧《川志》作十里）。用祀川主行神，郡人更祗祀之。《孙志》一云二郎庙，祀蜀郡守李冰，岁以六月二十四日郡人家祀之。《陈志》按：庙在城东十里，山崭崭特峙，雄压诸峰。相距二里许名虎头峰，乃故所称高岩，后移以称此山。庙为唐贞观八年创建，祀蜀太守李冰及子二郎。乾符中补修，自后修葺无考。明万历四十六年戊午（1618）遵义知县刘人表、崇祯四年辛未（1631）四川按察使卢安世、国朝康熙三十二年癸酉（1693）总兵王国忠、五十一年壬辰总兵魏相、知府王元弼并重修，有记。乾隆三年戊午（1738），知府苏霖泓复整祀田，重加增拓，迄今递有修补。遵义五属，川主庙无三里蔑有，惟高岩山独古。崇祯壬午、癸未间，献贼欲屠遵义，神显灵退贼，郡以获全，事载王国忠《记》甚详。按：国忠《记》今漫漶不可识。此据《心斋随笔》，言复不详。闻耆老言，张献忠遣李鹞子来屠遵义，道经高岩侧，见阴云蔽空，蜀守持三尖刀指贼曰：若伤吾一百姓，尔身俱断。贼胆落，遂反走。此虽未定本国忠所记，要必有此事，非臆造之说。详见（清）郑珍、莫友芝纂：《遵义府志》（上册），遵义市志编纂委员会办公室编，1986年版，第232页。

此碑记另有版本载录，参见贵州省文史研究馆古籍整理委员会编：《贵州通志：金石志·古迹志·秩祀志》，贵州大学出版社，2010年版，第382页。

陈盟，字无盟，号鹤滩，蜀南富顺人。明万历四十年（1612）举人，初任新安教。天启二年（1622）登进士第，历任检讨、国子监司业。曾因典试南京出题获罪，罢官后居南京。学识渊博，长于治史兼工书法，名重于时，黄道周称他书艺上迫赵文敏。崇祯十七年（1644）福王在南京立国（南明弘光元年），被起用任讲读、吏部有侍郎兼翰林院学士，加礼部尚书。清军占领南京后，遂遁入空门为僧，释名法藏，号雪公。著有《雪斋诗集》《三朝纪略》《崇祯阁臣行略》等。

校记：①"□"符字另版本为"除"。见《贵州通志：金石志·古迹志·秩祀志》2010年版，第382页。下同。

②"□"符字另版本为"在"。

③此句另版本为"尊主庇民"。

高崖祖庙重修庙记[1]　　苏霖泓

《传》曰："能御大灾则祀之，能捍大患则祀之"，祀神之典，亦綦重矣。考《蜀志》，高岩山川主之神，为隋嘉州太守，多惠政，能入江斩蛟以除水患。唐封"神勇大将军"，又封"赤城王"，立庙灌口。宋张咏①治蜀，因乱，祷祠，乃得神助。事平，以闻，封川主清源妙道真君。神之福利斯民，彰彰如是。又闻诸父老：明末，流贼屠戮两川，几无噍类，赖川主之神，于桐梓县娄山关特显灵异以遏其锋，故贼不敢入，遵郡独全，至今士民祀之甚谨。予自军前给假回郡，办理平籴，时至初夏，久旱无雨，亢阳为厉，农事未举，忧心如炽，谋及士庶，佥云祷高岩山可得雨，必竭诚乃应。于是斋心涤志，率僚属步祷于山，焚牒以告，为斯民陈疾苦甚切。是夕，阴云密布，雷始发声，大雨如注，竟夜乃止。次日，河水横流，四野沾足，农耕于田，工歌于市，米价遂平，民心俱悦。荷神之庥，理当报祀。于是束帛牵牲，制额以谢。近山绅士耆民，咸集庙内。予见栋宇倾颓，树木零落，询之士庶，供出庙祝李常清跋扈此山，估据祀田，竟为己业，砍伐树木，卖以网利，并不焚献，因至废弛。乃饬县尉公同地邻，于常清名下查出祀田三处，粮银、界至，踏分楚楚。更签司祝敬谨焚修，以其事申诸方伯，勒石以垂不朽。夫神无常享，享于克诚，民之秉彝，好是懿德。自甘霖沛而农事举，庙田清而祀典具，舆情允洽，民气以和，祈报者踵相接也，修废之心，油然以起。予因捐俸为之首倡，乐输者从便。乃拓其阶墀，使之爽垲；加以丹腹，重其观瞻。匪惟崇德报功，以示儆末俗；俾知巍巍者山，明神在上。鉴我愚诚，介尔景福。凡厥庶民，殷勤于作善降祥之理，孝友姻睦，敦行不倦，出作入息，含哺鼓歌。庶几灾沴全消，雨旸时若，熙熙皞皞，优游②太平之世，是则神之赐也，亦即予之志也。

注释：详见陈盟高崖祖庙《修庙记》。此记另有载录，参见贵州省文史研究馆古籍整理委员会编：《贵州通志：金石志·古迹志·秩祀志》，贵州大学出版社，2010年版，第382-383页。

苏霖泓（1672-1746），字湛若，号雨苍，云南人氏。清康熙丙子（1696）举人。乾隆三年（1738）被选定为候选知县，提升为大通道。先后任师宗州、建水州学正，升广西容县知县、贵州大定州知州，擢遵义知府、两淮盐运使，官至从三品。每任官一地，重视文教，常与士人交游，歌咏酬唱。《滇南诗略》选其诗七首。

校记：①原字"詠"，即"咏"，径改。
②原字"遊"，即"游"的异体字，径改。

东岳庙碑记[1]　　刘大有

缘此庙乃系古刹，不知创自何时，始于何代。幸昔有住持僧性融勤修苦绩，置买大田①甲弥勒庵（奄）②，性量田土一幅，坐落紫霞山之坎下，载粮二钱一分一厘，又于崇祯八年（1635）重修殿宇，四维乐助，□□成功有施主王凤岗舍常住水田一分，载粮二钱四厘八毛；施主刘武臣舍常住水田一分，载粮二钱四厘八分，并修东岳圣像，斯时地灵人杰，庙宇辉煌，历有数十余年，风雨久损，应合补修。有性融之徒孙普会，请同寺邻郑惠也募化修补，自雍正元年，亡前三年补毕，外有东岳后殿五间及普会之徒侄孙寂沉捐银修以为报恩之所，迄今已□无，何□世道沧桑，即有飞锡、临兹者不过，仅为衣食计，一任败瓦颓垣，目不一瞬，以致庙宇倾颓，舍白买契尽失无存。于乾隆壬辰岁（1772），净先师徒奉县沈公委住焚献，师徒其自甘淡薄，勤俭苦积，力行修庙宇，森严焕然。维新有寺邻郑懂，始将昔年掌管会遗嘱一纸，

凭众交僧，方知常住原由地界。僧恐后世远年湮，故照遗嘱原由□众勒石，并书地界，永远焚献为记耳。

一、住持僧性融于崇祯三年置买大四③甲弥勒奄，性量田土一幅，载粮二钱一分乙④厘，坐落地名紫霞山之下，其界上抵紫霞山之顶下、抵龙神堂水沟横过大土蒿坎直上中山顶为界，左抵水沟直上当漕至紫霞山大□、三倒拐达叶坪为界，右抵□□坪上白虎响山顶，下抵郑家水源岭岗直上中山顶交界。

一、施主刘武臣舍水田乙⑤分载粮二钱八分，坐落地名大三甲高坪场侧，田共式坵，永为烧香田。

一、施主王凤岗舍水田乙⑥分载粮贰钱四厘八毛，地名青桐坝田大小七坵，永为东岳田。

一、奉委住持僧净先、号普度，从道尵道毌，建立其粮，原僧自□东岳众户同单。

乾隆四十三（1778）岁次戊戌季秋月吉旦。

遵义府学庠生刘大有书。

注释：此碑原立于遵义市汇川区高坪镇东岳庙右厢房内。2005年东岳庙改建，裸露于外，2007年搬于右厢房东头檐下。庙内存有《东岳庙碑记》和《重修东岳庙碑记》两通分别记述了东岳庙在不同时期的发展状况，为古播州、遵义府宗教发展提供了史实依据。《东岳庙碑记》碑高一百二十八厘米，宽七十七厘米，厚十二厘米。该碑系马蹄青石，碑文行书浅阴刻，文字有脱落。

校记：①应为"四"字，据下文。
②原文已注有"（奄）"字，照录。

---

[1]　遵义市汇川高坪镇编：《遵义市汇川区高坪镇志》，方志出版社，2012年版，第545—546页。

③ "四"字与上文的"田"字异，存疑。
④应为"一"字，见上文。
⑤应为"一"字，见上文。
⑥应为"一"字，见上文。

重修东岳庙碑记[1]　　何贞亨

　　大四甲有古刹，焉不知创自何代，始于何人，有呼为报恩寺，有曰为东岳庙者，桑田沧海，屡废屡兴。世远年湮，无从深考。独存乾隆戊戌年（1778）石碣一座，上书始于住持性融，置买弥勒庵性量田土一幅，载粮贰钱弍分弍厘，崇祯八年（1635）王凤岗出舍水田弍分，载粮贰钱四厘捌毛，又刘武臣出舍水田弍分，载粮贰钱八分，雍正元年（1723），性融徒孙普惠请同①邻人郑惠也募化培修三年，功竣至乾隆壬辰（1772）。寺中争界构讼，沈县主清查，昭雪绅耆有邻，老郑公名懥始将昔年老僧普惠遗嘱当官凭众交僧，方知寺中田土界置原粮数目，以此了案，并勒石永久计。嘉庆年间，寺僧负债庙宇几颓，甲邻等清伦师徒接理勤积苦馀，开清前债，齿积多年，于道光己丑年（1829）置买马南坝何国应水田贰坵，曲尺阑一，一名棕树田原粮贰钱贰分，买价纹银二百伍拾两，水在小沟六日六夜一班轮放，另立买田大碑为准。同治乙丑年（1865）号匪蹂躏庙毁碑亡，不留片瓦，只存乾隆戊戌（1778）古碑弍座。寺僧净广、净荣、辛勤苦积，于同治乙丑始置上殿，同治甲戌（1874）道芳及道奎德禅又立下殿及两廊神所，陆续竖造神佛，金容将禾木者至复大震，马亨谊□桑梓意欲为古刹留永久计爱，命住持道芳、道奎及道福、缘寿等另立八尺丰碑，将寺中田土界置条粮数目并古碣所垂护持沙门，耆苟创建辛苦，沙弥逐一纂而辑之，不没前人善举，不令异日无征，后有同心者立为护持，禅门祗肃佛荫，菩提庶鹫岭之，觉路宏开，鸡园之□灯永续矣，特此纂集前后扼要，要泐于后以垂不朽，云尔，谨将寺中施主及自置水田山土并护持檀越创建沙弥，条粮界畔节录于左：

　　一、先僧性融崇祯八年置买弥勒庵，性量田土弍业载粮贰钱弍分
弍厘坐落地名紫霞山之下。
　　一、施主刘武臣舍水田弍分，载粮二钱八分，地名大三
甲高坪场侧，大小共弍坵，永为烧香田。
　　一、王凤岗舍水田弍分，载粮二钱四厘八毛，地名青枫坝，大小七坵永为东岳田，前碑系遵义府学庠生刘大有书撰。
　　一、伦于道光己丑年凭何国治、庠生何起凤置买马南坝何国应水田贰坵，一名曲尺阑，一名棕树田，载粮二钱二分，永为本寺焚献，原中系何国俊、何正刚、杨秀、黄应

〔1〕　遵义市汇川高坪镇编：《遵义市汇川区高坪镇志》，方志出版社，2012年版，第546—547页。

魁买田碑，系县学庠生黄钦书撰。

一、前碑悉行殿败，幸存乾隆戊戌一座，上载前后颠末，甚悉原立下殿门外，住持须善为护惜，以为古据。何应国田碑原在左廊被贼毁，其今照前契书禄[2]，并无增损。

一、此碑均照下殿古石节要纂成，昭兹来许非擅为减也，下择其要者禄[3]之以俟后之考古者不忘自出耳。

一、寺粮原立僧清伦在大四甲本户自行轮纳，并无外入内出。

石工刘正谦、张世祥沐手敬镌。

戊辰岁（1868）进士己巳（1869）补行己未[4]（1859）举人候选知县何贞亨敬撰并书。

大清光绪五年（1879）岁轮己卯又三月中浣之吉。

住持道奎、道芳、道福、缘寿合仝敬建志不朽。

注释：此碑原立于遵义市汇川区高坪镇东岳庙右厢房内。碑高一百四十六厘米，宽七十七厘米，厚五厘米。碑文为正楷浅阴刻，文字脱落较多。

校记：①原文"仝"，即"同"的古字，径改。

②、③原文"禄"，通"录"。

④原文"已末"，误，应为"己未"，径改。

天旺字库塔石刻[1]　　　佚名

注释：此塔位于遵义县鸭溪区天旺乡政府驻地侧田坝中，清嘉庆九年（1804）罗姓族人倡建。塔基方形，二层，上砌三重八角塔座，束腰上置八角盘，盘边出沿若檐。再上为石鼓二重，鼓上方石为炉座，竖片石围成石室。石室朝西开一窗，窗侧联语为："荧台焚紫电，石室化丹书"。室南有雕龙盘绕，室北刻建塔碑铭一方。石室上有雨檐，四面刻瓦垅。檐以上还有八重：计石鼓三、檐二、立石二，顶置塔刹。其顶部四重已被雷电击毁，现存残高六米。字库塔上，刻有花鸟、几何纹饰。塔身侧面线条有竖线、斜线、棱角、圆弧，每层不同；塔身上下实心，中间石室空心，三檐一刹，各层高度不等，造型风格独特。旧时县俗，敬惜字纸，不可乱弃，须集中焚于字库石室。

建塔碑铭载："自结绳而易以书契，字之昭于天下也然矣。故世间有不识字之人，断无不用字之人……庸夫俗子，用为包物糊窗；拙道愚僧，借以装神裹佛。……予是爰邀众善以捐金，共竖亭炉而惜字。俾乡中自叟黄童，惊心触目；使篚内残篇断简，吐气凌云。则人我有敬惜之诚，诗书无废弛之虑。"

---

〔1〕 贵州省遵义县县志编纂委员会编：《遵义县志》，贵州人民出版社，1992 年版，第 941 页。

重修魁星阁记[1]　郑珍

今天下求售文者，必尸祝魁星。黉宫之左右，试院之前门，乡城之吉秀所在，比比楼阁而像祠之；士大夫家则上曳七星，盖肖"魁"字为之也。或曰，食此者为唐进士钟馗；或曰，本奎星，后讹为魁。是皆不足致诘。余按魁图弄焉。问其神，咸曰：魁也。观其像，则魃服狰狞，拳一足立，手操笔，若斗星，乃南北二斗也。《说文》训魁为羹斗，则魁乃器名。《春秋·运斗枢》曰："北斗第一至第四为魁"，此就其形言之也。器具：魁杓，魁因有首义，《书》："渠魁"，《礼》："不为魁"，皆首也。故张守节注《史记》，又谓魁，斗第一星。南斗与北斗位相值，星象同，惟杓少一星，其第二星亦称天魁。要其似羹斗者，南北并可称魁也。其祀典，三代不见经文。按《周礼》祀司中、司命、司民、司禄及风师、雨师，并以系民生专特祭。斗建昏旦，均五行，于授时尤关，重知必不与列星合。布幽宗《通考》云：秦始皇时，雍有南北斗庙，以岁时奉祀；汉宣帝立南斗祠于长安城旁。《史记》载武帝祠泰一，其坛下有北斗。是秦汉重祀斗矣。魏晋后，惟《通典》言隋令太史署，常以二月八日于署庭中，以太牢兼祀北斗二十八宿。唐以后无闻者。要其祀南北斗，本以北斗运中央，制四方；南斗为元武经星，复尊并北斗，故重祀之，非若今之以为主文也。今祀为主文者，其始必因"魁榜""魁天下"之名，谓其中必有主宰也，爰呼为魁。祷祈之后，因即魁字图象之，而不知为即古南斗北斗之祭；亦犹祀城隍者不知为古八蜡之水庸，祀文昌者不知为古天子，为群姓诸侯，为国所立之司命耳。至魁主文章，则亦有说。按《文耀钩》云：斗者，天之喉舌。《易》《春秋》《六经》，圣人代天而言者也。世之文章，至八股极矣，然作者苟不悖乎《六经》所言，是亦取出乎天之喉舌者而言之耳。言者，心声，诚能肖天，天必福之，则于祀北斗宜。若南斗，据《史记正义》云：六星，主荐贤良，授爵禄。是正今之主司、房考也，其祀之也亦宜。由此言之，北斗之喉舌，在我者也；南斗之荐授，在人者也。而北斗第五星，曰衡，正殿南斗，然则其当人者，乃即我之自为衡也欤？观于天文，而人文可以悟矣。道光十四年（1834），遵义府学左重建魁星阁成，因撰此文，即以为记。

注释：魁星阁在遵义府城东门外凤凰岭。万历二十八年（1600）平播设府，改建城内。（乾隆《志》）选建先师庙于县治左三洞桥，草创未竟，旋就三荒芜。十六年间，知府孙敏政重建，有自撰记，并渝人按察使傅宠记。（《孙志》）崇祯十二年（1639），知府黄立言，知县胡崇明，以科目未兴，令术士黄禹门，卜迁于城外凤凰岭梓潼观右，是为今地。寻圮。国朝顺治十五年（1658），有遗明永明王之驻遵义总兵官田子禄，循

〔1〕 贵州省文史研究馆古籍整理委员会编：《贵州通志：金石志·古迹志·秩祀志》，贵州大学出版社，2010年版，第289页。

制复建。(《遵郡纪事》)康熙初年，毁于兵，知府李师沆、知县陈宣捐修。二十七年（1688），署府事通判陈天栋，五十五年（1716），知府赵光荣、知县邱纪，相继重修。(乾隆《志》)悉如制。又增建魁阁于庙左，以弥山缺。雍正十二年（1732），知府苏霖泓小葺。乾隆四十四年（1779），知府焦尔厚，五十一年，知府刘绍陛，相继补修。嘉庆九年（1804），知府赵遵律、教授周际岐倡募重建。道光六年（1826），知府于国琇，十四年知府文明，并补葺。庙左魁阁，亦以十四年圮，（莫）与俦募重建。咸丰四年（1854），杨隆喜犯郡城，据雷台山九月，毁学署及魁星阁，贮藏经籍礼器，悉成灰烬。灾及文庙门墙，贼退修复。光绪元年（1875），知县王正玺培修。备级丹彩。十五年，教授黎同安，以历年岁修积存租谷，变价补修，皆无大兴土木之事。(《续遵义府志》)

此碑记另有载录，参见黄家服、段志洪主编：《中国地方志集成贵州府县志辑8：民国贵州通志（三）》，巴蜀书社，2006年版，第249页。

郑珍（1806—1864），贵州遵义人，清代学者、官员。字子尹，晚号柴翁，别号子午山孩、五尺道人、且同亭长。道光十七年举人，选荔波县训导，咸丰间告归。同治初补江苏知县，未行而卒。学宗许郑，治经学、小学，工书善画，又为晚清宋诗派作家，与独山莫友芝并称"西南巨儒"。著有《郑学录》《说文逸字》《说文新附考》《仪礼私笺》《巢经巢经说》等。

遵义蚕神庙陈公祠堂碑记[1]　　宦懋庸

蚕之种有二：蛹母，蛾父。三俯三起，喜泾恶雨，其状儳儳①。是谓同物而食桑、食柘、食樗、食椿，屡化如神，功被天下。厥种虽异，为类则同。西陵启运，先在西北，㯕丝之贡，渐化而南。蜀之为州，乃在西南。万嶂萦回，无大川以为贯注。蚕丛启国，盖以是兴。其山多樗、多皂斗，生其阴者，谓之"槲"，穷岩幽谷，合抱连拱。老摧为薪，无所可用。饬材之化，拘于桑柘。樗之为利，不知所可。乾隆七年（1742），历城陈公来守播，巡行川原，周历穷谷。视樗而伟之曰："吾知所以富吾民矣。"走急足至中州取蚕人织纴之器，以至初试于白田，勿良三年，再走足浴川棘墙，制乃大备。茧丝之利，不胫而走。机杼声闻，达于四野，民用大和。及公得代以去，民被泽者，走送百里，颂不绝声，犹谓报薄。乃即白田之宇建庙，祀西陵氏，而公之像设，俨然在焉。岁以季夏六月，祀先蚕之神，牲牢酒醴，酬或累月。咸谓公遗而被体之暖，抑可睹也已。夫大社于国，夏以祀柱，商以祀句龙。礼贵稽宜，代有嬗易。天驷垂象，著在公桑。而

---

〔1〕 贵州省文史研究馆古籍整理委员会编：《贵州通志：金石志·古迹志·秩祀志》，贵州大学出版社，2010年版，第413页。

樗栎贱材，乃与比烈。弃掷山陬，有非西陵得而兼擅者。蚕丛肇治，樗足代桑，抑西陵别子也，是宜上之祠。官祀为蜀祖，而公之配享，当与农祥昏觌并领稽勋，以报冠带衣被西南之功。庶酌醴祼，将无间于名实。创制显庸，莫之亟矣。某亲睹祈蚕之盛，还考所由，敢陈闻于丽牲之石，以俟来者。乃作颂曰：五泰之占，马首女柔，孰谓蠕然，桑柘是俱。偃蹇山樗，西南其敷。循吏来止，思俾无訧②。织兰纤组训，法于中州。三返以海，茧丝其抽。茧丝乙乙，财乃有鸠。岁无有歉，民乐其输。醴醁醇醇，黍稷浮浮。惟神明明，斯献斯酬。元酒太羹，报以馈厨。乃告秩宗，乃作其猷。厘我明禋，祈春报秋。刊石兹庭，预诏来游。

注释：陈公祠，祀知府陈玉璧。一在凤朝关蚕神庙内。（《遵义府志》）一在双荐山麓，为乾丝绸帮所特建。道光间，知府德亨以邑人之请，为详陈得题祀名宦。又为刊刻郑征君所述《樗茧谱》，以广其术。邑人专祠祀公，售丝茧有行，积赢余年以六月报赛，男女歌舞，倾动城市，后亦渐寝。宦懋庸有《祠堂碑记》。

陈玉璧，山东历城人，清乾隆三年（1738）至五年任遵义知府。因极力引进推广桑蚕、缫丝织绸技术而造福一方百姓，遵义民众遂遍立陈公祠，以为祭祀。

宦懋庸（1842-1892），字伯铭，号莘斋，别号碧山野史，清朝贵州遵义人。幼苦心向学，时值离乱，未就乡试，先后游幕江浙三十年，与浙江一带学者名流交游。贵州人莫祥芝任上海知县，聘宦佐其幕，钩稽财用出入，并经营盐业商事。光绪八年（1882），京兆选为誊录，愤弃不就。一生学识渊博，晚年再度攻治许、郑之学，著述宏富。计有《说文疑证编》《六书略平议》《论语稽》《播变记略》《读史记稗言》《两论蠡测》《读前汉书私记》《窀数室备忘录》《莘斋文集》《纪程》《莘斋诗集》《莘斋诗余》等。

校记：①"儽"，同"倮"（裸）。
②"訧"，古同"尤"。

桐梓

按：明洪武五年（1372），原播州安抚使及同知率地归附明朝，置播州宣慰使司，隶于四川行省，桐梓地属播州宣慰使司。六年，县境置播川驿（今魁岩栈）、桐梓驿（今新站）、松坎驿（今松坎），后增夜郎驿（今夜郎栈）。九年（1376）改行省为布政使司，桐梓地属于四川布政使司。十五年（1382），改隶于贵州布政使司。二十七年（1394）复隶于四川布政使司。明万历二十九年（1601），平定杨应龙，改土归流，废播州宣慰使司，分置平越、遵义两军民府。置桐梓县，隶于四川布政使司遵义军民府。崇祯六年（1633），改四川布政使司为四川省，桐梓隶属仍旧。清顺治一年至十五年（1644-1658），桐梓地属明朝残余势力南明政权遵义府。清康熙六十一年（1722），改驿道，县境播川、桐梓、松坎、夜郎四驿乃废。清雍正六年（1728），桐梓县随遵义府改隶于贵州省。此后未变。民国二年（1913），废府州建置，桐梓县隶于黔中道。民国九年（1920），废黔中道，桐梓县直隶于省。1949 年 11 月桐梓县人民政府成立。隶于西南行政区贵州省人民政府遵义专员公署（1998 年改称遵义市）。现为贵州省遵义市辖县。

八卦碑[1]　　佚名

注释：此碑在桐梓县北二百三十里碑记坝，上有"山川堂记"四篆字，下列八卦，余漫漶不可识。相传为宋刻。

飞龙洞记[2]　　王桂

飞龙洞古旷奥宥，天造地设，洵夜郎第一胜概也。俗称马孔，无亦龙之飞腾变化，

〔1〕（清）郑珍、莫友芝纂：《遵义府志》（上册），遵义市志编纂委员会办公室，1986 年版，第 338 页。
〔2〕（清）郑珍、莫友芝纂：《遵义府志》（上册），遵义市志编纂委员会办公室，1986 年版，第 352 页。

世所罕觏，或迹其近似而诧之乎？桂莅①兹土，每搜奇揽胜，携友频游，徘徊竟日，不欲速去。嗟乎！宇宙内名山异迹，阻于僻壤，不售知人世者，何可胜数！借令兹洞置于大邑通都，其为名人品赏艳称，当无尽矣。不佞桂，筋之咏之，琢之磨之，镌题而标异之，漫缀数语，以志月日。今而后，洞名"飞龙"其亦可以不泐也夫！关中王桂。

注释：此碑在桐梓县飞龙洞口。据载，位于桐梓县县城西南五公里处，有一蟠龙洞，是三水汇聚桐梓小盆地唯一的天然消水溶洞，自古桐梓县城多有洪灾，历为官民大患，故颇受历代官绅民众重视。达官贵人、文人墨客也在此留下了众多文化遗迹。经历千百年水蚀风磨，仍有大量诗文传承在洞壁摩崖之上。如离地数十米高的洞顶门额上有"天外赏"楷书三大字，幅长五尺、宽二尺，笔势雄伟。另有小字"万历壬子孟夏月县令万建侯题"，为明朝万历壬子年（1612）建桐梓县后第五任知县万建侯手书。相传是年洪水封洞，以栲斗代舟，石工站在栲斗内将字刻于洞顶。

洞右壁有"北顾崖"三大字，系明万历进士，历任礼、兵部尚书大学士王应熊辅佑南明偏居西南一隅，途经桐梓所题。左侧石壁上镌有万历县令关中王桂所撰书《飞龙洞镌壁记》，小字楷书犹存。此洞口左右两侧崖壁上镌有"灵跃·龙蟠"、"蟠龙仙洞"两幅楷书大字，还有清代任桐梓知县的山西张皇辅题镌于康熙三十年（1691）的《花朝游蟠龙洞》诗。雍正十年（1733）晴州千总丁国昌书刻的"一观潦倒滞播州，如爱蟠龙出郭游"等诗文，以及万历甲辰（1604）澍生柱题镌的诗文虽已漫漶，但尚有部分字句犹可辨识。

王桂《飞龙洞记》另有版本载录，详见侯清泉编著：《历代名人与贵州》，贵州人民出版社，2004年版，第155页。

王桂，陕西关中人。举人。曾任涪州（今重庆涪陵）知州，明万历三十二年（1604）出任贵州桐梓县知县。桐梓城南五公里处有蟠龙洞，王桂在蟠龙洞剔地镌有题记。

校记：①原文"蒞"，即"莅"的异体字，径改。

祀盘龙洞记[1]　　李铭诗

邑城西南六七里，为葫芦坝。因地形似葫芦，故名。地原而隰，堪种稻。但四山俱乏水，一遇春干，则不能布种。夏秋旱，有坐视其苗之枯耳。地形尽处，为盘龙洞。洞为邑景首观。洞左。里许有石穴，袤阔未及一丈，而葫芦水入焉。值淫雨连朝，溪涨齐集，穴小不能容纳，则回澜四溢，甚且淹入城中，而苗谷胥属淤朽。是旱涝皆病者，莫

---

〔1〕　（清）郑珍、莫友芝纂：《遵义府志》（下册），遵义市志编纂委员会办公室，1986年版，第1375–1376页。

葫芦水若也。故十年之内，报淹报旱者，葫芦奚啻七八。逮通计其田不满二十顷，额赋不逾五十两，报不成灾。历来府县尹见而怜之，每捐金赈济，然未尝有预防救患之方也。丁亥冬（1707），邱侯来令斯邑，而次年报旱，己丑（1709），愈甚。其后因奉功令，清楚田粮，侯乃履亩劝首，坐盘龙洞中，进居民谕之曰："尔民频年苦淹与旱，地实为之也。余为尔民请于上，其定赋，悉以下田起科，庶免大困。"又谕之曰："斯地之欲免淹旱，非人力可以能为也。观洞之灵秀奇特，必有明神焉，盍祷祀之？"岁之仲春，侯乃卜日，虔诚诣洞，首为民致祭。是岁非不旱也，独葫芦坝一方果多得雨，秋始有获。父老欢忻载道，指所获曰："此洞神之力耶，抑我邱侯之赐也。"遂相率谒诗而语其故。诗曰："善哉邱侯之为政也！"从来政之大节在制祀。而箕畴之衍八政也，三曰祀。盖祀以为农用也。《祭法》云"能御大灾则祀之，能捍大患则祀之。"夫灾患孰有大于淹与旱乎？且《祀典》亦载："能兴云雨润物有功烈于民者，山川之神是也。"斯举也，邱侯可谓忠于民而信于神者矣。云胡不志？虽勒石可也。

　　注释：盘龙洞，在桐梓城西南六七里。李铭诗有记。

　　李铭诗（生卒未详），字樵赓，贵州桐梓人。铭诗为李晋之子，康熙辛丑年（1721）岁贡。性聪慧，通经史，诗文都有较高的成就。因家道衰微，著述皆未成集，绝大部分散佚。现存仅《播雅》所收其诗七首，民国《桐梓县志》所录其文一篇，题为《祀蟠龙洞记》。

奎阁碑记[1]　　凌彝铭

　　天下郡县文庙，之前莫不有奎阁。而阁之建，则其地莫不当巽巳之方。盖取说卦，齐乎巽，相见乎离，离火明，巽木生之，以为科名之征兆也。桐梓弹丸地，众山拱揖，群水汇流，宜乎人才蔚起，文物聿新，乃科名迟至数十年而一见，或十余年而一见，论者咸以为文运蹇涩，天实为之而不知，非也。吾观文翁之治蜀也，为之创学校而教化兴；昌黎之刺潮也，为之立师儒而文明启。况桐梓籍属播州，宋元以来，如犹道明、赵炎卯、杨朝元诸公，政事文章辉煌史册，今虽世远人遥，而余韵流风尚堪景仰，亦安见不可闻而兴起哉？余忝莅①是邦三年，兢兢以文教为务，而莫得所从。爰查孔子庙前，旧有奎阁一座，因逼近宫墙，以前任改建他处，而位置非宜，仍于文风无补。乃于公余之下步至学宫后山，遥见天马文峰排列拱向，极其秀拔，特惜巽地空陷，而魁岩一峰又势嫌倒压。因与都人士商议，莫如就此建阁，上位奎星以制其凶杀之气，或可以人事而夺天命，众以为然。于是就捐建武庙余资，得钱千余缗，复益以他公款，共得钱

---

〔1〕　桐梓县文化局、桐梓县文化馆、桐梓县文物管理所编：《桐梓县文物志稿（第一辑）》，1984 年版，第 87–88 页。

三千三百有奇。因庄材择地，计事赋工，土与石齐，兴官兴绅交董。溯自兴作之日起，迄今甫六月而工即竣，项不虚费，工无余闲，故能成之速且易也。计楼高十丈有二，阁檐送响，宫商杂陈，甍瓦齐辉，金碧错落，洵钜观哉！考之魁，为北斗之首，戴筐六，奎为文昌之宫，固与为文明象合若。奎宿主讲读，自宋林灵素②以东波为奎宿之精，因以为文章总持。是说也，虽不尽可信，而要不离乎。炳蔚之观近是，阁成适逢皇上建元之初举行恩科，邑之有志观光之士，知必磨砺以须，含毫吮墨，当作灵况③先驱，而自今已往，硕彦魁儒，接踵而兴，尤意中事，亦安见人事之不可夺天哉！爰叙其缘起，以为他日券。

注释：奎阁，又名魁星阁。乾隆二年（1737）由知县苏霖泓、知县郑廷飓始建于桐梓县城西孔庙左，因逼近宫墙，"位置非宜，于文风无补"，道光五年（1825）移建它处。清同治十三年（1874）知县凌彝铭在城南隅（魁岩的东北面）择地重建。历近百年，在"文革"中（1967）被人为拆毁。原文无断句标点，标点为本书作者所加，供参考。

凌彝铭，（安徽）怀远人，附生，清同治年间，任贵筑县、桐梓县、印江县等地知县。

校记：①原文"菢"，即"莅"的异体字，径改。

②林灵素，北宋末著名道士。生卒年不详，原名灵噩，字通叟，浙江温州人。宋徽宗赐号通真达灵先生，加号元妙先生、加封金门羽客。著有《归正议》九卷、《释经诋诬道教议》一卷。是道教神霄派领袖级人物，承接王文卿使神霄派从奠基到兴盛。

③"况"，此通"贶"，即赐之义，灵贶意为神灵赐福。

奎阁碑序[1]　　曾沂元

天下文明之运，虽由人事，实应天象。故德星聚则贤人见，五星聚奎则景运开。我朝文教昌明，远迈前古，珠联璧合，休征迭见，是以文昌祀典与学宫垺，而像魁以祀于阁者，无郡邑无之，或本幽宗遗意而稍变欲①，又有混魁与奎而一之者。按《天文志》，西方十六星，像两髀者曰奎；魁则北斗首四星也。《孝经》援《神契》曰：奎主文昌，而斗魁则联属文昌，是魁与奎虽二，要皆左右文明之象，祀之允宜，而魁之验且较著矣。桐梓奎阁，始建于乾隆二年（1737），邑侯郑公再建于道光五年，邑侯陈公时，士气蒸蒸，显于科第者相接也，积久遂不振，迨军兴②。后，万户野烟，庙祀毁于兵燹者略尽，虽仅存，亦剥落且就圮矣。岁壬申（1872），皖北凌公镜涵来令兹邑，切切以起衰振靡作育人材为急务，既又周眄于颓垣败瓦间，则怃焉伤之曰："得为者不为，将谁

〔1〕 桐梓县文化局、桐梓县文化馆、桐梓县文物管理所编：《桐梓县文物志稿（第一辑）》，1984 年版，第 89-90 页。

侯？”乃商之邑绅，遍谕各乡，俾量捐经费而率作以兴。事有昔无而今始创者，有舍旧而新是图者。再逾年，百废俱兴，乃谋重建斯阁，虑不足壮巍焕者，度宏规而大起焉。谓寅卯非文笔所宜也，卜得城南之巽方焉。又虑土卑湿而易陷也，掘地及泉而甃之石焉。计石基高出平地者丈余，几与城齐，建层楼其上五重，高耸八丈有奇。阅六月工成，背虎头峰面魁岩，岿然若三峰之相峙。溱水自北来，旋绕于前以会于南，如弓抱然。每清风徐来而锵然以鸣③者，檐际铃声也。朝旭丽空，落辉斜射，目迷五色者，朱甍之晃漾也，大观哉！昔人云：“非常之业，黎民所惧。”又曰：“凡民难与图始可与观成。”曩者，旧阁距宫墙仅数武，各前任议稍移远之，以绌于费，议而终止者屡矣。公甫下车，即毅然以为己任，众役并兴，而斯阁与武庙工尤钜，乃成功若是之速也。数万金非不出之民间，而父老子弟一其心、齐其口而无异喙也。继至今，邑人士知，必有以器识文艺相濯磨，激昂青云之上，以慰侯④作育人才之意者。侯⑤方以循卓为黔中行，当大展所蕴蓄，以佐盛世右文之治，而实于吾邑先之。阁既成，属纂言于石，不容以不文辞，故叙其本末如此。

注释：详情同凌彝铭奎阁碑记。此碑文另有载录，参见桐梓县地方志编纂委员会编：《桐梓县志》（下册），方志出版社，1997年版，第1332-1333页。

曾沂元，桐梓人，清同治时期举人。余不详。

校记：①应为"欤"，供考。
②原文为"与"，误，径改。
③原文为"呜"，误，径改。
④、⑤原文为"候"，误，径改。

黔阳宫碑记[1]　　侯树涛

城南黔阳宫，旧关圣殿也。明季四川总兵侯公良柱，落业溱州，后有功，崇祀乡贤，因思关夫子大义参天，精忠贯日，各府厅州县皆建庙崇祀，惟我邑阙如，心窃憾之，故将南关外所置产业捐出，创修殿宇以壮观瞻，颜曰：关圣殿。咸丰甲寅，杨凤肇乱，因庙附近城郭，遂毁之，戡乱后，有蓝君政策复新其祠宇，以报馨香。同治十三年（1874），邑侯凌公彝铭奉诏崇建武庙，相旧夫子庙，湫隘不足改为，乃营治于城之西，而斯庙遂改为黔阳宫矣。光绪二十年（1894），侯启桂复补葺之，自变科目兴学堂，因设第三国民小学校一所，本庙常产概纳为学校经费，每年香灯焚献，由经费局给谷肆硕钱十四千文，恐年湮代远，后世不知庙之来历，因备书始末，溯前人创造之功，叙后来变革之由，俾数典而不能忘矣！故记之。

[1]　（民国）李世祚修；犹海龙等纂：（民国）《桐梓县志》，第119-120页。

注释：黔阳宫在桐梓城南。标点为本书作者所加，供参考。

侯树涛（1864-1933），字沧帆，别号素园，清末民初贵州桐梓县人，清末（拔府岁）贡生。曾任绥阳县、赤水县县长。民国十九年（1930）任《桐梓县志》纂辑。著《素园诗草》载诗150余首，《县志》载其诗六首。

绥阳

按：隋大业七年（611），置绥阳县，属明阳郡。唐武德四年（621），阳明郡改为夷州，辖绥阳县。唐开元二十一年（733），夷、播二州由江南道改属黔中道。乾元元年（758），义泉郡复称夷州。州治绥阳县。宋朝，绥阳县属播州乐源郡。元朝，属播州安抚司地。至元十四年（1277），播州安抚使领地，隶于湖广行省。明洪武七年（1382），播州改隶贵州。明万历二十九年（1601）复置绥阳县。清康熙二十六年（1687），遵义军民府改名遵义分，雍正六年（1728），绥阳随遵义军民府由四川改隶贵州布政使司。民国二年（1913），绥阳县属黔中道。民国七年（1918），属贵州省。1949 年属遵义专区。1970 年属遵义地区，1997 年起属遵义市至今。

新建武安王庙记[1]　　冯士奇

王以汉室精忠，生为烈士，死则明神，磊落一时，感激千古，故凡穷乡僻壤无不庙祀，非偶然也。辛亥（1611）冬，余奉命来令此土，展谒庙祀，曾未有所谓义勇武安王者，不觉愀然兴叹久之。夫绥之改土为流，凡十有余年，而祀典之缺已至此乎！因出俸薪三十金，役哨兵若干人，募邑中之笃行好义若干金，选材、诹日、鸠工兴事，经始于壬子（1612）之春，落成于癸丑（1613）之秋。其中正殿、报亭、前后重门各三楹，左右回廊各五楹，至钟鼓有楼，结义有祠，无不金碧辉煌，庶可栖神而妥灵矣。时王谟等以前所未有，请勒石以志不朽。余按：王，夏关龙逢之裔孙也，生当桓、灵之末，迨汉祚式微，强臣悖叛，曹操虎视乎中原，孙权雄踞于江左。先主虽帝室之胄，以孤军处二强寇间，摇摇如风中絮，谓其能讨贼嗣汉，谁其信？以故当时智谋勇略之士，若彧，若攸，若瑜、肃，纷纷然俛首臣妾于孙、曹，以赴功名之会，畴复知有正统哉！孤穷如先主，畴肯相与以有成哉！王独义析《麟经》，分昭逆顺，与燕人张翼德委贽先主，慨然共誓以兴复，如云风之从龙虎者。左右御侮，艰险备尝，举成败利钝有弗顾焉。是其所

〔1〕（清）郑珍、莫友芝纂，《遵义府志》，遵义市志编纂委员会办公室（内部发行），遵义市人民印刷厂，1986 年版，第 245-246 页。

见者一于辅正，故其所许者一于成仁也。既而降于禁，戮庞德，威令赫然，震叠寰区，曹操谋徙许以避其锋，江东请求婚以结其好，使西南半壁之蜀，屹然鼎足，庶几吹炎灰于复燃，此宁直为万人敌已哉！迄于今二千余年，莫不崇庙貌，陈俎豆，即庸人孺子，皆能知王之姓名，慕王之忠义，其与狙孙鬼操汗（汙）①名秽行、遗臭万年，奚啻天壤哉！余特记诸石碣，非直为今日计，俾后之继此邑者，知今日之兴修，当为后日之倾圮谋也。睹其将颓，即嗣而葺焉，庶几斯庙永永无斁，以克遵我朝表忠崇德之旨，讵非有司之职守哉？

注释：关帝庙，在（绥阳县）东门内，明万历四十年（1612）知县冯士奇建。乾隆二十四年（1759），知县陈世盛查有靛民每年缴县山租银十两作春秋并五月十三日祭祀之费，勒石为记。（《绥阳县志》）一在城□四十里。见《绥阳县志》第245页。

此碑文另有版本载录，两版文字略有差异。参见（民国）胡仁主修；（清）陈世盛主修：《绥阳县志·绥阳志》，内部发行，绥阳县人民印刷厂，1986年版，第86-87页。或贵州省文史研究馆古籍整理委员会编：《贵州通志：金石志·古迹志·秩祀志》，贵州大学出版社，2010年版，第328页。

冯士奇，山西举人，明代万历三十七年（1609）任绥阳县令。在绥阳另遗有《詹公生祠碑记》《重修儒溪书院碑记》《绥邑建学碑记》等文传世。

校记：①原注为"汗（汙）"，此照所引原文录。"汗"应为"汙"。"汙"即"污"也。

关岳庙添设祀典记[1]　　　陈世盛

关圣帝君，义参天地，忠贯日月，位晋乎帝，道通乎神，宜乎享祀不爽者，诚莫如关圣帝君。圣朝崇文教而贵忠义，故神州赤县得以设像竖宇，与文宣夫子并重焉。绥之治东建有关帝庙，雍正三年（1725），寻流溯源，敕封三代。前令黄公焘世鼎建后殿，以崇祀之。虽自春徂秋享祀不忒，而豆笾牲醴，不载存留开销，未免崇宇而缺厥典。予署绥之次年，仲春，率行初祭整肃之下，欲求一燕尝递举丰洁无虞之计而不可得。查有靛民等每年缴县山租十二两，历任收作为菜薪。予奉委署篆，虽五日京兆，亦有养廉，当计妥侑之久远。自乾隆二十四年（1759）起，将此项永为春秋，以及五月十三三祭之费。安知人所乐奉者，不即为神所乐享乎？夫以忠义流精，既已先后交荣，理合典礼攸崇。若夫黍稷非馨，明德惟馨，又在乎此之守土者，因援笔而勒诸石。

注释：关岳庙，在绥阳县城东街内，南向。清祀汉寿亭侯关羽，其庙为显圣宫；民国建元，增祀宋忠武王岳飞，改称关岳庙。明万历四十年（1612），知县冯士奇建。乾隆二十四年（1759），知县陈世盛查有靛民每年缴县山租银十两作春秋及五月十三日祭

〔1〕（民国）胡仁主修；（清）陈世盛主修：《绥阳县志·绥阳志》，绥阳县人民印刷厂，1986年版，第88页。

祀之费，勒石为记。

　　陈世盛，字智新，号月亭，广东澄海监生，乾隆二十三年（1758）任绥阳县令，曾主持纂修《绥阳志》。

城隍庙记[1]　　冯士奇

　　谨按祠典，能御大灾则祀，能捍大患则祀。城隍司厘保，御民灾，捍民患，衍国祚于灵长，非浅鲜也。方今神州赤县，棋布星列，未有守令而无城隍者。守令理明，城隍理幽。理明者赏罚犹有未遍，彼狡伪者犹得逃于法网；理幽者彰瘅无微不烛，即狡伪亦无能逃其照鉴矣。辛亥冬（1611），余莅兹土，展谒祠下，顾瞻殿宇三楹，几于倾圮，怅然久之。第文庙尚未建立，即哨有兵，山有木，安能并举厥工哉？今幸文庙落成矣，仍责千总郭行达董其事，遴吏中勤谨好施如黎应举者兼理焉。经始于癸丑冬（1613），迄工于甲寅夏（1614）。两廊与山门业已告竣，随列十冥府于廊，俨然相向，以示神道设教之意。丹青绚丽，颇肃瞻仰。乃偕僚属诸君子虔祀，后进乡耆兵民而告曰：尔等亦知祀神之道乎？夫城隍者，非所谓聪明正直之神耶？聪则靡不闻，明则靡不见，正者无邪，直者无曲。有如秉道持操，好善乐业；宁朴①拙，无猥狡；宁甘贫，无欺骗；宁循理守义，无飞诬捏词。则神将庇之福之，而无不逢吉矣。不然，而奸盗公行，而恐吓局骗，而巧口引诱，起灭词讼，神且吐之弃之，罚不尔贷，又何祈穰之足云！《伊训》云："作善，降之百祥；作不善，降之百殃。"斯言岂欺我哉？尔等其悚意而听之。

　　注释：城隍庙，在（遵义府绥阳县）城西门内，康熙四十四年（1705）知县秦梁重修，后圮，雍正八年（1730）知县唐椿补建，复创拜亭、大门及两厢后筑石岸以固基址。此庙记另有载录，参见贵州省文史研究馆古籍整理委员会编：《贵州通志：金石志·古迹志·秩祀志》，贵州大学出版社，2010 年版，第 354 页。

　　校记：①原文为"扑"，误，径改。

灵应记[2]　　陈我圣

　　呜呼！天地间变幻灵奇之事，多不肯轻泄，或出醴泉降甘露，凤凰鸣于郊，嘉禾生于野，传为异端而载竹帛者，诚非无故。如绥之有萧家洞，谁知其有神之灵，能兴云致雨，苏我旱稿，济我苍生也。其不与深山鬼穴揉宫，同其灭没者有几？壬午（1702）夏六

〔1〕（清）郑珍、莫友芝纂：《遵义府志》，遵义市志编纂委员会办公室（内部发行），遵义市人民印刷厂，1986 年版，第 246–247 页。

〔2〕（民国）胡仁主修；（清）陈世盛主修：《绥阳县志·绥阳志》，绥阳县人民印刷厂，1986 年版，第 449–450 页。

月朔，西泠汪公来摄绥篆，时值大旱，弥月不雨，凡我士民，囊无余钱，缸无储粟，罹此凶灾，知殍馑流荒之不免，张皇失措，呼吁无门。公焦劳忘食，敬设雩坛，齐集羽士，并巫觋之属百余人，朝夕待命，不觉神降于坛，自谓萧家洞神君，感使君之诚，代为转移造化，予其任之。公稽首谢毕，问里人，得知此洞。爰率众奉香，步行二十里，遥观其处，只见窈窕一壑，深幽静杳，的是蛟龙窟宅。众不敢前，公躬导之，遂不得不前，入数步穴底，伛偻伏行，又数步得高广地，但寒气逼人，灯火不能入，遂止焉，汲水一瓶即返。有不得不返者，水势渐涌，较前时更增一二尺，人多不自持，遂出洞口，阴云密罗，风雨骤至，一连三日不停点滴。十日又雨。从此雨时继焉。田畴满绿，芃芃①其禾，民赖有秋也，受灵贶不少。想是洞沧桑陵谷，不知几经变迁，灾祲祺祥；不知几经代谢，即令之上者，亦不知凡几，而神之灵不彰，其名亦未著。今感而通之，其应如响，岂以公之工于祷祀，而黍稷维馨乎？抑岂龙之昧于往昔。而效于今日乎？盖天地之大德曰生，人能仁爱斯民，则得天地之心，顺天地之气矣。有何灾浸旱涝而运用之神不为之调燮哉？嗟磋！转化密移，回天有力，端存乎其人也。凡人作事，每以久暂分，是以事多苟且，人不知信，况鬼神乎？公摄绥不过五日京兆，在他人不以署作惹，亦云幸矣。岂复望以全副精神，起四野之痛痒，家酹而户斟之，务使调济之而靡遗，有如此哉？公通籍二十余年，识练、守真、素行，皆本于至诚，国法凛乎上，天理存乎中，人情体乎下，不作铺张饰治之虚文。满地阳春，随时化雨，昭神鉴而格冥漠，匪伊朝夕矣。又岂特变凶旱为有年，百废兴而讴歌起，至今日始见绥邑之有然也。第见无事之日，不足以见公之为人，一事之微，亦足以见公之为人。即此神灵呼应，如取如携，非可幸获也。信非公之德，不能启神之听；非神之灵，不能遂公之请。其事奇，其神奇，其人奇，其遇亦奇！昔之守蜀者，有李斌②、仲子二郎，伏龙妖而得水利。今公感龙神而除旱灾，何千古异用而功同也。他日太史采风，将必取大书之，以志不朽；至野人之颂述，奚足重哉！

注释：据《遵义府志》载：萧家洞，在绥阳城西金子坝萧家沟。相传中有灵物。（《通志》）祈雨辄应。（《县志》）

陈我圣，贵州绥阳人，清康熙十一年（1672）拔贡，官至四川庆符县（1960年撤销并入高县）教谕。有诗《文庙》，著有诗词集《御扁》。

校记：①原文"芃芃"，应为"芃芃"。
②原文"斌"，应为"冰"，即汉时蜀守李冰。

新建魁阁记[1]　　晏斯盛

遵义守苏君为予言："往者，铎师宗见塑阁像者，傀儡谲诡，踯躅伛偻，直成魁

〔1〕（民国）胡仁主修；（清）陈世盛主修：《绥阳县志·绥阳志》，绥阳县人民印刷厂，1986年版，第89—90页。

魖。凭意为像，而不知其意也。"因为指画塑之：其首三峰，其面方韶，其耳深，其目长，其鼻隆起，其口宽，其胸广，其腹果，其手特举，其足特立，其发赤。首之三峰，发之赤，为丙丁离火；面之方韶，耳之深，目之长，为英、为聪、为明；鼻之隆起，口之宽，为出入元气，吐纳风云；胸之广，腹之果，手与足之特举、特立，为锦绣藏，为珠玑府，为擎天拔地。盖魁之为文首，从田足几傍，从斗似之，斯言是已。窃又考天文：魁也者，北斗首四星也，其三星为杓，其北建辰，视厥所指，分至启闭，悉判于此，此天文纲领也，而四星又为之首，故名。物之首称魁。然近世学宫多建楼阁塑像祀之者，以紫微垣间斗四星之前，连属文昌六星。合两像观之，斗魁四星又非为文昌六星之首，而或者遂假借意相而为之像。岂有此鬼形异质，而且首发、面颜、耳目、口鼻、腹胸、手足之具备也哉！太守于师宗曾塑之而有效矣。今又鼓舞绥之人士而塑之于学宫之巽方，砌石为台，高八尺，上起层楼，楼三重，高耸四丈，面崇峰，俯秀水，巍然杰出也。夫为民守者，爱士之至，则望其立身扬名，孜孜汲汲，如慈严祖父之于其子孙，而默假神道以相之，则其心所鼓舞，欲其成立，必不能以少待，实有不可名言者。而志之所至，气有必至，又安见绥邑之士，不骎骎日上也哉。虽然，像也者，意也，得意斯得像，有像斯有事，意与事修而学成。将所为稽古、励行、笃实、辉光以发为文章征于事业者，于是乎著。倘不为其意而像是求，如修老佞释者之香花，于魁之像与意义其有当乎？绥在遵为名邑，士之俊秀者不乏，当必有得其意、实其事，以慰太守志者，为之记以俟之。

注释：魁星阁，在绥阳城中街。雍正十年（1732），知县唐椿建。

晏斯盛（1689-1752），字虞际，江西新喻（今上高县蒙山浒江）人，清朝官吏。康熙五十九年（1720）举乡试第一。六十年，成进士，改庶吉士。雍正元年（1723）授检讨。五年，考选山西道御史。九年，督贵州学政。迁鸿胪寺少卿。乾隆元年（1736），擢安徽布政使。七年，擢山东巡抚。九年，迁户部侍郎，仍留任。十七年卒。撰有《楚蒙山房易经解》16 卷。另著《禹贡注》八卷。

重修五显庙记[1]   刘春旸

五显神号曰华光大帝，谓五行之宣著莫甚于火，故祠以五显名。凡言显者，神圣之哲号也。夫火，因时化育，以成万汇，其神固甚昭昭，炎帝配之。至于三臣，誉有祝融、尧有阏伯、相土，皆为火正，或食于心，或食于味，由来尚矣。兹乃五其像，而被以后世之衣冠者，何耶？岂以大庭一帝及以火正三臣当之也，抑以南垣朱鸟七臣主

〔1〕（清）郑珍、莫友芝纂：《遵义府志》，遵义市志编纂委员会办公室（内部发行），遵义市人民印刷厂，1986 年版，第247 页。

之耶？然于五之数不合也。呜呼！议礼纷纷，纬书争作，南方之神，其名为赤熛怒，唐之《典礼》并载其名，是皆方士怪诞不经之说，久不可户说以正论矣。余维祠以五名，即《周礼·小宗》兆五帝于四郊之外，吾夫子以之语康子者也。因时异地，迎之于郊，未尝屋而祀之也。自辛垣平以望气蛊汉文帝，作庙渭滨，五帝同宇，于是水、火、木、金、土之神不复兆于四郊，或合祠于宫中，或合荐于明堂。而道家者流，源委不辨，误谓回禄一帝，厥有五人，遂名以五显而不别也。夫合五显于一宫，固属方士之矫诬，然于五帝而专祠一火，则未始不可以励民俗而捍其灾也。子太叔曰："火烈，民望而畏之，故鲜死焉。"畏则警，理固然也。若夫神之在上，福善祸淫，尤为不爽，载在史册，炯若日星也，岂可以听其祠之圮，而不一为葺之也乎？侯之捐俸以修之也，可以起民之惰而合乎祀典之正矣。侯讳椿，号东麓，以中书留知县事，多惠政。余乐其工有成也，故志之。

注释：五显庙，在（绥阳县）治东，有记。《县志》载：知县唐椿重建。五显神，号华光大帝，俗称火神爷，又称灵官马元帅、三眼灵光、华光天王等，系道教护法四圣之一。

此碑记另有载录，参见贵州省文史研究馆古籍整理委员会编：《贵州通志：金石志·古迹志·秩祀志》，贵州大学出版社，2010年版，第383-384页。

刘春旸，清雍正时期绥阳人，其余不详。

补修文昌宫序[1]　　　佚名

盖邑有文昌宫，由来久矣。经前人之再造，飞阁已见辉煌；继后起之葺完，启圣未能安奠。爰是阁学公同首等禀准县主，相与筹画，谓即阁为宫，改厅为殿；无何士农工商，倾囊相助，随缘乐输。今功告竣，庙貌重新，则祀事孔明，神人共慰。从兹俊髦蔚起，科名益超。思抽彩笔，名题雁塔之榜；梦感朱衣，花发凤楼之畔。图书之府，与洋城之锁钥俱高；弦诵之家，并带水之波流更远。是为序。

注释：文昌宫，在绥阳县学右，上下共六间，大门一间，康熙时郑松龄建。乾隆甲辰（1784），王储德等捐西门内田数亩以入庙，后庙圮，余楼阁三层。嘉庆壬申（1812），知县周文英补建，即阁为宫，改厅为殿，历德金两县令，至道光四年（1824），知县张梦骥乃告成厥工。咸同后迭经兵燹，亦屡有修葺。

---

[1]　（民国）胡仁主修；（清）陈世盛主修：《绥阳县志·绥阳志》，绥阳县人民印刷厂，1986年版，第88-89页。

字库塔石刻〔1〕

注释：此塔位于（绥阳）太白区野茶乡，建于清道光二十四年（1844）。塔分三层，正中阴刻"字库"二字。有对联为"教遗收百代，风雨卫千山"，为清道光甲辰科（1844）解元许鸿儒倡导兴建。

培文阁记〔2〕　　陈廷钰

光绪丁酉秋（1897），江苏崔公裔卿简命来绥，下车伊始，则改蠹政，发吏奸，尤汲汲以课农桑、培文教为先务。越明年，弊削风清，百废并举。公余，乃进绅董而谂曰："洋川素称望邑，嘉道咸同间，士多负奇气，掇巍科，抡元者有人，及第者有人，入词林者又有人，历计每科乡荐，奚翅①五六，胡今之寥寥若是，此何以故"？绅董咸拜手而对曰："绥自兵燹后，典籍则散佚矣，宿学则凋②谢矣，元气文风，尚待培植。查县城街心向有文阁一座，与文昌、魁阁鼎峙城中，昔倡建于简君世铭，洎乎兵乱颓圮，惜无有继作而重新者。"公乃毅然曰："术家风水之说，固所难凭，然废者宜兴，皆地方后起之责。"爰捐鹤俸，立命鸠工，特派增生张灿倡其首，局绅陈治安等董其成。于是山有木而工师度之，石在璞而玉人琢之。经始于庚子（1900）之冬，落成于辛丑（1901）之秋，约费千余金。计高五丈有奇，层楼美奂，巍然耸翠于云霄，登高一观，四面云山，齐奔眼底，不觉昂头天外也。此阁培造甫毕，恩正两科之举于乡者二人，恰值揭晓报至，因赐佳名曰培文阁云。是役也，商帮捐资颇巨，是以兼祀财神。近年来商务繁盛，媲美中州，从此万商云集，富甲西南，亦意中事。《书》曰："既富方谷"，又曰"资富能训"。不犹是永体作人之雅化也欤？

贡生陈廷钰撰。

注释：培文阁，在绥阳城中十字街，光绪二十五年（1899），知县崔凤昌建。

陈廷钰，字广文，光绪十八年（1892）壬辰科贡生。曾捐资修县志。

校记：①"奚翅"，即"奚啻"，意为何止、岂但。

②原文"彫"，即"雕"的异体字，此通"凋"，径改。

〔1〕　贵州省绥阳县地方志编纂委员会：《绥阳县志》，贵州人民出版社，1993年版，第886页。
〔2〕　（民国）胡仁主修；（清）陈世盛主修：《绥阳县志·绥阳志》，绥阳县人民印刷厂，1986年版，第90–91页。

重建魁阁序[1]   梁嘉树

窃维福锡禄宜，端赖神明之得所；地灵人杰，尤须善举之克培。况掌嗣禄之权衡，香分蟾窟；作文章之司命，足踏鳌峰，顾可听其庙貌不完，凭依失所哉？卜场文昌宫，创自前人，垂诸后世。前环螺水，后拥狮山、左峙凤沟，笑彼台夸金凤；右环鸡巅，岂同祠祀宝鸡。睹殿阁之巍峨，云蒸霞蔚；得山川之朝拱，璧舍珠联。培地脉于通衢，壮神威于孔道。为士民之福佑，系里甲之盛衰。一时文光射斗，甲第鸿开；香火冲霄，人才鹊出。民和而神降之福，神歆而地效其灵。猗欤休哉，何其盛也。无如创于前者，冀永垂诸万年；毁于后者，忽遭变于一旦。甲子（1864）后迭经兵燹，毁坏魁阁两廊，殃及神明，仅余上殿一宇。每睹颓垣破壁，剩石残砖，辄不禁扼膺长叹，触目关怀，尔来二十余年矣。文风不兢，化日就衰，岂非神失所而善未培欤？前经本场首事邀家堂叔祖品才，倡议培修，奈大乱后地方元气未复，因而中止。今幸承平日久，各处庙宇渐兴，惟此庙未能恢复。壬辰春（1892），树于文昌宫邀众创建，字祖仓圣沮圣牌位，同伸庆祝。有心者见祠宇倾颓，神位湫隘，因谓予曰："子既倡为善举，何不首事培修，使文昌字祖两得其所耶？"树曰："余亦有心久矣。"归而谋于家叔，甫臣答曰："本庙常业无多，必须劝捐乃可。"爰邀诸首，广结同心，十一甲竭力倡头，同劝盛举；千万人齐心措手，共结善缘。所谓莫为之前，虽美弗彰；莫为之后，虽盛弗传也。由是兴工命匠，捷于崇朝①，峻宇层楼，成于不日。行见重兴桂院，精诚可格，士民共沐鸿庥；再整奎峰，灵秀所钟，遐迩咸沾骏惠；文明蔚起，地运环珠，绍美举于前人，被神恩于无暨。求嗣者根栽丹桂，桂折五枝；求禄者额点朱衣，衣披一品。不益信神得所而福禄来，同善克培而人地俱盛哉。

贡士梁嘉树撰。

注释：文昌宫，在绥阳朗里（今凤华镇），即距绥阳城二十五里卜场上街内，有魁阁，同治间毁。光绪甲午（1894）贡士梁嘉树等倡修，供魁星及仓沮二圣位。相传在黄帝时代，有两位史官，即左史仓颉，右史沮诵（亦作颂），负责造字。仓颉，被后世尊为"造字圣人"，也被尊奉为"文祖仓颉"，是道教中文字之神。

梁嘉树，字梓台，绥阳人，清光绪年间岁贡。

校记：①"崇朝"，喻时间短暂，指一个早晨或整天。"崇"，通"终"。

〔1〕（民国）胡仁主修；（清）陈世盛主修：《绥阳县志·绥阳志》，绥阳县人民印刷厂，1986年版，第98—99页。

赤水

按：唐代在今赤水地域内设置有淅州、蔺州、能州等。到北宋大观三年（1109），赤水正式用行政建置，时属滋州仁怀县，县城在今复兴镇。宣和三年（1121），撤滋州，降仁怀县为堡，改隶泸州合江县。南宋端平二年（1235），仁怀堡改属播州宣慰司管理。元代，播州宣慰司长官杨邦宪降元，并仁怀堡、武都城（今习水土城）为仁怀、古磁等处（等处为元代行政建制名称之一），派巡检驻原仁怀堡管辖。元末，明玉珍在重庆建立"夏朝"，改仁怀、古磁等处为怀阳县。明朝初年，朱元璋灭夏，怀阳县废，其属归还播州宣慰使司管辖。明洪武十四年（1381），明王朝在全国编造赋役黄册、整顿设置里甲，今赤水地区属播州五十四里之仁怀里、龙门里（亦称下赤水里）和上赤水里部分，万历二十九年平播后，实行"改土归流"，以仁怀里、龙门里、上赤水里、丁山里、小溪里等设仁怀县，隶四川行省之遵义军民府。清朝仍袭明朝建置，雍正六年（1728），随遵义府改隶贵州。1914年，撤销赤水厅，建立赤水县。1990年12月，撤销赤水县建设赤水市。1997年6月，因撤遵义地区设遵义市，赤水市改为省直辖，后贵州省人民政府委托遵义市代管。

陛诏石敢当[1]

注释：陛诏石敢当，立于赤水县元厚区金沙公社三合大队，在从陛诏（地名）至涌安场上陛坡后的古道旁。是一个形象奇特的石雕立体全身人像，像高1.3米，为红砂石所凿成。此雕像双目圆睁，舌头伸出口外，左手扬起，右手握短剑，身穿武士服，狰狞的面目中显出威猛之气。当地民间称为"吞口菩萨"，即"石敢当"。此石雕的创作时代已不可考。据清代地方志《增修仁怀厅志》记载："厅俗：每于河水毙人处及高岩陛坎跌蹶毙人处，必以石刻石敢当之像以望之，相传可以永杜后祸也。"这个雕像正是立在高岩陛坎的险要之处。

---

[1] 贵州省遵义地区文物管理委员会、遵义地区文化局编：《遵义地区文物志》，1984年版，第166页。

山王庙摩崖碑记[1]　　何惇德

……①且红岩洞口山王天子始自明时，至圣朝□无人继建之，于今数百年。及去春，无知之人将山王身容毁坏，吾亦见之。又忆之于壬戌春（清同治元年·1862），吾族人同川邻人等，因发贼由川入黔，吾等退居此地。至秋，贼近隘而不敢入，皆沾神之威……

大清光绪六年（1880）庚辰八月初六日何惇德手书。

注释：山王庙摩崖碑记，位于赤水县长沙区长沙公社大堡一队马尿岩的石壁上。这里处在由长沙场通往四川合江县福宝场的古道旁。马尿岩是一座很高且陡的石岩，旁边有一瀑布高悬，落差约一百多米。

岩口路侧原有山王庙一座，两面岩壁上有多处摩崖题记。最早的刻于明嘉靖十九年（1504），最近的为民国六年（1917）。有的是造像，有的为刻字，记述修庙、修路等工程始末。但多数已经风化剥蚀，字迹漫漶难辨。唯一较为完整的，是清光绪六年（1880）所刻的一块造像碑记。摩崖碑记以行书小字刻于红色砂岩之上，目前已风化严重，仅能辨读一百四十字。碑记残文附如上。1982年9月赤水县人民政府已公布为县级文物保护单位。

此碑记另有载录，参见贵州省赤水县志编纂委员会编：《赤水县志》，贵州人民出版社，1990年版，第708页。

校记：①"……"为碑文漫漶缺失。原文如此，照录。

〔1〕　赤水县志编纂委员会：《赤水县志·文物篇县志初稿之四十》，1984年版，第15—16页。

仁怀

❧

按：仁怀位于贵州省西北部，赤水河中游，大娄山脉西段北侧，背靠遵义，属云贵高原向四川盆地过渡的典型的山地地带。北宋大观三年（1109）仁怀置县，县城位于今赤水市复兴镇，属滋州。宣和三年，降县为堡，属泸州郡。元设怀阳县，置仁怀长官司、古滋长官司，均属播州安抚司。明洪武十四年（1381），改为仁怀县（县城位于今赤水市）辖地，属四川遵义府。清雍正五年（1727）随府改属贵州布政司。乾隆三年（1738），仁怀县改为遵义分府，同时所属仁怀，河西，土城三里归遵义府通判管理，仁怀与遵义正式合一。乾隆十三年，改为仁怀厅，属遵义府管理。1949年仁怀解放，设仁怀县，县城位于中枢镇，属遵义专区。1997年6月，国务院批准撤销遵义地区与县级遵义市，设地级遵义市。仁怀市改为省直辖。

两岔宋墓石刻[1]

注释：两岔宋墓群，位于仁怀县合马区两岔公社两岔河右岸的荣昌坝附近。距仁（怀）赤（水）公路八公里、仁怀县城中枢镇四十八公里。其中沙湾坡墓，现仅存两室中的后室，长7.5米，宽4.8米，从浮土掩没的空隙间可窥后壁的斗拱、阑额等石刻。室内有一块一米见方的方石，方石正中有一低矮的圆柱体，高0.1米，直径0.64米。其正中竖书"景定辛酉"（1261）四字，周围刻有"甲乙丙丁戊己庚辛壬癸·子丑寅卯辰巳午未申酉戌亥"等字样。此外，方石上还刻有"乾坎艮震巽离坤兑"八字。两侧壁上刻有"青龙、白虎"各一。

另外，来奉寺墓，位于沙湾坡墓山麓，距两岔河百余米，与荣昌坝墓隔岭相对。该墓左室垮塌，全墓均为封土覆盖，唯有一小孔可匍匐进入左室。室内大小与荣昌坝墓相同。前室无图饰、中室壁龛内无雕刻，龛顶横条石上，左为青龙，右为白虎。墓顶有上小下大的斗形藻井，井内有一圆圈，圆圈四周阴刻八卦符号。门额上的捧圁图与荣昌坝

〔1〕 贵州省遵义地区文物管理委员会、遵义地区文化局编：《遵义地区文物志》，1984年版，第51—52页。

墓相似，匾正中横书"蓬莱洞天"四字。后室后壁为透雕的两层壁龛，其外龛雕柱、柱头枋、雀替、阑额、斗拱组成的仿木构建筑，柱下为石狮承托。内层壁龛正中浮雕一公案，案上竖立一牌位，牌上字迹不清。案后有一空交椅，左右各有一人躬身站立。阑额上有一匾，横书"广寒仙窟"四字。

荣昌坝宋墓碑刻[1]

（一）地券文碑　　佚名

急急如盟。

天地昭彰，日月鉴照。神主明知，次愿山水长流福禄增，愿如万子千孙富如石崇堆金璧。

呼仰！此誓寿堂千春建造之后，寿同彭祖。愿约具立契，券断以石人能语，石马能行。石契能断方始，向西至白虎，北至玄武，上至皇天，下至黄泉，周流日月。谨立契约十二时辰过帖，买到吉穴二所，四至界畔，东至青龙，南至朱雀。谨备大钱九千九百九十九贯文，在于皇天父、后土母土岗地，买相山陵福胜之地。本旁西山乾戌之原，建立寿堂二所，已于丁亥岁七月初四日并如五行循环之德，今运逢八卦，二命相生，谨依先贤秘要踏相山。

八娘系癸卯，本命行年四十八岁，念人生此，虽克无常，地灵生气禀五行循环王兴、李八娘夫妇等。王兴系辛丑，本命八月初三日，行年五十一岁。

南平军，川城白锦堡，系石粉栅，即南阳弟子。

维皇宋太岁庚寅①（1230）十月初一日己未朔，越丙寅立爰夔州路。

（二）地券文碑　　佚名

大宋夔路播州石粉栅，居黎氏二，今将钱万万余贯，问其皇天后土，五岳山神，帖买巽山下坟穴一所，建立寿堂。至东西南北，青龙白虎，界至分明。牙保人张坚、李定。知见人东王父、西王母。保证人日功曹主簿。知见人月滕仙。保证分明。

太岁癸亥年②（1263）吉月吉日□过去同券，照享荣华富贵。

注释：以上两篇《地券文》，是贵州省考古队和仁怀县文管所在仁怀合马镇荣昌坝宋墓中获得的碑刻。北宋大观三年己丑（1109）仁怀建县，而两篇《地券文》的时间，分别是南宋绍定三年庚寅（1230）、景定四年癸亥（1263）。是仁怀本地发现最早的文

〔1〕 仁怀政协学习文卫委编：《仁怀历代文钞》，中国文史出版社，2009年版，第1—2页。

字，有十分重要的历史价值。从二碑文字来看，具有浓厚的道教信仰色彩。

校记：①、②"太岁"，即太岁纪年。太岁是古代天文学中假想的岁星，又称岁阴或太阴。

仁怀文昌宫碑记[1]　　陈于琏

余不敏，奉圣天子命，忝承乏兹土，其地僻，其民贫，其俗侨野而近朴。八年之中，不敢谓利之已兴，弊之已革，而因事调剂，窃尝称易治。顾是邑矣，隶籍幷诃。明季设流以来，甫百有余岁，兵燹频仍，礼教未洽。生其间者，溺情于梵刹，或至于魔宫，营筑崇修，比比皆是。至载在祀典，所宜俎豆千秋者，则未之及焉。前任三韩赵君，捐建先师庙，余复踵而增廓之，仁于是乎有学。而桂殿帝君犹废坠弗修，祭典缺如，夫帝君以十七世，士大夫身为嗣禄，主功若德，赫赫明明，曾不如非当事之鬼神，反得妄腊人间香火。嘻，异矣！余凤有志而未逮，今年春，邑人士来告曰："有客民文祯祥者，积殁于缠舍，遗所殖白镪三十金，罔有亲知实，鲜授受。"予闻之，不禁喟然曰："是不可以之修文昌宫乎。"邑人士曰："唯唯否否，崇帝右文，所事诚善，第经营创始，非若补偏救弊之易为力也。木石之需几何，匠役之值几何，粮糈日用之资，又几何，工费孔多，兹特十之一二耳，其何以济，况士庶星散，猝难告语，使可聚腋成裘，前此已早为之，奚必至今日，而始谋及此也。"余曰："不然。此固帝君之灵，而余志当酬之会也，且事患其不为，不患其不成。予当不吝薄俸，勉成盛举。绅士之乐助与否，悉听之。"于是卜基于治南之三台山，购地庀材。诹日从事，四阅月而工竣。

嗟乎，帝君之降灵，率土昭回；庙貌之有无，客关轻重。余谬膺民社，政拙心劳，弗克作万间厦庇，而仅致意于斯，亦云末矣。然而蒸尝之际，神获所依，继自今，春秋匪懈，享祀不忒，俾嗣禄之恩施，永庇我邑人士焉。是则余之厚望也。及有事兹役者，并书于其后。

康熙三十八年(1699)己卯，楚黄陂陈于琏。

注释：文昌宫在仁怀县城内文庙左。(《遵义府志》)在三台上。关于此碑记撰者陈于琏，另有版本载录为陈子琏，本书作者认可"陈于琏"，备考。参见黄家服、段志洪主编：《中国地方志集成贵州府县志辑8：民国贵州通志（三）》，巴蜀书社，2006年版，第269页。或参贵州省文史研究馆古籍整理委员会编：《贵州通志：金石志·古迹志·秩祀志》，贵州大学出版社，2010年版，第336页。

陈于琏（生卒年不详），湖广黄陂岁贡。康熙二十九年（1690）任仁怀知县。

---

[1]　仁怀政协学习文卫委编：《仁怀历代文钞》，中国文史出版社，2009年版，第25页。

万家山文昌阁碑序[1]　　陈思睿

古云，水有龙则灵，山有仙则名，此故天地之精华，山水之聚秀，称为胜地也。山不高而亦名，水不深而亦灵，非假之以培植，奚以为名山焉。而万家山者，史永虞之世业也，前临龙会禅堂，后有杨万大泽，左溪右壑，特出耸翠，是以崇山峻岭，神明托处之地也。昔年睿与淮、显、鹏、文、芳、海六人相为计议，欲启文人，先培山水。我境坛社虽多而文阁罕见，此山层岩叠嶂，聚会风云，登高而眺者，孰不以为帝君之必住飞鸾乎。故淮等六人捐资凑息，约有挨千金，然而工成浩大，实非涓滴行为，幸山主史永虞概施其地，熊鹏等数人乐募其成，爰集四方之善，共沐七曲之膏，虽门闼户口，楹桷楼墙未克，极为丹为墀，而为石经营，亦称不朽焉。

龙飞乾隆四十八年（1783）岁次癸卯正月中浣吉日。

注释：陈思睿（生卒年不详），清乾嘉年间仁怀安罗里人，嘉庆元年（1796）岁贡。

奎光阁记[2]　　陈熙晋

天台山自云表蜿蜒逦迤，趋仁怀城东而特起。赤水西南来，绕城西北折而东，演漾停蓄，岿然临之，势如高屋建瓴。当事者用形家言，立奎光阁于城东，以据一方之形胜而为人文之兆。岁庚子（1840），余登是阁，睹槛橹上下，浦云崖树变迁，阴晴中，雉堞回环如贴水际，而岷峨诸山，隐见于百里之外，西南奇景，尽于此焉。其取象于星者，所以进学者于高明而发其光华也。说者谓：奎者，鲁之分野，是为圣人之邦。宋初，五星聚奎，故道学盛于宋，以明圣人之道。夫奎本武库而操觚染翰之士奔走恐后者，以其为圣贤之符验也。今夫学者，学为圣贤而已。学为圣贤，必讲其德行、习其文艺，始称圣贤之徒。其在阁耶？其在人耶？吾知奋然而兴，杰然而出，非稽古之力不至此。异时人才蔚起，黼黻丹青，我国家昭回云汉寿考作人之意于是乎在阁。兴工于道光五年（1825），阅十余年工竣，厅之大夫士暨耆老咸率钱为助。阁后以祠先农，亦于其时建造兴学，必先重农之意也。司其事者，知厅事汉军普君恩单、县刘君嗣矩，勷事者训导张君观国，董其役者绅士段星灿、张大昭、王繁昌、黄绍贤、谢一樑、罗友松、熊书麟、余文显、范怀瑜、许廷恋、罗崇枝、郑奇珍、颜孔铸、张荣椿、袁光裕、蒋嘉猷、马拔群、傅代嵩、王绍曾、聂胡魁、段星焕、傅予福、董仕元、萧高泌，而予为之记。

〔1〕　仁怀政协学习文卫委编：《仁怀历代文钞》，中国文史出版社，2009 年版，第 105 页。

〔2〕　黄家服、段志洪主编：《中国地方志集成贵州府县志辑 39·道光仁怀直隶厅志·光绪湄潭县志·民国开阳县志稿·民国婺川县备志》，巴蜀书社，2006 年版，第 320-321 页。

注释：普君修奎光阁引云：城东阁外先农坛，向有亭阁秀起，宛若峰峙，盖先有是阁，圮而复修也。

陈熙晋（1791-1851），原名津，字析木，号西桥，义乌城区湖清门人。官至都匀府、宜昌府知府，人称"西桥太守"，为官清正，颇有政声。学识渊博，著述宏富，堪为一代鸿儒。生前积书数万卷，公余精研古籍，订疑纠谬，务穷原委，著有《仁怀厅志》《贵州风土记》《古文孝经述义疏证》《春秋规过考信》《春秋述义拾遗》《帝王世纪》《骆临海集笺注》等。清嘉庆二十四年（1819）应贡生试，道光五年（1825）以教习出任贵州省龙里知县，不久调任普定知县。十二年迁仁怀同知。二十二年调任湖北省宜昌知府。三十年，因母丧辞官归里，次年病逝。

太极泉铭[1]　　陈熙晋

太极之图，传自濂溪。开其先者，乃有希夷乾坤之道。一翕一施，岂知造化，呈露端倪。符关之上，怀阳基址。有泉自南，洒然清泚。坛杏入云，泮芹出水，藻映一簧，花开三里，宜兆人文，后先蔚起。黔岫峩峩①，巴江瀰瀰②。我溯其源，孰竟其委。坊近碧鸡，城临赤虺。天然画图，溪山信美。滥觞非遥，有本如是。

注释：碑铭标点为本书作者所加，供参考。

校记：①"峩"，同"峨"。

②"瀰瀰"，即"弥弥"。意为水满、盛多。

先农坛记[2]　　陈熙晋

周以孟春元辰耕帝籍，汉，东耕于籍田，祠先农。宋元嘉中，立先农坛。齐永平中，耕籍田，用丁亥。梁天监中，以启蛰而耕，改用二月。我朝重农劝稼，轶于前古。世宗宪皇帝，躬耕籍田，四推四返，嗣是行三推礼，奉旨加一推一返。诏直省祭先农坛如社稷，自督抚迄府州县，耕籍悉行诸侯。《礼》，煌煌乎盛典也！《郊特牲》曰：主先稿①而祭司稿。祭百种以报啬也。后世之祭先农昉于此。然大蜡祭自十二月耕籍之祀，顾未之及焉，岂其时祀典尚缺欤？非然也。《周官·礼籥章》：凡国祈年于田租，吹②幽雅、击土鼓以乐。田畯祭蜡，则吹幽颂、击土鼓以息老物。郑康成注：田祖，先啬也。

〔1〕黄家服、段志洪主编：《中国地方志集成贵州府县志辑39：道光仁怀直隶厅志·光绪湄潭县志·民国开阳县志稿·民国婺川县备志》，巴蜀书社，2006年版，第314页。

〔2〕黄家服、段志洪主编：《中国地方志集成贵州府县志辑39：道光仁怀直隶厅志·光绪湄潭县志·民国开阳县志稿·民国婺川县备志》，巴蜀书社，2006年版，第319页。

谨按《小雅》，甫田，所谓幽雅也。其诗曰：琴瑟击鼓，以御田祖、以祈甘雨、以介我稷黍。郑康成笺云：设乐以迎，祭先啬，谓如后始耕也。我田既成农夫之庆，笺谓大蜡之时，劳农以休息之也。《国语》谓：农，正陈籍礼。韦昭注：祭其神，为农祈也。是祈年于田祖，即籍田所祭也。八蜡之祀，主以神农，后稷配之。有教农之君，必有劝农之佐也。田畯者，业农之氓。邮表畷者，督农之所也。坊庸，则兴所利农者也。猫虎昆虫，则去所害农者也。祈于春，报于冬，其诸终始，皆以为农欤。仁怀直隶厅，在播州以北，其山荦确不可田，其水湍急难于灌溉，其人侨籍赘寄，率贸迁而非地著。城东旧有先农坛，岁久倾圮。道光十年（1830）前政刘君嗣矩，捐俸倡修，绅士段星灿等咸出私钱为助，鸠工庀材，阅十余年始告成。二十年（1840），熙晋至官，春二月诣坛庙，将事堂庑寝筵，金碧丹漆，莫不毕治。依古礼，以先啬司啬统于先农。农及坊庸猫虎之序，次第列于左右，可谓知本务矣。今夫金银钱币，所以权财也，而不可为财。古言：生财未有不本于农者，故诗乃之祷，祠以求者，千斯仓、万斯箱于黍稷稻粱之外，无溢辞而谷。我士女惟邀灵于田祖，不但此也。古者士出于农，而工商不与焉。《书·大傅》曰：余子十五入小学，十八入大学，距冬至四十五日，始出学。傅农事，上老平而坐于右塾，庶老坐于左塾，余子毕出，然后归，夕亦如之。余子皆入，父之齿随行，兄之齿雁行，班白不提挈，此之谓造士。《诗》曰：攸介攸止，蒸我髦士。言治田得谷，俊士以进也。然则，曾孙之介福，其即寿考之作人乎。书以为记，俾厅人知殖财用而育人才者必自农始。

注释：碑记标点为本书作者所加，供参考。

校记：①原文"啬"，古同"穑"。

②原文"歙"，古同"吹"，径改。

仁怀直隶厅社稷坛记[1]　　陈熙晋

人非土不立，非谷不食。自三代以来，社稷之祀遍天下，其制坛而不屋，其配勾龙后稷，其日上戊，其牲羊豕，其物铏二甀二簠二笾①四豆四，其礼三献。郡县奉朝廷令式惟谨。熙晋以道光二十年岁庚子（1840）来领仁怀厅事，至期为位于东郊以祭问所谓坛壝未设也，喟然曰：人民社稷事之大者。忝为政于此，其曷敢不备？明年相地于城西，商之署都司彭君长春，以为然，乃筑坛如式。仁怀于汉为犍为符县，唐蒙从巴符关通夜郎之途，开辟西南。莫之或先焉。宋大观三年（1109）始置仁怀县，然治所不可考。明万历二十九年（1601）平播州设县建城，即今厅治也。我朝雍正七年（1729），自蜀隶黔。乾隆三年（1738），移治于新县，以旧城为通判治。四十一年（1776），改为直隶同知治，地

〔1〕　〔清〕崇俊修；王椿纂；王培森校补：（光绪）《增修仁怀厅志》（光绪二十八年刻本），第262页。

析仁怀县十之三，支峰②蔓壑，可田者甚少，每年租赋不及大省一乡聚，幸荷国家深仁厚泽，中外一体，边氓力其力以业其业。雨旸时若，岁屡告丰，鳛部蛮荒行见富庶矣。传曰：先王先成民而后致力于神，夫神非力之所能致也。惟是修土谷以为正德，利用厚生之本致力于民，即谓之致力于神可也，岂特祈福报功云尔哉！坛建于岁辛丑（1601）之十二月，距有明平播之岁凡四，阅辛丑，仁之父老子弟乐其成，以为二百年来未之有也。自今以始，岁其有昭答响应于是乎！在至社稷同坛合祭之义，前史详之矣，兹不具论。

注释：社稷坛在仁怀直隶厅。标点为本书作者所加，供参考。此记另有版本载录，参见黄家服、段志洪主编：《中国地方志集成贵州府县志辑39：道光仁怀直隶厅志·光绪湄潭县志·民国开阳县志稿·民国婺川县备志》，巴蜀书社，2006年版，第322页。

校记：①原文"边"，应为"迈"，径改。
②原文"峯"，同"峰"，径改。

厉坛记[1]　　陈熙晋

《祭法》：天子祀泰厉，诸侯祀公厉，大夫祀族厉。后汉建武初，五祀之祭，有司掌之。人家祀山神门户，山即厉也。唐开元礼祀厉以秋，明洪武中定制，京都祭泰厉，王国祭国厉，府州祭郡厉，县祭邑厉，皆设坛城北，岁以清明及十月朔日祭。里社则祭乡厉，后定郡邑厉、乡厉，祭皆以春清明日秋七月十五日冬十月一日，本朝因之。夫有道之世，其鬼不神，夫何厉之有而先列之祀典者何也？今夫水有时而湮，而湿之气不与之俱湮，火有时而尽，而热之气不与之俱尽。天地之气，聚而为人，散而为大虚，气乖则舛，舛则戾①，戾则伤阴，气郁②则壅，壅则滞，滞则伤阳，阴阳受伤。故鬼神无形与声，有时凭于形声而能为祸福，亦有时凭于形声而不能为祸福。皆气为之也，此理之固然，无足怪者，善！夫郑子产之言曰：鬼有所归乃不为厉，鬼之有后可立者，为立后以归之，无后可立者，为立祀以归之。故夫祭厉者，所以济兴灭继绝之穷而礼之所不可已者也。呜呼！冥漠之中，生不知何年，殁不知何日，坏土被之，猫貉啖③尽，不得享子孙一盛之酒、一盂之饭，羁魂之彷徨，呜咽于荒烟蔓草间者，何限念及此，当必有恻然以悲者矣！岂患其为厉与否而始为之所哉！岁庚子（1840），余治怀阳修祀事惟谨，郭外官山三里余，累累相望无虑千万冢碑碣，萧瑟封树，盖寡顾，厉祭缺焉。未设明年春，境内患疫。《礼》曰：疾病，祷于厉，则此祀亟当为民而设，而况国家之祀典乎？夏五月，始建厉坛于东郊，以城北临赤虺河渡河，即蜀境从宜也。祭之日，殽馨酒旨，灵旗飞扬，庶几饮食醉饱而有以福吾仁之人也。书其事于石，有举无废，是所望于后之

---

〔1〕　〔清〕崇俊修；王椿纂；王培森校补：（光绪）《增修仁怀厅志》（光绪二十八年刻本），第262页。

君子。

注释：厉坛在仁怀直隶厅，清代陈熙晋撰碑记。标点为本书作者所加，供参考。此记另有版本载录。参见黄家服、段志洪主编：《中国地方志集成贵州府县志辑39：道光仁怀直隶厅志·光绪湄潭县志·民国开阳县志稿·民国婺川县备志》，巴蜀书社，2006年版，第322—323页。

校记：①原文"盭"，古同"戾"，径改。
②原文"鬱"，古同"郁"，径改。
③原文"嗽"，即"啖"，径改。

敷泽兴济通祐王祠记[1]　　　陈熙晋

道光十九年(1839)二月，贵州巡抚部院善化贺公，以仁怀县逆匪穆继贤等，因川主降神，谋为不轨。剿灭后，访省城北门外有川主庙，所奉神像，系属三眼，怪诞不经，当饬改塑正神，不准复祀川主，惑人视听。檄府、厅、州境内，如有川主庙及各淫祀，概令改祀正神，或改为义学以资化导。有司奉令惟谨。王安东狄梁公之风，复见于今兹矣。二十年(1840)，余至仁怀直隶同知任。其地界连川省间。所谓川主庙者神像，向系白面少年，皆加须于颊上。问以川主为何神，佥称为二郎神，亦未知二郎为何神。至改塑之何神，则未有以应也。夫解惑者，不原其惑之所自始，虽欲辨其惑，而其惑滋甚。考蜀之《嘉定志》，隋赵昱，青城人，与道士季旺游，累辞征聘，后炀帝征为嘉州太守。时州有蛟为害，昱令民幕船数百，率千余人临江鼓噪。自被发伏剑入水，随之天地晦暝。少顷，云雾敛收，七人不复出，惟赵昱左手持剑，右手提蛟首，奋波而出，河水尽赤，蛟害遂除。开皇间，挈家入山，踪迹不复见。后有运饷者，见昱乘白马，引白犬，一童子腰弓挟弹以从，驺从如平生焉。唐太宗封为神勇大将军，庙祀灌口。明皇幸蜀，进封赤城王。宋张咏治蜀，蜀乱，咏祷祠，乃得神助。蜀平事闻，封"川主清源妙道真君"。蜀人所祀川主者，赵昱也，于二郎何与？二郎，不知何时人。据《蜀志》，则秦蜀守李冰之子也。意者，冰父子庙食灌口，赵昱庙亦在灌口，遂移川主之称于二郎欤？雍正五年(1727)，礼部议四川巡抚宪德疏称，成都府灌县都江堰口，庙祀李二郎，自秦以来，尚受封号。查都江堰水源发岷山，禹导江后，沫水尚为民患。秦蜀守李冰，使其子二郎除水怪，凿离堆，穿内外二江，灌溉稻田，使沃野千里。康熙四十七年(1708)，孟洞水决至灌口，忽得木石关拦，水泄外，保全成都等县。近四五年，江水安澜。修堰之需，比前费半功倍，捍御保障，为功不浅。但查《史记》《汉书》，专载

〔1〕　贵州省文史研究馆古籍整理委员会编：《贵州通志：金石志·古迹志·秩祀志》，贵州大学出版社，2010年版，第381页。

蜀守李冰凿离堆、穿二江功绩。惟《灌县志》书内，有使其子二郎凿山穿江之语。是二郎虽能成父之绩，李冰实主治水之功。又查王圻《续文献通考》，元至顺元年（1330），封秦蜀郡太守李冰为"圣德英惠王"，二郎神为"英烈昭惠灵显神祐王"。兹逢圣朝，累洽重熙，屡彰显应，理宜并崇祀典，用答神庥。今该抚祗请封李二郎而不及李冰，似未妥协；或请专封李二郎；或将李冰并给封号之处，恭候钦定，奉旨李冰、李二郎俱着给与封号。随行文内阁，撰出李冰封号，钦定"敷泽兴济通祐王"，李二郎封号，钦定"承绩广惠显英王"，移咨遵照施行。此我朝秩祀之载在典册者也。夫以二郎捍御保障之功如彼，而马、班二史不载，必溯其先而递及焉。甚矣，议礼者之慎也，乌有所谓川主哉？！灌县都江堰石壁，刻有"深淘滩低作堰"六字，相传为秦时蜀守所书，实为后人言水利者所不能外。秦至今二千余年，而遗迹尚在，非神明呵护，何以至此？其沤郁肸蠁①奔走恐后也。固宜因设敕封"敷泽兴济通祐王"牌位，以敕封"承绩广惠显英王"祔焉。纪其始末，以语是邦之人，庶几不为淫祠所惑云。

注释：敷泽兴济通祐王祠，旧称水府庙，在仁怀厅城南。

校记：① "肸蠁"，亦作"肹蠁"。指声响、气体等的散布或弥漫。引申为连绵不绝或比喻灵感通微、缥缈，隐约等之义。

重修城隍庙碑记[1]　　刘昌宇

古今论治者曰事神治民，而神之最亲者，惟城隍。《易》曰："城复于隍，保障斯民也。"凡有郡邑，莫不从祀而畏敬之，诚以民有不畏刑法，断未有不畏鬼神，圣人以神道教人，即因其畏敬者而儆惕之，其感人为最神也。

仁邑城隍庙创于前尹蒙公。公，关中人也，初历此，见民多玩法，而笃信神教，原建是庙，旁列十司，明誓阴法，以彰炯戒，落成而民风为之一变。其潜移默化之功，非谓之灵爽隐微可乎哉！然迄今百数年来，岁序既殊，庙貌亦就倾圮。予道光甲辰（1844）自汉中来黔，越夏来承乏于此，然予四膺繁剧而难治，未有如斯邑之甚者也。谒庙见蒙公旧志，不觉勃然动念，因集邑之官绅偕商，鸠工庀材，添建后阁五栋，配以两厢，其正祠栋宇，则因其旧制而鼎新之，并新建乐楼，又添修龙神、炎帝二祠以重祠典。继自戊申（1848）暮春兴工，至己酉（1849）仲春藏事，共用钱二千余缗，而规模已备。非敢云承继蒙公之后，但愿邑民相观而善，化其悍俗，以沃于醇风，俾无负蒙公创建之苦心，而凿其事于石，庶治民之遗意，少有得其端倪云尔。

知县事西蜀刘昌宇记。

注释：刘昌宇（生卒年不详），四川璧山人，翰林院庶吉士，道光二十四年

〔1〕 仁怀政协学习文卫委编：《仁怀历代文钞》，中国文史出版社，2009年版，第155页。

（1844）任仁怀知县。

崇文字藏碑序[1]　　胡文湛

　　粤自书契既易，文字肇兴，字之由来尚实。乃书艺之流播，日运而日新，而字迹之钦崇，愈趋而愈失。讵尽属法，法戒之不闻，与合良山师承之靡自耳。余自少从家文准先堂兄游，悉其断简残篇，毕极珍重讲论。余闲间以惜字规条，屡为训迪，因深信焉。以故平生经目之闲文废字，罔不拾而积，积而焚，每苦无贮烬之所，盖冀得同志而为是藏之修葺素矣。今年春，适与友人燕集之余，偶言及此，交相怂恿以倡首，比及募众，悉慷慨而倾资，乃益信人心之同，良有以矣。于是择吉鸠工，为台三层，就其巅为仓颉夫子神位而崇祀焉。洎落成，不敢没其诸君乐助之心，爰弁数言于此，俾知余之因人而成事者，盖由于师承之有自而非关好事云耳。是序。

　　时大清咸丰十年（1860）庚申夏六月觊日①也。

　　注释：胡文湛（生卒年不详），号露庵，清朝咸丰年间仁怀茅坝杨柳井人。

　　校记：①原文"觊日"疑为"天觊日"之误或简写，备考。天觊日，即农历六月初六日，此日为天觊节，起源于宋真宗赵恒。

鹿鸣塔碑刻[2]

　　注释：鹿鸣塔在仁怀县城东南角县人民医院内，为楼阁式六角七檐石塔，高22.1米。塔身六棱锥体，第一层高3.8米，逐级递减，逐层收分。塔顶为复斗形钻尖顶，高1.1米，塔檐宽0.4米，厚0.2米，檐口相交处翼角高翘。

　　塔底层正面开拱门，高2.3米，宽1.15米，门额阴刻"天路联升"，左联"秀出重霄，门水仁山增气象"；右联"功成一旦，状元宰相早安排"。均系光绪五年（1898）仁怀县知县吴光銮手书。

　　底层其他五面，均嵌高1.3米，宽0.8米的石碑一块，有吴光銮撰《鹿鸣塔序》，乐地三撰《鹿鸣塔跋》，王旭堂《临修鹿鸣塔记略》，崔暕补题篆书四行，另一块字迹剥蚀难辨。

　　第二层背面和正面，各有阴刻高2.4米，宽0.8米的直行楷书"鹿鸣塔"三字。第五层正面是长方形门洞，高1.8米，宽0.8米，门额刻"宿冠西垣"，左联"文光长射

〔1〕　仁怀政协学习文卫委编：《仁怀历代文钞》，中国文史出版社，2009年版，第127页。
〔2〕　贵州省仁怀县地方志编纂委员会编：《仁怀县志》，贵州人民出版社，1991年版，第1021–1022页。

斗"，右联"多士快题名"，均为吴光銮所书。背面有鲤鱼跳龙门浮雕。

　　六层南壁有"魁星点斗"浮雕。塔内底三层为盘旋石梯，以上为木梯直通塔顶。《鹿鸣塔跋》记述："该塔原名'文塔'，系清雍正二十三年（1735）仁怀县令杜诠倡建，塔址在南门外偏东的陪凤阁，道光年间曾予维修。光绪五年（1897）拆迁至社稷废址。动工之日，适闻鹿鸣，吴光銮遂取'鹿鸣昭瑞'以名塔。"1982年贵州省人民政府公布为省级文物保护单位。

正安

按：唐武德二年（619），属义州信宁县，继属智州、牢州、夷州；贞观十六年（642）县境属珍州；天宝元年（742）改珍州为夜郎郡；乾元元年（758）复为珍州。宋朝，初属珍州乐源县；开宝元年（968）改珍州为西高州；大观二年（1108）复名珍州；咸淳十年（1274）珍州（乐源、绥阳）划归播州，隶夔州路。元代，先属珍州，隶遵义总管府播南路；至元二十九年（1290）置珍州思宁等处长官司，隶播州沿边安抚司；至正二十三年（1363），明玉珍据蜀称帝，改珍州"珍"为"真"，称真州思宁等处长官司。明洪武十七年（1384）改为真州长官司，隶播州宣慰司；万历二十九年（1601）平播后，改土归流，真州长官司改为真安州，属遵义军民府，隶四川布政使司。清康熙二十六年（1687）更遵义军民府为遵义府；雍正二年（1724），改真安州为正安州；雍正六年（1728）正安州随遵义府隶贵州布政使司，自此正安始入黔籍。民国二年（1913），废正安州置正安县；民国三年（1914），正安州始改为正安县，属黔中道；民国九年（1920）废道后，直属于贵州省；民国三十年（1941）析正安东北地置道真县。新中国成立后，初属贵州省遵义专员公署；1958 年道真县并入正安县；1961 年恢复道真县建置。正安仍辖合并前区域。现为贵州省遵义市下辖县。

正安州厉坛屋记[1]　　　周大烜

社无屋，傍佛庐，民居为承祭，不蔽风雨。珍州社在北郊里许，旁鲜屋椽，祭遇雨，多系摄行草率从事。州正为山川鬼神之主，祈报弗亲，何以迓神庥而康黎庶？乙巳春（1785），社雨霁，粗能行礼，州从事蒋君告予，社北有厉坛屋数椽，以面墙弗容仆从且将倾，若移社北，则祭社祭厉俱堪，稍葺，遇雨可俟霁成礼。一切移费，存项若干可办，予谓善举宜速即为，浃旬祭厉，为防雨地，蒋君即日鸠工，阅旬竣事。遥望此山之麓，忽新亭阁，宛然点缀，及祭厉，阴云将雨，然可恃成礼者，有斯屋也。社与厉分一坛一屋，有司春秋致敬，为数百里士民祈福，假日偕宾佐，举酒斯亭，不亦有白苏遗意

---

〔1〕　（清）赵宜霖修；游玉堂纂：（嘉庆）《正安州志》，第 100 页。

乎? 是为记。

乾隆五十年（1785）夏月吉旦，署知州周大炬、吏目蒋鸿起立石。

注释：厉坛在正安州城北郊，乾隆五十年夏，署知州周大炬撰记。碑记标点为本书作者所加，供参考。

正安州文昌阁碑记[1]　　周大炬

珍州地广数百里，童试近千人。国家文教诞敷之时，正山陬多士观光之会，而校试州童，殊少惬心刮目。究其所以，皆人自为学，家自为师，士少观摩，官少鼓舞也。时学博蒋君、王君及蒋州佐，皆同心振作。炬谓富而后教，须当置义田、义宅，以为建舍延师之资。爰集绅公议，择其无损于私、有益于公者，得宅若干廛，田若干亩，场市若干租，岁获金若干两，为师生廪饩之费，已有章程。州士人同心乐助，建文昌正殿、旁舍共数十间，武曲阁一所，既祀文星，且联文会，弦诵有所，揖让有仪，秀者愈进文明，朴者渐更谫陋，其气象迥不同焉。创造方兴，炬适有平溪之役，未及落成，善后事宜，仔肩更重，不能无望于后来。然以官民同志，文运天开，出而与中州士人齿伯仲，化苗移俗，亦我辈承平时稍舒报效也。是为记。

乾隆五十一年（1786）。

注释：文昌阁，康熙初，建于（正安）州城后山。四十一年（1702）知州汪曾垣迁于北门外庙林场。乾隆三十九年（1774），知州袁治迁于南门外右山凹。五十二年，知州罗才樗复迁于书院。嘉庆六年（1801），知州杨皋亮于文庙遗址建，复建后殿，祀先代。

此碑记尾句"乾隆五十一年"之后，另版本有"署知州周大炬吏目蒋鸿起立石"一行字。参见（清）彭焯修；杨德明等纂：（光绪）《续修正安州志》，第425页。

关帝庙碑[2]　　李弥高

正安，古珍州也，不常厥邑，于今五迁。自古凤建治以来，几八十载，城垣未葺，公廨草就，又安问其它乎? 官斯土者，苟有兴作之念，而地瘠民贫，每怀蹙及。丙子夏（1756），牧侯谢公来抚是邦，见其廛市参差，毫无关锁，宵小易于出入，于是创建四

---

[1]（清）郑珍、莫友芝纂：《遵义府志》，遵义市志编纂委员会办公室（内部发行），遵义市人民印刷厂，1986年版，第241–242页。

[2]（清）郑珍、莫友芝纂：《遵义府志》，遵义市志编纂委员会办公室（内部发行），遵义市人民印刷厂，1986年版，241页。

门，以严启闭。又以北关地脉既接文庙，修之可以兴文；东关地形临于卑缺，补之可以致富；又建石桥，以垂不朽。此非惑于风水之说，盖欲以富且贵者、期州之士与民，殚厥父母之心已耳。今岁春，以武庙旧在城隍庙后，非惟地失其制，而狭陋荒凉，不容拜跪，谋欲更修，商之同官暨绅士耆老捐金而外，并及州之士民与客商之好善乐施者，命匠兴工，启三月而庙成。余尝闻诸父老言，此地建州之初，户不满百，荆棘碍道，鹿豕为穴；今则生齿日繁，文明渐起，非圣天子声教四讫及贤侯牧之维持调护，安能至是？继自今愿都人士争自琢磨，风清俗美，仰体富贵斯人之心，则戴公之德而荷神之庥，其福利宁有穷乎？余忝司铎，虽不工于文，时因士民之请，而直以其事之颠末勒之贞珉，俾后之览者，知斯庙所由托始也。

乾隆二十二年（1757）。

注释：关帝庙，在（正安州）府城内南街，乾隆二十一年（1756），知州谢之邃创建正殿三间，两庑六间，后殿三间。经乱毁，咸丰七年（1857），知州朱百谷修复。乾隆二十二年丁丑岁桂月，知州谢之邃、学正李弥高、训导王仕杰、吏目徐阶平同立石。西水李弥高撰碑记。

碑文末句"乾隆二十二年"之后续有"丁丑岁桂月，知州谢之邃、学正李弥高、训导王仕杰、吏目徐阶平同立石"一行字，且碑文题名为"关帝庙碑引"。参见（清）彭焯修；杨德明等纂：（光绪）《续修正安州志》，第418-419页。

此碑文另有版本载录，参见贵州省文史研究馆古籍整理委员会编：《贵州通志：金石志·古迹志·秩祀志》，贵州大学出版社，2010年版，第327-328页。

龙神祠碑记[1]　　赵宜霢

国之大事，唯祀与农。雨旸勿时，官斯土者有祈祷之责焉。正安有老龙硐，距城东五十里，高山壁立，内蕴巨潭，灏溔渨湯①，神龙窟宅，祈求雨泽，捷于影响，龙之为神昭昭矣。先是龙神祠于州署之内，春秋报赛，民弗以为便。余籍隶南丰，昔牧山右朔州，嘉庆丙寅（1806）冬，奉旨拣发来黔，己巳（1809）之秋，补授兹土，迄今已逾五载，久思创建专祠，以崇祀典，因时拟铜铅之役，朝令夕行，恐未能成厥功，是以暂迁神位于先龙坛侧。今秋，采办滇铜，差竣回州，又将量移安隆，有志未逮，非所以答神庥也。乃集州之耆，约度地兴功，咸称农殿后山原平衍，位正坎离，维兹可以奠神宅。缘思勾龙为后土，是龙神与农功有呼吸相通之义，亟命庀材鸠工而兴筑焉。建祠立宇，周筑垣墙，购料、估工，需银二百数十两，今余已先将需费垫发，尔士民情愿乐输者，登

〔1〕（清）郑珍、莫友芝纂：《遵义府志》，遵义市志编纂委员会办公室（内部发行），遵义市人民印刷厂，1986年版，第242-243页。

名于簿。不足之数，余当捐廉以成。盖非徒集腋成裘，贞珉永泐，亦以见报功崇德，含哺同怀。余以因民而事神，因神而建庙，神以人灵，祀以诚格。今兹新庙既成，将见神之权司霖雨者感而遂通也。是为记。

嘉庆十九年（1814）。

注释：龙神祠，距正安州城东五十里，在先农坛后，嘉庆十九年知州赵宜霖建并撰碑记。此版碑文末句"嘉庆十九年"之后未录"岁次甲戌嘉平月知州赵宜霖学正游玉堂训导曹□②把总萧必贵吏目朱元晖仝立石"一行字。参见（清）彭焯修；杨德明等纂：（光绪）《续修正安州志》，第428页。

此碑文另有版本载称，"在古凤山灵泉畔。初，祠在先农坛后。同治二年（1863），号匪焚毁，知州彭城迁今地。檄邑人达才连、周南新修。四年（1865），又毁再修。光绪三年（1877），知州彭焯，以祠无常熟，捐廉筹款买田，约收租二十石，招僧住持。又饬思里云台寺，年拨租钱十千，以益香灯。（《续遵义府志》）"详参贵州省文史研究馆古籍整理委员会编：《贵州通志：金石志·古迹志·秩祀志》，贵州大学出版社，2010年版，第361页。

赵宜霖（生卒年不详），字辉堂，江西南丰人，清嘉庆十四年（1809）任正安知州。嘉庆十九年（1814），赵宜霖托钱塘人陶有容编修《正安州志》。嘉庆二十一年离任后，仍以此州志为念，公余精心审订，请人评阅，终成定稿。于嘉庆二十三年在旅顺刊刻印行。

曹玻，广顺举人。嘉庆十七年（1812）任正安训导，维持学纲，士林称仰。

校记：①此处"灏溳"之"溳"，原字为"氵与顷"的合写字，字典查无此字。此句"灏溳湢汤"，另版本为"灏瀁湢汤"，详见上指另版本《贵州通志：金石志·古迹志·秩祀志》，2010年版，第361页。

②此处所引原文为"左王与右夜的合一字"，本书作者疑为俗体字。经查字典未见此字，暂以缺字符代之。

龙神祠工竣碑记[1]　　赵宜霖

是祠始创，余与从事朱君捐廉，首助工用不敷，原拟以州中存费三十余金藉资兴作，继思此系书院公款，即延院师已为掌教新水矣。祠工初启，旋经士民等踊跃捐输，不阅月而祠宇告竣。庭阶檩枋颇壮观瞻，从可知乐善报功，人皆有同心也。是役也，经始图成，不辞劳瘁；鸠工购料，不苟丝毫者，则维吴正龙、李垣之力。除经报销工费外，尚余银一百两正，即令吴正龙等领去存俟置买田地，并筹划州城乡约王兴凤、李显

[1]　（清）赵宜霖修；游玉堂纂：（嘉庆）《正安州志》，第107-108页。

扬所捐塆斗余米，每月分给三斗，永为守祠僧人口粮，常业得藉焚修以传香火，既成且久，于兹可告无愧焉。今将州中士民乐助诸名泐之于碑，以旌其善，守祠僧人按月收乡约王兴凤等塆米三市斗，每年收老龙硐佃户青学岙地租钱六千文，作为薪水之费，随又裁改一先农坛前土一块，拨给祠僧就近耕种，存贮吴正龙等足纹银一百两正俟置买产，所有息租变价，每年酌给祠僧四两外，余息作为祠内岁修并修葺老龙硐殿宇之用，每年签点殷实会首四名，轮流充值经管，祠事算账交代。

嘉庆乙亥年（1815）夏五月立石。

祠僧食米，因乡约王兴凤等塆米无几，不敷办公，诚恐日久难继，今于嘉庆二十年（1815）七月二十九日，据德二甲善缘寺司事郑崇崑等并寺僧海深情愿每年捐寺谷十京石入于龙神祠协济。又于本年八月初七日，据德六甲水口寺司事郑文玺等、寺僧悟宗情愿每年捐寺谷十京石入于龙神祠协济，以上每年共得两寺捐谷二十石，均为祠僧焚献之赀，且详府宪立案。是年冬十一月，据善缘寺佃户任珍具结以寺业庄子台租谷每年交纳京石十石归祠，又据水口寺佃户郑光鸾具结以寺业金钗田租谷每年交纳京石十石归祠，纳状均附州卷。

注释：龙神祠，距正安州城东五十里，在先农坛后。嘉庆十九年（1814）知州赵宜霖建并撰碑记。碑记标点为本书作者所加，供参考。

老龙洞碑记[1]　　　素隆额

为勒石镌界以禁越占事，照得城东老龙洞乃合郡之灵神，祈祷雨泽，无不应验。康熙年间，汪前任捐资置买杨唐绝业一股，以为官庄，施于老龙洞，永作香灯。不意年代久远，附近居民越界侵占，以致约民历禀在卷。今本州莅任斯土，因雨泽愆期，虔诚斋戒，于三月内亲赴龙硐祈求，感沛甘霖。维时目睹朝庙宇倾颓，兼前所立界址碑文模糊不清，是以鸠匠重修。今将四至界畔照按勒石，永垂不朽。该附近居民毋得再行侵占，如违，即照霸占官业例究治，以是为序。

一、东自石槽水起，直抵大路，沿沟直上，抵慈竹笼为界；

一、南自慈竹笼起，屋基垭口沿岭直上为界；

西自沿岭起，沿岩直过老彬兜，沿岭直下石坟为界；

一、北自石坟起，至崙坎栗树垭，沿岭直下小鹿塆，直下崙坎，沿崙坎横过抵石槽水交界。

嘉庆五年（1800）五月日立。

---

[1]　彭福荣主编：《乌江流域民族地区历代碑刻选辑》，重庆出版社，2007年版，第85页。

注释：此碑记另有载录，参见黄家服、段志洪主编：《中国地方志集成贵州府县志辑40：嘉庆正安州志·咸丰正安新志·光绪续修正安州志·道光永宁州志·咸丰永宁州志补遗》，巴蜀书社，2006年版，第426—427页。

素隆额，正蓝旗满洲人，年五十九岁由翻译生员考取内阁贴写中书，嘉庆二年（1797）保送抚民同知记名，同年六月内拣发贵州知州，七年十月内借补大定府水城通判。二十一年七月内用贵州都匀知府。

北坛碑叙[1]　　荣兆

《一统志》载，州名古乐源也。惜无州志参考，顾名思义，或者山之起，水之源欤。嘉庆丁卯（1807）初夏，予奉命教斯土。几务粗就，而旱魃堪虞，栽插维艰，民慢者众。予偕同僚步祷于北郊之厉坛，朝夕通诚，三日后，连沛甘霖，佈种如愿。予等恭谢神庥，见坛基湫隘，屋仅三楹，风雨不蔽，询之乡耆，以该处垣之外悉民土也。捡查旧卷，前任周公建后，日就倾圮，因思莫为之前，虽美弗彰，莫为之后，虽盛弗传。爰购民土，方广各扩五尺，即日鸠工庀材，苦盖完固，缭以墙垣，不特致祭，宽舒抑，且启闭有户，因勒石以记颠末，后之君子加意扩充，其有裨于州事者，岂浅鲜哉！是为序。

嘉庆十二年（1807）岁次丁卯仲冬月谷旦，知州荣兆、学正胡天贵、训导杨名声、吏目蔡严林仝立石。

注释：坛在正安州城北郊，知州蓼城荣兆撰碑叙。碑记标点为本书作者所加，供参考。

重建先农坛碑记[2]　　彭焯

先农坛者，建以报司穑①者也。嘉庆戊寅年（1818），州牧赵君宜霖创建于东门外，逮同治四年（1865），贼氛蹂躏，瓦砾无存。甲戌（1874）夏，余奉命来牧斯土，春秋报享陈于野而祭之，窃思庙坛不立，则神之灵爽无凭，即人之拜跪无所，仪文脱略，何以邀惠泽而康黎庶乎？爰于乙亥岁（1875），筹画重建，仍其地而培造之，修饰之。盖至是，而先农坛之旧制焕然一新矣。余乃于祭之日，偕同寅展器物，肃礼文，从容而拜祷，行见春社鸠鸣，绥丰永兆，秋田豚祝报赛无愆，而州人士亦得食神惠而长享升平也，是则余之厚望也夫！是为记。

---

〔1〕（清）彭焯修；杨德明等纂：（光绪）《续修正安州志》，第427页。
〔2〕（清）彭焯修；杨德明等纂：（光绪）《续修正安州志》，第430—431页。

光绪三年（1877）岁次丁丑仲春谷旦。

钦加道衔花翎候补府尽②先补用直隶州借补正安州知州彭焯立石。

　　注释：坛在正安州城东门外，嘉庆戊寅（1818）州牧赵宜霜创建。尔后，正安州知州彭焯于光绪乙亥岁（1875）重建。碑记标点为本书作者所加，供参考。

　　彭焯，字瀛谷，清湖南善化（今长沙）人，同治元年（1862）举人。入贵州襄助黔军镇压苗民起义，保知县，迁直隶州同知，补正安州知州。同治十三年（1874）莅正安任。以擒获首逆黑大汉功，以知府升用，后卒于官。宽厚廉明，有惠政，能得民心。

　　校记：①原文"嗇"，古同"穑"，径改。

　　②原文"儘"，即"侭"，"尽"异体字，径改。

重建神祇坛碑记[1]　　　彭焯

　　州之神祇坛，以祭风云雷雨山川之神而立也；其厉坛，则以清明中元及十月朔祭厉而作也，建于州之北门外，多历年所，同治乙丑（1865）毁于兵。十余年来未之修复，余甲戌（1874）奉命来牧斯土，见其瓦砾不存，祀事陈于旷野，用是慨然久之。爰于乙亥岁（1875）筹划款项，创建神祇坛平房三间，而祭厉亦于是焉。在基屋重新规模遂扩，春秋致祀，灵爽常凭，地厚天高，但愿休徵咸应，民康物阜，庶几仁寿同登。余于斯坛有默祷之矣，是为记。

　　时①光绪三年（1877）岁次丁丑仲春穀旦，钦加道衔花翎候补府尽②先补用直隶州借补正安州知州彭焯立石。

　　注释：神祇坛在正安州城北门外，知州彭焯于光绪乙亥岁（1875）重建。碑记标点为本书作者所加，供参考。

　　校记：①原文"旹"，即"时"的讹字，径改。

　　②原文"儘"，即"侭"，"尽"异体字，径改。

苍圣宫碑文[2]　　　朱百谷

　　苍圣，古史生而龙颜，四目如电，夙有睿德，幼性知画，长通天地人物之文。帝命作宪百王，尝登临沪滨阳虚之山，见洛汭灵龟丹甲，绿纹纵横理数，又见群鸟践沙，形势错综，乃依龟纹鸟迹，萃聚成字，以之记事，传远方，垂后世。昔朱襄为飞

〔1〕（清）彭焯修；杨德明等纂：（光绪）《续修正安州志》，第431页。

〔2〕（清）彭焯修；杨德明等纂：（光绪）《续修正安州志》，第431—432页。

龙氏，佐伏羲造书契，画乾坤，至苍龙氏兴，仰观俯察，造文字，制书体象形、指事、假借、转注、会意，谐声使天下义理必归文字。文字必归六书，刺书竹简，画形如水虫，名蝌蚪书，为群圣所祖述，实文字之先师，用格于皇天，为世大宝，休徵雨粟，鬼神感其情状，而蛟龙为之潜藏，邈乎古矣。传闻异辞，闻之苍圣讳颉，皇帝史臣，古苍龙氏之裔。考苍圣，生于陈苍，去古凤盖千有余里。自黄帝甲子迄今丙辰^{（1856）}，四千五百五十三年，州人宫龟山之麓，在文德峰之左，与凤城对峙。余纪其言雅者，以徵悠远，敬述斯文。

　　注释：正安州牧朱百谷撰碑文。碑记标点为本书作者所加，供参考。苍圣，即仓颉，是道教中文字之神。他首创文字，革除当时结绳记事之陋，开创文明之基，因而被尊奉为"文祖仓颉"。

　　朱百谷，号渊少，江苏宝应举人。性豁达，有干略，材兼文武。咸丰五年（1855）莅任正安知州。保民安，重文教，颇有政声。著有《太学坊表》八卷梓行。

务川

按：务川现为遵义市下辖自治县，地处黔、渝边沿结合部。隋开皇十九年（599）置务川县；大业七年（611），置高富县，属明阳郡。唐武德四年（621）置务川郡于县治，领务川、涪川、扶阳三县，旋即改为务州；贞观四年（630）改务州为思州；贞观十年属黔州；十一年又归属夷州。宋政和七年（1117），移思州治务川县于此都濡故地，复置务川县；宣和四年（1122），废思州，务川县降为务川城，属彭木县；南宋绍兴二年（1132），复建思州及置务川县。元至元年间，因婺星飞流化石改"务"为"婺"，即婺川县，属思州军民安抚司。明洪武五年（1372），改隶镇远州；洪武二十三年（1390），拨隶思南宣慰司管辖。清初，婺川县仍属思南府；光绪十年（1884），于婺川县境增设后坪弹压委员。民国二年（1913），属黔东道，又分原后坪弹压委员辖地置后坪县；民国十二年（1923），直属于省；民国三十年（1941）撤销后坪县，将后坪辖地分别并入婺川、沿河两县。1949年，隶属遵义地区；1959年，国务院批准改婺川县为务川县；1987年11月成立务川仡佬族苗族自治县。

婺星亭记[1]　　刘齐贤

婺星化石为婺川城八景之一。石在署后数十武，左带女墙，右临溪水，嵌崎硗确，苔藓斑然。前太守周春甫先生精青乌术，勘水灾来务，以石为衙署后龙，且"婺川"由此得名，非寻常景致比也。议护石栏建亭其旁。适调任去，事遂寝。去年冬，余奉檄莅是邦，公余与邑人士接遇，谈及星石，佥以周公培修未成为叹！余尝考婺星在二十八宿为女星，行天无定，列牵牛织女之次，主人间布帛，又主女寿。今遍览志乘，虽星殒不知何代，然婺川之妇女多臻耄耋，享期颐，是石为婺星脱体，其明验也。夫风俗端赖人文，人文之兴，实关地脉。婺川僻处一隅，英才辈出，现登贤书、捷南宫[1]者，尚不乏人。然求其身显当时，名垂后世，如申忠节祐，敖主事荣继诸先达，正犹有待，岂非由

---

〔1〕 务川仡佬族苗族自治县志编纂委员会编：《务川仡佬族苗族自治县志》，贵州人民出版社，2001年版，第1165—1166页。

斯石隐而未彰欤？余因捐廉，择吉鸠工甃石，兼为瓦亭护之，题额其上，俾行道者一望咸知石之所在。然自今后吾知地脉效灵，其必孕生秀淑，笃生人材，将处为名儒，出为名臣，以黼黻我国家太平之治；正不徒主是邦巾帼^①中百年之庆矣。吾谓选胜培幽，为八景生色。若袖中之石，见赏东坡，此则非余创修之意矣。是为序。

注释：婺星化石为婺川（务川）城八景之一，其旁建亭。

刘齐贤，闽杭（今福州）人，光绪十六年（1890）任务川知县。

校记：①原文为"官"，误，径改。

婺川县龙神祠记[1]　　陈文衡

邑南关外里许，有洞曰蟠龙洞，山泉经冬不竭，岁旱祈雨，必挹此泉于坛以为引。洞前有破庙一座，余折而新之为祠，以奉龙神，增筑外庭旁舍，颇符规制云。先是婺邑龙神无专庙，余去秋莅任，遍谒龙神祠，见龙神牌位附于城隍祠东偏大士殿之右，地方逼窄，几不容樽俎。余思龙神兴云降雨，国家编入祀典，郡县均宜专庙，辄欲创建。未得其地也。今夏适遭旱魃，设坛祈雨，步祷取泉，至则山径盘曲深邃，洞泉清澄涨满，询之吏曹曰，此蟠龙洞也。洞前十数武有旧庙，神像隗然。问："何神？"曰："居民所祀土神也。"顾庙屋湫浅，瓦栋楹壁俱破坏不堪。余顾僚属曰："地名蟠龙，则宜于龙神。况龙得水则灵，而后洞之泉混混，且聚为潭，立庙以祀龙神。有过于此乎？"众曰："唯唯。"余曰："得雨后当即图之。"越日果获甘霖，遂谋于众，捐廉创建，于秋初鸠工，冬仲告成，蠲吉刑牲，率僚属奉神牌于正殿；以前所祀土神，附龛于右。礼成，诸僚属合词进曰："緊彼盘龙，建厥神宫；典祀攸隆，降福攸同；甘雨和风。岁乐民丰。"余曰："善哉。"传谓圣王，先成民而后致力于神，言不宜后民事，而惟神是务也。兹则藉神以福民，是即成民之事，非所宜后也。乃为和曰："维兹灵谷，神居是卜；惟神降福，生我百谷；百谷咸熟，人民乃育。"

注释：婺川县，今务川仡佬族苗族自治县，在元代至元年间，因婺星飞流化石改"务"为"婺"，即婺川县，属思州军民安抚司。原文个别文字后带有括号附注音和释义，本书删，属原碑的文字照录。

陈文衡，福建龙岩州人，进士，道光十八年至十九年（1838-1839）任务川知县。任上教民纺织，建及幼堂收养孤儿，设南关两义学，修四门城楼，平治东南官路二百余里，有政声，

颇受县民赞誉。道光二十年（1840）移任安化县知县。曾任《思南府续志》主修之一。

---

〔1〕　思南县志编纂委员会办公室：（嘉靖・道・民国）《思南府、县志》（点校本），2002 年版，第 413 页。

宝王庙碑刻[1]

注释：宝王庙遗址位于务川县大坪镇三坑村梨子坪村寨旁的山坳处，南北皆山，西临深崖，与木悠峰水月宫遥遥相对。庙内主要供奉朱砂神。该庙重建于光绪二十二年（1896），坐北向南，石材结构，券形门，建筑面积十六平方米。进深二米，面阔1.8米，墙厚一米，残高2.5米，屋面无存。内有"重修宝王庙"功德碑一通，立于清光绪二十二年，田景福、傅保成书题。青石质，碑高1.2米、宽六十二厘米、厚十厘米。竖向行书阴刻，十六行二百余字，风雨侵蚀，字迹难辨，碑文记云："当地申姓、王姓捐钱重修宝王庙保佑阖境清泰一事。"如今，庙内靠后墙搭有一小草棚，棚内有香纸焚烧痕迹，可见当地村民仍在庙内祭祀。

关于宝王的传说与崇祀，贵州开阳、务川和万山等盛产朱砂的地方，历史以来广为流传，并且许多地方曾建有供奉宝王的朱砂神庙，可惜除开阳宝王庙尚存外，其余宝王庙全已被毁。

---

[1] 王明析编：《务川历史古籍文献资料辑录》，遵义康达彩色印务有限公司，2010年版，第432页。

凤冈

按：凤冈县境，隋初置明阳县，为明阳郡治。大业八年（612），别置宁夷县，亦属明阳郡。大业十二年（616），又别置绥阳县，亦属明阳郡。唐初，废明阳郡县，宁夷、绥阳二县属夷州，州治先在宁夷，后在绥阳。宋政和七年（1117），置安夷先，属思州。元，置大保龙泉长官司（今县城），辖于思州，继改为龙泉坪长官司。明洪武七年（1274），石阡府增置龙泉长官司。永乐十二年（1414），废思州、思南两宣慰司二改置四府，龙泉长官司仍属石阡府。万历二十九年（1601）四月，改置为龙泉县。清代仍为龙泉县，属石阡府。民国二年（1913），废府州建制后，更名为凤泉县，以龙泉出凤凰山下而得名，属贵州黔东道。民国十二年（1923）废道，凤泉县直属贵州省。民国十九年（1930）改名凤冈县。1949 年，属遵义专区。1958 撤凤冈县，并入湄潭县。1961 年，分县复置，恢复凤冈县，仍属遵义专区。1970 年属遵义地区至今。

凤冈太极洞石刻[1]

注释：凤冈城南十五公里，有一结构奇特，造像和石刻较多的岩洞，名太极洞。此岩洞坐落在一座高约一百五十米的"太极洞山"中，南北长三十二米，东西宽六十二米，多穴多窍，中部宽敞。七个洞穴蜿蜒伸出洞外；东西南北中均可进出，因而享有"七窍天开"之美名。

太极洞山麓，有一座精美石门，门额横扁有"石窍天开"四个大字，门侧方柱阴刻楹联："到此地清机徐引，过①其门杂气普消。"行草笔法。

北壁摩崖造像六尊：一尊距地面 7.3 米，造像高 0.4 米，造像趺坐，袒胸露腹，面带笑容；两尊距地面 1.4 米，造像高 1.45 米，垂目曲膝，安适静坐，容貌慈祥；其余三尊距地面 2.9 米。中间一尊系立像，身高 1.3 米；左右两尊系坐像，通高 1.1 米。均右手捋须，左手执符，怡然自得。南壁横向阴刻"慈航普渡"四个大字，其上镌双抢宝，其

〔1〕 凤冈县政协委员会文史资料委员会：《凤冈文史资料第 2 辑》，1985 年版，第 117–118 页。

左下方置一大石缸，上镌："山川草木削破鸿蒙开锦绣，耕读渔樵看穿世界出风尘。"等六幅字刻，圆雕佛像三幅五尊，各种花纹十幅，此外还有和尚诵经、牧牛、钓鱼、樵夫打柴、仙人摘桃等石刻图案。穿过西壁一石穴，回眸仰视，屏风似的一列危崖，题刻"太极古景"四个大字，每字六十厘米见方，题头：道光十三年二月吉。落款：生员冉瑞芝修。自西壁石穴穿过一长八米，高四米，宽二米的石洞，便是昔日的洞外花园。此地右侧有一崸壁，中部浮雕花卉图案三幅，上方镌刻"第一观"，左右为"座上客常满，樽中酒不空"的楹联。

据《凤冈县文物志（1）》另载有太极洞刻石如"洞天福地""洞见天心"，及石刻对联"座上客常满，樽中酒不空"；"彩石可人疑是娲皇补天处，青山外我恨无长房缩地方"，等等。

据清康熙四十八年（1709）张其文所纂《龙泉县志》载："腾云洞一名太极洞，在县南三十里乾溪地方，左右有五石，顶有文类太极图，八景太极腾云即此。"可知太极洞曾名腾云，二百七十多年前已为凤冈名胜。道光十三年（1833）生员冉瑞芝，利用太极洞的特殊结构，花了一年多的时间，兴建寺庙，雕凿部份石刻，监修了一个神台，因资金短缺而停工。民国六年（1917）凤冈水河戴荣光续修，太极洞成了凤冈宗教活动的中心。

校记：①一说为"入"。参见凤冈县地方志编纂委员会编：《凤冈县志》，贵州人民出版社，1994年版，第696页。或参张耀裕、高腾蛟编：《凤冈县文物志（1）》，1981年版，第8页。

龙泉记[1]　　张其文

龙邑城内东北隅，有泉流石穴中，其深远不可测，名龙井。上有乱石横列，下流可通城外，而北折可溉千亩。余承乏兹土，余①公余游览其上，颇充旷且奥，取其水之清而洌，甘胜牛乳。噫！使此泉生于中土，遭刘升诸品题，岂在金山惠泉下哉？乃僻在天末，埋没于蔓草蓁莽之间，竟不得与名泉并，吾是以叹兹泉之不幸。虽然泉之水自在，倘百世后，有知味者，终必有取焉，岂以不遭前人之品题而遂湮没耶？余尝欲造亭顶上，周以槛，共登眺，匆匆未暇，今将行矣。聊镌石标名，并赋古诗一首刻于石，以示后之游兹泉者。

"龙泉清且甘，贪饮不知止。每来泉上游，挹酌连瓶垒。芳香胜牛乳，清洌沁冰齿。惠水未可方，廉让庶媲美。世无品泉翁，坐使埋荆杞。我欲成幽槛，匆匆未暇及。今当别泉去，薰香美清泚②。静听琴筑声，一洗尘俗耳。夜半笼灯坐，欲去仍徒③倚。流膏滋垅亩，不独洁芳芷。寄语泉水④龙，岁旱润百里。"

〔1〕 凤冈县地方志编纂委员会编：《凤冈县志》，贵州人民出版社，1994年版，第704-705页。或张耀裕、高腾蛟编：《凤冈县文物志（1）》，1981年版，第3-7页。

匾额书："黔中⑤第一泉"。（清）张其文。

注释：龙泉，又名龙井，位于凤冈县城东北。泉水自飞雪洞流出，味清甘，大旱不涸。井旁岩石错落，古树参天；井前有古石桥一座和直径丈余的圆形洗衣池。有"黔中第一泉"之称。文人墨客常到此，或刻石留字，或赋诗作画。《龙泉县志》列入八景曰"龙湫泻碧"。

又据《凤冈县文物志（1）》载，龙井南面有一石洞，水自洞中流出。石洞上方及左侧，有乾隆、咸丰、同治时代石刻多处，其中以咸丰丙辰秋（1856）蜀南陈世镰所书"飞雪洞"三个大字。石洞北向是一座石拱桥，桥头立有一对石狮子。龙井，有着悠久的历史。今之凤冈，元代以后叫龙泉坪长官司，明万历二十九年（1601）到民国二十一年（1932），叫龙泉县，今日凤冈城叫龙泉镇，均由龙井而得名。据说，原先龙井上立有一座石牌坊，上书"黔北第一泉"。石拱桥上，也有一阁楼。古时候，许多文人学者常会聚于此吟诗作对，写下不少赞美龙井的诗句。如许延邵诗云："洞穴涓涓泻碧流，共传山下有潜虬。休疑尺水无云雨，触石还能润九洲。"邑廪生宛大椿诗云："关心世事不稍休，到此都教俗虑收。地转石形常寂寂，水光云影共悠悠。两墙环峙围高阁，一水襟漾过小楼。他日池边新插种，愿随棠荫共长流。"等等。

张其文，浙江兴宁县举人，康熙四十五年（1806）到康熙四十八年间任龙泉（今凤冈）知县。在任期间，十分重视文教，再次增修县学，曾向石阡府争得在府考中取录龙泉的八名文武生员名额，修葺"万世师表"的大成殿（即文庙），修建山川坛于北门外，社稷坛于南门外。在查访民间疾苦的同时，收集大量有关龙泉县的历史资料以编修《龙泉县志》。任期将满时撰写《龙泉记》碑文立于龙井之滨。

校记：① 一说无此"余"，见《凤冈县文物志（1）》1981 年版，第 7 页。下同。

② 原文"沘"应为"泚"，径改。见《凤冈县文物志（1）》。

③ 一说为"徙"，备考。

④ 一说为"底"，备考。

⑤ 一说为"北"，备考。

一品泉石刻[1]

注释：一品泉，位于凤冈县蜂岩场东侧，建于清乾隆五十年（1785），后被大水冲毁，道光廿四年（1844）重修，有大小井三口，"品"字排列，故曰"一品泉"。泉上方为石碑楼，

中刻"一品泉"颜体大字，楼前方碑刻"龙王神君之位"，碑前为直径六十七厘米石香炉。

---

[1]　凤冈县地方志编纂委员会编：《凤冈县志》，贵州人民出版社，1994 年版，第 697 页。

湄潭

　　按：明洪武初年，置容山长官司，属播州宣慰司。明万历二十九年（1601），平定播州之乱，改土归流，分播州为二，以茶山关、渡上关、大小板角关、苦竹关、青龙关为界，关外属黔，设平越军民府，领黄平及余庆、瓮安、湄潭、安化四县。湄潭县正式成立。清顺治十六年（1659），湄潭县归入清廷，仍隶平越军民府。康熙二十年（1681），湄潭隶属贵州省分守贵东道平越军民府。次年道废。二十六年（1687），改称平越府。嘉庆三年（1798），改为平越直隶州，直至清末，湄潭县皆为其属县之一。惟同治元年至七年（1862至1868），为镇压号军之便，将湄潭暂隶遵义府。民国二年（1913），废府州建制后，湄潭县属贵州黔中道。九年（1920），废道后直属于省。1949年，属遵义专区。1958年12月凤冈县、余庆县并入，1961年8月复将凤冈县、余庆县分出归属遵义市。

重修宝盖山玉皇阁记[1]　　　陈达

　　吾地有玉皇阁者，衔远山，俯长涧，无际天接，未是云联老树，太空甘露奚尝。落霞飞处，怪石相宾，倦鸟飞还。古木迭主，依稀朝礼，胜概颇附修养名山。顾日久栋摧，讵关瓦木无性。年深宇圮，宁遂风雨不情。鼠印经床，几叱五蕴，非有霉侵香案，恍疑四大皆空。数尺榱题，参差客莅，行来思将补几眼。疏棂颠倒、织蛛牵去恨欲修。赖有寺僧慧权誓起，住持领替。然而，寸砖寸石，必藉长者之施；一椽一楣，全荷善人之力。金钱长物，不惜铢两百千。布舍福田，微问工商士庶。或捐涓流于巨海，或分升斗于太仓。共襄胜举。将见星飞翠，重新钟鼓之音。斗拱流霞，长拥云山之气。宫甚寂圆通，阙现紫金彼苍之光明普照矣。

　　注释：玉皇阁，在湄潭县北门外，创自明成化时。所引碑名原为"重修宝盖山玉皇阁祀"，疑误，径改为"记"。此记另有版本载录，参见黄家服、段志洪主编：《中国地

〔1〕　贵州省文史研究馆古籍整理委员会编：《贵州通志·金石志·古迹志·秩祀志》，贵州大学出版社，2010年版，第390-391页。

方志集成贵州府县志辑 39：道光仁怀直隶厅志·光绪湄潭县志·民国开阳县志稿·民国婺川县备志》，巴蜀书社，2006 年版，第 604-605 页。

陈达，务川县黄都镇陈家湾人，在清代曾为甘肃主官。其祖父陈元良系乾隆年间"岁贡"，曾任成都灌县知县。

重修武庙碑记[1]　　胡璧

《诗》曰：靡不有初，鲜克有终。盖言图成之难也。湄邑自兵燹以来，经各前任请帑劝捐举衙署祠庙而新之，手辟蓬莱，躬亲俎豆，厥功甚伟，独至武庙残废如故。周君森堂之任，慨然不惜钜赀，督工修建。委钱，生如莲身，任其事并查照从前捐簿，酌减劝办，历四寒暑得成。正后两殿暨内外庙门楼，等公因事改任未成，一篑而止。癸未冬杪（1883），予调权兹邑，越明年，政刑稍间，思欲竟前绪而观厥成，苦于无赀，爰捐俸钱百二十缗并另筹款劝捐，嘱徐绩臣、总戎郑小吉少尉董率杨绅凤翎、周绅正昭，克期兴工，晴雨无间，自秋徂冬，数月告竣。计门壁楹桷墙阶，均砌墁丹刻，焕然一新。是役也，赖诸君子经营之善，所费仅钱贰百数十余缗。成功既钜且速，实心嘉之。惟查各捐数，或数百文数十文不等，未便琐屑勒石，仅榜示庙门以昭核实，且前任周君捐用各数，均无档案可稽，尤恐遗钜录细掠美欺人。闻之，善不求人见，乃为真善。况县属绅民，苦兵戈久矣。仰荷圣灵芟荑大难重跻春台，方深寅畏奉报末由，遑暇争此区区一片贞珉耶？予不文，聊记其事之巅末如此，亦以见创始之难而成功之尤不易耳。

注释：此碑记标点为本书作者所加，供参考。

胡璧，字桐琴，湖南零陵人。以同进士出身，历官知县。光绪十一年（1885）任开州知县，当何逆乱后，署侧东皋书院残毁无存，公捐廉首倡，即东皋书院旧址建设开阳书院，规模宏丽。又于四乡建设义学七所，文学之制，至斯大备。是时公私困穷，士苦无书，公复捐廉购置官书数十部，以惠士民。且于大河当道处捐款项设置义渡，于是行道者始免临河而返之苦。至其为政，则执法平允，轻徭薄赋，体恤民艰，及其去后，民思之不置云。后任清镇，折狱兴学，亦多善政。

永兴万寿宫碑[2]　　佚名

原厘金必设，比□谢然。□□善作不克善成，夤缘有利即必有弊。□欲聚萍踪于异

[1] 黄家服、段志洪主编：《中国地方志集成贵州府县志辑 39：道光仁怀直隶厅志·光绪湄潭县志·民国开阳县志稿·民国婺川县备志》，巴蜀书社，2006 年版，第 617 页。
[2] 湄潭县文化馆编：《湄潭文物志（第一辑）》，湄潭县文化馆，1984 年版，第 83-84 页。

地，必先联梓里之乡倩，此吾豫章馆所由，僻壤遐陬，靡不建树也。厘金之举，固福主之烟祀所资，而一木虽微，而大厦之落成可待兹者，众商公议，义举复兴。每年所取厘金清算后，仍交各商派领生息，候后宫上，或当买田产，或培修庙宇，方准会同照收。即客商公事，我等亦必同心办理。俾一篑为山，永立勿坏□之基；众志成城，勿虞意外之患。爰勒小引，以垂不朽。

豫章花号①并首士等同议立。

咸丰纪元（1851）岁在辛亥首夏月谷吉旦。

注释：万寿宫，距（湄潭）县城东北二十公里。昔日是永兴（镇）香火鼎盛的庙宇，又是江西同乡会馆。初建于乾隆三十年（1765），当时临街有牌楼，再进为中宫，其后为大殿，建有戏台、酒台，每组建筑物之间都有宽大的青石铺墁天井，大殿两侧建有钟楼鼓楼。咸丰元年（1851）抽派厘金，作为购置庙产和维修之资。咸丰乙未（1859）兵乱，有所损毁，同治壬申（1872）之夏开始复修，于光绪庚辰（1880）之秋落成。宫碑为两通，左碑高1.45米，宽0.67米，顶端两角斜截，竖刻碑文十行，正楷宗柳，立于清朝咸丰元年（1851）首夏月。右边一碑通高1.60米，宽0.76米，碑文十五行，正楷竖刻，从碑文看，当为清光绪庚辰秋立，为《修补殿宇永定章程序》碑。两通碑文基本完好清晰，只个别字迹难辨。

校记：①"花号"，即当时经营棉花和纺织品的商号。豫章，指江西南昌地区，为南昌的古称、别称。

修补殿宇永定章程序[1]　　　佚名

粤自豫章，挺干彭蠡。澄渊□洲比艳，彩毫飞南浦之云；雪石融津□□，咳唾落西山之雨。剑池焕斗牛，飞龙跃丰城，芝山投玉□，书鹤飞王子。此吾豫章会馆所由，僻壤遐陬，靡不建树也，我永自万历二年（1574）七月念二日开市兴场，龙泉堡上，插石笏八□□垄；真武山后，浚天池阁场口润。而自吴移者，或宦游于此邦，人文顿蔚起；贸易于斯土，生理□弥繁。爰萃同侪，乃建斯馆。乾隆三十年（1765），修临街□楼，铸镌寿字；砌中宫天井，石凿花纹。而大殿后□戏台、酒台，苞如茂如，轮奂轮美，金碧亚辉煌，土木入市里之肆。无□，咸丰己未（1859）之变，发逆蠢动于中原，白匪蜂拥于边省，而昔日之崇□□□，转瞬而片瓦颓垣矣。

同治八年（1869），全省肃清后归故土，扫殿上之劫灰，除宫中之荒芜。幸□□□□，不异曩时规模；而庀①材鸠工，顿改当年卑隘。建始于壬申（1872）之夏，落成于庚辰（1880）之秋，前后二殿，内外两台，钟楼鼓楼，卯厅正厅，焕乎维新，灿然大

---

〔1〕　湄潭县文化馆编：《湄潭文物志（第1辑）》，湄潭县文化馆，1984年版，第84—85页。

备。□思宫殿虽极巍峨，而程式要期美善，使不厘定典章，则前贤既已数建□，大凡后哲□由遵守而勿替，爰拟各条，以勒诸石。是为序。

注释：详见永兴万寿宫碑。

校记：①原文"匕"，应为"庀"，径改。

都匀

按：都匀原名都云，因城东一公里处有"都云洞"而得名。都匀行政建制始于五代时期后晋天福五年（940）设都云县，元世祖至元二十一年（1284），都云设置军民长官司。明洪武十九年（1386）至二十八年（1395），都云分别设置长官司、安抚司以及都匀卫；明弘治七年（1494），改设都匀府；清康熙十一年（1672），改都匀卫为都匀县，隶属都匀府；民国三年（1914），改都匀府为都匀县；民国九年（1920），都匀直属贵州省长公署。1956年成立黔南布依族苗族自治州，都匀成为黔南州首府。1958年6月设立都匀市。现为黔南布依族苗族自治州首府。

写字岩"万壑松声"题刻[1]　　张三丰

注释："万壑松声"题刻，在都匀府城北十八里桥头。明代道士张三丰题字，因以名岩。又，距城二里之马路哨岩间，亦有三丰留题，惜为苔藓侵蚀，字迹漫漶不能辨，亦名写字岩。又滴水哨悬岩有张三丰影像，俗称张仙岩。

补修文昌宫碑记[2]　　陈尧华

盖闻国于天地必有与立，而最足感人者则在德。故文昌帝君，甄陶万类以德为先。吾匀自前明建其宫于城之东隅，人士于此聚为文会掇科第者不少，顾启圣公位于殿前之桂香楼，亦相沿不觉。甲辰岁（1784），我大郡侯孙大公祖讳廷相莅匀。下车之始，保赤诚求民间疾苦，体恤备至，念士为民，首学校兴，然后礼让行。爰于南皋书院大加整饬，亲为讲课，捐资奖劝是科之膺，遴选而登科第者得六人焉。且存心利济，于剑水

---

〔1〕 贵州省文史研究馆古籍整理委员会编：《贵州通志：金石志·古迹志·秩祀志》，贵州大学出版社，2010年版，第58页。

〔2〕 贵州省文史研究馆古籍整理委员会编：《贵州通志：金石志·古迹志·秩祀志》，贵州大学出版社，2010年版，第338页。

之南，修建长桥以培风水，资费万金，不特捐俸相助，而亲身指画，并忘其劳。尤感戴者，近桥河岸古塚百余，我公祖体文德之覃敷，捐置义冢给棺迁葬，恩及枯骨，民颂弥殷。公余之下，览匀之山川形势，居其胜者，学宫为最，而文昌次之。但以启圣公位置殿前以碍于理，目及殿后高坪，捐俸百金构亭台以妥启圣，并补葺正殿，焕然一新。复集诸耆老问全《郡志》，悉力访求，仅得抄本一帙，编残简断，百不一存。我公祖为摭实录，讹者正之，缺者补之，手汇成册，以俟后之同志者。噫！公祖之于匀，治绩多矣，撮其要：则在崇恭俭，以厚风俗；教庠序，以正人心。至如劝农捐赈，祷雨祈晴，随事措施，一皆体文昌阴骘之意，以德行为政事，故不赏而勤，不怒而威，吾匀沐其教养最优且渥，而相为祈响亭之工竣，移请启圣公于亭之楼，合邑士庶，争请为公主立长生禄位，欢呼爱戴集于堂阶，非敢云报德，亦聊以志向德之化也夫。

注释：文昌宫在都匀府府学后。（明朝）天顺间建。（《图经》）在府城内东南隅。（乾隆《志》）有四，在城内者明代建。光绪初年重修，民国九年（1920），改为武侯祠，一在城北禄加砦，一在墨充。乾隆四十一年（1776）建，一在平浪司。（《都匀县志稿》）

陈尧华，字云松，都匀人，乾隆辛丑（1781）进士。官翰林院检讨。学问淹贯。会开《四库全书》馆，命与修订，抉奥提纲，时称巨手。致仕归，主讲贵山书院，成就最多，著有《云松稿》。

奎星阁石刻[1]

注释：奎星阁，位于都匀市东山顶上，始建于明洪武二十七年（1394），清嘉庆五年（1800）都匀知府张向渠募集资金重修。阁分三间，正中间泥塑魁星神像，高大威严。阁旁石壁有"山河一览"楷书大字，周涛所题；四周有数十面石刻，其中陶廷杰题："文、行、忠、信"四字，还有莫友芝的诗文。奎星阁于1967年拆毁，碑文也荡然无存。1988年市人民政府拨款重修，在旧址上新建楼亭、长廊等。

重建文峰塔碑记[2]　　　陶廷杰

道光己亥（1839）阳月建①

古云（匀）②城南一里许，旧有阁三层，盖昔人创造，以为水口之关键，非仅供览眺游观已也③。日久渐圮，风雨飘摇，越今百有余年。举所为杰阁流丹，层楼

〔1〕 都匀市史志编纂委员会编：《都匀市志（下）》，贵州人民出版社，1999年版，第1202页。
〔2〕 政协贵州省都匀市委员会：《都匀文史资料选辑第3辑》，1984年版，第189-191页。

极目者，尽归乌有。每过其地，惟④遗址仅存，未尝不感慨于美盛之弗传而⑤大观之难再也。按阁之侧，厥惟⑥龙潭，上承剑水，下达沅江，非有冲霄之势捍卫而约束之，则川流不息，一泻千里，不将散漫无归乎？夫克创厥始者，前人之烈也；有基勿坏者，后起之责也。余为诸生时，偶⑦有志焉而未之逮；迨通籍后，读书东观，视⑧草西台，署冷衔水⑨，匪惟不及亦不暇；迄观察苏松，始捐廉千金，以为首倡。时后余⑩守吾郡者，平桥陈公遹翘、杨公邑侯、海门钟公嘉余是举。复集城乡绅士，互相捐助，得金若干，遂即其旧址而新之，易为石塔，颜⑪曰文峰。肇始于己亥（1839）九月念七日，告成于庚子（1840）四月朔二日，縻金二千六⑫百有奇。计塔七级，高十丈，塔心径二丈六尺，塔基四周各四丈八尺。位南，昭文明之象；面北⑬，取既济⑭之义。为合江之锁钥，作砥柱于中流，古楼峙其东，龙山环其西，后枕天马之雄，前列七星之秀，如玉笋⑮之特立，上矗青云；如文笔之摩空，高凌碧汉。规模雄阔，视⑯前有加，诚匀郡一钜⑰观也。昔嘉庆庚申（1800），安肃张问渠先生宰匀时，创建奎阁于东山之巅，是科尹君雨亭⑱遂抢元；吾叔履之公，伯兄云轩公，同膺乡荐。兹塔成，而及门周莲浦亦于是科中元。然则形家之言，风水之说，岂尽诬哉？从此，拾青紫连科第者蒸蒸日上，不卜可知矣！是役也，总其成者，广文张君鹤皋、明府周君云峰暨家少葛之⑲兄。董其工者，候补训导周良选、拔贡周良杰、涂中成、岁贡刘恩诏；廪生李学敏、万邦和、杨灼华、屠锡公；庠生沈育瑄、杨焕、杨峻华、杨春荣；吏员王庆勋与弟湄潭县教谕廷襄、侄□□⑳春生、庆生㉑允升、增生炳升凡十七人焉。余时奉简命，陈皋兰州，未获躬襄厥事。嗣旬㉒宣关，辅适塔工告竣㉓，接家书得悉端末，用叙其起讫，□□㉔书石，以见吾匀士大夫乐善不倦，克迪前光，并望后之君子时加修葺，俾文峰挺秀，永垂不朽云。是为记。

　　钦命陕西承宣布政使司布政使，署理陕西巡抚，前翰林院编修，湖广道监察御史、刑科掌印给事中、乙酉科广东副考官陶廷杰㉕。

　　注释：此碑记另有版本载录，个别文字略有差异。详参贵州省都匀市史志编纂委员会编：《都匀市志（下）》，贵州人民出版社，1999年版，第1356-1357页。本书作者对原文标点断句略有修改。

　　文峰塔为都匀名胜古迹之一，濒临剑水，昔在城南一里，今纳入市区，东南与都匀八景之一的"龙潭春涨"紧接。文峰塔建于清道光庚子年（1840）。塔身七级，高十丈，塔心直径二丈六尺，塔基四周各四丈八尺。据《都匀县志稿》载，早在明代万历年间（1573）就建有五层木塔。后多年未修补，风雨摧残而毁。乾隆戊申年（1728），曾有改建之意，但因担心劳役过重，没有修成。嘉庆庚申年（1800）稍修，又因财力不足半途而废。直至道光己亥年（1839），任甘肃按察使的都匀人陶廷杰捐银千两，与都匀府官张鹤皋等人，募捐建塔，得各方人士热烈响应，得捐银两千两，遂于八月动工，到第二年（1840）四月，在旧塔基上建成石塔七级。1984年政府拨款修葺。原塔名"文笔", 新塔改名为"文峰"。

又据《都匀市志》称: 文峰塔位于都匀城南龙潭西岸, 距百子桥约三百五十米。塔高三十三米, 塔身呈正六面形, 七层石塔, 底层直径9.5米, 塔顶冠铜铸塔刹, 六角悬风铃。正方形青石塔基, 边长十六米, 北面有十余级石阶供人上下塔基。塔身东面并立石碑三块, 为陶廷杰手书《重修文峰塔记》、孙嗣奎《补修文峰塔记》、周良卿《重修文峰塔记》。石塔是清道光十九年(1839)时任甘肃按察使的都匀人士陶廷杰捐银首倡建塔, 都匀知府陈西桥、知县钟海门召集城乡士绅集资修建。早在明万历年间(1573-1620)就建有五层木塔, 名为文笔塔。当时认为, 匀城东有东山, 西有龙山, 北有七星山诸峰环列, 唯南缺少山峰, 水口散漫, 应建塔作为水口关键, 并应文明之象, 故名文笔塔。后因洪水毁坏, 才在原址重修为石塔, 改名文峰塔。塔成后陶廷杰题诗: "水抱全城万象涵, 到头关键岂空谈, 千夫建石方圆合, 七级凌宵日月参; 故址立成新雁塔, 中峰长镇老龙潭, 一支健笔钟灵秀, 振起人文冠斗南。"此附录陶、孙二碑记。

陶廷杰(1785-1856), 字子俊、涵之, 号莲生, 清朝贵州都匀府(今都匀市)人。嘉庆十八年(1813)拔贡, 次年进士, 入翰林院授庶吉士。历任翰林院编修、山西主考官、广东学使、湖广道监察御史、甘肃按察使、陕西布政使、陕西巡抚等职。秉性刚直, 为官清廉, 热爱桑梓。曾主讲贵山书院, 捐资修文峰塔、振兴都匀教育等。咸丰六年(1856), 咸同农民起义军攻破都匀城, 陶廷杰战死, 朝廷敕赐其骑都尉世职, 谥文节。陶喜诗文、善书法, 都匀文峰塔东面有陶廷杰手书《重修文峰塔记》石碑, 东山奎星楼有其手书楷书阴刻"文行忠信"四字, 字大径尺。另有《文》《行》《忠》《信》四诗, 亦据其手迹模刻。东山高贞观内又有其手书石刻"文峰塔诗"等。

周良卿, 字云峰, 都匀人, 进士出身。嘉庆二十三年(1818)戊寅恩科贵州乡试第一名举人(解元), 道光三年(1822)癸未科进士, 二甲九十九名, 选翰林院庶吉士, 散馆改直隶新城县(今河北省高碑店市)知县。

校记: ①"阳月", 即农历十月的别称。另版未见此句。见《都匀市志(下)》1999年版, 第1356页。下同(㉕除外)。

②"云(匀)", 照原录。都匀原名都云。另版本为"云"。

③"已也", 另版仅为"已"。

④"惟", 另版为"唯", 互通。

⑤另版无"而"。

⑥"惟", 另版作"为"。

⑦"偶", 另版为"窃"。

⑧原文"眂", 即"视", 径改。另版为"视"。

⑨"水", 另版为"冰"。

⑩"后余", 另版作"先后"。

⑪"颜", 古指门框上的匾额。

⑫ "六"，另版为"九"。

⑬ "面北"，另版为"而北"。

⑭ "既济"，另版作"互济"。见同①。

⑮ "筍"，古同"笋"。另版为"笋"。

⑯ "视"，另版为"靓"。

⑰ "钜"，另版作"重"。

⑱ "尹君雨亭"，另版为"雨亭尹君"。

⑲ "之"，另版为"二"。

⑳ "□□"，另版为"副贡"。

㉑ "庆生"，另版为"廪生"。

㉒ "旬"，另版作"巡"。

㉓ "竣"，另版作"成"。

㉔ "□□"，另版作"邮寄"。

㉕原文"乙西"，误，应为"乙酉"，径改。指道光五年，即公元 1825 年。另版无此落款句子。见《都匀市志（下）》1999 年版，第 1357 页。

补修文峰塔记[1]　　孙嗣煌①

民国二年（1913）四月，予与幕客何兰舟，中学校长欧阳艿衡，监学胡舜隣，匀绅许云阶、田光廷、周文峰、金书田、周松云、薛勋石、易鼎全、杜清泉、陆建章诸君，为龙潭之游。其夕，月明如昼，推篷而坐，逸气坌涌；放乎潭心，则见奇峰委波，屈曲森动。同人告予曰：是文峰塔影也。仰而瞩之，亭亭如云表。同人又曰：塔建在清道光间，为吾匀文运极发达时代，周云峰太公所记，陶文节公题诗俱在塔下。惜戊申（1848）大水，啮塔址北面尽没，东西并割，诸石刻皆随之而裂二丈余，且暮且莫保，明年创修志局，始得周记陶诗稿。读之慨然曰：先贤手泽之留遗而后生所仰止也，不可以毁。诸绅于是聚金茸补，□□月兴工，行告竣矣，而六月十号大水突至，盖旧历五月十七覆也。水却，□□新筑址尽剥落无存，独塔无恙，则又慨曰：是益不可已也。塔坏六年，不修亦不为灾，今垂成功，水一至而皆脱辐，以去昔之孤虚陷裂，风吹欲倒之旧塔，反屹屹立如故，岂塔固神耶？新工脆而旧作韧之故也。古今人不相及，讵不信然，乃召督工责匠，石具饫刍，克日复完之。纪匀八景者，旧有龙潭春涨之目，今改题雁塔涵潭，他日名流凭眺，文章之盛，必有继武陶周诸公而起者也。

中华民国三年（1914）岁次甲寅九月下浣署都匀县知事，古滇孙嗣煌、□□□撰。

注释：关于文峰塔，详见陶廷杰之"重建文峰塔碑记"注释。

---

[1] 政协贵州省都匀市委员会：《都匀文史资料选辑第 3 辑》，1984 年版，第 191—192 页。

孙嗣煃（生卒年不详），号竹孙，民国年间贵阳人，出身书香门第，其祖父孙清彦（号竹雅）为贵阳孙家入黔始祖。据史料，《都匀县志稿》为孙清彦、孙嗣煃祖孙接力主持完成。同治五年（1886），孙清彦担任都匀知府，发现旧有的《都匀府志》失传便有心重新修志，终因文献缺乏而罢，成生平一大憾事。时隔46年后，孙嗣煃担任都匀县长，便开设修志局重修县志，历时三年完成《都匀县志稿》。

校记：①关于此碑记撰者名字，史志等文献写法不一。有作"煃"者，见贵州省都匀市史志编纂委员会编：《都匀市志（下）》，贵州人民出版社，1999年版，第1349页或政协贵州省都匀市委员会：《都匀文史资料选辑第3辑》，1984年版，第192页。也有作"奎"者，见贵州省都匀市史志编纂委员会编：《都匀市志（下）》，贵州人民出版社，1999年版，第1203页；政协镇远县委员会编：《镇远人物》，2003年版，第73页或清镇市政协委员会编：《清镇文史资料选辑第14辑·清镇文物古迹专辑》，2004年版，第102页。有鉴于此，本书照原文直录。另可对照本书上文清镇地区孙嗣奎撰"洞天一品"石刻校注。

红叶山摩崖[1]　　张翀

注释：都匀东山北麓，岗上多枫树，每逢秋日枫叶红遍，故名红叶山。山之东面有明代张翀手笔石刻"仁智之情，动静之理，栖此盘谷，饮此泉水"十六个大字。石刻高1.51米，宽0.75米，全为草书。二十世纪五十年代因修建工程摩崖被毁。1990年利用其拓片，重新在东山高贞观遗址对面石壁上恢复石刻。清代，东山北麓建有高贞观，有道士主持香火。

张翀，字子仪，号鹤楼，柳州人，明代柳州八贤之一，嘉靖三十二年进士（1553），任刑部主事，嘉靖三十七年因弹劾严嵩父子专权乱政，后被谪贬都匀，常与地方名士邀游龙山。地方名士集资修龙山道院，听张翀谈经论道，后来成为道人在匀传道的地方，其摩崖石刻遂为一方名胜。在都匀期间，其潜心学问，并对当地文教事业作出了开发性的贡献。隆庆元年（1567）召为吏部主事大理寺少卿。次年以右佥都御史巡抚南赣。隆庆四年巡抚湖广，后召拜大理寺卿，进兵部侍郎。万历四年（1576）乞休归家，著有《鹤楼集》。

"仙人张三丰观澜处"刻石[2]

注释：都匀八景之一的"梦遇观澜"，俗称水府庙，又叫钓鱼台。它的得名是由于

---

〔1〕都匀市史志编纂委员会编：《都匀市志（下）》，贵州人民出版社，1999年版，第1204页。

〔2〕政协贵州省都匀市委员会：《都匀文史资料选辑第3辑》，黔南州人民印刷厂，1984年版，第118页。

坐落在梦遇山下，山前建有一处钓台，山上建有一座水府庙。相传明代道士张三丰曾在此观澜钓鱼。梦遇山右的石壁上曾刻有："仙人张三丰观澜处"八个大字，每字大约一方尺。《都匀县志稿》把它命名为"梦遇观澜"，列为都匀八景之一。庙宇两间各供有几尊神像。最左最右的两间，是住庙道人的宿室。正殿的右侧，是一排三间的客厅。另有一间卧室，是一位民国初年比较有名望的精于堪舆的道人周明阳住所。

此石刻另有版本载录：三丰观澜处，在都匀府城北关外，张三丰题，石壁耸峭，下临剑水，至今石上笔迹如新。(《清一统志》)详见（民国）刘显世、谷正伦修；任可澄、杨恩元纂：(民国)《贵州通志·金石志》，第104页。

罗甸

按：唐贞观三年（629）置庄州，下辖乐安县（今罗甸境内）。元至元二十九年（1292）置定远府，领五州七县，其辖乐安县改称罗博县。明代，今罗甸县隶属广西布政司泗城府西隆州罗博关巡检司；清雍正五年（1727）八月，置永丰州，设罗斛州判（今罗甸境内），下辖九甲半，分为六十一亭三屯四村。乾隆十四年（1749）十月，罗斛州判改隶定番州，划入贵阳府；光绪六年（1880）八月改州判为同知；光绪七年（1881）三月，罗斛同知升为罗斛厅。民国二年（1913）罗斛厅属黔中道（驻贵阳）管辖；民国三年（1914）一月，罗斛厅改称罗斛县，设县公署，县知事；民国四年（1915）废土司、屯、村建制，实行区、团、保、甲制，罗斛县下设七个区；民国六年（1917）四月，罗斛县属贵阳地方审检厅；民国九年（1920）废黔中道，罗斛县隶省直管；民国十六年（1927）三月，县公署改称县政府，知事改称罗甸县。1951年3月罗甸解放，次日成立罗甸县人民政府，隶属贵阳专区。1980年1月恢复罗甸县人民政府。今属黔南州下辖县。

瘗剑祠碑刻[1]

注释：瘗剑祠，又称孔明庙，位于罗甸县城西1.5公里，南岐山麓。相传孔明征伐南蛮经此地，瘗剑于此，人民对其崇拜而将其瘗剑之地建祠，名"瘗剑祠"。建祠时塑有孔明、关羽、张飞像，庙内外有碑七块，刊字以记其事。在历次朝代动乱中，祠碑已毁，故庙建于何时无据可考。

清道光辛丑年（1842），余姚邵鸿儒"来牧斯邦，游其地"。谓"罗斛山境，南屏为胜"。因而"捐资庀材，甫于祠之东，筑室三楹"，"题其额爱吾庐，借以培文风而美土俗。"筑成立碑以记。碑现保存完好，碑文除个别字不清外，其余清晰可见（下详）。邵鸿儒筑庐时，预言"庐之废兴，诚有定数，然亦有乎其人，后之牧邦者，相续修葺岂患颓废哉"。因年久失修，祠堂倒塌。乡民集资重修，塑金像。

---

[1] 罗甸县地方志编纂委员会编：《罗甸县志》，贵州人民出版社，1994年版，第504-505页。

光绪十五年（1889）乡人修复造碑记载，碑长 1.2 米，宽 0.75 米，厚 0.05 米，碑文 500 字："先生之祠堂金像，前人造建备矣，兵燹之后，堂为倒塌，金像因之毁坏，每逢祷去之余，不禁为之恻然。""凡好善者力捐之云云"。

今之孔明庙遗址除保存有两块碑外，其房屋已毁坏，遗址上已建县林场办公楼和职工宿舍。至今仍称该地为孔明庙，是县重点文物保护之一。

南岐山爱吾庐记[1]　　　邵鸿儒

黔南在万山之中，而罗阳僻在边疆，则是万山之麓矣。昔者孔明先生征伐南蛮，尚有佩剑之遗迹，士人得之，以为乃祖从戎屯戌于地，即从①先生瘗剑之此，建祠而尸祝之，水旱疾疫，祷无不应，於戏②！先生在天之灵，百世不泯，土人向化久而弥敬。先生未出茅庐，宁静至远，三顾而后鞠躬尽瘁，洵理学之儒宗，人臣之师表也。若乃瘗剑示信，泽征遐荒，未始非过，化存神之妙，从可知先生惓惓斯土如之何，而使斯民能忘之也。则其为千古之遗爱也。固宜鸿儒来牧斯邦，询风问俗，戴庵毛子东霞，欧阳子聘之，熊子芍亭，杨子金曰："先生之祠，乔林秀木，垂阴蔽亏，鸣泉流溪，停洄引映，罗阳山境，南屏为胜。"儒辄欣然偕往，敬祷之余，为之游览，则洒然开豁，心洗目醒，徘徊遥瞩，禾黍满其前，桑麻遍其野，相与延恋而不忍去。则兹由之佳，盖不言可知矣。乃捐资庀材卜于祠之东，筑室三楹，颜其额曰："爱吾庐"。慨然想见卧龙之风景在□非敢，仿佛大贤之出处。窃喜层峦叠翠，借以培文风而美土俗。顾亦有司之责，而从二三子之请也。抑又闻之君子之政不必专于法，要在宜于人。君子之教不必泥于古，要在入于善，是举也。不徒为山水泉石之好，行其心之所不愧，而无求兑于俗，□③斯可矣。倡修之日，远近之好施襄赞者，欣然而集，不两月而工告毕，自是游览者有所止。厘祝者有所依，则□□□□□先生之遗爱，斯民益知，所以观感而默化之也。嗟呼！庐之废兴诚有定数矣。然也存乎其后之牧斯邦④者，相继修葺，岂患颓废哉。是亦不可不记云。

时⑤道光辛丑年（1841）冬十月。余姚邵鸿儒撰。

注释："爱吾庐记"碑，在罗甸县城西 1.5 公里的县林场（孔明祠旧址）内。现嵌于室外的水泥坊上。碑为青石凿成，高七十五厘米、宽一百三十厘米、厚十五厘米，立于清道光二十一年（1841）冬十月。碑文竖行阴刻，隶书，计四百九十一字，为罗斛（今罗甸）州判邵鸿儒所撰。此碑因年久风化，碑文有所残缺，但主要内容尚可辨认。

关于碑的题名，《省志·文物志》版原文为"南□山爱吾庐记"，《县志》版为"南犀山爱吾庐记"。本书作者在参考其他相关资料的基础上，定名为"南岐山爱吾庐记"。

[1] 贵州省地方志编纂委员会编：《贵州省志：文物志》，贵州人民出版社，2003 年版，第 341-342 页。

所引原文虽有标点，但有部分不确当。故本书作者重新标点断句，供参考。

此碑记另有版本载录，个别文字略有差异。参见罗甸县地方志编纂委员会编：《罗甸县志》，贵州人民出版社，1994年版，第576-577页。现罗甸县城，原名罗斛，清乾隆十四年（1749）后为定番州（今惠水）罗斛州判驻地。

邵鸿儒，浙江余姚人，清朝道、咸时期官员。为官清廉，重视文教。咸丰元年（1851）任普定知县，咸丰七年（1857）任台拱厅（今台江县）同知。在任期间，体恤苗民，多以招抚，深入四乡，亲解民难，苗民视其为"青天"。此外，在任普定县知县时其协助知府常恩撰有咸丰《安顺府志跋》；重建安顺西秀山石塔，留下《重修安郡文峰记碑》等。

校记：①"从"，另版本为"以"。当为"以"字，备考。见《罗甸县志》1994年版，第576页。

②原文"于戏"，应为"於戏"，径改。见同①。

③"□"，另版本为"为"字。见同①。

④原文"帮"，应为"邦"，径改。见上版本第577页。

⑤原文"旹"（即旹），古为"时"的讹字，径改。

太阴洞石刻〔1〕

注释：太阴洞，位于罗甸县城西北角1.5公里，原老城山后的石洞山麓，两侧悬崖峭壁，洞口正面石壁上镌刻"太阴洞"三个大字，字体隶书阴刻，每字五十厘米见方，醒目雄劲。刻于清光绪丁未年（1907）。入洞口五米处有一宽敞的大厅，高十多米，设宴可摆二三百桌，可纳近千人，大厅有三分之二的地方能见阳光。往洞内深处走一百米左右，有一水池，宽两米，深一米，顶空正中石壁上有直径三米的玉白石，闪闪发光，形如圆月，映入水池中，幽雅俊秀，故此洞又名月亮洞。再往里走，洞内钟乳石，有形象如莲花，石钟、石鼓、宝塔等奇景，实为壮观。洞口右侧二十米处之石壁上，隶书阴刻有"洞别有天"四个大字，每字五十公分见方，落笔"精勇巴图鲁谬题书"。

太阴洞左侧三十米处有一"灵园洞"，又名叫化洞。洞为高约十米、宽约十八米、深约二十米的天然洞穴，洞内全部见光。据说清末民国初年间，此洞曾建有"会神庙"一座。庙内供有观音菩萨、善才童子、十八罗汉等佛像，香火鼎盛时。进庙烧香者络绎不绝，每逢古历三月初九、六月初九、九月初九日，罗甸城内和方圆数十里的善男信女都来这里"赶庙会"。1953年庙被拆毁，现仅存遗址。"太阴洞""洞别有天"石刻现保存完好。1982年被列为县级文物保护单位。

---

〔1〕 黔南布依族苗族自治州文化局编：《黔南文物志稿〔一〕》，自治州文化局，1983年版，第77-78页。

平塘

按：唐代平塘地区始置南平州（即平州、平舟）和动州（即通州）两个羁縻州。明洪武四年（1371）置贵州卫，辖金筑、程番等十六长官司，其中大龙番、小龙番、方番、卢番、韦番、卧龙番、程番、罗番等八番长官司皆有领地在平塘地区。成化十二年（1476）七月，置程番府，辖十七长官司，今大塘辖地属程番府。弘治七年（1494）五月，置都匀府军民指挥司，平舟六洞长官司隶属都匀府。万历十四年（1586）三月，置定番州，属贵阳府，大塘属定番州。天启四年（1624）四月，再划丹平、丹行二司增入都匀府。康熙始，实行改土归流，平舟六洞长官司、丹行司、丹平司、六洞二司、牙舟汛、大塘理苗州等相继停袭、撤除、改置。民国元年，改都匀县为平舟弹压（平州改称平舟）。民国三年，撤平州弹压，改置平舟县；撤大塘州判，改置大塘县。民国三十年七月，撤平舟、大塘两县，改置平塘县，属二等县，县治设通州。八月，县城改设原平舟县城。1949 年 11 月平塘解放，成立平塘县人民政府。1958 年 12 月，撤平塘县，以槽渡河为界，河以北并入罗甸，河以南并入独山县。1961 年 8 月恢复平塘县建置。今属黔南州下辖县。

养鹤山摩崖[1]

注释：养鹤山在平塘县城北八公里处，俗称羊角山。《贵州通志》载："此山高大嵯峨，挺特秀丽，上有庙，下有河，竹翠松苍，纷纭错出，猿啼鹤唳，争逐腾飞。跻乎其上者，诚所谓'举头红日近，回首白云低'者也。昔日传有张三丰者，曾辟谷绝粒，服气炼形于此。故有神仙洞、仙人床、棋盘石等，至今犹存。"养鹤山寺就建立在山顶苍松翠柏之间。寺庙由山门、正殿、两厢配殿及伙房木屋三间组成，共占地五百平方米。寺前有山神土地庙一座，山门木制，门首悬"养鹤山"三字石匾额，隶书阳刻。

入门有院，石板铺地，古朴洁净。正殿正对山门，面阔五间，进深两间，左右有二配殿，均为三开间。正殿与配殿有廊相通，全为歇山顶砖木结构建筑。院右配殿后面木

---

〔1〕 黔南布依族苗族自治州文化局编：《黔南文物志稿（一）》，自治州文化局，1983 年版，第 63-65 页。

屋三间，为道僧斋房。寺左前方百米处，有石岩一壁，高2.5米，宽两米，上刻诗四句云："东山晓日照烟云，仆地犀牛迥出群；莽野南洲波浪静，关风北斗起人文。"再沿寺庙右侧羊肠小道，行至五百米处，路边有高五米、宽三米的白岩一壁，又有诗四句云："石龙昼夜转流沙，玉水金盆发客艖；峻岭丛中留古迹，青钱洞里现光华。"两处石刻的落款为"外四京金银峰题"，两处诗句合起来便成为一首完整的七言律诗，石刻为行书阴刻。传说是明代云游道人张三丰在岩石上用手指凿画而成，有清末的平舟城内宿儒张俊华先生赋诗为证，诗云："登临石径苦崎岖，小憩姑停四面低。包罗万象归眼底，四山耸翠接天仪。神峰笔秀呼羊角，山脉归来出马蹄。峻岭丛中留古迹，颠顶手迹是张遗。"此传说当为人所杜撰。

寺后一公里，为山峰尽处，峭壁悬崖，似如刀削，高三百多米，人称"望乡台"，其中有如《贵州通志》所载的神仙洞，由于地势险要，能进洞者却实很少。

养鹤山寺，始建年代不详，仅知于民国三十年（1941）前后，曾在旧庙基础上扩建修葺。二十世纪五十年代初，土匪出没羊角山，寺庙初遭破坏，香火亦随之衰败。1958年大炼钢铁，伐树为薪，浓荫摧毁。1968年破"四旧"时，寺庙被拆除。现在仅有废墟一片，残垣断壁，瓦砾遍地，仍有"养鹤山"断匾杂在榛蒿之间，还清晰可辨。

安家峒建峒碑[1]　　潘敏光

盖闻：山不在高，有仙则名，水不在深，有龙则灵。此山峻峭，千寻壁立，万仞翠巘，昌岩罗列左右。高则高矣，非有此焉，民无能名，其水石穷中来，清香世甘味，昼夜可掬，取之不竭。深则深矣，非有龙则地不灵，地灵焉而后人杰，人杰焉而后峒开。宅中图治，悟道修真，圣凡两利，人物咸亨。外无匪寇之患，内无鼠雀之争。半耕半读，视富贵如浮云，或悟或参，思飞升易如反掌。住斯峒府，不啻许逊宰津阳，大士居南海矣。不唯一家超举，而且四方来贺，群贤毕至，少长咸集，往来无俗客，谈笑有云仙，清风作伴侣，明月常相随。仙佛一堂，人神共庆，真所谓至善之地，极乐之乡矣。由今思古，俨然朗江之桃园，秦人之古峒也。苟非其人，不得其门，焉能与黄衣长老分宾主、通信字乎？噫嘻！今之山水，即桃园之山水也；今之峒府，即桃园之峒府也；今之居人，何殊桃园之长老乎？峒虽费锤凿，人本自天生，山也、水也、峒也、人也，皆天作之合也。凡登此地，绝俗超尘，悦目清心，实三生有幸焉尔。

后学潘敏光敬撰。

注释：平塘县城西南110公里处的易里寨，重峰叠嶂，有一山特别高峻，名叫打界

〔1〕 黔南布依族苗族自治州文化局编：《黔南文物志稿（一）》，自治州文化局，1983年版，第66—69页。

坡。坡之一侧，壁直陡峭，半岩之中，有人工凿成的硐穴一座，名"安家硐"。界上老人安德福经数年云游滇鄂湘桂，广为募化，1925 年起于此硐建造庵寺。历时七载有余，到 1932 年告竣。硐成之后，取名为"龙凤山猫地坨清水寺明月庵三期桃园硐"，因是安公发起修建，故人称"安家硐"。

安家硐从右到左全长四十三米，硐深 14-22.5 米，硐高 5.3-10 米，全硐空间为 6280 立方米。硐与对面岩壁对峙，形成深谷。从打界坡顶至谷底高约三百多米，从硐顶至坡顶约有一百多米，从硐口至谷底约有一百五十多米。近硐口，凿有一块一米见方的石壁刻有建硐碑文。新中国成立前，滇鄂湘桂佛道僧众名人常云集于此。安家硐建成二十余年后，屡遭破坏。1958 年大钟被砸碎，1967 年神像被拿空，一千多块经书刻版全被销毁，1972 年庙宇屋架祭器等均遭浩劫。现只剩残损的木山门一座，水池四个，旧灶四眼，清泉不息，建硐碑文尚留存岩上。

安德福，安家硐筹建人，平塘塘边打界山（又叫猫地坨）人，道光乙巳年（1845）生，中年以后，信佛念经，后入云南归根教。家有一子、三孙。安公死后，由其子继承管理庙内庶务。安德福老人卒于民国辛未年（1932），享年八十六岁，葬于打界坡上安氏的祖居屋后。1958 年前，全家居住于安家硐内，后搬回坡顶祖居之处。

瓮安

按：殷周时，瓮安为且兰地，自秦汉便有记载，至明万二十九年（1601）改土归流，瓮安始建县。秦朝时，设黔中郡，瓮安隶属黔中郡南境。汉朝时期，更且兰为牂牁郡，瓮安隶属牂牁郡。至西晋时，牂牁郡设在瓮安境内。隋朝时期瓮安隶牂牁郡县。唐贞观三年（629）置朗州，后改为播州，瓮安隶属播州。宋朝时期瓮安仍属播州地。洪武五年，播州宣慰司杨铿入朝纳元所授印信，仍置播州宣慰司，隶四川承宣布政司，仍辖草塘旧州等处长官司。十七年升草塘旧州等处长官司为草塘安抚司，同年置瓮水安抚司，均隶四川布政使司播州宣慰司。洪武十五年，置平越卫指挥司，卫平越（今福泉市）。十七年升平越卫指挥司为军民指挥使司，先隶属四川都指挥司，后改为贵州都指挥使司。万历二十八年（1600），平定播州宣慰使杨应龙叛乱。二十九年，改土归流，以瓮水、草塘两个安抚司及平越卫右所干平、干溪、梭罗等十五堡地合置瓮安县，隶贵州布政使司平越军民府。清顺治十六年（1659），沿用明贵州平越军民府，瓮安仍为其辖地。嘉庆三年（1798），平越府为平越直隶州，仍辖瓮安县。民国时期，1913年瓮安县隶属黔中道，民国九年（1920），撤黔中道，瓮安县隶属于省。1949年12月后，隶属贵州省贵阳专区。1952年12月，改为贵定专区。1956年5月，贵定专区撤销，瓮安县隶安顺专区。1958年12月瓮安县隶黔南布依族苗族自治州。

武庙碑记[1]　　莫宗文

窃闻游览登陟①者，偶然之事，而运数早定焉。寄寓托迹者，一身之事，而凭吊由起焉。文②以楚人，自弱冠游于黔③，黔之深林空碉，悬岩绝壁，无不经历几遍，如此者十余年，乃出川，由川而楚，楚而洛，洛而秦，秦而④复归楚，楚仍入黔，如此者亦十余年。乃自黔复川是时中原陷矢⑤，胡虏据兵⑥。丙戌之岁（1646），肃军从秦中过阳平关复入川，川将师溃，文至川保黔。丁亥正月渡乌江，合川事黔事也。黔之逆有

---

〔1〕 贵州省文史研究馆古籍整理委员会编：《贵州通志·金石志·古迹志·秩祀志》，贵州大学出版社，2010年版，第330–331页。

蓝二者，投房而攻陷瓮安、余庆、黄平三城，遂困平越，府城⑦危迫，湄潭、龙泉亦被房据。此时四面皆敌，几无所⑧措手。文计必靖内逆，乃可得志外房，遂遣马步兵，兼程黄丝大道，阳欲解平越围以牵制之，而阴以奇兵渡绵⑨渡小江，掳蓝逆妻若莲捣逆穴⑩。蓝逆知家破，乌合者尽散，以孤身奔窜被擒，平越之围解，而内逆亦消矣。乃以是年六月得督师阁部王公应熊⑪檄，复渡长滩河，恢龙泉、湄潭城，同锦江侯王公治援遵义、绥阳，房溃奔秦，黔播悉安。戊子（永历二年·1648），阿线两房，自楚之沅袭南宁侯张公先率⑫，兵至平溪，思州、铜仁亦为房据。南宁（侯）⑬次印江，文会同余庆伯张公登贵，州⑭督郑公□⑮元、范公镶、程公源，巡按⑯郭公承汾、监军道刘公济宽、饶公崇品，督⑰师余庆，分两路以下。文出凯楼，恢定番州⑱皮公熊出清浪。阿线两房败且溃，南宁（侯）复出铜仁接沅⑲。己丑庚寅间（1649-1650），出铜江⑳，图恢复楚，遂家中坪㉑。中坪者，蓝逆之掳㉒地也。山深野大，木老石怪，无居人焉！文经营图度，辟住山顶，草创庭厦，用庇风雨，而诸将士环绕山腹以㉓居，前筑田坪地址建关帝庙，庄㉔严其像焉。夫余以楚人，而不知游历山川几许，何知黔之是居。㉕忽于黔是居？且于黔之中坪是居者，是皆运数然㉖也。夫使天下不纷乱者㉗，中原不为房所陷，文未必恋恋于黔，而蓝逆不为不轨，文不能以奇兵直捣其穴，亦未必能定居于黔之中坪。乃生时不幸，天下忽而纷乱，中原忽而胡据，而蓝逆忽变，而得捣其穴以居，是皆运数使然，非人力㉘所能为也。且微㉙文也，而以关帝之圣，处于汉末，何知后世之有其庙？况生于河东之解梁，而殁于荆襄，何知千㉚百世后庙于黔㉛之中坪？而文以游览寄寓为之立庙撰碑，是亦运数㉜，亦非帝之所能强也。往昔羊叔子之镇襄阳也，时登岘山而泣曰："自有此山，不知几经年阅几人㉝，而淹㉞没不传者，不胜可慨焉！"则文于中坪以家，而登眺托迹，抱此壮怀，㉟之览者，询其故址，考其遗迹，亦必生凭吊之感。而千百世以后，文虽不肖，得仗关帝之灵以传焉，亦未可知也。爰是撰之于石。

　　皇明永历庚寅（1650）之帝诞日。钦命镇守川黔楚沅靖等处地方提督汉土官兵总兵官右军都督左都督上柱国太子少保安㊱伯莫宗文谨撰。

　　注释：武庙在瓮安县北门内，一在蓝家关。（《平越州志》）一在牛场南门外，地势爽垲，揽九龙五云之秀，昔人建庙其上，文人读书于此，多发迹焉。（清朝）国初，进士文瑄撰碑文。兵燹庙毁。今仅就遗迹竖殿二重。一在中坪（今瓮安属地），明总兵官莫宗文征反贼蓝二，建庙于此，勒碑纪事。至今犹存。

　　所引原文有标点，本书作者对断句标点稍有变更，供参考。此碑文另有版本载录，碑题名是"关帝庙碑记"，碑记文字颇有差异。参见黄家服、段志洪主编：《中国地方志集成贵州府县志辑38：嘉庆仁怀县草志·光绪增修仁怀厅志·民国开阳县志稿·民国修文县志稿·康熙龙泉县志草》，巴蜀书社，2006年版，第537-538页。此版本第538-539页附有碑文历史考证。此集成版碑记正文前另有"世袭锦衣卫指挥同知莫英书丹，世袭敷勇卫指挥同知莫蘅篆首"一行文字。

莫宗文（1604-1678），字焕翁，明湖广辰州麻阳（今湖南怀化市麻阳县）人，行伍出身。明末清初著名武将。明天启元年（1621），因治军有方屡立战功，获授黔巴香守备，继升总兵。崇祯十三年（1640），御赐蟒袍玉带，进太子少保。十五年，诰命光禄大夫，特进柱国、太师，赐封安化伯（今甘肃庆阳），时以名将著称。清顺治（1660），被封镇远侯，任云南军前指挥。康熙十七年（1678）故于军中，葬于故里。

校记：①"陟"，另版本为"涉"，备考。见《中国地方志集成贵州府县志辑38》2006年版，第537页。

②"文"，另版本为"余"，备考。见《中国地方志集成贵州府县志辑38》2006年版，第538页。下同。

③原文无"黔"，参另版本有，故添，备考。

④另版本无"而"，备考。

⑤此句另版本为"乃自黔复将川时，中原陷失"。

⑥"兵"，另版本为"矣"，备考。

⑦原文无"城"，另版本有。备考。

⑧"无所"，另版本为"难"。备考。

⑨"绵"，另版本为"棉"，备考。

⑩此句另版本为"掳逆妻若子，连捣逆穴"。

⑪据另版本考证，应为"龍"，即龙。备考。

⑫"率"字另版本为"璧"，备考。

⑬另版本无"（侯）"。

⑭"州"字另版本为"川"，备考。

⑮另版本无此缺字符"□"，备考。

⑯另版本为"抚"，备考。

⑰另版本为"誓"，备考。

⑱此句另版本为"恢思州，定番侯"。

⑲此句另版本为"南宁复出援沅"。

⑳此句另版为"文之出铜仁"。

㉑另版本为"平"，遇此下同。据考，应为"坪"。

㉒另版本为"据"，备考。

㉓另版本为"之"，备考。

㉔另版本为"装"，备考。

㉕另版本中有此句"即游黔而川楚秦洛，其山水奇秀，城邑广大，何地不可爱居，而"。

㉖另版本为"使然"。

㉗另版本无"者"，备考。

㉘另版本为"之"，备考。

㉙另版本为"为"，备考。

㉚另版本无"千"，备考。

㉛另版本此处有"并庙于黔"。

㉜另版本有"使然"。

㉝另版本此句为"不知经阅几人"。

㉞另版本为"湮"。

㉟此处另版本有"后"。应有"后"。

㊱另版本为"安化"。据考，应为"安化"。

后岩观石刻[1]

注释：后岩观，是一处道观，在（瓮安）县城东北二十一公里的猴场镇下司街乡。平地突起一小山，高约三十米，面积五亩左右。四面怪石嶙峋，山顶奇石屹立。岩壁上有"何异蓬莱""天然钟鼓"等石刻和其他碑文。山顶稍平处，明代建有真武殿、文昌阁、三清殿、三元阁，总名后岩观。关于古人对后岩观的题咏，可详见（清）傅玉书：《嘉庆·桑梓述闻（卷十）》等。明末巡按监军御史钱邦芑，弃官为僧，寓居于此。今录其所撰《草堂后岩记》以及胡钦华所撰《后岩观记》附于后。

草塘后岩记[2]　　钱邦芑

草塘之北三里为后岩，高八九丈，周围山麓宽五亩。四面皆石壁嶙峋，东面有洞高八尺，仅容人。入洞三折始透出洞外，循岩之南转西，更入岩洞。中有穴漏日光，穴之下有龙攫拏迹，开山者于此得龙骨一具，知龙曾潜于此也。繇此曲折数转，渐升而上，蹑石磴，过石桥，两旁有苍松老柏，石笋矗立，曲折乃达其顶。正面为真武殿，四围奇石林立，竹树环绕。出殿后有石排列三峰，宛如笔架，为笔架峰。峰之下石北卷，中有古梅一株，倚石而根生。梅之东北有大石长丈许，斜倚石壁，势甚危险，为蓬莱石。蓬莱石北五步有石屏横展，阔四丈七尺，高丈二尺。屏西东正列下有洞，高五丈阔二尺，方正如门，仅容人出入。门之南，屏乃前卷数尺，及穿门而北，石复从西卷向东，正遮其门，如萧墙然，行者必曲转而东出。屏之东有石笋，大可合抱，高一丈九尺，上下如一，圆直如笋，为笔管峰。有树倚石而生，直缘其顶。枝柯从顶四布，圆如伞盖。北五步又一石笋，大倍于此，较高二尺，其半虚悬欲堕，最为奇险，为天外峰。天外峰之下，石根连引而西，或高或下，有老柏二株，倚石而生。石之尽处，势更凸凹。又一柏嵌生其傍，下寔一根，上乃双出，亭亭桀竖，竞秀争高。其西二尺许有石一，高九

---

[1]　瓮安县地方志编纂委员会编：《瓮安县志》，贵州人民出版社，1995年版，第638页。

[2]　黄家服、段志洪主编：《中国地方志集成贵州府县志辑24：乾隆独山州志·咸丰荔波县志稿·光绪荔波县志·嘉庆桑梓述闻》，巴蜀书社，2006年版，第565页。

尺，阔四尺，厚二尺三寸，形如立掌，余题为巨灵掌。更西十步，又有大石笋二对，立如两楹，各高一丈五尺。其一有杜仲藤缠生，根出石下，而枝叶蒙被其巅，圆荫菁葱，有如布设。两石笋之南为文昌阁，其北有一石高一丈一尺，其头昂出而北向，如角端形。前有古藤，后有老树，余题曰角端石。角端石之东，有大石横立，高一丈，阔一丈六尺，上有小峰五，为五老峰。其北有三石排立，皆嶙峋①斑驳，上峰下穴。东二石其一无名，其顶作凹字形，名凹岩。西一石断处，四面透明，为玲珑石。此石之下，山势忽断，其下数仞，两岩夹涧，有桥自南达北，上有匾曰：何必石梁。盖余辛卯年过此所题也。蹑桥凭栏，西麓有石拔地直耸，与岩等高，圆正如柱。渡桥而北，面西为三清殿，殿之后稍南为三元阁。阁之向其北，又有石笋四，大皆二十余围。一石上有双峰对出，名铁剪峰。高可一丈四尺余，三石亦高八九尺。岩之顶平正不过二亩许。奇峰石笋拔地插天，丛列错布，秀锐瘦削，或如奇鬼，如猛兽，或如武夫介胄而侧怒，或如端士正容而危立，而又间以古树怪藤，疏密掩映，曲透斜穿，幽丽奇诡，疑有鬼工施设。余游滇、黔、楚、蜀二十余年，遇奇必赏，有险必搜，然高峰峻岭，深岩大壑，或危峦万仞，绵亘百里，令人洞心骇目，不敢狎玩，比比然也。至于后岩大不逾数亩，高不及十丈，而灵秀幽异，备极丘壑之美，若可笼之几案怀袖间，兹固西南仅见也。独惜其洞壑灵秀，石笋林立，而道人侈楼殿之观，以土木之构造掩峦岫之真趣，岂非名胜之一厄乎？山土世属宋氏，余三过其地，常与山主永平侯商，欲移诸殿阁于山麓平地，使山岭峰峦尽现本来面目，止于岩上构小亭虚阁，多植奇树修竹，与岩壑相掩映，庶几兹岩之胜为不虚也。然以世变纷纭，徒抱此愿而不果行，山灵有知，应跂足俟我矣。

注释：所录原文无断句标点，标点为本书作者所加，供参考。此记另有载录，参见（民国）李退谷修；朱勋纂：《瓮安县志》，第325-326页。此文是否为碑记难考，存疑。因其有道教文献价值，故录。

钱邦芑（？-1673），明江苏丹徒人。南明永历中，以御史巡按四川。永历六年（1652），受任抚黔。永历八年在贵州修文潮水寺削发为僧，号大错和尚，从此隐居僻处，纵情山水之间，潜心以诗文自娱。曾寄籍武陵，与门下士讲《易》，后居衡山，卒于宝庆，葬于衡山集贤峰下。著书凡二十余种，刊行于世。

校记：①此处原文为"嶔崎"，字迹模糊，疑为"嶔崎"。

后岩观记[1]　　胡钦华

黔多石，其为断岩绝巘者，上挽云霄，下插潭水，深入不测，状颇悍戾，奇险可

〔1〕 黄家服、段志洪主编：《中国地方志集成贵州府县志辑24：乾隆独山州志・咸丰荔波县志稿・光绪荔波县志・嘉庆桑梓述闻》，巴蜀书社，2006年版，第566-567页。

怪，然而灵秀不足。其块然汗漫平地上者，久之破渺为沙砾已耳，益不足顾矣。客恒言后岩观石佳甚，心志之且十年。庚子冬（1660），余将游黎山，迂道至其地，美哉！寺在石中，人居木末，时方冱①寒，雪霜之气，能使客与松杉俱秀。入石门，行石屏中而仰出，中一殿、一阁、一广，周围数十丈无寸尺土。殿后数石玲珑，如蜂脾向背仄立，复如岩墙洞达相通引，其宏敞处可坐五十人。石罅积埃为土，樛木十余株，短而枝条下垂，根露走挐攫以自固，龙鳞之藤络之。卉蔓不知名，皆苔生。紫茁绿叶，凌冬犹荣，间以寒花，微风一过，悉扶摇作态，冷然动人，诚可悦也。观中道士向余以斧击石作声曰："某也钟，某也鼓，某也磬。"余因以语道士曰："此石，名山所希觏也，于黔尤仅见，其隙地当尽虚之。使石之性情、姿态毕出，相其可置小轩竹楼处，立一二以倚之。石上佳木古藤勿剪拜②，亦洞天小构也。"道人指其地曰："隙皆有旧趾，吾将祈檀施共修楼殿之属，以实其中，以无废前人旧志。"嗟夫！此道人仍欲收诸石置复壁内耶？明日记之。

注释：所录原文无断句标点，标点为本书作者所加，供参考。此记另有载录，参见（民国）李退谷修；朱勋纂：《瓮安县志》，第325—327页。此文是否为碑记难考，存疑。因其有道教文献价值，故录。

胡钦华，浙江绍兴人，号客溪渔隐、兔庵居士。南明永历朝武康伯胡执恭之子。曾在永历朝任金都御史，巡抚湖广。明亡，隐居贵州湄潭客溪。著有《求野录》一卷、《天南记事》一卷。

校记：①原文"冱"，即"冱"的异体字，径改。
②"拜"，疑为"败"之误，备考。

鼎修清源宫小引[1]　　文瑄

人善，盖一乡如桑庚楚者，畏垒民且馨香而俎豆之，况其上焉者乎二郎，圣之为灵昭昭也。驱龙制毒，立功可埒于旌阳。奠泽安澜，普利堪侪于夏后。勤供奉者，固已遍皇州，弥赤县，绵历亿万春矣。沾沾五云①，得毋琐甚？虽然，海上仙槎，恒归玉洞；云间鹤驭，自有蓬莱。问昔年，上圣显奇于山寺，叮咛指示。纵横向背之区，一时远迩莫不摇唇称快，而因仍旧贯②尚局也。坤老上人起而更张之，捐金募义，去故从新，今轮奂，胥巍然而井然若此。噫嘻乎，美哉！军房侧侍，与鲁卫燕韩之气而皆光。犬舍高悬，偕马牛仓库之英而并寿。瑄虽尘劳俗士，亦得长洗心于座下云尔。是为序。

注释：此碑记标点为本书作者所加，供参考。

文瑄（生卒年不详），字缜山，号印川，清代瓮安草塘对门场人。清雍正十年

（1732）举人，乾隆元年（1736）进士。官四川中江知县。年七十仍徒步漫游全国，遍访名师好友。晚年居家仍不避风雪，纵情歌啸。工诗赋，文工骈骊，诗近五代，著有《印川诗集》。善书法，自成一家。现存有石刻"五云山碑"于福泉牛场。死后葬于瓮安草塘对门场（原文家场），现坟茔碑刻尚存。

校记：①此处原文有小字体注释："宫在五云山"。

②"贯"，古同"惯"。

修县治震方文笔峰序[1]　　赵本敔

县治罗列诸星，五行各当，惟震方少秀拔，谈风水者久欲修峰培之。道光三年（1823）癸未，宋寿峰内史率邑人重修圣宫时，邑侯裴公谓："圣宫在县署坤方，庭宇不宜过高。"董事者以孔子为万世师，岂尊不如县令？于是，穷极壮丽巍峨，复于圣宫西方建阁，亦极峥嵘高耸，邑中从此多故，乃悟昔年裴公所言非诬，而追悔无及。道光十四年（1834）甲午①，学中诸友将西方高阁移建巽方，文风稍畅，或谓阁移巽方仅能去圣宫之病，而县署以坤方圣宫为病，必于坤②方修峰乃能去县署之病，且卦合火雷噬嗑③，尤为大吉。适王鹤亭太史、输渠尊人先所助圣宫三百金，胡公雍川商以前论，将前项暂挪为修峰之费。是举也，人谓此峰位置颇宜钟灵，而起者当得志青云，以为一邑光。余窃以为，文峰之设，岂惟是求富贵利达哉？尝见吾儒得志，其贪残无忌、误国害民者，固不足道。即有一二洁清自好，毫无建白，徒饱太平之粟又或小有才识，止以济其枉纵之奸而穷奢极欲，放荡不拘，流为士习民风之忧者，不一而足。呜呼！如此辈者，亦何与于斯文？抑何取于斯笔也？吾愿此举成后，一洗从前诸习。凡士之束发受书、修身制行，如斯笔之特立云霄，贞固不摇，穷不以艰难夺志，达不以利禄薰心，有为有守，在国为名臣，在家为令子。其斯为斯笔之灵欤！其斯为斯笔之灵欤！

注释：所录原文于碑文后有按语："此碑寄立于文昌宫，以其有巽方阁也。今文昌宫改为武侯祠，其碑仍立庙内。附识之，以示来者。"碑记标点为本书作者所加，供参考。

赵本敔（生卒年不详），号禹门，清代瓮安人。道光丁酉科（1837）举人，才能见识出众。因办团练保护地方官民有功，被任命为福建省海澄县知县。时逢洪秀全领导的太平军进攻福建，由于同情农民起义军，抵抗不坚决，因而被免职。海澄县在其治理下，政通人和，民风纯朴，故官声颇佳。能诗，有诗作被《黔诗选》收录。

校记：①原文"甲申"，误。道光十四年干支应为"甲午"，径改。而道光四年（1824）干支为"甲申"年。此处，据上下文意考，宜为道光十四年甲午。

---

[1]　（民国）李退谷修；朱勋纂：《瓮安县志》，第319页。

②原文"甲"，误，应为"坤"，径改。古八卦定位西南为坤。酉为西方。

③"噬嗑"卦是《易经》六十四卦第 21 卦。《象辞》云：本卦下卦为震为雷，上卦为离为电，雷电交合是噬嗑的卦象。

重修高真观序〔1〕　　朱勋

从①来山川之灵气，必毓为人才；其人材多聪明而特达者，其山川必清丽而芊绵。其人材多磊落而俊者，其山川必磅礴而郁积。往往有不足者，天作之，人亦康之，此形家者言，理无凭、事有验也。平定营处万山中，众山环列如城②，而独阙其东，溪水出焉。当其于平田旷野中突兀起小峰，端凝静正，若置钟然，晨术者以为乡之望而惜其卑也。父老乃创高真观于其上，阁其巅，历年所矣。咸丰末毁于贼，贼据兹乡为巢者十余年。同治肃清，居人率归无过问者。光绪庚寅秋（1890），里中耆德，立卿柴公，次猷谏公，聚诸子弟谋曰："向吾乡闬出长者，巷包诸公；而近辄衰落者，大略兹峰之故。今将兴之！"皆曰："诺！"遂鸠工庀快户醵资，资不足，则列取之，亦头会箕敛云云。阅十九月③日而蒇④其事。落成之日，首事者挽余登其上，余见乎雄杰之状，上插青天，下临紫陌。风雨之驰骤；竹木⑤之阴翳。峰峦之奔走；田畴之高下，无不飞爽腾秀，贡奇献媚于兹峰之前，俯仰之间，目不暇接。而诸人口讲指画，缕述颠末，成勉⑥序于余。余曰："寺观之建，以植风水，而谚云尔尔也。"历稽古闻，申甫降于嵩高，孔子祷于尼山，二程钟于河洛，三苏家于江岷。如此之类，不可胜纪。今兹阁也成，绝云霄，临溪涧。环视百里之内，灵秀飞相⑦，咸聚于此，此不能寂⑧焉已也。将来人文之胜，风会之兴，无亦可俟也耶，归之天，归之人，吾不得而知之。独惜二公者已往道山，不及见今日之胜概也。抑是役也，首事者七十余人，惟张君大禧，陈君德华为家事也，次则舒占敖，左信芳，李启清与有勤施其余日月一至，不能悉记。是为序。

注释：瓮安河（原名瓮安江）有两个源头，蕉溪、花江两水在平定营汇合成潭，水自潭流出后改称牛渚河。就在两水汇合处，两峰隔河对峙，东名螺蛳山，西即龙潭山。龙潭台西南四百步外，就是高真观。平畴之中突起一峰，昔人曾建寺于山腰，建阁于绝顶。高真观山，邑中文人题咏不少。详见《瓮安文史资料（第 3 辑）》第 232-238 页。所录原文本有标点，但有部分不确当之处，本书作者作了适当修正。

朱勋，字一清，清末民国初贵州瓮安人。原籍江阴。其先祖于明洪武十四年（1381）随大将军傅友德征南，平定瓮安后，以千户屯军，从此便定居（瓮安）梭罗堡。其曾祖父朱德修、祖父朱先传均为资政大夫。朱勋为朱云光之长子，光绪十一年（1885）科拔贡。光绪十五年（1889）恩科举人。前官云南知县，晋同知知府，后为贵

〔1〕 瓮安县政协委员会文史资料研究委员会编：《瓮安文史资料第 3 辑》，1991 年版，第 234-235 页。

州民政司正长。朱勋离职后于1914年回瓮安定居。1913年李退谷任瓮安知县，有志于在任内完成瓮安县志的编纂大业。应李退谷之邀，欣然自任纂修。

校记：①原文"重"，应为"从"，径改。

②原文"诚"，应为"城"，径改。

③原文"阅"，应为"月"，径改。

④原文"臧"，应为"藏"，意为完成，解决。径改。

⑤原文"术"，应为"木"，径改。

⑥原文"免"，即"勉"，古文"免"与"勉"常通用。径改。

⑦原文"相"，疑为"扬"之抄误。备考。

⑧原文为"上宀与下未的合一字"，本书作者疑为"寂"的俗体字。同"寂"，径改。

大丰洞摩崖[1]

注释：大丰洞，又名大风洞，位于瓮安县城东七公里处的黄泥凼官山半腰，地属喜马乡后坝村。洞口宽约4.5米，高约三米。《瓮安县志·名胜》中写道："入洞百步外，即广百亩，神坛在焉，石钟鼓悉具。旁有径可入，乡人寻其究竟，萦纡数里无所得，惟见奇石森立，狰狞万状，惊警而出。相传冰雹多出其中，岁旱祈雨辄应。"大丰洞摩崖在洞口左壁，于离地两米高处摩壁为碑而镌之。始成于光绪二十五年（1899），字迹清晰，内容完整，皆系求雨得雨的赞诗颂词。现存摩崖三幅，此照录于后。

（一）铭功刻石[2]　　王敩成

山何以名？显以神明；神何以灵？感以至诚。岩岩之石，赫赫□①声。兴云致雨，福我苍生。

金炳南刻。县知事王敩成书。典吏江纯武。

大清光绪二十五年（1899）六月下旬。

注释：此刻石长1.15米，宽0.7米，横幅竖排，隶书阴刻。计六十四字，为四言韵句。光绪二十五年知县王敩成所书，金炳南刻字。

王敩成（1859-1900），字学义，号少之，广西藤县人。清光绪十六年（1890）中进士，入选翰林院任庶吉士。光绪十八年，以庶吉士选任贵州省瓮安县知县。任瓮安县令八年，为官清廉，政绩优异。通经史能诗文，后有其同乡何汉英收录其生前诗作并结集刊印之作，题为《抱瓮吟》。亦擅书画，有书画遗作多幅存世。在瓮安为官期间，清

〔1〕 瓮安县政协委员会文史资料研究委员会编：《瓮安文史资料第3辑》，第175—177页。

〔2〕 瓮安县政协委员会文史资料研究委员会编：《瓮安文史资料第3辑》，第176—177页。

廉爱民，兴建花竹书院（今瓮安中学），善待绅士，兴办乡村义学等许多惠民的好事。清光绪二十五年（1899），瓮安大旱，灾情严重，他抱病翻山越岭到（今为朱家山国家森林公园）映山红大丰洞求雨，雨果至。是年六月，为纪念求雨成功，在大丰洞洞口摩崖石刻题诗一首，并在大丰洞中镌刻了为灵山纪功的《铭功刻石》。求雨回到县城后不久去世，由于为官清廉，身无分文，其丧事后由瓮安百姓捐助，礼送其灵柩回广西藤县安葬。

校记：①此字所录原文为"上广与下敄的合一字"，经查字典未见此字，暂以缺字符代之，备考。"敄"即"养"字的古体。另有版本为"廐声赫赫厥声"更为适宜，备考。

（二）大丰洞题壁七律一首〔1〕　　王敄成

笋①舆曲折上青邱，四面山村一望周。

宿霁瀑飞疑雪落，晨炊烟起若云浮。

灵岩屡应丰年祝，霖雨常从旱岁求。

赖有摩崖堪刻画，铭功千载畲神庥。

己亥（1899）季夏下瀚②，凌③晨赴此洞刻铭，途中得雨，即题，属壁以鸿爪。藤县庶吉士王敄成口占。

注释：此题诗在上幅"铭功刻石"左向两米处。宽0.36米，长0.66米，立幅竖排，草书阴刻，为七律，加款识共九十八字，其后落款："藤县庶吉士王敄成口占"。大丰洞的两幅摩崖，是他在临终前的一年，以多病之躯，翻山越岭十余里，为灾民求雨时所题。

校记：①所录原文注：《县志·艺文》载为"筍"，今辨识为"筍"即"笋"。

②"下瀚"，即指一个月的"下旬"的别称，亦作"下浣"。

③所录原文注：原文为"陵晨"，应为"凌晨"之误。

（三）大丰洞刻诗〔2〕　　陈立生

乙丑（1925）五月十六日，求雨于此，得雨。

为祝苍（天）①降有年，芒鞋重上白云巅。

清泉自汲烹茗饮，绿草横铺作（几筵）。

石上精（诚）应有感，民间灵洞正无边。

霖雨一番（所感）化，勒石铭功古洞前。

黔军三师步兵团中校团附长陈立生题卢全三书

注释：此题刻在前两幅之间，石壁未经细磨，幅面亦不规整，宽0.3至0.6米，长

---

〔1〕 瓮安县政协委员会文史资料研究委员会编：《瓮安文史资料第3辑》，第177页。
〔2〕 瓮安县政协委员会文史资料研究委员会编：《瓮安文史资料第3辑》，第177页。

1.35米，横幅竖排，行魏体，阴刻。全幅九十二字。所题七律，遣词平庸，缺乏韵味，出自黔军中校团附长陈立生之手，卢全三书丹。甲子、乙丑之年，天大旱，时值黔军陈部驻瓮安，陈立生受命代行县事。遍访高人异士"作法"，求雨七日，喜得甘霖，遂留摩岩以志之。

校记：①括号中的"天"字等，乃所录原文作者补加。因摩崖漫漶难以确认，故用括号括之以示区别。余同。

福泉

　　按：元至元二十一年（1284），在今福泉首置平月长官司，隶属管番民总管府。当时的"平月"即以城南的月山而得名。明洪武八年（1375），改平月长官司为平越安抚司，隶播州宣慰司，"平越"之名即始于此。洪武十五年（1382），今福泉一带设置平越卫。平越卫历设卫指挥使司、卫军民指挥使司，时领杨义、麻哈、乐坪、清平、平定等长官司及五所三站七十二屯，至康熙十年（1671），裁平越卫。明永乐二十一年（1423），贵州设置贵宁、新镇等四道。新镇道驻平越，辖镇远、黎平、新化三府及平越、兴隆、清平、新添、龙里、都匀六卫与黄平千户所。明万历二十九年（1601），以播州南部地方置平越军民府，实行"流官"统治。府治设于平越县城，领黄平州与余庆、湄潭、瓮安、贵定四县及平越、兴隆、新添三卫并黄平千户所以及杨义、新添、丹平、丹行、凯里五长官司和高坪、中坪二司四牌地。康熙年间，裁卫设县，改平越军民府为平越府，领一州（黄平）四县（瓮安、余庆、湄潭、平越）及杨义长官司。嘉庆三年（1792），改平越府为平越直隶州，裁平越移设兴义县。平越直隶州领瓮安、余庆、湄潭三县及杨义、高坪、中坪三长官司。同治年间，直隶州领三县及亲辖附廓，沿至民国初年。民国时期，平越裁州设县，并曾一度为专署所在地。民国三年（1914），裁平越直隶州，改设平越县，辖在平越直隶州亲辖地域。1953 年 7 月，平越县更名为福泉县，新改县名以县城名胜福泉山并有"福泉"而得名。1958 年 12 月，撤销福泉县并入瓮安县，1961 年 8 月恢复福泉县建制，隶属黔南自治州至今。1996 年 12 月撤县设市，建制至今未变。

礼斗亭碑刻[1]

　　注释：福泉山在福泉县西南隅，山上原有张三丰仙祠，祠内竖着高 1.5 米、宽 1 米的三丰像石碑。据《平越直隶州志》记载，明代洪武二十二年（1389）指挥张信在山上

---

〔1〕　黔南布依族苗族自治州文化局编：《黔南文物志稿（1）》，黔南布依族苗族自治州文化局，1983 年版，第 159–160 页。

建高贞观。观高约十五米，底层直径八米，平面为四角形的四檐三层楼阁，阁顶盖筒瓦，四条屋脊雕塑有四条长龙和四头狮子。龙嘴下均系有铜铃。

福泉山又名高贞观，观内建有礼斗亭，志书说，张三丰曾在此亭朝拜北斗星。亭中有石碑，上书："礼斗亭，礼斗亭，张仙借此作修真。日月悬头上，风云过眼尘。茉莉[1]元君、支天圣人，当年曾格我精诚，今朝列仙班显化通灵，敢忘了托迹玄津。偶闻父母索吾名，借俚言为镜。"据李宗昉著《黔记》述，此碑是明代天启元年（1621）驻镇的新添司理李若楠请鸾降笔写的，《黔记纪略》称它"草字颇奇崛"。

礼斗亭门向北，亭内还有张三丰手书及名人题咏碑刻颇多[2]，其中有三丰答蜀献王诗云："等闲钓罢海中鳌，一笑归来楚晋陶。花吐碧桃春正好，笋抽翠竹节还高。心怀凤阙龙鳞会，身过龟城马足劳。何必终南开捷径，官情于我似鸿毛。"1949年解放后，阁楼、张三丰石像碑、礼斗亭碑文等尚存完好，1966年被拆毁。1976年又把高贞观、读书亭拆除，改建成为福泉山招待所。

校记：①"茉莉"，宜为"摩利"，属于梵文音译词语。"摩利支天菩萨"，本为为佛教护法菩萨，亦被道教尊称为斗姥元君，也是紫微大帝、勾陈大帝（天皇大帝）以及北斗众星之母。

②相关题刻文字，可详见杨国林、熊生祥著：《张三丰诗词歌谣集》，中国文史出版社，2007年版，第96-136页。

礼斗亭记[1]　　陆粲

平越之地因山为城，有老氏之宫曰"高贞观"，据其西南隅，在昔仙人张三丰栖遁于斯，作亭以礼斗焉。先生既超离人群，还居太清，元踪日邈，遗构遂泯，惟先生之道广大神明，形骸外垢，天机内朗，若夫遐襟旷识，卓尔物表，虽万乘倾想，景蹑声追，而隐见犹龙，终莫羁致。盖轩后诎下风之从，广成坚南首之卧，未足以喻也。当其寓形域中，此焉游息，扳揖斗极与相周旋时，则斯亭者，固灵圉之所降观①，百神之所萃集矣。而剪焉陊落，鞠为茂草，令仙圣临轵而欷歔，龙鹤徊翔而不下，元学之士无以系其慕恋，斯非吾徒之责欤！粲虽侨寄是邦，心存高范，竛瞻废趾，慨然兴怀。于是属其观之黄冠师、马崇霞俾经理焉，而率诸同志者助其费，数月亭成，道俗环瞩，咸共欢喜，议镌于亭以示无极，乃稽首阶前，勉为之铭。其词曰：嵯峨之山，形穹隆兮。蚪螭结蟠，凤临江兮。扶舆宛延，灵淑钟兮。言言元宫，道崇墉兮。亭亭密清，橄斗中兮。至人天游，此从容兮。澄心储精，与神通兮。清夜雪然，星舆降兮。魁旋杓回，玉衡度兮。遗墟寂寥，厥构仆兮。百年于兹，复其故兮。栋桴高骧，棼撩布兮。神居秘躅，灿然睹兮。鸾鸟腾告，列仙赴兮。云骈电旌，纷腏路兮。元冥在毂，黔赢右兮。飞廉望

[1]（清）唐树义等编；关贤柱点校：《黔诗纪略》，贵州人民出版社，1993年版，第703-704页。

舒，后先俟兮。天乐博衍，容倚靡兮。盘旋游遬，行迟迟兮。拗呵山灵，时守视兮。风雨攸除，无陁移兮。惟仙日长，昊天久兮。刻铭斯亭，与终始兮。

注释：礼斗亭在平越（今福泉）高贞观（或"高真观"）内，乃仙人张三丰礼斗处也。

陆粲（1494-1551），字子余，一字浚明，南直隶苏州府长洲（今苏州）人。嘉靖五年（1526）中进士。早入词馆，颇负盛名。官工科给事中，敢直言，因争张福达狱，廷杖下诏狱。寻上疏论张璁、桂萼专擅朝事，谪贵州都镇驿丞，迁永新知县，著有《春秋胡氏传辩疑》《左传附注》《左氏春秋镌》《陆子余集》，等等。

校记：①碑记中"扳揖斗极"二句，《平越直隶州志》卷三十六《艺文·记》作"扳揖斗极与相周旋，是则斯亭者，固万围之所降观"。

改修文昌宫记[1]　　刘思濬

文昌一星，见《史记·天官书》。国家以文设科教化之所，涵濡诗文之所，通被暨乎遐迩，上之致位卿相，为国家膺艰钜，降而隶于任一官治一邑者，无不由此其选。而文化之纯驳，则视司衡者维持焉。顾自都郡以及州县，载之祀典，埋①祀弗绝，岁时致祭，比之孔子，亦崇德报功之微意也。

平越先有文昌宫，在城南门，旧名梓潼观，即今忠烈宫地。岁乙酉（1885），州主杨公牧斯郡，慨然于其地之狭隘，改卜于往日县学宫故址。以款之难集，仅成正殿三楹，署州主瞿公，乃从而落成之。其两廊及开化门，皆瞿公所建。以二公之力，阅数年之久而所成，仅若是则信乎吾乡之贫薄无力之艰难，非有董事诸公经营，而加以良有司督率，虽国家祀典所垂有，阙然而不能举者矣。自嘉道以来，吾郡人文之盛，尝为下游诸郡冠。乱离既亟，生聚缺如，士之举于乡贡于国，鲜有如异时褎然为举首者。今明诏废科举、设学堂，规复三代学校之制，而士之有志于学者，不必索科举于冥冥之中，利禄之途，端由实践。吾郡文运行将复六十年前之旧观，则所赖于二公提倡之力、与都②人士集助之勤，而帝君潜移默化之功，均令人尸祝于无穷也。若夫兴作日月，集款姓氏及前后出纳数目，并勒石以昭不朽。

光绪三十年（1904）记。

注释：文昌宫在平越直隶州儒学右。（明）天顺间建。嘉靖三十年（1551），兵备赵之屏改建。（嘉靖《志》）在府城内，洪武初建。（乾隆《志》）有四：一在旧城梓潼观，光绪十三年（1887），知州杨兆麒改建于城西北隅县学旧址；一在杨义司兴佛阁之

---

〔1〕 贵州省文史研究馆古籍整理委员会编：《贵州通志：金石志·古迹志·秩祀志》，贵州大学出版社，2010年版，第339页。

南，光绪中重修。庙后有奇石四五森立；一在利蓬；一在牛场。

刘思溶（1881-1935），原名思明，号文钦，平越（今福泉）城关镇人。幼丧父，性颖慧。光绪二十六年（1900）应乡试中举人，知州杨兆麒以侄女妻之。二十二岁时参加清代最后一次科举考试，举进士，受任兴义县知县，后调任上海吴淞口厘金总办，于辛亥革命后卸任回籍。民国二十三年（1934）复任福泉县教育局长。为人刚直，工诗文，重文教。贺绪蕃纂修《平越直隶州志》时，思溶曾赞襄其事，任协纂，惟撰分志未署名。其所著诗文，《州志》亦有采录。逝后，有县人曾收集其遗文辑为《刘文钦先生遗稿》一册存世。

校记：① "埋"，疑为"裡"，备考。
② "都"，疑为"郡"，备考。

福泉关帝庙石碑[1]

注释：关帝庙位于福泉县城北门内第一山上，始建于明代。原供奉关羽，称"武庙"。光绪初重建，光绪二十八年（1902）复加修葺。建有正殿五间，对厅三间，左右厢房各四间；石山门一列，饰浮雕花卉；山门右侧建有斋宿更衣房三间，路边有五十多级石阶通至山门，立有"文武官员人等至此下马"石碑。民国初，将岳飞同祀，亦称"关岳庙"。新中国成立后，作卫生院用房。现右厢房、对厅、山门的夹柱石及石阶尚存。

福泉"仙人洞"摩崖[2]

注释：仙人洞亦名迎仙洞，位于福泉县城南三公里玉屏山，明初始建庙宇。山腰有石级小道通洞口，道边悬岩如削，洞口岩壁上镌刻"仙人洞"三字。洞分数层，上层有三个厅堂，下层通至围阻河岸。钟乳多异，岩浆成泉。"空窍处得风，辄有声清异"，向称"迎仙笙鹤"。明洪武初，洞内建庙宇，塑神像，有高王观音，飞身壁立。崇祯十三年（1640）平越郡守陈绍英建"迎仙阁"于洞内。乾隆年间高阳县尊进行修葺。道光二十一年（1841）再度重修。

另据福泉文史资料载，仙人洞分四部，曲折幽深。入口处为大洞，宽约七米，深十四米，高四米，从前供有"太上老君"塑像，两旁有"老子其犹龙乎，真人是乃鹤

〔1〕 贵州省福泉县地方志编纂委员会编：《福泉县志》，贵州人民出版社，1992年版，第870页。
〔2〕 贵州省福泉县地方志编纂委员会编：《福泉县志》，贵州人民出版社，1992年版，第869页。

也"楹联一副，为邑绅刘樵松所书。右侧为第二洞，洞口宽、高各约两米，有长约数里的阴河通至城西的"羊子洞"，极少有人入内探视。左侧有弯道通至第三洞，宽 2.5 米，洞深十一米，岩浆水终年不断。内有一小石孔，传说每天漏米足够洞内道人食用，人称"梭米洞"。洞口外临空修建阁楼一座，可供游人憩息。第四洞为"驼身洞"，呈"之"字形，深十四米，只能容纳一人匍匐出入。洞外有约两平方米平地，可仰望半岩上的"仙人下棋"。惜"太上老君"塑像及盈联、楼阁均毁于"文革"期间。1982 年列为县级文物保护单位。

昔人题咏甚多。如民国二十九年（1940）平越县长魏伦于洞岩上刻诗云："仙景何须问假真，登临到此即仙人。新来旧雨兼新雨，座对晴岚角洒兵。"详见福泉县政协委员会文史资料委员会编：《福泉文史资料选辑（第 8 辑）》，1994 年版，第 152 页。

关于仙人洞石刻，黔南布依族苗族自治州文化局编：《黔南文物志稿（一）》，黔南布依族苗族自治州文化局，1983 年版，第 154-156 页也有载录。比如，"步行到第一洞，迎面的壁上刻着'仙人洞'三个大字、左旁是'刘增礼题、丁尚固书'，右旁是'民国丁丑六月'"。又载称，迎仙阁被毁，遗址尚存，今洞口还尚存有佛桥、石冈和清道光辛丑年①九月《重修仙人洞序》②、"仙人洞"石刻，游仙人洞题咏碑刻嵌在石壁上。其中贵阳刘增礼题诗："仙境萧森石磴高，不知何代辟蓬茅；休嫌过去山腰逼，一剑摩空气自豪。"

校记：①应为道光十五年（1835）。
②详见下序碑。

重修仙人硐序[1]　　佚名

仙人硐者，平越西南隅之第一佳境也。其中峭壁玲珑、奇峰翠□，造设本属天地，观瞻亦贯古今。盖①自明洪武初修建庙宇，设塑神像有高王观音飞身壁立。凡士庶人有所祈祷，无不响应，此仙人硐之所由名也。瞬经年数百，轩槛□高，风雨飘摇而楼阁之半为有无者，已渐不堪。幸乾隆年初，有越郡未解之高阳县尊修年而振兴之。而向之所谓破屋灰土者，经扶饰而气象已为之一新。然今去重建之日，亦又远矣。坏壁荒苔，亦几如故。今有首士孙宗智、张惇诗等见此难堪，禀请州尊官衔承修募化，栋宇维新，庶几不负有此绝尘之境。然虽不足以大壮观瞻，而于前人创造之美意，未必不无小补云尔。兹因告竣，将各姓功德开刻于左：

特授平越直隶州正堂加五级纪录十次觉罗文。

特授平越直隶州右堂卓异加三级纪录五次张。

〔1〕潘成义主编：《中国西南地区历代石刻汇编第 19 册：贵州卷》，天津古籍出版社，1998 年版，第 107 页。

吴起元银卅□、米八斗、杨芳菊□、傅文光银一两、□五□、程仁起□、时照廷□、朱灿斗□、熊姚氏、□□□□、胡□珍□、戎□祥□、胡天□□、刘大源□、帅贵□、刘□□□、姚得钦□、骆羽仪□、王应癸□、苗镇兰□

承修首事：张惇诗、李文安、孙宗智、郑体乾；孙宗信、孙宗仁、吴秉江、李春阳；曾折柱、刘钟□、向□、洪□；□□□、□林、□应□、□□；萧□

住持：悟月。

道光十五年（1835）九月上浣吉旦 匠工：陈玉明、胡奕凤、□永弟。

注释：仙人洞位于贵州平越（今福泉）县城西隅。清道光十五年（1835）刻石。碑高、宽均八十九厘米。楷书阴刻。此碑文是本书作者按拓本抄录，标点为本书作者所加，供参考。

校记：①"葢"，古同"盖"，文言虚词，此无义，发语之用。

仙影岩"神留宇宙"摩崖[1] 郭子章

注释：仙影岩，位于福泉城南二公里武胜关。岩高百余米，壁立如屏，上有一黑影，头戴斗笠，脚穿草鞋，策杖西行，俨如张三丰遗影。左侧有"神留宇宙"四字。每字大五十厘米见方，为明贵州巡抚郭子章题，平越人奚国柱（注：平越卫指挥）书。清乾隆年间（1736-1795），一差役复在"宇宙"字下刻一"魁"字，大约四十厘米见方。"神留宇宙"四字摩崖，1982年列为县级文物保护单位。

另有版本记载，"神留宇宙"四字旁边刻有"泰和郭子章委官奚国柱月山住持明儒"十六个小字。在"神留宇宙"题刻侧面还隐约可见"头戴斗笠，身着道服，手执拐杖，飘然西行"的人形，相传为张三丰仙人像，故称"仙影岩"，亦称"灵岩仙影"，为平越十景之一。详见福泉县政协委员会文史资料委员会编，《福泉文史资料选辑第8辑》，1994年版，第151页。

另外，仙影崖石刻在（民国）刘显世、谷正伦修；任可澄、杨恩元纂：《贵州通志·金石志》，第104页也有载录。

郭子章（1543-1618），江西泰和人。嘉靖二十一年（1543，）出生于江西泰和县一个书香门第。隆庆五年（1571）考中第三甲第二十四名进士。万历十年（1582）迁广东潮州府知府。万历二十六年（1598）被任命为右副都御史巡抚贵州、兼制蜀楚军事。六十七岁时告老还乡，万历四十六年（1618）去世，卒年七十六岁。虽一生虽久在官场，但读书不辍，史称他"能文章，尤精吏治""于书无所不读""宦辙所至，随地著

〔1〕 贵州省福泉县地方志编纂委员会编：《福泉县志》，贵州人民出版社，1992年版，第873页。

书""著述几于汗牛""以为欧阳永叔之后，一人而已"。子章天才卓越，著述宏富，有《黔草》二十一卷、《蜀草》七卷、《粤草》十卷、《楚草》十二卷、《晋草》九卷、《家草》七卷、《闽草》十六卷、《留草》一卷、《浙草》十六卷、《闽藩草》九卷、《养草》一卷、《苔草》六卷、《传草》三十四卷，及《平播始末》《豫章书》《豫章诗话》《圣门人物志》《阿育王山志》《易解》《马记》《六语》《剑记》《郡县释名》等，均《四库总目》共二十余种。万历三十二年（1605）郭子章不仅刊刻利玛窦的世界地图，还撰写《山海舆地全图》序文一篇（后载入《黔草》一书）。据其九世从孙郭子仁在清光绪七年（1881）所作的统计，郭子章的著作当时犹存九十二种、约数百卷之多；至今北京图书馆善本室收藏的郭子章著作仍有十一种，均系万历、天启刻本。

书张仙像"神留宇宙"题字下[1] 桑林子

削壁洞开古道旁，真人特地露行藏。
神留不识鹤归处，古听溪声重举觞。

注释：参见福泉仙影岩"神留宇宙"摩崖。此为桑林子题诗一首。

张三丰打坐诗碑[2] 张三丰

注释：诗碑原立于福泉县城南隅高真观内，后毁。现存于城厢镇东街五组村民王泽忠家门前的诗碑，系民国十八年（1929）刘尚衡补立。碑高 1.23 米，宽六十七厘米，厚十八厘米，竖排十三行，隶书，凡四百五十八字。碑文阴刻《打坐诗》。福泉山现有张三丰"打坐歌"碑（今刻）嵌于张仙祠内壁。

张三丰，名君宝（又名"全一"），字玄玄，道号昆阳，以其不饰边幅，又号张邋遢。元末明初真人，太极拳创始人，武当山道人，武当派祖师。正史记载张三丰南宋淳祐八年（1248）生于辽东懿州（今辽宁阜新，一说锦州）。张三丰是道家内丹祖师和道家拳术祖师，是丹道修炼的集大成者，主张"福自我求，命自我造"。张三丰著述丰富，诸如《无根树》《玄机直讲》《打坐歌》《玄要篇》等被后人收录成集，即存世的《张三丰先生全集》。

〔1〕（清）唐树义等编；关贤柱点校：《黔诗纪略》，贵州人民出版社，1993 年版，第 1301 页。
〔2〕 福泉县地方志编纂委员会编：《福泉县志》，贵州人民出版社，1992 年版，第 875 页。

附录：张三丰《打坐歌》[1]：

初打坐，学参禅，这个消息在玄关。秘秘绵绵调呼吸，一阴一阳鼎内煎。性要悟，命要传，休将火候当等闲。闭目观心守本命，清净无为是根源。百日内，见应验，坎中一点往上翻。黄婆其间为媒妁，婴儿姹女两团圆。美不尽，对谁言，浑身上下气冲天。这个消息谁知道，哑子做梦不能言。

急下手，采先天，灵药一点透三关。丹田直上泥丸顶，降下重楼入中元。水火既济真铅汞，若非戊己不成丹。心要死，命要坚，神光照耀遍三千。无影树下金鸡叫，半夜三更现红莲。冬至一阳来复始，霹雳一声震动天。龙又叫，虎又欢，仙乐齐鸣非等闲。恍恍惚惚存有无，无穷造化在其间。

玄中妙，妙中玄，河车搬运过三关。天地交泰万物生，日饮甘露似蜜甜。仙是佛，佛是仙，一性圆明不二般。三教原来是一家，饥则吃饭困则眠。假烧香，拜参禅，岂知大道在目前！昏迷吃斋错过了，一失人身万劫难。愚迷妄想西天路，瞎汉夜走入深山。

玄机妙，非等闲，漏泄天机罪如山。四证理，着意参，打破玄关妙通幺。子午卯酉不断夜，早拜明师结成丹。有人识得真铅汞，便是长生不老仙。行一日，一日坚，莫把修行眼下观。三年九载功成就，炼成一粒紫金丹。要知此歌何人作，清虚道人三丰仙。

福泉玉笏峰摩崖[2]

注释：在福泉城西五公里杨义司杨山，前为凝真观。康熙《贵州通志》载："凝真观，在城西十里杨义司杨山玉笏峰前。观内有巨杉高七八丈，又有千年古桂、古梅各一，生石上，甚奇。梅大数十围，荫蔽道观，不见天日，崇祯间为寺僧误砍去，近又复生。观经咸丰乱毁，今重修。"

玉笏峰三面陡壁，明万历《张仙遗事》载："三丰仙人炼丹台在杨义司凝真观玉笏峰，壁间有题刻，旁有仙人棋盘。""三丰仙人炼丹台"为竖书行楷，每字径约七十厘米，落款二行"采禺张永""张永义书"，每字径十厘米，阴刻于玉笏峰石壁上，笔势刚健，刻工精湛。

崇祯平越凝真观道长刘源在《洞余吟草》中称：张永、字采禺，番禺人，处士。明成化间（1465-1487）受"嶣峨三隐"之一的苏州进士金声之邀，至平越寻访张三丰仙迹，在凝真观玉笏峰题刻"三丰仙人炼丹台"，并作诗称"星河渺渺丹灶在，世事茫茫玉笏留"。金声有《送番禺张处士永》诗，称"我随邅遹为学仙，罗浮别话几经年"。1958年凝真观被拆毁，遗址已成耕地，岩间多万历题刻，玉笏峰"三丰仙人炼丹台"

[1] 陈全林编：《新编张三丰先生丹道全书》，团结出版社，2008年版，第85-86页。
[2] 贵州省地方志编纂委员会编：《贵州省志：文物志》，贵州人民出版社，2003年版，第272页。

题刻虽经五百多年风雨，至今仍清晰可辨。福泉山碑林现嵌有金声《送番禺张处士永》（今刻）诗碑。

福泉张三丰碑林[1]

注释：张三丰碑林位于福泉市城区西南隅的著名道教圣地福泉山，1997年市人民政府在此修建了一座"张三丰碑林"，碑林占地约四百平方米。

走进墙上刻着"福"、"武"两个大字的大门，可见园内四周覆盖红瓦的白粉墙上整齐地嵌着一块块石碑。大门右侧墙上第一块石碑镌刻着原贵州省政协主席王恩明题写的"福泉圣境"四个斗大的字；左侧有一块石碑刻着武当山洞天真人游玄德为福泉山题写的"武当仙宗、福泉宝地"八个苍劲有力的大字；还有原国民党中央委员、教育部部长陈立夫题写的"张三丰仙人修真处"和美籍华人陈香梅女士题写的"福泉山圣地"的两块碑刻。

福泉山张三丰碑林碑记（今刻）
（实地调研拍摄）

张三丰仙人自写真容石刻碑（今刻）
（实地调研拍摄）

再前行数步，迎面有两块并立的石碑：左面的石碑阴刻"张三丰仙人自写真容像"，方面大耳、浓眉长须、身着长袍，道貌巍然；右面的石碑为原福泉市市长杨嘉立

---

[1] 福泉市政协委员会文史资料委员会编：《福泉文史资料选辑第10辑》，2002年版，第211-213页。

撰文并书写的《张三丰碑林碑记》（立碑日期1997年10月9日），记载碑林兴建始末。其文曰："福泉山因张仙成为道教圣地名播海内。张三丰经诗丹诀，自不必言，其诗文书画堪称四绝……对福泉明初的文化发展起承先启后的作用……他对福泉文化巨大的影响及后人题咏不绝，故事传播华夏……'文革'浩劫，珍贵的古建筑碑刻荡然无存，世人痛惜，为继承优秀的文化遗产，加强传统文化教育……由贵州国画院福泉籍人士王永祥遴选历代咏诗百余首，并请海外美籍华人陈香梅、台湾陈立夫、世界书画协会会长郭农先生，武当山道长游玄德等大家及国内名家献诸墨宝，得到福泉市人民政府重视与各界人士支持，于福泉市庆之际，建成碑林，以示来者及后人。"

张三丰碑林共有石碑134块①。其中为福泉山题名的5块；镌刻张三丰诗作及明、清、民国时期官员、名士及道长等咏赞福泉山和张三丰的诗碑129块。沿着嵌满诗碑的粉墙走下去有：明嘉靖贵州提学副使万士和咏福泉山诗，万历贵州按察使张守中咏高真观诗，崇祯平越知府陈达咏礼斗亭诗，以及清道光平越举人杨振钧，清末平越诸生刘樵松、民国时期平越布依族诗人刘剑魂等人的诗作，等等。

明洪武蜀献王朱椿赠三丰诗碑（今刻）　　　张三丰答蜀献王诗碑（今刻）
（实地调研拍摄）　　　　　　　　　（实地调研拍摄）

应福泉市文化部门邀请题写诗碑的有国际和省内外的书法家，如中央文化部老干部书法协会副会长王芸，贵州的赵西林、张一凡、戴明贤、陈福桐、冯楠、杨祖恺等；平越书法界人士杨选华、金邦明、徐世显、赵传兴、向有馨、毛应钧、王永祥、王永明等。其中，原贵阳市市长、书法家赵西林书写的是明万历正一道长的青柳池诗："回廊云转水天寒，柳絮低飞春色残，玉笛不闻黄河远，何人同倚曲栏杆"；我省史学家陈福桐书写的是张三丰的柳塘诗："桥边院对牛塘湾，夜月明窗户半关，遥驾鹤来归洞晚，静弹琴坐片云闲。烧丹觅火无空灶，采药寻仙有好山，瓢挂树高人隐久，嚣尘绝世响潺潺"，王永祥书写的是张三丰的琼花诗："琼②枝玉树属仙③家、未识人间有此花、清致④不沾凡雨露，高标长带古烟霞。历年既久何曾老，举世无双莫浪誇，几⑤欲载回天上去，拟从博望借灵槎。"诗碑有楷、行、草、隶、篆各种书体，而以行、草居多。除碑刻外，在草亭后有水井一口，名曰"福泉"，王永祥先生有短文记述，勒石于壁。

校记：①本书作者于2014年秋在福泉山作实地调研时，已对福泉山全部碑刻进行拍照和抄录。因照片数量甚多，以及为考虑本书结构编排得当与行文气脉之流畅，在此不呈现全部照片，仅录四张以飨读者。照片碑刻文字亦省略，见下。

②原文"璃"，应为"琼"，径改。

③原文"山"，应为"仙"，径改。

④原文"格"，应为"致"。

⑤原文"便"，应为"几"，径改。

张三丰石刻像碑[1]

注释：此碑原立于福泉山高真观张三丰仙祠内，正面前置长方形石香炉，两边有石刻楹联，祠柱亦有楹联数副，祠内有石碑数面嵌于壁间。

据有关资料，全国现仅存最早为永乐年间（1403—1424）刻张三丰画像碑三通：一在蜀中，一在贵州福泉山，一在湖北武当山。

福泉山的这块碑刻时间约早于武当山石刻像碑。此碑原为张三丰自画像石刻碑，由于历代道家及当地人士奉为神灵保存较为完好。碑为青石打凿，碑石光滑，字口清晰，历代多有拓片流传海内。

崇祯年间徐霞客游云贵，经福泉住旅店中养伤见店主堂中悬挂有张三丰画像拓片，据店主说是从武胜关的崖石上拓下来的。按：福泉武胜关仙影岩高百尺，有张三丰影像而不是石刻像，不可能捶拓，徐霞客所见当系此碑拓片。这块历经五百多年的张三丰画像石刻碑，在十年浩劫中被毁为四截，后不知去向。十一届三中全会后，经县文管所等有关单位调查，历数年之久才陆续从基脚墙干中找回三截碑，尚有一小截仍未找回，文字大多残缺，幸三丰自画像还能拼合，残碑现藏于县文管所。

---

[1] 林夫：《福泉山张三丰石刻像碑》，《贵州文史丛刊》1992年第4期，第108页。

重修二郎庙碑记[1]　　朱芹

清源妙道二郎真君①、崇应惠明大帝，蜀灌神也。尝稽往牒，初灌之李氏以水利种德于民，厚天故诞神于其家。少年武健，喜嬉戏。蜀虽平原，鲜水利。神穿山凿石，开潴泓流，河润西川，称遂沃壤。灌有孽龙为民害，神仗方剑入峡，寻潭穷水诛之。蜀人崇报祀为川主。翳是提挈一方，威灵肸蠁，载在册记可考。余分守平越，有八庙，而清源显灵为最。每岁季夏二十四，神之诞期，越绅弁士民，荷神庇者，靡不齐心称庆，以答神贶。无何而安逆叛乱②，蹂我黔黎。所在蜂起，蜩螗沸羹，行人断绝，烟火十余里不相照。余集绅弁士民于庙中，誓死守，众皆愤泣曰："愿与效死，必不以家辱于苗蛮。"三月初，贼果驱众三万余，围绕四山，鸣锣吹角，拥盾并攻。我兵亦矢石铳炮，星飞电掣以应之。余戒城中曰："贼众我寡，毋与角，但击柝周巡达旦，静以待之。余与冯守同诸弁健循环往来，每五六堞一俯窥城下。至初九昧旦，余假寐北城楼，恍惚若有隆准丰颜、星冠黄服者，左坐两青衣、额红者，右坐两青衣，问黄服者曰："此事如何？"黄服者曰："勿虑，吾已发三万人去矣。"余觉而语侍者曰："似若有神助我。"是日，贼悉众环攻，城中相顾失色。城所不陷者呼吸耳。及午刻，清平兵至，抵教场，杀数贼，喊声震天，城中兵出，阴气四起，汹汹若万马奔腾。闻空中戛戛有剑戟声，贼遂卷帐弃甲。追至二十里外，斩杀无数。无一人敢回盼者，而城围顿解。因思若非神力阴助，安能令数万贼兵以数百人败乎？且全黔之一脉不断而以全黔者，并以全滇、蜀、三楚以纾圣明之南顾乎？越父老子弟幸其有更生之日，而以归德于神。遂白当事诸君子，举庙貌而聿③新之。请记于余。余乃遥拜而为之铭。铭曰：惟兹夏服，久用平康。谁是厉阶，启此猖狂。蛇神牛鬼，肆出莫当。摧魁窒穴，孰遏方张。赖神助顺，威满黎阳。旦夕云集，我武奋扬。兵不血刃，贼遁自戕。众曰幸矣，汔可小康。制嫌湔隘，既扩且庄。山灵是饬，彤垩重光。神有凭式，永奠此邦。

注释：二郎庙，在平越直隶州（今福泉市）卫治东南，弘治年间建。（嘉靖《志》）在州城内东南，光绪初年重修。州郡二郎庙凡有五：一在东乡芦坪；一在南乡马场坪；一在高枧；一在西乡鸡汤；一在北乡牛场。明天启中，水西安酋叛，兵围平越郡城，城危垂陷，赖神威灵，贼以惊溃，城围立解。时领兵拒守者，为大参朱公芹，感神之德，为新庙貌，并为作记。

朱芹　四川富顺人，进士。明天启年间任贵州布政司右参政。天启元年（1621）九月，永宁安抚使奢崇明叛乱，攻陷重庆、泸州、遵义等地。十二月，贵州巡抚李枟派张彦方援四川，朱芹任其监军，收复遵义、桐梓、绥阳、正安，湄潭等地。二年（1622）

---

〔1〕　贵州省文史研究馆古籍整理委员会编：《贵州通志：金石志·古迹志·秩祀志》，贵州大学出版社，2010年版，第389-390页。

二月，水西安邦彦叛乱，朱芹以右参政分守平越。安邦彦兵围平越（今福泉），芹歃血誓众，募兵坚守，城乃得全，使新巡抚王三善得以顺利到平越。天启五年（1625）四月升任贵州按察使，十一月升任贵州左布政使。平越人感其德，在福泉山雷祖殿左建朱公祠祀之。

校记：①"清源妙道二郎真君"，即传说中二郎神的名字。历史上二郎神系谁，有种种异说。此碑文所指乃先秦蜀郡守李冰之子李二郎，是道教神祇人物。

②"安逆叛乱"，即明天启二年（1622）二月水西安邦彦叛乱。

③"聿"，文言助词，无实义，常用于句首或句中。

凤山文峰塔石刻[1]

注释：在福泉县城东面二十公里凤山公社所在地西隅，立有石塔一座，原名万昌塔，俗称凤山文峰塔。相传，"好个金盆漏了底，好个银盆缺了边"，建此塔是补银盆边的。

凤山文峰塔，建于清嘉庆九年（1804）。塔身总高约二十米，底层直径约四米。塔平面五角形，七檐六层。塔身为楼阁式，全部都是石材结构。塔底层北面嵌有《万昌塔序》碑刻。这是福泉县仅存的一座古塔。

据《万昌塔序》记载："（平）越之南乡，设立鸡场。其由来久①，然虽非冲要名都，亦属滇楚通衢，日中为市，远近皆熙熙而来。""远近绅士乡耆公同聚议""窃思添设场市，宜修善缘"。"厥事维时，首善百余人……乃心协力，同化共收银六百余金""文昌宫都助三十余金，共结美举，请工开山凿石，墿②砌层峦，奇金峭出，永奠坤方"。"建此宝塔一座，期万古常照。"凤山文峰塔现保存完好，现已列为县级文物保护单位。

此石刻另有载录，参见贵州省地方志编纂委员会编：《贵州省志：文物志》，贵州人民出版社，2003年版，第205页。

校记：①原文"人"，误，应为"久"，径改。

②原文为"左土与右寿的合一字"，本书作者疑为"墿"的俗体字。经查字典未见此字。同"墿"，意为土堡。径改。

〔1〕 黔南布依族苗族自治州文化局编：《黔南文物志稿（1）》，自治州文化局，1983年版，第167页。

福泉山县政府立碑[1]　　佚名

福泉山县政府立碑（今刻）（实地调研拍摄）

（上碑）：碑名"福泉山"及"□重点文物保护单位"。落款为"福泉县人民政府一九八四年立"。

（下碑）："明洪武二十二年（1389）指挥张信在此建高贞观。内有礼斗亭、浴仙池、回生桂、草鞋井、龙虎池等名胜。张三丰曾在此修行。清代维修过。一九八零年县政府款①修复城墙三百余米并重修龙虎池小桥亭子。"

注释：此碑为福泉县政府于1984年公立，在福泉山龙虎池旁山路边。碑石附嵌一石上，长条形，分上下两块横叠。碑文标点为本书作者所加，供参考。文字来源于本书作者实地调研所录。

校记：①原文"欵"，即"款"的异体字，径改。

〔1〕　此碑记文字来源于本书作者2014年秋在福泉山田野调研时现场抄录。

贵定

　　按：宋初（961），贵定地区为土著豪族（宋时后称苗蛮）所据，筑土城守之，号曰"麦新城"，此为贵定建城之始。南宋嘉泰元年（1201），宁远军节度使宋景阳为了扩充地盘与实力，命子宋永高率兵攻克麦新城，改号新添城。元代，新添葛蛮安抚司治所在今贵定，距贵州宣慰司仅百余里，其所领的数百个小土司在贵定地区内就有十几个，隶属关系时有更变。明万历三十六年（1608），析新贵县之平伐司、定番州之丹平司、龙里卫之把平司及大平伐司地置县，取新贵之贵、定番之定合称贵定县。为贵阳府附廓，治所今昌明区旧治乡。康熙二十六年（1687），裁新添卫，移贵定县治于卫城（今县城）。清雍正八年（1730），在贵定县增设新添营以扼黔桂咽喉。清宣统元年（1909），贵定县隶黔中道。民国九年（1920）废黔中道，贵定县直属于省，县知事改称县长。民国三十五年（1946）至三十八年（1949）八月期间，贵定与龙里、都匀相互划拨地名。1952年11月，贵阳专区改为贵定专区，专员公署设贵定。1956年5月，撤贵定专区，贵定县划归安顺专区。1958年12月划归黔南布依族苗族自治州，龙里县并入贵定县，县政府驻贵定城关镇。1961年8月，恢复龙里县，贵定县仍维持并县前的行政区域。现为黔南州下辖县。

康太保祠碑记[1]　　　张鹤鸣

　　宇宙瑰伟奇俊之气，在天为星纬，在地为海岳、珠玉、诸珍异之物，在人为忠臣、孝子、烈士、贞女。幽则为神，理之自然，无足怪者。然有神于建功立业之地、仗节死义之乡，生死有其故矣。有神于名山大川、蛮方绝域，非其建功立业之地，仗节死义之乡，一旦灵应如响意者，帝天命之镇绥此一方，未可知也。如张桓侯灵于阆中；柳仪曹灵柳州。江州之血洒于八角石，潭妇之血殷于八碑，此生死有因者也。麻城之土主人马立化，金豀之石神受赛鸣锣，摄山靳尚断荤依佛；贵竹南八剿苗助国。此帝天命镇绥一

---

〔1〕　贵州省文史研究馆古籍整理委员会编：《贵州通志：金石志·古迹志·秩祀志》，贵州大学出版社，2010年版，第374页。

方者也。予入黔，乙卯（1615）、丙辰（1616）、丁巳（1617），苗仲虽倡，年岁颇稔。逮至戊午（1618），二、三月不雨，省中绅士佥云，请新添康神，诚祈必应。予初不知何神也，遣官建醮迎之，雷雨随神至。神像不盈三尺，介胄赭面。舁夫踉跄流汗，不能自持。安置大兴寺中。左右曰："康神必回拜，当俟。"予笑，为诞门闭矣。已而，撞门声急，喧传曰："康神拜也。"开门迎之，知神以舁架撞门，舁夫不自由也。罗灰几上，以肘或架脚写字，多不能辨，雨随沾①足。闻青螺郭大司叩神真号，大书康保裔。考《宋史》，公祖志忠讨王都，战殁。殳再遇讨筸，战殁。公为高阳关都部署，亦以战死。公谨厚好礼，喜宾客，尝操矢三十，引满以射，筈②镝相连而坠。贷公钱十万劳军，殁后，新吏鬻器玩以偿。上知之，复加厚赐。录其子继英、继彬、继明、继宗等。继英入贺，真宗顾左右曰："保裔世笃忠贞，可嘉也。"继英仕至左卫上将军、贵州团练使。公死于天雄，显于新添，非帝天命之镇绥此夜郎者耶？！俗传道家《招帅秘纪》云：公讳喦③，字保商，汉人也。宋艺祖时疗宫中疫疾，艺祖亲抚背送出。传有《玉堂记》。又云：神有九头狮子符法，有十洞冤魔甲马兵吏，有铜锣、铜、钢、铁锤④棒，搜精提鬼、祈晴祈雨之法。又《道藏·东岳十二帅》有康太保，其言秘奇难凭。其云字保商，得非保裔之误耶？公没于真宗时，何入艺祖宫耶？岂另有康太保耶？此皆不可考。惟郭司马所扣者，近且真，此可为据。予慕公之节烈，信公之灵为，重修其祠宇，因烈公平日灵迹与修葺员役姓名如左，俾后之览者知神盖帝天命之镇绥此一方云。

注释：康太保祠，在（贵定）县城北，祀宋康保裔，尝为高阳关都部署，死于军，为神显灵，祷雨恒应。明巡抚郭子章建，张鹤鸣重修。（乾隆《志》）另按：《贵阳志》作康神庙，在县城内十字街。又，一在城北十里前堡。

张鹤鸣（1551-1635），字元平，号凤皋，颍州（今安徽阜阳）人。明末大臣。明万历丙戌科（1586）进士，授官山东省历城县知县，升任贵州巡抚，兵部右侍郎。历任本部尚书，加封太子太傅，南京工部尚书。明天启元年（1621）晋升为兵部尚书，总督云贵五省。崇祯元年（1628）告老还乡。李自成起义军攻打颍州城，募兵勇守城，城破被杀，时年84岁。崇祯念其忠节，赐祭旌表。

校记：①原文"霑"，同"沾"，径改。
②原字难辨识，经考，应为"筈"，意为箭尾。
③原文"喦"，同"岩"，涉及人名不改，照录。
④原文"鎚"，古同"锤"，径改。

牛王灵佑功德碑序[1]　　朱能溶

同治己巳年（1869）十一月念七夜三更时，范伪侯率苗贼由东城偷入，城再陷，百姓

〔1〕 （民国）贵定县采访处纂：《贵定县志稿》，第16页。

由西门逃出，城门两层左右仅开一扇，突有一牛横塞其中，贼踏牛背追至西官厅，额首相贺谓城为己得矣。先是，管带援黔川军安定右营刘复亭、协戎名瑞祥率队游击，适于是夜宿城中，及关外队百入城中，仅十余人不便战，兼恐伤民，雷出号召全队由城外奋力击入，贼惊抢关城门，因牛塞门中牢不可移，刘公随即率队踏牛背追入，毙悍贼多名，正奇互用巷战至五更时，贼大败，城遂克，夺获牛马包袱无算，悉命百姓各认领回，有愿出钱酬士卒者，公不许，旋据贼供称范伪侯仅率贼三百，偷陷城后，队尚万余人拟天明齐集，将男妇老幼炮烙搜索屠城而去，危哉，是役也，设无牛王之威灵护佑，刘公之登时光复，生灵无焦类矣。呜呼！合邑之有今日者，非牛王与刘公之再造哉？今值神诞，段君兆鳌倡劝，同志肆筵致祭，仰答神恩。遵《祭法》"能捍大患则祀之，以劳定国则祀之"之例，配以刘公，窃恐日久湮没，爰醵金刊石，俾来者咸知，冀他日重修，邑乘附载祀典以垂不朽云。

光绪三十一年（1905）四月□日里人朱能溶谨序。

注释：此碑记标点为本书作者所加，供参考。朱能溶，清末民国时期贵定乡贤。

龙里

按：龙里县，因龙架山而得名。龙里的建置，最早见于唐代。《旧唐书》载：贞观三年（629），置庄州，领新安等七县。新安县治所在今龙里县城东十六公里的三元镇新安堡。《新唐书》载：贞观三年（629），"蛮州，县一：巴江。"巴江县治所在今巴江乡老巴江村，距县城北七十公里。元代，新安县改书定远府。废巴江县，以其地属顺元路。至元二十年（1283），置龙里州，隶大龙番顺元宣慰司，治所在今龙里县城。明代，新安县废。洪武初置龙里驿站，洪武五年（1372），改置龙里等寨长官所为龙里长官司，隶贵州宣慰使司；十九年（1386），置龙里军民指挥使司，隶贵州都司；二十三年（1390），置龙里卫，筑城，属贵州都指挥司。清顺治年间，置巴江卫。康熙二十一年（1682）裁撤，后改置巴香里，由贵阳府亲辖。康熙十年（1671），改龙里卫为龙里县，属贵阳府。民国初，属贵阳府；二年（1913），属黔中道；民国九年（1920），废道，龙里县由省政府直属；二十六年（1937），改由省府直辖。1949年隶属贵阳专区。1952年改属贵定专区，1956年划归安顺专区。1958年改属黔南布依族苗族自治州，与贵定合并为贵定县。1961年8月恢复龙里县，隶属黔南布依族苗族自治州，建制至今未变。

冠山石刻[1]

注释：龙里县城内东有一天然石山，明洪武二十三年（1390）在其山顶建一高阁，名紫虚阁。清乾隆二十七年（1762）重建，取其秀丽之意，改名冠山。方圆十余亩，全为天然岩石叠成。阁顶层供奉玉皇大帝，中层塑雷祖神象。清光绪二十三年（1897）和民国二十七年（1938）曾拨专款加建。

冠山，因山石嶙峋，风景秀丽而留下不少摩崖石刻。如"寻奇挹秀，休养生息"等。新中国成立后县人民政府拨款维修，县图书馆亦建于此。"文革"中，部分建筑被毁。

〔1〕 龙里县政协委员会文史资料委员会编：《龙里文史资料选辑第1辑》，1986年版，第241-242页。

莲花山洞石刻[1]

注释：莲花山洞，俗称粗糠洞，位于龙里县莲花公社何家庄生产队后侧，距县城三公里，占地一万余亩，为黔南名胜之一。在离不远的一陡峭石崖下，有一天然岩洞，宽敞明亮，高约七米，宽约十五米，深约四米，呈椭圆形。明代洪武二十三年（1390）曾修一座面阔三间的道院于此洞中，琳宫经堂，金碧辉煌。后来道人亡故，道院又空旷多年，直至清代，道光己亥年（1839），一吴姓道人来此修道，乡民们又捐金重修道院，此道院之洞被称为首洞，又名"凉风厅"。

在首洞右侧后山的半山腰，俯卧着"天下第一洞"，口小内空。进洞之后，如入大厅，人称为迎客厅，可容人数千。民国年间山上多留石刻，如"立马封头""擎天一柱"等，洞首刻有"天下第一洞"五字。洞外有不少游人题诗。洞口有题诗碑一方。于"文革"浩劫中，题诗及碑俱毁。道院、阁楼等古建残墙被拆毁，唯有山上石刻尚完好。1980 年县人民政府将其列为县级文物保护单位。

---

［1］ 黔南布依族苗族自治州文化局编：《黔南文物志稿（1）》，黔南州文化局，1983 年版，第 113–116 页。

三都

按：三都水族自治县，隶属于贵州省黔南布依族苗族自治州，是中国唯一的水族自治县。唐初开始在三都境内设治，贞观三年（629），置婆览县，即今三都恒丰、塘州、合江一带；都尚县，即今三都都江一带，属应州管辖，州治在都尚县。宋代（960－1279），属夔州路绍庆府（今四川彭水县）所辖五十六羁縻州的南部东段边地。明洪武十九年（1386），改都匀定云安抚司为都匀安抚司。洪武二十四年，授张均为合江州陈蒙烂土长官，隶都匀卫。弘治七年（1494），长官司改属独山州，隶新设的都匀府。雍正九年（1731），置都江厅通判，即今三都水族自治县都江镇，隶都匀府。雍正十二年（1734），以烂土司地置三脚屯州同，即今三合、大河、普安、中和等乡镇。民国二年（1913），都江厅改称都江县，三脚州同改称三合县。民国三十年（1941），贵州省政府将都江、三合两县合并，改名三都县，三都县治设三合镇，都江县署改为区署。1950 年 1 月三都县人民政府成立。1956 年 9 月，国务院决定撤销三都县，设置三都水家族自治县，同年 12 月将三都水家族自治县更名为三都水族自治县。1957 年，三都水族自治县正式成立，县治设三合镇，隶属黔南布依族苗族自治州，县名、县治一直沿袭至今。

关帝庙碑记[1]　　佚名

窃合江为黔粤水陆交衢，地名三脚屯，素称商贾繁盛之区，建有武帝庙。地方官员绅商士庶，虔诣行香，祈晴祷雨之所。咸丰乙卯（1855），苗教变乱，庙因遭毁。肃清后，前郡守罗公，督办善后防务。宪莅莅①此，谕饬绅耆等清查曩日义举存款，清理遭难绝业，详细禀报，准予绝业公谷以作本地善举，并重建各庙宇等项经费等。谕旋将清出绝产，禀报各宪奉批准行立案在案。光绪乙酉（1885）②，分州沈莅任，彻底清查历庙所收绝业公谷数目，定立册分拨各庙及义学渡船，各要公之用事方核定，而沈分州调任，遽去书助银命绅首等实心经理，以期各庙次第兴建。越一年，署州事李别驾振青继

---

[1]　胡蔚：《三合县志略（全）》，台湾：成文出版社，1968 年版，第 260－261 页。

任首议倡捐，各善士相继捐助，并变价拨，共集银四百余金，鸠工庀材，正殿始庆告成，嗣经统带上江协练营陈协台超宗独力捐资起，建左首厢房三间，尚有过厅未起，左右墙垣未建，山门甬壁未立，乙未年（1895）③岁旱，公谷无收，资费不济，将有停工之虞。复承接统上江协练营王镇台步超慨捐银拾两，借垫银三十两，议于次年收谷变价清偿，时沈分州权瓮安县事，并权厘务，寄到损银拾两。数载经营，始得一律蒇事，庙貌重新，胥赖官绅乐助经理、首士实力奉行，从兹明禋永祀，共迓神庥以无疆。所有前项各捐银数目以及开支经费，均经镌碑立石，以昭征信，外兹沈分州捧檄回任，询其原委，绅首等备陈颠末，爰纪其事，泐石永彰，庶不致堙没无稽，以垂久远不朽。是为记。

大清光绪二十三（1897）岁次丁酉蒲月②中浣。

注释：关帝庙在（原三合县）中山路。清光绪年间练军陈王两统带与地方官绅合建。计正殿三楹，两厢各三楹，过厅三楹，外围砖砌。清末设学校于此。民国四年（1915）改称关岳庙（又名武圣庙）。碑文标点为本书作者所加，供参考。

校记：①原文"蒞"，"莅"的异体字，径改。下同。

②原文"光绪己酉"，误，应为"乙酉"，即光绪十一年·公元1885年。径改。

③原文"己未"，误，应为"乙未"，即光绪二十一年·公元1895年。径改。

④"蒲月"，农历五月的一种别称。

重建三合湖广会馆后殿碑记[1]　　杨荣榜

权州同事丙子科（1876）举人昆明杨荣榜撰。

爰自肇道鸿兴，其始宸原夫卜宅聿修，鸠庀①乐成，端赖于经营。善始者不必善成，善毁者乃能始此。三脚两湖会馆后殿之培修，所当书记也。查三脚楚南会馆，创自前人，成于兵火。经众首人克肇前征，营修正殿，乃三间五架，曷足以壮观瞻？亟宜培②修，正恢复前规，于光绪一十年（1884）五月吉日，乃克落成。夫会馆之设，原以联乡谊，于地方叙离悰之故旧情。均少老敬止梓桑，乃众善士经营复始，足征慷慨捐助矣。使贸迁者无他乡黄鸟之嗟，少异地黑貂之叹，从此秋莼春韭，迁客动长沙之感，河鱼天雁，故乡来衡岳之书，乃可敦睦乡人，不仅妥侑神威已也。是为序。

经理首士：胡德金、龙文藻、杨远木、王恩治、范治邦、范自国　郑国泰、蒋家榕、谭家义、岑之桢、王承忠、王承荣、周觐朝、王治臣等同立。

注释：湖南会馆，又名寿佛寺。始建于乾隆年间，位于新中国成立前的（三合，今三都县）湖南路，即今新民路，寺内有前后大殿两进，前殿供奉如来佛；后殿供奉观

〔1〕　胡鬻:《三合县志略（全）》，台湾：成文出版社，1968年版，第263页。

音；殿前有剧台。民国二十八年以来，作为军用物资堆存处。1944 年日寇入侵三都时烧毁，现遗址为城关粮管所收购桐子仓库和家属宿舍。详见三都水族自治县县志编纂委员会编：《三都水族自治县志》，贵州人民出版社，1992 年版，第 740 页。碑文标点为本书作者所加，供参考。

杨荣榜，号藁堂，（云南大理）云龙人，名颐孙。笃志好学。光绪丙子（1876）举于乡，纳粟分贵州补用，有政声。而尤以开设学校，为苗民兴文化为首。卒于任所，宦囊一空，民感其德，为捐赀运柩还黔省，妻、子卖田产，始扶柩回籍。

校记：①原文"庇"，应为"庇"，径改。
②原文"陪"，误，应为"培"，径改。

万寿宫碑记[1]　　　佚名

道光十九年己亥①（1839）仲秋月旷天顺等立。

窃谂庙者，神之所凭依也，人之所尊崇也。人固神之所阿护也。故隆庙貌巍峩，则人之观瞻自肃，且念神灵之赫濯，则人之奉事宜勤。三脚有万寿宫者，江右之会馆也。凛桑梓之敬，恭威神祇之保佑。雕梁画栋，起平地之楼台，碧瓦金砖，成四围之院落，仰神功，钱柱十三镇永赖生成，建殿宇于合江，百余年同臻巩固，然以历年久远，墙垣倾圮，用事集同人成众志，本仍旧之规，增继新之举，但大厦非一木能支，而高山由一篑之积允矣。倾囊而归，居然捆载而来，分八功之水，流成大州，令千灯之光混为一色，一狐之腋，集之固可成裘，五铢之钱，巽之亦堪布地，事以随缘而募，功因纠众而成，复仙人之旧馆依然；南浦西山拟佛子之祇园，犹是琼楼玉阙荷神庥之默佑，岂惟利觅蝇头？值文教之宏开，更卜名题雁塔，凡我同乡，共志不朽云云。

又碑记

光绪二十四年（1898）十月。

盖开前人之始创，有志者事竟成。后辈之重修，劳心者神必佑，此自然之理也。慨自乙卯（1855）兴戎，楼阁皆灰烬，迨至壬申（1872）平靖，仙踪无所依归，蔓草荒烟，弥使我伤。今兴古榛芜瓦砾，徒令人触目惊心。于是，合众士以相商，捐输恐复集同人而共举，踊跃争先，宫殿重新，不改当年制度，基址仍旧，难忘往代遗留，虽不似画栋辉煌，相见云飞南浦，更难此珠帘②掩映，俨如雨卷西山，所谓无美不彰有善必举者也。是为序。

首士：李光英、李光忠、宋文达、胡芝靖等重建。

注释：万寿宫，又名江西会馆。始建于乾隆年间，位于新中国成立前的（三合，今

〔1〕　胡嶲：《三合县志略（全）》，台湾：成文出版社，1968 年版，第 263—264 页。

三都县）江西路，即今新民路。宫内前后两殿。民国十六年设女子小学，民国二十五年设县医院，新中国成立后县医院扩建拆除。碑文标点为本书作者所加，供参考。

校记：①原文"巳亥"，误。道光十九年，应为"己亥"，即公元 1839 年。径改。

②原文"簾"，即"帘"的繁体字，径改。

长顺

按：元至元二十六年（1289）八月，以金竹寨（今广顺镇）置金竹府，为长顺建制之始。金竹府辖十一州，三县及十六长官司，隶顺元路。明洪武五年（1372）三月，改金竹府为金筑长官司。洪武八年，升金筑长官司为金筑安抚司，隶贵州卫，洪武十九年，改隶广西布政司，洪武二十七年，隶四川布政司。正统三年（1433）隶贵州布政司，成化十二年（1476）属程番府，隆庆三年（1569）属贵阳府，万历四十年（1612）三月，设官建治，钦定改金筑安抚司置广顺州，属贵阳军民府，并授金大章土知州世袭，不许管事。清雍正五年（1727）三月，置长寨厅。光绪七年（1881）三月，长寨厅同知移驻罗斛（今罗甸），改长寨厅为广顺州长寨州判。民国二年（1913）年9月广顺州为广顺县，改长寨州判为长寨县，属黔中道。民国九年废黔中道，直属于省。民国三十年（1941）10月，广顺县与长寨县合并为长顺县。新中国成立初期，长顺县隶属贵阳专区。1952年改属贵定专区，尔后又改属于安顺专区。1956年4月划属黔南布依族苗族自治州至今。

文昌阁碑记[1]　　韩之屏

山莫尚于朝揖，水莫尚于绕环大海之滨。旋九州黄河之曲聚千里，此扶与之秀，未可以为井斡①语也。然势虽不同，理则无二。黔，山国也。固无水，即有之，亦涓涓琐流。物以少为贵，黔之贵，固在水。州治之东，去城里许，一线径奔往而不返，识者以为地瘠民单，人文寥落。职此之由，丁未（1787）之冬，州人请于余谋所以补其缺而所以救其失者，乃用形家言，相度阴阳，各捐所有，为阁三层。上祀奎神，中祀文昌，又前殿三楹以祀白衣大士，左右廊房以居僧。既成而总标之为文昌阁。予惟天文文昌六星，一曰上将大将军建威武；二曰次将尚书正左右；三曰贵相大常理文绪；四曰司禄司中司隶赏功进爵；五曰司命司怪太史主灭咎；六曰司寇大理佐治理。此天之六府，离宫主

〔1〕 黄家服、段志洪主编：《中国地方志集成贵州府县志辑27：民国贵定县志稿·康熙定番州志·民国定番县乡土教材高歌报告·道光广顺州志·乾隆南笼府志·民国册亨县乡土志略》，巴蜀书社，2006年版，第402-403页。

集计大故一名东壁，又名紫极，光色明润，大小均齐，则天瑞臻，百职理天官之书，可考而知也。世之人习谂夫化书之说，以梓潼应之，谓其奎，俱主图书司禄命，而白衣大士实送子，毋乃得其似而妄焉者乎。夫曰中亚子灵爽在天，祀固应耳。今以尸戴筐而匹形履，岂其实与且如似续允祚高媒职也。普陀静业安能仆仆为人，即其慈仁，何烦躬捧诞也。顾吾思天下事，有固不有，无亦菲无。枝传卯视，率由于想。气之所至，理亦至焉。然而，将相禄命，悉本文昌。今宇宙文明，亦已久矣。独西南一隅，其光始旦，而金筑之夜，气犹蒙微第，所少者水，所贵者水而已。余既取学宫而新之，又合众力而筑斯宫，几揭日月于中天，观人文之化成，为虎为豹，炳如蔚如，是则祷祠意也。若曰，障百川而东之，回狂澜于既倒，与川谷争能，均调絜胜，岂敢哉！

注释：文昌阁在（广顺州）城东南，乾隆五年（1740）合学捐修。嘉庆六年（1801）奉文照关帝庙例致祭增祀三代，设木主于后殿。此碑记标点为本书作者所加，供参考。

韩之屏，乾嘉年间人，曾为广顺州知州，余不详。

校记：①原文"斡"，同"干"，不改。

建仓圣阁碑记[1]　　但明伦

仓圣造字，文运肇开，士之列胶庠者，崇庙而祷祠之，以隆报本，义至重也。吾邑旧有祠，在晏公堤之东南隅，庙仅三楹，礼仪未具，不足以妥圣灵。道光辛卯（1831），余回籍守制，适同学诸君议收焚字纸，欲于迎薰门外之右建立字藏。余答之曰：此地狭小而污秽，焚字纸须宽敞高洁之处。南湖东岸有田数亩，地居巽方，乃文明之地，此其所也。先是此田属于五显庙，僧私典于川主庙，而川主庙之僧又不能守，遂弃而为堆积瓦砾之场，历年已久，屹立如山，里中无赖子复沿堤盖屋，类多宰杀牛马或群聚赌博，为藏垢纳污之所。邑倚山带河，玉川环绕而汇于南，曰南湖。水光山色潋滟渊涵，为邑之文风所系。自此处污秽久积，湖亦淤填。余既倡捐浚湖，复约同人如寺僧所典之值，辗转赎之。又田邻为武生谢氏田说之，让出若干丈，扫除旧积，复坚筑之使固。乃鸠工庀材，为杰阁正殿三楹，左右厢各三楹，前立影墙，墙外建字藏而锐其顶。面挹西山之朝爽，后托奎阁之晓晖，右倚天马之高峰，左抱梵宫之峻塔。俯临湖光，朗如明镜。新旧城中隔一水，以此气脉亦通。工始于道光壬辰秋（1832），同志捐办仅得十分之一。余以是年冬起复北上，命长子钟良独任之，以蒇其事。阁成，拾废弃字纸焚于藏，招僧司香火而董其事，定春秋享祀之礼。庶几仓圣之灵，来止来歆，咸展报本之忱。吾

---

〔1〕 黄家服、段志洪主编：《中国地方志集成贵州府县志辑 27：民国贵定县志稿・康熙定番州志・民国定番县乡土教材高歌报告・道光广顺州志・乾隆南笼府志・民国册亨县乡土志略》，巴蜀书社，2006 年版，第 403 页。

邑文风蒸蒸日上亦于此卜之矣，爰为之记。

注释：仓圣阁，在今贵州长顺县西北广顺镇。此碑记标点为本书作者所加，供参考。

但明伦，字天叙，一字云湖，贵州广顺人。嘉庆二十四年（1819）进士，授编修。任两淮盐运使。

安顺

按：唐中叶封普里部君长为普宁郡王。宋时为绍庆府，羁縻二十二个小州，安顺称普宁州；元宪宗七年（1257），普里部归附朝廷，隶属于曲靖宣慰司。洪武十六年（1383）、十八年分别撤普定府和普定县，将习安州并入安顺州。万历三十年（1602）升安顺州为安顺府，府、卫同城。清顺治十七年（1660）设总揽云贵军政大权的云贵总督，总督驻地一在云南曲靖，一在贵州安顺；康熙元年（1663）罢去云贵总督，划云南、贵州二省归平西王吴三桂管辖，改设贵州总督衙门于安顺，到康熙五年撤贵州总督，设云贵总督，移驻贵阳，康熙六年（1667）贵州提督自贵阳移驻安顺；民国三年（1914）安顺府更名为安顺县，同时将与安顺府同城的普定县移至定南（今普定县城）。安顺县辖地为原安顺府亲辖地及原普定县一部。三十八年（1949）十月，省政府又将全省划分为九个行政督察区，安顺属第八行政督察区，专员公署驻安顺。辖有安顺、普定、镇宁、织金、平坝、长顺、紫云、郎岱、惠水等九个县。新中国成立后，1949 年 11 月安顺解放，安顺行政督察专员公署成立，驻安顺。辖安顺、平坝、紫云、镇宁、郎岱、普定等六县。2000 年 6 月，国务院批准设立地级安顺市。安顺市辖西秀区、平坝县、普定县、镇宁布依族苗族自治县、紫云苗族布依族自治县、关岭布依族苗族自治县六个县区和黄果树风景名胜区、安顺经济技术开发区。2014 年 12 月，国务院关于同意撤销平坝县，设立安顺市平坝区。

崇真观记[1]　　林坦

天下之舆图，有所谓名邦大郡者，虽山川磅礴之气所钟，要亦城郭宫室之都，台观祠宇之盛，有以壮丽之。故善为政者，亦必以是为务。盖将欲福生民，必并使栋宇翚飞为美也。普定为西南要区，风土清淑，界乎滇贵之中，左右荆蜀。前代犹荒裔，民俗鄙陋。诛茅结屋者虽有其人，而所谓城郭宫室，堂观祠宇，则皆无焉。我朝混一环宇，惟

---

[1] 黄家服、段志洪主编：《中国地方志集成贵州府县志辑 42：咸丰安顺府志（二）·民国续修安顺府志》，巴蜀书社，2006 年版，第 459 页。

夏惟夷，悉臣悉妾；故普定始为卫，随且置州牧，隶贵州。维时夏国武毅顾公成，以征南将军督师征讨不恭至此，始卜地于阛阓间为崇真观，以祀老氏神，事在洪武丙子（1396），观之创始如此。自后，卫之甲兵日富，制度日完，虽所谓名邦大郡者，亦可以并称。迄今六十余年，风雨凌震，观多圮坏，观者莫不欲嗣而葺之也。于是指挥使王侯斌以为己任，锐意经营，材用之需，陶埏之费，施者填委，不日而给。卫之僚属，咸相与相之。乃命工用事，增其故式，爰廓爰整，重门加修，前殿加广，视前逾十之有三，而后殿亦营从新，东西翼以夹室，规模宏巨，诚壮观也。

注释：崇真观，明洪武二十九年（1396）建，在（安顺）府城内西南隅，安顺府署左侧。旧志载，初所居皆道人，后有僧明玉自羊场坝迁住观内，崇祯五年（1632）僧人增兴重修，改名崇真寺。

林坦，字则夷，一字通道，莆田阳城人。登永乐十二年（1414）福建乡试何琼榜举人，永乐十三年陈循榜二甲第六十四名进士。历湖广按察佥事，永乐二十二（1424）年六月，由陕西按察司佥事调广西按察司佥事。正统三年（1438）九月由佥事升贵州按察司按察使，正统九年（1444）为贵州"崇真观"修缮作记。在贵州八年，人无冤声，夷风稍变。正统十三年（1455）八月以年老乞致仕。正统六年，布政使孙昇在阳城为贵州按察使林坦立"昼绣坊"。

喜客泉碑记[1]　　焦希程

平坝西南十里有泉涌焉，汇而成池，溢而成溪，湛然甘洌，可鉴可酌。冬温而夏清，客至语笑。明珠翠玉，累累而沸。风恬日霁，晶莹射目。客语在左，左应；在右，右应。众寡亦如之。否则已，殆如酬酢然，呜呼①，奇哉！因名之曰喜客。夫泉岂喜于客乎？居人农呼而市嚣，樵歌而牧唱，以佃以渔，嬉谑错匝，泉盖常喜之矣。时和而岁丰，兵偃而民息。庶而富，富而教，泉岂不益喜乎？故池以待汲，溪以待灌，温以寒冬，寒以鲜愠，为云为霖，荫泽万汇者，喜之微也。甘以受和，洌以自澄，明以辨义，恒以无息。以昭时出者，喜之具也，岂独喜于客乎？以喜客名者，天下之事，进而丑物则争，退而自卑则裕，是故利物者，众水所同也。喜客者，兹水所独也。逊美于众，而退名其所独，天下莫与争能矣。夫喜客岂细故哉！人而有得于此，则为缁衣，为杕杜，为吐哺握发。天下国家尚亦有利焉，乃泉独为之何欤？

予尝溯河、洛、江、汉之源，肆观于东海，泛三峡，过洞庭，望鼓蠡，泊牛渚，酌中泠，辨惠泉，俯龙湫于浚湖，玩玉泉于钱塘，历青、兖、幽、并、雍、益之墟，浴温

〔1〕 安顺市地方志编纂委员会点校：《安顺府志》，贵州人民出版社，2007年版，第1069-1070页。

泉，觞醴泉，式甘泉，理盐泉，或怡神于浩淼，或鼓楫于风涛，或契浙于清澜，或持志于异味，大小不论，而所见亦多矣。今日始与泉遇，则泉之喜盖非私于一人，而予固为泉所喜也，不亦奇且幸哉！泉去官道不数十步，鲜有问者，以是知遇与不遇，不独人为然也。是故重感焉，遂为之祠于澳以享神，亭于侧以便观，碣于道以告过者。

注释：此碑记另有载录，参见（清）邹汉勋总修；《安顺府志》点校小组点校：《安顺府志》，1995年版，第628-629页。或彭福荣主编：《乌江流域民族地区历代碑刻选辑》，重庆出版社，2007年版，第597-598页。

焦希程，河南泌阳人，举人。明嘉靖三十五年（1556）任贵州按察司副使，兵备分巡威清道，驻普定卫（今安顺）城。曾在城中大十字建谯楼（即钟鼓楼）。城西南一里许，有悬石如伞，有洞，原名凉伞洞，焦希程更名为"云龙洞"并作《云龙洞记》。贵州平坝卫古有珍珠泉，为平坝四景之一，焦希程将此泉更名"喜客泉"并作《喜客泉碑记》，勒石立碑于泉边，普定卫人曾为其立焦公祠。

校记：①原碑文为繁体字"於戲"，即简体"于戏"。其中"於"为"乌"的古字，今改为"呜"；"戲"通"呼"。故原编撰者径改，照录。另，"于戏"当写为"於戏"。

重修平坝卫关帝行宫碑记[1]　　傅宗龙

天启四年（1624），岁在甲子，宗龙奉敕护军。以是岁十一月甲子，大将军鲁钦等大破水西兵于普定之汪家冲，逆彦坠马几获，露布以闻，称奇捷焉。余时驻平坝，距普定一县。先一日，卫弁走告余："本卫所祠祀伏魔大帝须鬓汗流，似是助官兵破贼。"余问何以知之，卫弁俱言：往岁彦贼率众数万围平城，攻拒甚急，老幼男女登埤而泣，惧且夕供贼刀俎。拒守数日，贼围解去。时有自贼中逃回者言贼中喧传城上旌旗、甲伏人马甚盛，度不可取，故去围。同时祈福于祠者，咸睹大帝须鬓汗流。及贼去，得贼中传言，始知贼所望见旌旗、甲伏人马，乃大帝神力之所化现也。征以往事，今日之阴助官兵无疑。余闻而异之。已而，官兵果大破贼。报至，宗龙诣大帝行宫谒谢。仰瞻帝像，英毅庄严，令人魄悸。余却立帘下，顾谓诸将吏曰："吾行天下，瞻帝像多矣，无如此像之懔懔有生气者。其神力化现，庇此一方，诚可信不妄。而殿宇湫隘，宫门逼迩大道，车尘马足，及于堂阶，殊非崇奉之意。"乃捐金檄卫弁扩其旧基。殿、庑、坊、垣皆新建，门屏外砌石为衢，状如半月，俾往来者环屏外行，视畴昔差可展敬，私心微以为慰。窃复自念，大帝庙宇遍海内，其壮丽宏邃，视此何啻千百，此何足邀大帝之一盼哉！然匹夫匹妇苟存诚敬，即可格神。矧大帝照临下土，孜孜以臧贼拯民为念，兹烽火

〔1〕 贵州省文史研究馆古籍整理委员会编：《贵州通志：金石志·古迹志·秩祀志》，贵州大学出版社，2010年版，第325-326页。

干戈之域，老幼男女，非大帝无所请命。大帝不以平城为小，不以平城之人为少，特化现而保全之，岂其以兹宫为不壮丽宏邃也！而不居歆，必不其然。

又忆余于天启元年（1621），领两浙之役，请假归省，以十一月入黔，抵平越，贼突兴于卫。余于黑泥铺后，登山望之，适有一斗室，祀大帝像，余拜起语同行亲友曰："大帝在此，贼必不能为害。"未几，贼循山而遁。以黔乱道阻，二年五月赴浙，冒险出建昌，至小象岭下，番傈数百，前后截之，进退失据，部送者都无人色。余下马入一废营小憩觅计，而草莱中又适有一斗室祀大帝像，余喜极趋拜，心祝已，复语同行亲友曰："去年大帝佑余于平越，今必见佑，贼何能为？"少顷，通事致番傈言，欲一望见绣衣，不敢惊阻。遂按辔渡岭，群贼墙立不哗。非藉大帝之威灵，几不获免于难。宗龙何以邀此于大帝哉？毋亦区区忠义，大帝实鉴之。故当危急迫厄之际，辄显示骘相如此。夫荒铺废营之中，凡有祠祀，而大帝无不在焉。兹斯宫为大帝所居歆复奚疑！余自惟弱劣庸愚、无能称职，独是区区忠义矢志不渝，且免修护军之职，以图逆酋。庶几仰副大帝碱贼拯民之念于万分之一，而碱贼拯民，余还以祈望于大帝。征之往事，余其遂所祈望乎？敬磨石记之，以昭大帝之灵贶，且示平城之人，永永无忘大帝之赐也。是为记。

注释：关帝行宫在安平县（今平坝）卫治内东。（嘉靖《志》）在城北内，明永乐间建。天启四年（1624），助战破贼，须鬐汗湿。巡抚傅宗龙重建。康熙九年（1670）重修。嘉庆十年（1805）重修。（《安顺志》）按：平坝县位于贵州省中部，属安顺市管辖。平坝，为"地多平旷"之意。其县名之由来源于明洪武二十三年（1390）所设之平坝卫。清康熙二十六年（1687）改卫设县称安平县，民国三年（1914），因与云南安平厅和直隶安平县重名，遂更名平坝县。此碑文另有版本载录，参见（清）刘祖宪修；何思贵等纂：（道光）《安平县志》，第54-55页。

傅宗龙（？-1641），字仲纶，云南昆明人。明万历三十八年（1610）进士。初任铜梁知县，调巴县，入为户部主事，久之，授御史。明熹宗天启二年（1622）二月，水西安邦彦叛乱，贵阳以西数千里尽陷，又围贵阳。宗龙请发帑金，济滇将士，开建昌由蜀入滇之道，别设偏沅巡抚，罢湖广退怯总兵薛来允，帝多采纳之。又上疏自请讨贼。因患病归里。四年（1624）夏，即家起宗龙巡按贵州兼监军。

关岭汉将军碑记[1]　　彭而述

自黔入滇，蜓程峣嶂，弥望皆山，车马多行隙中，独安顺迤西当胸而立，亘蠹云

〔1〕 安顺市地方志编纂委员会点校：《安顺府志》，贵州人民出版社，2007年版，第1074-1076页。

起，有岭在焉。岭从关将军索得名，将军而前，不可考也。余于顺治十七年（1660）庚子，由滇藩逾此，陟将军祠拜焉。阅四年甲辰（1664），复以黔臬至，则威清使者陈公新其宇，丐余文记其事，且言曰："此前制府赵公意也。"

余窃读往史，传汉前将军赫赫矣。今天下方州僻壤，粢盛肥腯，几与有国者之祀社稷，城郭之有孔庙等。今将军名索，汉前将军子，其轶事不少概见。荆州之役，既已父子殉难，无以名索者，史失其名欤？且中原徐、泗、宛、邓之间，为前将军百战之地，何以竟无在也？既而思之，将军父子所事者，刘氏耳。南郡之后，刘氏既西，将军随之。《黔志》称"建兴之始，将军从诸葛丞相南征，将军先躯拔山通道，为此岭开先，宜血食于此"。古之名山大川，率有神人居之，将军戮力王事，焄蒿①凄怆，与山川相为不朽，岂顾问哉！尔时中原鼎沸，丞相居西南一隅，将用蜀以用天下，以延火德之基。若使雍闿之乱不止，则蜀中震动，褒斜以东，不敢问矣。丞相先南中而后有事于中原，饶有深意，将军之心与丞相同。此岭之所以传将军，与将军之所以常有此岭，非偶然矣。或者曰："孔明舍荆州不问，称戈瘴毒之乡，与鳞介争雌雄，迨擒纵既成，而力亦惫矣，安能复问高光之鼎乎？"此大不然，譬之千金之子，方有事于强邻怨家，而垣墙之内，乃有伺窥筐箧、厝火于积薪之上者。此之不除，祸岂在远，孔明之先克南中，亦犹是也。然则天下之岭多矣，而此岭独以将军传何欤？曰："此人心之不忘刘氏也。"今山半有饮马泉，有关帝像，此又因将军而思及帝者也。帝始终为刘，将军亦始终为刘。成都虽去，后主虽淹没不传，而人心之帝，与人心之将军，不可诬也。此关索之名，后天地而不朽，赖是欤？先是，孙氏窃据黔滇十有六年，大师西征，惟此岭戍最严，迨我师直捣而风靡。今缅甸、车里、南交奉正朔，恐后车书一统，此岭实先之，何莫非将军之灵哉！

按②：是祠之建，肇前代通道都督马公，正统麓川之役，靖远王公拓之，及大司马松月伍公登诗告成。祠之起，皆以边圉有警，行师克振。今国朝膺命，滇黔职方开于十五年之后。总制赵公按舆图，考祠典，饬橑桷而频藻之。国之大事在祀与戎，其知之矣。

注释：关将军庙，一名顺忠庙，在关岭。此碑文另有版本载录，参见黄家服、段志洪主编：《中国地方志集成贵州府县志辑8：民国贵州通志（三）》，巴蜀书社，2006年版，第287页。或贵州省文史研究馆古籍整理委员会编：《贵州通志：金石志·古迹志·秩祀志》，贵州大学出版社，2010年版，第376-377页。

彭而述（1605-1665），字子籛，号禹峰，（河南南阳）邓州彭桥人，明末清初官吏、学者。明崇祯十三年（1640）中进士，授阳曲县令。清顺治初年，任两湖提学金事，守永州道，后为贵州巡抚。永州失守后，被罢官，归故里，饮酒赋诗，抒怀咏志。后得王铎（1592-1652）推荐，初补衡州兵备道，任副使，再升任贵州按察使、广西右布政使。后被举荐云南左布政使。

校记：①"焄蒿"，指祭祀时祭品所发出的气味，后亦用指祭祀。焄，古同"熏"。蒿，亦称"青蒿""香蒿"，可入药。

②此处按照原文抄录。

喷珠泉记[1]　　甘文焜

壬子(1672)春仲，适有金江之警。三月八日，余提师西行，逾关岭渡盘江，至新兴之江西坡。夜半，忽传西戎北遁之报，因不欲黩军士，撤营东归。始投辔徐行，未至平坝十里许，见道右一亭孤立，榛莽深蔚。询左右，金曰："此珍珠泉也。向莫知之，自焦监司饮之，记其事，乃建亭。"于是下骑偕诸从事往观焉。池广数尺，一泓清冽。泉之涌出水寸许，累累不绝，或左或右，此起彼伏，状类喷珠，下荫千亩。因以诸从事少憩于亭，随饮于池上。举觞数行，忆昔出使朝鲜，过葱岭站，一山积翠，瀑布高悬，散若珠飞。此巉岏所阻，激之使然。斯泉也，胡为哉？

盖天地灵异之气，非钟于山，则钟于水或钟于人。顾黔之山颓焉若块，草木不毛；黔之民愚顽成性，虞诈居心。求夫灵异之气，不少概见，惟贵阳郭外西南隅漏汋泉，昼夜盈虚，不爽其度，诚天之中气所出，复委之颓垣败壁下，芜草蒙茸，人莫之顾，徒为山灵所笑。今兹泉喷珠错落，亹亹不休。此涌珠玑也，竟同弃于榛莽，将天地独钟之秀，复泯没而无闻，可胜惜哉！嗟乎！人之不遇，数之使然。斯二泉也，亦有气运之厄，同于人之不遇乎！余闻东鲁之泉有三，而夫子间出，为万世儒宗。意者天厌苗蛮，将启文物而先呈此灵异之休欤？是泉不遇于今者，安知不为征于后也。因更其名曰喷珠，并列诸从事于碑阴，纪其事以志化成云。

注释：珍珠泉，在贵州平坝卫，为平坝四景之一，焦希程曾将此泉更名"喜客泉"。

甘文焜（1632-1673），字炳如，汉军正蓝旗人，清初将领，祖籍丰城（今江西丰城），后迁至沈阳（今辽宁沈阳），石匣副将甘应魁之子。甘文焜善骑射，喜读书，尤慕古忠孝事。初以官学生任兵部笔帖式。历任直隶巡抚，云贵总督。康熙年间，先后平定凯里、臻剖等苗部。康熙十二年（1673），吴三桂反叛，杀死巡抚朱国治，云贵诸将多附叛军，甘文焜死不从叛自杀。后追赠兵部尚书，追谥忠果。

文昌宫刻石[2]　　王文雄

注释：文昌宫刻石在（安顺）文昌宫正殿，宽六尺，为董其昌（1555-1636）所书

---

〔1〕　安顺市地方志编纂委员会点校：《安顺府志》，贵州人民出版社，2007年版，第1078页。
〔2〕　（民国）黄元操、任可澄等纂辑：《续修安顺府志》，第473页。

杜工部"投赠哥舒翰开府廿韵"首四句。原藏清大内渊鉴斋，康熙以赐王文雄，于康熙五十一年（1712）王提督军务至黔，摹刻于此。

于此附录杜甫《投赠哥舒开府翰二十韵》诗："今代麒麟阁，何人第一功。君王自神武，驾驭必英雄。开府当朝杰，论兵迈古风。先锋百胜在，略地两隅空。青海无传箭，天山早挂弓。廉颇仍走敌，魏绛已和戎。每惜河湟弃，新兼节制通。智谋垂睿想，出入冠诸公。日月低秦树，乾坤绕汉宫。胡人愁逐北，宛马又从东。受命边沙远，归来御席同。轩墀曾宠鹤，畋猎旧非熊。茅土加名数，山河誓始终。策行遗战伐，契合动昭融。勋业青冥上，交亲气概中。未为珠履客，已见白头翁。壮节初题柱，生涯独转蓬。几年春草歇，今日暮途穷。军事留孙楚，行间识吕蒙。防身一长剑，将欲倚崆峒。"

王文雄（？—1800），字叔师，贵州玉屏人，清康熙年间将领。由行伍从征缅甸、金川，擢至游击，洊升直隶通州协副将。

修文昌阁桂香内殿记[1]　　郭德馨

国学陈君大智，字若愚，江西吉安庐人也。自乾隆四十九年（1784）来黔，寄习安城东，开设布店。壬午（1822）初夏，向余等言闻文昌内殿，议修未果，定需公费，愚现存一有寄无归之项，与诸君商处之。缘嘉庆二年（1797），兴义苗变，有素识四川脚夫何鸣凤于四月内由铜仁赴兴义生理，路过安顺，带有车湾布十一匹，托愚出售，计卖纹银一十七两，至七月内，接鸣凤来书云："日来病卧，难卜归期，卖得布银希转托妥便带至叙州府城，问寓松柏栈内易至明亲收。"继有同伴两脚夫传言，何鸣凤已在廖鸡箐病故。因诘其栈东，回以二三年来未见此人，不识居于何所。复将何鸣凤寄布寄信以及病故缘由说知，望其诏告多人，致风声流播信息或通。不意年复一年，杳无音信，盖廿有余载矣。今鸣凤银以每年一分利算，百有余金，如内殿可就减创建，俾渠得结是缘，亦堪慰幽灵。余等即通盘细计，需纹银一百五十两，方可告竣。陈遂欣然如数兑出，以全其功。噫！此内殿也，固由鸣凤十七两之布价而兴，然非陈君之光明居心，无愧死者，谁能以寄存货银认利十倍，作如斯之美举乎！自今以往，鸣凤身虽殁而名不没，而陈君之义，自无不昭然矣。

注释：此记另有版本载录，参见黄家服、段志洪主编：《中国地方志集成贵州府县志辑42：咸丰安顺府志（二）·民国续修安顺府志》，巴蜀书社，2006年版，第78—79页。

郭德馨，安顺人，事孀母以孝闻。弟妹五人，皆其婚嫁。当廪保时，有以枪冒托

---

〔1〕 安顺市地方志编委会点校：《安顺府志》，贵州人民出版社，2007年版，第1122—1123页。

者，峻拒之，学宪廉得其实，赠额奖之。嘉庆二年（1797）苗变，抚宪冯饬安顺府陈赴石板房招乡勇，无应命者，乃携德馨同往，以大义激劝，招数百民，又至镇宁亦如是。冯中丞记功，以母老不仕。嘉庆元年（1796）举孝廉方正，后母卒，以岁贡授黄平训导，卒于官。胞弟德明，以书识入营，居家事母，帐被亲为洗涤，母疾祷于天，愿减算以益母寿。母卒，茹素蔬、油等皆不食。事兄德馨谨甚，有怒常跪受责。年七十九卒。

新修龙神庙凉亭碑记[1] 　黄培杰

距城东里许，有杉木洞焉。岩石磊砢，邃洞谽谺，一泓迸出，清清冷冷，甘若醴泉，上建龙神庙，不知创自何时。石屋一间，规制极陋，水旱呼吁①，咸祷于斯。庙前有凉亭一座，为官民跽②拜地。道光四年，州牧胡君德③瑛、许君华铣、吏目赵君成彦捐资建④。阅岁既久，日渐倾圮。余莅任谒庙，慨然有修废举坠之志。顾下车伊始，政务殷繁，未暇及也。耆老为予述龙神之灵曰："昔年某州长为民祈雨，屡祷罔应。守府学博竭诚⑤设坛，五日后大雨经旬，枯苗复生。"予竦听之，怦然有动于心。夫天生民而立之君，承以大夫师长，不惟逸豫，惟以乱民。州牧奉天子命守斯土，数百里之⑥内之民，莫不以父母师保尊之，非徒隆其礼⑦也，民之身家性命所关甚钜也。官能拊循其民，恫瘝在念，神有不鉴之者乎？官不能拊循其民，仓卒吁请，神有不吐之者乎？乙未（1835）六月下旬，淫⑧雨连朝，禾苗湮没。闰月九日，余率士民祈晴，次日则阴霾全消，杲杲出日矣。继而苦旱，七月四日，又率士民虔诚步祷，三日即大雨如注。丙申（1836）二月下旬，又旱，农田龟坼，禾苗就槁，三月五日，率士民祈之，次日得雨，苗有生意，而田水犹未足也。十六日，复率士民祈之。越二日，雨泽滂沱，四野沾⑨足。两载以来，年谷顺成，家给人足，四境安堵。呜呼！岂非神之灵哉！岂非士民之福哉！不然，余承乏斯土，愧无善政以及民，其何能幸邀神惠有祷辄应若斯耶？夫敬恭神明，有司之职。神能佑吾民，而不能有所表建以仰答神庥，不足为士民劝。因择日命匠葺治凉亭，以昭神贶，并书匾额曰"泽润生民"，悬于其上。亭成而为之记，以志神之灵应如此。

注释：龙神庙凉亭碑，在永宁州（今属安顺关岭）城东里许杉木洞，不知建自何时。嘉庆二十五年（1820），把总陈升监修。道光四年（1824），知州胡德英、署知州许华铣、署吏目赵成彦捐建凉亭一座，后圮。道光十五年（1835），知州黄培杰捐廉重修。

此碑记标点为本书作者所加，供参考。此碑另有版本载录，个别文字不一致。详见

---

[1]　（清）黄培杰纂修：（道光）《永宁州志》（光绪二十年沈毓兰重刻本），第583页。

安顺市地方志编委会点校：《安顺府志》，贵州人民出版社，2007年版，第1130页。

黄培杰，浙江人，清代嘉庆道光年间任永宁（治今贵州关岭永宁镇）知州。

校记：①原文"齰"，即"吁"的繁体字，径改。

②"跧"，另版为"跪"，备考。见《安顺府志》2007年版，第1130页。下同。

③原文"惪"，即"德"的异体字，径改。

④另版"建"后面有"修"字，备考。

⑤"竭诚"，另版为"诚敬"，备考。

⑥另版为无此"之"字，备考。

⑦"礼"，另版为"体"字，备考。

⑧"滛"，即"淫"的异体或讹字，另版为"淫"字。径改。

⑨原文"霑"，古同"沾"，径改。

重修安郡文峰记碑[1]　　　邵鸿儒

士之歌鹿鸣而宴琼林者，则必曰地灵人杰使然也。以故普天下莫不择高以建塔，自诩其人文蔚起，以勉失读书子昕夕用功，为振兴学校、鼓舞人材之一助，故谚谓塔为文峰塔之义大矣哉！习安郡城之塔由来旧矣，岁久倾圮①，近年秋闱未登贤书者两科矣。有司爬罗、剔抉、刮垢、磨光，盖有幸而获选，孰云多而不扬？诸生业患不能精，无患文峰之不振。盖当论之，君子之道求其尽心焉尔！故其学也，求尽吾心之学，非为科名之迟速也。夙兴夜寐，非以为勤也，吾心有不尽焉，是谓自欺其心也。余膺民社，以亲民为职也。亲民之学不明则世无善治者矣。传不云乎，民之所好，好之；民之所恶，恶之。此之谓民父母。郡之人士，咸以文峰倾圮②致妨科名为恶，爰捐廉为倡，以修葺之。甫兴工，而余奉檄调任普安，心甚悯然，聊跋数语，以识其歉仄之意云尔。是为记。

咸丰二年（1852）正月下浣署普定令余姚邵鸿儒撰。

注释：安顺旧有城隍庙二座，一为府城隍庙，在老城西南（今市西路一带），创自元代，明万历二年（1547）重修二十四殿，十四年工竣，有碑志其事。以后康熙、乾隆、嘉庆、同治各代均有培修；一为县城隍庙，在老城之南西秀山脚（今安顺地区中级人民法院院址）。

乾隆年间城西二桥头双桥书院迁移于此，易名习安书院，道光二十七年（1847）知县崇梦渔将其改建为县城隍庙。历经岁月，两庙先后颓圮。复经改建，面目全非。只有《贵州通志》《安顺府志》和《续修安顺府志·安顺志》留下零星记载。

---

〔1〕　周道祥主编：《安顺文史资料第14辑》，安顺市政协文史资料委员会，1993年版，第192页。

1986 年地区法院基建、拆除原县城隍庙残留的一栋曾多次改建的殿房，在其右次间发现地下室的三块盖板上刻满了字。地区博物馆和市文化部门判定这是与西秀山石塔、府县城隍庙有关的三块大碑，将其移至市文化局院内保存。这三块碑字迹清晰，内容完整，为《重修安郡文峰记碑》《县城隍庙记碑》《春渔席公明府折狱城隍庙遗思碑》。其中《重修安郡文峰记碑》碑长 1.9 米，宽 1 米，厚 0.2 米，碑文 320 字。清咸丰二年（1852）正月所立，普定（今安顺市）县令邵鸿儒撰文，记其咸丰元年（1851）捐廉修缮西秀山文峰石塔事宜。

邵鸿儒，字梅村，浙江余姚人。由笔帖式补贵州普定县知县，道光二十七年（1847）调署台拱同知。到任后，创修太平桥、魁星阁、三官殿。勤政惠民，舆情爱戴。不一年政声卓著，寻迁平越州直牧。咸丰五年（1855）苗民反，大府以公洞悉苗情，复调署台拱厅事。咸丰六年丙辰（1856），城中粮尽，继食草根树皮，贼侦知城内空虚，率众数万力攻。丙辰秋八月二十七日城陷，公遂自刎于厅署大堂，妻张氏并女一同时尽节。按公坚守危城十有八月，粮尽城失，阖城文武军民阵亡者尸积如山。克复后邦人士求公尸不得，深以为憾，欲为公立衣冠墓，求公遗物亦不可得，议遂寝。光绪十七年（1891），同知李上珍建六角亭于署后山麓，立公木主祀之。宣统元年（1909），同知胡瀛涛、参将刘勇复建双忠祠于参将署侧，迎公木主与参将富忠同祀焉，缘富与公同时殉节也。

校记：①、②原文"圮"，误，应为"圮"，径改。

县城隍庙记碑[1]　　　邵鸿儒

安顺改设郡治，普邑附郭而居于今百八十年矣。相传府城隍庙乾隆五十六年（1791）奉封为威灵侯，鬼神之为德由来尚矣。道光丁未岁（1847），崇君梦渔视事普定，以县无城隍犹郡无邑令，诚缺典也。劝捐建庙，工未竣而更调他邑，后之接任者无暇及此。咸丰元年（1851）四月朔，鸿儒捧檄①而来，次日谒庙。先一夕，梦峨冠博带二神，一在室之中，一在室之左，盖别居也。既而诣府县两城隍庙，恍如梦境，因异之，以为神明有所使令尔。甫下车，民事倥偬，未遑经理，非敢缓也。盖先成民而后致力于神之意也。阅数旬，庶务略有端绪，爰集绅耆父老，告以梦中实迹，首先捐廉为倡，于是好善乐输者踊跃捐输，而后殿两庑与夫前门甬道得以落成。於戏②！天下无不可为之事，所患志之不笃，心之不诚耳！抑又闻之，诚身明善乃先居官之先务，敦伦③纪，正风俗，无一非有司诚身明善以感格乎神明默助之所致，而果报不爽。幽明一理，贤不肖无不知之，特以利欲所蔽，求其为忠而不以为忠，求其为孝而不以为孝，求其为弟而不以为弟，放

〔1〕　周道祥主编：《安顺文史资料第 14 辑》，安顺市政协文史资料委员会，1993 年版，第 193 页。

辟邪侈，无不为己。直以天高难问，善者以怠，恶者以肆。是故神道设教，使民知所畏敬，庶几一道德而同风俗也。呜呼！圣人之为虑深且远矣！是为记。

咸丰二年（1852）正月下浣署普定令余姚邵鸿儒撰。

注释：道光二十七年（1847）知县崇梦渔改创县城隍庙，咸丰元年（1851）有知县邵鸿儒续修后殿两庑及前门通道。有《县城隍庙记碑》，咸丰二年正月刻立于庙中，长2.1米，宽1米、厚0.2米，邵鸿儒撰文，记其维修该庙经历，全文433字，阴刻楷书。

校记：①"捧檄"，原指东汉人毛义有孝名的典故，后以"捧檄"指为母出仕。

②原文"于戏"，当作"於戏"，径改。

③原文"伧"，误，应为"伦"，径改。

春渔席公明府折狱城隍庙遗思碑[1]　　　佚名

城隍二字始于泰爻，县令一官昉自秦代，要惟有补于社稷，斯堪交赞夫幽明。甲戌夏（1874），春渔席公奉檄至斯，发硎伊始，善政善教。既公颂于鼎甲之楼，余韵余情，复赓歌于城隍之庙者，缘公明如秋月，德比春风，小大之狱必以情，智珠在握，奸宄之术未遽服，孽镜高悬，遂乃刻意更新，早谋经始，惜瓜期甚促，象教未竟，装潢查城，难留麟仁，多遗抱负。公今去矣，民敢忘哉！惟是药不必多品，疗病者佳官不必三。公宜民者贵合计。公一年兹，百废俱举。兴学校则具少陵广厦之心，育民生则怀白傅大裘之意。傅妇可无泣纬，惠及柏舟；盗贼罔敢穿窬，威加苻泽。从此行春有脚，到处奉如明神。作则因心，无愧古之循吏。此特天衢之发轫，江水之滥觞矣。爰颂曰：城隍有神，县令有席，令耶神耶！宅心不隔。安得去矣复归来，补神之未了之规画。

光绪二年（1876）六月吉日。合①郡绅②耆公立。

注释：同治十三年（甲戌·1874），席时熙（字春渔，四川人，进士）任安顺同城普定县（今安顺市）知县，光绪二年（1876）卸任，本城绅耆为作《春渔席公明府折狱城隍庙遗思碑》，立于府城隍庙内，后佚。此碑长2.1米，宽1米，厚0.2米，碑文214字，阴刻赵体楷书。西秀山石塔塔身北面刻有"咸丰元年余姚邵鸿儒重修"字样，记载过于简略。但《重修安郡文峰记碑》记载了这段史实。

又如《续修安顺府志·安顺市志》第309页载："县城隍庙，在城南隅原习安书院旧址。内碑云，道光二十七年（1847）知县崇梦渔建修，又一碑云，咸丰二年（1852）普定县余姚邵鸿儒创建，未知孰是？"《县城隍庙记碑》明确肯定为道光丁未岁（二十七年·1847）崇梦渔首创，咸丰二年邵鸿儒继修。

校记：①原文"阖"，应为"阆"或"閤"，即"合"，径改。

---

〔1〕　周道祥主编：《安顺文史资料第14辑》，安顺市政协文史资料委员会，1993年版，第194页。

②原文"伸",误,当作"绅",径改。

武庙培修碑记[1]　　黄元操

关帝在清祀有典,庙曰武庙,尊与文庙峙也。岁时,文武官绅向于是举行典礼。民国以来,议以岳忠武合祀。历任知事主其祭者,临春秋仲戊,率题关、岳位祀之,过此仍其武庙,尚无所谓关岳庙也。噫!无乃太简乎!戊午冬(1918),唐君希泽来守是邦,越明年春,值祭睹此,谓有失两神圣尊严,非所以尊崇之道。且栋宇墙壁就倾,弗理,神胡式凭?爰倡培修,由地方经费筹洋银五百四十九元五角七分,不敷,又由承修绅陈燮春借阳明祠款二百元、团防局款一百零七元,全庙尽修葺之。以大门近市,攘往熙来,更增石栏于外,戒勿渎也。工竣,书关壮缪侯,岳忠武王位暨匾、额、联,以木质制金字,自署迎于庙,俾妇孺咸知焉。

吾邑之改武庙为关岳庙,郑重而奉关、岳,盖自此始。呜呼!汉祚微而有关,宋室衰而有岳,一尊统,一攘夷,其功业虽殊;一读春秋,一好左氏,抑知经、传之体有别,而尊攘大义统一律也。假关而在宋,关必为岳;岳而在汉,岳必为关。是岂经生读圣贤书惟挦章摘句而不本诸躬行也耶!此今国家之所以合祀也。正气凛然,馨香万世,配天地,贯古今,所以作忠义之气,其巍巍之关岳庙乎!贤有司体国家崇报之精意,尊已往以迪将来,俾郡人士望而兴起,其功亦伟矣哉!兹者,承修绅陈燮春、监修绅陈凤鸣,出经用款目表示地方,合并泐碑以志不苟,谨撮颠末而为记。

时民国八年(1919)己未阳历九月。

注释:武庙,原名慈云寺,后改关帝庙。庙址在(安顺府城)大十字(街)钟鼓楼下,前分三门,中有额曰:"文武圣神",门前竖下马碑。庙建自明季,原属城中居民所有,旧志载道光四年(1824)重修。提督李本深于康熙五年(1666)曾提倡重修一次,乾隆五十七年(1792)改建观音楼又重修一次,皆有碑记及石柱刻字可考。所引文献原编者按:民国八年(1919),武庙改为关岳庙,知事唐希泽培修有记,记为城绅黄元操撰。

黄元操(1875-1951),贵州安顺人,清末任安顺劝学所董事,开办初等小学堂、蚕桑小学堂、广智小学堂等学校,还办了简易识字书塾十二所,1931年任贵州历史参议会副议长,回乡后,任安顺府志局局长,主持编撰《续修安顺府志》。

〔1〕 黄家服、段志洪主编:《中国地方志集成贵州府县志辑42:咸丰安顺府志〔二〕·民国续修安顺府志》,巴蜀书社,2006年版,第454页。

镇宁

按：元代正式在县境建中层行政机构，镇宁之名始于元代。元至正十一年（1351），今镇宁地为和宏州属地，隶云南普定路；是年九月，和宏州改为镇宁州，仍属云南布政司之普定路（后升普定府）所辖，至1385年起普定府废而改隶四川布政司。明洪武二十三年（1390），建卫制于纳吉堡（今镇宁县城），因堡中有一奇石名安庄而命名卫城为安庄卫，是年改隶贵州布政司。明嘉靖十一年（1532），知州张邦洙徙镇宁州治所于安庄卫城，州卫同城。清康熙十年（1671）裁安庄卫并入镇宁州，隶安顺府。明、清两代镇宁一直是州卫治所驻地。民国三年（1914）改镇宁州为镇宁县，其时废府设道，隶属黔西道。1949年11月成立县人民政府，隶属于安顺专署。1956年划入黔南自治州管辖。1958年，关岭、镇宁两县合并为镇宁县，复归安顺行署管辖。1961年，两县分开复置。1963年9月成立镇宁布依族苗族自治县。现隶属安顺市。

汉关将军庙碑记[1]　　　胡宝

按①：将军，旧传汉前将军羽之子，忠勇有父风。建兴初，从丞相亮南征，遣戡略诸要害，恩信孚兹土，世祀之。

国初通道，都督马公踦是岭，见有祠，奉木主，书"汉将关索"。公曰："圮哉！何以系西南世思？"遂令加葺，以军礼具祀事。因疏上，肇置守御所，名称坐是不易，庙貌血食，亦惟无斁。繄②将军之灵哉！繄我朝设险守国，讵适然也哉？夫礼失求诸野，史阙访诸俗。俗起以义者，礼也；野享于同者，史也。况将军父子戮力刘氏，间关忠愤，继之以死，古所谓以死勤事，以劳定国，非欤？秩祀西南，固宜百余年来，居人雨旸、兵疫必以告，曰惟有征；弗靖者悔祸，曰惟有神。呜呼！此非有功德于民者欤？惟永祀兹土亦宜。

---

〔1〕　安顺市地方志编纂委员会点校：《安顺府志》，贵州人民出版社，2007年版，第1070–1071页。

正统时（1436-1449），麓川夷拒顺，靖遂伯王公师行，以告，凯旋，命所人拓其祠宇，毋仍陋，是故有感之者。昨戊子（1528），武定夷亦拒顺，旋复殄平。大司马秋月武公归，登诗帛告成事曰："繄所人其亟图诸石，志先烈无坠。"辛卯（1531）八月，碑始成，大夫士与有劳焉，适侍御松崖郭公至，命宝核实载文，从士请也。夫崇节励忠，顺人望以昭禋典，休哉！君子之心之德。宝何说之辞？然亦罔敢以不典诬神。呜呼！将军不朽者，其在兹乎！既为记，乃赋乐诗，俾所人时祀以歌。诗曰：将军烈烈匡刘炎，血忱膂力秉塞渊。祖宗四百一发悬，咄彼逆党仇所天。不归孟德归孙权，渠能守死节靡捐。父子忠勇将军全，丞相义声将军先。跃马奋戈如龙骞，夺隘破关功无前。险哉此岭襟喉滇！指挥不杀弥腥膻，去思血食年复年，至今人记马跑泉。皇明通道偃橐鞬，马公祝册昭云轩。帝命汝庇西南边，西南久兮思息肩。翁姥舞拜神无言，飒飒灵筵来灵筵。击神鼓兮羞牲牷，菁茅酹兮静无喧。山草依兮山花燃，愿丽神保人罔愆，威恩霆雨消蛮烟。

注释：关索庙，在（镇宁州）卫治南四十里，昔年关索领兵征南到此，有神应，后人遂立祠庙于山巅之上祀之，因名。郡人推官胡宝撰碑记。此碑记另有载录，参见贵州省文史研究馆古籍整理委员会编：《贵州通志：金石志·古迹志·秩祀志》，贵州大学出版社，2010 年版，第 376 页。

胡宝，安庄卫（今镇宁）人，明嘉靖壬午科（1522）举人，官至广西梧州府同知。

校记：①此按照原文抄录。

②"繄"，文言助词，常于句首或句中，有"惟、只、是"等义。

重建龙神祠碑记[1]　　　周溶

龙神祠在州之北郊，建自何时不可考。嘉庆初，南笼不靖，遭兵燹而祠废，因奉神位附于他庙，已五十年矣。乙巳秋（1845），余来权刺，下车行谒礼，询知其故，于心怵然，窃以神司旱涝者也。捍大患，御大灾，休徵时若，润泽生民，祈年报赛，崇祀典于春秋，不有专祠，何以昭礼制而答神庥耶？爰晋都人士议修其所废，讵意皆有志焉而未之逮也。举欣然曰："郊外之故址，又为禾黍矣。尝卜地于玉带河干，拟筑高台，建一亭，奈绌于力，未敢遽兴厥工，请往度之。"余诺其言，而履观焉，则见河水洋洋，洵称名胜。迹其源远流长，农田既资灌溉，且旁有井。民户日资其养而不穷，利何普欤？于此而建祠，神灵实式凭之，都人士之议，可谓因地制宜矣。然与其筑高台而孑然，亭之，何如择平原而扩然宇之？遂捐廉购民地之闲旷者，命日量功，为士庶倡，乃疕土向义，胥克用劝，不数月庙貌奕然。奉牲盛以祭，知民和年丰，有嘉德无违心，将见致力于神，必降之福也。嘻嘻！事有志而竟成。因叙其颠末，泐诸石，亦以见民力之普存。

注释：龙神祠在镇宁州城内北街起凤桥三眼井旁，道光二十五年（1845），知州周溶捐廉，率绅士孙玉峰等募捐新建。

碑记标点为本书作者所加，供参考。此碑记另有版本载录，参见安顺市地方志编委会点校：《安顺府志》，贵州人民出版社，2007年版，第1136页。

周溶，直隶蔚州（今河北省蔚县）人，道光十九年（1839）出任下江厅通判，道光二十五年，任镇宁知州。

重修镇宁武庙碑记[1]　　李昶元

尼山垂教，道冠古今，直与天地合德，故历代无不钦崇焉。汉有关圣，夫子纯义精忠，纲维宇宙，直与日月争光。迨我国朝崇德报功，文武并重，尊崇夫子亦如尊崇孔子焉。镇城南之右隅，康熙间改卫设州，原建有关圣夫子庙，同治丙寅（1866），城陷为贼所毁。昶壬申（1872）履篆，惟见荒秽，满城砾瓦荆榛，已不胜故宫黍离之感也。方今干戈甫戢，而于俎豆明礼不亟修明，将世道人心伊于胡底，且亦深可隐忧，况以兵燹频罹之区，一旦①冰消瓦解，转祸为福，未必非赫声濯灵默为拯救也。夫兴衰治乱原自无常，我夫子以至大至刚血食千古，则即天壤之大。一隅之小不必拘于何在，固已无所不在。惟圣而神之保护，人莫之窥亦莫之觉也。昶率州人重修斯庙，亦谓国之大事在祀与戎。兹值烽烟既靖，则采蘋采藻亟应乘时荐举以昭邻治之馨香，庶及见如闻，俾得对越骏奔，更作孝忠之志节如是焉已。倘令懦立顽廉，振拔士林之习，服畴食力，挽回民俗之颓，岂不懿哉！斯邑夷夏相错，性质难驯，惟仰赖□□默为扶持，移易于不识不知，以顺其则，是又牧民者所虔祷，不置尔基址规模悉仿前式，丹楹刻角焕然维新，经始于癸酉（1873）之春落成，于甲戌（1874）之夏绅首廖忠良、程经邦、吴耀坤、牛登俊、范廷杰、赵子琦等从公黾勉相与有成，不没其劳，因得并附其名焉。谨为之序。

注释：详见碑文。碑记标点为本书作者所加，供参考。

李昶元（1817-1884），字东来，号竹山，（四川眉山）丹棱高桥古田桥人。晚清蜀中著名诗人、教育家。于1855年省闱中举，咸丰六年（1856）春进士及第，授职工部主事，官至镇宁知府。同治十三年（1874）主持编写《镇宁州志》，两年后完成。光绪三年丁丑（1877）辞官返里。著有《修竹山房诗草》八卷，辑诗896首。

校记：①原文为"但"，误，径改。

---

〔1〕黄家服、段志洪主编：《中国地方志集成贵州府县志辑44：道光安平县志·光绪镇宁州志·民国镇宁县志》，巴蜀书社，2006年版，第322-323页。

重修镇宁城隍庙叙[1]　　李昶元

神道设教，自古皆然。故或州或县或郡，凡有地方之任者，皆设城隍，以为阴有所司，使人知所警惕，忠孝节义，幽明悉钦奸顽不轨即能逃其阳律者，断难免其阴诛，赏善罚恶，较人间之彰瘅为更不爽也。镇城之城隍庙，原与州署比邻，溯有州署以来即建此庙，相依在当时建者之意，以为一阴一阳互相治理，州之人伏腊岁时不懈祀事，凡有祈祷无不灵应如响，二百年耕凿，相安富庶繁衍未必非神之麻始能受其福也。同治丙寅（1866），城陷，三次为贼踞而毁。壬申秋（1872），昶奉檄履任，荒城一座，仅州为前牧经营，甫成下车诣谒，因见庙址荒秽，拜跪无所有意，亟为兴修，然力虽不支而心已蓄其必建也。是冬，案有谋杀者，正凶未获，拈香乞灵冀助，不数日获凶，判案惟无以报神之功，而昶之心愈未尝一刻安。前任移交存积庙租银一百两，果明上宪动用发给团绅吴耀坤、龚灿云等董理其事，经费不敷，由昶捐助，癸酉（1873）初春，鸠工取材，即于夏仲将上殿及两廊落成，新塑神像，装金绚彩，魏然独尊，神之灵欤，人之福欤，昶未敢以区区修建妄居功也。谨志岁月云尔，夫何叙。

注释：详见碑文。碑记标点为本书作者所加，供参考。

〔1〕 黄家服、段志洪主编：《中国地方志集成贵州府县志辑 44：道光安平县志·光绪镇宁州志·民国镇宁县志》，巴蜀书社，2006 年版，第 323 页。

紫云

按：元朝时于今县境火花罗黎寨置和弘州。明洪武十年（1377）置康佐长官司，隶安顺州。清雍正八年（1730）于今县城置归化厅，置归化理苗府。后因江汉同胞寓籍日众，名实不符，乃清光绪末年改称归化理民府。民国二年（1913）改厅为县，因"归化"二字含意欠雅，遂以城西有紫云洞，改名为紫云县。1949–1955年隶属安顺专区。1956–1957年划归黔南布依族苗族自治州管辖。1958–1960年撤销紫云县，将县城北部化归长顺县，南部划归望谟县。1961年恢复紫云县建置。1965年改为自治县。1966年2月建立紫云苗族布依族自治县。现隶属安顺市。

塔山石塔刻石[1]

注释：石塔耸立于紫云县城东南一高山之巅，离城约一公里。石塔建于清乾隆四十九年（1784）。据传，建塔之缘有三。一说："紫云四周山势，阴强阳弱，阴主女，修塔镇之，以资协调"；二说："紫云山峦不秀，修塔点缀，有装点此关山，今朝更好看之意"；三说："五峰山似笔架，印山如墨，建塔为笔，筑堰塘为砚，东门田坝乃纸，取文房四宝镇堂之意，故有'文笔闹堂'之称。"

塔计八方九层，塔高十五余米，周围十七米，底层每方二米许。从底至顶端概由磴石筑成，每层均以石琢屋檐，伸出七厘米许。各层起落分明，往上至顶，逐渐缩小，作瓦形覆盖，另制尖顶竖其上。从第三层起，每层八方均雕刻罗汉像一尊，形态各异，栩栩如生。其二层嵌有镌"署归化理苗府张克纶、郝松龄序"碑文一块，因年久风化，脱落过多，字迹模糊，难考其详。仅识"□□□□□雍正八年建城，辖才十三枝，□□□□□圣化涵濡，家每尚乎诗书，□□□□□癸卯岁，承乏于斯，每当公出之余，即起看望之兴，一城局势了然，□□□□□题名'塔星'，□□□□□是为序"。"甲辰小阳穀①旦"。

校记：①原文为"榖"，误，应为"穀"，径改。

〔1〕 紫云苗族布依族自治县编纂委员会编：《紫云苗族布依族自治县志》，贵州人民出版社，1991年版，第600–601页。

普定

按：普定，古为牂牁夜郎国地，"取普里底定之义也"。普里为部落名。宋朝时属夔州路始安县、望江县地。元宪宗七年（1257），普里、普定归附，以其地置普定万户，不久改为普定府，隶云南曲靖宣慰司。此为"普定"二字首次作为行政区名称出现，也是普定县名来历。明洪武十四年（1381），筑普定城。十五年（1382），置普定卫，旋升为普定军民指挥使司，隶四川都司。普定府隶云南布政司。十六年（1383），习安州并入安顺州，升普定府为普定军民府，改隶四川布政司。十八年（1385），废普定军民府，普定县并入安顺州，隶云南布政司。二十五年（1392），将云南布政司所属的安顺、镇宁、永宁、西堡、十二营改隶普定卫，属四川都司。正统三年（1438），安顺州直隶贵州布政司，宁谷、西堡属之；十二营属镇宁州，隶贵州布政司。普定卫改隶贵州都司。成化中，徙安顺州于普定卫，州、卫同城治理。万历三十年（1602），升安顺州为安顺军民府，今普定属其辖地。崇祯三年（1630），属贵州都司。清康熙十年（1671），改普定卫置普定县，隶安顺军民府。二十六年（1687），改安顺军民府为安顺府，裁定南所入普定县。民国元年（1912），撤普定县并入安顺府。二年（1913），恢复普定县，改安顺府为安顺县，普定县治所移定南（今普定城），属贵西道管辖。三年（1914），普定县移治定南，以原普定县部分属地为根本，划拨安顺、镇宁、郎岱、织金、平坝等县插花地组成新的普定县，县名沿用至今。九年（1920），废道直属省。1949年属安顺专区，今属安顺市，县建制沿革一直未变。

马官文昌阁石刻[1]　　湘子

注释：石刻位于普定县马官镇文昌阁池墙上，横排阳刻三个大字，每字一笔写成，字形奇特，三个大字上方阴刻楷书"湘子撰"，下方阴刻楷书"甲寅立"。经专家鉴定三个大字为"玉波池"，属道教文符。

---

〔1〕　贵州省普定县地方志编纂委员会编：《普定县志》，贵州人民出版社，1999年版，第740页。

楹联石刻[1]

（一）马官文昌阁楹联

文昌阁暖，夏秋俯瞰龙汇水。武圣殿寒，东南仰视凤朝山。

注释：清咸丰四年（1854）题，作者不详。文昌阁位于普定县马官镇马官村。

红炉联八桂。一去化三千。

注释：作者、年代不详。

（二）财神庙楹联

富而可求求人不如求己。物惟其有有德自然有财。

注释：作者、年代不详。

（三）关圣殿楹联

义存汉室三分统。志在春秋一部书。

注释：作者、年代不详。

---

[1] 贵州省普定县地方志编纂委员会编：《普定县志》，贵州人民出版社，1999 年版，第 713–714 页。

毕节

按：明隶属贵州布政司水西宣慰司。隆庆六年（1572）置乌撒军民府，崇祯八年（1635）筑大方、水西、比那三城，置十二州，旋废。仍置水西宣慰司。清康熙三年（1664）平水西安坤，四年于比那城置平远府，领胧胯、的都、朵你、要架四则溪地；于大方城置大定府，领法戈（化齐）、火著、木胯、架勒四则溪地；于水西城置黔西府，领以著、则窝、雄所三则溪地，隶贵宁道（后改贵西道）。裁乌撒卫置威宁府，治卫城，设威宁镇总兵，隶贵州。二十二年改黔西、平远二府为州，隶大定府。二十六年降大定府为大定州；裁毕节卫置毕节县，省赤水卫入毕节县；并永宁卫、普市千户所置永宁县。黔西、大定、平远三州及毕节、永宁二县俱隶威宁府。雍正五年（1727）划永宁县归四川。七年升大定州为府，降威宁府为威宁州。黔西、平远、威宁三州及毕节县隶大定府；划威宁州后所归云南宣威，以可渡河桥为云贵省界。1954年改威宁县为彝族回族苗族自治区。1955年改威宁彝族回族苗族自治区为彝族回族苗族自治县。1958年改大定为大方县。1970年划水城县归六盘水地区。毕节专区改称毕节地区。辖毕节、大方、黔西、金沙、织金、纳雍、赫章七县和威宁彝族回族苗族自治县。2011年底撤销毕节地区和县级毕节市设立地级毕节市。

毕节县龙神堂记[1]　　靖道谟

毕节县城响水河之左，有潭焉。世传有龙物居之，号为龙潭。明隆庆二年（1568）六七月不雨，按察使孙公仲野，因公事至毕节，竭诚往祷，大雨如注，遂建堂以祀。颜曰："龙神堂"。黔之气候号曰"漏天"，潦多而旱少，即有旱，祷或未必应。于是向时之堂，遂为颓垣断瓦，荒凉于榛莽荆棘之间，亦其势然也。闽中李侯，以雍正十年（1732）来令毕节，三年政通人和，年谷顺成，百废俱举，当事荐其贤，擢遵义别驾，大计群吏，又以卓异书上考。今夏六月不雨，农田龟坼，禾苗且就熇。侯率其属祷雨于龙

[1] 贵州省文史研究馆古籍整理委员会编：《贵州通志·金石志·古迹志·秩祀志》，贵州大学出版社，2010年版，第360-361页。

潭。俄而云气叆叇，雨泽滂沱，四野霑足。侯因访旧迹，复新龙神之堂，属余为文记之。余考祭法，凡山林、川谷、邱陵，能出云为风雨、见怪物，皆曰神。有天下者祭百神，诸侯在其地则祭之。今之邑令，古侯伯之任。龙神能福吾民，建堂以祀之，礼也。顾龙之神不能自神也，有神之者。盖天之爱民也，甚矣。天生民而立之君，承以夫大师长，不惟逸豫惟以乱民。一邑之宰，百里之封，数万家之命于是焉。系平日能拊循其民以感格天心，一旦有水旱疾疠之灾，呼吁于天，天必之神奉天以从事，于是乎恪恭震动而不敢虚其请。苟无爱民之诚心，则急而求之，神必不应。非神不灵也，天不与也。不然，斯室之成垂百七十年，尚有祷而随效，相与继续而维新之者，久矣，宁待今日哉？李侯以父母斯民之道，设诚于内而致行之，始旱即祷，而天即赐之雨。是雨为李侯降也。乃侯不自以为功，归功于龙之神，建堂以祀之。古君子敬恭神明之义，自当如此。予特为推其致雨之由，以告世之为民牧者，使相勉于立政宁人以为昭格上天之本，而无侥幸于仓卒之间，谓可呼吁而立应也。李侯名曜，闽之海澄人，廉洁正直，今之贤令尹也。予重其请，遂不以不文辞而为之记。

注释：龙神堂，在毕节县卫治外东北三里，前有龙潭。（嘉靖《志》）明按察使孙仲舒建。雍正十三年（1735）知县李曜重修，今废。此记另有载录，参见靖道谟等撰：《贵州通志》，京华书局，1968年版，第831-832页。

靖道谟（1676-1760），字诚合，号果园，清朝著名学者，属今武汉市新洲区靖旗杆湾人。少时就读于名师杨文定名下，以文学知名楚中。康熙四十三年（1704）补廪生，1718年中举人，1722年赴京会试，赐进士出身，授庶吉士。雍正元年（1723）任顺天府乡试官，1724年任云南姚州知事。后屡受聘于白鹿、江汉等书院任主讲，多所成就。曾主修《云南通志》三十卷、《贵州通志》三十卷、《下荆南通志》等书。1749年修《黄州府志》二十卷。1750年，湖北巡抚唐绥祖荐举经学科，靖称疾力辞。居家孝友，建祠宇，并置义田600余亩，仿朱子社仓法，储粟备荒，赈济贫困。乾隆二十五年（1760）病逝于家中。著有《系辞篇》《中庸注释》《过庭篇》《果园》《古文时艺》《诗抄》《家训》《书院讲义》等。

重建七星关武侯祠碑记[1]　　金淑国

邑城西九十里七星关，关下巨江横截两岸，古寺萧疏，岭上武侯神祠。相传建兴三年（315），武侯南征，率步骑由水道入越巂，获水西酋长，溯牂牁乌撒达东川昆明，追擒孟获，道经于此，见七峰形如北斗，遂祃焉。明御史毛公，在筑祠岭上以表

〔1〕（清）董朱英修；路元升等纂：（乾隆）《毕节县志》，第292-293页。

遗踪，后人建坊曰："汉诸葛武侯祀七星处"，土人岁岁禋之，久而弗替。我朝康熙年间，张广文鲲因旧祠朽蠹，复建于关之南城，年远未修，日渐颓废。窃思七星一关，为滇蜀黔三省咽喉，筑祠与关相望，良以崇德报功，兼祈神灵之默佑也，可听其若灭若明乎。乾隆乙亥（1755），恭逢董老父师，以顺天名进士来治我邑，政通人和，百坠具举，寻览关中形势，痛三省之人艰于济渡，即捐赀重建，七星关桥宏壮完固，万世利赖，落成祭告，见西岸关圣庙、观音堂三官阁皆已倾欹，不胜嗟叹！及晋谒武侯祠，更恻然曰："武侯乃三代以下之伊吕，关乃武侯过化之地，祠乃武侯灵爽之所式凭，斯而不新，谁其当新者？"爰择城东高壤，立侯之祠，殿堂门庑轩廊坊表，无乎不备，并建阁塑三义神像，不鄙迂拙，命淑董理，经始于丙子（1756）之秋，阅丁丑（1757）夏而告成。凡两岸零落，古寺亦莫不次第兴复，并增建河神杨泗将军庙，由是长桥如虹，庙貌巍焕，古木扶疏，云霞蒸蔚，俾七星关真为黔中第一胜地矣。蓋公本素封，且乐善不倦，故不惜①金以建桥，又不惜□□②金以建庙，补偏救敝，惟日孜孜，洵乎武侯之泽，谓新斯祠而益显也。可报功之典，谓新斯祠而长存也。可我公之政，谓因斯祠而弥见其尽善也。亦无不可，于是谨志巅末而系以颂曰：帝命我公，牧民黔中。如霖甘雨，如布和风。诚求保赤，教育从容。文武两庙，建竖聿隆。雁塔奎阁，修葺玲珑。坛壝古迹，兴工络绎。养济栖流，捐赀增益。书院鼎新，膏火是迫。生息常供，栽培无斁。平粜救饥，施棺掩骼。失火堪伤，给民栖房。更思善后，广置水缸。灵峰忧旱，疏凿琼浆。官厅试院，尽力勋勤。同僚幕客，应以热肠。毕赤营兵，病不聊生。割俸筹运，犒赏均平。陆归赤水，病涉可惊。造舟推挽，民得坦行。下及匠役，怜其苦辛。邑中大事，春秋二祭。永助牺牲，捐金滋利。邑乘久湮，是非锢蔽。采访编纂，雕刊美备。生童赴试，斧资必畀。巡七星关，江险渡艰。与梁重建，直达滇南。武侯功业，与天地参。祠堂高筑，禋祀年年。我公善政，碑不胜传。

　　注释：武侯祠，在毕节七星关。明弘治十六年（1503）贵州按察司副使毛科建，久圮。国朝康熙四十九年（1710），知府佟铭昌重建。（乾隆《志》）乾隆二十一年（1756），知县董朱英重修。（《毕节县志》）乾隆年间毕节贡生金淑国撰写碑记。

　　碑记标点为本书作者所加，供参考。此碑记另有版本载录，两版本文字略有差异。参见贵州省文史研究馆古籍整理委员会编：《贵州通志：金石志·古迹志·秩祀志》，贵州大学出版社，2010年版，第409-410页。

　　校记：①另版无此三个脱字，备考。见《贵州通志：金石志·古迹志·秩祀志》2010年版，第410页。

　　②另版无此两个脱字，备考。见同①。

七星关三官庙碑记[1]　　　劳孝舆

七星关桥之东岸，旧有三官神古庙，不知创自何时，岁久渐圮，邑人因建新桥，以庙当桥冲，乃移建于岸西石坛之巅，以期妥神，初不知灵爽之式凭于斯桥北。岁甲子(1744)秋，大水泛涨，桥垂成而中墩忽坍其半，大宪以桥为西南要道，议续成其功，而县属金尉实承斯役，询之与诵，金以桥高水迅所恃过江，巨石为砥柱，非决水彻底而重建之难为功，于是环筑重堤，障江水使东行，自冬徂春，而水不少涸，尉偕匠人走告余，余诣工所谛视，则水自底溢出决者，日数百人不逾时，而渗漏如故，工匠袖手无可如何，余姑勉之，尉益有难色，越旬日，水涸石露，桥墩乃建，尉复走告余曰："工成矣。"先是二月之望前夜，若有老人者，三指示决水之处，职初未经意，越三日，复梦如前，乃随所指以塞之，则水涸矣。访之土人，始知桥之岸东地，向为三官神庙故址意者，神其默相乎？嘻！异矣！余惟巨工之兴，固有非人力所能及者，况桥墩屹立于奔流，非有物以凭焉尤难为力。相传，蔡忠惠公泉州石砺以及余乡之湘子砺，皆称鬼工，颇近于吊诡，兹固未敢附会其说。然斯桥，昔为武侯过化之地，加以上宪利济之功，则神之相我，理有固然，无足怪者。记有之德施于民、能捍大灾御大患者，则祀之。三官之式凭于兹，以庙食勿替也，盖其宜哉！余忝守土于事神治民之道，愧无所能，乃幸际巨工之落成而并嘉尉之能勤所事也。遂援笔而为之记。

注释：三官庙，在（毕节县）卫治内东。（嘉靖《志》）七星桥西岸关庙后。乾隆二十二年（1757），知县董朱英建。此碑文另有版本载录，参见黄家服、段志洪主编：《中国地方志集成贵州府县志辑 8：民国贵州通志（三）》，巴蜀书社，2006 年版，第289 页。或贵州省文史研究馆古籍整理委员会编：《贵州通志：金石志·古迹志·秩祀志》，贵州大学出版社，2010 年版，第 380 页。碑记标点为本书作者所加，供参考。

劳孝舆，字阮斋，广东南海人，拔贡生。乾隆丙辰（1736）举博学宏词，召试未用，旋出为黔宰。历任锦屏、清镇、龙泉、青谿、毕节诸邑，皆有廉平之誉，卒于镇远。著有《阮斋诗文钞》等书。

新建奎星阁碑记[2]　　　吴应徵

从来奎星之祀于郡邑，以攸系乎郡邑之人文，故或亭或阁，必树之秀耸之区，以崇奉焉。我邑奎星，向设像蟠龙山，文昌阁地非不善也，而阁下奉祀帝君，阁上奉祀奎宿，则位置犹未合宜，且阁之大祇一间，上层最仄，既不得易帝君于其上，而下层又不

---

〔1〕 （清）董朱英修；路元升等纂：（乾隆）《毕节县志》，第 287–288 页。
〔2〕 （清）董朱英修；路元升等纂：（乾隆）《毕节县志》，第 295 页。

能置奎宿于帝君之旁，是势所必当选胜另迁者矣！乾隆甲戌（1754）冬，恭遇董老父师宰我邑，和平宽厚，洁己爱民，凡地方所宜整顿之事，无不为之尽其心而竭其力。岁丁丑（1757），邑绅士请新奎阁，因于公事之余，留心名胜，见翔龙寺后山正对五龙桥下泉水，于县治则居巽方，于形势则甚壮丽，慨然有兴阁之思，更考邵熙载所撰翔龙寺碑记，前任谢公据堪舆氏言宜兴楼阁于长桥，垂虹之间，又云先建翔龙寺，俟异日兴阁，公知前人久有此意，遂决计创建，首捐银□□□□两给绅士率僧辈开基筑造阁凡三层，奎宿像设最上一层，北坐南向，凭山临水，洵文曜与吉壤相得益彰，秀耸莫逾于是，非苟焉而已也。经始于丁丑孟冬，告成于戊寅（1758）季夏，邑中如黄子鉴、韩子子舆、杨子一俊、吴子绍尧、靳子何平、陈子国贤等，皆仰体我公扶植人文之心，而出重赀以捐助者也。嗟乎！且兰僻邑，学业茫茫，贤侯方公振兴于前，柯公与谢公栽培于继允矣，文风丕变，气象更新矣。兹又得我公甄陶四载，将前任诸公所有志未逮之端一一修举，无少缺略，行见文章科甲隆隆日起，宁非我邑之大幸，而为邑人士世世子孙之所永久不忘者乎？应徵是以乐得而记之。他如一切流连光景之词恐无当，我公作人意，概不敢赘，公名朱英，字陶然，己未进士，直隶顺天府籍，本姓唐，原籍江南太仓州嘉定县。

　　注释：详见碑文。碑记标点为本书作者所加，供参考。

　　董朱英，字陶然，顺天人，乾隆四年（1739）中进士，乾隆十九年（1754）至二十二年任毕节知县。任毕节知县短短三年里规划城区建设，带头捐资修建、重建、扩建毕节县境建筑多达二十八项，如县城内的文庙、松山书院、翔龙寺、城隍庙、君子祠、关圣庙，城郊的灵峰寺、七星关桥等。还组织学士编修乾隆《毕节县志》，成书于乾隆二十二年（1757），是现存的第一部县志。还修建了县城至何官屯、观音桥、鸭池、白家哨的道路；自捐银两购置石缸三十余口在城内贮水防火；捐银二百两重修善济院和救济孤儿，深得民心。由于政绩突出，乾隆二十二年被朝廷提任为礼部员外郎，离任时县内绅士兵民不舍并纷纷捐资建坊，以纪念其治理毕节的功德，因系万人捐资又称"万民坊"。

重建毕节县城隍庙碑记[1]　　　吴纪

　　国家设守土之官，即设守土之神。幽明虽殊，而皆足以为民救灾捍患，彰善瘅恶，是以间阎之事神与事长上并谨。毕邑城隍庙，旧名广惠祠。明初柳指挥建，隆万间大为修茸。至本朝乾隆庚午（1750），复又颓废。邑令凌君，捐俸鼎新上舍；刘琪等互相劝输，共得银若干重建山门鼓楼，拓地改建后堂，增置两庑。无如大殿之风雨漫溃已深，栋梁朽蠹者半，非苟且涂饰可以塞责，甚惧改建则工费浩大，因循则旦夕倾圮。正

〔1〕　（清）董朱英修；路元升等纂：（乾隆）《毕节县志》，第296—297页。

在踌躇审顾间，顺天董公来治兹土，捐赀为倡，刘琪等益踊跃从事，募众庀材。丁丑冬（1757），大殿落成，殿前两廊亦添补具备。丙子秋（1756），筑周围墙垣。戊寅夏（1758），新八角亭及庙旁市屋。由是庙貌巍焕，神像辉煌，较旧制更为宏壮。前后悉赖上舍诸人为之经理，工乃完善。

予思毕节自奢香献道以还，始置为驿，继改为卫，后建为县。地当滇蜀黔三省要冲，不知几许寇盗来侵，几辈苗蛮肆横，烽烟危急，干戈扰攘，兼之天灾流行，饥馑洊至，曾无二三十年安息之时。幸遇我朝大化翔洽，子惠元元，建县之后，悉心培养，乃得渐致盈宁，迭兴弦诵。向无神明默佑，于兵燹之余，将流亡殆尽，靡有孑遗，安能绵延一线，沐圣朝德化于无疆，则可知城隍之神之有功毕邑甚伟，董公之率众建庙为至善也。戊寅九月，董公内升部郎，百姓感其爱民如子，祈雨求晴，诚无不格，免籽贱粜惠无不周，欲将大殿后左庑三间为公生祠，立碣悬额，以志不朽。间有一二嫌地不宽敞，房不宏峻谋另为兴工者。予谓："董公与城隍，论阴阳则所司异辙；论救灾捍患，彰善瘅恶，则功德无殊，祠立于庙，等公于神明，奚嫌房与地之隘。"邑士民以予言为然，遂如初议。公虽坚辞，祠已立矣。

予自甲戌（1754）仲春赴任，先董公九月回。忆同官以来，忽忽五年。此五年中，见公遇公事辄潜心默祷，历有明验，不啻响应，在公固恃精诚感通，亦缘神能灵显，是以保佑合邑，克应公请也。《祭法》："凡有功于民者祀之。"矧毕邑守土之神，屡弭灾患，彰瘅不爽，厥功伟于他邦，可不兴其庙貌而修其祀事也哉？董公为守土之官，四年仁政不可枚举。率士民立庙告虔，亦崇大体之一端，宜士民爱戴弗忘，树生祠于庙中以展其诚悃。予司铎寒素，自愧有捐助之心无捐助之力，惟含毫濡墨，诠次作庙巅末以及建祠之故，刊诸石上，俾后人知所景仰焉尔。

注释：毕节城隍庙，原名"广惠祠"，位于古城北门口。毕节城始建于明洪武十六年（1383），二十六年（1393）指挥柳樨在北门内开筑城隍庙，毕节城始有城隍庙。清乾隆十五年（1750），毕节知县凌均在原址重修城隍庙。二十二年（1757）知县董朱英又扩建。因知县董朱英在毕节政绩卓著，城隍庙大殿后左庑三间陪设董朱英生祠。清代（乾隆年间）安顺举人、毕节学政吴纪曾作重修碑记（附记董邑侯生祠）。标点为本书作者所加，供参考。

重修真武庙捐置市房生息禋祀碑记[1]　　路元升

毕邑南市，真武庙地，当滇蜀黔要冲。岁时禋祀，相沿已久。缘建竖以来，怠于

---

〔1〕　（清）董朱英修；路元升等纂：（乾隆）《毕节县志》，第294页。

整理，以至栋宇倾颓，门墙漫漶，烈风淫雨，目击心伤，幸遇董老父台宰我邑，立纲陈纪，百废俱兴，自文庙、武庙、忠节祠、官厅书院、斋①院以及合境古刹名梵、桥梁道路，或修或建，无不在在鼎新，士民悦服，夷释欢忻，而是庙在公马足之下九，加意兴扶。乙亥（1755）长夏②，捐金鸠工，孜孜修葺，殿堂巍焕，神像辉煌，增廊阁以壮其威，凿水池以溥其用，告竣之日，群相瞻仰，固已无美不臻矣。近复念常住艰难，每岁禋祀之需，不免缺略，复捐俸百两置买市房三间，按季取租，以供祀事。自是香烟缭绕，瑞气氤氲，神降之福，使我邑年谷顺成，疫疠不作，则神灵默佑之鸿慈，即我公栽培之盛德也。公善政不可枚举，予作灵峰碑记曾叙一二，兹不复赘。惟是，住持僧恐捐助之物历久易为豪强所侵，爰立石于庙，嘱予为文以记之。

注释：真武庙，在毕节县城南。碑记标点为本书作者所加，供参考。

路元升（1689—1764），字南征，乾隆元年（1736）丙辰科，以三甲第一百七十一名取进士，敕赠文林郎，官至福建上杭知县。

校记：①原文"齊"，简体"齐"，此处通"斋"，径改。
②"长夏"，即指阴历六月。

大洞摩崖[1]

注释：大洞摩崖，位于毕节县城东北约十四公里的海子街镇周家桥村。摩崖刻于大洞之上，距地表高约三十米。刻石旁又有一天生小洞，洞口原来搭有一草庵。摩崖为"洞天福地"四个阴刻楷书，填绿色颜料。每字约0.4米见方。旁有小字题款："大清宣统元年九月村农忆题，海粟山人郑□书。"

由"洞天福地"四字往下约1.5米处，另凿有一长约两米，宽约0.8米，深约0.02米的平面，上镌二百余字，每字约0.06米见方。其意为：吾乡之东有一古洞，洞旁喜木参天，绿荫扑地……俨然人间仙境，时逢动乱之年，兵戈四起，哀鸿遍野，怨声载道。民不聊生，公理何在？况人心不古，世风日下，余深痛之。愿隐居山林，闭门思过，超尘脱俗，立地成佛。刻石铭志，皇天可鉴……（题款辨识不清）。大洞摩岩反映了清代末年社会动乱，兵祸四起的历史现实和士大夫、平民阶层为逃避这种现实而归隐山林，委任自然的消极情绪。

---

[1] 毕节县地方志编纂委员会：《毕节县志》，贵州人民出版社，1996年版，第1129页。

三圣宫碑序[1]　　张天霖

原夫世变风移，总之扶衰以救弊。垣颓屋败，不离革故而（鼎新）①，当斯时也。吾里界属黔阳，三省当曲，犬牙交错，有蜀川倒流于臂左；虎踞盘环，得滇山峨蔽于脑（右）。（夫）倬彼云汉，前见朱雀之昭回；怜他斗柄，后来玄武之垂象。以故先祖落业于兹，始建山堂，继竖（三圣寺）观，自今创焉。彼夫神威暂停，运际昌明祥瑞，休嘉莫下，普及由是。二世祖见人杰地灵，伸白（于乡里），（遂）与同地邻年耆张等募化捐资，培修成阁，巍峨毕汉，聊遂心愿。孰知贼匪猖獗，民遭蹂躏，一旦（浩劫），（宫）墙化为灰烬。余等观其屋破垣折，不得不抚境兴怀，触目心伤而为之，以作其制一也。兹者，竭诚尽（力以）慰圣聪，所以鸠工连年，木石俱兴，补垣、塞穴、建阁，成壁辉煌。来龙之山，炳鳞感应之堂，斯时门楣（光耀），里党壮其观瞻，春秋享其不减。虽未尝丹楹刻桷，作开先之盛，而维持调护，亦未免遏佚前人之（光）。（明德）爽有，鉴降福无疆。以是序云。（周朝阳为首，周廷兰等二十二姓七十二人捐资承办名录略）

民国甲寅年（1916）又五月二十四日谷旦众姓公立。

注释："三圣宫"遗址在毕节七星关区林口镇鸡鸣三省观音岩口一座小山峰之巅。"三圣宫"在新中国成立初期保持尚完整，后于"破四旧"年代被毁。现"三圣宫"已成废墟，在废墟中清理发现一块刻有"大清同治辛未年"的残碑和民国甲寅年恢复"三圣宫"刻有《三圣宫碑序》的完整石碑。根据两块石碑的记载，鸡鸣三省"三圣宫"兴建于清同治辛未年（1871），年久倒塌后于民国甲寅年（1916）由当地苗族首领周朝阳牵头在原址恢复重建。此宫供奉的"三圣"是儒释道三教的始祖孔子、释迦牟尼和老聃。此碑序原文有标点，本书作者略作修改。

校记：①"（鼎新）"，为所录原书编撰者补注的碑文缺字。类此下同。

清水告示碑[2]　　陈世道

为布告禁止事案。据第三区兴隆镇财神庙首士刘卓之、廖国章、张子希、刘电五、郎国均等呈称：绿民处有朽坏财神庙一座，势倾颓。有关风水首土等特设法招住持孟光和在庙侍俸①香灯，一面任其募化，一面由首士捐助陆续培修。行将告竣，准料竟有不肖乡镇间长等借庙软诈恐住持。勒索不遂，大肆斥辱，幸蒙吴区长令禁该乡镇长以后，稍得安靖。惟恨区公所相隔较远，鞭长莫及，有时不能顾到。该不肖乡镇，难免不照旧

〔1〕　唐光启主编；毕节市七星关区党史地方志办公室编：《鸡鸣三省文史资料辑》，三秦出版社，2015年版，第314页。
〔2〕　毕节县地方志编纂委员会：《毕节县志》，贵州人民出版社，1996年版，第1124—1125页。

习惯仍来庙内诈恐住持，为久远计，势非呈请均长府准立案出示禁止不可，首士等伏思神赖人以维持。而香灯始得不断；人赖神以庇佑，而福禄方获久远。是以上至政府，下及黎民，对于古先神圣无不万分钦仰。故维大人定能屈体下情，断不至任该不肖乡镇籍权营私，卑②神圣香灯无着，住持远徙他方，庙宇如前倾颓，风水愈见损坏。首土等扪心难问，因特冒渎上呈，如蒙府准存案，出示禁止。则神人两感，千古不朽。等情据此，除照准存案外，令行布告，禁止抽提该庙之款。仰该处乡镇长及人民等一体遵照。切切此布。

县长陈世道。

实贴与兴隆镇晓谕。

民国二十一年（1932）六月三十日。

注释：此碑位于毕节县城东北七十四公里清水铺镇关田村大坡上村民组，立在钟离山财神庙下。钟离山号称川黔十大名山之一。财神庙殿分三重，上供玉皇，中供观音，下供财神川主。现庙宇大部已毁，仅存部分厢房及碑记。告示碑立于民国二十一年（1932），碑高1.2米，宽0.6米，青石质，楷书阴刻。字迹略有风化。碑上部正中阴刻0.09米见方的"毕节县政府印"篆书印章，印章下楷书阴刻"毕节县政府布告"七字。每字约0.06米见方，横书。

校记：①"俸"，通"奉"。
②"卑"，古同"俾"。

黔西

按：秦嬴政二十七年（前220年）纳入秦国版图属夜郎县。经汉、唐、宋、元演变，至明洪武十五年（1382）筑水西城（今县城），崇祯三年（1630）以安氏之水西地置水西宣慰司。清康熙四年（1665）废宣慰司，置大定、平远、黔西三府，康熙二十二年（1684）废府，置黔西州，民国三年（1914）1月废州置黔西县。黔西属方位地名，意指贵州西部，因贵州古为楚黔中地，后又简称"黔"，故以"黔西"称之，即今贵州黔西县。黔西县，今隶属于贵州省毕节市。

象祠记[1]　　王守仁

灵博之山①，有象祠焉。其下诸苗夷之居者，咸神而祠之。宣慰安君，因诸苗夷之请，新其祠屋，而请记于予。予曰："毁之乎，其新之也？"曰："新之。""新之也何居乎？"曰："斯祠之肇也，盖莫知其原，然吾诸蛮夷之居是者，自吾父、吾祖溯曾、高而上，皆尊奉而禋祀焉，举而不敢废也。"予曰："胡然乎？有鼻②之祀，唐之人盖尝毁之③。象之道，以为子则不孝，以为弟则傲。斥于唐，而犹存于今；坏于有鼻，而犹盛于兹土也。胡然乎？"我知之矣：君子之爱若人也，推及于其屋之乌，而况于圣人之弟乎哉？然则祠者为舜，非为象也。意象之死，其在干羽既格之后乎？不然，古之骜桀者岂少哉？而象之祠独延于世，吾于是盖有以见舜德之至，入人之深，而流泽之远且久也。象之不仁，盖其始焉耳，又乌知④其终之不见化于舜也？《书》不云乎："克谐以孝，烝烝乂⑤，不格奸"，"瞽瞍亦允若"。则已化而为慈父。象犹不弟，不可以为谐；进治于善，则不至于恶；不底于奸，则必入于善。信乎象盖已化于舜矣。《孟子》曰：天子使吏治其国，象不得以有为也。斯盖舜爱象之深而虑之详，所以扶持辅导之者之周也。不然，周公之圣，而管、蔡不免焉。斯可以见象之见化于舜，故能任贤使能，而安于其位，泽加于其民，既死而人怀之也。诸侯之卿，命于天子，盖《周官》之制，其殆仿于

---

[1]　黔西县志办公室编：《黔西楹联碑记集萃》，黔西县志办公室，1992年版，第159–160页。

舜之封象欤？吾于是益⑥有以⑦信人性之善，天下无不可化之人也。然则唐人之毁之也，据象之死也；今之诸苗之奉之也，承象之终也。斯义也，吾将以表于世，使知人之不善虽若象焉，犹可以改；而君子之修德，及其至也，虽若象之不仁，而犹可以化之也。

注释：象祠，位于毕节市黔西县素朴镇灵博村九龙山主峰灵博山上，始建于隋末。象是指舜的同父异母兄弟，象祠即是供奉象的神祠。明正德三年（1508），贵州宣慰使（水西土司）安贵荣重修象祠，请当时被贬谪于修文龙场任驿丞的王守仁（阳明）为之作记，此文后收入《古文观止》。象祠最终毁于清初吴三桂平定水西时的战火。1996年5月象祠被黔西县人民政府公布为县级文物保护单位。

本书作者对原文标点作了适当修改。此记另有载录，参见（清）吴楚材、吴调侯选编：《古文观止译注》（下册），上海古籍出版社，2006年版，第652-655页。或贵州省文史研究馆古籍整理委员会编：《贵州通志：金石志·古迹志·秩祀志》，贵州大学出版社，2010年版，第379页。或黄家服、段志洪主编：《中国地方志集成 贵州府县志辑8：民国贵州通志（三）》，巴蜀书社，2006年版，第289页。

王守仁（1472-1528），字伯安，谥文成，浙江余姚人，曾筑室故乡阳明洞中，世称阳明先生。明弘治十二年（1499）进士，授刑部主事，后起补兵部主事。正德元年（1506）被谪贵州龙场（今修文）当驿丞。是明代著名哲学家，继承并发展了宋代陆九渊一派心学，形成阳明学派。著有《王阳明全集》（四十一卷）存世。

校记：①灵博山，即今贵州省毕节市黔西县九龙山主峰。

②"有鼻"，传说为象的封地，地在今湖南道县北。"鼻"，一作"庳"，为同音异写字。见《贵州通志：金石志·古迹志·秩祀志》2010年版，第379页。

③"唐之人盖尝毁之"，指唐元和中道州刺史薛伯高曾毁去鼻亭。见柳宗元《道州毁鼻亭神记》。见《古文观止译注》（下册）2006年版，第653页。

④原文"之"，误，应为"知"，径改。另版本为"知"。见《古文观止译注》（下册）2006年版，第654页。或见同②。

⑤原文"蒸蒸入"，误，应为"烝烝乂"，径改。语出《尚书·尧典》。见同④。

⑥原文"盖"，误，应为"益"，径改。见《古文观止译注》（下册）2006年版，第655页。或见同②。

⑦原文无"以"，误，增补。见同⑥。

文昌阁碑记[1]　　穆成周

黔西学宫建于东，而东城即左肱也。说者谓其方属巽①，宜峙高阁。而后有文笔插天之势，庶几多士凌云之藉焉。予然其言而信之，缘予向莅②玉田，留心文教，曾有事

〔1〕（清）刘永安修；徐文璧等纂：（嘉庆）《黔西州志》，第214页。

于培风之举。赓鹿鸣者，果多其人；宴琼林者，即有其士，而其响应也甚捷，可知文风之说不为幻矣！予于黔士岂有异志乎？用是不惜微俸，鸠工庀材，刻日耸帝君阁于其上，以作一郡之雄观。是役也，正当大比之年，行见人文鹊起，科第蝉联，人以地杰，地以人灵，相须而成，未必无小补云。因泐石志之。

注释：碑记标点为本书作者所加，供参考。此碑另有载录，参见黔西县志办公室编：《黔西楹联碑记集萃》，黔西县志办公室，1992 年版，第 134 页。

穆成周，山西省临县人，生员出生，康熙三十九年（1700）任黔西知州。

校记：①原文"巽"，古同"巽"，八卦之一，代表风、东南方。径改。
②原文"蒩"，"苴"的异体字，径改。

募修观文塔小引[1]　　陈德荣

黔西郡，古罗甸国也。旧属鬼方，城郭不完山川形势以包果①之，而成州制。爰考开疆，辟自三藩。迄今甫六十年。其间，天挺秀，地钟奇，人呈瑞。文经武纬者不下数十人。皆由狮山耸翠，龙水澄清，有以致之也。独是桂子飘香，喜巍科之屡掇。杏花黯淡，恨雁塔之无名。或者山川缺陷，甲第难登，不得尽谓风水之无征也。余甫下车月余，有僧名天安者，持钵至署以修塔募化。问其名则曰观音塔，问其地则曰建东郊外，离城里许。越数日而余往观焉。登台基址轩昂，宏敞可爱，观其势众山拱向，风景宜人。又其间烟云飘渺，莫可名状，有令人心旷神怡，流连而不置者。盘桓久之，乃勖僧曰"有志，事竟成。尔勿怠尔志，使功亏一篑也。"但塔建巽方文明之地，供奉观音，不若兼祀文昌之为善，更名观文塔。于是喜捐薄俸，以劝美举。更愿合州绅士兵民共勤厥成。行见此塔一建，则文峰特立，秀极天表，一带烟水，诚为州城巨观。将来黔西人士必炳炳蔚蔚超南宫而直上矣，宁仅月殿生香也哉。是为引。

注释：观文塔，俗称七层塔，位于黔西县城东半公里处文峰山顶。塔八角七级中空，高约二十五米，塔基每边长 4.16 米，有楼六层。第一层高 3.48 米，面宽 4.12 米。西南面有门，高 2.72 米，宽 2.02 米，门上方有"还我河山"四个大字。二至七层每层有窗三扇。各层高度及窗的大小随塔升高而递减。第二层起均有翘角，第六层西南面有"文笔峰"三个阴刻大字。

乾隆《黔西州志》载，观文塔始建于清雍正四年（1726），由知州陈德荣捐修。雍正八年（1730）知州鲍尚忠续建落成。原塔内供奉千手观音菩萨一尊，现已无存。塔内第三层左侧壁镶有大理石小碑四块，高三十五厘米，宽二十厘米，为修塔时助银碑记。1982 年被公布为县级文物保护单位。详见碑记。本书作者对原文标点作了适当修改。

〔1〕　黔西县志办公室编：《黔西楹联碑记集萃》，黔西县志办公室，1992 年版，第 172 页。

陈德荣，字廷彦，直隶安州人。康熙五十一年（1712）进士，授湖北枝江知县。雍正三年（1725），迁贵州黔西知州，父忧归。服阕，署威宁府。未几，乌蒙土司叛，德荣赴威宁防守。寻以母忧去官。服阕，授江西广饶九南道。乾隆元年（1736），经略张广泗疏荐，擢贵州按察使。四年，署布政使。十一年迁安徽布政使。十二年（1747）卒于官。

校记：①原文"果"，疑为"裹"之抄误。备考。

魁楼碑记[1]　　鲍尚忠

黔西，旧辟岩疆，沐浴于教泽者久矣。丁未（1727）春，余奉命牧此，八年来，见其士习归醇，文风丕盛，登贤书而膺民社，类多隽才，惟是南宫殿策，久叹孙山，或曰学宫后山，犹鲁泰岱也，巍峨耸翠，气象万千，若能上建高阁，庶文笔插天，而玉堂可履也。余心切久之，然终以风水幻论不果，嗣闻州自建学多年，未尝获隽，后穆君以东城为文庙，左肱厥方隶巽，耸帝君阁于上，自是宴鹿鸣者始有其人，可知风水之论不为幻矣，志乃果。甲寅（1734）秋九月，登览其巅，偕庠中老成人谋曰："魁星，奎星也。国家春秋两闱，悉资主宰，士子挥毫，七艺尤赖添花，诚地方所宜崇祀，而宫墙尤当尊礼者也。"曷建阁焉，乃十月朔四日始其事，当兹冬令沍寒，风和日暖，百工鼓舞，不日告成。人或谓有神助，果未几而上魁，纯阳降笔，交题联扁，词旨精湛，隐有期许之意，想从此甲第连绵，春秋鼎盛，毋乃后有明验欤。虽曰鬼神浩渺莫测，然人事尽者，天必从之。是役也，余无他望，惟期我子弟奋志鸡窗，联翩万里，以无负此举者，并无负于我也，诚厚愿焉！是为记。

注释：雍正年间黔西知州鲍尚忠撰碑记。碑文标点为本书作者所加，供参考。

鲍尚忠，字夏甫，河北大兴（今北京）人。雍正五年（1727）官黔西知州。踵前知州陈德荣修文庙，礼仪悉具。为平定乌蒙土官、土目之叛乱，屡立军功。久之迁去。在任期间有实惠及人，州之人称道弗衰。

重修魁阁序[2]　　李世杰

世生硕彦之士，必为之溯里居曰：某，某间人也。而扶舆磅礴山川清淑之所，又为振其旧而新是图，则必有卜伟人者曰是方兴焉，正未有艾，于以信山灵地脉钟秀不穷乎，岂诬哉？水西文庙后山魁阁，建自雍正年间，州牧鲍公讳尚忠，同先大夫鸠工

〔1〕（清）冯光宿纂修：（乾隆）《黔西州志》，第72页。
〔2〕黔西县志办公室编：《黔西楹联碑记集萃》，黔西县志办公室，1992年版，第166-167页。

厄材料①而成。嗣是，州治贤科，蝉联鹊起，至今不绝，予弱冠仕，南北奔驰。梓里间凡再三至耳，向曾助修文塔甫告成而伏上。己酉岁（1789），外翰周唐公及乡先生又以建修文阁、重修魁阁请。维时王事鞅掌，有志未逮。暨归，而文阁已翼然于山巅矣。善弗我同，既欣且愧。而魁阁犹未第。囊悭弃堉，安与众擎，勉竭余资，附诸首善。越数月而厥功亦竣。夫鼎新不易，诸君子方继长兴高而培故有怀，予不敏，用喜新而谋旧，且阁非本旧也。由今可以思昔，阁固有新也。由昔可以观今，今因诸君之请，用弁数言，伸上下数十年何，葺旧鼎新，胥为同志。宁见灵钟秀毓，甲第联绵，予将拭目而俟也夫。

注释：本书作者对原文标点略有修改。详见鲍尚忠"魁楼碑记"。

李世杰，字汉三，黔西人，清乾隆时官至四川总督，兵部尚书。

校记：①"料"，疑为衍文，应删。备考。

新建文峰塔记[1]　　　赫霖泰

李公既建东山书院成，复言于众曰："吾乡之登贤书而称缙绅者多矣，独不遇于礼闱，岂地势之稍平、文峰之未挺耶？形①家者言未尽非也。"乃度于书院之外，后山之颠，建塔七级，即名之曰"文峰"。经营匝月，告厥成功，然后觚稜峻起而耸峙，远山璧②立而外护，形势完矣。意者，山川之秀，必有待于公之振作。始大兴起欤？自今伊始，科第不绝于南宫，奔奏不滞于邦国，弓旌不遗于草野，枢华不绝于朝□。将见州之人士，质行不改其素，而骢③镳天路彬彬矣。顾无忘公建始之聪，并无负予希望之深，日祷乎公之德望勋业，与斯塔而并竣也。是为记。

注释：详见碑记。本书作者对原文标点作了适当修改。

赫霖泰 满洲人，乾隆四十二年（1777）黔西知州。

校记：①原文"行"，应为"形"，径改。

②"璧"，通"壁"。

③此处原文为"左马与右总的合一字"，本书作者疑为"骢"的俗体字。经查字典未见此字。同"骢"，径改。

水西新旧文峰塔纪事[2]　　　李世杰

黔西西北，蜿蜓而矗，翠者为山。夹山而流，青者为水。山之间溪之上，耀金而耸

〔1〕　黔西县志办公室编：《黔西楹联碑记集萃》，黔西县志办公室，1992 年版，第 173 页。

〔2〕　黔西县志办公室编：《黔西楹联碑记集萃》，黔西县志办公室，1992 年版，第 173—174 页。

翠者为塔。塔之二新者建于观音阁后山，旧者建于文山。文山之塔，创于己卯（1759），甫及三级而止。自辛丑秋（1781），既建后山塔，并建文山塔而落成之，州侯赫公，以为二塔而焕然文明，耸然高朗，其丽于塾者、入于泮者。举于乡者、登于甲者，绵绵延延殆未可纪数。余与州侯之望如此，州民之观成如彼，是吾州之幸与亢幸及吾身亲之也。夫上之感不捷于影响，刺使欲善良其民，则民皆乐从善矣，况科名甲第之荣，诗书礼乐之泽，上之人诚心以待之，下之人有不实力而应之者乎。抑余于乡人士有厚望焉，塔之未成丘陵耳。忽然累级而至七焉，忽然累七级而成以五向焉。为学者亦由卑以增高，升成之速如此，何德不就，何业不成？区区青紫，又不足云也。嗟呼！塔者，浮图氏所以提教镇俗，故顶以元天象也，基以土地势也，级以七阳数也，门以六六合也。二氏笨象以见义，儒者固不能即标以示准，与州侯德洋意美，所以服七宝之光，树四国之则，又宁可涯量哉。

注释：详见碑记。本书作者对原文标点作了适当修改。

李世杰（1716-1794），字汉三，号云岩。出生于贵州黔西县隐者坝（今城关镇黎明村）。乾隆九年（1744）升任江苏常熟黄浦泗巡检，两年后升任江苏金匮县主簿。乾隆二十二年（1757），任泰州知州。乾隆三十六年五月，升任四川盐驿道，七月授职四川按察使兼行巡抚职，总理清军征剿大小金川南路军的粮饷。后历任湖南巡抚、两江总督、四川总督等职。乾隆五十五年（1790）授职兵部尚书，因年老多病，数次上疏朝廷，得到乾隆恩准，于次年致仕还乡。乾隆五十九年（1794），因病在黔西去世。乾隆帝谕表"殊堪轸惜"，赐谥"恭勤"并荣封三代，祖、父考妣皆享殊荣。还书赐祭文纪念其一生功绩。乾隆六十年，经贵州巡抚冯光熊奏请，入祀贤良祠。遗著有《家山纪事诗》《世杰奏议》《南征草》及几篇序记，惜大多遗失。

新建东山石屏记[1]　　李世杰

宇宙间岩岫峰峦，千态万状而嵚崎耸峙中，往往有缺漏罅^①隙处，此造物者或然之位置也。吾州城里许曰东山，拥翠延青，绵垣缭绕。乃其间有划然中开，若断若缺者，行人于是乎为涂，尔雅所谓山绝险也。顾是山为州左屏嶂，近在指顾，倘不补其缺漏，何以严拱卫而肃观瞻。乡之人士，久思为补罅^②计。适辛丑春（乾隆四十六年·1781），余因制旋里，群以其事嘱余。余曰："此诸父老之意，而实吾黔之利也。"于是鸠工庀材，障以石屏，高二寻，傍存一门，以利行人，其间旧有王神祠，隘小殊甚，因更筑土为基，架木为椽，设像祭祀，岁时定例，永远勿替。凡两阅月而工成，于是州城之东，拱卫并

〔1〕　黔西县志办公室编：《黔西楹联碑记集萃》，黔西县志办公室，1992 年版，第 176-177 页。

严，观瞻益肃，而祇③之灵益妥矣。维时，州之父老相与登其颠而望焉，咸相顾色喜，而谓余曰："吾黔山环气聚，城郭处其中，以故人民安乐，风俗醇厚，益数百年于今矣。兹更建此石屏，则形势益整，灵气益钟。"吾知自今以往，邀山灵之呵护，而老者享其寿考，幼者习于孝养，秀者升于朝而观邦国之光，璞者耕于野而享井田之利，定有更胜今日者，其美盛宁有涯涘乎？爰嘱予而为之记。

　　注释：详见碑记。本书作者对原文标点作了适当修改。

　　校记：①、②原文"鏷"，即"蟆"的讹字，径改。备考。

　　③原文"祇"，古可通"祇"，不改。尽管古人常混用此二字，但按照现代汉语规范，据碑记文意，应为"祇"。见《现代汉语词典》（商务印书馆，2006年第五版）。

募修关圣殿引[1]　　冯光宿

　　从来忠贞义节，古今庙祀不衰者，所以正人心厚风俗也。如关圣之灵昭昭于世，英风正气，凛凛如生，普天率土，凡具血气之伦者，咸知尊之亲之，建祠而敬事之，非惟一邑一乡然也。矧自唐宋以来迄于今，历朝递增封号而尊崇之隆至，我朝而弥盛，匪第追封三代昭穆，皆荣抑且春秋两祭，特颁旷典，允与孔圣一例崇祀，是西晋夫子直与东鲁圣人媲美而同揆矣！孰是敢亵越哉？州中斯庙，原建西关外，去城半里许之古佛堂。康熙三十八年（1699），同城文武诸公，因地处荒郊，祠宇零落有失尊严之意，遂迁建州治署右，盖地胜则神依之而灵爽益著焉。惟是地逼闾廛，人多蹂踏，物远日敝渐圮不完。雍正十年（1732），前牧鲍公乐善好义，募修稍整际，失时不葺，风雨不蔽，以致殿宇倾残上漏下湿，垣颓瓦毁，法象尘封，僧舍云堂只见鼪鼯，楼栋楼台阶砌，尽成荆棘含烟。辛酉秋（1741），予奉命来牧是邦，每朔望诣庙，窃见榱桷将倾，规模未备，抚衷顾影，怵惕难安，因思既莅兹土治民事神，即其切务倘因仍姑待置，理乱于不事，是又予之目咎难逭也。鸠工庀材，其职实有不容辞者，第寸砖寸瓦必资市，地之金一木一椽，尚藉同仁之助，盖予俸薄力微，虽勉为捐倡，而计工浩繁，独木实难支厦，爰泐数言，令僧官铸云持告同志，冀惟慨然乐输，共勷厥胜。庶几众擎易举，庙貌重新，虽以施获报似非长者之心，而作善降祥福禄自然身受，以此获祉，灼然不爽，凡我君子，谅有同心，或不以予言为河汉乎！是为引。

　　注释：关圣殿（即关帝庙或武庙），在（黔西）城中，康熙三十九年（1700）知州穆成周协镇王凤创建。雍正八年（1730）知州鲍尚忠增修。乾隆七年（1742）知州冯光宿重修并增建左右厢房、戏楼。碑文标点为本书作者所加，供参考。此文另有载录，参见黔西县志办公室编：《黔西楹联碑记集萃》，黔西县志办公室，1992年版，第167-168页。

――――――――――――
〔1〕（清）冯光宿纂修：（乾隆）《黔西州志》，第66页。

冯光宿，山西代州（今代县）人。乾隆辛酉（1741）秋奉檄来牧黔西。纂修（乾隆）《黔西州志》八卷首一卷。

内庄文阁塔碑记[1]　　佚名

文阁，地居内庄，崇山矗上，耸然而峙，网围璧立①，无坦衢可通。创建之初，木石砖瓦工程十倍吾乡。前辈廪生车重、熊赐封等合志经营并为募化，四方君子，亦乐勸助盛举，逾年落成，计所费不下数百金。今三十六七年，因地势特高，风雨漂②摇，频年住持不得其人，未获随时修葺，渐次朽坏。

夫莫为之前，虽③美弗彰；莫为之后，虽④盛弗传。今欲易以石工，永垂不朽。其工又倍于前，非群策群力，无以观厥成也。爰募远近檀那，随缘布施，丰者勿吝数百之捐，啬者不嫌一钞之助，务使积壤成山，汇流成海，庶前功不隳于一旦，而帝君之禋祀，亦不斩于一隅。或谓先王之制，有功德于民者则祀之，非此族者、不在祀典。有其废之，勿放举也。抑思：帝君一十七世为大夫，未常虐民酷吏。即其垂训、救世之婆心有加，无一不切于人伦日用。如晨钟暮鼓，智愚皆可儆悟。与圣贤辅世翼教之事，勿以贵贱，功莫大也，德莫盛也。况执掌科名，子嗣又祈福有所，宜顶礼而钦奉。虽⑤果报之说，吾儒不遵。然福善祸淫，与经云修修之言而悖之，凶者未始不同修而共贯，此古人所由以神道设教也。爰是同志君子，倾囊相资，使庙维新，则瞻佛相之辉煌，亦凜宝训之谆切。于此澡身浴德，而绵福祚于无涯也，岂不休哉？是为序。

乾隆四十三年（1778）岁次戊戌孟冬月。

注释：内庄石塔，位于黔西县城西约十五公里的白泥乡内庄文阁山上。文阁山上除石塔外，原有文昌阁，约建于乾隆七（1742）至八年间，石塔与文昌阁系姊妹建筑。20世纪60年代中期，文昌阁被毁，惟石塔尚存。石塔高10.2米，占地37.2平方米，分五层，中空，六角攒尖顶，阁楼式，短出檐，大开窗，长短和大小随层次升高而递减，呈下大上小。

石塔第一层门楣上有阴刻楷书"浩然凌云"；第二层横批"诞敷文德"；第三层横额"无文真宰"。石塔内尚存石碑二块，其中一块除"永垂不朽"四个大字能辨认外，其余小字已模糊不清；另一块"万古流芳"碑，高1.64米，宽0.73米，厚0.21米，字直书十五行，楷体。内容记叙修葺文昌阁的经过及集资人姓名、石匠姓名，其中已有部分文字不清，落款人为"住持僧月郎。乾隆四十三年岁次戊戌孟月"。详见毕节地区地方志编纂委员会编：《毕节地区志文物名胜志》，贵州人民出版社，1994年版，第

〔1〕　黔西县志办公室编：《黔西楹联碑记集萃》，黔西县志办公室，1992年版，第174—175页。

85—86页。本书作者对原文标点作了适当修改。

校记：①"璧立"，同"壁立"。"璧"，通"壁"。

②"漂"，可同"飘"，不改。

③、④原文"须"，误，应为"虽"，径改。语出韩愈《与于襄阳书》。

⑤原文"须"，疑为"虽"之抄误，径改。备考。

重修内庄黑神庙碑记[1]　　曾嵩、曾守极

唐南将军节烈殉难，与张许配睢阳，生为忠义，死为明神，理固然也。我黔奉为香火，必其流风遗泽及我黔民也。康熙己卯年（1699），吾乡先辈创立寺宇，永为崇奉，迄今七十余载，栋宇倚斜，户壁倾圮①。虽不然修葺，旋为往来寄宿者拆毁。夫庙者貌也，像神而祀之也。颓垣废宇，何以也②妥神灵乎？吾等目击情切，特为领袖，正巩固之阁，四围俱砌石壁③，除各捐外，更募好义者，共襄④其事，俾牢不可破。神灵有所凭依，而先人创建之大意，亦不致淹没而勿传也。工成勒石为记。

己卯（1759）科举人曾嵩、廪生曾守极撰并书。

乾隆三十九年（1774）。

注释：详见碑记。本书作者对原文标点作了适当修改。

校记：①原文"璧"，疑为"壁"之抄误，径改。备考。原文为"圮"，误，应为"圮"，径改。

②"也"，疑为衍文。备考。

③原文"璧"，疑为"壁"之抄误，径改。备考。

④原文"衮"，误，应为"襄"，径改。

重修内庄黑神庙碑文[2]　　曾琼芝

山不在高，有仙则明；庙不在大，有神则灵。南公忠在唐时，泽及牂牁，吾辈生居内庄，典崇庙制，甲观对楹，虽无雕甍，与绣闼丙舍旁启，却如松茂而竹苞。斯垣居于巩固，夫岂尚乎观瞻。但磊落孤踪，既已受俎豆不迁之祀；而菩提万树，何处非佛堂不威之灯。某等目击此门情形，只见虚左而空右，欲请诸佛陪奉，未免少东而缺西。爰①集士民与住僧，募化增修捐资成草。敬塑神像，用彩彰施，左右设立两龛，诸佛共成七座。但见巍巍荡荡，拈花微笑于一堂；赫赫严严，畏法时凛乎三尺。即此便是彼岸，何须通慧以为门，或者来到十方，还异慈悲而作宅。爰勒鸡碑，用成鼠序。

〔1〕　黔西县志办公室编：《黔西楹联碑记集萃》，黔西县志办公室，1992年版，第168页。

〔2〕　黔西县志办公室编：《黔西楹联碑记集萃》，黔西县志办公室，1992年版，第169页。

生员曾琼芝跋；曾德声书。住持僧门清。

道光十七年（1837）。

注释：详见碑记。本书作者对原文标点作了适当修改。

校记：①原文"原"，应为"爰"，径改。

修建三塔碑记[1]　　李守矩

黔为古水西之壤，其东北诸山最秀，先辈培而植之者美且备矣。岂于东而略于西欤？抑谋其始以有待也。乡贤恭勤李公，于乾隆辛丑岁（1781），创建文峰塔。重建文山塔，虽公之志其落而成之者。州侯赫公也，洎丙午岁（1786），复营于西南，而建标者二，即今之莲峰、文明二塔基也。未几而公寝矣。迄今五十余年，无有继其志者。戊子岁（道光八年·1828），叙堂李公复建标焉，欲修塔未果而公荣任松桃矣。癸巳岁（1833），尔亭杨夫子，欲捐书院修金五十金以成厥志，而功果浩大，无有应之者。甲午夏（1834），州侯兰雪吴公赈饥民，于三官殿相阴阳，观流泉，谓士等曰："内传云，乾山乾向水流乾，其斯地也。惜无峰，故其地不显。若建一塔，其巨观也。"因卜吉于孟冬而告成于腊底，越明年夏四月而莲峰继成焉。夫乾莲二峰，文明之左右也，于州城实右卫焉。士军之欲建文明也，匪伊朝夕矣。特恐力之不逮，而权舆于乾峰取逗于莲峰。亦由《豳风》乘屋播谷之意也。幸而天假之缘，念莪鲁公来牧斯土，倡首捐廉四十金，致阁①州士官商民，悉踊跃倾囊相助。即于乙未（1835）冬十月望二日，用牺干山，告厥成功。是年春发会榜一，秋发乡榜二，大者三，岂会逢其适耶？亦有应验耶？莫为莫致者天耶？嗟嗟！恭勤李公，克慎厥始；叙堂兰雪，克图厥中；念莪鲁公，克成厥终。虽曰天事，岂非人力哉？后有作者，尚鉴兹哉。

注释：详见碑记。本书作者对原文标点作了适当修改。所录原文末有附注："三塔虽阁（本书作者注：阁，应为"閤"或"合"）邑捐修，而倡首者李守矩、刘照恭、袁玉声三人之力稍多焉。"碑记撰者李守矩，史载不详。

校记：①原文"阁"，疑误，应为"閤"（合）或"阖"，径改。备考。

"劝世"碑文[2]　　佚名

（文昌）①帝君曰：吾一十七世为士大夫身，未尝虐民酷吏。救人之难，济人之急；

〔1〕 黔西县志办公室编：《黔西楹联碑记集萃》，黔西县志办公室，1992年版，第175–176页。
〔2〕 黔西县志办公室编：《黔西楹联碑记集萃》，黔西县志办公室，1992年版，第157–158页。

悯人之孤，容人之过；广行阴骘，多作善事。人能如我存心，天必锡②汝以福。于是训于人曰：昔于公治狱，大兴驷马之门，窦氏救蚁，高折五枝之桂。救蚁，中状元之选；埋蛇，享③宰相之荣。欲广福田，须凭心地。行时时之方便、作种种之云④阴功。利人利物，修善修福。正直代天行化，慈祥为国救民。忠主孝亲，敬兄友信。或奉真朝斗，或拜佛念经。报答四恩，广行三教。济急如济涸辙⑤之鱼，救危如救密罗之雀⑥。矜孤恤寡，敬老怜贫。舍衣食，周道路之饥寒；施棺椁⑦，免尸骸之暴露。家富，提携亲戚；岁饥，赈济邻⑧朋。斗秤须要公平，不可轻出重入。奴仆待之宽恕，岂宜责备苛求。印造经文，创修寺院。舍药材以赈疾病；施茶汤以解渴烦。或买物而放生，或持斋而戒杀。举步常看虫蚁，禁火莫烧山林。点夜灯以照人行，造河船以济人渡。勿登山以网禽鸟，勿临水而捞鱼虾。勿宰耕牛，勿弃字纸。勿谋人之财产，勿妒人之技能。勿淫人之妻女，勿唆人之争讼。勿害人之名利，勿破人之婚姻。勿因私仇，使人兄弟不和；勿使小利，使人父子不睦。勿因权势而辱善良，勿恃富豪而欺贫困⑨。善人则亲近之，助德行于身心；恶人远避之，杜灾殃于眉睫⑩。常须隐恶扬善，不可口是心非。剪碍道之荆榛，除当途之瓦石。修数百年崎岖之路，造千万人来往之桥。垂训以格人非，捐资以成人美。作事须循天理，出言要顺人心。见先哲于羹⑪墙，慎独知于衾影。诸恶莫作，众善奉行。永无恶念于心，常有吉神拥护。近报则在自己，远报则在儿孙。百福骈臻，千祥云集，岂不从阴骘⑫中得来者⑬哉？

乐善氏熏沐敬书。

大清道光四年（1824）次甲申仲冬月谷旦。

注释：此碑建立于贵州省黔西县西部的林泉镇青木树村，余详碑记。本书作者对原文标点作了适当修改，原文字照录。此"劝世"碑文源于《文昌帝君阴骘文》，但非准确完整版本。详见《文昌帝君阴骘文》。

《文昌帝君阴骘文》，简称《阴骘文》，系道教重要典籍，也是道教劝善书之一种，以通俗形式劝人行善积阴德，必得神灵赐福。作者不详。成书年代也难定论。据清代朱珪校订的《阴骘文注》称："《阴骘文》有宋郊之事，当作于宋代。"清代还有些学者也持这种见解。此书成于《太上感应篇》之后，存世有各种抄本、刊刻本，清代道士将其收入《道藏辑要》。另外《昭代丛书别集》《三益集》均有收录。

校记：①"（文昌）"，照原文录。

②"锡"，通"赐"。

③原文"亨"，误，应为"享"，径改。

④"云"，是为衍文，应删。

⑤原文"渴辄"，误，应为"涸辙"，径改。

⑥原文"桂"，误，应为"雀"，径改。

⑦原文"廓"，误，应为"椁"。

⑧原文"磷"，误，应为"邻"，径改。

⑨原文"因"，应为"困"，径改。

⑩原文"捷"，误，应为"睫"，径改。

⑪原文"门"，应为"羹"，径改。

⑫原文"腾"，误，应为"鹭"，径改。

⑬"者"，原文缺，应补。

大方

按：蜀汉时期，诸葛亮南征，夷族默部茸慕（君长）妥阿哲（济火）助南征有功，于蜀汉建兴三年（225）封为罗甸王，以袭其地。济火由陇更（毕节）迁白乍戈（大方）建慕俄格城堡于竹乍补（今大方云龙山）下。明天启二年（1622），安邦彦挟持安位反明，历经八年，兵败后安位请降。崇祯八年（1635），镇将方国安建大方城。清康熙三年（1664），水西宣慰使安坤与乌撒土官安重圣等联合反清，历时年余，被吴三桂平定（史称"吴王剿水西"）。康熙四年（1665）十一月"水西遂亡"。吴三桂奏请改土归流，并将大方改为大定，以木胯、火著、化各、架勒四则溪设大定府，结束土司政权的世袭统治。清康熙二十六年（1688）改大定为州，隶威宁府。雍正八年（1730）恢复大定府，辖三州一厅一县。民国三年（1914）废府设大定县，隶贵州省黔西道。民国二十四年（1935）改隶贵州省第四督察专员公署。1958年2月国务院批准大定县更名为大方县。现为贵州省毕节市辖县。

奎峰塔题刻[1]

注释：奎峰塔，又名玉皇阁塔，位于大方县城南郊1.5公里的玉文山（又名青龙岗）上。大定知府李曜于清乾隆元年（1736）建。四十一年（1776），大定知府姚学瑛重修。

奎峰塔系下大上小的六棱形7级石塔，2、3、4级中空，门向北。塔基每边3.54米，塔高14.1米，第1级3米，第2级2.46米，3级以上按比例次第减少。第一级有石门，嵌有石碑一方，高1.85米，宽0.93米，今碑记部分已模糊，可辨认者仅213字。

此塔除顶部微损外，其余基本完好。塔前原有玉皇阁庙，始建于明代，阶石镌有"灵曜龙蟠"四字。惜早废，仅遗址尚存。

---

[1]　大方县地方志编纂委员会编：《大方县志》，方志出版社，1996年版，第770页。

重建扶风塔记[1]　　王宝珩

定治山势，东高西下，城跨阜夹涧，远视在半山中，迤逦作椭圆形。其左，冈峦郁翠，环翼如玦，而联璧、天马、扶风、文峰、奎峰参错其间。由奎峰塔折叠而下，缭绕如贯珠，累累不绝。塔故圆锥体，所以曲抱城垣者，极有情致，堪舆家所谓石柱锁水口也。溯自清嘉庆戊寅（1818）初建，至民国戊午（1918）圮。既圮之四年，而贵州陆军第三混成旅旅长易公筱南驻节斯地，治军之暇，周览山川形势。喟然叹曰："扶风之塔建也，宜哉！微堪舆家言，世所不能废。但既为古迹，而官厅与人民皆有保存修复之责焉。"于是郡人士请以某某罚金约二千元为重修费，克日兴工。稍廓旧规，象地方直。级五，高四十五尺，周六十。伊始于壬戌冬月（1922），落成于癸亥（1923）之月。是役也，总而董之者，县长某；分而理之者，县绅某；出纳而监之者，县人某。余窃以谓扶舆磅礴之气，其黯然山泽间者，常若郁而必发。其玦然城廓间者，常若去而不留。郁固可以待其发而去，则必有兴焉以留之。留之者，凡楼阁台榭及一树一石皆是，而塔为最要。盖气有留，然后浊者布迹于物，而清者钟灵于人。是故邑野之相去，仅一炊烟许，而风物人文迥然不同。则气之有留无留，或留之，其当位与否，有以使之然也。易公固精堪舆之术，而又热心保存古迹者也。报知其不苟，而应斯神有若桴鼓，乃或以谓此理幽难明，知之者不待告，告非其人，虽言而不著。若夫一时煊赫之功，在人耳目，慈祥之泽，沁人心脾。则斯塔也，直不啻召棠郇黍，已兴云乎哉！已兴云乎哉！

县人王宝珩记。

注释：扶风塔，位于大方县城西0.5公里的牛头坡上。始建于清嘉庆二十三年（1818）。原为圆锥体，"曲抱城垣，极有情致"。民国七年（1918）塔圮。十一年，黔军旅长易筱南以罚款二千元（银币）重修，改建成四方形，五级，高十五米，每方宽五米。塔腰镌有"扶风宝塔"四个大字，底层有县临时参议会副议长王宝珩《重建扶风塔记》勒石。圮后重修为三级。

此碑记另有载录，参见贵州省毕节地区地方志编纂委员会编：《毕节地区志：文物名胜志》，贵州人民出版社，1994年版，第86—87页。

王宝珩（1879—1955），大方县人，字楚珍，生于清光绪五年夏历三月，二十岁成为廪生，时值戊戌变法时期。1906年秋赴日本弘文学院学习。1909年春赴京参加清廷"朝考"，被录取为己酉科拔贡生，获候选四川直隶知州官衔。因忧时忧国，投身维新变革，积极从事家乡文教事业。1922—1925年，曾参加《大定县志》的编纂工作。治学严谨，生前著述丰富，但大多毁于"文革"，存世不多。

---

〔1〕　大方县地方志编纂委员会编：《大方县志》，方志出版社，1996年版，第770—771页。

织金

按：明永乐十一年（1413），置贵州布政使司，贵州宣慰府属之，期间县境为其辖地。崇祯三年（1630），改贵州宣慰司为水西宣慰司。清康熙五年（1666），以水西宣慰司下辖的陇胯、的都、朵里、阿架四则溪之地始建平远府，将则溪划编里甲。康熙二十二年（1683），将水西宣慰司下辖四府大定、黔西、平远、威宁四府调整为大定、威宁二府，平远府和黔西府均降府为州属大定府。康熙二十六年（1687）降大定府为州，大定、平远、黔西同属威宁府。雍正七年（1729）威宁府降为州，大定州升府，威宁、平远、黔西三州及毕节县同属大定府，雍正十年（1732）因水城开采铅矿置水城厅，乾隆四十一年（1776）将平远州下辖岁稔、时丰、崇信划归水城厅，自此平远州下辖慕恩、太平、向化、怀忠、兴文、敦仁六里直到民国时期。民国二年（1913）废府、州建制，平远州改为平远县。民国三年（1914）改平远县为织金县，属黔西道。民国四年（1915）将原划归水城崇信里的鲊瓦鸡场、白泥塘、狸挈、吹挈、格夏、住乌、扈家河划归织金县。民国三十年（1941）第四行政督察区设置纳雍县，将织金西部部分地区划归纳雍县。民国三十一年（1942），织金和纳雍两县定县界，自此织金所辖区域基本定形至今。1970 年毕节专区改为毕节地区，织金隶属之。2011年底设立地级毕节市，织金县属毕节市。

宾兴洞摩岩[1]

注释：宾兴洞摩岩，在（织金）县城东门外二公里许的滴水岩峡谷深处左右石壁上，为竖幅摩岩。幅内刻高 1.5 米，手持拂尘，背背宝剑，脚踏祥云的吕洞宾平雕石像。幅下五米为一个大理石天然溶洞，洞口上方正对洞宾雕像脚下刻"宾兴洞"三个行草结合阴文大字。每个字面积四十平方厘米，字迹清晰醒目，是织金境内保存完好的古迹之一，景名"吕祖仙踪"，系康熙四十年（1701）知州冷宗昱、副将骆俨二人令工匠凿岩雕刻而成。

[1]　贵州省织金县志地方志编纂委员会编：《织金县志》，方志出版社，1997 年版，第 824 页。

重修城隍庙记[1]　　周景益

古者为民立社而已，后世郡县天下，筑城浚隍保卫居民，设神以尸之而建之庙，载在祀典，春秋匪懈，所以调燮阴阳，捍御灾眚而佐长吏之不逮也。江湖之间，士女殷盈，习尚华绮，往往极土木之巧，侈金碧之观，或营一台，构一图，至破产而不悔故事。清明、中元及十月朔，舁神北坛以主厉祭，则美冠袍盛仪卫，前导后拥，自阛阓达郊圻。箫鼓阗衢，旗帜连陌，其豪家巨贾竞以缯綵珠贝相夸耀，又或为机械傀儡，百戏具张，此若狂之俗未足为训，固非聪明正直之所默许也。平远为罗甸一隅，民俗似唐魏，乡之士大夫亦恺悌无华，不尚雕琢，余视事久，爱其风土，相与安之。《传》云："先成民，而后致力于神。"窃自维薄劣拙于抚字，无能感格天和。曩岁，苗祸猝起，贼烽照城，卒不敢犯。而比年来旸雨时若，屡获丰穰，向者，沟中之氓渐有起色，自非冥漠中仰藉神庥，曷克臻此？顾惟建庙以来，多历年所，岁时瞻拜其下，规模略备，栋宇仅存，每届三坛前，所谓导卫之具，荡然无有。虽俭国之俗，不必与江湖等。而吾州人所以奉明禋答宠缓者，无乃不简乎！岁己未(1739)，钦逢皇帝亲政之初，布告天下，"凡坛场祠庙之在《祀典》者，许有司请帑修葺，以为①民祈福。"于是，州之耆老请曰圣天子轸念边氓，明烛万里之外。吾侪小人怒焉，无以安于心，愿各输己财，倡率父兄子弟共襄斯举，不敢以帑渎也。余以疮痍未复为辞，而欤欤②恫恫吁之再三，既重违其请，乃解一月廉以授主者。未及两旬，得六百余金，适会农隙，庀材鸠工。若门、若庭、若堂、若庑、若寝、若寮、若泡湢之所，荒者辟，库者崇。鲜不数月，顿易旧观，而于前轨无越。若夫大神出游，冠袍之饰，仪仗之卫，以至箫鼓旗帜之属，亦一一粗具。按册可稽，要以所入为度，而经费无缺，所谓得奢俭之中者，是可以观礼矣！既落成，余深愧③以兴作之事重烦吾民，而尤乐吾民之涵濡化泽，能知所报而可相与以有成也。乃识其梗概于右。是役也，典出纳者四人，倡率而赞襄之者四十有八人，皆系名于末。其捐输各姓氏则悉列诸榜，以示无忘云。

注释：城隍庙在平远州（今织金）。碑文标点为本书作者所加，供参考。此文另有版本载录，两版略有差异。参见覃友恒、程礼钧；织金县地方志办公室修订：《平远州志·平远州续志》，织金县地方志办公室，2002 年版，第 109-110 页。

周景益（1738-1812），字星颐，号宿航。清代（江苏）武进人。乾隆三十六年（1771）进士。曾官贵州黎平府同知、黔西、平远州知州等。工诗文。

校记：①"为"，另版为"不"，备考。见《平远州志·平远州续志》2002 年版，第 110页。下同。

②"欤欤"，另版为"款款"，备考。

[1]　（清）徐丰玉、周溶修；谌厚光撰：（道光）《平远州志》，第 480-481 页。

③原文"媿",即"愧"的异体字,径改。

重修三楚会馆序碑[1]　　佚名

从来前事为后事之师,前车即后车之鉴,凡事皆然。今我三楚会馆亦有可鉴焉。忆自乾隆五十六年(1791)移建城内,殿宇堂皇,甲于一州,非蓄积有素、经理得人,必不至此。嗣因承办失宜,而亏欠浸蚀,遂至一坠不能复振,业已廿载于兹矣。道光二十年(1840),幸信善曾荣发捐银十两、卢孝明七两、张裕昆缴银四两合租佃款项滋息,按会称庆,为庙貌重兴张本。至二十一年十月初九日,冯文植、陈巨镛、杜清云、肖克荣、袁希贤、周主龙、郭宗元、张直中、袁光贤、袁克彰躬承办理,匪惟不敢塞责了事,并不敢故套相沿。爰①商之水德、丁开元、曾豁然、谢敦仁、马文凤、罗祖琳、田应虎等,清查年中出入,余积若干,妥议章程,胪列如左,使我同人一览便知;庶得以指视交集,而把持钻营之弊绝。又除值年首事轮充办理外,议举公正老成数人总理坐镇,凡有猷为,须经斟酌,盖其阅历深区处当也。伏愿同心共济,有始有终。虽往不可谏,而来犹可追。行见香火辉煌,永膺多福,人文储杞梓②之材,商贾获陶朱③之富。江汉之遗风,岂不宛在也哉!是为序。

(此有小字,上记每年庙宇应收入款项,下记每年应付出款项,字迹漫漶,待考,故略。)

道光二十五年(1845)十月初一日。

阁④省首事住持(下列姓名略)。

注释:"三楚会馆",即"三楚宫",又名寿佛寺。在织金城内南大街西,坐西向东,有大殿、戏楼、左右厢房及牌坊等古建筑,为湖南、湖北人在织金修建的会馆,又称"两湖会馆"。始建于清初(详年待考),清乾隆五十六年(1791),由原址城南移建于现址。道光二十一年(1841)重修,至二十五年(1845)竣工。占地面积约九百平方米,建筑面积约六百一平方米。大殿面阔五间,通面阔21.28米,进深六间,通进深16.2米,抬梁穿斗混合结构硬山青瓦顶。前后带双步廊,深1.84米。山门是方整石卷拱,宽2.44米;左右是方整石山墙,作为戏楼的后壁。山门拱顶上有楷书阳刻"三楚宫"三字。

山墙嵌有重修三楚会馆序碑一通,青石方首,高2.25米,宽0.9米,厚0.14米。碑座高0.3米,宽一米许,厚0.4米。额题楷书横向阴刻"庙貌常新"四大字,每字0.1米

〔1〕 朱邦才主编:《织金文物第1集》,贵州省织金县文化局,1984年版,第59—63页。

见方。首题直书中楷阴刻"重兴三楚会序"。详见《织金文物第一集》1984 年版，第 61 页。碑文记重修事，立于道光二十五年（1845）。于 1967 年石碑遭破坏受损，1981 年文物普查时文管所作了维护。

另据县志载，"三楚宫"亦称寿福寺。碑题名为"重修三楚公馆序"，显然是把"会馆"误写为"公馆"。本书作者综合两版本信息，定此碑名为"重修三楚会馆序"。详见贵州省织金县志地方志编纂委员会编：《织金县志》，方志出版社，1997 年版，第 807-808 页。本书作者对原文标点已略作修改，供参考。

校记：①原文"爱"，误，应为"爰"，径改。

②原文"杞梓"，误，应为"杞梓"，径改。"杞梓"喻指杰出的人才。可见《左传·襄公二十六年》《国语·楚语上》《晋书·陆机陆云传论》《南史·庾域传》等。汉语有成语"荆南杞梓""荆衡杞梓""杞梓之林"等。

③陶朱，我国历史上春秋时期名人范蠡之别称，被后世尊称为"商圣"，也是商贾崇奉的财神之一。

④"阁"，疑为"閤"（合）之抄误。备考。

创修雹神祠记[1]　　黄绍先

天之生物也，日以暄之，雨以润之，风以和之，云雾以养其精，霜雪以固其本。凡此天道之不言，实皆岁功之攸赖。若夫感四时不正之气，结而成象，聚而为灾。其足以害我禾稼者，则惟蝗与雹较水旱而尤烈。然蝗主乎旱，多生于北地，阳象也；雹成于水，多见于南方，阴象也。贵州山水环抱，地气主阴，故雹之为物，乃纯阴之气凝结而成，积深岩邃硐中。每当春夏之交，阳气上腾，若有物掀擢而出，其状大则如牛、如砖，小则如弹、如豆。黔省多见之，平远则年年有之。尝见小民胼手胝足作苦田间，春季专种荞麦、油菜、蚕豆、大小麦等物，曰"小春"，而阿芙蓉①尤居其大半。一家翘盼②，冀获收于青黄不接之时，粮赋赖焉，仰事俯畜亦赖焉。一遭冰雹，民不聊生。近年以来。屡受其害。余守牧斯土已及三年，自惭德薄，未能感召天和，殃及黎元，实余之辜。每欲弭患而不得其术。因思蝗之为害，北省州县专建蚂③蜡祠以祀之。意雹之为害，亦必有神焉以司其柄。乃询诸父老："城内外有无雹神祠乎？"佥曰："无。"余以为欲为地方免灾。必先向神灵祈福，立祠祀之，或可藉资匡救也，爰筹款度地，鸠工庀材，建雹神祠于龙王庙侧，以答神庥。伏愿，威灵丕著，或使之潜消于山谷，或使之分布于涧蹊，毋伤田亩，保我蒸民。（足）④不特牧民者之幸，亦地

〔1〕　覃友恒、程礼钧；织金县地方志办公室修订：《平远州志·平远州续志》，织金地方志办公室，2002 年版，第 223-224 页。

方之大幸也。是为记。

注释：雹神祠，位于织金县城内贯城河西岸，东靠灵应庵，西邻龙王庙，南连炎帝庙，北对回龙潭。雹神祠与武侯祠、忠烈祠、丁公祠合称织金"四祠"。此外，"四祠"与岑公祠、徐公祠、郑公祠、节孝祠、龙神祠、土地祠、昭忠祠、报功祠合称为织金"十二祠"。

雹神祠为斜山顶式建筑，并排三间，通面阔 9.55 米，通进深 5.8 米，明间 3.35 米，左右稍间各 3.1 米。明间正堂供奉雹神。清光绪十六年（1890），知州黄绍先率军民创建并撰祠记。详见织金县地名办公室编：《织金县地名由来和传说第一集》，织金县地名办公室，2011 年版，第 46-47 页。

黄绍先，浙江会稽县人，监生。光绪十三年（1887）知（平远）州事，二十四年（1898）因士民爱戴禀请复任，二十七年（1901）交卸，二十八年（1902）又复任。历年善政难以枚举，聊陈数端以见梗概：创修雹神祠，以卫民生；加设义学，以恤寒畯；禀领赈款，以救荒歉；续修通志，以征事实，州人祀之于徐公祠。

校记：①"阿芙蓉"，即鸦片，又叫阿片，俗称大烟。

②此处原文为"左耳与右分的合一字"。经查字典未见此字，本书作者疑为"盼"（同"盼"）的俗字，径改。备考。

③此处原文为"左虫与右八的合一字"。经查字典未见此字，本书作者疑为"蚂"的俗字，径改。备考。

④原文"（足）"字，原注为不清晰的字。

重兴仓圣祠惜字会序[1]　　黄绍先

上古结绳①而生，自仓圣有书契之作，而后万世启文明。然赖之者愈多，即亵之者愈众。或涂塞窗窦，或投溷污泥，固不仅祖龙一炬为文字厄也，余尝心焉悼之。前需次省垣时，曾捐廉倡为文昌惜字会，并得同寅资助，获金若干。因交商生息，议定规条。事甫竣，余即奉宪檄饬赴本任，暇日与州人士相接，询及惜字之举，佥云："平阳向有旧会，因兵燹以来，此事遂废，盖公款之虚糜久矣！今年春季二十七日为仓圣会。"余拈香至祠，适王应祖、谌创模、朱绍阳、谌金寿诸君等在座，谈论间商及惜字旧会，欲即此地而振兴之，诸君咸称善。爰请序于予，愿广为劝捐，以襄厥成。予因慨夫世之人，自束发受书于先圣所造之字，每弃如弁髦。而于修神殿塑佛堂，往往极土木之巧，侈金碧之观，倡之者一，和之者累百盈千，甚至荡中人之产而不惜，大抵惑于二氏果报

---

[1] 覃友恒、程礼钧；织金县地方志办公室修订：《平远州志·平远州续志》，织金县地方志办公室，2002 年版，第 247-248 页。

之说。冀邀福于冥漠耳。夫以施求报，儒者不为，而为善降祥，天道实有自然之理。历观当世记传所载，其由惜字而子孙致身青云者，指不胜屈。亦谁谓彼苍之有负善人耶。予因捐廉，嘱王应祖诸君董其事。所愿州之人集腋成裘，襄成善举。庶篆、草、隶真以及僸休侏儺②之制，祛③台灵宝之章，其委诸沟中者，虽只字片书，拾之不啻珍同拱璧。吾知仓圣有灵，较二氏之默佑，更捷如桴鼓，而此邦人文蔚起，其登虎榜而入凤池者，必更甚于今日矣！是则余之所厚望也夫。

　　注释：仓圣祠，为崇奉文字始祖仓颉之所。黄绍先，见上。

　　校记：①原文为"纯"，误，径改。

　　②此处原文为"左亻与右离的合一字"。经查字典未见此字，本书作者疑为"儺"的俗字。僸休，指我国古代北部和东部地区少数民族音乐。侏儺，是我国古代西部少数民族乐舞的总称。僸休侏儺，借指古代少数民族。

　　③"祛"，古同"祛"。

江西庙契约碑[1]

　　注释：契约碑，在织金县城东门内江西庙（今县粮食局）正殿前，20世纪50年代初期撤庙修建粮食局仓库，将碑掀倒，移放院坝两侧当洗衣石桌。碑为长方形。白绵石质，高1.65米，宽0.80米。顶部0.12米处去左右角成等腰梯形，阴刻真书"万古维新"四个大字，碑文以真书小楷从右至左直书，阴刻。

　　契约碑内容的前部分系张王氏及子张连贵、张连富、张连科、张连登于清咸丰六年（1856）卖地一幅八处及房屋、畜圈、山林、水车给江西庙为庙产的地块坐落名称、四至。后部分为"乡约谌忠贵、余登元、王忠玠、钟云观，五府值年杨绪清、彭春相、周景昆、熊善禄、吴荣兰、左运祥、张文光，凭中人李春荣、黄理贵、张玉升、李仲贵，吉府周梅由、胡曰缘、周柏由、王齐伸、胡曰纹、杨佳泰、康星佐、蓝曰纯、王发俊、胡曰成、王齐仕、□□□、胡承仁、周作深、王齐伦、周作坤、胡承基、王应富、萧从贵、王应忠、胡承锡、王应贵、周作琪、周作□、王应□、胡承□、胡承□、胡承裕、杨忠贵、龙德祥、王开贵、王开奎、周作□、王应鸿、胡承□、胡祖□、周维春、胡祖荣、胡祖文，卖主张王氏、子连贵、富、科、登同押，吉泰值年弟子胡承仁敬录"及立碑时间"咸丰八年（注：1858）岁次戊午小阳月"。

　　另一块现移放东山寺保存，高1.635米，宽0.765米，顶部去角的等腰梯形内从右至左真书阴刻"百事不易"四个大字，下部为真书直行小楷碑文。内容的前部分为序，中为田文忠、田成忠、田茂忠同子田厚昌、田厚得、田厚荣、田厚富、田厚贵、田厚庆

[1]　贵州省织金县志地方志编纂委员会编：《织金县志》，方志出版社，1997年版，第829—830页。

等卖房屋地产给该庙的契约，后为落款。

序文云："事有创于前者，以开其先，尤赖以继于后者，以要诸久。如我平阳万寿宫，自乾隆年间五府人众倡捐建庙于城之南，其赢余悉以为福主香火费，所以妥神灵宾，所以重本原也。但平阳自康熙初年始入版图，其先来平者，南、瑞、临、抚四府之人较多，故葳①事之余均有蓄积，惟我吉府仅存九十金，所置车水田一幅，坐落于东关外。其田高于众田，临近水口，一切砌堰安车基址不能越此。田之界外皆百姓之田，原借此田灌溉，故百姓虽殷实，不能不佃种庙田，年纳租谷二石，余每岁值年助资，此外并无涓埃之遗。嗣因百姓开沟退田，前则争持，后竞构讼，终年不休。幸得江右乐茗原公祖莅任斯邑，念切同乡，婉谕两造和息，劝首事移业就业，令百姓出银一百二十两，只将原契揭出批明，大众咸服，讼狱衰息。公同核算，用于词讼缴费银二十两，只余一百两整。合府公议，当即借与刘姓，本利累积四百余金，均置产业竖石为记。当事者恐积久弊生，议将产业契据刊碑庙右，缕析条分昭兹来许嘱序于余，余思古人有云：莫为之前虽美弗彰，莫为之后虽盛弗传。是举也。既有先哲以为之前，又有诸君以为之后，不诚足以彰其美而传其盛，欲是为序。吉秦（注：秦疑为泰字）弟子拣选儒学胡曰纯敬撰。"

后部分是："乡约谌守斌、王中玠、程荐山、熊君美、余登元、谢□□，五府值年周锦镒、熊玉琳、简发贵、谌□糈、彭文斌、左运祥、杨佳秦、王齐俊、凭中王辅请、袁启贤、王正兴、夏廷怀、王德俊、郭清一、赖钟山、胡怀珍、胡怀义，吉府王齐伸、周柏由、胡曰绶、周梅由、胡田组、王祥富、杨佳秦、康星佑、胡曰文、胡承忠、胡承基、王应长、周作坤、胡廷才、王应香、王炳、胡承锡、高德辉，原合胡怀忠、包承、王德魁，代笔田明忠。"

"大清道光二十六年（1846）一月二十七日立。杜卖田文忠、田成忠、田茂忠同子侄田厚富、田厚荣、田厚庆、田厚贵、田厚得、田厚昌同押。"

"咸丰八年岁次戊午小阳月吉日阖府公立。吉泰值年弟子周作琛敬录。"

江西庙是江西省迁居织金的各姓人筹资修建的会馆，名为万寿宫，与两湖（又称湖广）会馆三楚宫齐名。碑文中提到"平阳自康熙初年始入版图，其先来平者，南、瑞、临、抚四府之人较多……惟我吉府仅存九十金"；所列"五府值年"之人即江西省吉安、南昌、瑞州、临江、抚州五府落籍织金各姓氏每年推举的事务联络管理人；所列"吉府"数十人，即吉安府迁来的入会出资建庙置产人。这些碑记是保存了汉族移居织金的宝贵史料。

校记：①原文为"藏"，误，应为"葳"，径改。

织金文昌阁题刻[1]

注释：文昌阁，又名梓橦（潼）阁，位于织金县城内东部，坐南向北。始建于康熙二十七年（1688），原址在县城东门外，后毁。嘉庆七年（1802）移建于双堰塘南的文昌宫后。光绪九年（1883）重修。

该阁为三重檐八角攒尖顶木结构建筑。一层为长方形，通面阔 13.45 米，深 8.81 米，面积 118.91 平方米；前排四柱，柱基为面圆、中八棱、底四方形的石礅；四周回廊置木扶坐栏杆；四角为木雕斜撑翘首，屋面盖小青瓦；明间装雕花六合门，次间稍间装半壁花窗，内壁上刻谌小堂书写的柳体字《阴骘文》。二层为六角形，正面四合花窗，其余五面为圆形"寿"字花窗，六角飞檐翘首，屋面盖小青瓦。三层为八角形，八方皆为方形花窗，正面花窗上方挂"文昌阁"横匾，八翼角下垂吊木雕瓜柱，屋面为八角攒尖顶，盖青色筒瓦，宝顶为葫芦形。翼角为鳌头吻兽。各层翼角下均吊铜铃。

阁前的文昌宫，始建于康熙初年，由正殿、天赐台、左右配殿和山门组成。正殿为悬山式木结构建筑，通面阔 16.55 米，深 9.5 米，面积 158.15 平方米。正殿前为高约一米、宽约 10 米的正方形天赐台，石板铺面。台前中部为七级石梯，梯中央为一石雕盘龙，天赐台前左右各为木结构配殿，左配殿建于民国十六年（1927），为织金同善社全体社员出资建造。1963 年，织金城关三小修建操场，将右配殿移建于正殿左前方，并将天赐台拆毁。最前面的山门为石木结构，大理石檐柱，分为明间和左右次间，明间又名望水厅，登厅可赏"双潭对镜"全景，现山门和移建的右配殿均已拆毁。1985 年 11 月贵州省人民政府公布文昌阁为省级文物保护单位。此题刻虽为木刻，鉴于其道教文献价值，故录。

财神庙修复记　　吴大荣、刘进

财神庙始建于清初，详年待考。因年久失修，破烂不堪。乾隆四十八年（1783），州民捐资重建。据庙碑记载，承建庙宇的掌墨师中途去世，其女承继掌墨，把庙建成此建筑奇特壮观，有浓郁的地方特色和较高的科学、历史、艺术研究价值。我国著名古建筑专家、故宫博物院研究员单士元、北京市建筑设计院总建筑师张开济等评论说，"织金财神庙是特殊古建筑，在国内还没有见过，只有日本大阪天寿宫与之类似。要抓紧抢救！"民国时期，川会馆、民众教育馆曾设于此。新中国成立后，先后作县民贸公司、土产公司收购门市部。"文革"期间，改名为红旗大楼。为抢救国家文化遗产，

---

[1] 毕节地区地方志编纂委员会编：《毕节地区志：文物名胜志》，贵州人民出版社，1994 年版，第 76—77 页。

一九八〇年九月织金县革命委员会把财神庙公布为县级文物保护单位。一九八五年十月贵州省人民政府公布为省级文物保护单位。一九八八年十二月织金县人民政府正式收回财神庙交县文物管理所管理。一九八八年至一九九二年省文化厅先后下拨文物经费三十六万元抢救维修财神庙。主体工程由省园林建筑联合公司承建，为恢复庙宇左右侧翼角不致占道和征用罗氏院坝，根据文物古建筑专家建议，施工中将财神庙主体建筑整体后移三点一二米，书写了贵州古建筑维修史上的崭新一页。一九九二年十一月三十日主体工程竣工验收。一九九五年九月至一九九六年十二月省文化厅拨文物经费六万元维修恢复了庙宇山门、禅房及其他附属工程。财神庙修复，历经六载，投资四十四万元，我国古建筑中的瑰宝重放昔日光彩。盛世复庙，诚哉斯言！特此记之，以慰先人，以示后人。

织金县文化广播电视局立。

吴大荣、刘进撰；刘正义书。

一九九九年九月三十日。

注释：此碑为今人所撰书，现立于织金财神庙前。碑记竖排楷书，正文计十四行字。财神庙，在织金县城中央，坐北朝南。北面是凤西书院（今县委），南面对着城中心大街。建庙地址原名黑龙潭，传说云游道人指点建此庙以镇黑龙。

财神庙始建于清初（详年待考）。后年久失修，乾隆四十八年（1783）州民捐资重建。财神庙为木结构建筑。檐柱周长为 1.26 米。三十八脊，四重檐，悬山顶式，悬山式宝塔形状。底层后边是偏厦。十八个翼角底下分别系着十八只铜铃。风格独特，建筑艺术价值很高。

庙共有四层。一层通面阔 16.76 米，通进深 12.15 米。并排五间，有明间，次间，梢间。庙后偏厦面阔 14.46 米，进深 3.1 米，共五间。左右檐柱齐庙的左右次间。庙左有偏殿一间，面阔 3.5 米，进深 4 米。庙右的围墙上原建有土地庙一座，内有大钟及庙碑。1967 年被当作"四旧"将石碑炸毁，大钟散佚。庙正面是石拱山门，宽 2.57 米，高 2.8 米。原为木门，1974 年织金县土产公司改制为铁门。二、三、四层逐级按比例缩小，均由脊梁正中伸出，成为宝塔形状。档山边仍有脊、檐，由侧面看去，形成三个"品"（或"人"）字形。顶上一层供有魁星。右梢间于 1952 年扩修北门大街时被拆去一角。1967 年，财神庙被改名为"红旗大楼"，遭到严重破坏。财神庙曾于 1947 年租给织金民教馆使用。1952 年后为织金县土产公司使用。1988 年至 1992 年省文化厅先后下拨文物经费三十六万元抢救维修财神庙。1995 年至 1996 年省文化厅拨文物经费六万元维修恢复了庙宇山门、禅房及其他附属工程。详见贵州省文管会、贵州省文化局编：《贵州文物志稿第二集》，贵州省文物管理委员会贵州省文化出版厅，1983 年版，第 55-57 页。或毕节地区地方志编纂委员会编：《毕节地区志：文物名胜志》，贵州人民出版社，1994 年版，第 72-73 页。

金沙

按：宋代大观三年（1109），今县境中、东部属遵义，西南、西部属罗氏鬼国地。南宋理宗绍定元年（1228），升武泰军节度为绍庆府，领播州等九州和四十九个羁縻州，义州，仍如唐制。末期（1200），总属罗氏鬼国。元时，设顺元路军民宣府司，有二县十一蛮夷长官司，其中，沙溪等处蛮夷长官司，即建今金沙。大德十年（1306），改沙溪等处蛮夷长官司直隶四川行省。明代，设沙溪巡检司。万历二十七年（1599），置遵义县、府，控制沙溪巡检司。崇祯七年（1634），以今金沙化觉乡和黔西中坪等地，置怀远卫。今县境东南部，明代置黄沙渡巡检司。清康熙四年（1664），隶黔西府。雍正五年（1727），部分地方属遵义县，隶贵州。部分地方属叙永岩上岩下地区，隶四川。乾隆元年（1736），割四川叙永岩上岩下地区归贵州黔西州辖，编为平定里。民国三年（1914），改黔西州为黔西县。三十年（1941），析黔西县西北部及大方、遵义二县部分地置金沙县，金沙县，原名打鼓新场。1950年成立金沙县人民政府，隶属毕节地区。

钟灵高塔石刻[1]

注释：钟灵高塔位于金沙县城西北七十五公里的清池镇西北隔高山上。清嘉庆二十三年（1818）建。塔通体用坚硬青石砌成。呈六角形，实心、五级、高约1.3米、宝珠顶刹。塔座亦平面六角形，条石砌筑，高0.22米，由塔角向外延伸出1.05米，现大部分已损坏。

塔底层三面壁上各镶嵌石刻一方，均高一米，宽0.6米，陷入塔壁0.07米，上面书刻文字，因年代久远，风雨剥蚀，通读极难，其中一石上刻有"安顺府普定县儒学正堂""庠生周国柱"以及"嘉庆二十三年岁次戊寅仲冬月二十七日勒石"等字样仍依稀可辨。余两石同面北一壁镌刻捐款建塔人姓名。除此而外，塔底层面南一壁上方横题"钟灵高塔"四字，"灵""高"两字间竖刻小字一行"总首生员罗荫题"。1981年9月

---

[1] 毕节地区地方志编纂委员会编：《毕节地区志：文物名胜志》，贵州人民出版社，1994年版，第87页。

金沙县人民政府公布钟灵高塔为县级文物保护单位。

创修回龙塔小引[1]　　袁汝相

　　泽国毓秀，大善特生。山城发祥，上哲崛起。禀乾坤清淑之气，钟岳渎荟萃之文。龙穴绵亘，总属天工。风水栽培，端赖人力。余初下车，久羡新邑。冠名九里，甲秀一方。通南滇之坦途，达西蜀之要道。烟火万家，鸡犬俱升于四境。桑麻百顷，钱谷恒足于一廛。缙绅谨凛于四维，士庶尚好乎六行。临境观风，形似群鸿之排翼；登高视里，势如万马之奔腾。沙水曲流而常护，嵯岩挺拔而不停。方吉向正，每尽善于西南；林缺山低，却泄漏于东北。具禀有补夫教化，给示以奖乎人心。先诚开挖，比以富顺之文阁，既勤修补，喻以豫章之沟壑。祠作书院，范文正之阴德当思。心为良甜，朱夫子之地理可读。德之可崇，自才之蔚。人之能杰，由地之灵。尔乃：一峦耸萃，急建回龙之浮图。两峡高标，谁树插天之文笔。青草寻芳于行人，奇峰览胜于游客。田畔写黄云之赋，蓬门起《白雪》之歌。行见：水流太极，食货先饶乎八政。天呈石印，丁男余庆于三多。金山暗藏内库，预兆金马名才。玉屏悬拱生方，定应玉堂人物。天马策足，贵人上步于青云。石狮点头，北辰下照于圣地。驾万里之虹桥，早合相如之志。玩三秋之月井，尽伐吴刚之枝。倾囊助善者，科甲联登；赞被同心者，禄嗣绵远。百工优裕夫技力，行旅积捐乎货财。爰为之序，以志不朽云！诗曰："亭亭岳立冠黔中，撑起日边保障同。一笔参天云雾拨，万山春满杏桃红。"

　　特授贵州兴义府安南县知县改署大定府黔西州知州事加六级记录九次正堂袁汝相沐手敬书。

　　时在道光癸未①年（1823）仲秋月下旬谷旦。

　　注释：回龙塔在金沙县城东北郊玉屏乡境，即金沙一中与县林业站之间的小山岗上，尚存一垮塔遗址，人们只称之为"垮塔"。据传说，该塔建成后，遵义城就"鸡不叫、犬不吠"，不久塔被雷电击垮。另一说是，遵义城官绅发觉后，派人于夜间爆破的。很少有人知道塔的真名和造型及建筑时间。民国二十年（1931）正月，杨锦江先生游垮塔，于乱石、荆棘丛中发现建塔石碑一块，照抄其镌文，以存于今。碑于新中国成立前筑金（沙）遵（义）公路时用以修涵洞，已无觅处。碑文中记叙打鼓新场（今城关镇）不少的景和事。此碑记原文无标点，标点为本书作者所加，供参考。

　　袁汝相，四川珙县人，拔贡。道光六年（1826）任水城通判，创建凤池书院，并兴义学。

〔1〕　金沙县政协委员会文史资料研究委员会：《金沙文史资料选第4辑》，1989年版，第127-128页。

校记：①原文为"末"，讹误，径改。

中心字库塔石刻〔1〕　　佚名

（一）《仓颉大圣夫子谕惜字文》碑　佚名

夫子曰：吾以兽蹄鸟迹辨别音韵点画。俾天下万代一道同风，愚者可明，贱者可贵。上自王侯，下而泯废，明达神圣，幽及狐魂无不永赖，诚为万世不易之曲，过往之人皆钦之，虽愚夫愚妇谅亦钦敬然。其中有知敬而失其敬者，非不知敬也。理道未明，学问未深，兼之左道异端，重佛老而轻师儒，未藏经字。不可亵文章书籍视若草芥，每于道场焚化文书字迹，任其风飏雨洒泥污，并且老赆路引以及□□，重信天坑等符安放于棺，竟在其意，明为尊亲惜字，两不相妨。不知天地精华，岂可长埋臭尸之下，是尊亲而使亲含冤地下，惜字而反轻慢贤，诚为人生大忌，何惜而不察乎。特训。

（二）《文仓地君惜字条目》碑①　佚名

一戒以书作枕，灶内烧字，以书扫掉，见字不拾；一戒磁器刻字，桌几写字，地下画字，竹上刻字；一戒裹物包银，嚼烂糊壁，鼠嚼不拾，拭了糊窗；一戒碑前解手，地下堆钱，破钱投地，符字贴体；一戒搓团撕碎，字画掸砚，剜裁字迹，字带裤腰；一戒秽手翻书，钱放轿底，旧符弃地，鞋袜写字；一戒师父不训惜字；一戒书扇柬撞□；

一戒放包连烧封号；一戒妇女手巾绣字。

（三）《大帝君惜字箴》碑　佚名

儒门主五典，道释起三宗。一切闲文字，皆与藏经同。愚痴无见识，多抛粪土中。随身千万劫，永作厕坑虫。惜字一千，延寿一纪，子贵孙贤，绵绵不已。

注释：字库塔位于金沙县城东南六十公里的中心乡平凤村山王庙处。建于清咸丰元年（1851），青石质地，三层，每层呈四方形，并有披檐伸出。第一层高两米，边长1.6米，檐长1.75米；第二层高两米，边长一米，檐长1.4米；第三层高1.5米，边长0.6米，檐长0.8米。塔四边框及瓦当上有阴刻的花纹、传说典故、人物、鸟兽等图案共240幅。

塔正面和背面均有碑文，阴刻小楷直书。正面上刻"仓圣训"，左刻"共道仓圣训"，右刻"莫背帝君言"，中刻《仓颉大圣人夫子谕惜字文》。背面刻《文仓地君惜字条目》和《大帝君惜字箴》。字库塔现除塔顶裂落外，其余部分保存完好，字迹清晰

〔1〕　毕节地区地方志编纂委员会编：《毕节地区志：文物名胜志》，贵州人民出版社，1994年版，第87-88页。

可辨。本书附录三通碑文如上。

校记：① "文仓地君"，本书疑为"文昌帝君"之误，照录，备考。

岩孔观音洞张三丰摩崖造像[1]

注释：观音洞，坐落于金沙县岩孔镇西北，居白云山脚下，由两岩蓬成石窟，其底面积约五十五平方米，洞内正面石壁一片平坦，离地面五米高处，雕刻有大小不等的八幅佛像，有的高大魁伟，有的容貌庄严，有的体态安详。

现今完好地保存有三幅。左边的一幅是张三丰，高1.3米，宽0.4米，头戴道冠，身披道袍，手持拂尘；中间一幅是观音，高1.2米，宽0.35米，左手怀抱净瓶，右手置于怀中；右边的一幅是佛祖，双手作揖，盘膝端坐在一朵莲花上。

龙王庙地圣母碑[2]

注释：龙王庙位于金沙县城东南四百米处。始建于清光绪年间，1938年扩建维修，占地三百五十平方米。该庙具有中原建筑特点，又聚集了边陲依岩壁而立的建筑风格。庙的基座一头建在岩壁上，另一头用圆木架紧贴岩壁，形成栏杆吊脚楼。该庙后檐紧靠溶洞，洞内现存泥塑像三尊和地圣母碑一通，碑高1.57米，宽0.29米，上面阴刻"雕塑地圣母像纪念碑"，背面为阴刻楷书："永垂不朽"四字，右下角刻"建于中华民国二十八年"。

[1] 金沙县政协委员会文史资料研究委员会：《金沙文史资料选第4辑》，1989年版，第170页。
[2] 贵州省金沙县地方志编纂委员会编：《金沙县志》，方志出版社，1997年版，第992页。

威宁

按：唐代为羁縻小州，称宝州。境内得胜坡为宝州所在地。五代时为巴凡兀姑。北宋时为绍庆府所领羁縻州之乌撒部；南宋时受控于大理国。元至元十三年（1276），置乌撒路；十五年（1278），改名为军民总管府；二十一年（1284），改置乌撒军民宣抚司，二十四年（1287），升为乌撒乌蒙宣慰司，属云南行省。治所乌撒，辖地为今威宁、赫章等。元顺帝后至元年（1335），改属四川行省。明洪武十四年（1381），乌撒降，授实卜乌撒土知府，隶云南布政使司；十五年（1382），置乌撒卫指挥司，隶云南都司；十六年（1383），乌撒府改隶于四川布政司；十七年（1384）升为军民府。永乐十二年（1414）改乌撒卫隶贵州都司。清康熙四年（1665）平定水西安坤、乌撒安重圣。五年（1666）改四川乌撒土府为威宁州，取威镇安宁之义，隶贵州。二十六年（1687），以大定、黔西、平远三州隶属威宁府。雍正七年降威宁府为州，属大定府。民国二年（1913）废威宁州置威宁县，并设得胜坡分县；五年（1916），迁得胜坡分县于赫章。1954年11月经国务院批准撤销威宁县，成立威宁彝族回族苗族自治区，1955年改称威宁彝族回族苗族自治县，属毕节地区。

迁建火神庙碑记[1]　　佟铭

威宁，僻处边隅，黔荒之西，万山丛中而为山城焉。南北平川，名曰海子，山多而海阔。然山多则巉嶙沙石，海阔俱滥漫浸游，夏秋借霆雨而以成波，冬春则涸辙任遨游。初非川泽可比，难施润物之功也。况复风景萧瑟，更多火灾，兵燹之后，叠遭回禄。故城乡寥落，人民枯槁。予自铨曹荷蒙简拔来守兹郡，下车之始，见此殊方异域，山水人民迥别，未免触目伤怀，询之士①民，略悉大概。详观山城形势，起自离龙，而火神庙建于龙首，祝融得势，飞灾难免，士②民茫然莫识。况东郊火星山，在城东北隅，向赖沙龙潭之水以映之，后陂堤游坏，以致历年受灾。遂携绅耆单骑亲勘山城，不惟平畴荒芜，更乏溪涧流润，幸有沙龙、涌珠二泉相去里许，细流会合，迁徐绕城，滔

---

[1]　（民国）苗勃然、王祖奕纂：《威宁县志》，第658页。

滔不竭，四时入辙，足以御火灾、滋灌溉、供汲饮，而沙龙一泉较珠泉犹巨，第居人不识，道跻岩深，无人疏凿，壅潴涣散，因而无裨泽润。夫涌珠居招提之内，供人游览，不时淘汰，以极娱乐。若沙龙则捍灾兴利，有大功德，何反过而弗间，且牛马践踏，污秽壅流，诚为可惜！予室③顾再四，爰令乡耆住持④自捐赀，先清沙龙之源，四围高筑石岸，以避牛马饮踏。涌珠亭前，另凿一川以导其流，以免无知洗涤。开引长渠，会流绕城。城西北外，筑堤聚波以映火星，更移火神庙于城北，庶几源清流洁，有火水既济之功，不徒永免灾惑之患已也。是举也，藉沛泽和民物，因势开导，随地制宜，乃就天地自然之势而成之，或可与丘陆冈阜永垂无穷也。因泐以记焉。

注释：碑记标点为本书作者所加，供参考。此碑记另有版本载录，文字略有差异。参见威宁彝族回族苗族自治县县志编纂委员办公室点校：《威宁县志》，县志编纂委员办公室，1996 年版，第 252 页。

校记：①、②"士"，另版为"土"，备考。见《威宁县志》1996 年版，第 252 页。下同。③此处"室"字，所录原文不清晰，另版亦为"室"，备考。④另版本在"住持"后有"各"字，备考。

神仙洞摩崖[1]

注释：神仙洞在威宁城东北一公里处，民国年间镌"慈悲广被"四字，距地面十米，字约 0.25 米见方，保存完好。

凤山寺石刻[2]

注释：凤山寺，原名真武观，在威宁县城东北一公里凤山上。据碑文记载，"上有古刹、相传为明时所建"，坐北朝南，由正殿、左右配殿、前殿组成，占地约五千平方米。

正殿总长 13.8 米，二间，进深 9.7 米，正中须弥坐神龛，供真武塑像，殿前月台上置石鼎香炉，左右配殿均三间，通长 11.5 米，进深 1.5 米，盖小青瓦。右配殿为过厅，置门通大观楼。前殿三间，进深两间，明间两扇大门，各置一尊护法神象。殿前置一对浮雕云龙华表。华表高三米，直径四十厘米，蛟龙蜿蜒，形态逼真。

《重修凤山寺碑记》云："咸丰七年（注：1857）七月，回民陷城，烧毁山门两边厢

〔1〕 威宁彝族回族苗族自治县县志编纂委员会编：《威宁彝族回族苗族自治县志》，贵州人民出版社，1994 年版，第 580 页。
〔2〕 威宁彝族回族苗族自治县县志编纂委员会编：《威宁彝族回族苗族自治县志》，贵州人民出版社，1994 年版，第 583 页。

房。同治六年（注：1867）四月重修，并增山门之前戏楼，正殿后之三清殿、小观楼、大观楼"。楼上楹联荟萃，清同治年间知州邓良臣题"别有洞天"，云南翰林陈小甫题"俯仰天人大怀抱，咏吟山水古风流"，无名氏题"蓬岛依稀在人间，好凭它长虹引去；指点山城如画里，莫认之大蜃吹来"。

大观楼前有潭，五米见方，深一米余，料石镶砌，进水处嵌石雕龙口，吐出潺潺细流，终年不竭。潭沿上方有碑，上镌邓良臣书"灵潭"二字。"文革"中凤山寺遭严重破坏，三清殿、大、小观楼、云龙华表被毁，主体建筑幸存，被改作食品公司羊圈。

凯里

按：凯里市原为炉山县。明洪武初年置清平堡，二十年（1389）置清平长官司，三十年（1397）改为清平卫。明弘治七年（1494）置清平县，隶都匀府。清康熙七年（1668）并入麻哈（今麻江）州，十一年（1672）复置清平县，四十一年（1702）凯里安抚司并入清平县。民国二年（1914）清平县改为炉山县。1949 年 11 月炉山县解放，炉山县委、县人民政府同时成立。1950 年，废除保甲制度。1951 年 1 月凯里区苗族自治人民政府成立，为贵州省第一个苗族自治区。1952 年 9 月炉山县苗族自治人民政府成立。1956 年 7 月，黔东南苗族侗族自治州成立，确定凯里为州府所在地。1959 年 1 月，炉山县、麻江县、雷山县、丹寨县合并为凯里县，1961 年 8 月，县相继分置，炉山县仍为凯里县，1983 年 8 月，国务院批准撤销凯里县，设为凯里市。1984 年 1 月凯里市成立。

清平紫霞宫石刻[1]

注释：紫霞宫，位于今黔东南州凯里市清平镇长征路西侧，坐北向南，占地约二千四百平方米。歇山顶瓦屋建筑。明天启七年（1627），清平卫指挥使石宣修建，清嘉庆八年（1803）邑人重建。历经兵燹，同治年间（1874 年前后）复修。

该建筑为四合院，四周有围墙，前有拱形洞门，左刻龙飞凤舞，右雕狮子滚绣球，栩栩如生。门顶为半圆形，用细料石堆砌，门楣上书"紫霞宫"三字，笔力苍劲，系孙俊夫所书，字的周围绘有仙女撒花图。大门内两侧有厢房各两间，中间为天井，正房为紫霞宫大殿。大殿为四柱三间，宽约三十米，进深十米，高九米，宽敞、明亮、肃穆。殿内外雕梁画栋，挂有楹联。大殿内供有紫霞娘娘盘坐塑像。民国六年（1917），将紫霞宫改为炉山开明女子学校，后又改为清平镇完全小学。1956 年学校迁出，紫霞宫亦在兴建炉山县汽车站时全部拆毁。

---

〔1〕　贵州省凯里市地方志编纂委员会编：《凯里市志》（下册），方志出版社，1998 年版，第 1045 页。

香炉山石刻[1]

注释：香炉山，位于凯里城西十三公里。因形似香炉，常年云雾缥缈如烟得名。顶峰海拔 1233.8 米，四面峭壁崭绝，景致奇特，有"黔阳第一山"之称。1989 年被列为县级文物保护单位。

香炉山迭垒三层。初层有明代苗族起义首领阿榜故居遗址，昔日塘房集市遗迹，有乾隆四十七年（1782）立"胜境"二字石碑一块和光绪十年（1884）立的"黔阳第一山"碑刻，至今保存完好。中层名二屯崖，是环山一周的台地，面积约 0.14 平方公里。四下崖壁陡绝，高近三十米。明崇祯十五年（1642），清平李若星募集民众整建香炉山城时，建有东、北、西三道拱城门。东北两门今有残墙，西门尚存，横楣镌"是一保障"四个大字，两侧刻有"一障保名区雉堞山城千载固；层崖开胜境蜃楼海市两重盘"的楹联。台地有肥田沃土，泉水细流，昔日"聚而居者百余户"。其间有香炉塔、城隍庙、观音阁、顾氏宗祠和古代苗族义军军营等遗址。

明天顺年间（1457-1464）始置兵防守。正德十年（1515）设香炉山守御所。嘉靖十二年（1533）设清平卫中左千户所。清设炉山汛。其台地东面半崖有天然洞，名观音洞。洞门高四十二米，宽 2.7 米，上方刻有"凌云台"三字，两侧有楹联，上联为"缥缈慈云垂古洞"，下联是"氤氲甘露溥南天"。

洞内原有一石笋，高丈余，明景泰二年（1451）被官军击毁。崇祯七年（1634），塑大士像于石笋处。道光八年（1828）顾渤建观音间于左，早年已毁。观音洞中还有洞，不知胡底。南面有自中层到顶层的"九十九磴坎"，是前人用精钻条石砌成的阶梯路，共九十九级。此路陡而窄，两侧悬崖峭壁。左右两侧分别镌有"南关""云梯"斗口大字，赫然醒目。顶端筑有"南天门"，系石拱大门。拱门顶上建有阁楼，后毁，今存拱门。

山的顶层，呈椭圆形，既宽又平，面积约 0.18 平方公里。顶层还有棋盘石、翻身石、望天池、双流井、朝天洞等天然景观和古代苗族义军营盘遗址。明代始建的灵关殿、玉皇阁、文庙武庙，东北距"南天门"一百五十米处，建筑占地面积共约五百平方米。灵关殿又分三殿：上阁楼为上殿，中阁楼为大殿，下阁楼为前殿。上殿与大殿之间的左右两侧分别为文武二庙，呈四合院。玉皇阁建于上殿背后。所有建筑已毁，今仅有残墙和前殿石拱门。

---

[1] 贵州省凯里市地方志编纂委员会编：《凯里市志》（下册），方志出版社，1998 年版，第 1054-1055 页。

黔阳第一山碑[1]　　　徐作霖

　　黔省之山多矣。如金筑之南岳、黔灵、螺蛳、照壁等山，诚为名胜，非不蔚然深秀、以壮会城之观瞻？然要其峭壁端方，烟云缭绕，倏忽变幻，不可捉摸，荟萃众山之景者，莫若清邑①之香炉山。岁在癸未（1883），予守是邦，因公会崐山管都，间小住于此。流（浏）②览胜概，实属天造地设，集黔山之大成。爰颂嘉名为"黔阳第一山"，不禁为之歌曰：气象峥嵘兮，莲台起舞。峰峦环绕兮，磅礴安堵？空阔无边兮，民居万户。岩壑盘曲兮，有豹有虎。高不可及兮，去天尺五。大而难比兮，昆仑为伍。石壁巩固兮，安设营武。庙堂辉煌兮，千里可睹。万山拱象兮，右弼左辅。神仙往来兮，蓬莱洞府。登临远眺兮，眉扬气吐。奇峰第一兮，昭垂万古。

　　知清平县事古滇徐作霖题。

　　光绪甲申年（1884）暮春月吉日立。

　　注释：该碑立于凯里市香炉山。青石质，方形。碑身高一百五十九厘米，宽八十二厘米，厚15.5厘米。中间竖向阴刻"黔阳第一山"五个大字。

　　徐作霖，字云庄，号雨浓，补拙堂堂主，（辽宁省大连市）复州城东沙河太平庄朱家屯（今辖属普兰店）人。以廪生中试，嘉庆丙子（1816）科举人，己卯（1819）科进士，钦点国子监学正。后因补缺需时，改归知县，选授甘肃礼县。诰授奉政大夫，钦加五品衔赏带蓝翎。

　　校记：①"清邑"，即清平县，县治在今凯里市炉山镇人民政府所在地。

　　②"（浏）"，为所录原编撰者纠正错别字所注，照录。

〔1〕　安成祥编撰：《石上历史》，贵州民族出版社，2015年版，第117页。

黄平

按：黄平县名，源于旧州，以地平"撅土为黄"而得名。汉朝元鼎六年（前111年）平且兰置牂牁郡，黄平隶属之。唐代，属充州新兴、韶明二县地。南宋宝祐六年（1258）筑黄平城，赐名镇远州，黄平之名始见于史；景定元年（1260）置黄平元帅府，别置重安长官司，隶播州。元朝至元二十八年（1291）置黄平府，属播州，隶四川行省；别置上塘长官司，辖上塘罗骆家、平溪（今平溪属地）、葛浪洞（今浪洞属地）等地。明洪武七年（1374）置黄平安抚司，先后设所、设卫、设州沿袭至清末。民国三年（1914）废黄平州改为黄平县。今为贵州省黔东南苗族侗族自治州下辖县。

新建玉清宫碑记[1]　　朱应旌

吾隆故俗，好善而敬神，各所年有祈禳之醮，月有表忏之会，其来久矣。各寺观神祠供昼夜之灯者百余家，以岁计币油一千二百斤①有奇，虽大歉不废，他境所无者，只少一阁崇祀上帝，昔有谋创者卜地弗得吉遂已。万历乙未岁（1595），致仕万户侯曹公松、百里侯王公国宁、千夫长李公柯、百夫长韩公邦辅谋于应旌逸叟曰："玉阁未建，缺典也。人心乐从无倡导者，吾数人俱林下朽，亟图之，何如？"旌曰："诚是也。人心不淑，虽国法森严有恬，不知畏者若质诸鬼神，证以经典，即畏缩而不敢肆。故古有象教，谓设象以教化人也。若建阁，肖像上帝之临，望之而生敬畏心，就之而生悔悟心，维持世教大法也。律以非分之卖，曷敢避？当共怒其任何患乎弗胜！城东郭百菜畦一区，昔建坛祈雨于此，盍往观之？"即偕步至彼，果高阔平爽，四山环拱，盛境也！问其主，三四家合买分业者。问其价，不过十余金，议遂定，乃会致仕别驾胡公良卿等六十人，约盟于神，积钱谷，采木石，募缘则僧觉云为之首，二师则丁世美、韩点为之最，余各分任其责，至丙申岁（1596），崇阁岿然矣。阁甫完，任云南宪副余公懋学捐俸

〔1〕（民国）陈绍令等修；李承栋纂：《黄平县志》，第575页。

百金，付善士夜拱晨冶，金肖像七尊饰以金，请黔府路符差官辇至矣。其间，乐助居多者，乡耆锺应峦、狄应旃、何冕、张俸、刘寅、谢时举、张时朝、许可尚暨宪副公之伯子兴爵也。不惮远募者，致仕百夫长陶公市舜也。

越数岁而前殿成，又数岁，合卫军合施公费之余而厢楼翼如也。官舍士庶之室家，脱簪珥之助而牌坊矗如也。买阁前地，募砌石道蜿蜒而上，计三十余丈。庠生狄宗贤施鱼池之中募建平砳，计一十二孔而规制大备矣。斯阁也，材选其良，工用莫能且天然形胜，萃秀钟灵，所少者，金碧辉煌，诎于材力耳。我圣朝景运几三百年，今方仅见，非有默相之者胡能然哉！斯举也，有竭力以创始者，有多助以成中者，惜曹王诸公先后化去，继赞襄以成其终者，宪副公之仲子春元、兴贤百里侯之冢子，千夫长民暐旌之子府幕袤也。施田多且先者，义相时衮也。黄平施助率先者，篆帅孙君克谋也。至于垒其役而不敢懈，司出纳而不敢虚旌，又何敢自讳其万一之劳焉。助以财者，辅以力者，与夫银米工力之费，难以悉计。住持僧智聪、觉亮、了禅、如宝均有劳役并及之。虽曰大功将告完矣，余之心有未完者，葺其宫墙勿致敝漏，藩其竹木勿使剪伐，约其僧徒勿容匪人，是则有望于后之善人君子无穷之心也。是为记。

注释：此碑记标点为本书作者所加，供参考。明万历期间，朱应旌作此碑记时已八十五岁。

朱应旌，嘉靖辛酉（1561）举人。官云南县令，讨铁岭有功，署保山多惠政，民立祠尸祝之。迁湖广巨津知州，赈恤水灾，饥民颂德，擢广东湖州同知，勘灾筑堤，民赖以安。引年致仕，晋知府秩。

校记：①原文为"觔"，即"斤"的异体字。径改。

圣母阁碑记[1] 　　余兴贤

生人之道，莫不贵有子孙，华封人以多男祝尧，诗人以则百斯男颂太姒，所从来姚长矣。《周礼·月令·仲春》："元鸟至之日，以太牢祀于高媒①。天子亲往，后妃帅九嫔御，乃礼天子所御，带以弓韣，授以弓矢于高媒之前。"简狄生契，姜嫄生稷，靡不由此。自周迄唐，未之有改。而孔圣之生，以父母祷尼邱，传之记载，虽穷乡下邑，庸人孺子能言之。此其尤大彰明较著者也。里中旧祀圣母元君于城隍庙门之小阁，若傀居，然大仅容膝，祀者无能陟降成礼。余常谒而怪之。元君业为下土②嗣③续，主不难以麟趾螽斯昭景觊于生民，里人亦既敬恭，明神貌而奉之，取萧、取羝以享，以祀，乃不能辟半亩之宫为专事地？所谓宫室不设，不可以祭者？岂其无一人见及此耶？

〔1〕 （清）李台修；王孚铺纂：（嘉庆）《黄平州志》，第320-321页。

乡绅朱公裒④，张公时熙，张公纲，善士义官时衮，吴君崇、罗君汝明、许君可尚，相地得玉皇阁之左偏，犹可辟构。乃捐赀首倡，得地方广若千丈。芟荆棘，平凸凹，庀木石，召工匠，诸荐绅檀越相继衬施，凡数年而阁成，奉元君其上。飞甍耀日，朱棁干霄。信足以妥神灵而严祀事。左右翼以楼，庖、湢、僧寮具备。前为东岳殿，以岳神掌人世居民贵贱高下之分、禄料⑤长短之事，故附丽于蕃锡子孙之元君，取类聚义云。

越今丙子岁（1636）⑥，复前树棹楔三楹阁。僧性慧议砻石表缘起，过予问记。予坐，慧诘之曰："子可祈而得乎？"曰："唯！"苻坚之母祈于西门豹祠而坚生。皇甫政祈于魔母堂而子生。翟楫之母祈于所绘大士像而楫生。此感彼应，若鼓答桴，若券责负，固历历不爽者也。矧于元君曰："子可祈而必得乎？"曰："唯唯否否。"汉中山王胜百二十余子女。后周李廷哲六十九子女，焉在祈？伯⑦道无儿，香山斩后，焉在不祈？天固有不可问者。愚乌能测其所以然。予解之曰："是有说焉。所祈者，文也。所以祈者，非文也，实也。实为何，德是也。是故，牺牲既成，粢盛既洁，斋明盛服以承祭祀。祝史陈辞，告诉⑧以通祈之文也。清明在躬，志气如神，不动而敬，不言而信，神之听之，终和且平，祈之实也。藉第令德之不修，猥取陈鼎设笾豆，奉璋执爨之缛仪，日矫举以渎元君，神将吐之，其何福之与有？故曰：某之祷久矣。"慧起曰："先生之论挚矣。"虽然元君之灵，有不可诬者，请以现在论。檀越张公初祠文昌帝君，继祠东岳帝君，凡可以致祷者，无不至。乃行年六十四而举一子。已七十四，复举一子。头玉硗硗，掌珠瑾瑾，比于徐卿二麟。人咸诧，以为帝之赐。斯固先生所睹。记者宁曰："阁之建也，仅以神道设教乎哉？"予曰："然若张公者是必有以祈者在矣，即谓元君之灵捷于肸蠁，可也。"僧性慧⑨及檀越时君、许君初佐朱公、张公。复佐公之犹子广文君纲，时君之子逢春，经营拮据，是数人者，功德当与阁同不朽，它输助善信士女得以次列姓名碑阴。（"时君之子逢春"六字当在"复佐"字上）⑩

注释：圣母阁，在（黄平）州城内玉皇阁之左偏，建于明代。明余兴贤撰碑记。碑记标点为本书作者所加，供参考。此碑文另有版本载录，个别文字略有差异。参见另版本：贵州省文史研究馆古籍整理委员会编：《贵州通志：金石志·古迹志·秩祀志》，贵州大学出版社，2010 年版，第 388 页。

余兴贤，字承素，兴隆卫（今黄平县）人。明代万历二十八年（1600）庚子举人，官至知府。

校记：①"媒"，另版本为"禖"。禖同媒。高禖，即管理婚姻和生育之神。见《贵州通志：金石志·古迹志·秩祀志》2010 年版，第 388 页。下同。

②"土"，另版为"士"，备考。

③"嗣"，另版为"祀"，备考。

④"裒"，另版为"衰"，备考。

⑤ "料"，另版为"科"，备考。

⑥ "丙子岁"，另版后注有"（崇祯三年·公元 1630 年）"，误。据考，崇祯丙子岁，当为崇祯九年，公元 1636 年。径改。

⑦ "伯"，另版为"百"，备考。

⑧ "诉"，另版为"祈"，备考。

⑨ 原文为"慧性"，误，应如前为"性慧"，径改。

⑩ 原文末注有（"时君之子逢春"六字当在"复佐"字上）。

重修圣母阁东岳殿碑记[1]　　朱定元

《书》曰："作善，降之百祥。作不善，降之百殃。"夫所谓善者，忠君、孝亲、仁民、爱物、克尽伦纪之道、充满吾心之德是也。而祥莫祥于玉燕投怀、佳熊叶梦、嗣息衍庆、门庭志喜。审若是，奚必有所祷而祀哉？虽然，历稽往昔因祷而生者，且纷纷矣。如吾隆旧有圣母元君，相传掌人间嗣续，此祷彼应，响若桴鼓，诚余兴贤公所谓元君之灵捷于胧簺者也。考其初，祀于城隍庙之小阁，继为予先祖公衮①、张公时熙②约一时好义，建阁于玉阁之左偏，供奉圣母，前殿崇祀东岳。盖以五气流行木位东方，四时顺布春居岁首，万物发育皆本于东岳，万物资生推原于圣母，故因类及之。且王政莫大于厚民生而顺民欲。夫天下之岳有五，而东岳主生，民之所欲惟生，而坤德又生之所由始。《书》称东岳曰"岱宗"，《易》称坤元曰"资生"，俱以生万物为德，故庙祀③巍焕，所以厚民生也，且以顺民欲也。讵料乙卯苗变（1795），逆炬猖狂，前殿仅存东岳神像，而元君之灵随升腾于红光烈焰中矣。善士王成功、程万章等欲复旧制，众谋金同，爰伐木鸠工，重辉栋宇，正楼前殿焕然一新。推其意盖欲祷东岳、元君之灵，俾麟趾螽斯昭瑞庆于下土，扩充厚民生、顺民欲之政，且使各忠君、孝亲、仁民、爱物，共勷国家郅隆之盛。庶几充满吾心之德，降之百祥耳。是为记。

注释：圣母阁，在黄平州城内玉皇阁之左偏，建于明代。碑记标点为本书作者所加，供参考。此碑另有版本载录，个别文字略有差异。参见贵州省文史研究馆古籍整理委员会编：《贵州通志：金石志·古迹志·秩祀志》，贵州大学出版社，2010 年版，第389 页。另版本碑名为"重修圣母阁东岳庙碑记"，而本碑写"庙"为"殿"字。

朱定元（1686-1770），字象乾，号奎山，贵州黄平州人。清乾隆时举人，历任扬州江防同知，淮安知府，淮阳道河南布政使，光禄少卿，内阁学士，右副都御史，因足疾以原官致仕。酷爱古文，擅经济、算法以及兵、农之学，尤娴水利，于河工多有治绩。著有《河工便览》《四书文稿》《海塘记略》《宁静堂诗文稿》《黄平州志》等，皆散佚。

---

[1] （清）李台修；王孚镛纂：（嘉庆）《黄平州志》，第326 页。

校记：①"袠"，另版为"衷"，备考。见《贵州通志：金石志·古迹志·秩祀志》2010 年版，第 389 页。下同。

②另版"熙"字后有"等"，备考。

③"祀"，另版为"祠"，备考。

玉阁重修碑记[1]　　朱定元

州城东北隅，地敞而秀，脉婉而腴，且四山环绕，松杉蔽日。明初，祈晴雨者就此结坛，厘祝叩之即应。虽曰人之杰，抑亦地之灵欤。万历间，本城众先达万户侯曹公松、百里侯王公国宁、千夫长李公柯、百夫长韩公邦辅谋于元祖中顺大夫应旌暨经历公袠协同建阁于斯。盖仿古象，教之义若曰：上帝临汝，毋贰乃心，其维持世道之隐衷，千古如揭也。讵料乙卯苗变 (1795)，逆炬飞烟，斯阁遂与学宫、佛寺、官舍民房俱成灰烬。后各次第修复，惟斯阁议论未协。城内亲友欲改大殿，各乡耆旧思复层楼，几同道旁筑舍，迟八九年颓垣废址，瓦砾依然。元适自山左丁艰旋里为之解曰：欲修大殿，利益众生也。思建层楼，尊崇上帝也。何不于大殿之中仍架层楼，则利益众生之意得伸，而尊崇上帝之念亦遂。且上帝之鉴享，原不在于雕梁峻宇，实系乎人之一心，果心向夫善，则一诚感格可通帝座。无疆之福，自我求之矣。城乡亲友佥曰："唯唯！"议既协，遂卜吉鸠工，经始于癸亥 (1803) 孟冬，告成于甲子 (1804) 仲夏，盖亦成吾祖并众先达维持世道之衷，于设象教人之意云尔。

注释：玉阁在（黄平）州城东北隅。碑记标点为本书作者所加，供参考。

黄平州万寿宫碑记[2]　　程岩

圣天子声灵赫濯，薄海内外，万姓蒙休，百灵效职，凡有功德于民者，皆有庙祀，而御大灾、捍大患如我西江福主许大真君，其尤伟者也。真君，生于晋，习儒学，道令旌阳，有德政，厥时妖孽作孽，生民罹害，真君仗法力制之，遂使江湖永奠。千百年来，精灵犹著，其感应之速捷于影响，普天之下均沾惠泽，固不独大江以南西道诸郡已也。庙像之祀，遍①于寰宇，宜哉！贵州当滇楚蜀粤之交，为天南胜区，山水奇秀甲天下。黄平更推绝特，文物之盛足与天下争衡，其地灵故神之托于斯者亦愈灵，而吾乡之贸易兹土与寄籍焉者，不下千百数，皆赖神之灵以默佑之。旧创万寿宫于城之东隅，以

〔1〕（清）李台修；王孚镛纂：（嘉庆）《黄平州志》，第 325 页。

〔2〕（清）李台修；王孚镛纂：（嘉庆）《黄平州志》，第 348–349 页。

妥以祝罔或不虔。自卯辰（1735–1736）以来，苗民逆命，毁于兵火，吾乡人之流困而失业者亦既有日矣。幸天子神圣，威加万里，底定苗疆，俾吾乡人流而复集，困而复苏，又以神之庇行者，有什一之获居者，有生聚之繁而文物之兴，亦与地著者，稍分其盛，咸曰神之福我如是，苟听其祀之终毁也，非所以云报也。神虽无恫，吾其何以为心于是，众议金同，谋复厥祀。经始于乾隆七年（1742）四月，越十二年（1747）八月工乃竣，其址上下二十二丈，左右二十三丈，其宇堂十楹、门四进，余屋两间、戏台一座，共用银九百五十余两。向之荆榛芜秽，今则栋宇嵯峨也。向之瓦砾堆填，今则金珠焜耀也。向之牧竖樵夫歌吟而上下，今则衣冠俎豆拜跽而馨香也。夫而后，神有所妥，民有所祝，不既康夫。吾于是而见太平之象，已徵于此矣。盖苗民之归化已久，兵火之惨，可保无虞，神之福我，将永永无极矣。田亩文卷无恙，皆苏金章艰苦携出者也。例得并书以旌其劳，且为后之修举者劝。

　　地基田亩开后：

　　一买陈茂修基一幅，前抵街，左抵关庙，右抵李宅。又后一幅外，又二块共二契。一买岳继圣基一幅，上抵墙，下抵街，左抵关庙，路右抵万寿宫墙，一水府庙地，承通城绅士，付在本庙管理有约。一买李毓林／贞②山地一幅，地名龙场坡，三岔冲界至载契。一买周廷臣北门坝葫芦田三坵，民差一亩二分。一买周中建西门外隆二甲屯田一坋，计弓口三亩。一买许允赞／递③安三甲民田一坋，地名猴坡，大小三十三坵四至，载契。一买周际盛民田二坋，一坋金家坪，大小五十坵，一坋烧香田，大小六十坵，四至载契。一买王宗伯水府庙官田二坵，地名下坝。一买梁楚珍红排楼石枧田一坋，科差六分。一买张继先马路脚下独田二坵，半河小窝铺大小五坵，新开二坵，四至载契。科差三分。一买赵子勤科田一坋，五里桥膀上。一刘奇方施民田一亩二分地，名猴坡脚下杨水田一坵，又猴坡三坵。一狄英施民田一坋，大小十坵，地名罗寨小罗坝。一杨学贤施送马店大街地基一间。一买苏荣／启④宗五里桥田一坋，四至载契。一买苏荣宗五里桥石龙坡山土一幅，垦田一坵，山林竹木俱有，四至载契。一买苏沈氏同男苏承周五里桥石龙坡山土一幅，基田一坵，四至载契。

　　注释：此碑记标点为本书作者所加，供参考。所录原文碑题名为"黔南黄平州万寿宫碑记"，本书作者去其首二字"黔南"以定名。

　　程岩，江西铅山人，字臣山，号海苍。乾隆三年（1738）进士授检讨，历任内阁学士兼礼部侍郎、吏部右侍郎等官。视广东直隶等省学政，秉公选拔人才。以清节著名。

　　校记：①原文为"徧"，即"遍"的异体字，径改。

　　②原碑文字为竖排，"林"左、"贞"右。

　　③原碑文字为竖排，"赞"左、"递"右。

　　④原碑文字为竖排，"荣"左、"启"右。

重安江江西会馆记〔1〕　　李红

凡士商之客于四方者，必设会馆为岁时颂祷地，有事则聚而议焉。而出于吾乡人为多，其在黔楚间尤盛。盖犹古者，乡校之意，特侨寄为异耳。然人情比间托处习而忘之，及远游日久，闻乡音则喜，虽旁州郡之人，如亲戚然，因是有以聊，其情谊不然者，则乡人是非之公亦于是出焉，顾不善欤。重安江城，在平越、都匀、镇远三郡之交，前临大江，风景闳阔，又为滇黔通道，仕宦商贾，肩摩而踵接，驿舍之外，阛阓连属，亦繁盛之区也。乾隆十八年（1753），乡人魏捷万、徐必祥、曾良友、熊天祥、蔡以文、蔡远臣、吴学万等始合谋，醵金购基与田，二十年（1755），鸠工庀材，越十年，熊人河、魏及万、蔡作舟等乃藏其事。又三十余年，嘉庆戊午（1798），予以瓮安令摄平越篆，乡人蔡麟舟、魏国仲、施奇珍等以勒石之文来请，因为论馆之所由设，在于笃桑梓亲睦之风，而公其是非，非仅为党同之具，其所祀神皆乡之德施于人者，人皆知之，不具论。至万寿名宫，昉自昔代，然今当四海会同之世，自神及人，实皆为圣天子祝无疆之福。则尊严之地，凡往来差使，皆未可假馆住宿，停寄物料，以亵越视之也。

其田亩基地载碑阴：

一买谢东升基地一幅前后左右二十丈。一买陈世珍／德①基地一幅。一买李象吉基地一幅。一买赵世勋基地一幅。一买曾受街基一幅。一买谢廷藩基地一幅。一买章显宗基地一幅。一买萧汉云／臣②土地一幅地名王家坪并茶园③在内。一买王世抪④等街基一幅。一买刘元锦田二段地名马桑冲。一买张青英田一坋地名坝尾大小十七坵。一买计仲远田一坵。

注释：江西会馆在黄平州重安江。碑记标点为本书作者所加，供参考。

李红，清朝乾嘉年间黄平人，历官瓮安县令、平越直隶州等。余不详。

校记：①原碑文字为竖排，"珍"左、"德"右。

②原碑文字为竖排，"云"左、"臣"右。

③原文"薗"，即"园"的古字，径改。

④原文此字难辨识，疑似为"抪"，备考。

仁里河重修关庙碑文〔2〕　　周封邠

西乡关庙之建，久矣。以文献无征，虽详其始，遍询父老，啧啧述前朝官兵扎挞子屯时，迭蒙帝君显圣，贼劫粮，使惊窜，兵卸垒使生，全共尊灵异，遂历昭代而常

〔1〕　（清）李台修；王孚镛纂：（嘉庆）《黄平州志》，第345页。

〔2〕　（民国）陈绍令等修；李承栋纂：《黄平县志》，第532页。

存。咸丰乙卯（1855）苗叛，乡人移神位屯中，值苗乘隙攻，像辄汗，若督战然，屡挫贼锋，苗惧甚。州城陷于丙辰（1856）九月，屯且守逾年，非荷神功不及此。肃清后，庙基仅存，外余数亩荒田，同乡若周、卢、金、狄、李、黄、王、曹八姓人等聚议曰："此庙不特镇锁一乡水口，且数百年来，共沐神惠，不敢忘约，放谷生息，为修复计。"岁庚寅（光绪十六年·1890），实积银肆十余金，诹吉于十月重建之。辛卯（1891）招获住持道彭常海代请印簿，更为募化，十方补修一切并铸钟蒙鼓，次第告成。虽盛举未全，恐前功渐没，嘱愚序其缘起。愚窃谓吾黔在昔属荆梁边徼，三国割据，先主都益，帝君镇荆，吾黄实在治内，故神之屡显灵异于四境而庇荫夫吾黄者，其钟爱之情，抑亦有不得已者耶！苏子谓神之在天，亦如水之在地，尚是理，论要不如吾乡之实，蒙神佑，信而有徵，所以山陬僻境，庙貌独尊。盖有感于神灵者，抑深且永。碑既成，除名已勒钟不另镌外，特勒好善姓名于左，将共荷神庥以垂不朽云。

　　注释：光绪辛卯（1891），绍兴周封邠撰碑文。余详碑记。碑记标点为本书作者所加，供参考。

镇远

按：镇远素有"滇楚锁钥，黔东门户"之称，史书云：欲据滇楚，必占镇远；欲通云贵，先守镇远。因地处交通要道，地势险要，据之非常重要，故名。唐代，置梓姜县，属奖州龙溪郡，武后长安四年（704），割沅州夜郎、渭溪二县置沅州，开元十三年（725），改名鹤州。二十年（732），改称奖州，领峨山（岑巩）、渭溪（玉屏）、梓姜（镇远）三县。宋大观元年（1107），置安夷县，属思州，宣和四年（1122），废安夷县作堡，隶黔州。宋宝祐六年（1258）十一月筑黄平城，赐名镇远州，为镇远之名的开始。德祐元年（1275）置镇远沿边溪洞招讨使司。元至元二十年（1283）改沿边溪洞招讨司为总管府，至正二年（1365）为府，明洪武四年（1371）改为州，永乐十一年（1413）为镇远府，正统三年（1438）五月革镇远州，弘治十一年（1446）置镇远县，隶镇远府，万历二十九年（1601）改镇远卫，清康熙二十二年（1683）将卫并入县，宣统元年（1909）为省县，以其地为府直辖，1913年恢复置县。现隶属贵州省黔东南苗族侗族自治州。

诸葛武侯祠记略[1]　　程熙

汉诸葛忠武侯英烈，在边徼尤为显著。镇远，徼之蕞尔者。古有祠焉，盖仰侯之英烈而祀者。祠在偏桥司江之津，去府六十里，岁久芜秽，祀典亦缺，居子憾焉。嘉靖丁未（二十六年·1547）岁，熙守是邦，以师旅方殷，未克遑及。越明年，戊申（1548），乃得许指挥迁之隙地，遂立祠以祀侯。为堂三楹，中塑侯像，俨然如在也。堂之前为坊门曰："天下第一流"，胡致堂之赞侯者也。坊右为"静学轩"。静以修身，俭以养德，侯之学也。轩在崇冈下，由轩而上为门，为坊，为书房，曰"龙冈"。深处曰"龙冈上茅亭"者，草庐意也。轩南为房三楹，守祠者居焉。东为铺舍，西为土地祠，仍旧也。又明年己酉（1549），而工告成，白于中丞三洲李公曰："祠可也，宜有常祀。"乃命支公帑岁举

---

[1] 贵州省文史研究馆古籍整理委员会编：《贵州通志：金石志·古迹志·秩祀志》，贵州大学出版社，2010年版，第420页。

二祀。白于侍御峨山张公曰："礼成矣。守祠者宜有常食。"乃檄支公廪，月给三斗。是则祠不为虚建矣。

注释：武侯庙（祠），在镇远府偏桥长官司东二十里，中有柏百余林，森郁可爱，盖古庙也。（明）景泰间、天顺间指挥陈性俱重修。相传武侯征南时，欲凿瓮蓬洞以通漕运，驻兵于此。（《图经》）至今，父老犹指某处为将房，某处为瓦厩。瓦坠地者犹厚寸许。嘉靖二十九年（1550），知府程燫于本府州街，择地立祠。明末，毁于苗。康熙十一年（1672）重建。（乾隆《志》）

程燫（1489-1564），江西建昌府（今南城县）举人。明嘉靖二十六年（1547）任镇远知府，主持修建镇远府城墙，又续修《镇远府志》。程燫视官如家，爱民如子，颇有才气。在镇远留有诗《镇江晚渡》《龙潭夜月》《燕矶渔唱》《春江晚渡》《黑石樵歌》《澄江阁》等。

镇远青龙寺石刻[1]

注释：镇远青龙洞古建筑群位于县城东中河（和）①山麓，由青龙洞寺、中元洞、万寿宫、紫阳书院、莲花亭、祝圣桥六部分建筑组成。始建于明代初叶，占地两万余平方米，大小建筑三十余处，建筑面积6156平方米。其中：

青龙寺，在中河（和）山南麓石崖上，始

（民国）李烈钧题诗碑（今刻）（实地调研拍摄）

建于明永乐十五年（1417）。山下有十五级台阶入寺。山门为石柱砖墙牌楼式建筑，上楣镶嵌石碑一块，刻有草书"青龙洞"三字。门两侧石柱刻楷书对联一副："文笔临溪二水潆洄环古刹；香炉鼎峙万家烟火接丛林。"寺内有灵官殿、正乙宫、保山殿、观音殿、客堂、吕祖殿、玉皇阁、望江楼等建筑。

正乙宫在青龙洞山门左侧崖畔为一座小型砖筑重檐庑殿顶建筑，门额上竖写"正

---

〔1〕 贵州省镇远县志编纂委员会编：《镇远县志》，贵州人民出版社，1992年版，第73页。

乙宫"三字，前有对联二副："应物自平心手执金鞭常耀武；生财原有道身骑黑虎乃扬威。""颇有几文钱你也求他也求给谁是好；不作半点事朝也拜夕也拜教我如何。"北侧中段有一平台，清同治十三年（1874）复修碑记四块，碑文大部剥蚀，碑顶上方有一大横幅，粉书"海上飞来"四字，原落款为"道光己亥年（注：1839）夏""果勇侯杨芳书，时年七十。"

吕祖殿位于正乙宫南侧石崖上，为一座拥有四层厅堂三重屋檐的重楼歇山顶穿斗式建筑。靠廊厅一面粉书"中流砥柱"四字。二楼两侧设荤素厨房，三楼为客堂。清光绪年间，镇远知府汪炳璈曾在客堂上题写对联一副："瓮里天洞中仙谁造这石头未经混沌先开窍；马蹄云帆脚雨我笑那溪水一出江湖不问津。"客堂东壁上，有纯阳道人吕洞宾浮雕神像；东壁两端，各雕有"双龙抢宝"图案。殿堂两侧花窗下，各有"三鹤戏松"图案一幅。四楼东壁正中，有老子李耳浮雕神像；侧壁中柱，有对联"纵观老子五千言我来问道；飞过洞庭八百里谁为寻仙？"

斗姥宫位于吕祖殿悬崖上，为一座天然洞身作神龛的小庙，楣上竖额粉书"斗姥宫"，书有对联"位镇中天宵汉；执掌万象权衡"。洞口下端石壁，嵌有民国时期孙中山大元帅府参谋总长李烈钧的诗碑一方，阴刻草书七言律诗一首，诗云："牂牁②江上雨如丝，彩雉分明赋载驰；薏苡满车依石室，荒藤入③梦拜孤祠。三军煦勃鱼龙动，十载丹诚草木知；欲挽银河涤苍昊，长风直待发萍时。"落款"李烈钧题"，至今完好。

杨芳（1770-1846），字通逵，号诚村，贵州松桃人。生于清乾隆三十五年，为宋广惠侯杨再思第三十一世孙。自幼家贫，后投身行伍，战功卓著，历清乾、嘉、道三朝，受封一等果勇侯，太子太傅，绘像紫光阁，是清代末期的著名将领。生平著述颇丰，著有《平平录》十二卷、《续录》一卷、《河洛要言》一卷、《惕虑要言》一卷、《制义别选名文精选》四卷、《阵图详说易筋外功图论射》三卷、《寿世医窍五症明辨全形保生方》四卷、《三元透易青囊衍易》七卷、《风树悲吟》一卷、《陈希夷行功坐功图》一卷、《自编年谱》四卷。今可见者为《平平录》十卷、《平平续录》一卷、《平平摘录》（不分卷）、《宫傅杨果勇侯自编年谱》五卷、《杨时斋宫保中外勤劳录》一卷、《杨芳练兵奏疏》一卷、《辑要集》七种等。

汪炳璈（1808-1882），字仙谱，原名咏霓，湖南宁乡沩乌乡人。清道光己酉年（1849）优贡第一，即膺是科举人，由胡林翼、刘长佑等举荐保至知府，历任贵阳、遵义、安顺、铜仁、镇远、大定等府知府，沉浮于黔国宦海凡十三载。汪工诗善画，联语尤精，每到一处均有题咏，盛享"风流太守"之名，著有《笋香楼集》。

李烈钧（1882-1946），江西省九江人。1902年入江西武备学堂。1904年赴日留学。1907年加入同盟会。1908年毕业回国后，曾因宣传反清思想遭拘捕。1911年辛亥革命爆发，不辞劳苦南下江西、北上安徽、西顾武昌，为辛亥革命的成功立下汗马功劳。1912 年中华民国成立，被孙中山任命为江西都督。1913 年 7 月成立讨袁军总司令部，就任总司令，揭开二次革命的战幕。1915 年 12 月 25 日与唐继尧、蔡锷树立起护国讨袁旗帜，任护国军第二军总司令。

校记：①中河山或中和山，均可，是位于镇远县城东的道教名山。

②原文为"柯"，改。牂牁，汉武帝元鼎六年（公元前 111 年）开置牂牁郡，又名牂柯，今大致在贵州境内。

③原文为"如"，误，径改。

镇远万寿宫石刻[1]

注释：万寿宫，即江西会馆，建在中和山山麓梯级平台上，位于紫阳书院下方、青龙洞寺与中元禅院之间。始建于清代中叶。大小建筑九栋，有山门牌楼、戏楼、两侧观戏厢楼、杨泗将军殿、内戏台、客房、许仙真君殿、文公祠等。由高封火墙围成长方形封闭式整体。大门为高塔式牌楼，顶部竖刻"万寿宫"。门楣上方两侧刻有两幅长方形砖雕青龙洞建筑全景。牌楼向北有十五级台阶达戏楼。戏楼正门石柱刻有楹联："更上阶墀步步引人入胜境；渐登台阁巍巍得地壮奇观"，门上横额刻"襟山带水"。

"蓬莱仙境"摩岩[2]

注释：紫阳洞，又称紫阳书院，位于万寿宫上方。明嘉靖九年（1530）为崇奉宋代理学大师紫阳先生朱熹而建。为底座架空的重檐歇山顶式三层阁楼。北侧有二层阁楼的圣人殿，南侧有考亭祠和三官殿，东侧有供奉酒神杜康殿。大门为砖砌牌坊，楣上横书"紫阳洞"，两侧对联是："㵲水无双福地；黔山第一洞天。"门前北侧石壁上有一摩岩，阴刻"蓬莱仙境"四字。

又据载，紫阳洞是青龙洞紫阳书院所在处，洞因书院而得名。本无洞，因此地四面悬崖峭壁环立，身历其境，犹入洞天，故有"紫阳古洞"之称，是为一景。此联原镌刻于此洞二道门石牌坊正面两石柱。石柱上方横楣匾额刻有"登道岸"三字。详见雷岳编注：《妙联荟萃》，贵州人民出版社，2007 年版，第 19-20 页。

〔1〕 贵州省镇远县志编纂委员会编：《镇远县志》，贵州人民出版社，1992 年版，第 73-74 页。
〔2〕 贵州省镇远县志编纂委员会编：《镇远县志》，贵州人民出版社，1992 年版，第 74 页。

赋青龙洞诗碣[1]　　任国玺

宿镇远看灯

天堑深溪偃巨虹，岩峣箭峭郁青葱。

道旁暂息图黎碣，壁上嗣题汉使功。

风静鸟喧屏嶂里，月明人度镜函中。

呼棹直欲窥牛斗，为问灵源几曲通。

永历丙申（1656）之秋台使任国玺偕邑令陈然得韵泐石。

注释：青龙洞位于贵州镇远县城东隅。南明朝任国玺撰诗碑，永历十年（1656）刻。碣高一〇一厘米，宽五十九厘米。任国玺于永历丙申（十年·清顺治十三年）游紫阳，偕县令陈然将其诗勒石。（旧）碑文草书仅极小部分可以辨认。

原碑已毁，现立有新仿古诗碑（1986年重刻，嵌于紫阳洞内石壁，雷祖殿下层岩石上）。此诗文字另有版本载录，参见邓洪波编：《中国书院诗词》，湖南大学出版社，2002年版，第278-279页。

任国玺（？-1661），福建人，曾任南明永历小王朝台使，入缅后迁云南道御史。清军南下，永历皇帝逃入缅甸，曾上疏力止。后缅甸国王通好清朝，尽杀永历以下文武大臣四十二人，任国玺亦被所害。

（明）任国玺赋镇远青龙洞诗碣
（今刻）（实地调研拍摄）

悬幡岭修葺土地庙碑[2]　　佚名

盖闻地有神居，则地愈灵；人仰神佑，则人咸泰。如我悬幡，自遭苗乱，各乡居民避难于此，屡叩观音大士灵感，岂浅显哉？

溯厥咸丰八年（1858）戊午八月二十□，镇城①失陷。各村捐资募练，防堵逆贼，靡不闻风远避焉。至同治元年（1862）壬戌五月十七八，青、邛②被破，各硐扶老携幼聚居，贼来数万扑圯。沐神功潜扶，屡挫贼锋，而团众凯歌之声闻诸黔□矣。是时，众等砖砌神殿，以答洪恩，稍伸凡悃。数年艰苦备□，讵料升平有象。于己巳年（1869），各乡□

〔1〕 潘成义主编：《中国西南地区历代石刻汇编第19册：贵州卷》，天津古籍出版社，1998年版，第54页。

〔2〕 安成祥编撰：《石上历史》，贵州民族出版社，2015年版，第152页。

梓兹者。首余□等数烟□散第，虑山崇岭峻，迭经风雨之飘零；年往月来，难免殿宇之颓坏。由是请工创修石屋，建干秋貌，彰□古之灵聪永佑！

大清光绪五年（1879）六月十九日立。

注释：该碑现放置于镇远县江古镇水岭村云上（中云）悬幡岭土地庙。高八十五厘米，宽四十九厘米，厚6.5厘米。

校记：①"镇城"，即镇远城。

②"青"，即清溪城，今镇远县清溪镇人民政府所在地；"邛"，即邛水城，今三穗县县城。

台盘山建修土地庙碑[1]　　佚名

溯自咸丰八年（1858）戊午八月廿九，苗破镇城①。九月初四，毁临我村。人丁数百逃楚，沿黔四散各方，后修坉悬幡②。次年，自楚转，住半坡，归坉偷耕。同治元年（1862）五月，苗拥数万协，团众大战三日。身任局务，艰险数载。（同治）③八年（1869），席帅进剿，赏银募练，防隘稍安。讵料瘟疫至，饿馑臻，斗米二千五百，野多饿殍，幸蒙吴太守发粮济众。是冬，移扎龙合园二载。

越十年（1871）二月，召姪等修寨堡。约计在外十有三年，我班共难卅余弟兄，今归来仅存我躬。基园一色，青山辟荒拚（弃）④耕。历十一年（1872）七月初四，被余匪攻堡，人口无伤。全叨神功祖德！见此庙宇欲倾，愿换石屋，恳祷延龄之春！兹特建修，祈敕日久之咎，尚冀威灵大展，人安物阜，永祝祀典千秋矣！

光绪十九年（1893）孟冬　信士龙颜勋率合寨敬立。

注释：该碑文镌刻于镇远县江古镇台盘山土地庙的侧壁上。长五十二厘米，宽四十九厘米。

校记：①指张秀眉等领导的苗族农民义军攻陷镇远城。镇城即镇远城，包括府城和卫城。

②"悬幡"，指悬幡岭。在今镇远县江古镇境内。

③"同治"，为所录原编撰者所补碑文漏字，照录。

④"（弃）"，为所录原编撰者戳正错别字的注释，照录。

"紫皇阁"摩崖[2]

注释：紫皇阁位于镇远府城石屏山西部的半坡（旧西门内），是一座两层阁楼的大殿宇，阁楼的上层祀玉帝，在玉皇殿前，建有两重牌坊，因玉皇大帝之座在紫微，故

〔1〕　安成祥编撰：《石上历史》，贵州民族出版社，2015年版，第150页。

〔2〕　镇远县政协委员会文史资料研究委员会编：《镇远文史资料第2辑》，1988年版，第120-121页。

名。下层供观音。在紫皇阁后险峰石壁上镌有斗大三字："紫皇阁"，乃出自贵州名人镇远吴道安之手。此外，还有一块碑文，其主要内容是记载重建紫皇阁的史实。据说碑文是五牌为已去世的宗世灿老先生作序和书写的，但此石碑已在"文革"十年浩劫中失去。

吴道安（1898-1979），名德远。镇远城关顺城街人。1920 年考入北京大学国文学系。1935 年 7 月道安从政界转入教育界。道安长于书法，在省内外颇享盛名，为西南地区著名书法家之一。原"镇远中学"及该校"兰亭"的楹联，镇远名胜"紫皇阁"和原青溪中学礼堂门上的"养天地正气，法古今完人"等等，都是其留下的墨迹。道安兼长文史，曾撰写过不少史事篇章，其可考的有《论衡校释》《郑子尹先生年谱》《中国古代史讲义》等。

中元洞摩崖[1]

注释：镇远中元洞内外有几处摩崖，今录如下：

（一）"洞天福地"摩崖　魏慎
注释：中元洞内东面石壁上，离地 2.8 米，摩崖呈横长形，高 0.7 米，宽 1.6 米，横向楷书阴刻"洞天福地"四字，每字 0.3 米见方。上额是竖向楷书阴刻"光绪二年十二月"，落款竖向楷书阴刻"善后总局知府魏慎"。光绪二年，即公元 1876 年。

（二）"丹台玉室"摩崖　陶弘谨
注释：中元洞内东面石壁上，离地 4.2 米。摩崖呈横长形，高 0.3 米，宽 1.2 米，横向楷书阴刻"丹台玉室"四字，每字 0.35 米见方。落款竖向楷书阴刻"陶弘谨书"。

（三）"奇石仙缘"摩崖　魏慎
注释：中元洞山门内东面石壁上，离地 2.5 米，摩崖呈横长形，高 0.7 米，宽 1.8 米，横向楷书阴刻"光绪二年十二月"，"奇石仙缘"四字，每字 0.3 米见方。落款竖向楷书阴刻"善后总局同知魏慎"。

（四）"中元洞"摩崖　佚名
注释：中元洞山门口东面石壁上，离地 3.4 米，摩崖呈横长形，高 0.7 米，宽 1.8

［1］　刘祥斌主编：《镇远名胜古迹》，贵阳雄晖彩色印务有限公司印刷，？年版，第 4-5 页。

米，横向楷书阴刻"中元洞"三字，每字 0.4 米见方。

（五）"别有天地"摩崖　华洸

注释：此摩崖位于中元洞北洞口右侧岩壁上。横长形，离地 2.2 米，横长 1.1 米，宽 0.6 米，至右向左楷书阴刻"别有天地"四个大字，每字 0.18 米见方。余文竖向行书阴刻镇远专员华洸题："此地有胜水名山，令人磐桓而不忍去，俗传明师张三丰修道于此"。落款"民国二十六年春华洸题"。民国二十六年，即公元 1937 年。

华洸，字瀚蒙，江西人。民国二十年（1931）曾任江西省赣南某地专员。民国二十四年初春，被举荐获准从江西调来贵州任职，担任黔东地区镇远专署专员、保安司令兼镇远县县长要职。在镇远执政六年，直到民国二十九年（1940）年底才辞职赴省城贵阳定居。

岑巩

按：明永乐十二年（1414），置思州府，属贵州布政司，龙泉坪长官司作为宣慰司附廓，治所从龙泉坪徙至思南。隆庆四年（1570），徙治平溪卫，万历三十二年（1605），废司建安化县（治所为思南府附廓，于思南）。清顺治初，因明制，领四个长官司，不领县；雍正五年（1727），割湖广平溪、清浪二卫来属，后改玉屏、青溪二县；乾隆三十五年（1752），废思州府，青溪县改隶镇远府，三十六年（1753）复思州府，府治思县（今贵州省岑巩县）。思州府清末辖：思县（县治在今岑巩县）、玉屏（今玉屏侗族自治县）、青溪（县治在今镇远县青溪镇）共三县。民国元年（1912），仍称之为思州。民国二年（1913），贵州民政长唐继尧请废府、州、厅制，改思州府为思县，隶黔中道。民国十九年（1930），呈报思县为岑巩县。岑巩县名从此始。现隶属贵州省黔东南苗族侗族自治州。

重修城隍庙碑记[1]　　　陆世楷

郡邑之有城隍神，犹今①之有守令也。其有祠宇，犹令②之有廨舍也。神之职在御灾捍患。神能尽其职以惠于民，而民亦吉蠲以报之。犹守令之抚摩噢咻以勤恤其民，而民咸趋事急公以奉其上也。思郡城隍祠，不知建自何时，必也与城俱防乎。辛酉（康熙二十年·1681）季秋之念③有八日，未申之际，疾风陡作，东门外居民失火，飞越城中，延烧官、民房四十七间，神祠毁焉。神之意若曰："吾不能庇民之居，乃自庇其居乎？宁与之俱烬耳。"然连岁以来，邀神之惠，季谷洊登，疫疠不作。民间得以衣食之余，诛茅结竹，完其故宇，而于神祠尚置而弗葺，盖格于阴阳家之论也。岁甲子（1684），山向既利，月日维良，乃鸠工庀材而从事焉。余按：城隍之神，各省所奉不一，如吾浙杭郡则云冷面寒铁公周新，而粤之南雄又云汉将纪信。其他郡县，或托于近代名臣，且有前后相代者。思州之神，其名姓未可考。大约奉上帝命以主此一方、必聪明正直而为神者

---

［1］　贵州省文史研究馆古籍整理委员会编：《贵州通志·金石志·古迹志·秩祀志》，贵州大学出版社，2010年版，第355-356页。

也。余于通都大邑所睹神祠，香火繁盛，牲醴之飨、楮币之荐，殆无虚日。而此独祠坛闃寂，所报缺然，殆与罗雀之讼庭相似耶。然神惟救庇为心，不以地僻民寡而必尽于其职，而泽愆期有祷辄应。今祠之新，民且皇皇焉，有经始子来之谊，亦足以见斯人之不忘神惠也矣。祠成于某月某日，费计若千金。余捐俸钱二十千，其余则都坪两长官之力为多。士民亦各有所乐助，当别勒诸石焉。而此时④志其兴废之由也。是为记。

注释：城隍庙在思州府治（今岑巩）内南，永乐十一年（1413）建。成化七年（1471），知府王常重修。（嘉靖《志》）在小南门内。康熙二十年（1681）毁。三十年（1691），知府张圣佐重建，有碑记。

此碑记另有版本载录，个别文字略有差异。参见黄家服、段志洪主编：《中国地方志集成贵州府县志辑15：嘉靖普安州志·乾隆普安州志·光绪水城厅采访册·民国羊场分县访册·民国朗岱县访稿·康熙思州府志》，巴蜀书社，2006年版，第560—561页。

陆世楷（1672—1691），字英一，号孝山，浙江平湖人。清顺治三年（1646）拔贡，五年授山西平阳府通判。累官至广东南雄、贵州思州知府，丁忧归。撰有《思州府志》《南雄府志》。工诗词，著有《齐吟》《晋吟》《越吟》《种玉亭词》《踞胜台词》等。

校记：①"今"，另版本无此字。见《中国地方志集成贵州府县志辑15》2006年版，第560页。
②"令"，另版为"守令"，备考。见同①。
③"念"，即"廿"的大写，意为"二十"。
④"时"，另版为"则"，备考。见同上书第561页。

重修思州府城隍庙碑记[1]　　张圣佐

凡神之无关于社稷生民者，祀典不举焉。若夫城隍之神，则社稷之安危，生民之休戚，与夫旱涝灾祥之类无①不惟神是司，是神固主乎阴教以助人为理者也。故自王畿以迨郡邑，春秋庙祀所在都有，咸崇奉惟谨，不敢陨越以贻兆民沴戾。思州府治，僻在万山之②中，城隍一祠，逼处南隅，地势狭隘，庙貌倾圮，断壁颓垣，丛生荆棘，纵享祀不忒而栋宇未新，祗增亵越，欲神罔时，怨神罔时，恫亦极难矣。余奉命来守是郡，癸酉（康熙三十二年·1693）初夏履任，视学之余，首谒神祠即慨然有兴修之志，于是自捐清俸，撤旧栋而重新之，委经历田珽培、土官何润远董其事，一时鸠工庀材，众务毕兴，若正殿、寝宫、仪门、墙垣，视旧制俱增恢廓，其③庙中应有神像，雕镂刻画靡不精严，八阅月而厥工告竣。落成之日，爰率僚属躬亲祀事，见殿宇辉煌，制度修整，拜瞻之下，令人肃然起敬，洋洋乎如在其上，如在其左右，合郡士民皆知所尊奉而祷祀时行。比年

〔1〕　黄家服、段志洪主编：《中国地方志集成贵州府县志辑15：嘉靖普安州志·乾隆普安州志·光绪水城厅采访册·民国羊场分县访册·民国朗岱县访稿·康熙思州府志》，巴蜀书社，2006年版，第564—565页。

以来，百谷用登，灾祲不作，民物康阜，境内乂安，未必④非神灵妥佑之所致也。后之守兹土者，诚能以社稷生民为念，时加补⑤葺，俾神享民安，固思城⑥之幸抑亦⑦予之所以告无罪于神也。虽然黍稷非馨，士君子学古入官，理幽治明，固分内事要必民人既奠而后幽冥可通，其中本末先后有较然不可诬者。假使旷而官弃，而守弗共，而职田畴未辟，教化未行，致水旱频仍，凶荒叠见，徒修而笾豆洁，而粢盛以幸邀天⑧不可知之福也。吾知神其吐之矣，因记其事而并著之。

注释：清康熙三十年（1691），思州知府张圣佐重建城隍庙并撰碑记。碑记标点为本书作者所加，供参考。此碑另有版本载录，文字略有差异。参见贵州省文史研究馆古籍整理委员会编：《贵州通志：金石志·古迹志·秩祀志》，贵州大学出版社，2010年版，第356页。

张圣佐，清辽阳人，隶正蓝旗汉军。康熙三十年（1691）思州知府。康熙四十三年（1704）任四川松茂道。打箭炉盘作乱，官兵进剿，积骸盈野。圣佐巡边，悉取枯骨埋之。居官尤多惠政，以爱民为首务。擢至河南巡抚，人思其德，崇祀四川名宦祠。

校记：①"无"，另版本为"莫"，备考。见《贵州通志：金石志·古迹志·秩祀志》，2010年版，第356页。下同。

②"之"，另版本无此字，备考。

③"其"，另版本无此字，备考。

④"必"，另版本为"使"，备考。

⑤"补"，另版本为"修"，备考。

⑥"城"，另版本为"郡"，备考。

⑦"亦"，另版本无此字，备考。

⑧"天"，另版本为"夫"，备考。

募修城隍祠序[1]　　邹继圣

甚矣！祠庙之关于人国也，或报岁功，或答神贶，或祛乖沴。有一不举，则民罔被其休。况城隍之神为降康保障之大乎。思郡城隍庙，创自明永乐间。庙之内，金碧辉煌。庙之外，古柏参天。迨后兵火频仍，木无余荫，室无完堵，败宇荒祠，丹青剥落。有心世道者，能不动风土盛衰之感耶？今圣世懋熙洽之治，贤守张公弘恺悌之泽，慨捐清俸，庀材鸠工，废者修之，坠者举之，如圣殿，明伦堂，尊经、魁星楼阁，皆节次经营，骎骎有起色矣。惟城隍庙工费浩繁，住持僧人本智，欲广行劝募，盖亦善体夫雅意修举者。予闻，神所凭依则为祥，鬼不归则为厉。光复城隍庙，貌正、散厉、凝祥，亦

---

〔1〕 贵州省文史研究馆古籍整理委员会编：《贵州通志：金石志·古迹志·秩祀志》，贵州大学出版社，2010年版，第356-357页。

思郡由衰而盛之机，自否而享之会也。诚能随心乐布，相助成功，俾轮奂鼎新，丹艧增饰，于报岁功、答神贶、祛乖沴，所关讵浅鲜哉？僧乞引于余，余因引以乞诸善长。

注释：详见陆世楷《重修城隍庙碑记》。据《访册》载，青溪、玉屏均有祀。此碑序另有载录，参见黄家服、段志洪主编：《中国地方志集成贵州府县志辑 15：嘉靖普安州志·乾隆普安州志·光绪水城厅采访册·民国羊场分县访册·民国朗岱县访稿·康熙思州府志》，巴蜀书社，2006 年版，第 554—555 页。

邹继圣，字远绍，思州人，康熙（中）贡生，官训导。能诗文，著有《清江剩草》等。

建思州府学魁星楼记[1]　　　张圣佐

圣天子振兴文教，天下郡县学宫颁立御书匾额，而郡县之吏，无不仰体右文崇治之盛心。凡学宫之废者举，颓者修，骎骎乎治跻文明。天下郡县之士亦无不争自濯磨，欲修之家而献之廷，乃思州僻处一隅，科目独少。噫！人尽学也。率土王臣，何独靳于思乎？思郡人士，好修者彬彬然，又岂尽文章之失乎？得无如舆图家所云，地方形势或有所缺略，以至此也。予素不喜形家者言，然理之所在，未尝不揆厥所由，以审曲面势。《诗》有"望景观卜"之语①，原非谬也。予自守思来，兢兢以培育人才为务。而瞻谒圣庙，椽屋仅存，若窗棂户牖，朽折摧崩，十无一有。至于明伦堂、启圣祠，颓垣败壁，俱无以肃景仰而作敬，共怃焉伤之。亟与属司绅士谋所以，鼎新庙貌而眺望山川，似有缺焉。未备者，属司绅士胥进而告予曰："曩欲建魁星楼于殿后，依城耸构，以壮观瞻，历任以来，有志未逮。"予乃恍然曰："甚哉斯楼之不可不建也！不独宜于文风，而更符乎形势。"登踞胜台②一望，龙势蜿蜒自西迤逦而来，至小南门城隍庙为右抱，北至学宫一带为左抱，右高而左平，亟宜建星楼以控峙之。甚哉斯楼之不可不建也！予捐俸焉尔，属司绅士其殚力以图之。而属司绅士亦佥曰："善！"于是，量为捐助，选时鸠工，不数月而告成。巍焉焕焉，又不独为思郡形势壮其观瞻，而实为思郡文风培其气脉，是以今科抡元③者即在思庠，行将多士济济，霞蔚云蒸，出为王国之选者，悉权舆④于此矣。而予之所以仰体夫右文崇治之盛心者，庶几藉是，以无忝爱珥笔而为之记。

注释：所录原文无标点断句，此碑记标点为本书作者所加，供参考。余详碑记。

校注：①"望景观卜"，为中国古代堪舆术预测风水之法。

②"踞胜台"，即思州府城内郡治后山一处观景台。（清）陆世楷撰有《登踞胜台记》，详见《中国地方志集成贵州府县志辑 15》，第 562—563 页。

---

〔1〕 黄家服、段志洪主编：《中国地方志集成贵州府县志辑 15：嘉靖普安州志·乾隆普安州志·光绪水城厅采访册·民国羊场分县访稿·民国朗岱县访稿·康熙思州府志》，巴蜀书社，2006 年版，第 565 页。

③ "抡元"，指古代科举考试中选第一名。

④ "权舆"，语出《诗经·秦风》诗句"于嗟乎！不承权舆。"本指草木初发，引申为"起始"之意。

重修魁楼序[1] 　　邹继圣

魁楼之建于北城也，已数稔矣。远吞山光，平挹江濑，苍苍泱泱，不可具状。当其鸠工庀材之日，好事者听形家言谓于风水为利，予窃诋其言之不足信。厥后，魁楼落成，官民辑睦，士获隽者几人，予始悟魁楼之建大有功于人。形家之言果信而有征①也。独是楼之墙垣未葺，风雨飘零，燥湿不时，甚惧斯楼之易朽也。考诸《左氏》②，完客所馆，尚有高其闳闳、厚其垣墙者③。矧④夫魁宿主天下图书秘府，为天文人文之大，万世所当尊崇者乎？本庠学博⑤刘公，急欲修治，四围砌以砖石，用垂不朽。然虑非一手足之力也，语曰："众腋足以成裘，九金可以作鼎。"诚能各出钱刀⑥，缮垣葺墙，相助为理，将见魁楼翼然临于城上，传之久远，安知形家之言不始终足信也哉。愿与同心者共襄厥成，俾勿坏。

注释：所录原文无标点断句，此碑序标点为本书作者所加，供参考。余详碑序。

校记：①原文"微"，通"征"，径改。

② "左氏"，指春秋时期左丘明所著之《左传》，原名《左氏春秋》，汉代改称《春秋左氏传》，简称《左传》。

③ "完客所馆，尚有高其闳闳、厚其垣墙者"一句，仿写自《左传·襄公三十一年》。"完"，同"院"。

④ "矧"，古文连词，意为况且、何况、也等。

⑤ "学博"，古代学官名，"经学博士"之简称，掌以五经教授学生。

⑥ "钱刀"，即钱币。刀，指古代一种刀形钱币。

置买魁楼田序[2] 　　邹继圣

语云福田不断于沧桑，盖云作善之有据也。本郡黉宫后建有帝君魁神楼阁，连年以来，丹垩剥落，柱础倾颓。本庠学博刘公留心学校，捐俸修举，鸠工庀材，焕然聿①新，诚足以妥神灵矣。但地无常主，主无常住，焉能保是阁之可传久乎？今刘公复倡捐

〔1〕 黄家服、段志洪主编：《中国地方志集成贵州府县志辑15：嘉靖普安州志·乾隆普安州志·光绪水城厅采访册·民国羊场分县访册·民国朗岱县访稿·康熙思州府志》，巴蜀书社，2006 年版，第 554 页。

〔2〕 黄家服、段志洪主编：《中国地方志集成贵州府县志辑15：嘉靖普安州志·乾隆普安州志·光绪水城厅采访册·民国羊场分县访册·民国朗岱县访稿·康熙思州府志》，巴蜀书社，2006 年版，第 555–556 页。

俸，议买田亩以赡香积②，招僧焚献，千秋百世，香火有凭，夫岂沧桑所可变哉？愿我同志，不论多寡，各出钱刀，相助为理，共成厥志，幸勿吝。

注释：所录原文无标点断句，此碑序标点为本书作者所加，供参考。余详碑序。

校记：①"聿"，古文言助词，无实义，常用于句首或句中。

②"香积"，即"香积厨"之省称，亦指僧道的饭食。

天柱

按：县以城北柱石山"石柱擎天"得名。原为湖广行省武冈路绥宁县及靖州路会同边地。明洪武二十五年（1392）置天柱千户所，属湖广靖州卫；万历二十五年（1597）置天柱县，析会同、绥宁二县地益之，属湖广布政司靖州；崇祯十年（1637）迁治龙塘，改龙塘县，不久回治天柱，仍复天柱县名。清雍正五年天柱县改隶贵州，属黎平府；十二年（1639）改隶镇远府。民国二年（1913）天柱属黔东道；十二年（1923）直属于贵州省。1950年属镇远专区，1956年划入黔东南苗族侗族自治州。1958年撤销天柱县并入锦屏县，1961年恢复天柱县。现为黔东南苗族侗族自治州所辖县。

重建城隍庙碑记[1]　　　汪梦麟

人藏其心，不可测也，测之者惟神。顾神非测也，目不烦睹，视于无形；耳不烦听，听于无声；喜怒不呈于色，赏罚不出于口。而善则锡之百祥，不善则锡之百殃，讵测而布之。嗟嗟！神鉴自朗耳。城隍之神，凡寓中为都会郡邑者，靡不庙祀。春秋匪懈，乃神司之柄。杳杳冥冥，混混沌沌，土木肖象，衣冠伟然，而英爽崚崚①，鉴在有赫。间有恶夫逞，无不至官刑，敲朴犹然。饰②貌深情，诡词诳说，内欺于心，其色愈厉，及质之鬼神，即暗室屋漏，形迹未彰。鬼神瞷之，寂寂无所用讯，乃夫色变气阻，毛骨疎③然，自伏其辜。至若人有冤抑痛苦，鼓颊腾声，类曰天地城隍，恒人之情，大都然也。天柱既建县治，庚子（万历二十八年·1600）元旦，邑侯朱公礼谒诸庙，突然有豕随兴，如怨如怒，如泣如诉，公怪而矢之曰："若豕有④冤欲鸣，则宜质之城隍！"已而，豕果先趋伏神之阶下，如质成状，公往益怪之。越明日，密捕豢豕之家，一讯得冤状。盖在二十余年之前，人所弗知者，公一旦发其隐，非神之默启而相之者耶？于是公之政称异，神之灵益彰。先是，神祠奠于城外。岁己亥（1599），公展城恢而廓之，越数拾

---

〔1〕　（清）林佩纶等修；杨树琪等纂：（光绪）《天柱县志》，第289—290页。

武⑤而神祠环于城之内矣。旧宇卑隘，罔⑥以壮观，且神之灵既赫，人心凛凛肃肃，兢兢不怒而威于鈇⑦钺。公令集材鸠工，撤去旧宇而鼎新之。魏然峙立，即过之者悉敛容而趋，刾入⑧而瞻拜者，钦仰而思敬，何如也？工始于辛丑（1601）季秋，迄于壬寅（1602）之仲春，壬子（1612）遂以竣告。是为记。

山阳县儒学庠生汪梦麟撰。

注释：关于此碑立碑时间与撰者汪梦麟，经查方志等文献，均未载明。本书作者据碑文信息考证，推论为明万历壬子年（万历四十·1612年）撰立此碑，备考。碑文标点为本书作者所加，供参考。此碑记另有版本载录，文字略有差异。参见姚敦屏主编：《天柱碑刻集》，天柱县文体广电旅游局，2013年版，第217—218页。

校记：①"峻峻"，另版本为"峻峻"。本书认同"峻峻"，备考。《天柱碑刻集》2013年版，第217页。

②"饬"，另版本为"伤"。本书认同"饬"，备考。见同①。

③"疎"（古同"疎"、"疏"），另版本为"悚"。本书认同"悚"，备考。见同①。

④"有"，另版本无此字。本书认同"有"，备考。见同①。

⑤"武"（即半步，泛指脚步），另版本为"载"。本书认同"武"，备考。见同①书第218页。下同。

⑥"罔"，另版本其后有"图"字，备考。

⑦"鈇"（即铡刀），另版本为"铁"。本书认同"鈇"，备考。

⑧"入"，另版本为"人"。本书认同"入"，备考。

黄柏垇抽签碑[1]

注释：在天柱县瓮洞镇大段雷公冲黄柏垇凉亭内，有石碑六块。其中"底矣堪歌"碑记载修花阶路上凤阳山的功德碑，立于民国四年（1915）冬月。"重建功勋""亘古不朽"竖于清嘉庆十五年（1810）无射月朔日。"再建不朽"碑立于1985年秋。此三碑所载皆为叙述抽签内容，自清嘉庆创建以来至1985年，两百余年历史，其神灵应验，流传甚广。其余二（签言）碑镌刻抽签六十四首谶诗，其内容不外乎吉、凶、祸、福、名、利、财、喜之类。现录其中五通古碑记如下：

（一）亘古不朽碑[2]　佚名

注释：此碑为赭石质，菱首形，高一百一十八厘米，宽六十七厘米，厚5.5厘米，无序言。碑额横向楷书阴刻"亘古不朽"四字，每字九厘米见方。碑上全是捐资人名及

〔1〕 天柱县政协教卫文史委员会编：《物华天宝：天柱风物录》，2001年版，第197页。

〔2〕 姚敦屏主编：《天柱碑刻集》，天柱县文体广电旅游局，2013年版，第42页。

数量。落款竖向楷书阴刻"皇清嘉庆拾伍年无射月望八日①立"十四字。

校记：①"无射月"，古阴历九月之别称。望八日，即十八日。

（二）重建功勋碑〔1〕　孙明绍

古来人者神之主，凡一切刹寺皆人之所修建也。盖人无神，吉凶莫卜；神无栖，则阴灵无靠。兹者，地名黄柏坳①土地祠，其神最灵。迥异方隅无盖之祀，自国朝道光年间□□凉亭求祈成至甲辰（1904）②，年湮代远，风雨剥蚀，柱瓦斜飞，目睹神伤，莫为此甚。故约我等雷公冲众族，普发善心，募化重建。寻欣非常，不料匠工方涂，幸喜壮观永久。殊越乙巳（1905），神运垂违，火星告变，忽寄尘灰。所幸乐喜不倦之君，随即议更创立俾神之所，恁依人之所求谢，亦不至籍云作盖也。然工既竣于一时，功当垂于万世。是以馨尽，于赐谨勒碑文以志此亭之源流云。

赠生③孙明绍撰题。

注释：此碑为赭石质，菱首形，高一百零四厘米，宽六十厘米，厚七厘米，额横向楷书阳刻"重建功勋"四字，每字镌一圆圈饰之，二十七厘米见方。序言竖向楷书阴刻，凡三行，满行八十一字，计二百零七字。此碑无立碑年代（见下考），碑上楷书阴刻捐钱人名共计236位，以及捐钱数量。姓氏有杨、袁、蒋、罗、游、肖、孙、蒲、吴、黄、石、邓十二姓。

校记：①原文"坰"，古同"坳"，径改。

②此处"甲辰"，据考，自清道光朝以来，清朝只剩有两次甲辰年，一为道光二十四年（1844）；一为光绪三十年（1904）。据此碑文意推知，此碑记当为光绪乙巳年以后所立。

③古代科举无此生员名称，本书作者推论，原文疑为"增生"之误。

（三）底矣堪歌碑〔2〕　佚名

注释：此碑为青石质，菱首形，高八十四厘米，宽五十三厘米，厚七厘米，额横向楷书阳刻"底矣堪歌"四字，每字七厘米见方。无序言，碑左竖向楷书阴刻"修上凤阳山路砌土凹脚花阶功德碑"十四字。碑上镌刻首士杨广福捐钱三千二百文，袁、杨棋花捐钱一千二百文，之后系杨、袁、龙、蒋、孙、蒲六姓计七十三人名及捐钱数量。碑落款"民国四年乙卯冬月吉日立。"

（四）无额刻碑（1）佚名

注释：此碑为赭石质，菱首形，高一百一十厘米、宽五十八厘米，厚六厘米。无序言，为抽签碑，竖向楷书阴刻签言。详见姚敦屏主编：《天柱碑刻集》，天柱县文体广

〔1〕　姚敦屏主编：《天柱碑刻集》，天柱县文体广电旅游局，2013年版，第41–42页。
〔2〕　姚敦屏主编：《天柱碑刻集》，天柱县文体广电旅游局，2013年版，第41页。

电旅游局，2013 年版，第 43—50 页。

（五）无额刻碑（2）佚名

注释：此碑为赭石质，菱首形，高七十五厘米，宽六十一厘米，厚六厘米。无序言，此碑与前无额刻碑，阴刻六十四注签言，每注签言四句七字。瓮洞镇雷合村（上称"雷公冲"）黄柏坳上的凉亭为木构穿斗排扇四扇三间的建筑，右次间下面竖立六通碑，其中一至五通为清代古碑刻，有一通系现代碑刻未记录，仍系赭石质，碑高一百一十五厘米，宽六十厘米，厚六厘米，楷书阴刻现代捐资人名与数量。其中有二通碑为抽签一至六十四注的签言。详见姚敦屏主编：《天柱碑刻集》，天柱县文体广电旅游局，2013年版，第 43—50 页。

槐寨村卦碑[1]　　　佚名

道□（光）①六年（1826）岁次丙戌腊月良旦，□□众信各捐资财，径向长□□坡□□□灵祠土地神前敬请抄录。

录签一部，神通普照，应感十方。于是请工勒石，永垂不朽。

第一签：三竿红日出扶桑，凤舞鸾飞呈吉祥。不久再升三五丈，乾坤万物尽辉光。

解曰：皇图巩固，国太（泰）②民安。风调雨顺，万物生欢。千祥云集，祸去福来。大吉。

……③……

六十五千（签）④：大吉。灾危之事已安康，且喜君家大吉昌。近日庭前生瑞草，何愁风雨洗清香。

（解）⑤曰：凶去吉来，病讼已彩。好事临门，暗事即明。早生贵子，婚姻可就。人口大吉，家宅安康。

注释：该碑原放于天柱县石洞镇槐寨村岑广坡凉亭外边，现在被人搬迁到该村各板组水井边作搓洗衣服之用，青石质，方首形，大部分文字已被长期搓洗而磨损毁坏。无额题，当地群众俗称"卦碑"，碑文竖向楷书阴刻，有序言三行，总共不到五十字，于道光六年（1826）立。

此碑是供出行之人占卜的卦签碑，目的是帮助路人预测吉凶，规范言行，避免凶险，同时也为识字不多的乡村群众学习汉字提供了方便。该卦碑分为两个部分：第一部分（第一签到三十二签）通高 1.94 米，宽 0.88 米，厚 0.04 米。第二部分（第三十三签

---

[1] 政协天柱县第十三届委员会编：《清水江文书·天柱古碑刻考释》（下册），贵州大学出版社，2016 年版，第 87—93 页。

到六十五签）通高 1.91 米，宽 0.84 米，厚 0.04 米。本书将所录原书编者所取碑名简略
为：槐寨村卦碑。

校记：①"（光）"为原书编者补注字，照录。

②"（泰）"为原书编者纠错字注，照录。

③因中间碑签数量过多，本书省略。详见所引原书第 87—93 页。

④"（签）"为原书编者纠错字注，照录。为镌刻方便，此碑除序言外，石匠一律将"签"刻
成"千"字。

⑤"（解）"为原书编者补注字，照录。

凤阿"灵应千秋"碑[1]　　佚名

今夫□□□□□□□①自灵心性，何人力而使见其灵者，何也？盖神之灵不能相
告诉人则为之选言造句指示吉凶，集成六十四首雅俗合平，名之曰□，往来人士问前
□□□求招，应见了然。其便易未有甚如此者。兹道冲坳土地祠前修凉亭并造签筒签
板，方说经过数年，其板上签文字迹已被湮□不灵耳。夫惟废□镌石碑庶能永久不蚀，
且思购买瓦七千□□□盖以期完全，然所费不资超，念在一人赞成，在灵士以故□订簿
本蛾□□。

化首：孙再模捐□□□，孙……（等约七十余人姓名及捐钱功德略）。

第一千（签）②：前生阴骘本无涯，今日方成富贵家。病患灾厄无难事，婚姻才喜
总荣华。

解曰：凡事吉，家宅安，病讼无，财寿祥。子生男，婚姻成。

……③……

六十四千（签）：困龙伏爪在深海，时未来兮名□扬。有待春雷声一响，腾空飞去
任翱翔。

解曰：凡事遇贵，囚人出狱，名利自有。

民国甲戌年（1934）正月吉日立。

注释："灵应千秋"碑记述内容为占卜抽签签辞，共由两块碑石组成，并列在天柱
县蓝田镇凤阿坳上，均为石灰石材质，菱首形，碑文多处残断，石匠为了镌刻方便多
处将"签"刻成"千"字。第一块碑高 0.91 米，宽 0.53 米，厚 0.05 米，额题"灵应千
秋"，内容有碑序和第一至第十八签签辞。第二块碑高 1.02 米，宽 0.55 米，厚 0.06 米，
无额题，续第一块之内容从第二十五至第六十四签，刊刻于民国甲戌年（1934）。本书

---

〔1〕 政协天柱县第十三届委员会编：《清水江文书·天柱古碑刻考释》（下册），贵州大学出版社，2016 年版，第 236—
241 页。

将所录原书编撰者所加的碑题名简化为：凤阿"灵应千秋"碑。

　　校记：①此处缺十余字。

　　②"（签）"为所录原书编撰者纠错字注，照录。

　　③第十九签至第二十三签因碑石损毁每签仅存几字，第二十四签无。其余签辞因篇幅太长略。

坌处杨公庙"重修碑记"[1]　　　袁庆翔

　　自钟灵山蜿然①而南，奔腾展布者为坌处，市前有江水潆带②，后有高山岩峣，烟树丛叠，庐③井联络者，坌处之市也。市之左一臂环绕梵宇，森立有屋焉。蔚然临于江岸者，杨公之庙也。杨公者谁？沅之托人也④。父老传颂，受爵于南唐，德被于民，至宋乃显而为神。盖其生有捍灾御患，救济生灵之功，故能享血食于千秋百世。坌处居托之上流，相去未远，众庶慕之，深信之至。既立庙于梵宇之前，而又嫌其卑且陋也。于是募亲友客商，感其灵通，欣然乐捐。庙得众力，增其旧制，焕然一新，遂使青龙一山昂首而常伸。讵非此山之灵气，资神之灵而显其灵哉。且庙之右与梵堂相通，诸生以时习礼而训诂，弦诵不辍，文物蔚起，吾知斯⑤庙之设，不独恭敬神明，培风水，兼以兴教化而美风俗也。讵非神人之两协其愿欤？庙建康熙二十五年（1686），增修乾隆二十有三（1758），坌处市民惧其久而弗传也。欲登诸石，请予为⑥记。予未能详悉杨公之巅末，惟源其胜概，据所闻以书之。志成并赋⑦志感：

　　江水碧翻涌庙门，炉烟浮动衮龙身。

　　千古英雄今安在，年年陈设礼至尊。

　　天柱处士袁庆翔谨撰，江西抚州金溪县江靖子书。

　　计开众捐姓名列后：为首信生王永清贰两贰钱、信士王常茂四两、……（等约一百三十余人姓名及捐钱物功德略）……（后续尚有一百四十余人姓名及捐资数量字迹模糊未录）。

　　皇清乾隆二十九年（1764）岁在甲申腊月⑧中浣立。

　　注释：杨公，民间传说名杨武（亦称杨五），出生于湖南黔阳托口青木寨，唐朝为官，宋朝为神。据《黎平府志》载："杨公祠即镇江王爷庙，祀杨五将军，……茅坪亦有杨五庙，卦治有杨公庙，皆以五月初五日神诞祀之。"古时清水江沿岸各寨每逢节日喜庆和放排放船下水之日，必演傩戏《降杨公》。戏文称："身披兀自（笏）领坐朝堂，我是托口木易杨，唐朝手中为上将，宋朝手内封为王。"

---

〔1〕 政协天柱县第十三届委员会编：《清水江文书·天柱古碑刻考释》（下册），贵州大学出版社，2016年版，第303－304页。

杨公庙修建在坌处小学围墙外清水江北岸，现仅存遗址。此碑现嵌在坌处小学操场围墙上，与《戏台碑记》《永古千秋》《永定章程》等另外五通碑立在一起。碑首为菱形，夹花青石，碑文四周饰以卷藤纹。碑高2.54米，宽1.05厘米，额横向楷书阳刻"重修碑记"四字，每字0.12米见方。碑文竖向楷书阴刻，序言"杨公庙碑记"凡六行，满行五十九字，共计四百二十余字，并附七绝诗一首。立于清乾隆二十九年（1764）。碑文所提的"梵宇"，即潮源庵。潮源庵建于杨公庙的后面，其庵宇与杨公庙紧紧相连。

本书作者将所录原书编撰者所加的碑题名变更为：坌处杨公庙"重修碑记"。此碑文另有版本载录，参见姚敦屏主编：《天柱碑刻集》，天柱县文体广电旅游局，2013年版，第110页。或天柱县政协教卫文史委员会编：《物华天宝：天柱风物录》，2001年版，第190-191页。

校记：①"然"，另版本为"蜒"，备考。见《天柱风物录》2001年版第190页。

②"带"，另版本为"滞"，备考。见同①。

③"庐"，另版本为"芦"，备考。见同①。本书认同"庐"。

④"沅之托人也"：沅即沅江（亦称沅水），托即湖南省会同县托口镇。

⑤"斯"，另版本为"其"，备考。见《天柱风物录》2001年版第191页。

⑥另版本"予为"之间有"立"，备考。见《天柱碑刻集》2013年版第110页。

⑦另版本"赋"后有"诗"，备考。见同⑥。

⑧腊月，即农历十二月的别称。

三门塘南岳庙"庙坊碑记"[1]　　　王元吉

从来庙以象神①，肇自圣朝。神也者，阳之灵也，与天地同其功，体万物而不遗者也。吾等先人有感，已建祠象神于斯，合团②人物尝沐威光。且居乎寨中之左，培植青龙，向乎午山③之南，主镇一方。无如癸丑（雍正十一年·1733）秋，寨遭祝融之患④，庙因是而毁焉。继而人力参差，历年悠久，纵蒸尝⑤每设，寥落丘墟，其道几何？吾辈倡首王汶宏，生员谢光龙，信士王甫⑥山、吴君胜、王达仙等于承祭间，每思神为人主，吾人尚⑦有栋宇之遮⑧，何神反无栖托之所？三姓云集，均曰："唯、唯。"一若⑨而前唱后和，乐捐余金、材木。于辛巳（乾隆二十六年·1761）冬，遂穷匠氏以经营，而古庙复兴焉。且增其旧制，外结砖石。予幸乎？造作尽善，功倍千古，庙貌巩固于无疆，威灵昭垂于千秋矣。今兹工竣，勒石以铭。予因援笔，具实以记。

本寨王元吉谨撰，王腾岗沐书。

---

〔1〕　姚敦屏主编：《天柱碑刻集》，天柱县文体广电旅游局，2013年版，第147-148页。

今将捐资姓名开列于左：王汝宏式两伍钱、王志圣壹两、吴君胜一两六钱二分……（等约一百四十三人姓名及捐资功德略）。

皇清乾隆三十四年（1769）岁次己丑孟夏月吉日三姓众等同立。

石匠靖州黄祥美、志美。

注释：此碑立于天柱县坌处镇三门塘村南岳庙门口，原南岳庙路里坎。碑为青石质，菱首形，首尾完整。碑高 1.8 米，宽 0.8 米，厚 0.08 米。额横向篆书阳刻"庙坊碑记"四字，每字 0.11 半见方，碑文竖向楷书阴刻，序凡五行，满行六十七字，共二百六十一字，记载了三门塘村于癸丑（1733）秋，庙因火灾而毁，清乾隆三十四年（1769）王、谢、吴三姓众捐资重修南岳庙诸事。刊立于清乾隆三十四年（1769）。

本书作者将所录原书编撰者所加的碑题名简化为：三门塘南岳庙"庙坊碑记"。此碑记另有版本载录，参见姚敦屏主编：《天柱碑刻集》，天柱县文体广电旅游局，2013年版，第147-148页。

校记：①"象神"，此系侗语族语法习惯，为倒装句，缺谓语，意为供奉神灵之像。

②"合团"，指以血缘为基础而构成的地缘社会关系组织，通常包括一个村或周围数村组成的族群关系，如侗族的款组织。

③"向乎午山"，堪舆学词语，指子午向。

④祝融之患，喻指火灾。祝融，三皇五帝时夏官火正的官名，亦被后世祭祀为火神灶神。

⑤"蒸尝"，本指秋冬二祭，后泛指祭祀。亦也泛指族人聚餐。

⑥"甫"，另版本无此字，备考。见《天柱碑刻集》2013年版第148页。

⑦"尚"，另版本为"倘"，备考。见同⑥。

⑧"遮"，另版本为"居"，备考。见同⑥。

⑨"若"，另版本为"喏"，备考。见同⑥。

地坌"合修南岳庙石阶及大门碑记"[1]　　　李昌大

今将合修南岳庙宇阶级①大门碑记并各捐银两姓名开列于左：

从来祀典之神为士民所倚仗，柴扉之路实朝夕所循行，食德者当崇庙制而厚②蒸尝，安堵③者必葺间阁，以便率由也。吾村之东有口南岳古庙，庙门之左有入寨古④街，乃庙基实处，高虽土势揭而神像起尘，风雨漂⑤而板壁易坏，兼之阶级小而步履不便，柴门毁而暮夜提防。事口⑥两全须当并举，因募合团各捐己资剖石级，买木砖修之砌之，俾殿宇魏然壮观，门阶焕然丕振。讵非事之一举两得，而神人之共协其愿者哉！是为序。

率首廪膳生员李昌大敬撰。

---

〔1〕　政协天柱县第十三届委员会编：《清水江文书·天柱古碑刻考释》（下册），贵州大学出版社，2016年版，第15页。

信士彭慎徽拾贰两、生员彭清贰两五、廪生李昌大银贰两……等约五十五人捐银公德略）

皇清乾隆三十九年（1774）甲午岁仲春月望六日立。

倡首信士彭慎徽，廪膳生李昌大，信士李文风，梓匠吴君文，砖匠吴能福，砌阶石匠李惟亨、胡文才，镌字石匠罗仪清，李秀贤沐手敬书。

注释：此碑立于天柱县竹林乡地垄村南岳庙大门左边，其下为地垄村门楼，里面有《庙田碑记》《元善资培》《永垂千古》《一路福星碑记》《起秀斋碑记》《文昌会碑》等十余通古碑。此碑青石质，方首形，首尾完整，无题额，碑文风化严重，不少字迹已模糊不清。碑高1.1米，宽0.53米，立于乾隆三十九年（1774）。

此碑记另有载录，文字小有差异。参见姚敦屏主编：《天柱碑刻集》，天柱县文体广电旅游局，2013年版，第182—183页。

校记：①"级"，另版本为"段"。见《天柱碑刻集》2013年版第182页。

②"厚"，另版本为"后"。见同①。

③"堵"，另版本为"墙"。见同①。

④"古"，另版本为"石"。见同①。

⑤"漂"，另版本为"飘"。见同①。

⑥"□"，此缺字另版本为"须"。见《天柱碑刻集》2013年版第183页。

乌岩溪杨公庙"永远碑记"[1]　　刘泰

□□□□□□□□①人捍患之主，数百年来，不拘大都僻壤，沐德者咸春秋而敬奉之。孔岭②诸父老等既蒙其泽敢忘厥恩，曾于乾隆叁拾壹年（1766）内，各凑资财，建其祠，复塑其像，偕从之进谒者，陈牲有地，睹金容而生畏敬也哉！余故欣乐此举，因为文以序云。

信士王国玉捐银二钱七分、信士谢相元捐银二钱……（等约十六人姓名及捐银功德略）。

刘泰敬书，石匠罗仪发。

嘉庆二年（1797）岁次丁巳仲秋吉日立。

注释：该碑立在天柱县坌处镇三门塘乌岩溪杨公庙右侧，青石质，方首形，碑高1.45米，宽0.7米，厚0.06米，右边破损，部分文字已失。额阳刻"永远碑记"，"永"字破损只剩下半边，于嘉庆二年（1797）立。此碑记载了清嘉庆年间乌岩溪百姓捐资修建杨公庙事宜。本书作者将所录原书编撰者所加的碑题名变更为：乌岩溪杨公庙"永远

〔1〕　政协天柱县第十三届委员会编：《清水江文书·天柱古碑刻考释》（下册），贵州大学出版社，2016年版，第313页。

碑记"。

校记：①因碑石破损，此处有几行字已失。所丢失的碑文，另有文献载为："乡之□以奉神也，神有恤灾救厄之能，斯世世而享□□□□□杨公乃托人也，任唐为将。□□而神，生有忠君爱国……"参见钱晶晶：《历史的镜像——三门塘村落的空间、权力与记忆》，中山大学历史人类学博士学位论文，编号：0038459。

②孔岭指坌处镇孔鞍岭主峰一带。

大冲"修庙碑记"[1]　　王政三

南岳神①者，殷周时人也。在生固具忠君爱民之心，为神即有捍患御灾之力。故自古及今，不唯大都钜邑，即穷乡僻壤，莫不为庙以奉之。柱邑居黔之南，而亦楚之属也。南岳为楚名山，而其神为楚所祀，居其地者，祀其神，非是之谓乎！大冲袁姓自江西发迹居斯，明万历间，先人立一庙于阶，庙②坎以栖其神，百年余③春秋二祭，皆各有其处以奉之。奈至嘉庆壬戌（1802）冬十月，回禄④降灾，民居固焚，神庙亦毁。三四年间，目睹庙貌无存，神明无依。虽乎日⑤有敬神之心，至今日而空存其念。幸有耆老袁秀麒者，好善乐施人也。戊辰（1808）春，遂纠首约本姓三房子侄，各捐资财，另择左边之地，较前基宅似乎甚高。于是鸠工，不数月而告成。越明年，始求序于余，余见其庙宇轩昂，神祠光焕，可知乎神圣有所居，而陈牲者有其地也。若斯举者，夫非以一人之心心乎神，以引合族人心之心乎神也哉！余故欣然以志之贞珉⑥云。

本姓原籍江西吉安府泰和人也。柱邑庠生王政三功九氏拜撰。

自明迁天柱地酿住坐，始祖生三公，大公住地酿，二公住广溪，三公住本村，生三子，迄今本支蕃衍不必多记。

崇祯十五年（1642）八月十三日，袁贵宇施右边街老庙地基。

嘉庆十三年（1808）戊辰七月吉日立。

石匠邵阳信正武刻。

得买本族士亨庙地，去银六两；又秀麒施庙地内边砖脚路横二尺；又买左边克善砖脚地去银八钱五分。

注释：此碑竖立于天柱县坌处镇大冲村口玉皇阁外的路里坎。碑为青石质，方首形，高一百六十四厘米，宽七十七厘米，因碑嵌在大冲村口新庙大门右边砖墙上，不知碑的厚度。额横向楷书阳刻"修庙碑记"四字，序言竖向楷书阴刻，凡七行，满行四十字，计三百零九字，捐资人八十一人全系袁姓，捐银数量略。

本书作者对所录碑记原文标点略有调整，碑题变更为：大冲"修庙碑记"，供参

〔1〕　姚敦屏主编：《天柱碑刻集》，天柱县文体广电旅游局，2013年版，第159-160页。

考。此碑记另有版本载录，个别文字小有差异。参见政协天柱县第十三届委员会编：《清水江文书·天柱古碑刻考释》（下册），贵州大学出版社，2016年版，第8页。

校记：①另版本无"神"字，见《天柱古碑刻考释》（下册）2016年版第8页。南岳即南岳衡山。南岳神，即指南岳山神。历代帝王多有敕封，唐开元十三年（725），玄宗封南岳神为"南岳真君"。天宝五年（746），封南岳神为"司天王"。宋大中祥符四年（1011），真宗诏封南岳神为"南岳司天昭圣帝"，同年底封神夫人为"景明皇后"。民间常把岳神庙称作"南岳庙"。

②"庙"，另版本为"右"。见同①。

③另版本此处有"每"字。见同①。

④"四禄"，另版本作"回禄"。见同①。本书以为当作"回禄"，径改。回禄，亦作"回陆"，旧传为火神名，后指火灾。见于《国语》《左传》等。

⑤"曰"，另版本为"日"。见同①。本书作者认同为"日"，径改。

⑥"贞珉"，另版本作"填珉"。见同①。皆为碑石美称。

甘洞"亘古不朽"碑[1]　　龚明聪

闻之古者善继人之志，善述人之事者也。我等有所谓傲钝者，先人□创南岳于斯以崇礼祀，奈岁久年湮，旧制虽周，难卜巩固，爰是勃而□心，约昔纠首之后裔并请四邻之诸族各给青蚨，勿辞劳碎，而圣祠遂为之重新矣。纵难矜言庙宇庄严，神像生辉，较之四周缺如似□□为己耳，岂曰善继，敢云善述之事竣，因铭石以志不朽云。

信士龚明聪撰。

今将纠首并捐施姓名开列于左：倡首龙□先、龙汉文……（等约四十余人姓名及捐施功德略）。

道光十九年（1839）夏月穀①旦立。

注释：该碑现放于贵州天柱县高酿镇甘洞村龚家寨水井旁边作垫脚石。碑高1.1米，宽0.6米，额题"亘古不朽"四字，刊刻于道光十九年（1839）。本书作者将所录原书编撰者所加的碑题名变更为：甘洞"亘古不朽"碑。

校记：①原文"穀"，宜作"穀"，径改。

三门塘南岳庙"重修碑记"[2]　　刘敬夫

尝思神藉①人以凭依，人赖神以默寂②，盖神者阳之灵也。境土之安宁清太，无不

[1]　政协天柱县第十三届委员会编：《清水江文书·天柱古碑刻考释》（下册），贵州大学出版社，2016年版，第159页。
[2]　政协天柱县第十三届委员会编：《清水江文书·天柱古碑刻考释》（下册），贵州大学出版社，2016年版，第291－292页。

本于潜浮（移）③默化之功④。三门塘寨首有善姓王、吴、谢，三姓先年创有神庙一座，神像庄严。自建以来，无不蒙其庇佑。于乾隆五十年（1785）内三姓公议，庙貌虽然整备，而庙内地势并门口阶级犹觉⑤潦草，非历久⑥之规模，众心□舞，随⑦分捐资，央石匠琢取青石，将庙内外砌幕⑧补茸牢实而灿然改观焉。功成告竣，向予索序，予不⑨藏固⑩陋，并将功德所有⑪银两勒碑为记，以垂不朽。是为序。

重修约众为首人王朝先、谢坤山，燕山主人刘敬夫谨撰，沐书王世禄。

王志圣一两一钱、王达先八钱……（等约一百三十六人姓名及捐资功德略）。

载碑所捐之银一共二十一两九钱，此银开销于后：抬石抬碑，请工八十八天，每天工

银六分，共去工银五两二钱八分；砌坎面地石匠共去银八两七钱三分；木匠修整，石匠打碑，共去银四两八钱。以上所剩之银，三姓招龙奠土用尽全完⑫。

道光二十五年（1845）⑬岁次乙巳林钟月⑭上浣三姓同立。

石匠罗仪发敬刻。

注释：该碑立于天柱县坌处镇三门塘村南岳庙门口。碑为页岩石质，方首形，左上角残损，碑额的"记"字和落款年代的"道光"二字已失，且多处有夹砂纹，风化严重致使一些字迹模糊。碑高1.72米，宽0.79米，厚0.08米，额横向楷书阳刻"重修碑记"四字，每字0.12米方。碑序竖向楷书阴刻，凡五行，满行六十字，计一百七十六字，记载三门塘王、吴、谢三姓人重修庙事宜。

本书作者将所录原书编撰者所加的碑题名简化为：三门塘南岳庙"重修碑记"。此碑记另有版本载录，个别文字有异。参见姚敦屏主编：《天柱碑刻集》，天柱县文体广电旅游局，2013年版，第148-149页。

校记：①"藉"，另版本为"籍"，可互通，意为凭借。见《天柱碑刻集》2013年版第148页。

②"室"，另版本为"寂"，备考。见同①。

③"（移）"为所录原书编撰者纠错字注，照录。

④"功"，另版本为"一"，备考。见同①。

⑤原文"竟"，另版本为"宽"，备考。见同①。"竟"，古同"觉"，径改。

⑥"久"，另版本为"次"，备考。见同①。

⑦"随"，另版本无此字，备考。见同①。

⑧"幕"，另版本为"垫"，备考。见《天柱碑刻集》2013年版第149页。

⑨"不"，另版本为"以"，备考。见同⑧。

⑩"固"，另版本无此字，备考。见同⑧。

⑪"有"，另版本为"存"，备考。见同⑧。

⑫"招龙奠土"，侗族民间的一种巫术仪式。侗族认为万物有灵，如果触犯神灵会遭报复，所以，在开挖动工之前要举行招龙谢土仪式，祈求神灵谅解。祭品一般是一只活的大公鸡，一个

切成四方形并煮至半熟的刀头（猪肉），少许干豆腐，到施工现场烧香化纸，鸣炮祭祀。此段碑文原本于落款之后，原书编撰者辑录时将顺序已重作调整，本书照录。

⑬原文为"道光二十年"，另版本为"道光二十五年"。见同⑧。本书作者据其后"岁次乙巳"认定为"道光二十五年"，即公元 1845 年，径改。

⑭"林钟月"，即阴历六月的别称。

清浪南岳庙"永垂不朽"碑[1]　　王文德

清浪村重建南岳庙碑序

清浪①寨首有庙焉，其神为南岳②。是庙也，创自乾隆戊申（1788），久为我村保障，毁于同治一（乙）③丑（1865）。偏肆苗匪④猖狂，幸神力回天，佑合族仍归故里。唉！庙基焦土，忍下民独乐新居？是以寨中父老相聚而言曰："我等散而复聚，何修获此？"佥曰："惟神是赖，当重建庙宇以祀之。"士女闻斯言，即布囊金勤胜（盛）⑤举，不崇朝⑥而南岳庙落成矣。嘱序于予，予维继志述事，斯为孝子贤孙立庙飨神，无间庶人夫子。爰将巅末笔之于书，并列姓名，镌之以右。

生员王文德撰，职员王元本书。

为首王承熙捐钱拾千文、王永庆伍千文……（等约六十余人姓名及捐资功德略）。

己巳（1869）钱米价一碗六十四文，内价每觞⑦一百廿八文，连年钱价捌□五六卜。

大清同治十三年（1874）仲春月吉旬。

注释：该碑现嵌在天柱县坌处镇清浪村小学围墙里，原立于南岳庙附近，青石质，方首形，首尾完整。高 1.55 米，宽 0.73 米，碑名"永垂不朽"，为行草体，横向阴刻，每字 0.1 米见方。刻立于清同治十三年（1874）。本书作者将所录原书编撰者所加的碑题名变更为：清浪南岳庙"永垂不朽"碑。

校记：①清浪：地名，属天柱县坌处镇清浪村。清代为"外三江"木材集散市场之一，与坌处、三门塘齐名。

②南岳：本指湖南衡山，此处指南岳神。唐开元十三年（725），玄宗皇帝敕封南岳神为南岳真君。

③"（乙）"是原书编撰者纠错字注，照录。

④此指张秀眉领导的苗族农民起义军。

⑤"（盛）"是原书编撰者纠错字注，照录。

⑥"崇朝"，即"终朝"，整个早晨。语出《诗经·墉风·蝃蝀》："朝隮于西，崇朝其雨。"

---

〔1〕 政协天柱县第十三届委员会编：《清水江文书·天柱古碑刻考释》（下册），贵州大学出版社，2016 年版，第 297–298 页。

⑦"觔"，此处为重量单位"斤"的异体字。

浩寨南岳庙"功德不朽"碑[1]　　龙学孔

盖闻庙曰南岳尊实同乎上帝，聚居忠靖，恩则施于下民，则地之有神也犹国之有主矣。思我地良一寨原与界碑共保自先，今□□□□久矣，痛至同治壬戌年（1862）清台苗叛，通地遭殃，圣宇佛祠毁尽无遗，至戊辰年（1868）始蒙大兵进剿，故土旋归人民□□□之乐，神圣犹遭雨露之难记不，目睹而心伤哉，于是我等发心募化，合寨乐助，其资需挺身以作，众姓共劳肋骨，造有心者功成不日矣，其规模虽不及乎先人之森严，其田丘则更加于先时之倍蓰①矣，故将施田姓名八甲上主开列于后，亦为功果不昧云耳。

一甲化首：龙现鳌……八甲化首：……（等约一百二十四人姓名略）。

请笔龙学孔。

天运丙戌年（光绪十二年·1886）夏月中浣吉日同修（地良修庙宇碑）。

注释：该碑立在天柱县高酿镇地良村浩寨，是修盖庙宇时的功德碑。碑为赭色石，方首形，高1.35米，宽0.66米，厚0.066米，额套圆圈楷书"功德不朽"，刊刻于光绪十二年（1886）。本书作者将所录原书编撰者所加的碑题名变更为：浩寨南岳庙"功德不朽"碑。

校记：①原文"蓰"，误，宜作"蓰"，因为表示"数倍"时，应写作"倍蓰"，径改。"倍蓰"，出自《孟子·滕文公上》，亦作"倍屣"或"倍徙"。"蓰"，五倍；而"蓰"，古同"筛"。

重建小南岳杨公庙宇序[2]　　佚名

南岳杨公庙宇，始系三门塘彭城堂和兴坡荥阳堂二公所建，后系民国三十六年（1947）刘仲文、潘文科二人主持重建，遗下石碑一块。风云变幻，庙宇于公元一九六五年乙巳岁被毁，数十年来漏于光天化野，风雨摧残。村民老幼欲捐资恢复，奈何无人遂先人志。今得信士刘治川、潘承义主持继先辈之志。率二公后裔和化首刘增林、刘增和、刘治权、潘德钟、潘荣杰、潘荣祥、潘华映、潘自澄、李承莲、吴梅英、谢君桃、陈梅莲、刘兰娣、杨美姣、彭芝莲等，各团众首协助，于一九九二年壬申岁十月初八兴

〔1〕　政协天柱县第十三届委员会编：《清水江文书·天柱古碑刻考释》（下册），贵州大学出版社，2016年版，第147页。
〔2〕　姚敦屏主编：《天柱碑刻集》，天柱县文体广电旅游局，2013年版，第145–146页。

工，十一月十四日告竣，十六日合团众首请道师敬神安位毕。

如感数村信人名垂千秋，列如下（略）。

注释：此碑立在天柱县坌处镇三门塘村复兴桥头杨公庙大门左边。有三门塘的刘、潘、陈、谢、吴、王、李、杨、彭九姓人名，共计三十位捐资人。碑为青石质，方首形，高一百二十二厘米，宽七十四厘米，厚八厘米。碑额横向楷书阳刻"重建碑记"四字，每字十二厘米见方。序言竖向楷书阴刻，凡九行，满行二十九字，计二百三十九字。

竹林乡南岳庙重修碑记[1]　　佚名

未兴度之过程，原属天运继开之局面，只在人为。我寨东廊南岳古庙之建筑沿革久远，积汝无由□墙垣之修砌，乾隆二十九年（1764）迄今两百多年历经几次□□木破毁。天因年久远，墙壁朽损势在倒塌，故于月前募化□。在及惠□老引□老等□捐资复修，今则功竣，故刻列芳名，永远记载。

李□熊十元、彭□□□十元、蒋焕荣十元、李福林九元、蒋光中、李□明各六元、蒋□□七元、彭光为、彭光才各五元四角、□□□中□元二角、□泽□五元二角、彭开□六元。

（以下还有四十八人捐钱，由于字迹模糊具体捐多少和姓名难辨识，估计每人捐五元。主要是彭、李、蒋三姓捐钱，其中李姓最多，约二十人，彭姓次之，约十五人，蒋姓最少约十三人。另有三位倡首人，分别是彭姓和李姓。）

公元一九九□年。

注释：此庙碑在天柱县竹林乡。本书作者将所录原书编撰者所加碑题名变更为：竹林乡南岳庙重修碑记。

地坌"永垂千古"碑[2]　　佚名

恭从来神为福人之灵，人为祭神之主。鲁论有云："祭如在，祭神如神在，是知神亘古。人所当敬祀者也。"今岁冬月，适有唐子贤、子秀、子祥、达臣、洪才，杜以先、蒋忠丕、刘文祥来谓予曰："我闻昔四姓始祖唐兴荣、杜太安、蒋昌隆、刘甫福，原自先祖以来偕游凤邑①，采其基于赎田。"杨家寨、翁冲、地坌各居一团，各落其业，一

---

〔1〕 姚敦屏主编：《天柱碑刻集》，天柱县文体广电旅游局，2013 年版，第 165 页。
〔2〕 政协天柱县第十三届委员会编：《清水江文书·天柱古碑刻考释》（下册），贵州大学出版社，2016 年版，第 19 页。

德一心，如手如足而亲爱至特耳。欲永矢弗或，更念在其地名以祭其神。乃同建飞山庙②于地坌象形，共建净神③庙于螺蛳形，用昭田公之始末，用作四寨之保障，屡显威灵，悉沐思膏。相传日久，风雨倾坏。雍正甲寅（1734），四姓踊跃重修庙宇，复装金容，规模□然，仍旧庙貌，殊觉维新。又虑烟火星散，岁时应祭实难齐一。于乾隆壬辰（1772）月重商良规，捐锱作会，四姓迁头本银二拾两加二行息轮流支放，本存生发，利充公用，永为是庙春秋二祭之资。每致祭期前交后接忠心者，昌私侵有罚庶异其姓而不异其心。前人然，后人亦必然，欲求久远，请予为文。予不禁击节相赏，曰："美哉，□□"，既裕祖神之血食复绍先人之宏谋。予不敏，敢为叙明，俾始末不昧，盛典照然，良规世世相守，古庙年年换新，分凑之劳永免，相契之情愈坚，祖作孙承，千载一日，勒后永垂，神人悠光，是为序。开列姓名于后：

翁中④一户杜君贤、一户杜口才、一户杜子义。

蒋刘赎田：一户国连、一户文祥……杨家寨⑤：子佑、子兰……乔酉（等约一百人姓名及功德略）。

翁冲二十四户共银四两三钱二分，地坌蒋刘共银三两四钱二分，赎买共银五两四钱。杨家寨上寨一十九户共银五两四钱二分。十人又共银三两六钱，二人共银一两零八分。

皇清乾隆三十有七（1772）岁在壬辰大吕月⑥日立，榖旦⑦，石匠黄廷玉。

注释：此碑立在天柱县竹林乡地坌村门楼里，与《庙田碑记》《元善资培》《文昌会碑》《一路福星碑记》《起秀奇碑记》等其他十四通环墙而立。青石质，方首形，首尾完整，额题"永垂千古"，横向阳刻，每字0.12米见方。碑高2.17米，宽0.91米，厚0.07米，立于乾隆三十七年（1772）。本书作者将所录原书编者所加碑名简略为：地坌"永垂千古"碑。

校记：①"凤邑"，天柱旧名凤城，亦称凤邑，即今凤城镇。

②"飞山庙"，即祭祀飞山神杨再思的庙，已毁无存。

③"净神"，此神名待考。

④"翁中"，地名，今属天柱县竹林乡双溪村。

⑤"杨家寨"，即今天柱县竹林乡杨家村。

⑥"大吕月"，农历十二月的别称。

⑦原文"榖"，误，应为"榖"，径改。

竹寨飞山庙"福国重新"碑[1]　　　刘祖歆

飞山神王，自昔为昭，功扶社稷，泽沛苍生，固宇内所共钦尊也。今竹寨庙制之来

〔1〕 政协天柱县第十三届委员会编：《清水江文书·天柱古碑刻考释》（下册），贵州大学出版社，2016年版，第249页。

原自先人建于寨脚，地虽旺而嫌其卑，于甲午⁽¹⁷⁷⁴⁾季春复迁村左，基宇丕振、生面顿开，远观则巍焕轩昂；登临则凝眸悦爽，形势团结而罗列耸秀，诚所谓"山不在高，有神则名"。威灵显赫，乐栖胜地，血食馨香，永享千秋，其护佑固属无穷。问序愧无以谢，聊矢鄙诚恭疏短引，以志乔迁云尔。

善首吴奇祥、吴奇光……（等约一百一十八人姓名及捐钱功德略）。

生员刘祖歆书，张明星笔，择选潘若朝，木匠刘显常。

龙景成、龙永成施房屋地在内，前后所费并地价共放银一拾八两整。

大清国乾隆四十年⁽¹⁷⁷⁵⁾岁次仲冬月榖旦①立。

注释：此碑现立于天柱县竹林乡竹寨飞山庙前十米处，碑高 1.6 米，宽 0.866 米，厚 0.078 米，刊刻于清乾隆四十年（1775），内容为飞山庙重修记。本书作者将所录原书编撰者所加的碑题名简化为：竹寨飞山庙"福国重新"碑。

校记：①原文"榖"，误，宜作"穀"，径改。

新舟"常留百世"碑^[1]　　佚名

飞山有宋名将也，姓杨，讳再忠①，官威远侯，历朝封谥，尝显灵于靖州之飞山寨，故庙曰飞山，由来久矣。乾隆庚子秋重建庙宇，五旬而举之。今而后降福孔，皆乎将使阴阳和、风雨时、百谷畅庶、草繁芜乎，各有专司，非斯神之职也，抑者旱魃为虐，神其默除之乎，游魂为变神，其阴驱之乎。至若斯庙一建而好施者多，其亦作善之一端欤，是可勒石书名与斯庙并存不朽矣，是为序。

劝首：杨朝佐、宋德荣、宋美珍、杨绍基、宋廷茂、宋理山、吴能升、宋琳蛟、杨秀芳、杨世希十人。

恩贡生杨展缣年八十八岁捐银陆两、绠洞②信士杨翰璧捐银肆两。

前翰林院庶起士乙酉科解元知河南卫辉府淇县事知县宋仁溥③捐银伍两。

吴岱宗捐银贰两、宋德荣壹两五钱……（约一百五十余人姓名及捐资功德略）。

注释：此碑现置于天柱县白市镇新舟村舒家井作为垫脚石，青石质，方首形，左边破损，多数碑文已碑踩踏磨灭得难以辨识。碑名为"常留百世"，横向阳刻。序凡三行，共计一百五十余字，竖向阴刻。高 1.68 米，宽 0.66 米，立于乾隆庚子（1780）年，记载了重修飞山庙及飞山神之神通等事宜。本书作者将所录原书编撰者所取碑名简略为：新舟"常留百世"碑。

校记：①"再忠"，原书注疑为再思之笔误。因为飞山神庙所祭祀之神皆为宋代杨再思。

②"绠洞"，地名，位于天柱县白市镇境内之清水江畔。

〔1〕 政协天柱县第十三届委员会编：《清水江文书·天柱古碑刻考释》（下册），贵州大学出版社，2016 年版，第 38 页。

③宋仁溥，苗族，天柱县白市镇新舟人，乾隆丙戌科（1766）进士，翰林院庶起士。

浦头"重修碑记"[1]　　　彭介寿

从来祀典之神，自古为昭。庙貌之祭，于今为烈。吾村先翁等原建有飞山、南岳二王庙祠于阳□之区，其来旧矣。至乾隆丙子岁（1756）九月内，众议迁移水口之处便妥神明，迄今已廿十有七载，不意威灵有赫，覆冒无私，于乾隆辛丑年（1781）十月内，神通大显，降示愚氓欲转安于先建原所，乃可以膺默佑之福。既渎天听，敢违冥示，是以即行约众捐资择吉，仍修旧基，另造新宇而于圣像重加金采，俾庙貌焕然，一旦改观，使血食久矣，千秋未斩，宁非吾侪之心所以安，神圣之灵得以妥者乎，幸值功成，特勒碑石以志不朽云，是为序。

潘文方三钱三，邓方才二钱三……（等约九十一人姓名及捐钱功德略）。

为首信士潘良魁……（等九人姓名略），梓匠杨士德。

皇清乾隆四十七年（1782）九月廿六日吉旦敬立。

生员彭介寿拜序并书，选择唐天常，石匠罗仪发。

注释：此碑现立于天柱县竹林乡浦头村潘氏宗祠前的观音庙前松柏树下，碑高1.6米，宽0.87米，厚0.05米，刊刻于清乾隆四十七年（1782），内容为重修飞山、南岳庙祠事宜。本书作者将所录原书编撰者所加的碑题名简化为：浦头"重修碑记"。

地坌"庙田碑记"[2]　　　彭慎徽

吾村之西有庙焉，曰飞山①。飞山者，阳之土神也。是神者，有求必祷，常作州县屏翰。

英惠侯王②，封自先朝。柱邑原属靖州，实蒙□□，今弗衰隆祀典者，固听在皆然矣。第是庙之建虽久，尚乏祀田，每缺香灯绿先血□□，珍堂兄彭廷佐累年建醮余资或数分或数钱不一悉行生息，将弃世时叔③得银□□，得银八两俱付余手，继放得银五十五两。乾隆丁亥（1767）冬买田一契以为飞山香灯□□，犹虑其无几也！乃以所出禾花并表兄李文凤戊子（1768）庆中元所剩一两暨近年醮□□复行生息，共得银一百二十五两。己亥（1779）冬买田一契，辛丑春买田一契，二处三契□□乙百八十两捐入庙中，招人以朝夕供奉。庶香灯不缺，有以答神庥于万一耳。今□□克遂恐无以杜不法浸浼之

〔1〕 政协天柱县第十三届委员会编：《清水江文书·天柱古碑刻考释》（下册），贵州大学出版社，2016年版，第263页。

〔2〕 政协天柱县第十三届委员会编：《清水江文书·天柱古碑刻考释》（下册），贵州大学出版社，2016年版，第17页。

弊，且世远之无茫稽查也！因勒于石而志之。彭慎徽谨撰。

田一契产且春买田一契两处三契。

今将得买田丘禾粮□□后，乾隆三十二年（1767）得买彭奇文土□□，庙脚第十四丘墨斗形上田禾二十二稨。四十四年（1779）得买彭明照土名飞□□第五丘五不等形上田禾三十稨。四十六年（1781）得买彭士谦佺克全□□庙脚第十三丘方形上田禾二稨，又土名三岔荒田冲第七十五□□田禾一稨三手。三契共上中粮五升四合□□二撮九圭七粒一粟二黍。

皇清乾隆五十有四年（1789）岁次己酉夏月。

石匠罗义清。男生员彭第敬书。

注释：此碑现立于天柱县竹林乡地坌村寨门门楼里，已断为两截。碑为青石质，方首形，额书"庙田碑记"四字，横向阳刻，每字 0.16 米见方。高约 1.3 米，宽 0.77 米，厚 0.05 米。乾隆五十四年（1789）立。

此碑记另有载录，文字颇有差异。参见姚敦屏主编：《天柱碑刻集》，天柱县文体广电旅游局，2013 年版，第 166 页。经考校，本书以此所录版本为准。所录原书碑题为"竹林乡地坌《庙田碑记》"，本书作简化变更。

校记：① "飞山"，位于湖南靖州苗族侗族自治县境内，五代时为侗族首领杨再思占据，后人称之为"飞山公"。《直隶靖州志·山川》（卷一）有相关记载。

② "英惠侯王"，据《直隶靖州志·古迹》（道光十七年刻本）载："咸远侯庙，一名飞山庙。在城西里许作新书院旧址左。祀宋诚州刺史杨通宝之祖杨再思，尝有功于靖者。宋绍兴三十年（1160），初封咸远侯，淳熙十五年（1188）改英济侯，嘉定十一年（1218）改广惠侯。淳祐九年（1249）改创远英惠侯。"

③ "叔"字后原书注有"蓄"。

木杉"流芳百世"碑[1]　　佚名

尝闻功绵日月，德并天地者何哉？盖我窝虐①村得素好善之龙宏昌、龙宏沛弟兄二人有上田一丘，收禾二十式边②，系与粟泽溥联界，正在飞山庙③门首。弟兄心怀此念久矣，与泽溥均分昼一，诚心即施在飞山庙并□南三岳庵神位前永供香灯，真可谓香□九重，灯照九天。固神之依凭，在德人之发惟资功。今昌、沛弟兄二人之施，茂子孙之蝉联科甲，俾如香灯之绕缭而长且永，骏发富贵，必似灯光之灿烂而照且明也永。兹一诚之碑记，垂佑万年以兰芳，是为敬序。

光绪三十二年（1906）冬月④立。

---

〔1〕 政协天柱县第十三届委员会编：《清水江文书·天柱古碑刻考释》（下册），贵州大学出版社，2016 年版，第 109 页。

注释：该碑现倒在天柱县高酿镇木杉村小学校门口右侧，青石质，方首形，碑额的"流"字残缺。高 0.84 米，宽 0.47 米，厚 0.04 米，额题"流芳百世"四字，横向楷书阳刻，碑文竖向楷书阴刻，序凡十行，满行二十一字，计一百九十一字，刊立于光绪三十二年（1906）。此碑记载了光绪年间木杉村龙氏兄弟捐水田一丘作为飞山庙庙产，永供香火灯油之事。本书作者将所录原书编撰者所加的碑题名简化为：木杉"流芳百世"碑。

校记：①"窝虐"，光绪《天柱县志》载为窝虐寨。

②"禾"，指当地传统栽种的一种稻谷，以手摘的方式进行收割。"边"，量词，方言，与"稿"同。专指两手合拢捏一束为一边。

③"飞山庙"，指祠祀唐末五代湖南靖州"飞山"峒蛮"酋长"杨再思的庙。

④冬月，即农历十一月的别称。

黄田"重修庙宇"碑[1]　　吴玉堂

礼云："有功德于民则祀之。"若飞山土主①，生则尽忠报国，无殊岳飞，没则捍祸御灾，俨同活佛，诚古今之保障，万世之神麻也。在前原有庵宇墙垣以奉祭祀，奈窄侠（狭）②不堪，兼之年湮世远，风雨漂（飘）③零，不胜颓靡之叹。承蒙吴运明倡作领袖，与地方商④可量力捐资。蒙吴会银捐地数尺，复行修整，其规模广大，前回不相同。其出费人名开列于后，以垂不朽云。

文庠⑤吴玉堂撰。

经承吴运明捐钱壹百二十仟文、倡首吴恒性捐钱……（等约计一百八十人姓名及捐资功德略）。

中华民国十九年（1930）岁次庚午十月吉日。

石匠杨大毫、吴玉香毅⑥旦立。

注释：该碑现立于天柱县远口镇黄田村飞山庙门前的小路外侧，青石质，方首形，首尾完整。碑高 1.48 米，宽 0.69 米，厚 0.07 米，额题"重修庙宇"四字，每字 0.12 米见方，横向楷书阳刻，外套圆圈。碑文竖向楷书阴刻，序凡三行，满行四十九字，计一百五十一字，立于民国十九年（1930）。本书作者将所录原书编撰者所取碑名简略为：黄田"重修庙宇"碑。

校记：①"飞山土主"：飞山位于湖南省靖州苗族侗族自治县，距城十里，其上有飞山祠，祀五代南唐十洞首领杨再思，人称"飞山神"。据民间传说，黄田飞山庙所祀之神名为杨再兴，乃南宋将领。

---

〔1〕 政协天柱县第十三届委员会编：《清水江文书·天柱古碑刻考释》（下册），贵州大学出版社，2016 年版，第 84 页。

②、③两处括号中字为原书编撰者所注的纠错字，照录。

④原文"謪"，古同"商"，径改。

⑤"文庠"，古代科举制度分设文武两科，此处指习文的儒学童生。

⑥原文"秡"，误，宜作"穀"，径改。

竹上"重修碑记"[1]　　潘吉淳

重修碑序

村之东隅，有灵神为威远侯王也①。是王也，抚镇是邑，保荫黎庶，殄除灾否，人民赖之以安，团里②妥之以居也。故吾辈先贤等建宇为庙，捐产而祭，乃神有所依托，而人有所祷切（祝）③也。直至年湮代远庙宇朽陋，墙堵崩颓，久既日敝而心伤。幸得时至而事起，始得倡首潘年位督修，张世林、潘应康等复约同人齐力重修，虽未雕梁画栋，亦求革故鼎新，新其朽蠹之檩桷，去其破陋之墙垣，侥幸庙宇改观。几期恩星以照，至苤野芳发而幽香，佳木芬而繁阴。负者歌于涂（途）④，行者休于树，朝往暮归，同欢大新之壮丽，山环水□，览胜岗峦之体势。仍起明楼，教化蒙童，以后文明发展，教育普及。观花醉月，不异桃李之芳园，是今是昔，恍同仙人之旧馆。谨志为序。

河清氏潘吉淳撰书。

重将前辈每户祭食股份铭登于后：潘岩恒拾股、张纯才捌股……（等十二人姓名及股份略）。

兹将现行股份姓名于左：潘年禄、潘年位……（等约五十七人姓名及股份略）。

乐捐重修洋、木姓名复铭于下：潘年禄捐银洋三元并大木三跟根，……（等八人姓名及功德略）。

注释：此碑现立于天柱县竹林乡竹林村竹上组威远侯王庙遗址的路坎下，页岩石质，菱首形，首尾完整。碑高1.62米，宽0.83米，厚0.07米，额题"重修碑记"四字，每字0.09米见方，横向行书阳刻。该碑后面的文字及落款时间刊刻在其左边的"芳果永播"碑上，立于民国三十六年（1947）。该碑记述了竹林乡一带所祀之威远侯王神的功能，以及重建庙宇、按股筹办祭祀诸事。本书作者将所录原书编撰者所加的碑题名变更为：竹上"重修碑记"。

校记：①威远侯王，即指唐末五代靖州"飞山"蛮"酋长"杨再思，号十峒首领，人称"飞山大公"，宋时追封杨再思为诚州刺史，赐爵英惠公、英惠侯、威远侯。

②"团里"，团是指以血缘或地缘为基础的民间自治组织，到清末和民国时期逐步演变为民团。里是明清时期的社会基层组织。说明二者就兼而有之。

〔1〕 政协天柱县第十三届委员会编：《清水江文书·天柱古碑刻考释》（下册），贵州大学出版社，2016年版，第125页。

③"（祝）"字为原书编撰者纠错字注，照录。

④"（途）"字为原书编撰者纠错字注，照录。

文昌会碑[1]　　　彭兴

　　起秀齐终始创建之规，前二碑已备序矣！所未及者，帝君之会，夫帝君会何为而作也？先伯父立馆后，恐后人口拾就学，特置产业以为聘师之资。倩①虑所出无几，师奉有空。于乾隆三十一年丙戌（1766），约十六人，各出赀一两作会曰：文昌盖□裕文教之昌明，聊脩祀典于万一耳。及以会轮流生息，陆续置产，立先年所遗田为每岁束脩之费，逐年，帝证之需，诚一举而两得者也！越壬子（1792）春，会元锦碑、二兄定远以序属，予思作会以作人事则可大隆，圣而隆。师业则可以可大，可以则是会之曲成将同。帝光之永被矣！岂小补者哉②？后之登斯堂者，仰先伯父造就至意，固宜感激于不暨，而思十六人培成深心亦振奋而不替云！侄生员彭兴谨序。今将作会姓名并得买田坵禾粮开载于后。

　　首会彭玉颢、彭慎徵，二彭定远、彭翼远，三彭伦音、李宝光，四李芝兰、李春相，五彭鳞拔、彭乐天，六李尊爵、李希圣，七彭廷正、彭卜云，八李藤魁、李文凤。

　　乾隆四十八年（1783）买李坤锦土名老林头，正冲第八十一坵勾股形中禾十四边三手，八十二坵蚯蚓形中禾二边，八十三坵圭形中禾一手，土名报木冲，上截左六岔竹山脚。第五坵犀角形下禾二边三手。第六坵牛角形下禾四手。七坵弯形下禾十四边，买彭朝举野猪冲头。第八坵蚯蚓形中禾一于。第九坵五不等形下禾三十五边，买李安仁报木冲中截老引坡脚。第十坵蛇形中禾一边。十一坵梭形中禾半手。十二坵立难形中禾六边三手。十三坵蚯蚓形中禾半手。十四坵立鹭形中禾四边四手。十五坵半梭形中禾一手。十六坵勾股形中禾十边零一手报木冲中截老引坡脚，第四坵蛇形下禾二边四手，第五坵弯形下禾一边二手，买彭乐天野猪冲正冲。第六十五坵圭形中禾一边，六十四坵梯形田中禾四十五边。六十五坵拓榴形中禾四边五手。六十六坵窜鼠形中禾一手，买彭希梅天华山庵脚第二坵弯形下禾一十二边。五契共量一斗一升二合八勺一抄三抍四圭八粒九粟八黍，共价银一百九十六两。今除野猪冲得买彭乐天田一契为祀田议定照会轮流耕种，将禾花二两上手交下手办祭义。壬子年重修学馆，内进用去文昌会银八两六钱。碑银四两零二分。

　　大清乾隆五十有七年（1792）岁次壬子秋七月吉旦立。

　　石匠信正起、信正武。举忧增生彭第敬书。

　　注释：此碑在天柱县竹林乡。碑为青石质，方首形，高一百九十六厘米，宽七十六

〔1〕　姚敦屏主编：《天柱碑刻集》，天柱县文体广电旅游局，2013年版，第168页。

厘米，厚六厘米；额横向楷书阳刻"文昌会碑"四字，每字十五厘米见方；序言竖向楷书阴刻，凡七行，满行二十三字，计二百四十四字。此碑记所引原文有标点断句，本书作者酌情略作修改。

校记：①"偦"，生僻字，意为待、未。
②原文"载"，疑为"哉"之误，径改。

文昌阁石刻[1]

注释：在天柱县竹林乡新寨村，有一块笔锋道劲、雕刻工艺精湛的石刻，名为文昌阁石匾额。青石质，方首形，高一百三十四厘米，宽七上厘米，厚五厘米。"文昌阁"三字居中，每字二十五厘米见方，竖向楷书阳刻。周围浮雕人物、宝剑、书卷、琵琶等图案，图案布局工整，主次分明。人物左右各一，官帽官服，脚踏祥云，气宇轩昂。虽无镌刻年代，从艺术风格上看，估计应是清代中期的作品，反映出一派休养生息、盛世修文的特征。

该石匾额具有一定的历史文物价值，是清代修建新寨文昌阁时遗留的古迹，现竖在竹林乡新寨村村口，与《永远不朽》《周道如砥》《昭垂万古》等六通古碑并排而立于一处。

大圭"齐灵赫濯"碑[2]　　杨政楠

今夫卫民之生，谓之神。安神之所名为庙，神其当敬矣。庙可不治哉，第创建者固宜有，而继之者不可无。余村南岳庙立已有日，奈年深月久，晴暴雨淋，栋挠梁摧，瓦裂檐朽，殿面尘垢不堪，观壁头损坏何忍见，方萌善心，即托梦示，负神像归家而暂住，作庙貌现地以重修，于是，银米两样并捐。潘、龙二姓同竖，拆旧换新，毕功竣事，屋宇依然巍峨，门堂仍是炳焕，周围封固，表里装成台龛，清洁精湛，座位端庄整齐，灵威坐镇，一乡之保障有资祀典，光昌千秋之血食不替。香火泛①兹愈盛，感应由此弥彰。深期后嗣之兴，务绍前人之志焉。是为记。

恩进士郎选儒学正堂杨政楠撰。

化首龙正鳌捐银五两、龙之焕捐银五两……（等约六十余人捐资及一人施地功德略）。

〔1〕 姚敦屏主编：《天柱碑刻集》，天柱县文体广电旅游局，2013 年版，第 183 页。
〔2〕 政协天柱县第十三届委员会编：《清水江文书·天柱古碑刻考释》（下册），贵州大学出版社，2016 年版，第 80 页。

嘉庆三年（1798）十月榖旦。石匠谢凤德刊立。

注释：此碑立在天柱县高酿镇大圭村麟趾桥北端，与"麟趾硚"碑平排竖立于大圭村左山溪石拱桥公路里坎南岳庙左边。紫色页岩石质，方首形，首尾完整，额题"齐灵赫濯"四字[2]，每字 0.09 米见方，横向行书阳刻。碑高 1.32 米，宽 0.64 米，厚 0.05 米。刊立于嘉庆三年（1798）。

所录原书编撰者加有碑名，本书今简化为：大圭"齐灵赫濯"碑。此碑记另有载录，部分文字有差异，详见姚敦屏主编：《天柱碑刻集》，天柱县文体广电旅游局，2013 年版，第 65—66 页。经考校，本书以所录版本为准。此碑序言竖向楷书阴刻，凡七行，满行三十九字，约计二百零六字。

校记：①"泛"，另版为"从"，本书作者认同为"从"。备考。见《天柱碑刻集》2013 年版第 66 页。

②"齐灵赫濯"，另版为"寿灵赫濯"。本书作者认为这两版本均不适宜，疑为所引原文编撰者抄误，当为"声灵赫濯"。备考。见《天柱碑刻集》2013 年版第 65 页。

魁星楼永远碑记[1]　　　佚名

盖闻因观地势之所宜，择胜境之所彰，议在盘古溪头，此田将价得买，约众集赀建立一座名曰：魁星楼。此楼也，余乡村从未曾有，可以佑[1]文风，可以为保障。惟昭于今不爽，将来桂花开，八丹桃蕊放三春，端于此楼是赖焉。所以，余等欲为乡村有益，特起此楼。然而譬之未[2]，焉能支大厦，工程浩大，非可告成于旦夕。虽土木之未兴，而举念之决是以募化。善贤仁人君子随缘乐施，万载留名。重捐者自有朱衣点头麒麟现，捐多助者定笔下生花之缘兰桂腾芳。落成告竣，而后则乡村众信果无虚，士农工商一举而万善备焉。皆从此楼兆之矣。是为序。

大清嘉庆十年（1805）仲夏月谷旦立。

注释：此碑在天柱县渡马乡，二十世纪末仍存，现已无存。另有此碑记介绍称此碑位于天柱高酿老街盘古溪头，记载清嘉庆十年（1805）仲夏月以龙应亨等为首，集资买田建魁星楼，以佐文风，保障将来。参见天柱县政协教卫文史委员会编：《物华天宝：天柱风物录》，2001 年版，第 194 页。本书作者将所录原书编撰者所加碑题名变更为：魁星楼永远碑记。

校记：①"佑"，当为"佐"，疑为所引原文编撰者抄误。备考。

②"未"，应为"一木"，疑为所引原文编撰者抄误。备考。

〔1〕 姚敦屏主编：《天柱碑刻集》，天柱县文体广电旅游局，2013 年版，第 93—94 页。

"人文蔚起"碑[1]　　王政三

昔欧阳文忠司贡院，每阅卷时，有①夫朱衣者谁？谓奎星也。恭维奎星，曜合天上，瑞应人间，默操士类权衡，永作文章司命。自古维昭，于今不爽。无论在城在乡，莫不立像立祠以奉祭祀，宁吾村而独不然哉！村之东，有所谓兴隆庵，设自前明。我朝重修以来，凡神之有益于生民，与②有系于斯文者，无不馨香俎豆。其中，若文昌若关圣以及诸佛，前人皆塑有神像，而于奎星尚缺然焉。余心欲塑者久之，以力不支，未果。本年祚生馆于斯庵，习举子业。住持僧适以修神像，请余曰：善。是有造于吾人，洵③为美事。于是，募之村中仁人耆者，暨在馆诸生，得资廿金有余，请工雕塑，卜吉升殿，文星有主。伫看甲第蝉联，帝座垂庥久④矣，才华鹊起矣。古语有云：不要文章高天下，惟愿朱衣暗点头。不可为诸君预卜哉！因抒数语，以寿诸石。

庠生王政三南岑⑤谨撰，廪生王永祚荫庭敬书，主持僧本灵，雕匠曾景柱⑥，刻石信天⑦海。

皇清嘉庆二十四年（1819）岁次己卯孟冬月谷旦立。

注释：此碑位于天柱县坌处镇三门塘（喇赖）小学下面石库门联右边。碑为青石质，方首形。碑高1.53米，宽0.75米，厚0.06米。碑文竖向楷书阴刻，凡十一行，满行三十三字，共二百八十九字。记载塑文昌星神和关圣像等事宜。王政三撰文，王永祚书，雕匠曾景柱，信英海刻石。系当地侗族村民立于嘉庆二十四年（1819）。

此碑另有载录，参见天柱县政协教卫文史委员会编：《物华天宝：天柱风物录》，2001年版，第195页。或安成祥编撰：《石上历史》，贵州民族出版社，2015年版，第145页。

校记：①"有"字处，经查，原碑文有句子"有朱衣以头点，点头则文必入毂。"见安成祥编撰版。

②原文"兴"，误。经查，碑文实为"舆"，即"与"的繁体字，径改。

③原文"询"，误。经查，碑文实为"洵"，径改。

④原文"允"，误。查原碑文为"夊"，即"久"，径改。

⑤原文"岭"，误。查原碑文为"岑"，径改。

⑥原文"柱"，安成祥编撰版为"林"，查原碑文脱落难辨，备考。

⑦原文"英"，查原碑文为"天"，径改。

"亘古不朽"碑[2]　　佚名

尝闻，善述善继先人之志，长存复修□□□□□□□□□乾隆年间而竖造，迄今

---

[1] 姚敦屏主编：《天柱碑刻集》，天柱县文体广电旅游局，2013年版，第127页。

[2] 姚敦屏主编：《天柱碑刻集》，天柱县文体广电旅游局，2013年版，第152–153页。

数十余载矣。迨至同治乙丑（1865）岁，遭苗逆而毁，□□□□□□□山峨层耸峦，居然乐极国土，登其巅而高出云，东观楚水，西□□□□□□，一方之胜境矣。于是，王光廷与吴宏甲约首募化，乡间财奉等□□□□□□而圣乐，后建宇而神安，熏香不替，俎豆时陈，恩膏普被□□□□□□未毕，公襄此亭及创造之已成，将名全勒诸石。未弃庸才谬序之。

大清光绪二十二年（1896）岁次丙申仲春月吉日立。石匠刘昌志。

注释：此碑在天柱县㤏处镇清浪村，原立于清代乾隆年间兴建的文昌阁，碑上以王姓为主，捐资人名168位，捐资铜币63560文。勒诸石而竖立。文昌阁毁于同治四年（1865），至光绪二十二年（1896）仲春筹捐资复建。现仅剩遗址在村东的大田边。

重修文昌阁并学堂序[1]　　吴宪章

尝思人才蔚起，实有赖于文风；科甲联登，端必资乎风水。爰先祖清、才二公裔孙，建文昌阁于鸬鹚寨，籍正殿左右两厢作塾，贻读书，种以翼课地脉。既培人文，亦茂大而遴才领焉。小则食饩游庠，自帝君有凭依之所，斯我房英俊之贤。从前盛世屡指稽，厥后既兴拭目堪望。咸将谓宏图永固，随复冀燕燕幕同倾不断。客岁生灾，祝融肆虐，夏云以敛，偏盼红光，春雨未施，难消赤焰。想是红羊换劫，鸱吻难禳。遂教白马哀鸣，鸿基顷毁。嗟乎！刘江陵反风之事，安得偶尔相遭？柳使君贺火之书，断非无因而至。盖由齐姑欠犯苍冥涤秽之条，致招回禄播殃，失神圣楼云之所，几经触目伤心。众等出头倡首照旧遗留，仍蹈前人基址重新扩造，莫拘依样葫芦。特虑工程浩大，原非一木能支。资费繁多，端赖诸君普助。所谓牵一毛而周身俱动，兴一夕而五行备需者也。若非募化巨资，何以勷勤美举。仰望阁房协力，蛇穴宏开；共期众志成城，鸿功齐踊。从此鸠工戳事，江波映楼阁齐辉，骏业昭来祖德兴。神庥永懋，知后日英材继起，群瞻丰玉之光，皆阁房福荫长留合并贞珉之寿。是为序。

后裔孙文庠祖述，吴宪章敬撰。

大清宣统二年（1910）岁次庚戌月届季春谷旦。

文庠吴德馨书，石匠杨文达刻。

注释：此碑在天柱县远口镇，于原鸬鹚中学教学平房左边第一个教室外墙边。碑额名为"千古不朽"。碑为青石质，方首形。序言凡七行，满行五十五字，计二百二十八字。碑高一百三十八厘米，宽七十八厘米，厚九厘米。

---

[1]　姚敦屏主编：《天柱碑刻集》，天柱县文体广电旅游局，2013年版，第56页。

中心寨"永垂千古"碑[1]   李昌□、刘祖歆

从来御灾捍患护国安民者，上帝之所敕封，古今之所御灾捍患安堵者。□□□①坛脚蝉翼可从土人等□□□②而清幽可作福神庙地。爰建庙于乾隆二年（1737）岁在丁巳仲冬月，招安庙神，所有余银一钱二分六厘，议立合同轮流生放，蓄积数十余年。神焉数眷，人心乐善，自积累渐丰，乃买田丘以供祀事，诚首人以借向之银承办者，念无容处，夫自建以后，春秋祭祀，人物安康，数百年来，安堵无恙者，皆伏福神荫庇之力也。孔惠孔特，惟其尽之，子子孙孙勿替引之，是为序。

一契土名植把冲水田大小六丘，计禾一十三穮③，其粮照册上纳，价银二十二两六钱。一契土名樢木树脚水田二丘，中禾三穮，其粮照册上纳，价银五两八钱。

为首潘君儒、为首潘国汉、为首潘君杰。信士潘文明……（等约三十三人姓名略）。

修庙基匠银一两三钱。

生员李昌□、刘祖歆会题献稿，笔潘正凤。石匠□钱王。

乾隆三十八年（1773）岁次癸巳三月吉日立。

注释：该碑现放置于天柱县竹林乡中心寨一牛圈边，其上覆盖有两块石板，其中一块石板上书"桥梁土地津济神祇④位"，是一通修建土地庙的碑刻。碑高1.23米，宽0.6米，厚0.045米，石灰石质，圆首形，已风化磨损严重，并有夹砂纹。额题"永垂不朽"四字，每字0.07米见方，横向楷书阳刻。竖立于乾隆三十八年（1773）。本书作者将所录原书编撰者所加的碑题名变更为：中心寨"永垂千古"碑。

校记：①此处约有二十余字因碑石风化磨损而无法辨认。

②此处因碑石夹砂纹和风化影响，有一行多字全部损毁。

③"穮"，量词，用作为当地栽种老品种摘禾稻的计量单位，由若干手等于一穮。

④原文"祇"，宜为"祇"，径改。

地兰岑土地祠碑[2]   刘景仁

蓝岑之坳，立神祠者维何？亦曰：坳处高峰，关乎过峡，往来负荷登此区者，莫不歇肩而止步，闲望四壁，有流连思玩之趣焉，宜乎建神祠以培其景。因前未创，自乾隆丁卯岁（1747），倏然此方山君①肆虐，亦且延绵，而时行坦途道路，幽径僻壤，常心危而恐惧，实畏首而唏嘘。予等发心建立此祠，以作一方保障，赖灵威以护我土，果沐洪庥，历后太平，琢石祠以为亘古不磨之记。庶乎神威浩荡，泽沛群黎。工竣勒石以志不

〔1〕 政协天柱县第十三届委员会编：《清水江文书·天柱古碑刻考释》（下册），贵州大学出版社，2016年版，第123页。

〔2〕 政协天柱县第十三届委员会编：《清水江文书·天柱古碑刻考释》（下册），贵州大学出版社，2016年版，第311页。

朽云。是为记。

彭城刘景仁敬撰。

王君良、王子和……（等约十人姓名略），其石祠并碑记十名一股。以上十名自乾隆三十八年（1773）二月为始。

王尔贵、吴文珍……（等约十八人姓名略）其石祠并碑记十八名为一股。以上十八名自乾隆四十三年（1778）八月为始。石匠罗仪兴、罗仪泰。

乾隆四十五年（1780）二月朔二神祠圣诞同立。

注释：此碑立在天柱县坌处镇地兰村地兰岑坳上的土地祠旁，碑高0.82米，宽0.56米，厚0.06米，青石质，方首形，额题"万古不朽"，楷书阳刻，立于乾隆四十五年（1780），记载了清乾隆年间地兰民众入股修建土地祠事宜。本书作者将所录原书编撰者所加的碑题名简化为：地兰岑土地祠碑。

校记：①"山君"，指老虎或山神。《说文·虎部》："虎，山兽之君。"《骈雅·释兽》："山君，虎也。"《史记·孝武本纪》："泰一、皋山山君、地长用牛。"

杨家"功高配天"土地祠碑[1]　　　佚名

唐子兰、唐子占……（等约十二人姓名略）共捐会文银四两七钱二。①

开外加进于后：龙国才四钱五……（等约四人姓名及捐资略）。②

石匠信绍发、罗仪泰。

乾隆五十年（1785）姑洗月③廿八日建立。

注释：该碑作为土地祠正面石板墙现安在天柱县竹林乡杨家上寨永安井附近。碑额、碑联和碑文刻在同一石板，且凸出碑面。碑额为"功高配天"四字，祠门联兼作碑联："人向明中祝，神从暗里扶。"碑高0.77米，宽0.85米，厚0.05米，为整块石板，中间凿开祠门。该祠面阔0.96米，宽0.67米，高1.02米，立于乾隆五十年（1785）。本书作者将所录原书编撰者所加的碑题名简化为：杨家"功高配天"土地祠碑。

校记：①此段碑文竖向刻于碑右，即祠门右边石面。

②此段碑文竖向刻于碑左，即祠门左边石面。

③姑洗月，农历三月的别称。

---

〔1〕 政协天柱县第十三届委员会编：《清水江文书·天柱古碑刻考释》（下册），贵州大学出版社，2016年版，第343页。

新寨"土地碑记"〔1〕　　唐光基

　　从来神祠之建何地，蔑有而或剥或享，尽以可效其诚。兹新寨之东，有名中段凉亭焉，耸然特出，上逼云霄，不惟为一方之钥锁，亦且为神灵之胜地。杜永光、杜世祥等启发诚心，于戊子（1768）岁募众捐铢，爰请雕匠依亭中间修一神殿，雕装土地二尊，永作真祥①之主，常为送子之神，有求即应，叩者遂通，乃众恐久而无传，嘱余为一序之，记以纪石，余诚乐众善之有成，久而弥光，缅厥神威之显应亘古照然矣。

　　晋昌唐光基敬撰拜书。

　　信士潘学魁，杜永杰，邓正先银二钱八分……（等约五十七人姓名及捐银功德略）。

　　镌碑石匠信绍发，雕匠胡惟臣。

　　乾隆五十年（1785）岁次乙巳孟夏月吉旦。

　　注释：此碑现位于天柱县竹林乡新寨歌场入口处，碑高米，宽米，厚米，与"亘古不朽"碑为同一块石碑，刻立于清乾隆五十年（1785），记修建土地神殿之事。本书作者将所录原书编撰者所加的碑题名简化为：新寨"土地碑记"。

　　校记：①"真祥"，应作"祯祥"，意为吉兆。照录。

高坡"永镇方隅"碑〔2〕　　佚名

　　且自天开地辟以来，天高地厚，上下神祇①先圣诚敬如矧其下，民莫不资神护卫，是以我等乡村起发虔诚，捐资竖造神嗣②，雕神像永作祯祥之主。常有福德之神通天达地，永镇方隅，人物康太（泰）③，四时清吉，万世荣昌。今将姓名开列于后：

　　为首国儒三次、为首儒瑞二次……（等约二十余人姓名、出工及捐资功德略）。

　　昌惟代书、龙显亲、石匠潘□□永远祭祀。

　　一次□捐银钱雕刻神像十人嗣□捐银壹两八钱。

　　乾隆五十二年（1787）二月初二立祭。

　　注释：此碑竖立于天柱县竹林乡高坡村寨脚的土地祠之前，石灰石质，方首形，首尾完整，字迹较为细小且风化模糊。碑高0.5米，宽0.39米，厚0.05米，额题"永镇方隅"四字，每字0.03米见方，横向楷书阴刻。碑文竖向楷书阴刻，序凡四行，满行二十一字，计八十一字，刻立于乾隆五十二年（1787）。本书作者将所录原书编撰者所加的碑题名变更为：高坡"永镇方隅"碑。

　　校记：①原文"神祇"，宜作"神祇"，径改。

〔1〕　政协天柱县第十三届委员会编：《清水江文书·天柱古碑刻考释》（下册），贵州大学出版社，2016年版，第269页。
〔2〕　政协天柱县第十三届委员会编：《清水江文书·天柱古碑刻考释》（下册），贵州大学出版社，2016年版，第119页。

②指祭祀土地神的祠。

③"(泰)"字为原书编撰者纠错注字，照录。

坪翁"重修福德"碑[1]　　龙云煌

坪翁凹土地祠碑记

书云：神无不格，敬之则格。诗曰："介尔景福，祭之则福。"神之最灵，自古为昭，但敬之者存乎其人，斋明盛服，非礼不动敬之匠也，而祭之者，因采其时，春祈秋报。农夫常规，祭以时也，如是而天地是位亏万物且育焉，而人有不福乎哉。余寨坪翁土地神感而遂通叩而即应，为一方之主宰，作万姓之福神，上下往来均赖匡扶。前立石祠，今又重修配以廊柱，内外四合表其验，志以不朽云。

庠生龙云煌拜撰。

化首龙云煌捐银二钱、龙德忠捐银二钱……（等约四十人姓名及捐银功德略）。

嘉庆元年（1796）岁次丙辰秋月吉日立，石匠谢攀廷。

注释：此碑立在天柱县高酿镇皎环村坪翁地界，碑高1.15米，宽0.52米，厚0.07米。本书作者将所录原书编撰者所加的碑题名简化为：坪翁"重修福德"碑。

林家井"土地碑记"[2]　　龙云煌

圣人云：祭神如神在。以是知何地无神，何神不灵。况土地之神又最灵焉，何也？天位乎上，地位乎下，人位乎中，是人非地不生，非土不食，而人并不知所以生，所以养之故。土地之灵何昭昭也，人能敬土地，是敬生我者也，是敬养我者也，安可履地而不报地之厚，食土而不报土之德者！余等合众建一石祠，永为一方之神，各表寸心之敬云。

今将捐银姓名开列于后。庠生龙云煌拜撰，龙光鳌书。

化首：龙辉远助银伍钱、龙宏珍银式钱……（等约四十五人姓名及捐资功德略）。

嘉庆元年（1796）岁次丙辰孟冬月吉日立。石匠谢攀廷。

注释：该碑放在天柱县高酿镇皎环村林家寨水井旁边作洗菜的垫脚石，石灰石质，菱首形，碑高1.2米，宽0.58米，厚0.07米，额题"土地碑记"四字，刻立于嘉庆元年（1796）。本书作者将所录原书编撰者所加的碑题名简化为：林家井"土地碑记"。

〔1〕政协天柱县第十三届委员会编：《清水江文书·天柱古碑刻考释》（下册），贵州大学出版社，2016年版，第324页。
〔2〕政协天柱县第十三届委员会编：《清水江文书·天柱古碑刻考释》（下册），贵州大学出版社，2016年版，第322页。

新寨重修"溥博渊泉"土地祠记[1]　　佚名

信士杜德祥、信士潘若林、信士潘荣魁、信士杜明祥、信士粟秀德、信士袁永才。

石匠罗仪清、罗仪泰。

皇清嘉庆二年（1797）五月初四立。

注释：该碑在天柱县竹林乡新寨修建于嘉庆二年（1797）的"溥博渊泉"土地祠石墙上。土地祠内外两道门，外层门联为："井告结束资众费，祠成巍貌继前修。"内层门联的上联是"往来共祝清泉"，下联模糊不清。祠内供奉"本境井泉得道神祇①位"。右侧石板镌《重修祠记》，记载修建人、石匠姓名和建立年代。本书作者将所录原书编撰者所加的碑题名变更为：新寨重修"溥博渊泉"土地祠记。

校记：①原书为"祇"，宜作"祇"，径改。

中寨土地庙碑[2]　　佚名

嘉庆式年（1797）丁巳岁拾月吉日立。

信士刘秀珍、刘秀席、刘秀标。

注释：该碑位于天柱县坌处镇抱塘至中寨公路里侧田坎的土地祠正面石板上，东西山墙和背面砌石为墙，高约0.8米，盖屋瓦形石顶，庙后二米许有一棵古树。正面石板分上下两级，下部为敞开的观兜音形庙门，上部是门楣，前突0.02米，横向楷书阴刻"麟趾祥开"四字，字的四周雕饰卷草纹，门楣两端各镂刻一个方孔铜钱图案。门联为："琢石焕神宇，鸿恩起凤毛。"庙门右上部刻建庙年代，其下是一副石榴图。左边刻建祠者姓，其正下方雕刻一副鲜花图。立于嘉庆二年（1797）。本书作者将所录原书编撰者所加的碑题名简化为：中寨土地庙碑。

甘溪"惠我无疆"碑[3]　　佚名

陈惠隆、陈万松、陆卓安、陈茹海、陈禹尧、陈明然、陈世弘、陈乾邦、陈乾书、陈加祚、立山罗文德、袁松学三钱。

嘉庆八年（1803）润（闰）①二月上浣六日立。

〔1〕政协天柱县第十三届委员会编：《清水江文书·天柱古碑刻考释》（下册），贵州大学出版社，2016年版，第370页。
〔2〕政协天柱县第十三届委员会编：《清水江文书·天柱古碑刻考释》（下册），贵州大学出版社，2016年版，第366页。
〔3〕政协天柱县第十三届委员会编：《清水江文书·天柱古碑刻考释》（下册），贵州大学出版社，2016年版，第394页。

注释：此碑文分左右两边刻在天柱县渡马乡甘溪村寨头土地庙正面的石板上，碑高 0.7 米，宽 0.77 米，厚 0.03 米，碑的正中开佛兜形庙门，门联刻"威张驱不若，福锡庇凭生"。额题"惠我无疆"四字。本书作者将所录原书编撰者所加的碑题名简化为：甘溪"惠我无疆"碑。

校记：① "（闰）"为原书编撰者纠错字注，照录。

甘溪"永镇北钥"碑[1]　　佚名

陈惠隆三两、陈惠然一两二、陈义然八钱、陈灿然五钱、陈明然四钱、陶尔柱四钱、陈世弘四钱、陈凤然四钱、陆卓安四钱、陈尊德四钱、陈贵然三钱。

嘉庆八年（1803）润（闰）①二月上浣六日立。

注释：此碑文分左右两边刻在天柱县渡马乡甘溪桥头土地庙正面的石板上，碑高 0.73 米，宽 0.84 米，厚 0.04 米，碑的正中开佛兜形庙门，门联刻"威灵同海若，惠泽并川流"。额题"永镇北钥"四字。本书作者将所录原书编撰者所加的碑题名简化为：甘溪"永镇北钥"碑。

校记：① "（闰）"为原书编撰者纠错字注，照录。

尧田土地祠碑[2]　　彭自如

盖谓土能生物，地可安详□□□田村水口山原立土地祠，但规陕（狭隘）①□非妥，故于九年约有土地会资本略大顺□□□相同金，我以命工镌建一石祠，庶二老安贞，四民吉庆，即逢春秋二祭均以伸寸心之□□□耳，是为序。

彭自如撰书。

嘉庆十一年（1806）八月石匠信正起。

彭万延、彭定贤、彭定年、李英玉、彭定榜、彭明英、彭俊林、彭年超、彭乐清、彭立伦同敬立。

一共费用银伍两正。

注释：该碑位于天柱县竹林乡尧田小学东侧的山脚下，屋宇和台基均为石材构成，四面完整，屋面雕刻瓦片、瓦当，盖"山"字脊顶。通高 1.18 米，面阔 0.91 米，宽 0.58 米，台明长二米，宽 0.88 米，台基高 0.5 米，砌阶条石。正面下部凿佛兜形石门，

〔1〕 政协天柱县第十三届委员会编：《清水江文书·天柱古碑刻考释》（下册），贵州大学出版社，2016 年版，第 395 页。
〔2〕 政协天柱县第十三届委员会编：《清水江文书·天柱古碑刻考释》（下册），贵州大学出版社，2016 年版，第 372 页。

门楣刻"土地祠"三字，上部居中饰八卦图，左右上角各雕铜钱图案，每钱洞穿五孔。门联为："保一方康泰，佑百姓平安。"祠内设神位，字迹已脱落模糊。右边刻碑序，左边刻建庙者姓名。立于嘉庆十一年（1806）。本书作者将所录原书编撰者所加的碑题名变更为：尧田土地祠碑。

校记：①"（狭隘）"为原书编撰者纠错字注，照录。

梁头洲土地祠碑[1]　　佚名

信士：李培之银三钱四卜、彭朝正银二钱……（等约十一人姓名及捐资功德略）。彭李两姓众银七钱。

嘉庆十二年（1807）二月十七日。

注释：此碑是一块无名碑，现立于天柱县竹林乡菜溪村梁头洲天柱至锦屏公路里边，刊刻在修建土地祠右边的石板上。碑高0.56米，宽0.37米，厚0.03米，无额无序，碑首正中竖书"信士"二字，并多处省略"彭"字。发起人彭德高、彭朝正和书丹人彭德清以及落款时间都刻在土地祠正面的石板上，中部凿空，上书"元始安镇"，两侧联曰："保一村吉迪，佑四序安康。"立于嘉庆十二年（1807），记载菜溪村梁头洲彭、李二姓人共同捐钱修建路头土地祠的功德。本书将原书编撰者所加的碑题名简化为：梁头洲土地祠碑。

麻阳坳土地碑[2]　　佚名

且天下人不可无屋，而况于神。妈羊坳上建立土地神祠亦非但以木为之，不能永固，是以我等公费易木为石，非欲以壮其观瞻，实欲以为久远之计耳。

首人：石松文、吴耀周，石匠信明安。

嘉庆十四年（1809）岁次己巳年秋月榖①旦。

注释：此土地祠碑现立于天柱县竹林乡麻阳村上麻阳公路坎脚的古井边，碑高0.7米，宽0.64米，厚0.05米，无碑额。刻立于嘉庆十四年（1809）。本书作者将所录原书编撰者所加的碑题名简化为：麻阳坳土地碑。

校记：①原文"榖"，误，宜作"榖"，径改。

〔1〕 政协天柱县第十三届委员会编：《清水江文书·天柱古碑刻考释》（下册），贵州大学出版社，2016年版，第332页。
〔2〕 政协天柱县第十三届委员会编：《清水江文书·天柱古碑刻考释》（下册），贵州大学出版社，2016年版，第380页。

三门塘东门祠碑[1]　　　通黔

村之名为三门塘，取淑气质所会□□□之故里焉，仍名或地势有东西南焉，故名不二说未之信，但西门立庙镇之，南门亦庙镇之，独东门可无其主乎？村中父老嘱立土地神祠，众曰唯唯，各捐锱铢延匠砌成，祠宇维新，东镇永固，亦大西南鼎盛则村中淑气所钟，益见会（荟）①萃浸昌②矣！故祠即名为东门祠焉。佐□光□廷栋。

增生通黔撰。石匠信正起刻。

嘉庆十六年（1811）二月吉日立。

注释：东门祠（土地祠）位于天柱县坌处镇三门塘村委会办公楼附近的公路里坎，祠高 0.7 米，宽 0.73 米，正面横向阴刻"东门祠"三字，每字 0.1 米见方，其下横向阴刻"嘉庆十六年二月吉日立"，门联云："东山永固千祥集，祠宇维新二老临。"铭文刻在左边石板上，石碑高 0.6 米，宽 0.45 米，厚 0.05 米。石板盖顶，设屋脊，并在脊的左右各凿一孔，作为安装脊盖之用。本书作者将所录原书编撰者所加的碑题名简化为：三门塘东门祠碑。

校记：①"（荟）"为原书编撰者纠错字注，照录。
②"浸昌"，意为渐渐昌盛。浸，渐渐。

孔阜土地碑[2]　　　佚名

粤稽土地何为神名，盖闻通天达地元始安镇取其义焉。我村东坳名懒板凳，先人尝立其祠于道左，原为一方保障，奈经久朽，目睹情伤。窃维女娲练（炼）①石以补天，他山攻玉，何不可以栖神哉！爰约捐资，命石匠修石室镇东隅而显威灵，自觉廊庙非喧山林非寂，虽曰小补，宁非千秋盛事，是为序。

化首：吴亲道银五钱、吴亲谟银二钱、吴亲伟银一钱、吴余三二钱。

嘉庆十九年（1814）二月初二日立。

祠价银九两叁钱。石匠罗纯占、罗纯攻。

注释：该碑原立于天柱县坌处镇孔阜村东懒板凳土地祠的围墙上，现只剩下一块有字的石板。本书作者将原书编撰者所加的碑题名简化为：孔阜土地碑。

校记：①"（炼）"为原书编撰者纠错字注，照录。

〔1〕 政协天柱县第十三届委员会编：《清水江文书·天柱古碑刻考释》（下册），贵州大学出版社，2016 年版，第 307 页。
〔2〕 政协天柱县第十三届委员会编：《清水江文书·天柱古碑刻考释》（下册），贵州大学出版社，2016 年版，第 368 页。

岩洞脚土地祠碑〔1〕　　佚名

尝思寄名保眷必赖神灵之默佑，以妥以侑，专资祠宇而成，凭是神之贵有祠也，明矣。今我岩洞脚①，先人曾建砖祠于其间，迄今世远年烟，祠宇崩坏。不惟无以栖神□其又何以壮厥观耶，是以我等倡首重修石祠②。庶几祠宇重新，永垂不朽，是为序。

募化为首：潘士清、潘英才……（约七十余人姓名及捐钱功德略。）

石匠伍登高、潘代校。光信书。

大清嘉庆二十一年（1816）孟冬月③吉日立。

注释：该碑位于天柱县竹林乡高坡村七组（岩洞脚）凉亭内，青石质，方首形，碑高0.94米，宽0.41米，厚0.05米，题额"永远不朽"四字，每字0.08米见方，横向楷书阳刻。碑文竖向楷书阴刻，序凡四行，满行二十七字，计九十六字，立于嘉庆二十一年（1816）。此碑记载了岩洞脚众人捐资重建石质土地祠事宜。本书作者将所录原书编撰者所加碑题名变更为：岩洞脚土地祠碑。

校记：①岩洞脚，地名，位于天柱县竹林乡高坡村七组。

②"石祠"，指重建的岩洞脚土地祠。

③孟冬月，即农历十月的别称。

洗马塘土地碑〔2〕　　彭相传

盖闻土德弘深，每利人而利物，地恩广厚，四民各沾其庇佑。今我洗马塘凹①土地，真一方之保障也，既戴鱼暨之恩，特修有常之敬，于是命匠建造祠宇，每年春秋二祭，众等备办香仪献敬，庶使不替云耳。彭相传敬书。

今将众首人姓名开于左：信士刘廷瓒、谢尔惟……（等约十四人姓名略）。

石匠信正起。道光二年（1822）二月刀②二日立。

注释：该碑是天柱县竹林乡龙塘村洗马塘土地祠碑。无额题，碑高0.715米，宽0.56米，厚0.06米，修于道光二年（1822）。本书作者将所录原书编撰者所加的碑题名简化为：洗马塘土地碑。

校记：①"凹"，方言，意为山坳。

②"刀"，原书编撰者疑为"初"字的误写。照录。

---

〔1〕　政协天柱县第十三届委员会编：《清水江文书·天柱古碑刻考释》（下册），贵州大学出版社，2016年版，第100页。

〔2〕　政协天柱县第十三届委员会编：《清水江文书·天柱古碑刻考释》（下册），贵州大学出版社，2016年版，第337页。

邀营坳"土地其疆"碑[1]　　佚名

　　盖闻钟形难成，由遗贫婆之果。土祠易屋多感众姓之因变瓦盖而为石顶，能傲雪霜；易木壁而作岩墙是经风雨。况神已得所位，祷之灵而人既竭诚有求必应，岂非于上下一美举也哉。兹当功程告竣应将因果表明，虽多寡不斉，惟神人可证，凡轻重无论，俱勒石标名，由是永志勿朽，不更令好善益真，即是序。

　　宋义正捐一钱五卜、胡志学、梁惟万各一钱五卜。

　　石匠信天海刻。道光五年（1825）吉日立。

　　计开姓名开列于右：首士朱通炳捐银壹两、信士朱仁洁捐银四钱……（等约二十二人姓名及捐银数略）。

　　注释：此碑位于天柱县社学乡邀营坳村，刻于土地祠之上，土地祠为石屋，"山"字石雕瓦顶，额题"土地其疆"四字，供奉公婆二老，门联为"保人民清吉，佑士女平安"，石板右边是序言，左边是捐资修筑人员名单。立于道光五年（1825）。本书作者将所录原书编撰者所加的碑题名简化为：邀营坳"土地其疆"碑。

田冲村"利济迋来"碑[2]　　佚名

　　生员梁廷柱、首士龙乾耀、龙宏器、袁赞宏、袁廷义、龙希斗、龙宏瓒、□友蛟、杨登云、龙甫岩。石匠罗淳玉。

　　道光七年（1827）桂月榖旦①立。

　　注释：该碑位于天柱县社学乡田冲村，刻在额题为"利济迋来"的土地祠之上，楷书阴刻，门联："恩随一条碧水，德来两岸青山。"本书作者将原书编撰者所加的碑题名简化为：田冲村"利济迋②来"碑。

　　校记：①桂月，即农历八月的别称。原文"榖旦"，误，宜作"榖旦"，径改。
②"迋"，古同"往"。

皎环土地祠碑[3]　　佚名

　　余皎还寨设立土地屋亦少，今我等约有二十余人建土地屋在于此处，其有银或多或寡刊刻于碑，庶使我同约之人获福于无疆也。

〔1〕　政协天柱县第十三届委员会编：《清水江文书·天柱古碑刻考释》（下册），贵州大学出版社，2016年版，第376页。
〔2〕　政协天柱县第十三届委员会编：《清水江文书·天柱古碑刻考释》（下册），贵州大学出版社，2016年版，第336页。
〔3〕　政协天柱县第十三届委员会编：《清水江文书·天柱古碑刻考释》（下册），贵州大学出版社，2016年版，第321页。

化首林宏奇陆钱、林文道肆钱……（等约二十四人姓名及捐资功德略）。

道光十年（1830）十一月谷（穀）①旦立。石匠康有财。

注释：该土地碑现存放在天柱县高酿镇皎环村林家寨水井边作为洗物用的垫石。碑高1.17米，宽0.5米，厚0.08米，刊刻于道光十年（1830）。本书作者将所录原书编撰者所加的碑题名"高酿镇皎环《万古不朽》碑"简化为：皎环土地祠碑。

校记：①"（穀）"为原书编撰者注字，照录。本书注：原注不当，宜注为"穀"。

富荣建土地祠碑记[1]　　佚名

□□□□□以土地之佑，民深□□□，食土地而不知敬土地也。于是（约）①集六家同举此意，请匠凿石，立起神祠一座。非特邀神以作福，实祈敬神以长享也。惟愿家家螽斯蛰蛰，瓜瓞绵绵，以是万古不朽云耳。

同修信士：龙应第、龙应江、龙应田、龙应柏四人各捐钱伍百伍拾伍文，应发捐钱贰百文，龙天寿捐钱捌十文。

（道）②光十三年（1833）十月吉日立。

注释：该碑现铺垫于天柱县高酿镇富荣鱼塘井边，青石质，方首形，右上角残损，无额题。高0.7米，宽0.5米，厚0.04米，于清道光十三年（1833）立。此碑原无碑名，题名为所录原书编者所加，本书作者将碑名简略为：富荣建土地祠碑记。

校记：①、②括号中字为原书编撰者依碑文残缺字迹而补。

雄溪土地祠碑[2]　　佚名

大清道光十四年（1834）十一月吉日。

本桥头土地公公婆婆尊神。

沐恩弟子王之林修。

注释：该土地祠位于天柱县坌处镇雄溪村，由方形石板围砌而成，"山"字形顶盖，正面开三个圆形拱门，中间为大门，门槛较低，门联曰："到处云露皆可画，此间山水亦能灵。"无额题，两侧为小门，门槛略高，从门中可见刻在里面的文字。据说该土地祠原立于井边，现迁移至新大桥头。本书作者将所录原书编撰者所加的碑题名简化为：雄溪土地祠碑。

[1] 政协天柱县第十三届委员会编：《清水江文书·天柱古碑刻考释》（下册），贵州大学出版社，2016年版，第29页。
[2] 政协天柱县第十三届委员会编：《清水江文书·天柱古碑刻考释》（下册），贵州大学出版社，2016年版，第339页。

章寨土地庙碑[1]　　刘昌清

书云：积善之家必有余庆①。是善之大者固莫过于好生也，而好生之德有无莫过于帝君也。环观境内富少贫多，富者衍发千丁而若不足，贫者抚育数口而若有余，或遇极贫产妇纵临盆有庆，恨束手于天高地厚之中，坐草无虞，痛枯肠于三朝一月之内，故余年至六旬之立，倡约好生之会，心希万善之一以济临产之贫。蒙诸善男信女共发婆心，出囊内之金，解指上指珮②，除作会之外，而好善乐施以勷兹善举者殆不乏人焉，独是会为帝君好生之会，心亦当体好生之心，纵目前不能偏（遍）③周境内，亦可聊为间间极贫产妇之一助尔。倘后有信善志善述者则又难为限量矣，是为序。

化首职员刘昌仁二千、首士刘宪乾四千五百……（等约五十人姓名及捐资功德略）。总功果钱式十六千二百七十九文。□□□□□乙十九千九百文表忏安碑钱二千零二十文。

道光甲辰年（1844）书，刘清昌□。

注释：此碑放在天柱县高酿镇章寨村刘家寨土地庙旁边，碑高0.35米，宽0.13米，厚0.09米，刊刻于道光二十四年（1844）。本书作者将所录原书编撰者所加的碑题名"高酿镇章寨《生生不已》碑"变更为：章寨土地庙碑。

校记：①语出《易传·文言传·坤文言》，全句为"积善之家必有余庆，积不善之家必有余殃。"

②"珮"，指玉质佩饰，亦通"佩"。

③"（遍）"为原书编撰者纠错字注，照录。

口洞土地祠碑[2]　　佚名

尝闻坤厚载物，土之恩膏浩大，乃顺承天地之德泽弘深。原我始祖开基以来，修建神祠，士女蒙其默佑，物畜颐以重扶，且蒙神惠不为不多，奈因木祠非百年之壮丽，是以我等后辈再之石祠，一则效先人之致意，二则酬神恩于万一，代代流传，垂于不朽云。

首士梁宏化、梁之合各钱三百元……（等约三十人姓名及捐资功德略）。

道光二十六年九月谷（穀）①旦立。

注释：该碑位于天柱县高酿镇口洞村寨头，碑高0.4米，宽0.33米，厚0.15米，于道光二十六年（1846）立。本书将所录原书编撰者所加的碑题名变更为：口洞土地祠碑。

校记：① "（榖）" 为原书编撰者注字，照录。本书注：原注不当，宜注为 "榖"。

高坡村土地碑[1]　　佚名

道光三十年（1850）二月初二日。

舒氏爱合、唐氏引合、吴氏思合、董氏□合、吴氏枝妹、姚氏富娥、魏氏连珠。

注释：此土地祠碑位于天柱县江东乡高坡村，祠由四块石板构成，碑文刻于右边石板。文字虽然简单，但是土地公婆之像雕工精细，形象鲜明，为同一时期极为少见之佳作。二老宽衣长袖，体态丰满，面目慈祥可爱。公公头戴三角帽，长须垂胸，左手拿烛照路，右手搭在婆婆右肩；婆婆梳梅花云髻，右手撩开公公长须，不让其被烛火燃着，实乃夫妻恩爱、相敬如宾的典型化身。本书作者将所录原书编撰者所加的碑题名简化为：高坡村土地碑。

土料冲 "保障一方" 碑[2]　　佚名

计开首人于左：吴增富、吴开华、罗绍友、吴开信、吴开洋、王应昌、吴开谱、罗绍伦。

大清咸丰三年（1853）岁次癸丑八月祭日①。

注释：该祠建于天柱县远口镇远洞土料冲寨口公路里坎，石质结构，由祠顶、祠墙组成，顶盖雕瓦片、瓦当，庙的正面由一整块石板雕制而成，左右上角各雕一方孔铜钱图案，中上部雕刻三重檐，正中下部开门（有框无门），门高约0.45米，宽0.3米。庙门门梁之上雕一方匾，横向阴刻 "保障一方"，其下刻门联 "永作洞头主，常为里道神"。庙门右侧上部有扇形石刻，阴刻 "清风" 二字，其下是刊刻时间，分两列竖书；左侧上部亦为扇形匾，阴刻 "明月" 二字。刊立于咸丰三年（1853）。本书作者将所录原书编撰者所加的碑题名简化为：土料冲 "保障一方" 碑。

校记：① "祭日"，照录，本书作者疑为 "吉日" 之误。备考。

〔1〕　政协天柱县第十三届委员会编：《清水江文书·天柱古碑刻考释》（下册），贵州大学出版社，2016年版，第392页。
〔2〕　政协天柱县第十三届委员会编：《清水江文书·天柱古碑刻考释》（下册），贵州大学出版社，2016年版，第378页。

新市"保村中"土地祠碑[1]　　佚名

咸丰八年（1858）岁次戊午孟春月吉日同修。

沐恩信女：吴门杨氏燕珠、青梅、满秀、吴门龙氏申鸾、白橪、鸾香、吴门李氏宽梅、吴门姚氏正兰、吴门陈氏晋妹。

注释：该碑刻在天柱县远口镇新市村新址沿白市电站库区公路往原址之间的"保村中"土地庙左侧石板上，该庙为咸丰八年（1858）修建的石屋，佛兜形庙门，门楣阴刻"保村中"三字，两侧各镂空一枚铜钱图案，门联为"永作祯祥主，常为里道神"。明清两朝实行里老制度，里为最基层的社会组织。本书作者将所录原书编撰者所加的碑题名简化为：新市"保村中"土地祠碑。

三门塘"德壹以灵"祠碑[2]　　佚名

沐恩弟子王光曙、王光昌。

咸丰十年（1860）庚申岁腊月吉日。

注释：该碑位于天柱县坌处镇三门塘村委会办公楼附近的公路里坎，祠高米，宽米，正面置大门，门楣阴刻"德壹以灵"四字，门联为："一本枫桥长保障，双枝桂梓远荣华"。祠内竖向阴刻"桥梁土地瑞庆夫人之位"。大门两侧一边竖刻"沐恩弟子王光曙昌"，"曙"和"昌"二字并列横排。另一边阴刻"咸丰十年庚申岁腊月吉日"。本书作者将原书编撰者所加的碑题名简化为：三门塘"德壹以灵"祠碑。

冲头坳土地碑[3]　　佚名

□□□□□□□□□□为神居所，约会以为敬□□□□□□□□□盖通衢亦属往来樵众道，先人立祠于斯以妥神。□□同春秋二祭缺少祭典，蒋凤杨、蒋日庆、蒋日煌、蒋神庆、蒋正思、蒋光明、蒋日上、蒋日华等九人各出己资，约成一会，逐年生息，置买挂腊旱田一坵，载粮四合八勺。又报木冲田二坵，载粮五合三勺，二处共粮九（十）① 合壹勺，以为每年春秋祭费。经年久远，非立碑记，日后难免祠首与会首互相争田产，兹会中峻（后）② 裔神端保请序于予，绿（录）③ 数语以分别其由云。

〔1〕 政协天柱县第十三届委员会编：《清水江文书·天柱古碑刻考释》（下册），贵州大学出版社，2016年版，第360页。
〔2〕 政协天柱县第十三届委员会编：《清水江文书·天柱古碑刻考释》（下册），贵州大学出版社，2016年版，第309页。
〔3〕 政协天柱县第十三届委员会编：《清水江文书·天柱古碑刻考释》（下册），贵州大学出版社，2016年版，第384页。

光绪拾九年（1893）二月初六日立。

注释：该碑立于天柱县竹林乡麻阳村老寨冲头坳上的土地祠旁边，碑高 0.7 米，宽 0.3 米，厚 0.14 米，本地石料粗制而成。碑的右角已破损，开头约有二十字无法辨认，加上石料欠佳和年代久远以及风化严重，字迹大部分模糊不清。本书作者将所录原书编撰者所加的碑题名简化为：冲头坳土地碑。

校记：①、②、③三处括号中字为原书编撰者纠错字注，照录。

新市"保佑一方"碑[1]　　佚名

保佑一方

会友吴德臣、有隆、元瑞。

复修石匠唐恒泰①。光绪二十年（1894）八月初二日立。

注释：该碑原刻在远口镇新市村旧址土地庙的正面石板上，2013 年 3 月，白市水电站移民搬迁时，村民连同浇筑在土地庙底部的水泥结构一起整体抬到远口大桥安置点重新建立。门楣阴刻"保佑一方"，横向楷书。门联："保一方清□，佑四处平安。"右墙镌："会友吴德臣、有隆、元瑞"，左墙书："复修石匠唐恒寿"，落款是："光绪二十年八月初二日立"。从碑铭文意看出，此庙原已存在，于光绪二十年八月修复，但未说明始建于何时以及因何毁坏而重建。本书作者将所录原书编撰者所加的碑题名变更为：新市"保佑一方"碑。

校记：①"泰"，碑文注释为"寿"，原书上下文不一，备考。

新市"龙门二步"碑[2]　　佚名

今将首人列后：吴美槐捐钱八百一十二文……（等约九人姓名及捐钱数略）。

光绪二十三年（1897）二月二日立。

注释：此碑刻在远口镇新市村土地庙左边墙壁的石板上，人字形碑首，石板的右下角破损，碑文四周雕饰有由纵横线组成的砖砌"石墙"造型。该庙为石屋，圆弧形庙门，门楣阴刻"龙门二步"四字，其左右上角阳刻铜钱图案，门联是："石室宏开欣有道，土功博厚颂无疆"。本书作者将所录原书编撰者所加的碑题名简化为：新市"龙门二步"碑。

〔1〕 政协天柱县第十三届委员会编：《清水江文书·天柱古碑刻考释》（下册），贵州大学出版社，2016 年版，第 353 页。
〔2〕 政协天柱县第十三届委员会编：《清水江文书·天柱古碑刻考释》（下册），贵州大学出版社，2016 年版，第 355 页。

麻阳村重修土地会碑[1]　　佚名

意谓人生天地之间，全赖神灵之保障。夫神者，我东方吾土地也，二老之神员哉。余先祖从明朝徙居妈羊以来，至清代道光七年（1827）丁亥岁，我村有唐、杨、刘、潘四姓人等约成神会，建竖石宇祠位，安在土名老邓溪坳，神恩普照，求福求寿则应，求子求孙则灵，保男女往来清吉，佑财畜兴旺平安。恩显光前裕后，后人奉神继述先祖之意，会商五人重修会碑，捐资财唐家禄、杨文道、杨文艺、刘美坤、杨宗来等名下得买土名老邓溪竹冲头水田一丘，涧连小丘，杨门潘氏□□□□□□□□上抵杨姓田，下抵唐杨的田，左抵溪，右抵杨姓田坎脚第拾壹丘，立□□□□□□□在内中禾壹拾肆稨叁手，均粮壹升壹合式勺伍抄零圭壹粒玖粟。房证杨廷春、文吉代笔，杨廷宽言定卖价钱壹拾式仟零八拾文整亲领。五人公议，以示子孙：光绪二拾二年（1896）丙申岁正月二十日买，永远敬奉神灵之会田，不许水旱荒坏，国课为大，宜早完。教训会裔勤栽会种，收花买香烛、炮蜡、血食荤物，人人当诚心叩拜二老，永代子孙富贵荣华。契文碑名朗载，买石刊书圣言。

皇上龙飞大清光绪二十六年（1900）庚子孟冬十月二十六甲子未刻吉旦立。

注释：此碑立于天柱县竹林乡麻阳村东老邓溪坳，内容为警示后人诚心耕管土地会产业，碑高1.21米，宽0.46米，厚0.05米。光绪二十六年（1900）刻立。本书作者将所录原书编撰者所加的碑题名简化为：麻阳村重修土地会碑。

鸬鹚灵应祠碑[2]　　佚名

七星会人名吴俊玖、毓琪、俊英、俊松、俊赢、俊明、美秀。

光绪二十七年（1901）岁次辛丑春谷立。

注释：该碑位于天柱县远口镇鸬鹚村，刻在由石材建成的灵应祠石板上，其祠两边角上雕刻铜钱图案，未镂空，顶部为歇山式屋顶，雕刻瓦楞、瓦当。祠门联为："土资万物宏化有，地接来龙产麒麟。"右边铭七星会成员姓名，左边刻落款时间。立于光绪二十七年（1901）。本书作者将所录原书编撰者所加的碑题名变更为：鸬鹚灵应祠碑。

〔1〕　政协天柱县第十三届委员会编：《清水江文书·天柱古碑刻考释》（下册），贵州大学出版社，2016年版，第382页。
〔2〕　政协天柱县第十三届委员会编：《清水江文书·天柱古碑刻考释》（下册），贵州大学出版社，2016年版，第374页。

丘塘土地祠碑[1]　　佚名

今将修造庙山冲口桥梁壹座土地祠。

彭继昌、号贤美。后裔同敬!

宣统元年(1909)七月廿八日立。

注释:此碑现立于天柱县坌处镇大冲村丘塘组(5组)枧冲溪石板桥东头,乃此处土地祠的左侧石壁,整个土地庙由一块青色石头雕刻而成,高0.7米,宽0.47米,厚0.2米。祠的正面是额题"永世昭灵"四字,两侧各雕一根香烛和香座,联云:"永作桥梁主,常作送子神。"立于宣统元年(1909),是一通记载清末大冲村彭继昌之后人修造庙山冲口桥梁土地祠的碑文。本书作者将所录原书编撰者所加的碑题名简化为:丘塘土地祠碑。

杨家修土地祠碑[2]　　佚名

尝谓"民乃神之依,神乃民之主",是则两相息而两相愿也。然吾村之南不远之地名曰白岩堘①,先人曾建神宇,尚无祭祀之条(修)②而香烟多慢,嗣我后人目击心愧。有龙君仪德于己亥(光绪二十五·1899)中约同信善人等凑钱聚会,生放获息,因而命匠凿石修成祠宇而安二老之神位,则春秋而赖祭祀,上下荷神恩,一方歌乐利之欢,万世而无疆之福矣!是为序。

今将众等□□□□:龙仪德、唐家槭、唐家厚、李大发、唐昌来、唐开江、龙祥瑞。

中华民国阳历元年(1912)二月初二日立。

注释:该碑现放在天柱县竹林乡杨家村上寨永安井外边的洗衣井作垫脚石和搓衣板,无额题,碑文内容由两部分构成,一部分是碑序,另一部分是铭刻入股人员名单及时间,而且各刻一石,碑体大小相近,高0.5米,宽0.42米,厚0.04米,个别字迹因磨损已模糊。立于中华民国元年(1912),记载民国元年杨家村部分村民以入股集资的形式,房贷生息而修建白岩堘土地祠的经过。本书作者将所录原书编撰者所加的碑题名变更为:杨家修土地祠碑。

校记:①堘,古同"塍"。

②"(修)"为原书编撰者纠错注字,照录。

〔1〕政协天柱县第十三届委员会编:《清水江文书·天柱古碑刻考释》(下册),贵州大学出版社,2016年版,第334页。
〔2〕政协天柱县第十三届委员会编:《清水江文书·天柱古碑刻考释》(下册),贵州大学出版社,2016年版,第349页。

三门溪土地祠碑[1]　　佚名

信士王先见。

中华民国癸丑二年（1913）七月吉日立。

注释：该碑原立于天柱县坌处镇三门塘对岸的三门溪老桥西北侧，是由一整块石板加工而成的微型庙宇，现已被白市水电站库区淹没。碑高米，宽米，厚米，山字顶，匾额两侧各雕一幅铜钱图案，中下部凿一孔假门，额题"土地祠"三字，横向楷书阴刻。右边书"信士王先见"，门联为"永作当方主，常为福德神"，落款为"中华民国癸丑二年七月吉日立"。本书作者将所录原书编撰者所加的碑题名简化为：三门溪土地祠碑。

地坌"土地祠碑"[2]　　蒋代盛

　　□□□□□□□通衢，实本郡之要道。自先人修建坦途，创建亭宇，爰立土地神祠，盖以福庇生民而保障一方也。第多历年所风雨漂（飘）①摇，目前已经云倾圮，将来宁无朽败，终非久远之计。嗣后登是祠而祷祀者，睹四壁之萧条，目坛壝之非昔，讵无亵渎神灵之感。我等往来目击心殷，缘先年首士彭公美珍于太平庵累年设醮所余之费，逐年生息，厥后弃世，付众继放，迄今获十有余金。我等公同聚议，共发诚心，将此项另建石坛安妥神位。命匠于客冬修砌神台、磨砻石壁，合竖祠宇，庶二老安贞永绵血食，而我本境士女、上下行人咸歌康□阜于无暨矣。今功成告竣，特勒石以示不忘云。

廪生蒋代盛撰，李秀桐书。

注释：该碑现立于天柱县竹林乡地坌村腾龙桥头的土地祠右侧，青石质，方首形，碑首右上角残破，丢失文字一行，高0.91米，宽0.67米，厚0.06米，无额题，立碑时间不详。此碑原无碑名，因该村有多通此类土地祠无名碑（如嘉庆元年岩田土地祠碑、嘉庆七年土地祠碑等），所录原书编者酌情按编号命名，详见政协天柱县第十三届委员会编：《清水江文书·天柱古碑刻考释》（下册），贵州大学出版社，2016年版，第52-62页。因其他土地祠碑多为功德记事，文献参考价值不大，故本书仅选录其一并将原书编撰者所加碑名变更为：地坌"土地祠碑"。

校注：①"（飘）"为原书编者纠错旁注字，照录。

〔1〕　政协天柱县第十三届委员会编：《清水江文书·天柱古碑刻考释》（下册），贵州大学出版社，2016年版，第310页。

〔2〕　政协天柱县第十三届委员会编：《清水江文书·天柱古碑刻考释》（下册），贵州大学出版社，2016年版，第62页。

"最灵阁"石刻[1]　　　李绍鸿

　　且徙扛成，四民无涉之病。祠宇立二老，有安之基也。吾修瓮冲寨水之迅，诸祖建立油房，不久损坏，后植枫木至于民国戊辰（1928），大众磋商建立□□亭。又架扛梁，今则落成。复建土地祠一座，镇守锁水，庶获人吉，村庄兴隆。故镌姓名，俾流芳百世也。

　　儒生李绍鸿谬撰。

　　注释：此庙碑在天柱县高酿镇地良村。序言刻于土地祠石板外面，凡四行、满行二十九字，计九十二字。石匠李文清通镌并书，民国廿三年甲戌岁（1934）八月吉日立。此庙立于地良龙氏祠堂右边约三十米路边。该祠名"最灵阁"，又称土地庙，有联一副："敬我二老，赐你三多。"祠上石板上横向楷书"最灵祠"三字。

新市土地祠碑[2]　　　佚名

　　会外唱（倡）①首人：吴元楦、吴元吉、吴定兴、吴定主、吴礼隆、杨氏炉姣、吴礼焕、吴家瑞，以上八名各助九十壹元。

　　会首人：定藻、定章、本孝、本隆、本藩、本荣、本珩，以上七名会内共出钱壹百二十六千文。

　　石匠：刘玉成、罗碧潭。

　　民国甲戌年（1934）腊月吉日毂旦立。

　　注释：此碑刻在天柱县远口镇新市村一土地庙左边墙的石板上，记载了民国甲戌年（1934）修庙事宜。本书作者将所录原书编撰者所加的碑题名简化为：新市土地祠碑。

　　校记：①"（倡）"为原书编撰者纠错字注，照录。

秀楼"显应祠"碑[3]　　　佚名

　　谁人敬土地应当求子得子，求寿得寿，威灵显应。恐有上下往来人等违，欺神砍闹子，一则不能昌达，二则子孙绝灭。如有好善敬神永远发达。

　　民国二十六年（1937）丁丑六月吉日袁姓众立。

---

〔1〕　姚敦屏主编：《天柱碑刻集》，天柱县文体广电旅游局，2013年版，第101—102页。
〔2〕　政协天柱县第十三届委员会编：《清水江文书·天柱古碑刻考释》（下册），贵州大学出版社，2016年版，第358页。
〔3〕　政协天柱县第十三届委员会编：《清水江文书·天柱古碑刻考释》（下册），贵州大学出版社，2016年版，第320页。

注释：该碑位于天柱县社学乡秀楼村土地祠，祠为石质微型。碑文刻在土地祠正面拱门的石板两侧，门联为："上下人恭显应，来往个敬威灵。"祠内供"本境土地最灵之主"牌位。刊立于民国二十六年（1937）。本书作者将所录原书编撰者所加的碑题名简化为：秀楼"显应祠"碑。

新市"锡福祠"碑[1]　　佚名

建造人等：吴本成捐银拾式元八角八仙（分）①，本德、本和、本光、本有、本书、本玉、本满、本堂上八名各捐银壹元。

中华民国二十七年（1938）二月吉日立。石匠刘文兴。

注释：该碑刻在天柱县远口镇新市村的土地庙右侧石墙上，此庙为民国二十七年（1938）修砌的石屋，歇山式石屋顶，圆弧形庙门，门楣阴刻"锡福祠"，门联是"保合家清吉，佑老幼康宁"。本书作者将所录原书编撰者所加的碑题名简化为：新市"锡福祠"碑。

校记：①"（分）"为原书编撰者纠错注字，照录。

春花寨土地碑[2]　　佚名

夫土地者作一村之主宰，众屡沐恩秋毫未报。前人砖筑灵宫，年久颓坏，今我重建石祠聊答神恩。谨将乐捐芳名列左：

化首林启禄大洋一元，林启玉……（等约十一人姓名及捐资功德略）。

民国丁丑年（1937）孟夏吉日。手工姚俊□。

注释：该土地祠碑位于天柱县高酿镇春花村寨脚，碑高0.5米，宽0.3米，厚0.23米，立于民国二十六年丁丑（1937）。本书作者将所录原书编撰者所加的碑题名简化为：春花寨土地碑。

地垒桥梁土地保命送子碑[3]　　佚名

且自有封神伊始以来，而凡天下之城郭、乡市、邻里、道旁，莫不各建有坛祠以为

〔1〕　政协天柱县第十三届委员会编：《清水江文书·天柱古碑刻考释》（下册），贵州大学出版社，2016年版，第356页。
〔2〕　政协天柱县第十三届委员会编：《清水江文书·天柱古碑刻考释》（下册），贵州大学出版社，2016年版，第326页。
〔3〕　政协天柱县第十三届委员会编：《清水江文书·天柱古碑刻考释》（下册），贵州大学出版社，2016年版，第362页。

神所凭依矣。兹我丫叉坡村土名红坡脚下，昔先人布设石板桥一座，曾建有蕞尔小祠于斯，彼其祠砖石粗成，经年屡月不无□□之日，今幸合族雀跃相从，同心共意，更立石板□□□神明生喜，爰处爰居，更足以庇我人民穀□□□□□。

注释：该碑立在天柱县竹林乡地坌村岩田组石板桥头，因碑石残破，部分碑文已失，捐资姓名及落款时间刻在另一块石板上，为民国时期所立。本书作者将所录原书编撰者所加的碑题名简化为：地坌桥梁土地保命送子碑。

高坡"地母会"碑[1]　　潘光巨

地母会碑序

盖闻地德宏深，发育万物。母恩浩荡，泽浦群生，恩遍九州，无微不至。德周四海，无大不容，神圣之恩极厚，庶民沾惠实深。既承圣泽，应表民忧，故信士潘通懋于光绪丁未年（1907），爰约同志十八人，各出元钱十二串，建设一会，名曰："地母元君会"①。但一时之会已就，永久之谋宜筹。于是将资生放多年，获金不少，因而转置水田数亩，收谷弗多，每逢圣诞之良辰以作备祭之需用，聊酬神圣之鸿恩，略伸愚氓之蚁悃。庶乎神灵有感，锡福无疆。勒石流芳，永垂不朽，是为序。

毕业员潘光巨撰。

谨将本会芳名列后：得买唐正华邓家冲水田一丘载粮。

潘通懋……（等约十九人姓名略）。

民国二十七年（1938）戊寅岁冬月吉日。

注释：该碑立于天柱县竹林乡高坡村地母庙里，青石质，方首形，首尾完整。额题"万古流芳"四字，每字0.06米见方，横向楷书阳刻。碑文竖向楷书阴刻，序凡九行，满行二十四字，计一百八十二字，碑高0.78米，宽0.5米，厚0.06米，立于民国二十七年（1938）。此碑盛赞了土地神的功能，并记载了信士潘通懋以邀约村民缴纳会费的方式创办当地的"地母元君会"，然后又以放贷的方式购买会产诸事。本书作者将所录原书编撰者所加的碑题名变更为：高坡"地母会"碑。

校记：①"地母元君会"，苗族民间以信奉土地神而成立的宗教信仰组织。

阿婆坳"庙田碑记"[2]　　刘祖佑

尝闻父作子述，自古皆然，前创后承，于今维烈。昔年我等先祖曾建庙宇，雕神像

〔1〕 政协天柱县第十三届委员会编：《清水江文书·天柱古碑刻考释》（下册），贵州大学出版社，2016年版，第117页。
〔2〕 政协天柱县第十三届委员会编：《清水江文书·天柱古碑刻考释》（下册），贵州大学出版社，2016年版，第277页。

以奉祀焉。奈世远年湮，庙貌如故，金容朽坏，目睹心伤，是以我等辛丑岁（1781）各捐银二钱五分，金容重整，玉像维新，余银二两，公议生放①延今，放积多久，得银五十余两，分买田产各供祭祀之资。庶几，神享千秋之祭，人免凑办之劳矣。是为序。

今将姓名、田丘、禾把、钱粮、价银开列于后：潘魁成、进林……（等约十七人姓名略）。

丙辰年（1736）又二房余银一两八钱，潘圣武生放，每年租价银二两七钱。得买土名翁松冲水田二处大小十一丘，共计禾六十稿，载卜米三升五合八勺四抄五撮四圭一粒六粟，价银三十六两三钱正。

又将马路姓名、田丘、禾把、钱粮②、价银开列于后：潘富成、贵成、孝成、再奇、才奇得买土名翁冲水田第四十五丘方形，禾二稿；四十六丘斜形，三稿；四十七丘鞋底形，十五稿一手；四十八丘箭头形，一稿二手，共计禾十九稿三手，载粮一升一合六勺四抄九撮七圭六粒零二黍，价银一拾二两一钱正，每年租价银言定九钱。辛丑岁（1781）余银二两，公议潘必荣、潘宁奇生放。

庠生刘祖佑拜书。

乾隆六十年（1795）乙卯岁仲冬下浣穀③旦。石匠信民安刻立。

注释：此碑现立在天柱县竹林乡秀田村阿婆坳岔路口红豆杉树底下，碑高一米，宽0.67米，厚0.06米，额题"庙田碑记"，刊立于乾隆六十年（1795），横向篆书阳刻。本书作者将所录原书编撰者所加的碑题名简化为：阿婆坳"庙田碑记"。

校记：①"生放"，意为放债。

②原文"米卜"，同"粮"，径改。

③原文"穀"，误，宜作"穀"，径改。

金紫"庙貌重新"碑[1]　　　　邹仲桢

且帝王定鼎以来，治中生变，御悍顽，击寇匪，赖智勇兼全者，能攘之以安社稷，保万民而精真贯日也。我楚有兄武弟文著功于唐，成神于宋，阴灵数显，叠次加封，是不独威名远镇（震）①于万世，而且正气流通于四方，洞庭彭蠡，蜀河楚江无不设庙雕象（像）②，奉烟承祀，临危叩感，千载如新。忆自我朝乾隆庚午岁（1750）创建庙宇，刻神象（像）③以奉祭典，迄今年久，庙貌金装未免摧残。首人邹必旺、必杰、必禄、必昆、仲仁、佐守约族捐资，庙重修整，象（像）④再饰金，微效汉意，复修五帝庙，仰翼精灵上佑国家，下济生民也乎！

职员邹仲桢谨撰。

---

〔1〕　政协天柱县第十三届委员会编：《清水江文书·天柱古碑刻考释》（下册），贵州大学出版社，2016 年版，第 172 页。

邹才修捐银弍两五钱……（等约一百零五人姓名及捐银功德略）。

嘉庆十年（1805）乙丑岁仲春月榖旦⑤立。石匠龙均泰。

注释：该碑倒在天柱县瓮洞镇金紫村庙龙头坡上，青石质，菱首形，已断为两截。碑高 2.1 米，宽 0.89 米，厚 0.05 米，额题阳刻"庙貌重新"，序五行，竖向楷书阴刻，凡一百八十八字，刊刻于清嘉庆十年（1805）。此碑记载了清水江下游天柱县瓮洞镇金紫村文武神庙的修建及新建五帝庙的经过。本书作者将所录原书编撰者所加的碑题名变更为：金紫"庙貌重新"碑。

校记：①镇（震）字为原书编撰者纠错字注，照录。

②、③、④"（像）"字为原书编撰者纠错字注，照录。

⑤原文"穀"，不当，宜作"榖"，径改。

三圣宫碑〔1〕　　罗经邦

三圣宫①之修，历有年所矣。但前筑②土墙，今已倾圮。目观③四壁被风雨浸湿，不禁心伤。用是商诸会友，造砖复修，以图巩固。是举也，及提我等三圣会④会款，并不募化寨人。爰勒碑石，以志⑤不朽云。

民国三年（1914）甲寅十月下浣立。

注释：此碑现嵌立在天柱县高酿镇三寨村的三圣宫（近年新建）的右山墙边化字炉下。青石质，长方形，高 0.36 米，宽 0.6 米。原无碑名，"三圣宫碑"系所录原编著者所加。序言竖向楷书阴刻，凡五行，满行十四字，计七十三字。碑上镌刻三圣会人名二十三人（略），有罗、龙、粟、姚、刘五姓。碑文乃"燮唐罗经邦书"。另镌刻"造砖去钱五十二千文，修墙去钱二十八千文"十八字。原三圣宫只留遗址，现在的三圣宫建在距盘龙桥二百米的山丘上。此碑记另有载录，参见政协天柱县第十三届委员会编：《清水江文书·天柱古碑刻考释》（下册），贵州大学出版社，2016 年版，第 76 页。

校记：①"三圣宫"，始建于清嘉庆年间，为当地群众供奉孔圣人、关帝和魁星之所。据1995 年刊刻的《万古流芳》碑序《重修三圣宫记略》载：三圣宫"有捐田十八挑作香火费用。咸同年间毁于兵燹。光绪二十年（1894）由高酿各姓贤达罗经邦等二十三人组成三圣会募捐重建，民国三年（1914）三圣会拨款维修。1964 年拆毁，1995 年三寨群众首倡并联合各地香友捐款捐木捐工，于原址一角重修三圣宫一间，并雕圣像三尊以祭祀"。

②"渠"，另版本为"筑"，见《天柱古碑刻考释》（下册）2016 年版第 76 页。本书作者认作"筑"为宜，径改。

③"观"，另版本为"睹"。见同②。

④"三圣会"，民间自发成立的以信奉孔子、关羽和魁星为神灵的宗教组织。

〔1〕　姚敦屏主编：《天柱碑刻集》，天柱县文体广电旅游局，2013 年版，第 66 页。

⑤原文"誌"，即"志"的异体字，径改。

地良三圣宫"流芳百世"碑[1]　　龙文□

盖闻亭之克感于初者，莫不有先达之士作，后工之能守；有终者莫不有后进之士为□□之为先。虽美无始莫之为后，虽盛无终，此吾木堆坳三圣宫之所以成立暨永传于不朽也，夫木建筑方针，前贤之述备矣。然至今日二十余年于兹墙垣崩颓，风侵雨蚀，瓦罜凋凌（零）①几为□□久矣，幸有后列倡首诸君十人触目兴怀，慨然负修葺之责，于是再向各户捐款，多少随缘，为逐年修暨祭三圣之资焉。仁看屏藩永固，风水钟俊秀之灵，锁钥长存，人文有蔚起之庆，是兹继述之功不朽矣，是为序。泮庭龙文□撰。

计开首倡：龙才勇捐钱贰拾仟文……（等十人姓名及捐钱功德略）。

捐款姓名：胡国柱捐钱陆仟文……（等约六十余人姓名及捐钱功德略）。

石匠姚俊梁。

民国二十二年（1933）二月吉日立。

注释：此碑立于天柱县高酿镇地良村去克列村的风雨亭坳上，是一通民国时期捐资修建三圣宫的碑刻，青石质，方首形，高1.23米，宽0.72米，厚0.07米，碑额套圆圈阳刻"流芳百世"。本书作者将所录原书编撰者所加的碑题名变更为：地良三圣宫"流芳百世"碑。

校记：①"（零）"字为原书编撰者纠错字注，照录。

邦洞镇关帝庙序[2]　　佚名

关帝庙又称武庙。关庙所祀神明是三国时蜀国大将关羽，俗称关公。关羽生前是蜀国五虎大将之一。封为"前将军"，爵位"汉寿亭侯"。宋代封其为"义勇安王"，明朝嘉封为"三界伏魔大帝神威远镇天尊关圣大帝。"关公成了国家祭祀的高级神祇①。佛道三②家称为"护法神"。关帝具有司令禄、佑科举、治病除灾、驱邪避恶、巡察冥司、招财进宝、庇佑商贾等多种法力。所以民间各行各业，妇孺长幼对关圣帝君的顶礼膜拜，在全国各地都建立关庙。

织云关帝庙于明嘉靖年间所建立，位于织云街头（今粮店外）③，占地亩余，面宽三间，进深两间，高达七米，内设神台祭台，神台塑立关公神像，在关公神像右边塑④

---

〔1〕　政协天柱县第十三届委员会编：《清水江文书·天柱古碑刻考释》（下册），贵州大学出版社，2016年版，第153页。

〔2〕　姚敦屏主编：《天柱碑刻集》，天柱县文体广电旅游局，2013年版，第24—25页。

立关平，左边塑立周仓神像。规模尚大，蔚为壮观。一十三寨妇孺长幼前来祭拜，行人熙熙攘攘，终年不断。此庙有深远古迹。清咸同侗族农民起义领袖姜映芳于咸丰五年（1855）三月在此关庙内占手拜把，正式成立"天地会"宣告起义。当年几百侗族农民和开明绅士参加该会，推荐姜映芳为"奉天伐暴灭清复明统领义师定平王"，杨日焕为军师。咸丰九年（1859）八月奉太平天国翼王石达开正式嘉封姜映芳为"奉天伐暴灭清复明统领义师定平王"，侗族农民起义领袖姜映芳的英名和业绩在光辉史上留下一页。我地建立关庙以来，关帝庇佑，人才辈出，清光绪年间杨祖先科中秀才，曾任会同县和三穗县县长、"清·弓·柱·剑·幌五县联合总指挥"。民国初年又出一个国民革命军北伐第十军军长王天培。至今人才更多，不尽一一枚举。原址关庙在民国末年被毁，至今神灵仍佑人间……原址关庙因建国库（即粮店）⑤，天地可立，故今迁筑鉴江江畔，将军桥头，地势幽静，又是南北渡江的要冲。

公元一九九三年农历正月二十一日志。

注释：关帝庙在天柱县邦洞镇。详见碑记。本书作者将所录原书编撰者所加碑题名变更为：邦洞镇关帝庙序。

校记：①原文为"祇"，误，径改。

②"三"，疑为"二"之误。因前述只提及佛道两家。

③"（今粮店外）"，照原文录。

④原文为"朔"，误，径改。

⑤"（即粮店）"，照原文录。

大冲"玉皇阁碑"[1]　　袁美玉

重修玉皇阁序

长江卧波，一溪环漂于槛外，榴坡耸翠，三峰脉涌于江滨□□①，寒津清水，雨霁腾蛟，不让琅玲胜境，鹫岭芳园。前于乾隆□□火焚烧，焰腾灰磬，后于宣统三年（1911），余先公等重建三层琼阁。同人目睹心伤，勿忘先人之志，时于民国己丑孟春会邀同□□□□□非轻，尤虑资力不及，功亏一篑。幸有袁君俊松慷慨乐施资□共勷胜②事，是以命匠兴工，改革四故，增添左右并成一栋三□□□□□也。历时不几，费资良深，未弥三旬全功告竣。命序于余，固辞去□□□□□。

倡首袁话荣、继鹏、杨秀铭、李学深四人兼化首。袁俊奎、俊明、俊□□□□□□。

末学袁美玉谨撰，代书袁俊松。谨将□□□□□③。

〔1〕 政协天柱县第十三届委员会编：《清水江文书·天柱古碑刻考释》（下册），贵州大学出版社，2016 年版，第 11 页。

信士袁俊松、袁俊明捐米三石……（等约计五十余人捐米公德略）。

中华民国三十八年（1949）岁次己丑二月吉日立。

注释：此碑现立于天柱县坌处镇大冲玉皇阁侧边大路坎上，方首形，首尾完整，除额题"玉皇阁碑"外，碑首还刻诗一首曰："大帝琼宫不计秋，冲开牛斗插江头。龙波笋翠攀云底，鱼水翻波绕画楼。古柏常青遮槛外，榴花遍放满山丘。黑岩洞里留仙迹，惹得骚人喜玩游。"此诗作者疑为碑文撰者袁美玉。

"玉皇阁碑"每字0.12米见方，行草阳刻。碑高0.92米，宽0.8米，厚0.05米，竖书"重修玉皇阁序"，立于1949年。本书作者将所录原书编撰者所加的碑题名简化为：大冲"玉皇阁碑"。

校记：①原书注：因碑石埋于地下，所缺之字无法拓录。

②原书于"胜"字后有纠错注字"盛"。

③原书注：被泥土掩埋的文字疑为"谨将芳名勒石于左"。

维修玉皇阁小引碑[1]　　佚名

玉皇楼阁系先人创造之文物，少数民族之古迹，虽无雕龙刻凤之美，亦堪简朴古雅之风。溯自清朝修建以来，历时有年，沧桑几更，风雨浸蚀，层楼腐朽，立柱倾斜，已于民国卅七年（1948）进行改造维修，恢复旧貌，略具壮观。由于年埋久远，管理无人……（略）。

注释：此碑立在天柱县坌处镇清浪大冲村回龙庵右边路里坎上。此碑为青石质，方首形，高二百厘米，宽八十六厘米，厚八厘米，碑系二十一世纪初竖立，碑文从略。碑上首士及信善捐资人名、数量从略。

暗沟"万古长存"碑[2]　　佚名

盖闻礼以节民情，乐以和民性者也，非礼何以分内外，无乐何以格神明。上自羲农①以来，我等祖人设有五谷尊神②，春秋庆祝原用乐音，此时全无一件，是以助钱共置诸乐一套以便应用，故碑记之。出钱姓名开列于后：

杨儒林……（等约四十八人姓名略）。

注释：该碑现立于天柱县坪地镇暗沟村桥头，原立在五谷祠前，被一村民搬回家

〔1〕 姚敦屏主编：《天柱碑刻集》，天柱县文体广电旅游局，2013年版，第159页。

〔2〕 政协天柱县第十三届委员会编：《清水江文书·天柱古碑刻考释》（下册），贵州大学出版社，2016年版，第190页。

中作垫脚石，2014 年 11 月才立于现地。碑高 0.93 米，宽 0.54 米，厚 0.05 米，青石质，方首形，横向阳刻"万古长存"四字，每字 0.09 米见方。内容是记载集资购买五谷祠乐器之事，立于道光七年（1827）。本书作者将所录原书编撰者所加的碑题名变更为：暗沟"万古长存"碑。

校记：①"羲农"，指上古人物伏羲氏和神农氏的合称、简写。《周易·系辞传》记载了伏羲、神农的事迹。

②五谷神：对五谷神的崇拜与祭祀，源于上古时期先民在秋收时节的尝新祭祖活动。据《礼记·月令》载："是月也，农乃登谷，天子尝新，先荐寝庙。"后来，此种民俗相沿成习。关于五谷神的说法不一：依神话，一说为神农氏，一说是后稷，也有说法是一位主宰五谷生长的女神"五谷母"。对其崇奉与祭祀，各地习俗略有差异。

金紫介公祠"流芳百世"碑[1]　　　潘河清

自古忠臣有庙，所以劝忠亦所以励忠咏之。绵山介公①者，仕晋数年决不官禄，生为忠烈，殁为神灵，所以世之人怜其殁，念其忠，烟为之禁，食为之寒②，柳为之禅③，绵绵延延，迄于今不衰。夫吾金子村有祖人设立祠庙，世远年湮，庙宇毁坏。我等目睹心伤，约村父老募凑捐金重修维新。余承父老嘱余□□聊为□□割肉充君腹，忠心剖胆肝，昔时人已殁，今日食犹寒之歌曰：绵山苍苍，晋水泱泱，推公之风，山高水长。刊为序次于左：

首士潘大刚、大山各捐钱六佰文，序潘河清撰。

潘大繁捐钱四佰零六文……（等约八十六人姓名及捐钱功德略）。

皇清咸丰六年（1856）岁次丙辰月届仲秋之上浣穀④旦。

注释：该碑现立于天柱县瓮洞镇金紫村介公祠门前，页岩石质，方首形，额题"流芳百世"，横向楷书阴刻，序凡三行，竖向楷书阴刻，计一百六十三字，刊立于清咸丰六年（1856）。本书作者将所录原书编撰者所加的碑题名简化为：金紫介公祠"流芳百世"碑。

校记：①"介公"，指历史人物"介子推"。介子推（？－前636年），一作介之推，亦称介子、介推，春秋时期周晋（今山西介休）人，晋文公重耳的辅臣。

②为纪念介子推，晋文公下令把介子推死难的绵山改为"介山"，这一天全国不准生火，只吃瓜果点心一类冷食，定为"寒食节"。

③据传说，介子推死后的第二年，晋文公率众臣登山祭奠，发现被烧死的老柳树死而复活，便赐老柳树为"清明柳"，并昭告天下，把寒食节的后一天定为"清明节"。

④原文"穀"，不当，宜作"穀"，径改。

〔1〕政协天柱县第十三届委员会编：《清水江文书·天柱古碑刻考释》（下册），贵州大学出版社，2016 年版，第 219 页。

金紫介公祠"千垂不朽"碑[1]　　佚名

　　尝闻读书而至"入大庙，每事问"则知庙宇之设永垂于万古也。夫吾金子村祖人设立庙祠，以为绵山介公①割骨（股）②忠君，焚化受苦，救封青正大王而隆以祭祀之。庙宇摧颓而像体之金容损坏，所以目睹心伤，约村众族各凑资财，募化仁人君子重修为新，装严庙宇，勒石标名亦永垂于万古云耳。余□□□三月初三，青正王威风凛凛，容貌堂堂，割骨（股）③忠君昭万代禁烟，寒食道会扬装（庄）④严庙宇，金容□□山神王像光。众等虔诚修礼敬慈悲，赐福寿无疆，别为序次于左。

　　五品蓝翎千总潘大则捐钱壹仟一百八十文。首人耆员潘大斌捐钱一仟六百一十七文……（等约五十余人姓名及捐钱数略）。

　　大清同治七年(1868)四月十五日榖⑤旦。

　　注释：此碑原立在天柱县瓮洞镇金紫村介公祠左前方，碑高1.2米，宽0.81米，厚0.05米。本书作者将所录原书编撰者所加的碑题名简化为：金紫介公祠"千垂不朽"碑。

　　校记：①绵山：位于山西省介休市境内。介公：即指介之推（？－公元前636年），后世尊称为介子，春秋时期晋国人，因"割股奉君"，隐居"不言禄"之壮举，深得世人怀念。死后葬于介休绵山。晋文公重耳深为愧疚，遂改绵山为介山，并立庙祭祀，由此形成了"寒食节"（清明节前一天）的民俗。

　　②、③、④三处括号中字为原书编撰者纠错字注，照录。

　　⑤原文"穀"，误，宜作"榖"，径改。

渡马龙王阁碑[2]　　佚名

百世流芳

　　易曰："巽乎水而上水井，井养不穷也，井之实①用大矣哉。"又曰："山下有蒙泉，泉与井名虽石②异，其为功者合一焉③。"兹井泉也，喷者④玉宝⑤，泄为瑶池，浪浪湛湛、冬温⑥夏清，其⑦诸古所称甘泉灵泉者乎。若乎⑧润物饮人，其泽之所及者广而巨，在前人访五祀之一，以兴石砌之功，立神主已⑨时奉⑩。倘干旱祷雨，往⑪有灵，第秋溢坎中非所以位置神道。生员刘其瑜、善士克全义、刘完天、刘天锡、刘彭天、全景河、梁必显等发心创阁，壮修宫殿，但井基东狭，难以建阁。刘继修、秉玉、彭天，琢然、至德、雕然等，自愿捐天⑫，安阁三柱而基得以⑬，爰谋诸同井之人，无不欣然捐资，其⑭厥羡⑮，不⑯两月而阁成，此乃蒙泉之灵乎。今当告峻，凡金多寡，勒石以垂

〔1〕　政协天柱县第十三届委员会编：《清水江文书·天柱古碑刻考释》(下册)，贵州大学出版社，2016年版，第388页。
〔2〕　天柱县政协委员会文史资料委员会：《天柱文史资料第4辑》，1992年版，第111–112页。

不朽云云。

今将姓名开列于后：（约一百零八人姓名及捐资略）。

修首：全克义、刘天锡、梁克峻、刘继修、刘尧天、梁必显、梁周赞、刘占春、刘彭天、全万河、梁必珍、刘其瑜、刘秉瑜、梁有彰。

石匠：刘明高、罗再良、瞿永山修。

乾隆四十八年^{（1783）}岁次癸卯冬月吉日。

注释：渡马龙王阁，位于（天柱）渡马杨柳寨脚。系四扇四柱三间三层八角楼。阁基宽六十四平方米，阁宇嵯峨，此阁为乾隆四十八年（1783）所建，历史悠久、是天柱现存的唯一古阁，列为天柱县重点文物保护之一。

为防治水患，明洪武二年（1369）前人修建一层八角亭覆盖于当地一水井，以伏龙神。留有修阁碑记三通。原文由左到右竖写，内容照录。标点为本书作者所加，供参考。此碑文另有版本载录，文字略有差异。参见姚敦屏主编，《天柱碑刻集》，天柱县文体广电旅游局，2013年版，第92-93页。

校记：① "实"，另版本为 "时"，备考。见《天柱碑刻集》2013年版，第92页。下同。

② "石"，另版本无此字，备考。

③ "者合一焉"，另版本为 "□□□十马"，备考。

④ "者"，另版本为 "若"，本书作者认同 "若" 字，备考。

⑤ "宝"，另版本为 "窦"，备考。

⑥ "温"，另版本为 "暖"，备考。

⑦ "其"，另版本为 "共"，备考。

⑧ "乎"，另版本无此字，备考。

⑨ "巳"，另版本为 "以"。本书作者认同 "以" 字，备考。

⑩ 另版 "奉" 后有 "祀" 字，备考。

⑪ "往"，另版本为 "往往"，备考。

⑫ "天"，另版本为 "田"。本书作者认同 "田" 字，备考。

⑬ "以"，另版本为 "矣"。本书作者认同 "矣" 字，备考。

⑭ "其勋"，另版本为 "共勤"。本书作者认同 "共勤"，备考。

⑮ "羑"，另版本为 "美"。本书作者认同 "美"，备考。

⑯ "不"，另版本无此字，备考。

重修龙王阁碑^{〔1〕}　　佚名

盖闻莫为之前虽美无彰，莫为之后虽盛无传，此所谓前后之赖有人也。余等寨脚住

---

〔1〕 天柱县政协委员会文史资料委员会：《天柱文史资料第4辑》，1992年版，第113页。

□□□□□□□□□通衢路①，下有泉②，昔人凿井建阁于斯。井则冬温夏清，阁则丰标磊落。上层列文武之□③人，初④福而□⑤名成利就；中层列龙王之神像，祷雨而石燕腾空；下层覆井泉以洁清，喷玉而人物被泽，佑往来士商清吉，固属诸方之保障，堪留百代之观瞻，可谓古人所作已备矣。同治初间，因苗匪毁坏以来，修整未能目，关心抚时在念，欲丹盈⑥塑像，独木焉能⑦支？爰集众善首等，同心募化，普祁好施⑧，捐朱提于万一，开海以三千，共勷厥美，玉汝于成，庶善果留于千秋。圣泽衍乎万古，士奋芸窗竞⑨，腾蛟而和⑩凤，农耕献⑪庆天宝于物华，工极班⑫鸾之能，商美骑鹤之利，道风在⑬斯举也。今已告竣⑭功满⑮，勒碑刊名。

光绪三十四年（1908）秋月吉日立。

（捐资刘绍康等二十七人恕不详录。）

注释：见上龙王阁碑注。原文由左到右竖写，内容照录。标点为本书作者所加，供参考。原碑名为"重修阁碑"，本书作者改为"重修龙王阁碑"。此碑文另有版本载录，文字略有差异。参见姚敦屏主编：《天柱碑刻集》，天柱县文体广电旅游局，2013年版，第93页。

校记：①原碑文在十个脱字符后有注为"其大意：阁詹大道，乃渡马与白岩圹（十个字破而不存）"。此句另版本为"余等杨柳寨脚往来通衢路"，备考。见《天柱碑刻集》2013年版，第93页。下同。

②此句另版本为"遂有蒙泉"，备考。

③脱字"□"，另版本为字为"圣"，备考。

④"初"，另版本为"祈"，备考。

⑤另版本无脱字"□"，备考。

⑥"盈"，另版本为"楹"，备考。

⑦另版本无"能"字，备考。

⑧此句另版本为"普祈好施信善"，备考。

⑨"窗竞"，另版本为"容兢"，备考。

⑩"和"，另版本为"起"，备考。

⑪"献"，另版本为"亩"，备考。

⑫"极班"，另版本为"拯斑"，备考。

⑬"在"，另版本为"同在"，备考。

⑭原文为"峻"，误，径改。

⑮原文为"蒲"，误，径改。

再修龙王阁碑 [1]　　佚名

追溯龙王阁，历时久远。井系古泉，泉涌易涝，植柳防洪，乃无济也，谓龙神所致。传云：洪武置八角亭，以伏龙也。迨康雍乾，国盛民兴，古之陋亭，岂堪壮观。乾隆四十八年（1783）癸卯岁，修首全克义、刘尧天、梁必显、生员刘其瑜等，百废俱兴，新建四扇四柱三层八角楼，并修宫殿，阁宇壮丽。上层列文武名人，中层供龙王神像，下层覆井，中柱直插井心。柱基置碟，以示垂念。物虽千古，岁月逐流则变易，古木春轮而枯荣。清同治苗王姜应芳起义，平苗兵燹，刀辟阁柱，方板代薪，是以阁朽。光绪三十四年（1908）秋，刘绍康等聚众修阁。风雨飘蚀，后复倾斜。民国三十八年（1949），寨老贸然修阁。井心柱移于井中右侧，入水者以石柱代之，井阁复苏……破四旧而阁损毁。加之一九八二年古历四月初二日下午四时，渡马横遭特大风泡①，阁危垒卵。乡村党政、县人民代表提请政府滋补。今蒙县民委补助壹千元，基于民办公助，组织七人村民组（一百五十三户），集资集劳，并向本队外出干部募化，荷蒙解囊，全面修复，不数月乃成。文物确保，阁宇嵯峨，堪羡奇观。巡游于斯，心旷神怡，若乎润物，人畜饮水，广而巨矣。今已告竣②，立碑以垂千古云云。

修阁领导人：刘子龙、刘荣作、梁利达、梁臧炳、梁臧煊、刘子明、刘荣见、杨汉检。

石匠：周乐玳、梁臧炳、杨汉检、梁臧衡敬录。

公元一九八七年丁卯岁孟秋吉日立。

注释：见上龙王阁碑注。原文由左到右竖写，内容照录。标点为本书作者所加，供参考。

校记：①"泡"，疑为"雹"之误，备考。

②原文为"峻"，误，径改。

上寨护井神祠碑 [2]　　佚名

窃闻山下出泉，然虽出于山，而实有主宰乎其内泉始昼夜不舍也。余团先人开掘古井，自修理以来未建神祠，神灵无有居处，祭祀靡凭依。于焉首人唐良才、永林、宏万、见拔、子和、万重、子焕、技远等于乾隆五十六年通村凑资，设立神祠一座以为永远冥社之主，则是神获安宅，人可畈投，冥中庇佑泉为万古之香，祠亦永存不朽。因为勒石铭碑以志传留下替云尔。

〔1〕 天柱县政协委员会文史资料委员会：《天柱文史资料第4辑》，1992年版，第114–115页。

〔2〕 政协天柱县第十三届委员会编：《清水江文书·天柱古碑刻考释》（下册），贵州大学出版社，2016年版，第351页。

开列姓名于右：唐正明三钱二、唐良才二钱二……（等约三十三人姓名及捐资数略）。

首人唐子和凑下户共一十九户文银共三钱五。

大清乾隆六十岁次乙卯（1795）季夏月吉日首人约村同立。

注释：该碑现立于天柱县竹林乡杨家村上寨永安井边，碑高1.08米，宽0.58米，厚0.05米，方首形，页岩石质，首尾完整。额题"永垂千古"四字，横向楷书阳刻，每字0.07米见方，刊立于清乾隆六十年（1795），记载乾隆年间杨家村上寨群众捐资修建该寨护井神祠的经过。本书作者将所录原书编撰者所加的碑题名变更为：上寨护井神祠碑。

龙塘护井碑[1]　　佚名

禁碑

闻亡鳞族三百六十龙为之长，龙也者其出入莫测，其变化最神，固可敬而不可亵者也。柱邑山名金凤，藏其中水源于是出焉。民利，于是藉为由来，二面上半均资养活理宜敬慎。今与众相约，值近居者，凡百秽物毋得入塘。有谕①此禁，龙神殛之，俾坠其后毋累乡邻。是为序。

众姓同立。道光二年（1822）四月。

注释：龙塘护井碑立于天柱渡马乡江东村。清代位于村西二公里，渡马河之源头"龙塘"泉畔。碑为青石质，竖长形，高1.3米，宽0.7米，厚0.06米，额刻"禁碑"二字，每字0.13米见方。碑文竖向楷书阴刻，凡四行，满行二十七字，共计一百零五字。记保护泉水清洁事。系当地侗族村民于道光二年（1822）公立。

校记：①原文"谕"，疑为"逾"之误。备考。

杨家井龙王祠碑[2]　　唐昌荣

尝思式饮式食不外耕田，而凿井而养□□□□①当报本以溯源。我先祖由楚迁黔，住斯基，开斯井，筑斯祠以安井泉之玉女，以妥池沼之龙王，以镇本境之邪精，以庇本村之人眷。但先人以砖瓦装成，经风雨而易坏，故从乾隆以来重修三次尚未久而未坚，至光绪己丑（1889）孟夏，怪风突起，洪水横流，到处山崩地裂，沿溪田冲坎坏，古树颓倒祠宇毁伤至今，祭祀平空，人之见敬神无处，神之高祀何凭？幸有族伯字宗辉者，年

〔1〕　姚敦屏主编：《天柱碑刻集》，天柱县文体广电旅游局，2013年版，第91页。
〔2〕　政协天柱县第十三届委员会编：《清水江文书·天柱古碑刻考释》（下册），贵州大学出版社，2016年版，第345页。

近古稀，老当益壮，起发善心，约束同村三十余户各凑资财延匠炼石鼎建祠宇，迎龙王而归位，永妥永安，俾祠宇以坚牢可大可久，庶兼泉让水，伫见渊源而不竭，共井同村永沾沛泽于无疆矣！寥寥鄙祠是为小序。

继笔唐昌荣沐手敬撰。

今将姓名开列于左：首人唐宗辉、宗敏……（等约三十五人姓名及捐资数略）。

刻字潘执中。书唐宗敏。石匠蔡桂林。

□□□□三年②仲夏月榖③旦立。

注释：此碑由两部分组成，现安放在天柱县竹林乡杨家村上寨《功高配天》土地祠作为左右墙，碑序安在右墙，捐修人员名单安在左墙。碑高 0.77 米，宽 0.68 米，厚 0.03 米，青石质，无额题。本书作者将所录原书编撰者所加的碑题名简化为：杨家井龙王祠碑。

校记：①此处因原碑破损而缺四字。

②原书编撰者据上文推断，此处当为光绪二十三年（1897）。

③原文"穀"，不当，宜作"榖"，径改。

竹上"井祠记"[1]　　潘年禧

尝闻：见在田①而见在天利人②，无咎③。油然云而沛然，雨霁物靡。躬此，龙德王恩所施化者也。吾村夹居之谷中，嘉木欣欣，清泉涓涓，亦神龙所择栖处矣。诸先辈就中凿石引以为井，砌砖粉而为祠，村人由是汲，得其所祀，得其凭赖以饮，泽食和□知几经年代也。惟砖祠不能耐久，迄今颓毁。腊月特为改弦更张，不再因陋就简，换立石座以妥万古常昭，另建岩祠，用托千秋不朽。庶几，龙德汪洋，时赐风调雨顺，王恩浩荡，常锡国泰民安。略述前因，俚言为序。

毕业生潘年禧敬撰。

兹将捐资姓名列于后：信士潘年禄、潘年禧、袁□奎，以上三名各捐元钱四千八百文。

注释：该碑现放在天柱县竹林乡竹林村竹上组古井边，倚坎而靠，青石质，方首形，已残断为上下两半，无碑名。碑高 0.68 米，宽 0.49 米，厚 0.06 米，碑文竖向楷书阴刻，立碑时间约在民国初期。本书作者将所录原书编撰者所加的碑题名简为：竹上"井祠记"。

潘年禧，竹林乡人，生年不详，卒于 1950 年。民国时期曾任天柱县远口乡乡长。

校记：①语出《易·乾》九二："见龙在田，利见大人。"见，通"现"。

〔1〕　政协天柱县第十三届委员会编：《清水江文书·天柱古碑刻考释》（下册），贵州大学出版社，2016 年版，第 102 页。

②语出《易·乾》九五："飞龙在天，利见大人。"

③语出《易·乾》九三："君子终日乾乾，夕惕若厉，无咎。"无咎，即无灾或无过。

杨家"有龙则灵"庙联碑[1]　　　佚名

原泉混混全村润，巨泽洋洋众姓沾。①

石骨培元通一脉，原泉喷玉润千家。②

　　注释：该碑作为龙王祠正面石板墙现安在天柱县竹林乡杨家上寨永安井背后的红豆杉古树之下，由碑额、碑联组成，刻在同一石板，且凸出碑面，没有碑序和款铭。碑额为"有龙则灵"四字，其左右两侧各凿开一铜钱形圆窗，碑高 1.07 米，宽 0.93 米，厚约 0.04 米，为整块石板，中间凿开祠门，两副门联兼作碑联为全碑的核心内容，是一通为井泉龙王歌功颂德的碑刻。此龙王祠面阔 0.93 米，宽 0.69 米，高 1.3 米，建立时间不详。本书作者将所录原书编撰者所加的碑题名简化为：杨家"有龙则灵"庙联碑。

　　校记：①此为龙王祠门联。

　　②此为龙王祠大门的外联。

---

〔1〕　政协天柱县第十三届委员会编：《清水江文书·天柱古碑刻考释》（下册），贵州大学出版社，2016 年版，第 347 页。

锦屏

按：唐宋两代，县地均为朝廷羁縻统治。元置亮寨、湖耳、新化、欧阳寨蛮夷长官司，属思州安抚司。明洪武三年（1370）改置湖耳、亮寨、欧阳、新化四蛮夷长官司，属湖广靖州卫；五年（1372）置中林验洞蛮夷长官司；十八年（1385）废以上五司；二十年（1387）置铜鼓、新化、亮寨二千户所，属五开卫；三十年（1397）改铜鼓千户所为卫，隶湖广都司；明永乐元年复置以上五司，属思州宣慰司；十一年（1413）以五司属新化府；宣德九年（1434）改隶黎平府。清雍正五年改隶贵州，并撤销铜鼓卫，改设锦屏县，属黎平府；道光十二年（1832）撤销锦屏县，改由开泰县锦屏乡县丞分驻。民国二年移开泰县治于锦屏，改为锦屏县，属黔东道；十二年（1923）直属于省。1950年属镇远专区，1956年划入黔东南苗族侗族自治州，1958年将天柱县并入锦屏县，1961年将天柱县分出。现为黔东南苗族侗族自治州辖县。

"神庥保障"碑[1]　　佚名

注释：该碑立碑时间为乾隆三十一年（1766），位于锦屏县河口乡瑶光。碑为修文昌宫记事，县志未载录碑文详细内容。碑额题为"神庥保障"。

来龙井功德碑[2]　　佚名

《大易》"蒙"之象曰："山下出泉。""井"之象曰："井养不穷。"水之为用大矣哉！吾乡先年曾凿有井，近年人稠地密，水泉之达不足以①取携之。众复于井之旁新凿一井，名之曰"来龙井"，足见龙来斯地，自能效埋于斯地，人文蔚起、科甲蝉联者矣。然取水必有路。善士仁人捐金重修，俾取水者连步垂下，视若坦平焉。功竣，嘱予

〔1〕　贵州省锦屏县志编纂委员会编：《锦屏县志》，贵州人民出版社，1995年版，第911页。
〔2〕　安成祥编撰：《石上历史》，贵州民族出版社，2015年版，第113页。

为序。予愿居是地者，切勿同坐井观天，要当法知者，乐永也。是为序。

化首（108 位人名及捐款数额略）。匠人：谢成志。

乾隆伍拾伍年（1790）仲冬月谷旦立。

注释：来龙井，位于锦屏县河口乡瑶光苗寨。1934 年中央红军长征途经此地，毛泽东居住在附近一农户家，曾亲自与红军战士一起来井里取水。新中国成立后，该井被命名为"红军井"，沿用至今。井碑青石质，方形。碑高一百一十七厘米，宽 50.5 厘米。额题"功德井碑"四字。该碑是乾隆五十五年（1790）凿建"来龙井"并为筑路所立的"功德碑"。

校记：①"以"为所引原编撰者补缺字。

偶里文昌阁碑[1]　　　佚名

清乾隆三十七建阁（1772），道光四年甲申重修（1824），同治六年义军烧毁（1867），光绪六年又建（1880），因经费告歉半途而废，民国五年复修（1916），丁巳年告竣（1917）。

首人龙渊，生员龙志沼，举人龙汝骧等修建。

民国六年（1917）春吉日立。

注释：文昌阁位于今锦屏偶里民族中学所在地。阁内有壁装饰，庙前有碑刻，为祭祀文昌帝君而建。下层为砖木结构，第二层系木质结构，顶竖琉璃葫芦宝顶，阁内板式木梯登楼，格楼上四面开设花窗万字格，馆厅内设有大成至圣先师孔子之神位，两边书一联："文阁巍巍垂千古，圣德赫赫永万年。"大门墙上书一大"福"字，左右有联云："普天悉荷栽培力，万姓咸沾雨露恩"。

此阁系寨霞村于清乾隆三十七年壬辰岁（1772）建。碑序上面有"亘古流芳"四个大字。文昌阁系清代偶里学馆遗址，民国六年县批准成立"区立国民学校"，新中国成立后在此设立林业初中。原阁右木质楼三间，系清代戏场，开展文艺活动之所，清幽静雅，惜"文革"期间撤除。

---

[1]　锦屏县偶里乡人民政府编：《锦屏县偶里乡志》，2002 年版，第 292 页。

从江

按：明洪武三年（1370）置福禄永从长官司，属思州宣慰司；永乐五年（1407）置西山阳洞长官司，属思州宣慰司；六年（1408）增设二长官司吏目；十二年（1414）以福禄永从、西山阳洞二司隶黎平府；正统六年（1441）改福禄永从、西山阳洞蛮夷长官司为永从县，属黎平府。清康熙二十二年（1693）废西山阳洞长官司；雍正十年（1732）添设永从县丞一员，分驻丙妹，又移黎平府潭溪司吏司驻下江；乾隆三十六年（1771）以贵阳府通判驻下江，改为黎平府下江通判，置下江厅。清朝末年，从江县地分属永从县、下江厅、开泰县和潭溪司。民国二年（1913）改下江厅为下江县，与永从县均属黔东道；开泰县和潭溪司并入黎平县，从江县地亦分隶永从县、下江县和黎平县。三年（1914）以丙妹县丞地置丙妹分县，属从江县；二十五年撤丙妹分县，并入永从县；三十年（1941）撤永从，以东北地入黎平，西南地入下江。并永从、下江二县为从江县（以永从、下江各取一字为名），从江之名始此。现隶属黔东南苗族侗族自治州。

"一洞天"摩崖[1]　　吕文魁

注释：该摩崖位于从江县城西北三十八公里处的下江镇（原下江中学）对面。距江水面约五十米，一巨石依土坡突兀矗立，石面平展断裂。上旋阴边框，框高1.6米，宽一米。内分三行直书阴刻：右书楷体"乾隆癸亥菊月"（即乾隆八年·1743年农历九月）；中行书"一洞天"三字，字五十厘米见方；左署楷体"龙江吕文魁题"。

[1]　韦贵兴主编：《远古遗风：从江文史资料第五辑》，政协从江县文史委员会，2005年版，第185页。

重修文昌宫碑记[1]　　钟昌杰

余之捧檄莅斯土也，城内外莽荆榛焉，因葺文昌宫侧三椽以居。巡视一周，庙前败壁仅存，余曰：噫！孝友文章，斯实祖之瞻仰无从，亦为治者之缺也。越数月，伏莽游氛，渐归戡①定，而荆榛既剔，人烟亦辏聚焉。爰集绅耆俾捐，袭资而重其事。余适有承修厅署之命，鸠工庀材，意期斯庙与公厅并成。乃久之而工未藏，费仍不赀。爰与首士徐君显荣等会商。余亲为纪理，复捐廉使竣。戊寅（光绪四年·1878）五月设木主、陈豆笾骏奔，而襄祀者众而且虔。干戈蹂躏之后，榆社崇而衣冠复睹，士民同欢有可知也。是举也，所费逾千缗，余以城隍一庙，仅架一②木，而风雨不蔽，复之为椽瓦，支板成壁③，饰臟增华，又以宫侧三椽为仁义塾，土木相需取之于内，所谓举一而三善备者，此也。庙中向有祀田，兵燹以来，荒芜侵占，莫知所主。爰按旧籍，命首士遍为清厘，得郑姓投捐友夺、俾峨、苗谷、江边等处田一百四十三丘，岁获祀租一百余石。然清厘犹未罄也，尚有俟于后君子。夫戎马倥偬数十年，孝友文章未必尽归澌④灭，而知而存者几希。余权篆⑤三纪，建社仓以兴养，立义学以兴教，衣食足，礼义兴，渐⑥欲厅人士之不⑦忘乎？文章德行也。入庙仰止，天性油然，家开爱日之堂，户奏移风之管，有厚望焉。庙成属序于余，记其颠末如左。

注释：文昌宫在下江厅（今属从江），原建西关外，基址窄小。通判陈五色（翻刻《黎平府志》作陈五色，1999 年版《从江县志》作陈五邑，备考），于道光元年（1821）移建城内宜男阁左。咸丰五年（1855）苗乱，毁。光绪三年（1877），通判钟昌杰重建。道光十六年（1836），厅人易家琳捐修后殿。（《黎平志》）现庙及碑已无存。

光绪十七年（1891）重修《黎平府志》收录有此碑文。此碑文另有版本载录，个别文字略有差异。参见张子刚编撰；从江县文化体育广播电视剧编印：《从江文史资料第七辑：从江石刻资料汇编》，2007 年版，第 74-75 页。

钟昌杰，湖南平江人，光绪二年（1876）出任下江厅通判。

校记：①"戡"，另版本为"堪"，备考。本书作者认同"戡"。见《从江文史资料第七辑》2007 年版，第 74 页。

②"一"，另版本为"以"。本书作者认同"以"，备考。见同①书第 75 页。下同。

③"壁"，另版本为"墙"，备考。

④原文为"盖"，误，径改。另版本为"澌"，本书认同"澌"，备考。

⑤"篆"，另版本为"录"。本书作者认同"篆"，备考。"篆"指官印。

⑥"渐"，另版本为"盖"，备考。

⑦"不"，另版本无此字，备考。

〔1〕 贵州省文史研究馆古籍整理委员会编：《贵州通志：金石志·古迹志·秩祀志》，贵州大学出版社，2010 年版，第 337-338 页。

首事倒钟碑[1]　　佚名

首事☆倒钟

立禁约严禁以靖地方事。官有律条，民有禁约。为因所修庙宇，首人吴金龙、陆万明、萧兴乾、周懿富、吴银祥、石志泰、刘心德、龙在海邀约贵广二处众姓信士，各施功德。有功德之人，众地方有大务小事，难以分名，牌上有名一邀钱八百文正，二家共钱一千六百文。牌上无名一邀钱二千四百文，二家共钱四千八百文。倘若强进庙宇，众地方不准，罚钱三千六百文，归众修庙宇。言知不近（尽）①，略表其情，传兴以靖各处地方，照礼所班，得知准此。

（出资人及石匠二十九名姓名、金额略。）

光绪十年（1887）三月初三日立碑。重英字通知地方。

注释："首事倒钟"碑在从江县秀塘乡打格外村庙边寨，碑已被火灾裂，仅存部分，是修庙碑刻。碑文录自从江县文物管理所存拓片。碑眉"首事倒钟"四字楷体左向横书阳刻，"事"、"倒"二字中间刻一五角星。碑版竖行楷体阴刻十七行，满行二十一字。碑约高八十三厘米，宽六十二厘米。

校记：①"（尽）"，为所引原编撰者注，照录。

新修丙妹城隍庙碑记[2]　　宋泽春

庚寅之秋（1890），八月既望，适周少臣判史惠然坐谈，谓余曰：丙妹城隍庙闻创自雍正四年（1726），兵燹于咸丰乙卯（1855）。自时厥后，□诸月诸官斯土得，无复有续新之议矣。己丑孟冬（1889），余捧檄来斯，此受代越。翌日，行谒庙礼，见遗址荒芜，草枯蓬断，神窃伤之，所差，可信而有微者，中有旱莲花一朵，与神气浩潮相往还，历百余年而不死耳。遂传集乡约，询厥源流，金称：□捐钱贰百缗，迄用无成，化为乌有。余复制剀切，晓以大义，谕令乡约等，遍告各苗汉，大家勇跃①酬金，速新此庙用。是相其阴阳，经之、营之，乃左、乃右、乃疆、乃理，□之盈盈，筑之登登，百堵皆兴，规模依旧，气象翻新，畴不羡反宇弃飞檐□□哉。兹者落成有日矣，属余捃撮一二笔之简端，锲诸石以垂永久，刺史之自道如址。余喟然兴叹曰：美哉，刺史之心志，可谓坚矣；刺史之筋骨，可谓苦矣。神其有如，必当欣遭遇之隆今，而后保障一方，赫厥声，灌厥灵。凡厥苗民尊之、奉之，且曰迁于善而不知为之者，岂惟酬刺史之劳，赐刺史以无疆之福哉。后之来者，宜如何加意维持，无风雨飘摇患，无负刺史作夜思，一片勤勤

〔1〕张子刚编撰《从江文史资料第七辑：从江石刻资料汇编》，2007年版，第85页。
〔2〕张子刚编撰《从江文史资料第七辑：从江石刻资料汇编》，2007年版，第72-73页。

恳恳之苦衷，则幸甚。是役也，工始于已丑季冬（1889），告成于庚寅秋（1890），抄例行并记。

知府衔督办丙妹厘务候补通判宋泽春鹤琴甫薰沐谨撰。

监修绅士：吴庭芝、余光明、李如松、贾广盛、朱华林、田裕极 刊立

光绪拾陆年（1890）冬月吉日。

注释：城隍庙位于从江县城丙妹镇中心。城隍庙石柱石刻记载："丙妹城隍庙闻创自雍正四年（1726），燹于咸丰五年（1855）。光绪十六年（1890）县丞周立昌倡捐重建，添建照忠祠于庙后，庙内有旱莲一株，相传三百年物。"

城隍庙座西朝东，庙前有戏台，庙宇和戏台之间为一院坝。庙前两侧各置木雕偶像，称为"鸡脚神"、"牛头马面"，高丈余，内设暗栓，人步入庙门，若触动机关，雕像同时倾斜前扑，令人惊骇。庙门上置一匾额，上书"别开生面"。后来，机关单位长期占用，部分已拆除，仅存前殿、后殿，庙内原存偶像全无。1984 年 6 月从江县人民政府将城隍庙列为县级文物保护单位。1991 年迁至李家坡重建。一说迁移至丙妹镇俞家湾后坡。详见从江县地方志编纂委员会编：《从江县志》，贵州人民出版社，1999 年版，第 635 页。

校记：①"勇跃"，应为"踊跃"，备考。

"永垂不朽"碑[1]　　　佚名

盖闻称神颂帝，寄直贤良烈节，道德功成，果满勋隆。宇宙之光，恩恢显著，乾坤能掌，奴□①之服，摄住天门上将，位□□宫先朝，名□元天上帝，北极真武，历代封崇，祀典奕世。肃其明烟，士农祷祈，同沾利泽，德沛深宏无量，不任城市居乡，莫不隆祀隆仪，人杰地灵，岂不仰资天地神明者乎？念我先人设举神座，祭祀之基，迄今十有余载，庙貌盛举巍峨，神灵感格于强矣！奈因年泅代远，风霜雨雪，墙壁倾颓。余等目击，不忍坐视无修。于是爰集同人，公议重修，率由旧作。奈独力难持，一木焉支？祈募仁人君子诚心施舍，令前人之创功维新。好善诸君，量力捐输，俾后神灵深处福荫于无涯矣！

首事吴芝桂等、捐款人及单位共计 108 人（个）姓名略。

计开各项支用：

——支买木料钱八仟五百五十文；

——支各工师利事并请酒共叁仟捌百四十文；

〔1〕 张子刚编撰：《从江文史资料第七辑：从江石刻资料汇编》，2007 年版，第 86–87 页。

——支买石灰钱六仟零六十七文；

——支买瓦钱伍仟伍百六十文；

——支买碗盏钱贰佰伍十文；

——支买灶砖共钱叁仟文；

——支前面栏杆钱四仟文；

——支买纸斤、墨烟共钱九仟八百文；

——支修石碑钱一仟四百文；

——支修振（整）②内层工钱一十四仟文；

——支买瓦还源怡钱一仟文；

——支起外层木匹，界（盖）③共钱四仟九百文；

——支起工食用钱一仟文；

——支堆砖瓦、修地基共钱四仟四百文；

——光文刊碑钱一仟伍百文；

——支工成请酒钱壹拾叁仟四百五十五文；

合共开销各项钱柒拾四仟柒百贰拾贰文。

大清光绪二十二年（1896）岁次丙申孟秋月立。

注释："永垂不朽"碑立在从江县西山平寨鼓楼边，是光绪二十二（1896）年立的重修庙宇纪功碑。碑文除序言外，还有首事、捐款人姓名和单位捐资金额及各项开支，一清二楚。碑眉左向楷体横书双钩。碑版竖行楷体阴刻。全碑字迹隽秀，未见漶漫。碑约高一百三十一厘米，宽九十一厘米。

校记：①此处原文难辨识，字形为"上埒与下子的合一字"，经查字典未见此字。原碑文为竖刻，本书作者疑为"奴撵子"。

②原文注有"（整）"，照录。

③原文注有"（盖）"，照录。

高拱土地祠纪略碑[1]　　佚名

高拱一地，为大雅山支脉逦迤而来，形势佳胜，稍有可观。盖天地之钟秀，不限于遐裔也。形胜所在，灵气必钟，丁卯（1927）秋遂建祠于此。涂塈落成，蕞尔一小祠也。规模简陋，无点缀之华藉。白云为藩篱，碧山为屏风，边村僻静，祠宇寂然。成斯举者，期其里社得以有瞻拜之意焉耳。爰镌石以纪其略，又从而赋之曰："正真为神自古传，须眉苍白若生然。一祠结构青山下，两浍回环古道前。风月洌泉供指顾，岁时伏腊

〔1〕 张子刚编撰：《从江文史资料第七辑：从江石刻资料汇编》，2007年版，第88页。

有香烟。民生但愿皆勤动，共享平安丰乐年。"

民国十七年（1928）秋八月，石正化、石士忠、张德修、石成锦、石怀良、石鸿逵、赵志祥、石灿亭、赵志华、赵庆全、石光金谨识。

注释："高拱土地祠纪略"碑，立于民国十七（1928）年。无碑眉，楷体阴刻十三行，标题占一行，满行二十字。碑版中"来"、"灿"为简体字，字迹清秀，堪作范帖。碑约高六十六厘米，宽四十三厘米。

"百世流芳"碑[1]　　佚名

百世流芳

古天子立宗庙以镇天下，诸侯立社稷以安国家，大有以也。至于川里岂无奉祀，以为默佑四境之民乎？余之清衡祠建于清嘉庆二十四年（1819），阅历以已久，虽经履①修不过仍其旧而补其缺耳；由昔迄今，风残雨蚀，栋楣已毁，巍峨之气象沉，梁桷云枯，壮丽之文章莫觌。余等睹②之不能不戚于中行外也。然神明虽灵，前之龙宫象塔非属天成，白马青鸾原由人。是以于民国十一年（1922）商诸同事，云及重造之。清衡祠宇欣欣然，有喜色而佥③曰：可。于是解囊乐捐，掷以布地之金，集腋成裘，可施光辉之雅，赞襄厥事。即于是岁鸠工告竣，从此神灵有凭依之宝座。余等又福缉熙于无疆，俗美风清，共沐神灵，潜扶默佑之大德，民安物阜，全凭清衡威灵赫濯之恩光，且金玉君子，永泐贞珉，鸿仁庇佑，福有攸同，聊竭鄙忱。乐为之序。

计开捐（银）名列于后：（六十一人姓名、金额均略）。

中华民国十六年（1927）岁次丁卯二月初二日重修同立。

注释："百世流芳"碑在从江县西山平寨，是民国十六（1927）年重修清衡祠所立。碑文录自县文管所存拓片。碑眉楷体左向横书，四字均带框阳刻。碑文竖行楷体阴刻三十行，满行四十字。碑约高八十厘米，宽五十九厘米。

校记：①"履"，疑为"覆"（同"复"）或"屡"之误。备考。

②原文"觀"，古同"睹"，径改。

③原文为"签"，误，径改。应为"佥"，意为全，都。佥古同"签"，作签署义。

〔1〕　张子刚编撰：《从江文史资料第七辑：从江石刻资料汇编》，2007年版，第89页。

高文"泰山石敢当"碑[1]

　　注释：该碑立于从江县翠里乡高文寨。碑高七十九厘米，宽四十三厘米，刻于民国三十二年（1943），由二条半圆形弧线构成碑眉，弧线中分别阴刻八卦中"乾""坎""艮"三字，碑文分三行楷书阴刻，"泰山石敢当"居中，与"坎"字对齐，落款十五字分二行阴刻于左边。

---

〔1〕　从江县文化志编纂领导小组编：《从江县文化志（1951–2005）》，第151页。

施秉

按：施秉县境内有巴施山和秉水，取山水之名而得"施秉"。唐天宝三年（744），隶于充州，其偏桥等地受辖于东邻县，胜秉受辖于昭明县。宋时属矩州大田溪洞地。元至元年间，设置偏桥、德胜和施秉前江等处蛮夷军民长官司，属思州宣抚司。明洪武五年（1372），以偏桥故地置偏桥长官司，以前江故地置施秉蛮夷长官司，均属思州宣慰司。二十三年（1391），置偏桥卫，隶湖广都司。永乐十二年（1414），偏桥卫、施秉蛮夷长官司改隶镇远府。正统八年（1443），以施秉蛮夷长官司地置施秉县。天启元年（1621），废施秉县。崇祯四年（1631），复置施秉县建制。清康熙二十六年（1687），裁偏桥卫入施秉县，移县治于偏桥卫城。雍正七年（1729），以旧县治胜秉（亦名老县）设施秉分县，置县丞驻节。如上建制直至宣统年间，未曾更动。民国二年（1913），隶属于黔东道（驻镇远）；十二年（1923），废黔东道，施秉县直隶于省。1956 年，由镇远专区隶于黔东南苗族侗族自治州；1958 年，撤施秉县建置，并入黄平、剑河两县；1962 年，恢复施秉县建制，隶于黔东南苗族侗族自治州直至现今。

云台山记[1]　　张拱枢

云台山，在施秉县之西北，去城二十里许。从望玄①关入山，皆深洞幽壑，古木崇岭。山形四面削成，独迥出于层霄之半。俯瞰万山，罗列如儿孙，左峙塔山，右对弥勒山。腰有石洞，击之如钟鼓声。洞旁有龙泉，纡径而右，会白②垛河，绕其山麓。绝壁有白云洞，如哆吻张腭，盘旋而入；朝夕闲云往来，山巅如台隍然，因得名焉。人迹从不到。相传，其中猛虎毒蛇与通臂猿、山道士及奇形猓犭③之兽甚夥。隆庆丁卯之岁（1567），白云徐道人与周惠登氏学养生，固元牝，结庐于望玄关者十载。一日，谓惠登曰："赤城天姥，古人曾经开辟，矧此山相去几许，而顾使之沉沦于蛮烟瘴雨间乎？吾愿舍身以入，如听木鱼有声，则登此山，不则为虎狼吻矣。"言迄，携木鱼以往，散

---

〔1〕 贵州省施秉县地方志编纂委员会编：《施秉县志》，方志出版社，1997 年版，第 1061-1062 页。

石灰以志其迹。越三日，山顶鱼声响应于谷。惠登曰："吾友达山矣。"即持钵沿灰迹以往，攀援而上，遂登巅。道人瞑双目，诵黄经，端坐古柏树下。惠登手拍其肩，曰："我来矣！"相顾大笑，而此山遂乐有千秋知己矣。越数十年，道人趺坐而逝。有石崭然壁立，即其蝉蜕处，后人颜④之为"遗真亭"也。明末，戎马生郊，苗叛寇讧，远近人多避秦于山，山灵贻诮。戊戌之秋（万历二十六年·1598），予与宋子次梅重理旧业，读书其上者若而年。鸡鸣风雨，露饮霞餐，罔有或间。时乎洗眼看山，则与领其佳趣⑤。时乎掉头看云，亦不堪持赠人。用是，山之得名有以副其实也，因缕笔而为之记。

注释：云台山，在施秉县之西北，距城约二十里。（明万历）张拱枢撰记。此记标点为本书作者所加，供参考。

明万历末年湖广参将邓子龙游山后题诗于碑，其诗为："万山高处云结台，崔巍鼎立真奇哉；乘风步虚一搔首，白云散尽青天开；穿崖出洞二十里，宝塔三五涧中起；夜来挂月朝飞雨，巨木枯藤石上升；石钟石鼓数声静，野鹤时啸烟霞里；天门玉籁天孙语，织女银河罢机杼；下界山神知我来，功成羽化蓬莱主。"

据传，徐贞元道人，亦称白云道人。于明隆庆元年（1567）三月，因慕长生不老之道，辞弃偏桥卫（今施秉县城）千户，邀约相邻好友周惠登同入云台山栖身修道。据《贵州通志》记载："道人趺坐，留偈数语遗蜕去，至今须发斑斑，指甲长数寸，生气宛然，后人修亭供之，颜曰遗真。"

明代万历年间，云台山寺庙由民资官助修建落成。山顶上建有玉皇殿（亦称徐公殿），殿内列供玉皇大帝、圣母娘娘观世音、白云道人徐贞元三塑尊等。清代咸丰年间，兵荒马乱，松涛亭与邓子龙诗碑被毁无存。详见施秉县政协文史资料研究委员会：《施秉县文史资料第1辑》，1985年版，第96-99页。

此文另有版本载录，个别文字有差异。参见（清）靖道谟等撰：《贵州通志》，京华书局，1968年版，第826-827页。或施秉县文物管理所编：《施秉县文物志》，1990年版，第65-66页。或黄家服、段志洪主编：《中国地方志集成贵州府县志辑19：乾隆开泰县志·民国八寨县志稿·光绪古州厅志·民国施秉县志·同治苗疆闻见录》，巴蜀书社，2006年版，第574-575页。此记是否为碑文难考，存疑。因具道教文献价值，故录。

校记：①"玄"，另有版本为"元"。"元"通"玄"，备考。见《贵州通志》京华书局1968年版，第826页。或《施秉县文物志》1990年版，第65页。

②"白"，另有版本为"自"，备考。见《贵州通志》京华书局1968年版，第827页。本书作者认为是"白"，因施秉县有白垛河。见《施秉县文物志》1990年版，第65页。

③"豸"另有版本为"象"，备考。见《贵州通志》京华书局1968年版，第827页。或《施秉县文物志》1990年版，第66页。

④"顾"，误，应为"颜"，径改。"颜"，此为题额之义。见《贵州通志》京华书局1968

年版，第 827 页。

⑤ "佳趣"，另有版本为"要"，备考。见《贵州通志》京华书局 1968 年版，第 827 页。

四官庄平寨重修关圣庙碑记[1]　　　贺绪蕃

一乡一聚之中必有祠神之庙，严其像设，崇其羽葆鼓吹，备其俎豆、尊罍、钟簴、帷帐之具，然后其神尊，而人民之观听斯肃于是。春秋之报赛者集于斯，有祠祷者集于斯，里中事之宜公议而众治者，亦莫不集于斯。一庙之兴而有系于乡里，如此，是亦王政所不废也。溯平寨之有庙，始于嘉庆之初，以奉祀关帝暨五显诸神者，几六十年。及咸丰乙卯（1855）苗叛，一村沦陷，此庙亦毁，自是废为荒墟，二十余稔于兹矣。光绪九年（1883），地方大宁，流亡渐复，里人集议重修，遂以近岁庙田积租及本寨各旧姓所捐施者，合赀筹建。兴工于癸未（1883）冬月之吉，越明年九月殿宇落成。其中龛右、龛神位安设如旧，而左为客寮，殿东添造庙屋三楹为住持者寝息庖湢之处。屋少①北为仓二所，一贮本庙田租及场市所收斗息米石，一贮本寨义谷。凡关一村公事，胥于庙焉，统之礼也。此一役也，工坚而费省，未及期年，顿复旧观，且加美焉。是皆吾里人乐善从公，踊跃趋事，虽自后续有增修，方兴未艾，然要以斯殿之成为本，胡可略也？因记其重修之节概如此，其本庙田业及里中同修姓名别列于碑。

朝议大夫四品衔前安徽泗州直隶州知州贺绪蕃记。

光绪十四年（1888）岁在戊子夏五月州庠生傅毓珪书丹。

注释：关圣庙在施秉县四官庄平寨。此碑记标点为本书作者所加，供参考。

贺绪蕃（1830—1911），字幼承，号息庐老人。黄平东乡人。以秀才入幕。同治元年（1862），出任安徽蒙城知县。次年升泗州知州，因与两江总督马新贻不协，称病离职，筑室金陵蒋山下，称"不波舫"。回乡后主讲黄平奎山书院、镇远秀山书院、八寨龙泉书院、平越书院，创办平越高等小学。并主修《平越直隶州志》。著有《不波舫诗抄》6 卷、《吹梦词》1 卷。书法长篆隶，为世所珍。

校记：①原文"少"，疑为"稍"之误，备考。

云台山钟鼓洞碑刻[2]　　　朱平阶

注释：钟鼓洞，在施秉县云台山山腰，为一天然溶洞，深约十米。洞内右侧，有石

---

〔1〕 黄家服、段志洪主编：《中国地方志集成贵州府县志辑 19：乾隆开泰县志·民国八寨县志稿·光绪古州厅志·民国施秉县志·同治苗疆闻见录》，巴蜀书社，2006 年版，第 575—576 页。

〔2〕 黔东南州文化局编：《黔东南文物志第 2 集》，1986 年版，第 134 页。

乳凝聚，状如帷幔多幅，扣之不同部位，可发出钟鼓之声，故名。并非县志所记的"洞中有石如钟鼓"。洞前原有龙王庙，现仅存遗址；洞下有龙泉，顺山谷经会仙桥，绕塔山注入白垛河（黄竹河）。

石碑原立于小庙前，现存洞右侧石根之驿道旁。碑通高 0.66 米，宽 0.48 米，厚 0.14 米。碑文楷书阴刻，左为"徐公普济，法延天一，施泽无边。饮水敬神洁净，切勿污秽清泉"，中刻大字"井泉龙王香位"，右刊"民国二十七年三月三日，朱平阶立"。碑完整，字清晰。

朱平阶，施秉县大桥上翁哨人。系民国三十一年（1942）黔东农民暴动首领之一的朱伯平之父。民国三十年（1942）云台山大殿失火，朱承头捐资，并请县城黄小阁先生前往书写梁上文字。

重建文笔塔记[1]　　佚名

原文笔塔，始建于光绪二年（1876），系晚清提督、偏桥人士罗大春捐银所修。旧塔址位于窑坪文笔坡，直径为一丈一尺，高二丈八尺五寸，与昔日观音阁、魁星阁、玉皇阁并称"三阁一笔"，为县城四大人文景观。憾此塔毁于一九六六年。改革开放，百业振兴。为恢复家乡历史文化古迹，再添施秉旅游新景点，由县政协牵头、会同城区六个村委会及社会贤达，倡议集资重建文笔塔。经群策群力，共筹现金叁万柒仟玖百陆拾元。工程于己卯年（1999）四月初四日动工，六月十六日告竣。新塔基磔为八角形，塔体造型仿原文笔塔状，其尺寸作相应调增，直径为一丈二尺六寸，高四丈二尺九寸，外装采用白色，取新笔写新史之意。新文笔塔以独特之造型，精巧之工艺，背衬青山，面迎潕水，鸟瞰偏城，直插云天，乃施邑一绝也！为感念社会各界人士热心资助，特撰此文，以资纪念。

中国人民政治协商会议施秉县委员会。

公元一九九九年九月九日。

注释：施秉县城关镇原文笔塔，建在距县城东面约五华里潕阳河南岸、窑坪寨子后的背后坡（民间亦名山林头，建有文笔塔后又称为文笔坡）山顶上。该塔是清咸同至光绪年间曾任江浙提督的施秉县城施家冲人氏罗大春，在返乡祭祖时花银三千两、雇请数十名工匠所建。

此塔基部，用大块方石磔砌成的六方形基脚，约一米高，需十人牵手方能合围；基脚之上，用细钻方石块砌成圆形墙体，中间用石灰与鹅卵石掺拌充实，圆形柱体高约九

〔1〕 政协贵州省施秉县委员会编：《施秉纪胜施秉文史资料总第十三辑：施秉旅游文史资料第五辑》，2005年版，第103–104页。

米，下粗上细，至顶部逐渐收缩成尖状，形似倒立的毛笔笔端，故名文笔塔。历百年沧桑仍完好无损。

塔前三米处，曾立有高约一米、宽 0.8 米的石碑一块，碑面刻满文字，惜当时观者无人留心记录，所载内容不详。1966 年因修筑上窑寨前的水渠，为取石方便，将文笔塔炸垮，将其石全部用来砌渠道了，连石碑也未能幸免。详见政协施秉县文史资料委员会：《施秉文史资料第五辑》，1990 年版，第 77 页。

黎平

按：元至元二十年（1283），置古州八万军民总管府（古州，今黎平罗里）。
（元）至治二年（1322），废除总管府，里坪寨更名黎平寨，上里坪长官司改为上黎平
长官司，辖十二个长官司，隶属湖广行省思州安抚司（思州，今岑巩），黎平始得名。
1385年，废除上黎平长官司，建五开卫指挥司，军政总管，辖十五所二屯、十四个长
官司。明永乐十一年（1413），废除思州安抚司，设黎平府于黎平寨之官团，隶属贵
州承宣布政使司，隶属湖广。1434年，并新化府入黎平府，府辖区扩大，为有效管理
新辖湖耳、欧阳、新化、龙（隆）里、亮寨、中林验洞、赤溪浦洞七个蛮夷府城驻地
由官团迁至五开卫城（五脑寨），府卫同城。明正统六年，废除福禄永从长官司，设
永从县，隶属黎平府。1582年（明万历十年）黎平府改为军民府，兼治五开卫事，知
府归沅辰道节制。1600年黎平府隶属湖广承宣布政使司，1603年复隶属贵州。1725
年，楚省的五开、铜鼓二卫改属黎平府。1727年，五开卫改设开泰县，铜鼓卫改设锦
屏县，隶属黎平府，改楚省靖州的天柱县属黎平府。1730年，设古州厅同知，属黎平
府。1733年，天柱县改隶属镇远府。1913年，原府、州、厅一律改为县，废府设黎平
县和洪州分县，改开泰县为锦屏县，属黔东道。1950年，黎平县属独山专区，1952年
属都匀专区，1956年划归黔东南苗族侗族自治州至今。

二王庙碑记[1]　　　邓钟

《郡志》：飞山神杨公讳再思，宋诚州刺史，杨宗保之祖，尝有功于郡。绍兴年（南
宋·1131-1162），封威远侯，祀之飞山，有祷辄应。其二王，无所考。询之故老，吴其姓，
有战功，与杨公结为关、张。云中右①城北，旧有飞山庙，祀二神焉。万历庚子（二十八
年·1600）春，值郡苗猖獗，戕我官军，夺我屯所，毁我庙宇。盖神人共愤，久矣。余自
惠州奉三檄征播事竣，复有征苗之役。值中右告急，乃以偏师三道迅发。一日遂破草

---

〔1〕　贵州省文史研究馆古籍整理委员会编：《贵州通志：金石志·古迹志·秩祀志》，贵州大学出版社，2010年版，第
384-385页。

坪、平黄、菖蒲、上下洪州诸寨。中右易危为安。盖是岁之阳月念四日②也，时值大兵未集，驻营郊外飞山，庙址在焉。因忆兴师之夜，梦三神自云中挟山而飞，其一赤面，其二面白，呼曰："吾来助战！"余觉而心异之。其赤面者，吾知其为关汉寿亭侯也。其白面，不可知。然知其徽神之惠也。比谒飞山二神，恍如梦中所见。遂捐金，属材官胡朝文新其庙貌。适副将右山陈公良玭、游戎翼所陈公策后先继至，各助金若干，不日告成。余重有感焉。昔田安平以一卒而为神，人而托之神也。张睢阳为厉鬼以杀贼，神而托之人也。乃不托之人，不托之神，而托之梦寐之间，如造父梦驾，江淹梦笔，远如晋文公之梦搏楚子；大如傅岩之入梦高宗何异？大都天地有正气，鬼神得其正气，其精爽神明，尝与人之精诚相感召，其形诸梦寐类如此，何足异哉？是为记。

注释：飞山庙，即杨英惠侯祠，在（黎平）府治东，旧在（今湖南怀化）靖州飞山。洪武十九年（1386）迁建于此。（《图经》）在城东北玉皇阁右，年久圮。光绪七年（1881），官绅捐资重修。又，王寨、洪州所均有飞山庙。中右城北，有二王庙，神像二，相传一为吴姓，其一即英惠侯。邓子龙有碑记。郡人以六月初六日为侯生辰，十月二十六日为忌辰祀之。

此碑记另有版本载录，参见黄家服、段志洪主编：《中国地方志集成贵州府县志辑17：光绪黎平府志（一）》，巴蜀书社，2006年版，第129页。或黄家服、段志洪主编：《中国地方志集成贵州府县志辑8：民国贵州通志（三）》，巴蜀书社，2006年版，第291页。

关于此碑记撰者的归属问题，本书所录文献以及另外两个版本的注释前后不一致，均是前说为"邓子龙有碑记"，后所见却是"邓钟《二王庙碑记》"。如此前后不一，让读者迷惑不解。文献之误，历来传抄如此，未曾见有人考证澄清。故此，本书作者在综合分析碑文信息和邓子龙、邓钟两人生平记载的基础上认为，此碑文撰者当属邓钟，而非邓子龙。并且，邓子龙与邓钟亦非同一人。主要依据是，碑文作于"万历庚子"，即万历二十八年，公元1600年。而邓子龙早已于万历二十六年（1598）朝鲜战争中殉国。故仅从时间上来判断，此碑非邓子龙所撰。详参两邓生平简介如下：

邓子龙（1528-1598），一说为（1531-1598），江西丰城人，字武桥，号大千，别号虎冠道人。明朝杰出的抗倭将领、军事家、民族英雄。嘉靖三十七年（1558）中武举，此后累积战功，升任广东把总。万历年间，平定金道侣起义和五开卫（今贵州黎平）兵变，又升任铜鼓石守备，随后又被提拔代理都指挥佥事，掌管浙江都司。万历十一年（1583）于云南痛击缅甸军队，升任副总兵。万历二十六年（1598），邓子龙参加万历朝鲜战争，于露梁海战中殉国。善书法、好吟咏，著有《阵法直指》《风水说》和《横戈集》等。现在福建、广东、江西、湖南、贵州、云南一带均有许多邓子龙的遗迹保存至今。

邓钟，字道鸣，福建晋江人。武进士。明万历三十八年（1610）出任贵州总兵官，驻贵宁道，驻地铜仁。铜仁城西有一山名岑嶂，山腰有一石洞，俗称"牛角洞"。三十九年（1611），邓钟在洞侧建亭，于洞内塑大士石像，以招求福，题名"青莲界"并常邀知己好友咏诗作赋，并刻于石壁。当时分巡贵宁道的贵州按察司副使刘观光作有《志记》和唱和诗，系邓钟所书，刻于石壁。洞中有石刻九幅，邓钟所书刘观光的这两幅最有价值。邓钟深表岘山情由，题为《文笔洞成邀》。四十二年（1614），水砠、黄柏二山苗反，分巡贵宁道的贵州按察司副使刘观光和分守道黄炳文请命征讨，遂由总兵官邓钟率三千三百兵讨平二山苗反。在征讨水砠、黄柏二山苗反时，邓钟之子邓光源阵亡，葬于岑嶂山麓，"邓光源寿域"碑为邓钟于万历四十二年所立。明万历年间，倭寇进犯，海上传警，总督萧彦命邓钟取郭若曾《筹海图》删辑，编成《筹海重编》。

校记：①原文为"石"，误，径改。

②"阳月念四日"，即农历十月二十四日。阳月，农历十月的别称。"念"，即"廿"的大写。

北塔碑记[1]　　赵邦琦

皇舆之大也，自神京以暨遐陬，莫不有地脉行焉。脉完固则气留，气留则能为诸祥；脉缺陷则气散，气散则能为诸祲①。从来形家言形胜者，未有不补地脉之缺陷而得②全昌者也。余郡创自洪武之十八禩③（1385），襟七泽九溪，陬屿剑峙，山峻潦盘，非古通都大邑者比。然卜此时，快心兹土，④刘青田览图称胜曰："此地蛟腾凤舞，山聚水厚，当多杰人。则兹地之当兴。"自开国时而⑤已然矣，历代敦朴相守，迩来人文寖⑥昌，说者谓：诸方山环水聚，所欠者，城北水口稍疏耳。盖北地不称，其三陲则则⑦洩。三方尽流于北郛，则决洩。且决，则形不无待于补天之神手也。

余承乏枢曹，羁鞿在京⑧，素仰我于公祖德政，三异十奇，未易缕举⑨。倾闻以莅政之暇，周览风土，相视要会于北关，负锸⑩里许，适当晟⑪气之曼衍处。鞭巨石，筑高址，龙盘象蹲，岿然为艮止之基，然后需长材，构巍塔，穹隆数仞，玉笋凌空，俾峙出巉巉⑫。其经费则出之奉镪⑬，其规画则指之天才⑭，其劢勤则合之群力。不日落成，翕然改观。士民忻忻，感德无已。谋建生祠，以寿棠爱，因走使京邸。命小子属文志不朽。余小子实有厚幸，何敢以木讷为词。余以为，世之传舍其官者毋论已，即有鼎创⑮，不过修葺，梵⑯刹浮图，辉煌金碧，孰有造命地方，维挽气脉流景，耀无涯之福如公也者？盖公之快意旨者有二：一曰形胜⑰之下陷也，病在北峰之不秀，虽有巴龙、锦屏峙其东，铜关、摩天镇其南，五龙、天桥砥其下，必于朔方用一葱磁，则超然驾出于青螺之上。望之似参天玉柱焉，此其补⑱地形者一快也。一曰黉序之左陷也，病在尊经之无

---

[1]　贵州省黎平县地方编纂委员会编：《黎平县志》（下册），贵州人民出版社，2009年版，第1336页。

阁，虽有玄武之迤厚，殿庑之崔巍，泮水之浩衍，兹于芹宫建一峻极楼阁，与北塔相望于应接之地，眺之似宾主之对眺焉，此⑲其壮胜概者二快也。公有此二快，以精诚鼓动士民，民亦同此二快，以精诚趋赴力役，子来勿亟，合辙灵台湛泽之伦，此其最大，兹者特祠于塔桥之上，勒石纪功，以永万年之祝。其他惠政不具颂，以俟后之志岘者。公讳元叶，号闇⑳然，兖之东阿人。

注释：黎平北塔，原址在黎平北郊，为明参将刘承允所建。详见贵州省黎平县政协委员会文史资料征集研究委员会：《黎平文史资料选辑第二辑》，1986 年版，第 143 页。

此碑记原文有标点，本书作者做了适当调整。此碑记另有版本载录，文字略有差异。参见黄家服、段志洪主编：《中国地方志集成贵州府县志辑 17：光绪黎平府志（一）》，巴蜀书社，2006 年版，第 136 页。或贵州省文史研究馆古籍整理委员会编：《贵州通志：金石志·古迹志·秩祀志》，贵州大学出版社，2010 年版，第 125 页。

赵邦琦，黎平府城人。明万历戊午（1618）举人，历官湖南辰沅黎靖道，控制黔楚政务。

校记：①原文"寝"，误，应为"禖"，径改。见《中国地方志集成贵州府县志辑 17》2006 年版，第 136 页。或《贵州通志：金石志·古迹志·秩祀志》2010 年版，第 125 页。下同。

②原文"行"，误，应为"得"，径改。

③此处碑文原有"禩"，原文缺，补。"禩"古同"祀"，此处意为年。

④"禖七泽九溪，隩屿剑崎，山峻潦盘，非古通都大邑者比。然卜此时，快心兹土"，此句其他版本无。

⑤"而"，另版本无此字。

⑥"寖"，此处意为渐渐、逐渐。

⑦原文"写"，应为"则"，径改。

⑧"羁靮在京"，另版本无此句。"靮"，原文为"左革与右几的合一字"，经查字典未见此字。本书作者疑其为繁体"靮"的俗字，径改。

⑨"三异十奇，未易缕举"，另版本无此句。

⑩"锅"，另版本为"郭"，备考。

⑪"晟"，另版本为"地"，备考。

⑫"俾峙出巉巉"，另版本无此句。

⑬"出之奉镪"句中的"之"，原文为"只"，本书作者疑为"之"之误，径改。原文"奉镪"，即"俸镪"，意为俸银。此处"奉"通"俸"。

⑭"其规画则指之天才"，另版本无此句。

⑮原文"闯"，误，应为"创"，径改。

⑯原文"上"，误，应为"梵"，径改。

⑰"形胜"，另版本均作"地形"，备考。

⑱原文"部"，误，应为"补"，径改。

⑲原文"次"，误，应为"此"，径改。

⑳原文"闇"，同"暗"，关涉人名，照原录，不改。

平茶所八木溪建文昌阁记[1]　　胡奉衡

祀典之由来也，古先王以神道设教，阴骘下民而辅翼王政之不逮也。故惟文庙、城隍之祀有主者，司之其他。释氏之教以慈悲，老氏之教以清净，血神之祀以忠孝正直，捍患御灾，世之人咸得尽心焉。其司福善祸淫之权舆，而更切于儒绅者，莫如文昌云。按《天文书》："斗魁戴筐，六星曰文昌。"文者，精所聚也。昌者，扬天纪也。星精或降而为贤士大夫。圣贤之没也，复骑箕尾而上列为星辰，皆是物也，则文昌实儒教之宗主矣。五开，自先朝建置以来，衣冠文物之盛，莫若平茶。改革之际，稍稍未逮焉。迄今，文明俊秀之儒，济济焉，彬彬焉，超前轶后矣。即隶平茶之各屯，亦濡染于诗书文物之风，弦诵相闻，章缝叠①出，此数百年文运光昌之一会也。平茶新建有文昌宫，规模宏敞，今各屯父老子弟，欲崇祀于兹，而住居零星，势难时诣所城以伸对越，乃卜于各屯适中之地，得罗氏八木溪废址，三山排列，二水潆洄，爰扩旧基，是荒是度，就其中建正阁三楹奉祀文昌，高其宋，廇敞其阶，除前为山门，后为寝殿，增修金像，安置寮案，丹青涂漑之工，梁桷垣墉之具，计费数百金，诸生瞿、杨、幸、陈四人董其役，虽各屯父老子弟踊跃忻从而欣助赞襄，势不得不仰藉于宰官大人与好善乐施之君子。诸生乞言于余且云俟其成而讲业于兹，并以教环乡子弟之秀良者。余因为申之曰："神之祀，罔弗敢废也。人之事，亦未可驰也。"诸生毋乃玩日愒月于修业实有歉，而专以乞怜于堪舆、天官家言，吾不敢恃也。且不观文昌化书乎，历一十七世为大夫身，而孝友忠良，宽仁慈厚，诚信孚于上下，至德格于天人，即一篇阴骘文，皆儒者日用寻常之著龟金鉴也。千秋事业，又岂徒文词之华丽、声势之熏灼与科名赫赫而已哉？是愿与多士共勉之，并录其语以弁于简端。

注释：文昌阁在黎平府平茶所八木溪，胡奉衡撰记。碑记标点为本书作者所加，供参考。

胡奉衡，字平玉，一字平与，晚号石林逸老，清朝贵州黎平人，康熙二十三年（1684）举人，历任都匀府、石阡教授、湖北黄州教授，博学多才，诗文并佳，尤擅草书，亦间作山水，一时名流如张图园、洪昉思、王宓草、八大山人（即朱耷，明朝宗室后裔）等皆与之友善，著有《山居吟》《藏拙窝诗文集》等。

校记：①原文"疊"，即"叠"（叠）的异体字，径改。

〔1〕 黄家服、段志洪主编：《中国地方志集成贵州府县志辑17：光绪黎平府志（一）》，巴蜀书社，2006年版，第124页。

建文昌宫碑记[1]　　程卓梁

圣天子重道右文，超越往代。御极之六年（嘉庆辛酉·1801）夏，以展谒文昌帝君，礼成，诏示天下，崇奉允依关帝典礼，春秋致祭如仪。各直省有司皆得修葺祠庙，敬陈时祀仪隆创始万古维昭矣。时，余适守黎平，乃率同官进多士而将事焉，为之捐廉择地、庀材鸠工，经营初就，而余旋捧檄移权兴郡，因属开泰令李君董其事，而学官士庶共襄其成。今年冬，移守贵阳，李君来见，告工之成，且述黎之人士已砻丽牲之石，请余为文以记之。余惟文者精所聚，昌者扬天纪辅弼，并居以成天象也。太史公《天官书》言，斗柄戴筐六星曰文昌宫，名为上将、次将、贵相、司命、司中、司禄，盖星者，阴阳之精气，本于地而见于天，文昌所居，邻于魁斗，是谓天府，又星之最钜者，其能役使群动，锡福受祉有以也哉！帝君忠孝文武之迹，锵洋化书。夫人而知之本本原原，未易窥测，尝诵文昌大洞经有曰："灵风太和，玉音流精，至哉自然，谁识元文，寂寂无色，永劫无沈。"兹非文武之根菀，忠孝之橐籥乎！夫躔度星象天文也，采章服物人文也，天人之合，昭昭不爽，有自然之应也。世人或以文昌司爵禄，为科名仕宦之主宰，咸祷祀而听命焉！不知文之主宰在于一元元，文之运昭于自然，孟子所谓：仁义忠信为天爵，则元文之实诠也。修天爵而人爵从，则自然之符应也。帝君化书之训于文武忠孝者，其旨有吻合焉。普天士民，其敬绎而推广服行之，则经纬之文、格苗之武，报国之忠，克家之孝，一以贯之，将见说之，箕尾白之，长庚朔之，岁光之客，陈荀之德，惟岳隆灵，蔚为国桢，猗欤盛哉！星隆则从而隆矣，顾或急近功，持卑议曾雕虫之不若而侈然，自以为得与于斯文，此之谓暑德暑星，天垂象而岳效灵不既乎！黎郡为黔省西南名区，文风称盛，士习尤醇。余筮仕初任开泰，后洊历黎郡守，驰驱鞅掌之日，多未获与黎之人士浃洽渐摩，讲明乎致治兴化之道，良用歉然。今量移于数百里之遥，而恳恳以余言为请，其待余之意甚厚，不敢以虚词酬也。所翼与黎之人士，宣扬圣天子崇祀之旨，敦实行而介神庥，所以广厉遐荒，而光文明之治者，蒸蒸日上。余方拭目俟之矣，于是乎书。

注释：黎平府城内外皆立庙，春秋祭祀，旧在文庙左魁星阁第二层楼设神像。嘉庆六年（1801），知府程卓梁以文昌前列小祀，今改中祀。庙貌宏敞，而后祀典可行，倡建三牌街鼓楼东。光绪十年（1884），绅士以地势卑下，不利科名，集资改建黎阳书院右。十七年，知府俞渭筹款助修。又平屯所，有昌阁，紫姑仙人降乩处。洪州所青螺山顶、平阳屯平茶所，岑溪水口，皆有之。中潮所文昌宫，咸丰五年（1855），贼毁。光绪十七年，里人募资重建。（《黎平志》）

---

〔1〕 贵州省文史研究馆古籍整理委员会编：《贵州通志：金石志·古迹志·秩祀志》，贵州大学出版社，2010 年版，第336–337 页。

此碑记另有载录，参见黄家服、段志洪主编：《中国地方志集成贵州府县志辑17：光绪黎平府志（一）》，巴蜀书社，2006年版，第123-124页。

程卓梁，江西宜黄人，乾隆五十四年（1789）登进士。嘉庆二十二年（1818）三月，由直隶大顺广道道员升任广西按察使。嘉庆二十三年十一月（1818）解职。

改建文昌宫记[1] 　　彭汝畤

文昌宫，旧在毓贤街。嘉庆六年（1801），知府程公卓梁所建也。当日，仁宗睿皇帝昭天下郡县崇祀文昌仪同关帝。原原本本，前人之述备矣。特是文昌，上应星象，下主甲科。祠奉之地，不极广大高明，乌足以壮观瞻、隆享祀而利科名哉！岁壬午（光绪八年·1882）春仲，郡人士以事聚黎阳书院，谈及旧宫近市湫隘，嚣尘不可以栖神灵而开文运，请更爽垲。众论悉符，乃相与升双凤，越①五开，求中和，而经处揆景，纬以裁基，得地城南。嵯峨嶰魂②，右接马岭，左凭雉堞，洵称地势之雄，实据黎阳之胜。商之地主，禀诸当事，出公款偿其值，以郡绅谢先生恩司土木，鸠工镵削，镶砌石条。嗣以功费不济止。越戊子，先君子请以书院杉山出售，所入费为修建助。言诸郡守公俞公谓，公然之。捐廉以助，即以谢先生子增生君文模、廪生张君志璸继司其成，建前后殿，左右廊，如制列梦，撩以布翼，荷栋浮而高骧，雕瑱以居楹，裁金以饰珰，襄以藻绣，缭以颊垣，诹吉移神，奉安新庙，是科乡试果有捷者。明年，恭逢皇上亲政，恩科汝畤亦忝乙榜，论者咸以地灵人杰之说为然，属汝畤综其终始功效记之，若是回忆，四郊多垒，府城终得宴然。往复古人成功，则天之言未必非神明之默相，俯仰今昔，感慨系之矣。

注释：详见程卓梁《建文昌宫碑记》。碑记标点为本书作者所加，供参考。

彭汝畤（1863-1921），字寿田，黎平府开泰县城人，光绪十五年（1889）己丑科德宗皇帝亲政恩科举人。光绪十六年（1890）二月在北京参加会试时与府属人姜兴渭共同签名参加"公车上书"。后留京师任文御大夫，转礼部郎中。此外，他热心黎平公益事业，积极倡导和资助黎平府城北塔寺和北塔桥等的维修工程。勤奋好学，著述颇丰。保存至今的尚有《复述斋文抄》二卷、年谱一篇、《复述斋诗抄》十三卷，共存文一百四十四篇，存诗五百三十七首。诗文而外，还善书法，尤工篆书。光绪《黎平府志》封面，即出自他的手笔。他曾参与光绪版《黎平府志》编辑，写有府志《跋》。其后尚撰有晚清黎平府人物传略数十篇，皆收录于《复述斋文抄》一书。

校记：①原文"跋"，即"越"的异体字，径改。

〔1〕 黄家服、段志洪主编：《中国地方志集成贵州府县志辑17：光绪黎平府志（一）》，巴蜀书社，2006年版，第123-124页。

②原文为"左山与右果的合一字"，经查字典未见此字。本书作者疑其为"磈"之俗体字，意为（山石）突兀险峻。径改。"礨"，即"礌"的异体字。

重修两湖会馆功德碑序[1]　　胡林翼

尝思洞庭波阔，携江、沱、潜、汉以同流；衡岳云高，合泰、华、恒、嵩而并峙。是知两湖之名胜直甲华夷，益信三楚之奥区全超海甸。然安桑梓者，固可驻足此邦；而阅关河者，何妨息肩异地。稽吾邻省，地近黎阳，星聚虽属黔，人云游尤多。楚客每随良辰令序，辄思促膝谈心，欣话旧之有人，岂栖身而无所追思？往哲纠集同乡，图始岁在乾隆，剧①金置地；创修时维嘉庆，鸠工庀材。前立禹王，春秋聿隆胪觞；后装寿佛，亿兆共仰慈云。更塑当祀诸神，咸昭配享时联。客居众姓，永保安康。观气象之维新，快馨香之旁达。而且左②厢右厢骏其度，东庑西庑鸿其模。门户广开，闬闳大启。何莫非殚其智力，挥厥资财者哉。

无如岁远年遥③，难禁风霜之浸蚀：暑来寒往，频遭雨雪之销磨。渐就倾颓，允宜补葺。又况门临华第，户对岑楼，绘画悉好④，神奇向方。终虞缺陷，休嘉异昔，顺适殊前。脱⑤不高我屏藩，何由厌其怪幻？将转否以为泰，乃革故而鼎新。兹者，既正殿之辉煌，复前垣之完善。凡斯巨任，须仗宏才。然虽有奇商，非多钱难以善贾；欲成大厦，岂一木所能独支？爰偕纠首普劝，同心何须寰海；中边止属大湖，南北都垂慈念。雅结善因。萍水初逢，即欢忻而解橐；关山乍历，遂慷慨以倾囊。高人与达士争输，白锚偕青蚨并献。繁简不等，集众腋以成裘；多寡随缘，合群材而作室。大兴土木，几历星霜。墙垣愈见其巍峨，殿宇咸臻于巩固。雕甍焕彩，宜增列圣之光；画栋生云，用壮重湖之色。敢云恢宏先业，差喜似续前贤。所赖乐善仁人好施，长者亦既泯夫德色，何可没彼芳名？勒以贞珉，共乾坤而不朽；镌诸文石，偕日月以齐辉。是为序。

钦赐花翎翰林院编修道员用知贵州黎平府事益阳胡林翼撰。

廪生曾宗瑞书。

大清咸丰三年（1853）岁次癸丑仲夏月谷旦。唐礼云刊石。

注释：该碑现镶嵌于黎平县德凤镇翘街两湖会馆内的墙壁中。碑为青石质，方形。高一百七十厘米，宽八十五厘米。额题"亘古不磨"四字，在"文革"时期被损坏。

胡林翼（1812–1861），字贶生，号润芝，晚清中兴名臣之一，军事家，湘军重要首领，汉族，湖南益阳县泉交河人。道光十六年（1836）进士，授翰林院编修。历任安顺、镇远、黎平知府及贵东道尹，咸丰四年（1854）迁四川按察使，次年调湖北按察使，升湖北布政使、署巡抚。抚鄂期间，注意整饬吏治，引荐人才，协调各方关系，曾

〔1〕 安成祥编撰：《石上历史》，贵州民族出版社，2015年版，第121页。

多次推荐左宗棠、李鸿章、阎敬铭等，为时人所称道。与曾国藩、李鸿章、左宗棠并称为"中兴四大名臣"。所著《读史兵略》四十六卷，奏议、书牍十卷等，辑有《胡文忠公遗集》。曾绘制《大清一统舆图》，为我国早期较完整的全国地图。

校记：①原文"剧"，本书作者疑为"醵"之误。但经查，原碑文实为"劇"，即"剧"之繁体。

②"左"字为所引原编撰者所补缺字。

③"遥"字为所引原编撰者所补缺字。

④"好"字为所引原编撰者所补缺字。

⑤"脱"，意为"倘若"。

庆祝万寿宫碑记[1]　　李于彤

□□为下游完善之①区，凡载祀典祠庙，均有司事□□□经理岁修，用□□□惟庆祝。万寿宫殿例自②道光廿三年（1843）为百官朝贺之所，年久倾圮，渐多□无□而□者。

同治壬申春（1872），倪③□奉檄摄开篆。班祝节日，见④颓废，心甚闷焉。乃请于摄府宪倪，克齐观察，鸠□□葺，以邑人陈遇恩、都闻董治其事。三□月功成，其局⑤仍旧，而规模宏远矣。士大夫君门万里观仰无由⑥，今得以救敝补偏。藉□□于□庭之悃愫，瞻云就□其，即斯意也夫。

同治十二年（1873）癸酉孟夏月。知⑦开泰县事泸州李于彤恭志。

注释：该碑现存于黎平县德凤镇翘街禹王宫内。碑为青石质，方形。高一百二十四厘米，宽七十二厘米。略残。

校记：①"善之"为所引原编撰者所补缺字。

②"例自"为所引原编撰者所补缺字。原碑文字漫漶，本书作者疑为"创自"之误。

③"倪"为所引原编撰者所补缺字。

④"见"为所引原编撰者所补缺字。

⑤"其局"为所引原编撰者所补缺字。

⑥"由"为所引原编撰者所补缺字。

⑦"知"为所引原编撰者所补缺字。

鲁班会公议刊碑[2]　　佚名

孟子曰：大匠诲人，必以规矩。学者亦必以规矩，是凡运斤之子弟，舍规矩无以成

---

〔1〕　安成祥编撰：《石上历史》，贵州民族出版社，2015年版，第123页。

〔2〕　黔东南州文化局编：《黔东南文物志第4集》，镇远县印刷厂，1991年版，第109–110页。

方圆。而挟技以游者，无规矩亦无以成体统。今约同人，谨定所有各条，胪列于左：

一值年首事，五月初七庆贺仙师，务须恭敬，酒席场中不得闹事。违者重罚。

一外来生手，每名出钱贰佰肆拾文敬神。违者，逐出境外。

一不准戗（抢）①夺生意。如有戗（抢）夺者，公同议罚。

一议写生意者，每串抽钱十文敬神。

一同行不准动生嫉妒，各安本分。违者议罚。

馆门口右边，店地一座。后抵墙，前抵街，左抵财神会地，右抵巷口，每年租钱七千文。□□□借去钱二十千，将铺作抵，每年息钱四千文，字存开泰县。申有元新捐钱壹千文。

光绪十六年（1890）十二月二十日奉开泰县赵面谕刊碑公立。

注释：此碑立于黎平两湖会馆内的禹王宫后，碑长方形，高1.59米，宽0.74米，厚0.07米。碑额横镌"万古不朽""鲁班会公议刊碑"二行十一字，阴刻楷书。碑文竖行阴刻248字，包括八位"首事"者姓名，曾子昭书丹。是光绪十六年（1890）十二月，"鲁班会"公众议立的五条规矩。

黎平两湖会馆，是湖北、湖广（南）旅黔人士于清嘉庆二年（1797）创修，以后逐步完善。是现今黎平保存得较为完整的一座会馆。内设"盂兰会""鲁班会""轩辕会""观音会""商会"等社会服务性的公众联合组织，各会自选"首事"，自订规章，各会会首公推数人作为会馆的总领事，进行集众聚会、议事等活动，仲裁会馆事务，并设有常驻人员，料理日常琐事，接待来往人客。

校记：①"（抢）"为所引原文注。照录。

中潮龙洞阁题刻[1]

注释：龙洞在黎平中潮（镇）小学校旁，洞深数百米。据《黎平府志》和《开泰县志》载："洞内有石床，旁有深潭，相传洞中有龙。春，群鱼来朝龙，人竞往观之。"昔时洞口建有一阁，名曰龙洞阁。此阁建造工艺精巧，十分壮观，故称"龙洞栖霞"。是开泰县形胜八景和黎平形胜十景之一。古人有赞龙洞诗曰："洞门高阁霭余晖，珠树玲珑隔翠微。皎洁灵潭图日月，入云深处亦沾衣。"

自明朝以来，历代文人凡在此宴饮者，无不吟诗作对，清朝时期更盛，洞内留下了不少佳作。

明万历三十三年（1605）正月，孔思亮、□国林游龙洞，题诗于石壁。因时过久，

〔1〕 贵州省黎平县委员会文史资料征集研究委员会：《黎平文史资料选辑第3辑》，第131-133页。

诗词字迹已不可辨。

清成丰四年甲寅（1854）中秋，明经胡子禾、博学廖晓垣游龙洞，率书十二韵于壁云："龙洞隐祗灵，洞云卷铅汞。神龙云中翔，霖雨需郊陇。苍苍石虬壁，霭霭佛香拥。璎珞穷布施，铁甲森暗拱。人言空洞天，咫尺波涛涌。中有赤鲟公，光射阴岩孔。远朝南海神，归挟雷霆彗。一跃倏一坠，岂必无神勇。我从南山来，云母碧飞动。为歌枯鱼泣，恍听秋潮涌。洞天窥鸿蒙，劫火老魑恐。何由观其源，往见神龙种。"

清光绪年间，黎平彭应珠约同人游栖霞龙洞，题诗曰："烟云拥护阴崖肃，老龙于此换凡骨。肉化珠亡骨具存，至今犹痊崖之腹。当年嘘气感风雷，此时埋没生蒿莱。漫说蛟龙是神物，躯壳不保胡为哉。凡物有生必有死，龙兮虽灵亦如此。何如使此骨速枯，庶免朝夕供锹锄。我来正值冬初日，石上犹存蜿蜒迹。狂呼入洞蝙蝠飞，阴气逼人毛发立。洞旁有水千尺深，游人到此皆心惊。天开一窦朗于镜，石壁倒影疑重城。石缝旁通尤逼仄，蠕行而入深难测。曷泐丰碑补其阙，勿使生人投死穴。巨窟无如六洞多，蜂房高敞山之阿。诸君若肯探灵穴，我愿相从载酒过。"

上述关于清成丰四年中秋的十二韵题壁诗句，另有版本载录，文字略有差异，备考。参见黔东南州文化局编：《黔东南文物志第二集》，第138-139页。此版本称十二韵题壁诗乃黎兆勋所作。此附其题诗：洞烟隐祗需（即灵），洞云捲（即卷）铅汞。□龙云中翔，霖雨沛郊陇。苍苍石虬壁，霭霭佛香拥。璎珞穷布施，铁甲森暗拱。人言空洞天，咫尺波涛涌。中有赤鲟公，光射阴崖孔。远朝南海神，归挟雷霆彗。一跃倏一坠，岂必无神勇。我从南海来，云母碧飞动。为歌枯鱼泣，恍听秋潮汹。洞天窥洪蒙，劫火老魑恐。□由观其源，往觅神龙种。成丰甲寅仲秋日，偕徐明经为桂明学正长新廖才秉□蓝□游此，率书十二韵于壁，胡君嘱廖生勒石，盖欲不忘鸿□印也。开泰县儒学训导□□义黎兆勋题，候选府经□廖如金刊壁。

黎兆勋（1804-1864），字伯庸，号檬村，晚号洞门居士，性情耿介，重德行，出生官宦人家，后随祖父黎安理读书山东长山县。祖父谢世后，返遵（义）与郑珍、莫友芝同窗共读十余年，研读古籍珍本，切磋诗艺。清道光二十九年（1849），代理石阡府学教授，补开泰（今黎平县）教谕。后因平苗乱有功，晋升湖北鹤峰州州判。同治元年（1862）调任随州州判。三年，父死奔丧还乡，卒于家。刊行《侍雪堂诗抄》六卷、《烟亭词》四卷和《黎平诗系》，与莫友芝共同纂辑《黔诗纪略》。未刊行的有《石镜斋诗略》与《词林心醉》。

秦溪凌云塔题刻[1]

注释：俗称白塔，在黎平县城北三十五公里的秦洞村秦溪北岸。据塔顶之碑记载，始建于清末，复建于民国七年（1919）。在秦岭东南山巅还各建有五层小塔一座，俗称"风水塔"。两塔相距三百余米，与凌云塔形成三角形，遥遥相望。南北丛峦叠嶂，林木葱茏。山下田坝中间，碧溪蜿蜒向东。

凌云塔，四周以青砖砌墙封围，连成一体，构成一座完整的四合大院，塔矗立于院内正中。塔基为青料石砌筑，高 1.5 米，占地面积二十二平方米，正面由石级踏垛而登。塔身为六面形，砖石砌筑，呈白色，为斗拱式建筑，四层一底，逐层收刹，置葫芦宝顶，悬山式屋面，上盖小青瓦，翼角高翘。塔高约二十八米，宏伟壮观。塔身每层高五米余，一层檐中央镶有竖匾，上书行体"凌云塔"三字，其下镶有一横匾，上书行体"秀启泰溪"四字。塔门正面，泥塑龙、狮，绘有虎、鱼、虫，佛像等壁画。塔内由底层至五层，每层均有十余级宽大旋梯直通顶层。底层之内，塑有巨形佛像三尊。二层以上，每层六面开设拱形窗口，窗之两侧，均书楹联："凭栏观无边风月，开窗见万里河山。"

塔下前后，各为五间木房，前面是善堂，后面是斋堂和火房。善堂正面和两侧，均为封火墙，正面高七米，侧面高十二米。正面门之两边，书有对联，门上镶有一块长三米，宽 1.2 米的石匾，横行书"秦山保障"四字，再上端绘有云龙戏珠彩画。墙正面檐下方也绘有以历史故事为题材的人物画和各种花草画。前后两座木楼建筑，予凌云塔以拱卫。在"文革"期间，凌云塔佛像被毁，层间地板、旋梯被盗，十一届三中全会之后，群众起来修缮保护。1984 年 4 月黎平县人民政府公布为县级文物保护单位。

---

[1] 黎平县志编纂委员会：《黎平县志》，巴蜀书社，1989 年版，第 656 页。

按：昔称古州。元至元二十年（1360）置古州八万洞总管府，后改军民府，属思州安抚司。明洪武三年（1370）置古州蛮夷长官司，属思州宣慰司；二十六年（1393）置古州卫，寻废；永乐六年（1408）设古州司流官吏目；十二年（1414）以古州蛮夷长官司属黎平府。清雍正五年（1727）设开泰县丞分驻古州；七年设古州镇，置古州厅，以黎平府同知驻其地；乾隆元年（1736）置古州兵备道；二年（1738）移开泰县丞分驻朗洞。民国二年（1913）改古州厅为榕江县，属黔东道；十二年直属于省。1950年属独山专区。1952年属都匀专区。1956年划入黔东南苗族侗族自治州。1958年将从江县并入。1961年将从江县分出。1997年榕江县辖六个镇十四个乡，县政府驻古州镇。现隶属黔东南苗族侗族自治州。

武侯庙碑记[1]　　张广泗

古州为黔之东境，悉苗薮也。蓥屋盘纡，椒蕃瓜蔓，自昔叛服靡常。汉以迄明，率羁縻之。我朝定鼎以来，明德天威，海隅暨讫，视幺么黑子。若丰草长林、乌鸦而兽狉，是覆载之量耳，非意为包荒也。乃椎髻铁额之徒，残忍忮害，动逞凶狡。往往乌合鸥张，劫夺捆虏，扰荡边徼以弗靖。雍正九年（1731），巡抚张钦承庙谟，督师进剿，焚其巢穴，而殄厥渠魁。数百千年不通声教之区，一旦尽入版图。因得周览地形，有台屹然，苗人以诸葛名之。相传武侯南征驻兵于此。其事固无可考，然按之志乘，武侯所过，辄有遗迹，付诸山灵，如贮甲、铜鼓两岩，以及祭星坊、观风坛故址，比比皆是。则此台为侯驻兵之处，谅非附会无稽之话。况历年既久、而苗人不敢一至其处，至辄疾作，谓撄侯之怒而然，必祷祀乃止。则侯之赫濯犹昭昭人耳目。无怪乎尸而祝之者遍南服也。兵备副使孙君绍武，曩既从事军营，今复观察其地。览斯台之在望，不禁流连今昔，谓苗氛绥静，未必非侯之灵默相其间，爰立祠于卧龙岗以祀之。前、后堂各三楹，左立亭

〔1〕　贵州省文史研究馆古籍整理委员会编：《贵州通志：金石志·古迹志·秩祀志》，贵州大学出版社，2010年版，第416—417页。

曰："抱膝亭"。右建阁曰："鸣琴阁"。盖述侯之高致而彪炳勋庸归于淡定也。门外建祠三间以祀济火，盖报其能向风慕义，佐侯平定南服也。冈名卧龙者，则又因侯之故里，藉以志高山仰止之思也。他如书屋、庖厨、僧寮、客馆，无不毕具。计建祠之费，共七百余金。悉皆官捐，不烦民力。董其事者，古州同知蔡时豫与照磨金鼎也。噫，是祠之建，非特表我侯南征之伟绩，亦欲使精夫妖徒，睹庙貌之巍峨而沮其跳梁之志，以征圣朝之照临无远弗届。而攻心一语，且千古如一辙也。是为记。

注释：武侯庙，在古州厅（今榕江）城内西门坡卧龙岗。乾隆十三年（1748）建。左抱膝亭、鸣琴阁，右为济火祠。相传武侯征孟获，济火为向导，韦姓，名阿里黑。

此碑记另有载录，参见黄家服、段志洪主编：《中国地方志集成贵州府县志辑17：光绪黎平府志（一）》，巴蜀书社，2006年版，第142页。

张广泗（？-1748），清朝雍正、乾隆时期名将。汉军镶红旗人，由监生捐纳入官。康熙六十一年（1722）任贵州思州知府。雍正四年（1726）又调往云南楚雄为官。从雍正四年开始，他追随鄂尔泰征讨苗疆，屡立战功。雍正五年（1727）张广泗被提升为贵州按察使。雍正六年（1728）张广泗率兵赴都匀、黎平、镇远、清平等地驯服各个苗族部落。雍正六年（1728）六月出任贵州巡抚。雍正十三年（1735）七月升任湖广总督。一年后出任贵州总督。乾隆十二年（1747）三月转任川陕总督，经略平定大小金川军务。与此同时，加太子太保衔。乾隆十三年（1748），因进剿金川事务被革职解京。

重修崩坡塘敕封龙王庙碑[1]   刘韫良

且有功则祀，圣王所以推恩，而有感斯通，神物于焉效顺。其有乘乾行健，止坎怀柔，跃跃输诚，昭昭挺异，雨滋福遍。大哉，品物之亨，波湛恩深。允矣，灾襐之御，能勿宠颁。枫陛温语，有加德颂，竹疆明埋，勿替也乎。厥维古州之域，崩坡塘在焉。乃名胜之所标，亦清淑之所萃也。夫其灵源西汇，正干南分。鸥乡泛泛以三篙，鲸窟滔滔而百里。今虽巨浸，昔本平畴，几番陵谷迁移，脉因山断，一派泥沙涌涨，眼遂泉封，功偏疏凿，以难施势，竟汪洋之罔测。茫茫一览，纳众水以成陂；簇簇四环，障群山而作岸。其间岛屿错壤，水面浮青，烟火成村，山腰垦翠，掠蘋香于画里。远近烟迷，摇树影于镜中。高低霞掩，波掀万顷，港拗千湾，云壑殊姿，风烟异态。奔腾破浪，鳌批六六之鳞；曲折穿云，鹤掉双双之首。中流黝若，两峰截然，谲诡慑神，阴森竦魄。灵宫宛在，额仙篆于岩端。元府特开耳，神遨于水底。想其王蟠矫矫，甲闪嶙嶙，玉蜕骨轻，珠眠颔稳。灵本通于隐现，形尤妙于飞潜。往往神怒，或千船教风旋，

〔1〕 贵州省文史研究馆古籍整理委员会编：《贵州通志：金石志·古迹志·秩祀志》，贵州大学出版社，2010年版，第362页。

妖氛可靖，鞭藉雷驱，万派朝宗，盈缩不愆于冬夏，三潮应候。清浊忽异于晨昏，雄长于斯，神奇乃尔，迹诚显矣，惠尤溥焉。不观夫妖彗烛天，骄阳灼地，魃将肆虐，牲或荐饥。乃玉帛斯陈，灵臻桑祷，兹基可待，喜洽蒲瞻。虽当羲晷炎如，影未逾夫卓午，俄已商霖沛若。信如准于占，壬啬①可丰，回灾能福，转鸿嗷无警。鱼梦有征，良由亦保、亦临，始克仓箱之庆衍。矧可如几、如式，不教笾俎以酬勋。爰于乾隆年月日，经守臣之吁请，荷圣主之覃褒，芝绋特颁，冠三公而秩重桐圭，载锡统百族以权尊。所以阐灵徽、答神贶也。维时，绅耆某等，肌沦泽厚，首创工勤，不辞龟契之劳，如睹翚飞之状。灵旗窈尔，窥朱鸟以窗开；仙仗森然，驭青虬而辂启。凭依得所，肸蠁无愆，惟不意蛮易角争，苗难羽格，蚩旗星闪，楚炬风嚣，灵区而眼见陆沉，劫土而心伤灰烬。诸君徘徊故址，踯躅荒墟，蓬蒿没膝，以何堪桑梓关心，而不免爰谋厘剔，有事经营。桂栋蟠蟜，云绘缤纷之彩；柏梁虹跨，风飘馥郁之香。庙貌尊严，斋心肃穆，圭旒藻饰，剑佩花迎。于以妥蒸尝，于以昭诚敬，礼也。於戏②！神化无方，呼吸原通于上帝；饟穰有兆，轩克慰夫苍生。风乘万里而遥，偕君跨海；日捧九霄之近，让我为云。

注释：龙王庙，在古州厅（今榕江）城北门外既济宫右，咸丰年毁，同治年重修，今改建南门内。又，崩坡塘有龙王庙，光绪年重修。此碑记另有载录，参见黄家服、段志洪主编：《中国地方志集成贵州府县志辑17：光绪黎平府志（一）》，巴蜀书社，2006年版，第141页。

刘韫良，贵州省贵阳府贵筑县（今贵阳市）人。亦作蕴良，初字璞卿，号丽珊，后改字玉山，号我真。道光二十五年（1845）生，卒年不详。同治六年（1867）贵州丁卯举人，十年（1871）辛未科进士，选庶吉士，光绪元年（1874）散馆改云南恩安（今昭通）知县。宣统元年（1909）参与创立中医学堂。著有《壶隐斋诗集》《牂柯群苗杂咏》《俚语谐律》《乐牌令》等，均散佚，惟《壶隐斋联语类编》一书存世。该书收著作者所撰联语2459副，为贵州楹联巨著，因此被誉为清末贵州楹联大家。

校记：①"啬"，即"穑"的古字。
②"于戏"，作繁体"於戲"的简写时，本意为呜呼，当为"於戏"，径改。

丹寨

按：元至元年间，今县境为都云安抚司和定云府间地。至正十三年（1353），境内始有建置，朝廷在坝干置天坝长官司，管理今县境及巴梌、阳基等地苗疆土务。明洪武七年（1374），天坝长官司归顺明廷。十三年（1380）改为苗夷长官司。十八年（1385），升为蒙囊直隶天坝安抚司，仍管理原境土务。清康熙十一年（1672），改隶都匀府，将巴梌等地划入都匀。雍正七年（1730），朝廷准建八寨厅，厅治在今老八寨。据乾隆十四年（1749）贵州巡抚爱必达编纂的《黔南识略》载，厅治亦西迁约5公里设在龙井塘今县驻地。八寨厅建制一直沿至民国初年。民国三十年（1941），国民政府撤丹江县（雷山），其西南部并入八寨，取丹江与八寨各一字，称"丹寨"至今。1957年1月改称丹寨县。1959年1月撤销丹寨县建制，与炉山、雷山、麻江合并建为凯里县。1961年8月恢复麻江县和雷山县建制，原丹寨县建制分别划归麻江县和雷山县。1962年10月恢复丹寨县建制。现隶属黔东南苗族侗族自治州。

龙洞石刻[1]

注释：龙洞石刻位于丹寨县城西约一公里的龙泉山东北麓。此有一溶洞，常年涌出一股清泉，名龙洞，石刻嵌在洞口上方的石壁上。清光绪二十年（1894），厅境大旱，庄稼枯死，人心惶惶。而龙洞水仍常流不断。人们认为洞内有神灵，八寨厅同知吴光銮亲临龙洞求雨，事有巧合，果然大雨，吴认为"奇验"，便于光绪二十二年（1896）在洞口石壁上嵌立了"精异冥通"四字碑刻。每块字碑长一米，宽0.66米。旁边另刻小字落款"八寨同知吴光銮敬书并立""光绪二十二年岁次丙申桂□□浣□谷旦"。均为阴刻楷书（原文为繁体字，今转为简化字），至今字迹仍清晰可见。

本书作者经文献查考证，"精异冥通"四字，尚有其他版本均载为"精冀冥通"，

---

〔1〕 贵州省丹寨县地方志编纂委员会编：《丹寨县志》，方志出版社，1999年版，第931页。

参见黔东南州文化局编：《黔东南文物志第一集》，黔东南州印刷厂，1985年版，第132页。或贵州省地方志编纂委员会编：《贵州省志：文物志》，贵州人民出版社，2003年版，第351页。本书作者认为，因原石刻文字为繁体，疑为被人辨认时的识别差异，备考。

兴义

按：兴义（府），清代，安龙是兴义府所在地，统领盘江八属。清康熙二十五年（1686），置南笼厅，移贵阳通判入驻；雍正五年升为南笼府；嘉庆二年（1797），改南笼府为兴义府，直至宣统三年（1911）未变更，府址设在今安龙县城，辖贞丰州（今贞丰县及望谟县一部分）、册亨州（今册亨县）、普安县（今普安）、新城县（今兴仁）、安南县（今晴隆）、兴义县（今兴义）和捧鲊巡检（今兴义捧鲊镇）。1913年置捧乍分县，1935年捧乍分县入兴义县。嘉庆三年（1798）置兴义县。清末辖：兴义、普安（今贵州省普安县）、安南（今贵州省晴隆县）共三县；贞丰（州治在今贵州省贞丰县）一散州。1914年废。1952年兴仁专署迁驻兴义县，改称兴义专区。1956年原属安顺专区的郎岱县划归兴义专区。1965年复设兴义专区，专署驻兴义县。1970年兴义专区改称兴义地区。1987年11月经国务院批准，兴义撤县建市。现为贵州省黔西南州下辖市。

鲁屯城隍庙碑记[1]   李国忠

注释：城隍庙碑，在兴义县东之鲁屯，明成化十八年（1482），锦衣卫掌印千户李国忠修城隍庙撰文勒石。（《兴义府志》）此碑文未见史料详载，今亦录其碑名存之，备考。

修东岳殿记[2]   任之聪

《中庸》言："鬼神之德，极其盛，至于视弗见，听弗闻，体无不遗，而人承祭祀者，斋明盛服若或使之，洋洋如在，盖有颣矣。"予自历官，不敢徼福自利。而先生神

---

〔1〕（民国）刘显世、谷正伦修；任可澄、杨恩元纂：《贵州通志（六）：金石志（二）》，第110页。或黄家服、段志洪主编：《中国地方志集成贵州府县志辑11：民国贵州通志（六）·民国今日之贵州》，巴蜀书社，2006年版，第110页。
〔2〕贵州省文史研究馆古籍整理委员会编：《贵州通志：金石志·古迹志·秩祀志》，贵州大学出版社，2010年版，第358页。

道之教，间亦有仿而行之者，要皆先成民而后致力于神。刘康公有言曰："君子致礼，莫如致敬在养神。"季梁曰："所谓道者，忠于民而信于神也。上思利民，忠也。祝史正辞，信也。斯二者，亦道之不偏废乎。"癸巳（万历二十一年·1593）冬，予承乏安龙。朔吉行香，循往例，先礼岱岳宫。或簿书之暇，为民祈岁，则斋沐以祷。遇神诞，徇士民请，得从土台后庀牲告虔。而是方父老子弟欢呼报赛，醵金致馔毕，献酬尽欢，岁以为常。居恒则饮食必祭，水旱疾疫有事必祷，为礼益肃。殆苏子所云：信之深思之，至苃蒿凄怆，如或见之者也。后殿圮①，遗五岳像，颓毁漫灭，几不辨。偶步其地，寺僧请新之。予曰：祀五岳，礼视三公，未敢亵也。昔韩昌黎谒衡岳，值秋雨晦昧，亟祷之，立霁。故其诗曰："潜心默祷若有应，岂非正直能感通。"夫神之显证，惟正直者感通之。予未敢当也。僧请益，予曰："是岂淫祠者比哉？苟利于民，吾何爱焉？"乃质之僚友、前别驾朱君、新别驾胡君、司理谭君，各出俸金，募工经始，沿其故址，新厥祠，饰厥像，又于旁之赢地作金花神祠，是则民之祷嗣者也。民于是感格有藉，祷祀克恭，以诚合漠，以善获福。岁时伏腊，俨对越焉。此民事神之心，亦予所以为民事神之心也。祠成，集众捐金，可以葺墁饰陋。又察西边新庄绝军谢贞工马四九荒田，与庄、杨二家地租九石五斗、银五十两，远请于总镇周公及佥宪范公，皆荐馨有素。欣镌额于门，爰次终始，勒石而为之记。

注释：东岳殿在兴义府南门内，明永乐十五年（1417），安隆所官舍人王海臣等捐白金二千五百两建。明末安龙府同知任之聪修又捐置庙田，增建金花神祠，有记勒石。康熙末，僧真综又购田凡租六十石，为岁修费。已而，里人王世荣等重建，又捐田，凡租三石，为祭祀费。亦撰记勒石。（《兴义志》）

此碑文另有版本载录，参见（清）张锳修；周汉勋、朱逢甲纂：（咸丰）《兴义府志》，第325页。或黄家服、段志洪主编：《中国地方志集成贵州府县志辑28：咸丰兴义府志（一）》，巴蜀书社，2006年版，第325页。

校记：①原文为"圯"，误，应为"圮"，径改。

城隍庙碑[1]　　卢英

粤①稽古之建邦立社，为神人之凭依者。坛壝立而守祀有职，庶几神灵之无亵渎也。城隍之神近于社，泂一城之人民所观瞻也。安隆城之有城隍，盖有年矣。城之寺观，择胜而建立者，亦非一矣。今寺观皆有田，而城隍之神，乃一城之主庙，独无田，安保其栋宇之无圮②、香火之常继乎？！于是，众善士有忧焉，协力捐金购田奉祀，以

〔1〕　贵州省文史研究馆古籍整理委员会编：《贵州通志：金石志·古迹志·秩祀志》，贵州大学出版社，2010年版，第352页。

启崇奉之端，后有博施利济。巍峨其庙貌，峥嵘其殿宇。将见诚无不应，不亦一域之冥镇也哉。是为记。

皇明崇祯十六年（1643）孟秋月中元日，普安州官生卢英撰。

普安卫指挥宁佐圣、安笼所千户桑奠国、提调夏仰尧、指挥应袭蒋腾龙。

注释：城隍庙在兴义府南门内总兵署左，建于明代。崇祯中官生卢英撰有庙碑。此碑文另有版本载录，参见黄家服、段志洪主编：《中国地方志集成贵州府县志辑28：咸丰兴义府志（一）》，巴蜀书社，2006年版，第323页。或（清）张锳修；周汉勋、朱逢甲纂：（咸丰）《兴义府志》，第323页。

校记：①"粤"，古同"聿"，文言助词，无实义，常于句首或句中。
②原文为"圯"，误，应为"圮"，径改。

修玉皇阁记及诗碑[1]　　周正己

尝仰焉而望清虚一大，杳杳冥冥，不可得而名。乃日月丽乎天，星斗悬其像，雷电合而成章，风雨合而岁稔。逮至寒暑灾祥，昼夜阴阳之不忒，默默中是必有所以宰之者。而寰中万象，斯仰而戴之也。维彼苍穹之表，玉皇为尊，元帝为辅，遍天下尸而祝之者，立庙造像，有自来矣。郡自有明正统间，于东门之阜，去城里许，有庙貌在焉。二氏之徒，去住无常，自道人高道洪、沈常智、史守真、僧人极乘，竭力修补，厥后兴废不一。此山虽属合城香火，而正己先人自南京从戎有功，升受此地指挥世袭，以汗马功，施有庄租一区，载在碑志文券中，可考而知也。无何而物换星移，一座绝好道场，几为狐兔窟穴。乾隆九年（1744），合城善士欲鼎而新之，规制轩敞，周之以楼，焕然一新，奈人力不足，几废前功。至二十二年（1757），释家弟子祖新，自西江来，实心募化，辟草莱，密棘槛，莳花植果，种树灌园，庙中渐有起色。适永丰州牧李公化来署府篆，暨恭人刘氏助七十金，创造戟门并左右围墙、月台及坡路，更得合城远近士商集腋成裘又募化斋米，数年始告成焉。今临其巅，见迁客骚人遥吟俯唱，樵夫牧竖，行歌互答，而空山逸韵足以唤醒一切，不徒为郡城一游览之地也。后之览者，有成于斯，踵事增华亦付之于神灵呵护焉已矣。

乾隆四十一年（1776）孟冬周正己撰。

注释：玉皇阁在兴义府城东门外迎春岭上，明正统中建，指挥周廉捐有庄田一区。乾隆中修，郡人周正己有记勒石门外。

碑文标点为本书作者所加，供参考。此碑另有载录，参见贵州省文史研究馆古籍整理委员会编：《贵州通志：金石志·古迹志·秩祀志》，贵州大学出版社，2010年版，

〔1〕 黄家服、段志洪主编：《中国地方志集成贵州府县志辑28：咸丰兴义府志（一）》，巴蜀书社，2006年版，第338页。

第378页。

周正己（生卒年不详），字居易，南笼（今安龙县）人。乾隆年间贡生，官至天柱训导，善吟咏。淡泊自甘，于世无营。

附：六言绝句二首　临道使者

骧首清虚而上，琼宇瑶台无量。峦巅矗立香台，俯仰乾坤一望。

绝妙清虚道观，瑶草琪花开遍。不如紫府真人，手持黄庭一卷。

注释：据《兴义府志》载：玉皇阁在（兴义）府城东门外迎春岭上。明正统中建，指挥周廉捐有庄田一区。乾隆中修，郡人（训导）周正己有记勒石（乾隆四十一年·1776），门外有二石上镌诗画，诗二皆六言绝句，署名临道使者或云亦周正己作也。按：碑记原文见（民国）《贵州通志·秩祀志》。

此碑标点为本书作者所加，供参考。此碑记另有版本载录，参见黄家服、段志洪主编：《中国地方志集成贵州府县志辑8：民国贵州通志（三）》，巴蜀书社，2006年版，第288页。或贵州省文史研究馆古籍整理委员会编：《贵州通志：金石志·古迹志·秩祀志》，贵州大学出版社，2010年版，第141页。

水晶观石刻[1]

注释：水晶观在兴义老城北固山，始建于明代，称白帝祠。清乾隆四十一年（1776）普安州分驻黄草坝理苗州判程炼会同黄坪营士民捐资修复，因黄草坝常遭火灾，取以水克火之意改名水晶观。同治元年（1862）毁于兵祸。光绪十八年（1892）县人培修复旧。

水晶观殿宇巍峨，四周山峻林茂，石径迂回。首进灵官殿，楼上为魁星阁。次为大士殿，祀眼光等像，殿侧石壁有"普陀胜迹"摩崖。再上为乩仙殿，祀乩仙塑像及关帝牌位。四进雷祖殿，祀雷神，殿壁绘有"同舟共济""山之全景"壁画，殿前有方形字塔一座。山顶为玉皇阁，有元始天尊、四大天王彩塑像。民国三十三年（1944），在玉皇阁左侧出土程炼所撰《北固山水晶观记》石碑一方。殿宇在"文革"中被毁，现仅存一座残殿和部分旧址。

---

[1]　贵州省兴义县史志编纂委员会编：《兴义县志》，贵州人民出版社，1988年版，第564页。

捧鲊万寿宫碑记[1]　　佚名

注释：万寿宫位于（兴义）县城西南五十公里捧鲊镇街上。明洪武十九年（1386）置十二营长官司，隶于安顺州，其所领之捧鲊营即设于此。清乾隆十一年（1746）改捧鲊营游击设左营守备驻防。嘉庆三年（1798）捧鲊营划归兴义县，设巡检司、守备署治理。

万寿宫碑记刻于嘉庆二十二年（1817），高一百三十八厘米，宽六十七厘米，方头无帽，碑文楷体直书阴刻，载捧鲊营兴建万寿宫，乡人捐资买地史事。碑文未见详载，今亦录存之，备考。

建文昌宫记[2]　　胡霖澍

兴邑旧为普安州地，山重水绕，士秀而文，前此掇巍登科显仕者，代著伟人。自嘉庆二年（1797）苗变后，大吏以其地紧要，奏请析普安州之左里、右里、黄坪、布雄、捧鲊三营地，益以府属之花阁等五屯地，改设县治。十四年（1809）改隶于州。十六年（1811）复隶于府。自后纡青曳①紫，虽不乏人，而科名稍寥落焉。道光庚戌（1850）初秋，余出宰是邦，叶绅耆告之曰："振兴文教，邑宰责也。"予不敢辞，因为进士子而课之，文风蒸蒸日上。暇日，访邑东门大桥，旧有邑人赵君创建文昌阁遗址，予以为宜重建，并造文峰，谋之绅耆，佥称："善。"乃偕邑人捐金，选佳士董其事，杰阁文峰，秀耸天表，五阅月而工竣。将来人文蔚起，科第蝉联，可预卜也。但冀后之君子，以次修培，有基勿坏，此则余之志也。

注释：文昌阁在（兴义）东门外大桥。咸丰二年（1852）知县胡霖澍建。此文另有版本载录，参见（清）张锳修；周汉勋、朱逢甲纂：（咸丰）《兴义府志》，第327页。或黄家服、段志洪主编：《中国地方志集成贵州府县志辑28：咸丰兴义府志（一）》，巴蜀书社，2006年版，第327页。或（民国）卢儦创修；蒋芷泽等纂：《兴义县志》，第204-205页。

胡霖澍，号石渠，（湖北）黄冈人，道光进士。历婺川、贵定、兴义知县、知府，署遵义府事。咸丰中知兴义县事期间，兴利除弊，百废俱举，培修城东笔山书院，县署、典史署、东门大桥、文昌阁、城隍庙、东岳庙各地，又复修马别河下流木桥等。回、苗反，练勇保卫，境赖以安。同治元年（1862）三月，乱匪围城，粮尽城陷，霖澍

〔1〕　贵州省兴义县史志编纂委员会编：《兴义县志》，贵州人民出版社，1988年版，第574页。
〔2〕　贵州省文史研究馆古籍整理委员会编：《贵州通志：金石志·古迹志·秩祀志》，贵州大学出版社，2010年版，第334页。

巷战死，其弟、侄皆殉。赠太仆寺卿。

校记：①原文为"电"，误，应为"曳"，径改。另有版本为"曳"，备考。有汉语成语"纡青拖紫"或"纡金曳紫"，喻显贵之义。

捧鲊关帝庙后序碑[1]　　孙清彦

嗟呼！发逆蔓延半周，海内回夷肆扰，今愈十年。况夫地本弹丸，官失文武，兵食两乏，固守其谁？苟非捧人士如文山、仲谦、瑞图、云图及云亭诸绅民，同心效死，以存孤城，不及此忆。余乙丑（1865）偶临，周览形势，内山外河，垣堑天成，益皇然于无信不立之旨焉！孰意阳极而剥，诸君乃自坏长城。犹幸天贻云亭，只手支危，重振全局而鼎新之。从兹官民合一，上和而下应，岂不永固藩篱耶。噫！灵武失而明亡，睢阳守而唐兴，边城得失之故，其所系岂浅鲜哉！此即墨二城，田单所以为复齐之本也。题曰："西南屏障"，大书深刻，并缀数言，以告夫后之官此者。

大清同治七年（1868）戊辰九月庚戌之吉。

诰授朝议大夫花翎道衔即补知府昆池孙清彦书并识。

注释：关帝庙位于兴义县城西南五十公里捧鲊镇北街。清同治七年（1868），花翎道衔即补知府孙清彦到此巡视，题书"西南屏障"四字及后序一则，刻石五块，嵌于关帝庙甬壁上，总长七百二十厘米，高一百七十厘米，四字横列，行书双钩大刻，每字高一百二十七厘米、宽九十厘米。后序碑文一块，行草直书阴刻，计十二行、二百四十四字。1966年"文革"开始时，石刻部分遭到破坏。

孙清彦（1819-1884），字士美，号竹雅，别号竹叟、烛亚、古滇逸士、漱石斋主人等。云南呈贡廪生，以军功保举为同知、知府，委署兴义、郎岱、都匀、安顺等府厅，官至安顺知府。卸任后一直居住在贵阳。有"清贫太守"之称。是清末书画名家，传世之作以《画竹册》为精品。

苍圣阁碑并跋[2]　　蒋豹文

苍圣阁，黎莪①培风水，挽狂澜建也。群山四耸，花水中分，排二桥于左右，置字库以当门。跱立桥头，览遍沃田万顷；凭临楼上看来好景十分。想当年之未建也，平沙一片，荒草一区，无雕梁之秀起，无画槛之萦纡。年年洪波涌岸，岁岁巨浪翻衢。纵有

〔1〕贵州省兴义县史志编纂委员会编：《兴义县志》，贵州人民出版社，1988年版，第577页。

〔2〕（民国）卢儦创修；蒋芷泽等纂：《兴义县志》，第205页。

骚人即寻芳而懒到，岂无韵士爱载酒以何须及。于癸卯（1843）之秋也，爰有邑侯厥姓为娄来守斯土，布化宣猷。陶然倡首，请示捐修，募化功德，我辈同谋，不数月而成基成址。越一载而建阁建楼，以故庙貌维新，二桥续造。慷慨布施，陈罗与赵不吝资财，惟德是好。开成遨游之路，宝马香车不断，杂沓之人轻衫小帽……②

跋

黎峩东门外三元桥下，原有苍圣阁一庙，吾友刘陶然先生所创修者也。陶然在日，香火甚盛。迄今，世事变迁，遗址无存，地方人并不知前数十年此地曾有此庙也。兹者，余于旧书中检得此庙碑序一纸，然破碎不全，只有上截，无有下截，盖此序实为吾少壮手笔，多年不见，亦已忘却，乃今日一旦复睹，能不欣然而把玩耶？但下截，以世远年湮，竟不能默记一字。欲仍弃掷，则中心实有所不忍，只得将上半截备錬③于前，一以嗟此日吾年之衰迈，一以伤当年故友之弗存。

呜呼噫吁！诚不禁感慨系之矣。

注释：苍圣阁，在（兴义）东门外三圣桥下，道光癸卯（1843）邑人刘陶然建，后毁于兵燹。苍圣，指苍颉（或仓颉），相传为黄帝的史官，也是汉文造书（制字）的始祖。

蒋豹文，清咸丰年间秀才，兴义人。余不详。

校记：①此碑文所称之"黎峩"，乃兴义之旧称。

②此处省略号，为原文本有，照录。

③原文为"錬"，本书作者疑为"録"之误，备考。

晴隆

按：明洪武二十三年（1390）置安南卫，治江西坡（今属贵州普安县地），二十五年徙卫治尾洒堡，万历四年（1576）徙永宁州治安南卫城，康熙二十六年（1687）安南卫置安南县，因与法国殖民地属地安南同名，民国三十年（1941）以县境晴隆山作县名，更名为晴隆县。现为贵州省黔西南州下辖县。

重建城隍祠碑记[1]　　王廷瑞

明嘉靖二十四年（1545），岁在乙巳正月初三日重建城隍祠，延至丙午（1546）岁春三月，大宇落成。予窃以为，神以居祠，祠以安神，抑岂无所谓欤？尝泛观物理之在天地间，不越一诚而已。盖诚者，在天为实理，在人为实心，此圣功之本，神妙之机也。何也？诚则明，明则通，通则公，公则溥。惟明也，故足以达天下之隐；惟通也，故足以贯天下之碍；惟公也，故足以绝天下之私；惟溥也，故足以周天下之用。此其成性存，存由勉而安，所谓至诚之道，可以前知非大而化之之圣，圣而不可知之之神乎。易曰：精气为物，游魂为变，原始要终，故知生死之说。由是观之，幽明始终，初无二理，生而为圣，死而为神矣。粤自洪蒙判而两仪生，太极散而三才立，乾道成男，坤道成女。乾以易知，坤以简能，天地氤氲万物化醇，男女媾精万物化生。故立天之道曰阴与阳；立地之道曰柔与刚；立人之道曰仁与义。仁生也，义杀也；刚善也，柔恶也；阳昼也，阴夜也；所谓天地之道，可一言而尽其为物不贰，不贰非诚乎？是故生也善也昼也阳也，明而为人为物之谓也；杀也恶也夜也阴也幽而为神为鬼之谓也。鬼神之为鬼神，虽曰视而不见，听而不闻也。仰之，则洋洋乎如在其上如在其左右，非诚之不可掩，如此乎。此城隍之所为神，而居神之祠所由来也。我太祖高皇帝龙飞淮甸，迅扫元凶，平定天下，于明而人也，则设官分职以理之，有司则有守令之职，军卫则有使司之事，上而

[1] 黄家服、段志洪主编：《中国地方志集成贵州府县志辑30：民国兴义县志·雍正安南县志·光绪安南县乡土志》，巴蜀书社，2006年版，第526-527页。

至于台省公卿，莫不皆然。虽曰官有尊卑，而治民之责皆同也。于幽而神也，则设为城隍以主之。府卫有府卫城隍、州县有州县城隍，上而至于京都邦国，莫不皆尔。虽曰位有大小，而厉祭之主无异也。阳而人也，既有公所以为宣化之地，则城隍为阴之正神，安可无殿宇以为之所哉？

我安南创自洪武之初，城隍祠建于城中西隅之要地，制度非不弘伟也，规模非不壮丽也，但岁久则易颓，风雨则易敝，增修者止一梁一柱而已，百七十余年未有立意鼎修者。卫之掌印指挥使陶吟、巡捕指挥使曾大志及管操指挥使梁允昌、管屯指挥使李镇、吴南亦各使发良心并力修营，爰暨城西官舍会首刘宾、王言、南峰寺长老法会等，悉皆诚意交孚，布置劝募，是以合卫士庶，不限丰靡，随心溥施，以成其事。后得掌篆指挥使王爵摅诚协虑，互相赞助以毕其功。凡境军民百姓工人匠氏，乐于赴工而大相会合，始见经之营之，不日成之，由合而完，由完而美，未一载间而堂殿奂轮，孰非神人协应一诚之交感也哉！由是岑堂朴素，非饰雕梁画栋之美也；大厦浑坚，不为山节藻棁之华也。赫赫然可为一方之巨观；浩浩然可为万民之仰戴。自是神得以安，厉得以主，人得以宁，鬼得以理，藩镇之化得以浃洽，官府之政得以清明，军民之奸得以照服。作善得以降祥，作不善得以降殃，风雨以时，寒暑以候，天休慈至地灵呈祯，阳不失其为阳，阴不失其为阴，天和咸召五星聚奎，而一元文明之会，大举也。岂小补乎哉？是则包天地括古今成万化，皆一诚之昭著莫掩。故曰：物理之在天地间，不越一诚而已。岂不信乎？是为记。

注释：《安南志》云，城隍庙在西门内。康熙十二年（1673），营将以火药储庙中，某日烈药自焚，柱椽皆烬，独神像无损，人咸异之，寻即重建。按：城隍庙，洪武中建，嘉靖中修，康熙中毁重建。嘉庆十八年（1813），士民又修，殿宇愈壮丽，庙中有明嘉靖中王廷瑞修庙碑。

此碑记标点为本书作者所加，供参考。此碑文另有版本载录，部分文字有差异。参见贵州省文史研究馆古籍整理委员会编：《贵州通志：金石志·古迹志·秩祀志》，贵州大学出版社，2010 年版，第 353 页。或（清）张锳修；周汉勋、朱逢甲纂：（咸丰）《兴义府志》，第 330 页。

王廷瑞，明朝嘉靖中安南（今晴隆）人，官大姚知县。余不详。

海马关石刻[1]

注释：海马关，今称哈马关，相传有海马从村庄右侧之洞中出而得名。位于晴隆县

---

〔1〕 贵州省晴隆县志编纂委员会编：《晴隆县志》，贵州人民出版社，1993 年版，第 647 页。

城七公里，哈马乡政府驻地哈马庄（徐霞客称之为海马嶂）东隅约一百米处。始建于明洪武年间，即建安南卫城竣工后而造。关口城门约高三米，宽约 1.8 米，呈穹形，关拱门上方建有"真武阁"，面积约八十平方米。

明朝万历年初（1573），永宁州知州移驻安南卫城，与卫同城治理。万历戊午年正月（1618），永宁州知州毛宗长捐集银两，以维修海马关及"真武阁"，并改"真武阁"名为"玄天宝殿"，亲笔以墨迹勒于石碑。碑长约 0.9 米，高（宽）0.55 米，镶嵌于门洞上方，碑正中镌"玄天宝殿"四大字，左侧"永宁州知州毛立"，右侧"万历戊午年（注：1618）正月造"等字。

至今，海马关及玄天宝殿仍屹立于两山之间，建筑物完整依然。碑刻墨迹，清晰易辨。关楼左侧墙垣，于民国二十五年（1936）夏修筑黔滇公路时撤毁，其右侧墙垣多被村民撤作他用，但残垣还依稀可见。1988 年 6 月哈马关由县人民政府列为县级文物保护单位，1988 年 12 月立标志碑以示保护，碑文由华松林书。

重修汉寿亭侯庙碑[1]   程璧

安南居黔属上游，蛮烟霾翳，汉苗杂处之区也。古所谓岩疆者非欤！余以先皇庚子岁（顺治十七年·1660）承乏兹土，值兵燹之余，蒿莱满目，青磷夜聚，玄猿昼啼，汤火哀鸿，尽瘁招徕，于是渐获宁宇。城南旧有关侯祠，神之所司，不随民居灰烬，天栋虽有，丹垩陊剥，阶墀蔓草，几不能展笾豆矣！余进土人而语之曰："是必守祠者糊口无资致，然苟留心区画而为之，所荒落遂如此乎？"爰设迎刀会约以每岁孟春上浣举行。盖侯壮气当年，东挫孙吴，北詟曹魏，光汉祚，完蜀鼎，此侯之志也。迄今刚锋凛冽，生气犹存，神威出楝，到处陆离。间巷编氓，入目怵心，未有不烧烛焚香携妇子罗拜者。多寡乐输，金钱从事，可不顾问也。逮行之数载，一如余言，先后积赀若干。余董其事，率同寅诸公，各捐金以相厥不逮，遂购常住若干。嗣是，陊剥者暨茨，丹艧之庙貌威韘，仪容俨雅，亿万斯年，香火弗替。则予竭对越之忱，以告成事也云尔。抑予更有说焉。方今侯之灵爽覆敷，尸祝遍天下，风马云车排闾阖，遨游八极，讵谓南方一片土能邀信宿如此乎！昔伏波将军马援，佐白水真人，为东汉名将。南宋时，有立祠新安者，人怪之曰："将军足迹所未经，神所凭依将不在是，何以祠为？"紫阳翁云："是殆不然！神之格思，不可意计，且以藉将军忠义，振起来兹。即立祠亦胡不可？"然则，今常住之设，既以妥神，亦欲赖侯之忠义余风，潜移默运，俾此疆苗民革心向化，纾天子南顾之忧。则是举也，有裨于军国，有造于生民，其为地方计，岂浅鲜哉。

---

〔1〕 黄家服、段志洪主编：《中国地方志集成贵州府县志辑 30：民国兴义县志·雍正安南县志·光绪安南县乡土志》，巴蜀书社，2006 年版，第 529-530 页。

注释：庙在安南县（今晴隆）南门外，洪武中建，嘉靖中修。相传庙基本深潭，有蛟居之，大为民害，自建庙镇潭口而蛟驯，每夏雨甚伏，听神座下声沸如雷，庙田捐置零星，惟阿成寨颇具沟洫，庙僧赖之。康熙、雍正中又递修，嘉庆二十四年（1819），生员龙跃云等又改建。康熙中，安南卫守备程壁有修庙碑。

此碑文另有版本载录，文字略有差异。参见黄家服、段志洪主编：《中国地方志集成贵州府县志辑28：咸丰兴义府志（一）》，巴蜀书社，2006年版，第329页。或贵州省文史研究馆古籍整理委员会编：《贵州通志：金石志·古迹志·秩祀志》，贵州大学出版社，2010年版，第326页。

程壁，安徽休宁人，康熙中，官安南卫守备。安南兵燹后，军民皆未复业。壁存恤招徕不遗余力，亦良将也。

南观石刻[1]

注释：南观即高真观，位于晴隆县城南一公里处玉枕山巅，为明代初安南卫指挥使梁海继建卫城后倡建，明末凶失修而圮。清康熙三十年（1691），僧人飞航（佛道合流）集金重建。占地约五百平方米。观院坐南朝北，观后面基石下于悬岩边沿，观前面有平台，约一百二十平方米。

观院造形为硬山歇顶式，山门为青石拱砌，呈穹形，拱门上横嵌石一块，长约0.8米、高（宽）0.5米。上书"玉枕名山"四字，为行书，阳刻，每字长宽约0.3米。入山门有石阶步入观内，此为前殿，阶梯两侧依地形而筑平台，壁四大金刚神像；过前殿至天井，天井呈长方形，约一百二十平方米；正南面为内殿（正殿），殿基高于天井地平0.8米，殿中有真武帝像和前楼设有道家三百六十部雷神像。1952年后，因无人管理于1957年倒塌。

玉皇阁题刻[2]

注释：玉皇阁位于晴隆县城南街汽车站后面的金钟山巅，为南峰寺寺后阁。旧有安南"八大古刹之冠"的称誉。

阁下层为"灵官殿"，四周以石镶砌，留一石拱门入内。拱门上嵌有"彰善罚恶"石匾一块，两侧石壁各嵌一石碣。廊左置铜钟，直径一米，高1.6米，廊右置皮鼓，直

〔1〕 贵州省晴隆县志编纂委员会编：《晴隆县志》，贵州人民出版社，1993年版，第648页。
〔2〕 贵州省晴隆县志编纂委员会编：《晴隆县志》，贵州人民出版社，1993年版，第648-649页。

径一米，长 1.6 米。中层为三官（天官、地官、水官）殿。

顶层即玉皇殿。玉皇金像高约 0.4 米，位于九龙口下（阁内顶壁四角盘有飞龙二条，顶中盘龙一条，颈下垂，龙口中含一赤色珠宝，俗称九龙口），背靠雕龙木椅，头戴龙冠，身着龙袍，脚套龙头粉底鞋。其左右置护卫神像，一捧天书，一搁玉玺。神龛前有浮雕青狮一对，供案上陈列有经书、木鱼、铜罄、香炉等物。左梢间为禅房，壁上绘有八仙图，八仙神态各异，形象逼真，图旁有诗一首。诗云："拐李先师道法高，钟离老祖把扇摇。洞宾背背青锋剑，湘子云中吹玉霄。国舅银板敲得响，果老骑驴遍天涯。仙姑手拿长生草，彩和篮内献蟠桃。"

出山门左拐下石阶二十余级，有一石坪。左侧有一洞穴，洞口上方镌有"化字洞"及"明安南卫经历□□"字样。洞侧塑石碑三座，一勒贵州巡抚郭子章铸玉皇金像记，一勒重修玉皇阁记，一勒陈大经等二十三人捐金修路记。故有"安南县一阁三记，记记有碑，碑碑在阁"之说。自 1952 年反封建斗争起，玉皇阁始遭摧残。1957 年大炼钢铁将铜钟砸毁，当时因在阁内设民办小学，房屋阁楼尚能保存十余年。"文命"中，玉皇阁的建筑物及墙外古木，全被捣毁一空，至今仅存残址。

玉皇阁铸像并常住碑记[1]　　郭子章

余尝往来行役，至安南之境，道出城南关外，望见一山岧然特起，树林参差，秀耸可爱，诚一奇观！询之与卒，皆曰："此南峰①寺后山也。"寺在山前，为习仪之所。山顶旧有毗卢阁，岁久倾圮而遗址尚存，惜今已鞠为茂草矣。万历初，居人陆道清、梁世芬、穆世恩及寺僧戒道、真寿等共发菩提之念，遍募于城市乡屯间，延之岁月，稍稍积有赀财百余金，勉力鸠工，于时建阁三重，上以妥玉皇上帝、中下二层以妥三官、灵官，咸铸以像，惟玉皇金像工费不赀，力难遽办，竟未能造。近时本卫乡宦云南弥勒州守泰宇杨公垓，以母王太宜人性素好善乐施，寓书令造玉皇金像一尊，而泰宇公遂捐金三十金，造竟仍用脚价十四金扛送本阁，又捐八金置炉一副，十五金置龙椅、供桌及结顶砖瓦等物，捐二十金置佛殿大炉一座。至于城隍庙之铸大炉，南观之铸观音、玄天、文昌三教圣象并炉瓶等物，及买常住田亩、涌泉庵②之铸圆觉圣像并置炉瓶及常住田亩，各不下五十余金，此皆功德之在安南地者。其宰太和，则有天台感通、无为保合等寺炉瓶铸像装严之施，守弥勒则有咸和观铸像、三元宫创建之助，他如滇省之地藏寺、大理之鸡足山、雅州之岷山、江左袁州之慈化，亦各有铸像施舍之举，抑何莫非泰宇公之功德也。此虽非兹寺之事，要之不可不记，使人之所感发而兴起于其地，久则永垂于

---

〔1〕 黄家服、段志洪主编：《中国地方志集成贵州府县志辑 30：民国兴义县志·雍正安南县志·光绪安南县乡土志》，巴蜀书社，2006 年版，第 528–529 页。

不殁矣！虽然有大于此者，公之捐赀修置，所以祝圣寿于无疆，敬君之忱也，非忠乎？顺亲心于无斁，养母之志也，非孝乎？一举而忠孝咸备。子臣之道，孰大于是？视世之流连光景，假修建为游观计者，大不侔矣。予辱公爱最深且久，与公莫逆交，屡欲为公录缀一言，乃公固辞而止。兹因耆民、寺僧之请也，漫书此付之，不识公以为何如？遂记。

　　注释：碑在安南县（今晴隆）城南门外玉皇阁内，字已漶漫。据《兴义府志》载：阁为明正德中建，万历中修，安南荐绅弥勒州知州杨垓镌玉皇像，巡抚郭子章撰文勒石。

　　碑记标点为本书作者所加，供参考。此碑文另有载录，文字略有差异。参见（民国）刘显世、谷正伦修；任可澄、杨恩元纂：《贵州通志（六）·金石志（三）》，第134-135页。或贵州省文史研究馆古籍整理委员会编：《贵州通志：金石志·古迹志·秩祀志》，贵州大学出版社，2010年版，第107页。

　　郭子章（1542-1618），江西泰和人。嘉靖二十一年出生。隆庆五年（1571）中进士。万历十年（1582）迁广东潮州府知府。万历二十六年（1598）被任命为右副都御史巡抚贵州、兼制蜀楚军事，与李化龙合力剿平播州杨应龙叛乱，彻底消灭了盘踞播州八百余年的杨氏土司，又多次平定贵州苗、瑶起义。六十七岁时告老还乡，万历四十六年卒，年七十六岁。

　　校记：①原文"峯"，即"峰"的本字，今改为现行规范字。
　　②原文"菴"，即"庵"的古字，改。

陈氏捐修玉皇阁路碑记[1]　　梁森

　　精于修造之务者，识缓急之宜。善助功果之成者，知先后之序。非浅陋吝啬、苟且目前之可同日语也。万历元年（1573）正月，诸善友以作会感发谋建玉皇阁于南峰寺之后山。山顶虽有旧基，然地势高峻，历年既久，路皆崩塌倾洼①，险仄上下维艰。会首陈大经见赴工者苦于跋涉，乃语诸族人曰："与其同众建阁，孰若专于修路？先其难而利便之，尤为愈也！"乃首倡捐赀，召其弟姪若孙陈嘉可、陈三策等共三十三人，别其等第多寡，视工值之数而合敛焉。于是觅匠鸠工，伐石砻②砌。崖坎之高者凿去之，低陷坑侧者填补之。自山足至建阁处，九弯三十五丈，九十九蹬梯级，以次量度，陡甚者曲而缓之，必稳必坚。于是上下始得便，有事于斯阁之役者，免蹶足却步之虞，而劳顿差减矣。工始于七月朔，毕于十月初十日。计费银五十五两、米五石。路获完固，予方撰

〔1〕 黄家服、段志洪主编：《中国地方志集成贵州府县志辑30：民国兴义县志·雍正安南县志·光绪安南县乡土志》，巴蜀书社，2006年版，第528页。

筑墙记甫就，或复索予为修路记。予以一阁三记伤于烦，未之许。有谂予者曰："建阁之功，固皆宜奖，录镌示后来。然山路之修，先所难而利诸后又善功之最者，当大书特书之，可也！"予深韪之！陈门是举诚哉识缓急之宜，达先后之序。深长悠远，谋虑允臧，其有益于斯阁，功果非浅矣。故不厌其复而详列之以为记。

注释：玉皇阁位于晴隆县金钟山南峰寺之后，详见上。明万历元年（1573）梁森有记。碑记标点为本书作者所加，供参考。此碑记另有载录，文字小有差异。参见（民国）冉崟修；张俊颖纂：《兴仁县县志》，第564-565页。

校记：①原文"窪"，古同"洼"，径改。
②原文"礶"，古同"著"，径改。

修砌玉皇阁中墙记[1]　　梁森

事固贵于谋始，而尤贵于图终，终之不虑并于其始之谋者，胥失焉。矧营建之务，不其事之大者乎。寺后山修建玉皇阁，功将垂成而工食缺乏，众皆束手莫知所措焉。会首人等，求谒于用吾、朱参军时齐、罗抚军，然犹不足，遂群聚而商之，适有优人寓此，乃曰："吾侪盍于寺中作佛剧以劝诸人，凡老稚之聚观者，人敛其锱铢，哀多益寡或可取其一二也。"复白于二公，咸曰："可！"以是剧作凡七日，所敛银若干，始克有济工甫毕。时乡宦杨泰宇，任云南弥勒州守，闻阁已完，于滇铸造帝像，畀送方至，共议奉安间，值烈风雷雨，山峻阁高，震撼欹斜，众恐加此圣象于其上，其重愈难胜而屹立之久未可卜也，欲砌中墙，斯绵悠远，乃以工价弗给为虑，各复舍银，延匠觅工凿石，周围叠砌，自阁基至级约一丈七尺，坚致缜密，观者咸喜曰："是可以历之久远矣！"会首辈且过予曰："是役也，使无二公施助以主断于上，会首踊跃区画倍舍以劳勤于下，斯墙之砌，安望其有今日乎！"愿乞言以记之，予以杜撰修阁记矣。兹复有言不几于烦且赘耶？众曰："记修阁，举其纲而创①之始者也。记修墙，详其目而善诸终者也。何其以重复嫌哉？"因备述而书之于右。

注释：碑注详见上。碑记标点为本书作者所加，供参考。此碑记另有载录，参见（清）何天衢修；郭士信等纂：（雍正）《安南县志》，第529页。或（民国）冉崟修；张俊颖纂：《兴仁县县志》，第564页。

梁森，明代万历年间安南（今晴隆）人，遂宁县令。余不详。

校记：①原文"刱"，古同"创"，径改。

[1]　黄家服、段志洪主编：《中国地方志集成贵州府县志辑30：民国兴义县志·雍正安南县志·光绪安南县乡土志》，巴蜀书社，2006年版，第529页。

重修玉皇阁碑记[1]　　刘芳远

安南处高山大陵之间，上古以来，多置刹观丛林，以为享祀百神之所，而今所谓玉皇阁者，盖其古刹中之一也。阁在南峰古寺之上，有昭峣伟特之观。贤人君子每一登临俯视，而见山下之人烟迤逦，市井纷纭，未尝不流连致叹于其间也。余于乙丑岁（康熙二十四年·1685）冬月，登之寄目，而其山之僧通明为余言曰："此刹成败几经矣。丁亥（顺治四年·1647）时，兵火频仍，已毁过半。至丁未岁（康熙六年·1667），黄氏子弘圣力加修葺完固如初。至后，又罹兵火，楼阁栋楹之挠折者，盖瓦级砖①之破缺者，不可胜数。僧以此刹不修，其如前人之志何？于是不惜化募，即荷本卫宰官及街衢诸君子慨施资斧，共成厥工。且昔以山高路险，上下负薪汲水，如经九折，其苦尤甚。今于山后凿石新辟一径，直抵源泉，自兹薪水之需，较前倍多便宜，其有德于此刹，诚重矣！幸子为我记之。"余曰："此刹始兴，后而及于废，废而不为人所弃，以致振兴以崇祀上帝于不朽者，将疑有数存乎其间。不然，奚南峰诸刹皆不获保其无恙，而此独能久存者乎？"则其理，似不偶然也。虽然，信之坚则万物备，敬之至则百神享。呜呼！斯刹之所以久存而不坏者，其是之谓欤！其是之谓欤！

注释：玉皇阁，坐落于贵州省晴隆县城南门外的金钟山上。此阁始建于明正德年间，万历元年（1573）乡人及寺僧又集资建阁三重，取名"云凌阁"，后铸玉皇金像于其顶，始改名"玉皇阁"。20世纪30年代初，闻一多先生离开清华大学与学生步行团到往昆明途经此地，曾速写下玉皇阁，称之为"安南云凌阁"。

碑记标点为本书作者所加，供参考。此碑记另有载录，个别文字略有差异。参见（民国）冉崧修；张俊颖纂：《兴仁县县志》，第565页。

刘芳远（生卒年不详），清康雍时期，安南（今晴隆县）人。少孤，不辍苦学而成生员。善属文工诗，淡泊名利，所著《近思堂文集》在雍正中曾刊行于世。

校记：①原文"甎"，古同"砖"，径改。

---

[1]　黄家服、段志洪主编：《中国地方志集成贵州府县志辑30：民国兴义县志·雍正安南县志·光绪安南县乡土志》，巴蜀书社，2006年版，第534页。

贞丰

按：贞丰，明代为广西泗城府西隆州安隆长官司地。清雍正五年（1727），划其地即红水江北岸长坝、桑郎、罗斛等十六里及西隆州之罗烦、册亨等四甲半零二十一寨归贵州，置永丰州，治长坝，属南笼府。乾隆七年（1742），改建石城。嘉庆二年（1797），改名贞丰州。民国三年（1914）一月，改置贞丰县，隶兴义府（治驻今安龙县）。民国十二年（1923）废道，贞丰县直隶省。民国二十四年（1935）改隶第三行政督察区（专区公署设于兴仁）。民国二十九年（1940）划清水江和北盘江以东新设望漠县，贞丰县地域自此固定。1950年3月贞丰县人民政府成立，隶兴仁专区。1952年12月，兴仁专署移驻兴义，改称兴义专区，贞丰县隶该专区。1956年7月，撤销兴义专区，8月黔南布依族苗族自治州成立，贞丰县隶属黔南州。1981年9月撤销兴义行政公署；1982年5月，黔西南布依族苗族自治州成立，同时撤销贞丰布依族苗族自治县，恢复贞丰县，隶属黔西南州。

祀药王碑记[1]　　黄国宠

医之为技小矣！然而，精其术，脉占三部。药贮一囊，察虚实，辨君臣，有辅理血气之能，可以和灵府而氤氲也。有调和阴阳之功，可以通神明而赞化理也。至于验形色于腠理之中，微之又微，审气息于经络之表，精之又精，心可得而喻，口可得而言，则又与庖丁之解牛，轮扁之御车，同一神妙焉。古之业[1]斯术者，自岐伯以下，不可胜指，而药王独以是称神，岂非医学[2]之宗匠，如山之岱，如海之渎，百世当祀之而弗替者哉！吾乡有陈公讳洪德者，良医也。其先大父常以医国之手擅名。安顺公嗣得其术，来游[3]是州，惟按病开方，不妄取人一钱，而是州之人，得公方以全活者甚众。乃于疠痾顿起时亦间给钱以助之赀本，积四十年得金八十余。爰聚众议曰：昔先大父业岐黄时常建庙以祀药王，今予亦习是术，不可不祀。于是，捐金绘像，以所积得买之田，为奉

---

〔1〕 潘成义主编：《中国西南地区历代石刻汇编第19册：贵州卷》，天津古籍出版社，1998年版，第65页。

祀，而嘱予为文以记之。予观古之人，维一饮一食，亦不忘所自来，况公之灵枢妙术，起死回生，试问龙宫之禁方，谁传？金匮之秘书，谁授？上溯津梁，有展降龙伏虎之能而成之者，则今之业斯术以济斯人，其源远流长，诚难一日而忘者也。夫食其利者，享其报今日之尸祝而崇奉之也，固宜独计。人情莫不好贪，而公则不贪；人情莫不恶吝，而公则不吝，挟仁术以救人，而以其所得奉神，以数十年朝积昔累之金，一旦捐之而不惜，可谓乐施而不忘本者矣。后之人诚体公斯意，相与袭廉洁、重本源，将贪吝之私自化，而仁孝之心以生，无俟公之再进针钺也。是岂不足以风乎？爰为记。

南笼府永丰州学廪生黄国宠④书

计开：施主陈宏德仝⑤侄陈浩千乾隆三十八年（1773）用价九成⑥银柒拾两得买那均亭王水花私田弎坵⑦地名龙潭坝约种六斗每年安⑧佃租谷拾担上纳药王圣前永为香油之敬。

州城街者五府头人：刘正元、鲁升、许艳春、刘名标、蒋士能、吴显高、薛增、刘槐、倪应魁、李秀万、周兴邦、鲁得胜、姜天开、黄国臣、廖中桂、郑宜周、张南拱、黄应贵等公立。

住持：涂天柱。

大清乾隆三十九年（1774）岁次甲午仲春月谷旦。

注释：贵州贞丰县城内建有药王庙。所祀之神，从民俗及碑文看应是指扁鹊。碑立庙中，清乾隆三十九年（1774）刻。南笼府永丰州学廪生黄国宠⑨书。碑高一百一十五厘米，宽五十八厘米。碑文楷书，大部分文字可识。详见所引文献。以上碑文由本书作者照碑刻拓本抄录。所录碑文原无标点，标点为本书作者所加，供参考。

校记：①原碑文字模糊，形如"业"之繁体"業"，本书作者认同为"业"，备考。

②原碑文字为"孝"，即"学"的异体字，径改。

③原碑文字为

④原碑文字为"寵"，即"宠"的繁体字。

⑤原碑文字为"仝"，即"同"的古字，照旧。

⑥原碑文字为"左贝与右呈的合一字"，即"成"。经查字典未见此字，径改。

⑦"坵"，即"丘"的异体字，量词。

⑧原碑文字形如"安"，本书作者认为此处应为"按"，备考。

⑨所引原书注为"龙"。本书作者经查原碑文，疑为"宠"，径改。

文笔塔碑刻[1]

注释：塔碑位于贞丰县城西北 0.5 公里处的塔山顶上，塔形宛若毛笔，故称文笔

---

[1] 贞丰县史志征集编纂委员会编：《贞丰县志》，贵州人民出版社，1994 年版，第 754 页。

塔。清道光《兴义府志》卷三十五载："文笔塔建于道光二十四年（1844）"，塔高二十三米，共七层，实心，递减收分，呈八角形。建筑石料均为五面块石骑缝垒砌，无粘合物，建筑工艺精湛。塔南面立有一碑，高 1.5 米，宽 0.4 米，厚 0.2 米，刻有"笔点青云"四个大字。每字 0.25 平方米。字体为柳字变异。1978 年该塔被炸，仅存半壁。1993 年县人民政府集资修复。碑文未见详载，今录存之，备考。

神仙洞碑刻[1]

注释：神仙洞位于贞丰县者相区者坎寨后面的一座山坡上，距县城四十五公里，由坡脚沿山间小路而上约三十米处即达洞口。此洞分为三厅：第一厅宽约十米，高三米，进深 0.8 米。洞口右面的一块大石碑，上刻"积善登仙"四个大字及捐款人姓名；右面的一块小石碑，亦刻有捐款人姓名。洞口正中，一石倒挂，如巨剑悬空。洞内塑有神像数尊，中间一尊骑牛神像，当地农民称为"牛王菩萨"。登洞底北面的石级而下，有一长方形平台，上塑"观音"神像一座，左右两边，各有神像六尊。台下的一块石碑，上刻"为善最乐"及"光绪三年菊月立"等字样。（注：光绪三年是公元 1877 年）

湖广会馆碑记[2]　　余云焕

兴义之有湖广会馆也，肇自康雍之世，以前原委无从考证。道咸间，乡之人在郡者，以年深日久，栋宇朽折，敛费重修，规制具备。逮同治大乱，毁于兵燹。十余年瓦砾荆榛，过其地不胜黍离之感。吴菊庄太守，蜀人也，来守是邦，溯其原籍，实出耒阳，恭敬桑梓，亟思恢复旧制，庙故祀神禹，就旧基督饬创建下殿三楹，工未竣，旋调任去，经理者不得其人，仍就废弛。光绪辛巳秋（1881），余奉檄权郡篆，蠢然伤之，因与乡老谋所以，剔除积弊之法，别择绅董，且筹经费修复大殿五楹、厢房头门、围墙花台，越一年而成。癸未（1883）仲春，凡大湖南北在郡之官商幕，以及新旧占籍于斯者，同时毕集，宴①饮欢呼，致足乐也！余乃进诸君而语之曰：楚为人才薮。湖广属楚地，洞庭衡岳钟其秀，沅芷湘兰挹其芬。自古忠义理学，历时辈出。晚近以来，侯伯子男不胜屈指，故吾乡人之散处于外皆有乡祠。黔南僻处天末，兴郡界滇粤万山中。剧乱二十年，以人迹罕到之地，变为衣冠萃处之庭。酒绿灯红，念故旧，谈山水，益征乡谊之足

〔1〕 贞丰县史志征集纂委员会编：《贞丰县志》，贵州人民出版社，1994 年版，第 763 页。
〔2〕 黄家服，段志洪主编：《中国地方志集成贵州府县志辑 29：咸丰兴义府志（二）·光绪兴义府志续编·民国普安县志》，巴蜀书社，2006 年版，第 306-307 页。

重，诸君勉乎哉！旧庙并祀文昌、关圣诸神像，今正祀大禹、附祀濂溪。世传寿佛出衡州说，虽不经，亦沿旧附祀，从乡人之请也。此外诸神，各有专祠，不并祀于庙中。是则区区之本意，其与斯役者总管李君骧、何君文光之力尤多，例得并书。

光绪九年（癸未·1883）五月，知兴义府事岳阳虞云焕谨撰②。

注释：两湖会馆位于贞丰县城北偏西，即敞坝上左隅。初建于清乾隆年间，名寿佛寺。光绪初，湘人来州者多，遂建同乡会，改名两湖会馆。20世纪30年代，为张鸿藻（字显模，贵州自治学社首任社长）先生私塾之校址。修建会馆的宗旨，有碑记载明。

会馆中殿为抬梁式结构，空间宽敞，直通后殿，面宽十一点三米，进深八米。殿内原祀文昌、关帝诸神像。后正祀禹，附祀濂溪、寿佛。

此碑记为清光绪兴义知府余云焕撰。详见贞丰县政协委员会文史资料研究委员会：《贞丰文史资料选辑第5辑》，第210页。碑记标点为本书作者所加，供参考。

余云焕，字凤笙，清平江（今湖南岳阳）人，工诗能文，清光绪年间，曾为黔中令。著有《白雨湖庄诗钞》四卷和《味蔬斋诗话》四卷。

校记：①原文"讌"，同"宴"，径改。
②原文"譔"，同"撰"，径改。

普安

按：普安，即"濮越"人平安生息之地。宋景炎元年、元至正十三年（1276），为普安路。明洪武十五年（1382），改为普安府，随置普安卫，隶云南布政司；二十三年（1390），置安南卫（卫治今普安江西坡）；同年置新兴、新城二所隶安南卫（新兴所即今普安县城）；二十五年（1392），迁安南卫治尾洒堡（今晴隆县城）。明永乐十一年（1413），安南卫新兴所隶贵州布政使司。明万历二十年（1592），新兴所随安南卫改隶安顺府。清顺治十八年（1661）置普安县，自此县名始定。清康熙二十二年（1683），县治由新城所迁至新兴所（今普安县城），同时割安南卫的兴仁、兴让二里及阿计、安逸二营隶普安县。清雍正五年（1727），改隶南笼府。清乾隆十九年（1754），置普安县新城巡检司，改新城为新城镇。清嘉庆二年（1797），改南笼府名为兴义府，普安县隶兴义府；三年（1798）置县丞于新城，知县与县丞分疆而治。民国元年（1912），裁新城县丞，以其地分设兴仁县。民国二年（1913），州、厅一律改为县，省下设道，普安县改隶黔西道（道治安顺）。民国十二年（1923）废黔西道，县直隶省。1982 年 5 月成立黔西南布依族苗族自治州，普安县隶属黔西南州管辖。现隶属黔西南布依族苗族自治州。

大白洞摩崖[1]

注释：摩崖位于（普安）城南约六十公里的青山镇金塘村境内。洞口南向，呈月宫状。洞内最高处约达八十米，宽一百二十米，深约一百米，尚有断墙残垣、房屋遗址。洞左壁约二十米处的岩壁上显火燎痕迹。距地面一米高处，镌有七言诗，共七首，另有一幅画像。为清康熙四十二年（1704），玄真云游至此隐居时题画。

玄真子，姓张，名志和，会稽山阴人也。博学能文，擢进士第。是古代传说中的奇人。

---

〔1〕 贵州省普安县地方志编纂委员会编：《普安县志》，贵州人民出版社，1999 年版，第 1044 页。

铜仁

按：唐置万安县，后改常丰县，分属思州、锦州、黔州。宋末元初设思州、思南两宣慰司。铜仁原名铜人。元代设置"铜人大小江蛮夷军民长官司"。隶属思南宣慰司。明永乐十一年撤思州、思南宣慰司，于今境地设铜仁、思南、石阡、乌罗四府，均隶属于由此而设置的贵州布政使司。明正统三年（1438）废乌罗府，其大部并入铜仁府。清代铜仁建置无变化。民国元年（1912）撤铜仁县（治所今江口县）并入铜仁府（治所今铜仁市）。民国二年（1913）改铜仁府为铜仁县（治所今铜仁市）；同时，改思南府为思南县，改石阡府为石阡县，改松桃直隶厅为松桃县。另外，恢复原铜仁县（治所今江口县）改名江口县，安化县改名德江县，以原思南府沿河佑溪吏目驻地设沿河县，以原铜仁府省溪吏目设省溪县（今万山特区）。玉屏县、印江县建置不变。1950年设铜仁专区，专员公署驻铜仁县，辖铜仁、玉屏、松挑、江口、印江、石阡、思南、德江、沿河九县。1956年9月撤销松桃县，设立松桃苗族自治县。1966年12月设立万山特区，1968年9月撤销，1970年8月恢复万山特区。2011年10月撤消铜仁地区设地级铜仁市。

崇祀文昌帝君序[1]　　王士仪

郡城东山巅有文昌阁，其创制数百余年矣。祀之诚，则科甲蝉联、文人蔚起。所在如是，非独吾铜然也。世传帝君有九十三化，日司科甲富贵之箓①者，吾闻文昌六星，一曰上将，二曰次将，三曰贵相，四曰司禄，五曰司寇，六曰司勋②。为天六府计，集天道而其司禄之神，则东晋越雟张亚子，在周为张仲。按《六月》诗有云："张仲孝友"，求其人则文昌君是也。父早逝，事母黄至孝。执祖之丧，哀毁如礼。奉先职为保氏，作白驹污水以警宣王，其忠孝大节，凛凛若此。古今祠而祀之，其不在于斯乎？非徒祀之已也。古之大圣至神，即古之忠臣孝子。苟大伦之无忝，则百世而可师。

---

〔1〕 黄家服、段志洪主编：《中国地方志集成贵州府县志辑45：民国平坝县志·民国铜仁府志·民国沿河县志》，巴蜀书社，2006年版，第457页。

生为上卿，没为明神，在天为星辰，在地为河岳，无二道也。今欲绍往烈，莫若祀之诚，又恐祀之难为继也。谨遵传云，每年二月朔三日，恭逢帝君圣诞。爰约同志诸君，集村结会，以为崇祀之资，俾后世之子孙，高山仰止，思与鬼神合德，庶不负崇祀之意也夫。

注释：文昌阁在铜仁郡城东山，详见碑记。碑记标点为本书作者所加，供参考。

王士仪，铜仁人，字子常，号来庵，康熙甲子（1684）举人，庚辰（1700）进士，以庶吉士改永济知县，著有《半园集》十六卷、《拂尘园集》五卷。

校记：①原文"籙"，即"篆"，径改。
②原文"勲"，古同"勋"，径改。

修谢家桥真武殿引[1]　　王士仪

水之为功大矣哉！或舟之或桥之也，视其水之所宜焉。人必曰："流者舟之，而止者桥之也。"苟第曰："流者舟之，而止者桥之也，夫又何难？兹有难乎？难者，以为止也，而漫衍不甯如流；以为桥也，而迁徙不甯如舟。舟之固甚难，而桥之亦不易也。"吾郡谢家桥，其水宜桥不宜舟，故以谢家桥名。桥头真武殿，不知几阅年所，今殿已倾颓，里之人欲起而新之。余曰："不桥之修而殿之建，缓所先务，知者不为。"里人曰："苟无庙，何有僧？苟无僧，何有桥？吾侪之修庙也，为僧也。吾侪之招僧也，为桥也。苟庙成而僧停，僧停而桥固矣。"余闻之，作而曰："不亦善乎？尔之语也，是醉翁之意也夫？是修栈之术也夫？古之守令风流将军权术，盖尝用之矣。尔之语也，不亦善乎？"第桥难而庙尤难。修桥，人利之则喜心生；修庙，人澹之则厌心生。里人曰："真武者，北方之神也，是司乎水。夫苟庙貌威严，俨乎如在。纵至龙蛇为害，将欲兴波助浪，吾知尊神有灵，必勅而示之曰为？"我谓河伯兮不仁，泛滥不止兮愁吾人，河伯必且拱手帖然而听命。不桥之先而殿之急，岂梦梦哉！庙成，斯有僧，僧来，斯有守桥之人。他日沟浍盈焉，桑田茂焉，行旅安焉，庙貌赫焉。莫不曰：水之为功大，而真武之明德远也。

注释：详见碑文。碑记标点为本书作者所加，供参考。

---

〔1〕 黄家服、段志洪主编：《中国地方志集成贵州府县志辑 45：民国平坝县志·民国铜仁府志·民国沿河县志》，巴蜀书社，2006 年版，第 463 页。

东岳庙常住田碑记[1]　　　陈荫元

郡城东郭有庙焉，为东岳尊神之行宫。群峦耸秀，地势蜿蜒，依山凿池，茂林修竹，足以供游衍之乐。时值春和景丽，野①色撩人，余以客署之暇，散步其间，瞻殿宇之崇隆，仰神灵之赫濯，因思东岳为泰山之宰，护国庇民，祸淫福善，无论冠盖绅衿、农工商贾，登斯地者，莫不凛然敬畏，则其所以寓劝惩而昭法戒，诚大有功于民社，非闲菴②野观可同日而语者。古圣人设教之意，其在斯乎？此庙之立，故足崇祀千古，而不可一日无也。徘徊久之，时有住僧性心扫石烹茗，揖余坐语，因述此庙创③自先明，其中楼台殿阁、亭榭园林亦极一时之盛，一二荐绅耆旧犹能娓娓言之。迨后，狐鼠干戈，人民寥落，其淹没于断烟榛棘中数十年矣。幸我朝定鼎，混一车书，物阜民康，百废俱作。于甲寅岁（康熙十三年·1674），吾师如果自蜀至铜，见其坏屋残基，颓垣坍壁，由是立愿重修，坚持善行，不数年而焕然改色。虽不能如碧瓦雕甍，流丹炫采，然而前后殿庑、左右厢寮，亦差足为神所依矣。后欲少置田亩，以为常住永远之图，遍叩十方，随缘乐助，聚沙磨杵，愿力宏深，十有余载而吾师告逝。历兹又数年，性心不惭凉④薄谬继前人，以师襄募，稍为运息约积五十余金。爰作浮屠，合尖想购良田，永供香火。乞余一言以记之，并列其同事之姓氏，勒诸贞珉，志不忘也。余爱其地可助游观，敬其神有功民社，嘉其僧能继师志而相与有成也。是为序。

时康熙三十四年（1695）岁次乙亥⑤仲春。

注释：详见碑文。此碑文标点为本书作者多加，供参考。

陈荫元，清康熙年间，江苏丹阳人。著有《历游草》，已佚。《全清词·顺康卷第20册》录有其诗一首"锦堂春·偶成，用明宣宗韵"。余不详。

校记：①原文"埜"，即"野"，径改。

②原文"菴"，古同"庵"，径改。

③原文"刱"，古同"创"，径改。

④原文"凉"，即"凉"的异体字，径改。

⑤原文"己亥"，误，本书作者认为应作"乙亥"，径改。

重修关圣帝君庙碑记[2]　　　顾起凤

起凤，乃直隶天津府天津县人也。叨沐国恩，由磁州都阃擢升铜郡左营游击，于

---

〔1〕（清）敬文等修；徐余澍纂：（道光）《铜仁府志》，第429—430页。或黄家服、段志洪主编：《中国地方志集成贵州府县志辑45：民国平坝县志·民国铜仁府志·民国沿河县志》，巴蜀书社，2006年版，第429—430页。

〔2〕（清）敬文等修；徐余澍纂：（道光）《铜仁府志》，第431页。或黄家服、段志洪主编：《中国地方志集成贵州府县志辑45：民国平坝县志·民国铜仁府志·民国沿河县志》，巴蜀书社，2006年版，第431页。

乙亥（乾隆二十年·1755）孟夏莅任府治。虽然僻处水秀山明，大有可观，先谒文庙，体度森森，次谒武祠，仪制落落，趋承叩谒毕，四顾萧然，遂私心窃意我朝崇文重武，祀典尊隆，为何斯庙独至倾颓？因细询其由，营中答曰："此祠乃当年营中所建，迨后移协松桃葺补，难继，是以渐朽。"起凤虽赋性愚卤，景慕前岳，余才短力薄不能上伸其敬，睹兹荒凉，奋然有修补之志，但初入泛①地，职守当操，营事宜练，各大宪巡边稽严，以至刻无宁晷。兹幸考校事竣，略有余闲，商之标下一司把总吴玠、吴正义，矢愿捐俸重修。二司亦以为是，乃鸠工庀材。自六月至七月止，庙貌焕然一新，似乎地灵人杰。脱②非我帝君在天之灵，何以至此？但起凤于两月间慰劳工匠，视庙中有碑铭三竖，一万历镌制，一崇祯重修，一康熙补建。其中文志，字字琳琅。起凤髫龄时，专好试剑，愧不能文，且珠玉在前，怎敢班门弄斧？然既捐俸同修，因不揣鄙俚，愿将三人同修之意，聊书数字，以纪不忘。惟我帝君，精忠贯日，浩气凌霄，系马台前，时闻嘶风赤兔，洗刀岩畔，旋听叫③月。白猿文笔连云于祠前，双峰夹马于庙侧。春云放霁，夜月流辉，南浦横桥，当星河之遥夜，东山岑阁有钟磬之清音，偶尔登临，足资凭眺，诚哉铜邑巨观久矣！当年古迹，非起凤等不学无术所能道其万一也。谨识。

乾隆二十一年（1756）岁次丙子仲秋月。铜仁协左营游击顾起凤。

注释：详见碑文。碑文标点为本书作者所加，供参考。

顾起凤，天津人，由行伍屡以军功历任千、把、守备、都司等职。清乾隆二十年（1755）授铜仁协。三十三年（1768）升任镇远镇总兵。

校记：①原文"汜"，即"泛"异体字，径改。

②"脱"，此处意为"假若"。

③原文"叫"，即"叫"的异体字，径改。

重修东山寺碑记[1]　　福康安

铜仁之东山，为一郡之镇，上有文昌阁，阁前魁星楼，乡人崇祀历有年所。洎乾隆乙卯（六十年·1795）春，苗民蠢动，予奉命专征，督师黔楚。铜郡为大军后路，军火饷糈，道路转输，悉由于此，因假庙中隙地，暂贮军需，是年冬十二月，守者不戒于火，庙灾变，神无所。予闻之，首倡捐廉，命四川浦江县知县董铣等监其事，鸠工庀材，阅月而成。前增山门，重设左右厢，因其旧址而充拓之，所以壮观瞻，明诚敬也。山之东偏为东山寺，向与此庙为二院，今并为一，使住持僧本性供奉香火，以垂久远。于是绀宇琳宫，钟鱼肃穆，来登是刹者，顶礼诸天，快睹山林胜概，余亦仰赖神庥，督兵深入，擒渠歼首，扫穴犁庭，从此苗境肃清，封疆绥靖，俾此方之民咸得安其土，乐其业，永享

---

〔1〕（民国）刘显世、谷正伦修；任可澄、杨恩元纂：（民国）《贵州通志》，第158页。

太平之福，则神之覆冒斯民者，其未有艾欤！是为记。

嘉庆元年（1796）四月朔日。

注释：东山寺在铜仁府城东。据民国三十五年缩印《铜仁府志》记载，宋初东山就建有"文昌阁""魁星楼"。虽累遭兵火，但"文昌阁"巍然独存。于是，奉魁星塑像祀文昌龛侧。之后，魁星像先后移文笔洞寺庙和书院供祀。为使魁星神像有所归宿，清雍正十一年（1733），司铎王国璜与郡庠生王纯苍等始建"魁星楼"于东山"文昌阁"前，第二年竣工。

清乾隆六十年（1795）正月十三日松桃石柳邓领导苗民起义，朝廷派云贵总督福康安督师镇剿，铜仁为其后路军火粮饷转运之地，因此，借东山寺宇暂贮军需物资。同年冬，因守护不慎，引起火灾，故阁毁楼残。翌年，即嘉庆元年（1796）四月朔日，福康安首倡捐募，责令四川蒲江知县董铣等监其事，重修"文昌阁"和"魁星楼"，月余完工。前面增设寺门，重设左右两厢。原山之东侧为东山寺宇，与此庙分为二院，此次重建把二院合为一体，并常住供奉香火。

此碑文标点为本书作者所加，供参考。此碑另有版本载录，个别文字略有差异。参见（清）敬文等修；徐余澍纂：（道光）《铜仁府志》，第434-435页。或黄家服、段志洪主编：《中国地方志集成贵州府县志辑45：民国平坝县志·民国铜仁府志·民国沿河县志》，巴蜀书社，2006年版，第434-435页。或贵州省文史研究馆古籍整理委员会编：《贵州通志：金石志·古迹志·秩祀志》，贵州大学出版社，2010年版，第144-145页。

福康安（1754-796），富察氏，字瑶林，号敬斋，满洲镶黄旗人，清朝乾隆年间名将、大臣。历任云贵、四川、闽浙、两广总督，官至武英殿大学士兼军机大臣。早年参加第二次金川之战。先后率军平定甘肃回民田五起事、台湾林爽文事件、廓尔喀之役、苗疆起事，累封一等嘉勇忠锐公。此外，他还参加制定《钦定藏内善后章程》和金瓶掣签制度。嘉庆元年（1796）二月，赐福康安贝子，同年五月去世，追封嘉勇郡王，谥号文襄，配享太庙，入祀昭忠祠与贤良祠。

修建魁星楼碑记[1]　　杜器远

魁即斗也。一至四为魁，五至七为杓，合之为斗。又曰魁居二十八宿之一，主文昌，亦主武库，系体于天，有象而无像焉，而祀之何欤？夫三辰，民所瞻仰，载在《祀典》。幽宗祭星，《法》有明文①，祀之于礼为宜。考《郡志》，旧有文星阁魁星楼，建

〔1〕（清）敬文等修；徐余澍纂：（道光）《铜仁府志》，第435-436页。

于城内东山。昔宋初五星聚魁，一时名臣理学史称极盛。铜郡山川拱秀，按形家言，与五星聚会，合是殆地之效灵，如宋初天之垂象乎！以故，前明三百年来，人文蔚起，甲于黔中。嗣叠经兵火，城社邱墟，而文昌阁巍然独存。于是奉魁星像，祀文昌龛侧前。广文周公辉仪于阁右建楼，奉祀事终寝，乃复迎奉于文笔硐，再移祀于书院，香火虽云无缺，而未立专祀，终非所以安神灵昭诚敬也！癸丑（雍正十一年·1733）秋，司铎王公国璜与郡庠生王纯苍、职员万君祤、唐君伯鹏等，始建楼于文昌阁前。商之先后，首事咸欢欣鼓舞，各愿量力共襄盛举。经始于甲寅（1734）仲春，八阅月而功竣。虽栋宇粗具而规模宏振，庶神有所栖，瞻拜者亦有专属焉。正议丹腰雕彩以壮观瞻，未几苗民蠢动，郡城各寺胥贮军火，工乃暂停。无何守者不戒，阁罹于火，阁毁，楼阁残缺。相王福公督师来铜，捐赀倡建，命四川蒲江郡令董公董其役，庀材鸠工，启其宇，高其甍，丹其楹，刻其桷，不阅月而楼与阁焕然矣！是役也，虽曰人力，宁非神之默启之耶？行见文风丕振，科甲蝉联，户裕家丰，民安物阜，其有裨于铜之人士，岂浅鲜哉！今日凭斯楼登斯阁，复睹当年之美盛载荐不朽之馨香。相王之檀施，董侯之襄力，弗可缓也。因志其巅末，并乐输各姓名于石以纪之。

嘉庆二年（1797）仲夏月。

注释：魁星楼，详见福康安《重修东山寺碑记》注。碑文标点为本书作者所加，供参考。此碑另有版本载录，参见黄家服、段志洪主编：《中国地方志集成贵州府县志辑45：民国平坝县志·民国铜仁府志·民国沿河县志》，巴蜀书社，2006年版，第435-436页。

杜器远，清乾嘉年间县令，曾官湖南蓝山县等地知县，余不详。

校记：① "幽宗祭星"，古代重要祭礼之一。《礼记·祭法》云："幽宗，祭星也。"郑注："宗，当为禜。幽禜，亦谓星坛也。"

城隍庙增修碑记[1]　　饶俦

城隍即古社，令有德功于民，故封埴享祀，以崇其报。旧有庙额、爵号，兵戈、水旱、虫蝗、疾疫，祷辄应，因革靡常，名称不一。高皇帝定鼎后，裁正祀典，城隍之神，自几甸至郡邑，皆得祀，亦重矣。铜旧有庙，狭隘荒落，人罔肃将。嘉靖丙申（1536），郡伯箴庵魏公以礼入谒，决意缮修。首捐俸给，募工度材，伐石拓基，而躬指画之。朽者坚、朴者藻，百输告集，规制大备。署司事李承诰属俦以记：於戏①！神丽人以著灵，人赖神以成治，气本流通，功相表里，栋宇弗饰，神将孰依？刓溺燕安者念专廨宇，侈游观者志荒亭榭，而于礼神安民略不经意。兹庙肇建百十余年，久则敝、敝

〔1〕（明）万士英修纂；黄尚文点校：《万历铜仁府志》，岳麓书社，2014年版，第115-116页。

则新，虽数之常，亦存乎人而已！第或视官为传舍、民为鬓②髦，而不屑及；或以职务孔棘、力役匮竭，而不暇及，祀典之谓何？公兹举不烦公帑、不扰民力，肆用底绩，谓非敬神务民，不可也。旧宇三楹，今覆③敞廊、增便殿，左右各树连廒，肖像森严，瞻礼悚惕。拜亭倍旧之二，可备斋宿，旁置扉搌，以时阖辟，黝垩丹漆，赫然改观，为诸郡称首，入庙无弗处者矣。铜是岁时供祀，蠲吉告歆，锡嘏降祥，靖镇疆土，庸泽我元元神之庥④。惟公之德，亦永有孚！是为记。

注释：城隍庙在（铜仁）府治东北。（明）成化十七年（1481），知府周铨即黄梁仓故址改建。嘉靖十六年（1537），知府魏文相增修。郡人饶侗有记。二十二年（1543）知府李资坤重修。万历七年（1579），灾。八年，知府曾可渔重建。正殿、后寝各三间，拜厅三间，两廊各五间，前厅三间，二门三间，大门一间。

饶侗，明朝铜仁府（今贵州铜仁）人。明嘉靖七年（1528）举人，曾官知县。有文才，擅作擘窠大书，铜仁东山下有饶氏园遗址，其中有石室深宽各一丈，内刻"藏书室"三大字，右上有一天然凹外，深约尺余，宽二尺许，旁刻"洗墨"二字，皆饶侗手笔，其书法宗二王，俊秀超逸有生趣。

校记：① "於戏"，感叹词，同"呜呼"。简化字不宜作"于戏"。

②所引原书注为一字形如"上髟与下弁的合一字"，此字当作"鬓"。本书作者注：原字为"上髟与下弁的合一字"，经查字典未见此字。本书认可为"鬓"，径改。

③ "覆"，古通"复"。

④所引原书注："庥"，底稿作"麻"，误。

关王祠重修碑记[1]　　　谭敬承

今宇内用武，国多崇祀汉寿亭侯。铜仁称边围，尤宜祀其庙而祭。自都护南溪石君邦宪始，宝山郭君成稍拓之，久渐圮。承叼朝命镇黔阳，会苗夷间出掠，侯佐余疆事，梦寐踪指，所赞实多。乃镌奉鸿作，粗者完、颓者起，鳞如翼如，□为大观。肇戊子（万历十六年·1588）秋，阅六月，工峻。因率材官介士，修三献之觞，告成事。曰：甚哉！《志》所称诬也，《蜀志》侯差抚卒伍，不礼士大夫，以自取败，是别有所据乎？抑仅案其素轻糜传云尔乎？侯居常好读《左氏》，戎旅劻勷，未尝废卷。《左氏》称将略详矣，侯善用《左氏》者，指挥行阵、延礼宾僚，不为不熟，岂其骄矜不一概见，而第侮此二人也？毋亦镜二人之衷而虏畜之也！其他骂吴使、绝吴昏，耿耿大节，至今瞻仰。不则封疆之士，信可以私欢外倚而亡禁乎？冲陷折关①不谓侯威，斩将溃军不谓侯武，至其仗节秉礼，颠沛弗渝，藉令际昌时、逢平世，当从羔羊后称古，委蛇于匪躬之臣何让

〔1〕（明）万士英修纂；黄尚文点校《万历铜仁府志》，岳麓书社，2014 年版，第 116—117 页。

哉！议者以江陵之失为侯之失，夫芳士仁、汉隶也，操、猾虏也，芳士仁即不释憾，于侯顾不知忠于所事？操即议徙许，以避吾锐，顾不能悉力以捣其虚。且以昭烈之明焉而遗孤军于襄樊；以孔明、孝直、士元之多算焉而不遣一旅为襄樊继，岂非天哉？自寿为是议，将令鹰扬虎贲之士，心折首鼠，忧谗畏讥，则此其厉阶也。夫古置帅，设坛赐钺，阃外不制、军中不驰，全养其气，以重倡其敢，故不难。以七尺肩社稷之役，一或伛偻、小不当意，文法簿责随之，雄心伟略，销铄什九。卒有绥急责之，横槊抚剑，决胜千里，犹之絷庆忌之足，而望其捷，难矣。况去之百余年，漫持其短长而衮钺之，此所以不能不一长叹也。觞既毕，金谋所以祀侯者，乃理前言，勒之石。

　　注释：关王祠，祀蜀汉左将军云长也，在（铜仁）郡治东。嘉靖二十七年（1548），指挥王辕建，后圮，参将石邦宪重修。万历七年（1579）总兵郭成、十三年（1585）总兵谭敬承、三十一年（1603）总兵陈璘②俱重修。谭敬承有记。

　　谭敬承（生卒年不详）③，明代嘉靖、万历年间湖南长沙人。隆庆五年（1571）辛未科武进士，官贵州总兵都督。善诗工书。著有《行边草》《按剑集》《清美堂集》。

　　校记：①所引原书注："折关"，底稿作"析关"，误。
　　②所引原书注："陈璘"，底稿作"陈隣"，误。
　　③谭敬承在世年代不明确，历史文献记载不一，存疑，备考。

贵州龙头营新建总镇府关王庙碑[1]　　　张文光

　　有苗昏迷，自古故然。迩益跳踉，顽冥弗灵，夺攘矫虔，以为民忧。贵竹铜仁，界连蜀楚，蠢兹薮窟也，特设总戎镇之。顾衮王高贵，拱坐郡城，弗问窒皇外事，而丛箐出没，掳略戕贼，有难穷诘者矣。万历壬寅（三十年·1602），阙员　都御史郭公、御史毕公，会言苗无状，肆卤掠逾曩时，宜推择名将镇之，庶方略绥靖，氓稍承宁。大司马是其议，以俾大都督粤东陈侯。侯起家偏裨，娄立战功，平罗旁、平倭、平播、平皮林诸苗，所至大克，捷声实弸朗。既报可，易楚节，往莅事，鳏寡有辞泣诉踵至，以千万计。侯念讨此腥闻，草薙禽□①，歼之锋镝，俾无遗育，苗虽无辞于罚哉，第黔中再庚大役，甫此息肩，困苦未苏，创夷未起。且动众费巨、帑廪空虚，糇粮长乌萃，于何取给焉？欲锁之以静、怀之以德，天威未震，奚②以惩惩？而子女系累，民庶无幸，岂所以严简书乎。于是仲冬望后，出其不意，介驰黑潭，诸营官兵，相视错愕；苗人闻之，吐舌咋指，惊讶大将军从天下也。诘旦躬率部署坐营江如渊、哨官周希舜等相度地势，扼其要害，立四营：一曰龙潭、曰报国、曰光明、曰正大，相距五七里许，各置行署，与镇篁③、鸡公寨声援，密迩成犄角势。而筑垒、编篱、掘坑堑、插籥签，皆不惮

〔1〕　（明）万士英修纂；黄尚文点校：《万历铜仁府志》，岳麓书社，2014年版，第124—125页。

寒雪，身先劳之，故将士踊跃趋事赴工，所居成聚，弥月奏功。复道石榴坡、小桥，深入坝带，路皆乌道羊肠，天县斗绝，仅容蹀足，人迹不到。乃其中宽平，四山环合，一水潆洄，境界奇胜，堪以驻节。遂鸠工庀材，置新镇，改名龙头营焉。又修改石榴坡路于金竹园、侯答溪之低洼坦夷处，以便舆马、通商贾，前此幽遐荒寂之区，一旦森然称雄镇矣。苗头吴马二、龙惠等，厥角稽首，受戎索恐后；擒获贼酋石老田等，令退出被护男妇五百余名口；余苗蘖党，虢喙于嵁岩深岗中而不敢动。无旅距者之役也，因材于山，因力干卒伍，贷粟于土司官，若民不劳与费。已又念鬼国信鬼，惟神是依，而古昔威灵显赫，最著者无如汉前将军关王，则作庙以妥王神，而亟书入鄂，命余纪其事于石。余观王忠义勋烈，人人知之，场④去千百余年，其精英神爽旁魄，充塞于天宇之间。世人崇祀者系于学宫梵宇，无地不虔，无祷不应，如月映水，如钟龠⑤扣。而最异者，佛藏纪王，隋开皇间，为天台智者建刹玉泉山，七日竣工，壮丽莫比。道藏记王，宋徽宗时，解池蚩尤为祟，张真人命王战戮之，其显异有难以意度者。即近日郭师平播，亦阴得王助，作庙勒碑颂焉。所以然者，王亦天也，善善恶恶，与天同体，福善祸恶，与天同用，苟有当于天心，虽僻处如智禅师，而王不遗。矧忠国家、利苍生，道德勋庸、显著当代者乎？必为王所福祐无疑矣！倘其拂于天道，虽幽冥如蚩尤神而王不赦，矧肆毒雪、贼善良、狼鳖枭鸳、觍面人世者乎？必为王所谴殛无疑矣。顷道家上王尊号曰协天大帝，雷部另补郎者，亦谓王配天无间已。苗纵顽冥，俗未始不严鬼神，惕王天威，尚其永销邪心，格祛逆志，与吾干羽之民相安耕凿也哉。郭公讳子章，泰和人，吾北面受业者也；毕公讳三才，贵溪人；侯讳璘，韶州人。一时共事，抚绥弹压，皆有大功德于地方，黔人所愿俎豆而尸祝者。余记已，仍系以铭。铭曰：

惟乾行健，高明无疆。惟王合德，大勇至刚。忠情亮节，星日争光。义气奋发，电掣雷轰。生为上将，万夫莫当。场为灵神，愈久弥彰。有叩随应，无地弗昌。何其赫然，全天至阳。繄⑥兹坝带，实为遐荒。苗民凶悖，出没靡常。作镇静之，龙头名昂。乃建新庙，奕奕煌煌。王其显灵，莫安此方。福此忠顺，戮彼逆狂。谁其从享，三老堂堂。中丞抚绥，侍御激扬。矫矫陈侯，手筑宫墙。生存肖貌，岁时蒸尝。后之君子，前事勿忘。控斯要害，扼背拊吭。俾我细氓，乐利耕桑。

万历癸卯岁（1603）春如月望⑦，古史官沙羡张文光记铭。

注释：汉寿亭侯庙（关王庙），在龙头营，万历三十年（1602）总兵陈璘建，翰林院检讨江夏张文光撰记。龙头营，与湖南的阿拉营，松桃的正大营、盘市营等在古代曾是朝廷派兵驻军的营地，也是明朝万历年间铜仁府内的军事重镇。据《铜仁府志》记载："龙头营，原叫坝带营，在半山，万历三十一年（1603）总兵陈璘移建平地，改名龙头营。至平头司四十里、地耶营十三里，至铜仁府一百四十五里。"

张文光，湖北江夏人，明万历年间任翰林院检讨（掌修国史的史官），撰《贵州龙头营总镇府关王庙碑》。

陈璘，广东韶州籍人，明万历二十八年（1600），明朝战胜日本封建主丰臣秀吉的抗倭名将，督兵贵州的湖广总兵，于万历三十年（1602）修建汉寿亭侯（关羽）庙，亦称"关王庙"。

校记：①所引原书注："口"，此字底本漫漶，似当作"狝"，草剃禽狝。

②所引原书注："奚"，底稿作"溪"，误。

③"镇箪"，地名，即今湖南省凤凰县，以附近有箪子溪而得名。

④"场"，古同"殁"。

⑤"畲"，古同"答"。

⑥"緊"，文言助词，即惟之义。

⑦"如月望"，即阴历二月十五日。如月，古历二月的别称。

重修关帝阁碑记[1]　　张扶龙

古铜郡面面皆山，岩壑澄窅，苍蔚深绣，川林绣错者，振古如兹矣。自明德既衰，狂焰①蜂②起，苗裔出没，青磷③昼见，几无一块乐土。洎我清定鼎，四方风动。乡之凭恃险阻，刬④削尽焉。余是时分巡是邦，殷忧凋敝，徒视山高水清，无遑胜览，缘巡署东隅有格舞楼数间，地仅尺许，创自万历丁酉（1597），情景宛然，而茂草鞠之矣。迨政通人和，百废稍兴，余为之新厥旧制，断橼列墙，乃丹乃垩，不费公帑，亦不拂民情，工作告竣，然后神妥而人安，楼曰格舞，盖为铜苗意也。余易之而直题曰关帝阁，庶令观者易见，愚者易明，使铜苗举首心惕也。下有堂曰虚受，余易之曰乐取，亦以人之有善畴不如我，我更欲一一乐取之也。览者曰，是诚可以壮其观而永其传矣。嗟乎！农桑既治，必用礼乐以登彬雅，苟其不然，即当藉兹神佑，荡涤妖氛，下乂蒸黎，上扬天子之休命，庶答建官之意，若徒资游览供登临，不过徼倖⑤福绥，保全名誉，岂惟我辈之愧抑亦国家之忧也。继起者与余同志，嗣而葺之斯阁也，夫亦有宏助焉。爰耆之石以为记。

注释：关帝阁，详见碑记。碑文标点为本书作者所加，供参考。张扶龙，史载不详。

校记：①原文"熖"，即"焰"的讹字，径改。

②原文"蠭"，古同"蜂"，径改。

③原文"燐"，即"磷"，径改。

④原文"剗"，同"划"或"铲"，径改。

⑤"徼倖"，同"侥幸"。

---

〔1〕 黄家服、段志洪主编：《中国地方志集成贵州府县志辑 45：民国平坝县志·民国铜仁府志·民国沿河县志》，巴蜀书社，2006 年版，第 426-427 页。

募修水星阁序[1]　　唐间

间尝稽览舆图，知名都大邑、山阿水湄之间，在在皆有梵宇琳宫，表镇捍卫，藉以培灵修而扶气运，非仅眺览游观之谓也。铜郡东金波滩上，对小镜湖有水星阁焉，其脉自天乙峰蜿蜒而下，横锁江心，踞两江水口，峰上有丹崖，壁立数仞，若赤色焰动，城舍立应火灾。前明建既济祠，春秋享祀，当事恭往礼之，所以消祝融，培一郡人文秀气，甚盛事也。迨今戊子①兵燹，野火焚燎，其祠尽归乌有。幸国朝定鼎，江山复旧，前任邑侯赵公②创建高阁名曰水星，取以水制火之义，且亲书"水"字于丹崖之上，墨迹犹存，迄今数十年，城中秦焰潜踪，赤峰敛色，阁之所系，非浅鲜也。值兹春仲，淑气清和，余同二三知己偶游其处，俯览一水澄清，环流如带，鸥凫上下。来往行舟，仰视天、太两峰，矗矗云表，抚景盘桓，留连不倦。适寺僧退庵，揖坐于长林疏竹间，把茗快谈，因叙丛林，虽已茂密，无如阁经岁久，风雨飘摇，脊穿瓦漏，梁木将颓，若不急为修治，前功尽弃，其费不可胜纪矣。乞言于余，以为首倡。余谓此阁前人创建，有关休咎，实非野观闲庵同日而语。况今政美化恰，年丰岁稔，无有不乐助之者，但虑工多费广。千金之裘，非一狐之腋；大厦之屋，岂一木之支？是以不揣固陋，因述阁之巅末如此、其关系如此，以遍乞文武绅衿耆旧及乡市诸君子，共勷厥美。命匠鸠材，期以告成，将见阁势巍峨。千秋凭赖，从此表镇捍卫，宣水火既济之功，燮阴阳太和之气，佑民阜物，其功岂在岳渎灵爽下哉！是为序。

注释：水星阁地处铜仁城东郊，与铜仁城隔江相望。明朝嘉靖十四年（1535），铜仁知府魏文相于此地曾创建"既济祠"，取《易经》六十三卦·既济之"上坎下离"之意，以制府城中火灾。清顺治五年（戊子·1648）夏，清兵攻陷铜仁城，杀人放火，此为铜仁历史上著名的"戊子屠城"事件，既济祠亦也被烧为灰烬。清康熙九年（1670），铜仁知县赵景福亲自在太乙峰半山腰的丹岩之上书写一个巨大的"水"字，并筹资在既济祠原址上重兴土木，主持修建高阁，名曰"水星阁"。此后，历代不断重修复建。余详碑记。此碑记标点为本书作者所加，供参考。碑文撰者唐间，史载不详。

校记：①"戊子"，即清顺治五年，公元 1648 年。

②"赵公"，指清康熙九年（1670）铜仁知县赵景福。

[1] 黄家服、段志洪主编：《中国地方志集成贵州府县志辑 45：民国平坝县志·民国铜仁府志·民国沿河县志》，巴蜀书社，2006 年版，第 457–458 页。

思南

　　按：天宝元年（742），改费州为涪川郡。乾元元年（758），复名费州，州治涪川县（今思南）。宋大观元年（1107），田佑恭归顺，又置思州。宣和三年（1121），废思州。绍兴二年（1131），务川县辖今思南县地。元至元十五年（1277），称清江城为思州，而称故思州为思南。至元二十九年（1292），改思州安抚司为军民宣抚司，隶湖广行省。至正二十二年（1362），改思南宣慰司，思州分为二。明洪武四年（1371），思南宣慰司改隶于四川行省。明洪武六年（1373），升思南宣慰司为思南道宣慰使司，隶湖广布政司。明洪武二十二年（1389），移治水德江（今思南）。永乐十一年（1413），废思州、思南宣慰司，置思南等四府，属贵州布政。顺治十六年（1659），领安化（原为思南府城郭，光绪八年迁大堡）、务川、印江三县及沿河佑溪、朗溪、蛮夷三长官司和随府办事长官司。康熙二十年（1681），思南府属贵东道。乾隆七年（1742），改属古州兵备道。嘉庆八年（1803），废随府办事司。道光十七年（1837），增设红丝塘巡检一员。道光二十一年（1841），废蛮夷长官司。民国三年（1914），思南府改为思南县，隶黔东道。民国十二年（1925），废黔东道，思南由省直管。民国二十五年（1936）改隶铜仁地区。民国二十六年改隶镇远专区。1949年以后隶属铜仁专区，1970属铜仁地区，2011年11月属铜仁市。

文昌祠碑记 [1]　　　敖宗庆

　　郡庠东北隅，旧有文昌祠，岁久而圮废矣，然神像魏然犹存。吾师楚郧异斋钟先生来司教之三年，乃捐俸构堂三楹，栖神于中，傍为弟子号舍。时宗庆归自京师，过祠下，拜手而谂诸众曰："祠以祀功也、祀德也。匪功匪德则谄焉耳矣。"此有庳象祀，江南淫祠千七百所之毁，皆万世之所瞻仰。先生平日所以自处者，何如朝夕恳诲我诸生者？何如兹于祠祀？岂有所谓谄者哉？但世所传谓文昌君有九十三化，日司科甲富贵之箓，率多幻妄不经。果能如此，则兹祀不为谄也几希。按《六月》诗有曰"张仲孝

---

〔1〕　（康熙）《贵州通志（十九）·卷三十五》（卫既齐与阎兴邦 37 卷版本），第 17 页。

友"，求其人则文昌君也。父早逝，事母黄至孝。执祖之丧，哀毁逾礼。奉先职为周保氏，作"白驹""沔水"以警宣王，其忠孝大节，凛凛若此。虽事载野史杂记之中，然而古今所传，谅不多诬。先生所以祠而祀之者，其不在于斯乎？不然，昔山尹、彭山时，胡为乎？有伯张纲、李密忠孝之祠也，吾侪二三子于此而知所以高山仰止焉。则先生非谄，举文昌有灵亦于是焉安矣。

注释：文昌祠，详见碑记。碑文标点为本书作者所加，供参考。

敖宗庆，字汝承，号梅坡，明朝思南府（今思南）籍人，明嘉靖十三年（1534）举人，十七年（1538）进士。初授行人、常典，分守河南，后历官广西按察使、云南巡抚等，政声极佳。著有《梅坡集》，已失传。

元天观记[1]　　罗国贤

尝考汉儒立天帝之说，以元帝主东北、西北之间，近太微、紫微之舍，于五行属水，当元武之宿。然四帝俱有功于天，独真武元帝，凡神州赤县，名山胜境，宫刹嵯峨，金碧辉映，香火遍天下，岂非真元太乙之气归极于北，复命出神之机，主持于帝亭毒之功深耶。思南旧观在城东隅，杂处廛陌之间，非居歆之地，先是郡人刘莹议于北廛斜里得闲旷一区，方圆数亩，又合子午正中，适天地宸游方位，建以宫宇，缭以垣墙，植以松柏，虽草创简陋，然脱凡近而即高明，远尘嚣而居爽垲非独人谋亦神定也。后郡人西麓田公，闲居林下，时兵宪潼渠李公、署郡事太守王公，游赏其中俱有恢弘至意，值正郎三河方公，以督太庙良材继至，适大水十年填峪落堑之木，蔽江而下，乃以其盈者竖玉皇一阁，交以侧室。四公或捐俸，或出赀，焕然而鼎成之，壮丽雄杰，足补庙貌。侍其后阁初成，而前宇之就坯也，期廓大之。于是与梅坡敖公议输金帛之费，以兄罗绣龙，郡人王应忠任干济之劳，而烦以供张，交以劝募，则僧法鉴焉，大率财力首事十之六七，鸠众者十之二三，因揣度前规，聿①新今制，两翼垂伏，四檐飞拱，窗棂②星密，椽瓦鳞次，仰窥诸天，俯临庶品，实上帝攸宁也，请记之。国贤曰："观之方位形势，创始恢拓，予志之详矣。"乃绎其义曰："夫道，何为者也？导也，谓导人以善也；夫观，何为者也？观也，谓示人以善也。"

今思之有观，凡输木石、施砖瓦、出金帛，助米柴、镂刻神像、装彩金碧与夫香篆烛蘂、龙龛绮幕，工非一人，作非一日，自一毫以上，皆大夫士庶所乐从者，岂非神道之所服耶。不然亲而父母，尚有私财，而不知爱敬；尊如朝廷，尚有肆意，而不知法守。以至处兄弟姻党之中。箪食豆羹，小者忿，大者夺，而况杳冥恍惚乎！然而乐施不

---

〔1〕　思南县志编纂委员会办公室：（嘉靖·道光·民国）《思南府、县志》（点校本），1991 年版，第 379-380 页。

者，不过曰："吾广福田，吾免苦海。"如此是我可以渎，帝可以私，何以为观！是故帝不外道，道不外心，曰灵台、曰大宇，曰天君，曰神明之舍，是即元都清省无极真宰也，大夫、君子、凡百士庶，反求诸心，为臣尽忠，为子尽孝，礼义制事，廉耻养德，以此事帝是谓明德，虽暗室屋漏，鬼神享之，而况今日之观乎！然则大夫，君子，凡百士庶，既尽力以成此观，尤当尽心以修此道，是为记。

注释：元天观，在（思南府）城北，明旧址在城东门内，后移今址，郡人罗国贤有记，见艺文。康熙四年（1665），思仁道黄桂重修。（康熙）五十三年（1714），都督同知胡有亮、知府裴绣标、安化知县刘世沛重修，郡人王章有记，见艺文。后为大士阁。乾隆初毁。道光十九年（1839），郡人重修。见《府志》124页。

此碑记另有载录，参见黄家服、段志洪主编：《中国地方志集成贵州府县志辑46：道光思南府续志·道光松桃厅志》，巴蜀书社，2006年版，第348页。或思南县志编纂委员会办公室：（嘉靖·道光·民国）《思南府、县志》（点校本），2002年版，第383-384页。所引原书对个别碑文词语附注有释义，本书删。

罗国贤，思南人，明嘉靖举人。任通江令，勤于莅事，弊政悉除。处林下，手不释卷，言笑不苟，誉满乡评。

校记：① "聿"，文言助词，无义，常于句首或句中。
② "橤"，即 "根"的异体字，径改。

重修元天观碑记[1] 　　王章

城东北郭外有观曰元天，重修成。盖自壬辰（康熙五十一年·1712）始工，暨今凡三载而后毕，诸首善谋，所以播遐迩而垂久远者。愚曰：是役也，费可以记，事莫艰于创。继起者，人或不齿焉。殊不知创剧也，阅数十年而兴者废，又阅数十年而朽者颓。甚至神灵塑像，迁转无所，则继之也难。惟众善者出才不避，力不避，惨淡经营不避，风雨寒暑不避，瞬未转，而宫殿楼阁上出重霄也。北极容光，下临无地也，抑又粉垩丹腾焕乎其有文章也，往来游人，瞻拜宇下，夫且骇目惊心，以谓汉主离宫，长杨五柞，殆不是过，然后叹服诸首善之功赳矣，是则其继也与创埒镌诸石而以播遐迩，垂久远也夫，谁曰不然。

注释：详见罗国贤《元天观记》注。王章，康熙年间思南府人，余不详。

重修思南府城隍庙记[1]　萧重望

按：城隍之名不经见。唐以来郡县稍稍祠之。而宋儒乃称土地之神。城隍不与，虽张南轩氏亦以为赘。是耶？非耶！夫五雉为城，池无水曰隍，二气旁流无之非，是城以盛，民厥功茂矣。以时报赛，其谁曰不然？《周礼》：小宗伯于是祭天之司，民而重其事。国初，诏封城隍为鉴察司，民未几厘去，一切封号崇以本，称境内厉祭神实尸之。吏人莅①官，俾与神誓，蕲②在阴阳表里，以乂元元，不可谓非《周礼》之遗意也。读我太祖制词云："明有礼乐，幽有鬼神，城隍聪明正直，圣不可知，必有超于高城深池之表者大哉！圣谟岂曰不经而谬为崇严也者。"予以谓先王分职联事，臂指相维，明既有之，幽亦宜然，社与城隍其何足置辩？若夫神所凭依将在诚矣。诚也者实心为善，以成其为人而福果之说不与焉。故夫历代信史，以至稗官野乘，厥所称述阴骘灵贶。李珏、黄兼济辈，尤大彰明较著而必以此鎔铸，性灵宏阐，风教达人，君子当不其然，曾德馨之几何？而觊肸蠁之捷，应市道不啻则惑已。

思南城隍庙，肇自永乐间，与郡治并创，中经圮坏，榱楹屡易。万历己巳③复毁于火，神像俨然以救免，门亦亡恙。太守从月阴公亟奉像于门，檄义民余子懋、邹侃，董其役鼎新之，凡载阅岁，工乃落成，费逾四百金，秋毫出公料理，诸闻风而佐役者堇堇④，铜陵之轻尘，高廪之微芒耳。规制廓然，最为宏丽，祠后有楼，崇广倍于曩昔，先是肃过宾为即，次而欢呶弗虔，议者率嫌其亵，乃即楼之西偏稍拓町畽以授馆焉，又东西序，故有阎浮十王像，则毅然撤去，而隶以六县司城隍，如京省式而后，庙貌称，神灵妥，风雨时，灾沴消，年谷屡登，壤竿载路矣。公比者满九考，抚按从隶民请，交章留之，有诏晋都运两淮仍典郡其治，民事神久而逾恪，兴利去害，规画井然，晋阳之保障不加于此也，傥所称七尺长城者耶！若夫俨假斯于神舍，矢不欺于灵扃，以俟夫不可知者。予以不佞，敬以自省，并为我侪瑱规。

注释：碑文标点为本书作者所加，供参考。此碑记另有载录，参见思南县志编纂委员会办公室：（嘉靖·道光·民国）《思南府、县志》（点校本），1991年版，第377页。或思南县志编纂委员会办公室：（嘉靖·道光·民国）《思南府、县志》（点校本），2002年版，第381-382页。

萧重望，字剑斗，明朝贵州思南府（今思南县）人。明万历十三年（乙酉·1585年）举人，次年成进士。初任河南阌乡县知县，调祥符行取，再拜云南道监察御史。告养归，服除起官，进都察院佥都御史，不竟其用，卒于官。著有《奏草》，已失传，惟存《请增申侍御土木堡忠臣庙名位》一篇。《黔诗纪略》录其诗一首。

---

〔1〕 黄家服、段志洪主编：《中国地方志集成贵州府县志辑46：道光思南府续志·道光松桃厅志》，巴蜀书社，2006年版，第346页。

校记：①原文"蒞"，"莅"的异体字，径改。

②"薪"，古通"祈"。

③"万历己巳"，应为"万历壬寅"（三十年·1602），参见思南县志编纂委员会版（点校本）1991年版第377页或2002年版第382页。又考，明万历朝无"己巳"年。万历朝前有隆庆三年（1569），后有崇祯二年（1629）为"己巳"年。

④"堇堇"，即"仅仅"，言其极少之义。"堇"，假借为"仅"。

重建川神祠并后楼碑记[1]　　郭内儒

往余纵游锦官，揽其山川风土之盛，甚悉。因识所谓沃野千里者，盖有所自，自秦蜀守李公冰始也。蜀地山川，奇险至不可测，而华阳迤里①广轮，一平如掌者，千有余里，皆受注于岷江。当离堆未凿以前，旱涝不辰，江波助虐，不利民而殃民，应无纪极。李公始以三犀镇之，决壅防溃，导术归流，春利以时吐其水，至今赖以生活者，无虑千百万家。故民间所在，立祠以祀，号曰"川神"。而黔中属籍益部，历代不易。且江沱全受万水之委，江沱不治，则地滇黔之水不治。滇黔之水不治，此弹丸彝壤，其化为豺貙鱼鳖，殆倍他藩更烈也。则以黔地而修川祀，尤为报本之宜。先大夫来佐思南，以迄参岳建牙，终始黔中，赖有功德于此邦，而尤重百神之祀，因见此中祀李公者，僻在效垌②，且蓁莽矣，遂决意修举。首饬殿堂，鸠工庀材，矢竭其力，无何殿工毕而先大夫即世，未了之绪，疾首痛心，无以慰之。会余谬辱简命，即嗣先大夫秩，复守兹土。于是再理前工，环祠补葺。前庑后楼，阶棂栋宇，一从更新。凡治具又若干缗，而工始竣。余既以旅成于李公，且告诸先大夫，而因是重有感也。夫有功德于民，则祀之祭义也。李公之力，凿石疏流，斩蛟约水。直与天地自然之势相为雄长，以福万世之耕桑。其祀既应与岷峨相始终。亦何待言。而先大夫饮冰茹蘖，勉为循吏，盖棺逾岁，亦遂辱此邦舆人之义祀之胶庠，李公祀典与先师大祭，同不可废，则先大夫厕明禋、亦当与李公同享此邦血食，归于不废。益信苟莅一官，凡可利民，而义所得为正，当竭心力为之。天下后世决无有相负者，即余不肖，亦何意得。藉乎以永先大夫地下之祚于不朽。有厚幸夫！有厚幸夫！

注释：川神祠在（思南府）城南万寿桥右，祀蜀太守李冰。明正统时，长官安洛建。成化、嘉靖间，长官安继爵重修。崇祯时，思南府同知、关中郭内儒重修并建后楼，有记，见艺文。国朝康熙二十五年（1686），参将施应隆同长官安于磐续修并增后殿、僧房、山门。久之又颓废。嘉庆十三年（1808），郡人刘明礼倡募续修。道光十七年（1837），安华知县甘雨施捐俸接修，郡人安统绪董其事。

---

〔1〕　思南县志编纂委员会办公室：（嘉靖·道光·民国）《思南府、县志》（点校本），2002年版，第372页。

此碑记另有载录，参见思南县志编纂委员会办公室：（嘉靖·道光·民国）《思南府、县志》（点校本），1991 年版，第 368 页。

郭内儒，原籍陕西关中人。其父明崇祯年间官员郭凤仪在黔省先后任过贵阳府推官、思南府同知、分守思仁道、后又迁四川任川北巡抚，官至都御史右佥御史。后病卒于四川任上，葬于思南府城东。父去后，郭内儒续留黔省思南府任同知，其兄弟郭名儒任安龙镇总兵。此后，郭氏子孙从此定居繁衍于思南凤鸣场。

校记：①"迤里"，即迤逦。

②"峒"，另版本为"峝"，备考。详见思南县志编纂委员会版（点校本）1991 年版，第 368 页。

装修十王堂碑记[1]　　韩宗愈

自有天地以来，五岳实奠坤维，而泰山为五岳长，掌天人之统会，握阴阳之总司，挈生死之大权，昭善淫之朗鉴，故帝庙遍天下，十王咸隶焉，犹岳牧之下有群，后体固然也。今夫顽蠢悍戾之徒，尽有内不畏衾影，外不畏官府，一示以冥司考校之严，鬼卒狰狞之状，罪人恐怖哀怜之情形，有不色变心寒，魂飞股栗者载！韩子曰："此圣人所以神道设教也"。昔司马君实不信地狱之说，此为以理之本，而不可语于化俗之，权若人人凛地狱于心目之间，正可以助政教之所不及，吾辈司化斯民，劝善不绝于口，远者不及闻；禁恶不绝于示，愚者不及见；敲扑不绝于廷，苟免者不知耻；不如彰明显著，示以报应之无可欺，心有锋刃，刀山剑树也；心有烈焰，鼎油镬汤也；心有倾陷，碓舂石磕也；心有阴秽，寒冰粪池也；心有吞噬，蛇餐犬食也；以至种种地狱不可胜言。总之各有果报，知其所以作而得受，则改过从新之念，能不悚然而立起耶。思唐旧有泰庙①以行宫祀五岳圣帝，两庑列冥府十王，久而形容圮毁，丹腹无光。邑民黄凤鸣，率众发心捐资，同僧人海祥更新其象，进而求予一言以记之。予谓法象昭然，皆彰瘅至理，可以触目，可以惊②心，可以相传为告诫，愿一时瞻礼其下者，毋徒作彩饰观。是为序。

注释：详见碑记。此碑文另有载录，参见思南县志编纂委员会办公室：（嘉靖·道光·民国）《思南府、县志》（点校本），2002 年版，第 383 页。或思南县志编纂委员会办公室：（嘉靖·道光·民国）《思南府、县志》（点校本），1991 年版，第 378-379 页。

韩宗愈，明末清初安化县（今属思南）知县。余不详。

---

[1] 黄家服、段志洪主编：《中国地方志集成贵州府县志辑 46：道光思南府续志·道光松桃厅志》，巴蜀书社，2006 年版，第 347-348 页。

校记：①"山"，应为"庙"。详见思南县志编纂委员会版（点校本）2002年版，第383页。径改。

②"警"，应为"惊"。详见同①。径改。

重建伏波将军祠碑记[1]　　姚燮

伏波将军，以椒房①之戚，南征交趾，铭勋铜柱，此诚间世英豪，千古不磨者。垂老矍铄，复征五溪诸蛮，庙食黔楚间，薏苡②之疑既释，而清忠之望益隆，至今犹凛凛生气也。岁戊辰（康熙二十七年·1688），余授安化宰，将就道，亲朋饯之河干，朱子敬身，特敦缟纻③之风，赠余以言曰："城南伏波祠，载在《广舆记》，可考也。君至当葺而新之，毋令勋臣庙貌委诸草莽。"余曰："敬奉教。"及受事，询之居人，鲜有知者。世变沧桑，记载不足征，大较然矣。已诺朱子，无不复之理？深箐荒陬，委蛇冰蘗④，蹉跎岁月，每饭未尝忘之。曾生继泗来言曰："中和山平房五间，可取材也。"阅之，高明爽朗，遂偿其值。适中宪刘公为前侍御申忠节公请祠得允，谓余曰："伏波祠宜建南关，益资壮丽；中和山当祀申公，惟汝始终其事。南关之役，余襄厥成。"于是捐俸就中和山落成前忠节公祠。而南关于郡治为天门，且欲迁营房、拓基址，为费甚巨，值余借箸黎阳，而中宪公旋授山左提学宪副，刻期就道，叩⑤须无友，兴建无期，且闻朱子已谢宾客，冥冥之中负此良朋，曷以追人琴剑树之风哉！郡西北隅为遵化门，堪舆家言，嫌于泄气，法宜闭然。已成之事不能更也。城外当门旧建魁阁，以资缠护。兵燹之后，倾圮无存，议就故址为将军建祠，且培风水，金曰："善。"遂鸠工庀材，中构祠宇三间，前立楼门，周围筑墙以蔽，内外旁结茅房二间，募人居守以供晨昏启闭、扫地、焚香之役，再置常住一分，以为居守日给之资。祠中左以思国公田公讳祐恭，配享将军后身也，右以蛮夷司副长官李公讳盘，配享镇竿之役。公挺身殉难忠臣也。是役也，基址未敢遽云开扩，规模未敢即云壮丽，聊为前贤修举废坠云尔。若夫踵事增华，不致贻讥狭小，是所望于后来之贤达者。

注释：详见碑记。所引原书对个别碑文词语附注有释义，本书删。

姚燮（生卒年不详），字宵师，号成菴，浙江山阴人。顺治十一年（1654）举人。康熙年间官安化县知县。燮工诗，著有历游草、梅轩草、公车草、天都草、金溪草、金溪又草、叱驭草、思唐草、思唐又草、三草、四草、五草、东行草，每一集为一卷，杂文八卷，总名《饮和堂集》，《四库总目》传于世。

校记：①"椒房"，亦称椒室，意为古代后宫之称。

②"薏苡"，此处意即"薏苡明珠""薏苡之谤"，比喻忠良蒙冤被谤。典出《后汉书·马

援传》。

③ "缟纻"，意为深厚的友谊。

④ "冰蘗"，亦作冰蘖，即冰檗。喻寒苦而有操守。

⑤ "印"，代词，表示第一人称，即我。

重修文昌阁记[1]　　黄际会

余辛未（1691）夏五，承乏①部曹历转至庚戌年（1730）春仲，例因量移②，其时方面共七缺，惟思唐③最为荒远。余适掣签，爱我者莫不共相叹惋。中有友揖余而前曰："子之掣是缺诚苦矣。然尝考天下《形胜志》，黔中山水，思唐颇称奇拔。思之东北郊有文昌宫者，高敞宏丽；其东南则三台、万胜、德江、白鹭洲拱列而潆洄；西北则岩门、中和、九老、白鹿诸峰耸峙而环抱。公退之暇，游履其间，或可藉是以为破愁解愠之资。昔欧、柳诸公，远徙于寂寞非人所居之地，日惟片石相对，语人固疑其不怿也，然诸公足以怡悦其性情，而声施垂于后世，子其无容戚戚也。"余思其言，近有道，遂假贷资斧，慨然登程，水陆走七千余里，历险涉峻至季秋乃得抵郡，公余无事，偕同事文、武诸君游览凭眺，其拱列潆洄、耸峙环抱者皆依依如旧，独文昌一宫，则以荒壁颓垣仅存一虚阁。前任刘公、参戎④施公，虽合谋经始，而未竟厥志。余瞻望流连，不胜悲慨，亟思所以重新之。嗟嗟兵兴以来，名寺古刹朝飞云而暮卷雨，皆已秋风禾黍，悲动行路，其可以流连而悲惋者何独此一宫？顾余于斯独自有感也。粤稽前朝盛时，庙貌宏整，郡中登显第涉历侍御谏垣者前后相望。

今自国朝定鼎，历数十年于兹也，士之勤学能文者不乏登贤书者二十有三人，而甲科则未有一论⑤者，谓神掌桂籍，今宫阁如此颓坏，宜乎文风不振然耶！否耶！抑不宁唯是，考天官书戴筐而居斗口者，名曰文昌，其六星所司，凡介胄文章之士，以及嗣续生灭之数，莫不从事奔走其下。然神所兢兢垂训者，无异古圣贤体天立极之义，今观其戒。士子行社仓化书、阴骘文诸书，其大旨皆归于忠孝节义，仁慈正直与六经相表里，是以风声所树，瞻拜其像而沐浴其教者，或以忠烈著，或以经济显，或以理学传，下至流风遗俗，莫不重躬修、敦孝弟、返朴还醇，载在志书者班班可考。今何时耶？予履任未久，然采风问俗，江河日下，叨受简命守兹土，惴惴然有世道人心之忧。虽风俗污隆，未必尽由庙貌之兴废然，泽宫鞠为茂草，则城阙贻讥古志之矣。神盖先圣之羽翼也。且古圣人忧世觉民，以言教尤以像教。今夫墟墓之间未施哀于民而民哀，宗庙之中未施敬于民而民敬，非言之所示者浅，而像之所示者深乎？余所为悲惋而流连者盖在于是。若夫登览游观之盛此，骚人墨客所以览物而寄兴，非予之所志也。同游诸君咸相顾

---

〔1〕 思南县志编纂委员会办公室：（嘉靖·道光·民国）《思南府、县志》（点校本），1991 年版，第 391–392 页。

而叹息曰："诚哉！中宪之为，世道人心虑者深且远，不以物喜，不以己悲，殆所谓先斯民之忧而忧者。"兹役虽劳且费，又乌可以已！爰是捐俸鸠工，庀材购料，以完刘、施二公未尽之志。是为序。

注释：文昌阁在思南府城东北郊。知府黄际会撰重修碑记。所引原书对个别碑文词语附注有释义，本书删。

此碑文所提"辛未夏""庚戌年春"等干支纪年信息，仅凭此难以确证具体属于清朝何时。也未见所引原书编撰者载明。本书作者考清史历朝，从顺治元年（1644）清朝入关到1912年民国成立，清帝退位，清代统治全国共二百六十八年。期间共有1910年、1850年、1790年、1730年、1670年五个"庚戌"年。另据碑文"今自国朝定鼎，历数十年于兹也"推测，本书作者认为此碑应为清康熙、雍正年间撰立。经查，康熙三十年（1691）干支为"辛未"，雍正八年（1730）干支为"庚戌"，本书照此给碑记注明了对应的公元纪年时间。备考。

黄际会，浙江人，清代思南知府。余不详。

校记：①"承乏"，即暂任某职的谦称。

②"量移"，古代多指官吏因罪远谪，遇赦酌情调迁近处任职。

③"思唐"，即今思南。

④"参戎"，明清武官参将，俗称参戎。

⑤"抡"，所引原书附注为"通抢，成功也。"抢，择也。

重建武庙追封殿记 [1]　　冯咏

追封殿创于雍正五年（1727），从著令也。先是上允科臣奏请封关帝先世，下部议廷议，以帝千古正神，宜尊崇父曰成忠，大父曰裕昌，曾大父曰光昭，并爵以公，报可。于是自京师之白马庙，解州、洛阳两庙咸得奉祀三世。爰敕直、省、府、州、县俱于所属庙后殿置木主，有司以时祭飨。思南之城北旧祀关帝庙，堂室门厩悉具，岁久圮坏，因其故址而新之。特立后殿易今名。祭法能勤死事则祀之。汉以来忠亮死节者多矣，得在祀典者匪一，若自都城乡村逮荒远僻绝之区，王公士庶，童稚女妇咸望而拜者，独有关壮缪，岂不异哉。初，蜀先主收江南，以帝为襄阳太守，荡寇将军；益州既定，拜董督荆州事，旋拜前荆将军，假节钺。盖其威德，在楚为多；而后人钦之，遍华夏，荒服皆然。又历千数百年，而益烜赫，以勤死事，尚未足以律之，方蜀中庞靖侯以中流矢死雒县，张桓侯为帐下将杀死阆中，其他冒白刃陨身者以百十数。临沮之死，等死也。帝之威灵何苦是烈哉！天地之长存者，气而已矣；气之大者塞两间，贯万世，生屈死伸，

〔1〕　思南县志编纂委员会办公室：（嘉靖·道光·民国）《思南府、县志》（点校本），1991年版，第395-396页。

不可磨灭。帝生以一荆州摧于吕陆，其殃也，功德福后世之生民，气之至大者，使然也。陈寿著《三国志》，作帝本传，先人之名氏缺焉。宋、明或封公，或封王，或封帝君，并未足称其功德。今天子尊崇祀典，锡封三世，盛朝之尊正神，逾于前古，非帝浩然正气，充塞无疆，乌足以当此。咏新其殿并书焉。

注释：武庙在思南城北，知府冯咏撰碑记。所引原书对个别碑文词语附注有释义，本书删。

冯咏（约 1672—1731），字夔颴，江西金溪县词源人（又作祠源，今属双塘镇）。清康熙、雍正时期著名文学家、方志学家。与兄冯谌、弟冯谦擅长八股文，被争相传诵，遂有"金溪三冯"之称。康熙六十年（1721）与弟冯谦同榜进士，同选翰林庶吉士。历官江苏丹徒知县，贵州开州知州、署理思南府知府。著有《桐村诗》九卷，八股文集或选本有《冯夔颴时文》《八家文钞》《三冯试草》《冯郑合录三十篇》。执笔编撰《开州艺文志略》二卷、《雍正开州志略》二卷，主持修纂《雍正思南府志》。

徐公祠记[1]　　符克闳

郡城中和山有祠，祀白云徐道人。其像自云台山肖来，乡老汤君国珍倡祀之，尤灵应，太守午晴项公曾榜以联。白云道人者，其先不知何许人，传其道号贞元，明万历间为卫千夫长。遇异人授以养生术，能辟谷导气，固元①牝，超超然有出尘之表，尝慕赤松子，弃人间世，与友周子惠登访异境。入黔至偏桥西北三十里，入云台山道，由望元②关通，皆深洞绝壑，仄径迂回，石壁斗绝，攀藤萝始得上。上则云屏开展，万山环拱，罗列如儿孙；山腰有龙泉飞注，纡而右会垛河，绕其山麓，闲云往来冠山巅，远瞻如台隍然，诚异境也。绝壁有白云洞，哆吻张腭，云气入焉，公坐卧其间，因自谓白云道人。

初，公与友结庐望元③关者十载，尝以方药济人，全活无算。久之谓友曰："赤城天姥，古人曾经开辟此山，终日相对，顾不能陟巅览胜乎，吾愿舍身入山，如听木鱼声则登，不，则为虎狼吻矣。"去越三日，山巅鱼声响应泉谷，周子曰："吾友登山矣。"遂寻迹扪萝亦登，见公瞑目端坐古柏下，因呼"真元，我来矣！"相顾大笑而起，除云洞、采松实，饮露餐霞，时而洗眼看山，时而跣足卧云。越数十寒暑，趺坐而化。至今须眉如故，凛凛有生气焉。其遗蜕处，有石巉然壁立，后人颜④为"遗真亭"，周子不知所终。公羽化后，屡著灵迹，缁流扩为大刹。明将军邓子龙有诗纪胜。予就选赴省，迁道施秉，登览云台灵胜，犹有传其轶事者，瞻仰遗蜕，低徊留之不能去。于其祠祀于思城也，撮其原委以告后之人。

注释：徐公祠在思南府治中和山内，祠祀贞元徐道人。郡人符克间有记。此碑记另有载录，参见贵州省文史研究馆古籍整理委员会编：《贵州通志：金石志·古迹志·秩祀志》，贵州大学出版社，2010年版，第391页。

符克间，贵州思南县符家沟人，清乾隆丙午（五十一年·1786）科中式，先后任贵州省普安县教谕，遵义府教谕，甘肃成县知县。

校记：①"元牝"，即"玄牝"。语出《道德经》："谷神不死，是谓玄牝。玄牝之门是谓天地根。""元"，古同"玄"，清代避康熙皇帝（玄烨）名讳，以"元"代"玄"。

②、③"元"，通"玄"。

④"颜"，意为题额。

补修思南府城隍碑记[1]　　佚名

郡有城隍庙，历所已久。既建庙宇，以壮观瞻；复置田畴，足供僧善①。神灵所托，以永垂不朽。惜乎，两庑倾圮，逼促殿宇等处未臻美，备增净念，早欲募修，未能即遂所愿。嘉②庆二十三年（戊寅年·1818）有姑稳载府，每莅任斯邦，望礼华之余，依仰良殿，乃出百缗，捐为修理之资。僧恐修费不敷，遂课诸阁郡绅士与郡衙在官人等，欣然乐助。适值石阡马府尊摄篆至此，复为捐助。僧亦素积斋贶，出以修补，随于道光元年冬鸠工庀材，修戏楼、丹彩二殿，并修改各处等宇。于次年竣工，自是美备捐画，□睹厥成，约费四百多金。外于台下补石，供香炉之用。众善攸同，讵可□而不彰，爰叙其始末，以正③善果方尔。（捐资姓名略）

嗣临济正宗第三十九世住持邱本性念等建造。

大清道光二年（1822）岁次壬午桂月④中浣阁邑绅士书。

街民众姓人等合立。石匠石成柱刻。

注释：详见碑记。此碑记另有载录，参见汪育江编著：《乌江流域考察记》，贵州科技出版社，2000年版，第150-151页。

校记：①原文"善"，疑为"膳"之抄误，备考。

②原文"喜"，疑为"嘉"之抄误，径改。

③原文"正"，疑为"证"之抄误，备考。

④"桂月"，即阴历八月的别称。

[1] 彭福荣：《乌江流域民族地区历代碑刻选辑》，重庆出版社，2007年版，第603-604页。

板桥万寿宫舍白碑[1]　　彭大宾

勋垂力古

盖闻书志流芳，易言降祥。此皆有德之报，为善之应也。兹列公之勋诚臣①矣哉。以往年杨廷劳之榨房八间抵借，名号壹厘来还，倏然亡故。届后伊子特卖各居远处，难以照理。号等阁议此项，故属难望之财，各自处也，将杨廷芳抵借字据，送上板桥万寿宫。福祖神像前交与首事微作焚献之资，永②为常住之业，然房则归于馆内，基畸为伊子私卖。号等商议：捐资转买，去钱五十千文，彝③伊子上官，永出卖契，割补去钱四十千文。以后榨房与基，永为万寿宫己业管理。世守勿替，兹刻于碑以垂不朽。计开勋于左：

塘头吴恒顺号银一千一百九十五两；杨致和号银一百五十两；石阡杨源昌号银三百两；王家坡彭永绅银十四两；任家寨任开泰银六两。

客长杨世荣，十四年首事徐步云、陈锦胜、邬光裕、蔡贵有。

乡约彭开祖，十五年首事王连华、罗纯武、杨懋志。

思南府学增生彭大宾敬书。

皇清道光十五年（1835）岁次乙未林钟月④上浣大吉之良五府众等立。

注释：万寿宫，位于思南县城南四十四公里处的板桥民族乡，紧靠回龙桥北面。万寿宫建于明代万历年间，后屡加修葺。至今万寿宫建筑保存完整。此碑记另有载录，参见汪育江编著：《乌江流域考察记》，贵州科技出版社，2000年版，第170-171页。

校记：①原文"臣"，应为"巨"，疑为所引原文抄误。备考。

②原文"水"，应为"永"，疑为所引原文抄误。径改。

③"彝"，古为"膻"的异体字。

④"林钟月"，即阴历六月的别称。

思南重修中天塔记[2]　　何廷熙

山川磅礴，郁积之气，钟为秀灵，而人才出焉。人才之盛衰，一郡之兴替所由①关也。故当其将盛也，天若逆知之，而假乎于贤守，会培植②而振作之。而又恐其培之者之不能。既厥事也，阴于守令中遴其贤能，使之荟萃于一时，复使之视前车如己事，而克观厥成。如我黔州中天塔之修其大概也。中天塔者，前明参政史公旌贤所建，以③培文风者也。剥于风雨，至我朝而惟遗址仅存，今其山童矣。数十年来，郡人议重修，力

〔1〕　彭福荣：《乌江流域民族地区历代碑刻选辑》，重庆出版社，2007年版，第601-602页。
〔2〕　彭福荣：《乌江流域民族地区历代碑刻选辑》，重庆出版社，2007年版，第542-543页。

不④逮，前太守田侯马公有志焉。曾集金百余，以奉调首郡事中止。亦似⑤塔之不成，有数存焉矣，乃天于人所亟欲就者隐隐默之。无何而蔼士郭大公祖自龙浔来，捐廉六百金，属今长官继堂安君、太学坤山、邹君分职其事，甫有基矣，而公祖猝告休。嗣则云谷邓大公祖，自珊城来森圃，夏大公祖自升平来邑，侯□川杨明府自吴平来。或继捐，或劝募，或合尖，不以前贤未就之绪为嫌，且惟恐其不成，而引以为责也。岂非天哉，岂非天哉！予闻古之治民者，有人才，然后有教化；有救化，然后有人心风俗。黔州居黔下游，属翼轸分野，北通巴蜀，南接阡阳，东西各广数百里。郡治则云间万胜，天外三台，德水驶其前，中和屹其后。一旦就塔址而鼎新之，吾知山川灵淑之气，蜿蜒奔赴自时，厥后云蒸霞蔚，安见人才之出，今必异于古所云也。且黔州设郡伊始，名贤辈出，甲乎全黔，若申天锡。曰西麓、李同野、肖剑斗、敖梅坡诸君子，砥名⑥励节，彪炳一时。不有地灵，何以人杰崛起。若是今塔之成，其必有踵前贤而继起者。与夫黔州人士⑦之欲建此塔，而诎于力也久矣。任斯土者，或不能为地方起见，故不欲修，或可以修而吝于财。迟之又久，天乃使贤守，今后先相继，然后起而卒业焉。而向之败瓦颓垣，无一存者，今则一柱擎天，四维镇地矣。计自戊戌（道光十八年·1838）夏五经始觱基，为方六，高一丈，广寻有四尺，塔基而外，皆修以石栏。嘱熙为文，熙以数百年来未兴之举，一旦得二四贤守令，先后继举厥事，以底于成，使熙得与士民共拜。巅末虽不天地，其又奚辞。

　　大清道光十八年（1838）郡举人何廷熙拜撰并书。

　　注释：详见塔记。此碑另有版本载录，参见汪育江编著：《乌江流域考察记》，贵州科技出版社，2000年版，第151-152页。

　　何廷熙，字积成，号敬堂，思南人。道光十五年（1835）赴贵州乡试中举人。道光十九年（1839），协助思南知府夏修恕、安化知县杨巨源重修中天塔，并亲撰《重修中天塔碑文》，后助郡人肖琯续修道光《思南府续志》，次年成书，共十二卷五十八目。道光二十二年（1842），任安化县言是堂讲席，从者甚众。自幼能文工诗，擅书法。著有《醉柏堂》诗集二稿，时知府胡林翼为其作序，现诗失序存。

　　校记：①原文"由"，疑为"攸"之抄误，备考。
　　②原文"值"，疑为"植"之抄误，径改。
　　③原文"已"，应为"以"，原文抄误。径改。
　　④原文"小"，应为"不"，径改。
　　⑤原文"亦似"，疑为"以是"之误，备考。
　　⑥原文"各"，当为"名"之误，径改。有汉语成语为"砥名励节"。
　　⑦原文"事"，应为"士"。原文疑抄误，径改。

募建禹王宫序[1]　　　盛朝辅

天无私覆，地无私载，日月无私照，鬼神之为德也，视之不见，听之不闻，体物而无乎！不在使天下之人斋明盛服以承祭祀，夫何私焉。夫鬼神之不能私于人，亦犹人之不能私于鬼神也，世俗之人不知理义，或于祸福，押昵之心生，媚祷之事起，秦之人祀关帝，则曰山陕会馆；蜀人祀二郎，则曰四川会馆；江右之人祀肖、晏、许仙，则曰豫章会馆。以聪明正直之神据为己有，尔不我僭，我不尔越，何所见之不广哉！所见不广，而鬼神之道，于是乎有私矣。郡城之南，向建有禹王祠，多历年所，风雨漂摇，即于颓塌。前郡伯周出百金倡首修复，资斧不济，未观厥成。董事者思呼将伯问序于余，告余曰："我同人建此祠未成，三湘七泽之人家此地者绝少，今欲求输于外人以玉成此举，得毋嫌于私而戛戛乎难之。"予告之曰："世之有鬼神，犹天之有日月，人人得仰其照临，瞻其光采。"使语人曰："此处之日月，惟此处得而有之，彼处不得而有也，人不非之乎！"又使语人曰："我所见之日月，我得而有之，尔不得而有也，人不笑之乎？"稽古大禹圣神功烈，地平天成，山川底定，利赖万世。余尝读书自二典三谟，以至禹贡洪范，未尝不想见丰功骏烈与二帝三王相处于一堂，又尝浮海滨、游江淮，观黄河之大，历洞庭之险，三江五湖，乘风破浪，又未尝不望洋兴叹而思禹之功德不衰。夫功及于千万世，千万世得而祀之；德及于亿万人，亿万人得而祀之。巍巍禹王，岂两湖之地所得而私乎？岂两湖之人所得而私之乎？持此说以往而私心，亦可爽然释矣。是为序。

注释：禹王宫，昔在思南郡城之南。据史载，明清鼎盛时期，思南曾有二十多个会馆建筑，如两湖人氏的禹王宫，陕西人氏的三秦会馆，甚至福建人士的天后宫（妈祖庙）等，数经历史运动，劫后幸存的会馆，现只留下万寿宫（即江西会馆）和川主宫。

盛朝辅，号翼卿，思南城人，清道光壬辰年（1832）进士，官任福建光泽县、同安县知县。

忠烈庙序[2]　　　盛朝辅

今夫人臣事君，以身许国，不怀二心，斯谓之忠，捐躯矢石，慷慨就义，不避艰险，斯谓之烈。忠臣烈士，天地不虚生，国家不易得。得一人焉，其忠也，薄云天，其烈也，裂金石。可以与日月争光，可以与山河并寿，可以使顽夫廉而懦夫有立志。大义

〔1〕　思南县志编纂委员会办公室：(嘉靖・道光・民国)《思南府、县志》(点校本)，1991 年版，第 388 页。
〔2〕　思南县志编纂委员会办公室：(嘉靖・道光・民国)《思南府、县志》(点校本)，2002 年版，第 393 页。

之在，天壤人心同然。忠臣烈士，人人得而敬之，即人人得而祀之也。黔南向有忠烈庙，祀唐开府仪同三司扬州大都督南将军。余少时，读昌黎韩子张中丞传后叙，而见其乞师贺兰，食不下咽，拔刀断指，一座大惊，感激泣下，旋即驰去，抽矢射佛寺浮图，矢必破贼。厥后城陷，不为不义屈，未尝不泫然流涕，而忠义之心亦油然而生矣。夫将军以精忠大节，为有唐保障，谁不尸祝之者？而于思唐为尤宜何者？思唐为古婺州，将军子承嗣为州别驾，德政惠教，深入人心，州人为将军建祠，盖亦饮水思源，不忘先德之意也。近世以来，年湮代远，百年之间，求其一基一址，杳然无存，而忠烈之祀不可复识矣。道光七年（1827）郡人复议建祠崇祀，募金四百有奇，置地一隅，糜百五十金，砖瓦木石糜二百余金，金尽而卒然中止，信乎！崇山之功可亏乎一篑，而广厦之材难支于一木也，可不叹哉！今执事等复议续修，问序于余，因思时当圣明，贤有司在上，风雨和甘，天麻滋至，衣食既足，礼义遂生，非必如将军之捐躯赴难也，即尽其在己，亦可谓忠矣，非必如将军之勇不畏死也，即见义必为，亦可谓烈矣。诸首事由此意而通之，其于风化不大有裨哉！是为序。

注释：所引原书对个别碑文词语附注有释义，本书删。撰者盛朝辅，见上。

修水府宫碑记[1]　　　陈朝租

众姓同缘

尝闻天地无神通感应，三才未品，幸处人伦。用祖田太卯，嘉庆年间，立念彩胜水府三官，于地名石香炉、火水井，并供修复然。神威显应，十方万众，赐福延寿。后嗣田姓上下二寨，协同心意，四方亲朋人等，以助钱文，多以神灵获祐。请匠以功告竣，勒石垂名，万古不朽。是以为叙。（助资姓名略）

陈朝租笔。彩雕师简四香书。

石匠吴贵芳、温应升。

大清咸丰二年（1852）洗月①上浣谷旦。

注释：此碑现位于贵州省思南县青杆坡石香炉井边。此碑记另有版本载录，参见汪育江编著：《乌江流域考察记》，贵州科技出版社，2000年版，第156-157页。

校记：①"洗月"，应为"姑洗月"或"沽洗月"，即阴历三月的别称。

---

[1]　彭福荣：《乌江流域民族地区历代碑刻选辑》，重庆出版社，2007年版，第543页。

修建黔阳宫碑记[1]　　陈文炳

万载常新

今将陈干二姓建修黔阳宫前后之功德开列于后：神灵凡非寻常，神降福永流芳。从前修建拿盟庙，百世扬来万世扬。即如我等频光庙貌，未创德馨香。神形既设，威更堂皇。消其灾患，赐以苍箱。有求即遂，无愿不偿。前后募化，垂石招①彰。后贤复起，想亦数典不忘。

己②是为序。（捐资姓名略）

生员陈文炳题。乡学愚生沐手丹书。

咸丰七年（1857）五月二十九日议立。

注释：此碑现位于贵州省思南县青杆坡干家山黔阳宫壁上。此碑记另有版本载录，参见汪育江编著：《乌江流域考察记》，贵州科技出版社，2000年版，第156页。

校记：①"招"，应为"昭"，疑为所引原文抄误，备考。

②"己"，应归于"想亦数典不忘"句末，原文断句标点疑误，备考。

修渐鸿塔序碑[2]　　安修竣

从来善作者不必善成，善始者不必善终，以作始之易而成终①之难也。相思溪，其由来旧矣。原泉十余里，夹岸数百步。两山排峙，一水中分。前清流，后急湍。左茂林，右修竹。古为天地之名胜焉。沿溪居有杨、苏、赵、陈诸姓氏，或五里一村，或十里一邻，农耕□龙庞古处□汍乎，皆有世家世族之风，而溯其仁麟所钟瑞，灵乌所诞祥，□□远由陇蜀，发豫章三楚两湖。其渊源实为不一，而要其历千里之星霜，荷盛朝之雨露，迢遥而来，瓜绵祂行。以此间族当于其间，各以相思，殆有家庭思考，廊庙思忠，琴瑟思和，②簇思友，更或风雨而思君子，霜露而思伊人之义欤？不然，入其境者，顾名思义，何皆有缠绵不尽之致也？顾其溪之北，当水流去处，有③凸起焉，堪舆家以文峰挺秀，而惜其地势稍卑，于是绪各族酿金百余，建塔于其上，名④曰："渐鸿塔"，以因势而增高。且夫天倾西北，地陷东南，山名不周，水泄尾闾。以高名博厚之内，广大不测之中，而缺陷者如彼，罅⑤者如此。比娲皇炼石以补，精卫衔石以填，虽属史氏荒唐之见，不经一⑥说，而载之简篇，传之世宙，谈之于学士文人，要亦见天壤间，乾可旋，坤可转，山可移，海可倒。负雄⑦者，前程自大；怀壮志者，凡事可为也。即如斯塔作之成之，始之终之，不可为斯人之一鉴欤？工竣后，月殿分香，泥金报

〔1〕 彭福荣：《乌江流域民族地区历代碑刻选辑》，重庆出版社，2007年版，第532页。
〔2〕 彭福荣主编：《乌江流域民族地区历代碑刻选辑》，重庆出版社，2007年版，第529-530页。

捷，累累接踵，以题名于斯，则斯之渐鸿塔，未必非前人之雁塔云。

光绪二年（1876）岁在丙子闰五月中浣⑧思南府禀生安修竣撰，肄业门生张文房沫手书。

石工李广顺刻。

注释：渐鸿塔，在思南县英武溪区马河乡桐梓园生产队。修建于光绪二年（1876）。塔六角形，楼五层，高数丈，整个塔呈圆锥形。时人信风水，修建此塔以培文风。渐鸿塔幸存于今，县人民政府于1981年正式列为县重点文物保护点。

塔外壁上嵌有石碑两块，前一块为《渐鸿塔序》，后一为记载修塔时捐赠事的《功德碑》。因年久风雨剥蚀，有的字迹已模糊不清。

所录原文有标点符号，本书据情略作修改。此碑文另有版本载录，个别文字略有差异。参见政协思南县委员会文史资料研究委员会：《思南文史资料选辑第7辑》，1984年版，第124—126页。或汪育江编著：《乌江流域考察记》，贵州科技出版社，2000年版，第154—155页。

校记：①原文"中"，误，应为"终"，径改。见《思南文史资料选辑第7辑》1984年版，第125页。

②原文此处为脱字符"□"，另版本为"壦"（即埂），备考。本书作者认为，按词句文意，当为"壦"（即埂）。见同①。

③此处另版本有"小"字，备考。见同①。

④此处另版本有"之"字，备考。见《思南文史资料选辑第7辑》1984年版，第126页。下同。

⑤此处另版本有"漏"字，备考。

⑥原文为"一"，疑为抄误。另版本为"之"。备考。

⑦此处另版本有"心"字，备考。

⑧原文"院"，误，应为"浣"，径改。

思南龙洞题刻[1]

注释：龙洞，在思南县城河东万圣山麓，为思南名胜古迹之一。在龙洞口旁之左壁上镌有明代万历庚辰（1580）孟冬兵巡佥事滇中高任重所书"山高水长"四个篆字，委官田时茂监刻。

在龙洞口旁右壁上有清同治丁卯（1867）六月少珊（即程械林）题石，字迹清晰。所遗憾者，于"文革"中遭破坏。经考校，录于后：

"采茶时节艳阳天，炎帝风高云汉悬。友人争着肖夏会，携我远游龙洞前。此洞生

---

[1] 政协思南县委员会文史资料研究委员会：《思南文史资料选辑第7辑》，1984年版，第115—116页。

当绝壁下，龙泉昼夜流不舍。有口时为白云封，无人恰喜红尘寡。我来历级转山坳，人声渐小泉声骄。一入龙门神倍旺，高举两袖风萧萧。暗中偷眼往内注，的是蛟龙栖止处。欲仿张骞寻其源，怎奈渔郎不知路。有如谷口万丈潭，杜公拔剑莫能攀。如桃花千尺水，李白乘舟不见底。同顾怪石刻西东，披襟据白吟风松。有时长啸戏相唤，应者答者声满空。小鬼欲惊屈子赋，襟期同诩大风雄。果然身在清凉境，举头不见赤日影。偶蚕白水寒入牙，闲立青苔湿玉径。对此使人意也消，功名富贵一齐冷。吁嗟乎！附势趋炎热客多，冰山一倚旋蹉跎。潇洒何如此闲乐，拍板高唱羲皇歌。丁卯六月少珊题。"

此题刻另有版本载录，参见彭福荣：《乌江流域民族地区历代碑刻选辑》，重庆出版社，2007 年版，第 585-586 页。或汪育江编著：《乌江流域考察记》，贵州科技出版社，2000 年版，第 138-139 页。

高任重，云南广南人，举人。明万历五年（1577）任贵州分巡思仁道。八年曾在贵州思南城郊东南乌江岸边万胜山腰龙洞门旁石壁上书刻"山高水长"四大篆字摩崖，每个字大 0.6 平方米。同年，又在思南城外的汛溪沟南岸石壁上书镌篆刻"天子万年"四个大字，每字大 0.7 平方米。此处名大庙摩崖，左款"兵巡佥事滇中高任重书"，右书"万历庚辰年孟夏"。

程械林（1858-1916），字少珊，思南城人，清光绪乙酉（1885）科举人，中式第三名，光绪己丑（1889）科进士。历官癸巳（1893）甘肃正主考，实录馆总纂兼总校官，翰林院侍读。

印江

按：唐武德三年（620），建立思王县，治今县境东部。开元四年（716）置思邛县，治今印江镇甲山村。天宝元年（742），思王、思邛县隶宁夷郡。五代时属黔州。宋废思王、思邛二县，设朗洞和思堡，为思州地。建炎元年（1127），改隶夔州路。建隆元年（960）废思邛县为邛水县。元代，印江为思州军民安抚司地，境内建思邛江、朗溪、厥册三长官司。至元二十一年（1284）改隶顺元路，至元二十九年（1292），改隶湖广行省。明初为厥册蛮夷长官司，保持朗溪、思邛江长官司。洪武年间改厥册蛮夷长官司为朗溪蛮夷长官司。明弘治七年（1494），废思邛江长官司、朗溪司，设立印江县。清道光十年（1830），废朗溪蛮夷长官司，并入印江县。民国二年（1913），隶属贵州省黔东道。民国十四年（1925），废黔东道，由省直管。1949年，设立印江县。1986年12月经国务院批准，撤销印江县，设立印江土家族苗族自治县，原行政区域不变。现属贵州省铜仁市辖。

重建文昌阁记[1]　　马士芳

印江旧有文昌阁，前己巳（崇祯二年·1629）为邑侯江南人史公谏建。越明年，庚午（1630）乡试得隽者，有人蝉联不绝。以兵燹频仍，荒烟蔓草，仅存二础矣。五十年来，人文衰歇，百度废弛。思谋重建，置诸梦寐者两年。嗟嗟！库无羡，丁无役。立意抚绥休息，而又欲兴工劳人，以博不可知之效，其可乎！戊辰（康熙二十七年·1688）秋，淮海府宪刘公星临德水、化溢、黔南三庠，生徒鼓舞振作，无不谓文翁开西蜀之盛，昌黎起八代之衰，再见于兹。值邑民以私伐山木，质成于公。公仍付讯于余，而木均非两造所应得。余曰："梓潼凭依，将在是矣。"以覆公，公曰："可卜期鸠工。"恰又己巳（1689）岁杪，事以时起，人从天合，梁柱甫立，午秋报捷。在昔乘铎都梁，亦缘科名久沈。用青乌言，建经阁、立石坊、移泮壁。次年辛酉，遂中式，名次亦与今周子等。虽曰时数偶

---

〔1〕 思南县志编纂委员会办公室：（嘉靖·道光·民国）《思南府、县志》（点校本），1991年版，第367–368页。

然，类而推之，补偏救弊，正如病者资医，未可尽诿于不可知而姑听之也。

印江僻在荒裔，考古《舆图志》属武陵郡，人文风土，不异中州。病在田亩狭而民鲜储蓄，书籍乏而士寡取资。前己巳医之得效，今己巳医之又得效。继予而医者，不知为谁？大抵辟荒芜，广树植，治葛养蚕，点茶种荑以及购经史子集，以博其词章。阐周、程、张、朱，以昌明其理学。皆印邑当急，为自医。与余欲为印邑医而未逮者，总以俟乎后之君子，操华扁善技，补泻而调剂之，以俾而寿而康。至于斯阁风雨罇漏，护持修葺，又不过甘黄片力，留地气，厚风水一端云尔。若谓获验而开其先也，则亦史公创也，余何庸。工始于己巳冬、迄辛未（1691）夏。而阁成，高以尺计可七十，层而上者四觚而面者八。阁后筑堂三间，围垣六十二丈。招僧宗印住持，以奉香火。赡田二十四秅①，为某某施。董工者某某，捐资有等。以襄其事者某某，咸悉于石。

注释：文昌阁，其前身名"澄清楼"，始建于明代嘉靖十年（1531）。嘉靖二十九年（1550），改建此楼，更楼为阁，称"梓潼阁"，始供神像于内，香客进香于阁。阁建不久，因故被毁。崇祯二年（1629），由当任印江知县史谏重修之，始名"文昌阁"。明末，文阁毁于兵燹。清康熙二十年（1681），知县马士芳再修，再修后，高七十尺，四层八面。嗣后，时圮时修。时至清代中叶，原阁不复存在，惟有断碑残瓦等零落于草间。道光十六年（1836），陕西人郑士范来宰印邑，应民众之求，重修其阁。1991年再次维修文昌阁，至1992年4月竣工，竣工之际，特竖石碑一座，重砌台阶一个，新添碑廊设置。

此碑为印江知县马士芳撰。所引原文编撰者对个别碑文字附注有释义，本书删。此碑文另有载录，参见思南县志编纂委员会办公室：（嘉靖·道光·民国）《思南府、县志》（点校本），2002年版，第371-372页。

马士芳，江苏省江宁县人。康熙二十年（1681）拔贡，后任印江知县，致力发展教育，提倡重修文昌阁建龙津书院，并亲自讲学。

校记：①原文为"左禾与右老的合一字"。本书作者经查字典未见此字，应属方言俗字，意为大秤或地名、人名用字。

重修印江文昌阁引[1]　　郑士范

县文昌阁，春秋将事者在城中；其在城西书院侧者，明知县史谏建以培风水者也。康熙中知县马士芳重修。其后时圮时修，修而复圮，以至于今。邑人视如构堂，而弗忍弃基。丙申（道光十六年·1836）春，余奉檄来署篆，前任谭别驾炜储少尹，敷恩属余，余惟

〔1〕 贵州省文史研究馆古籍整理委员会编：《贵州通志：金石志·古迹志·秩祀志》，贵州大学出版社，2010年版，第340-341页。

马公所为，大有造于印人者，在龙津讲学；一时人士从其游者，如刘溱、覃岱、黄世发辈，类此束修自好，处为善士，出为循良，风气所蒸，彬彬然奕世，书香未艾也。决策发科，乃其余事，亦缘积学而来，非同弋获而侥幸①于不可知之数。留地气、厚风水，譬之甘黄片力，马公固未以自居也。余何敢任焉，以故迟之又久。隶②兹丁酉（1837），诸士有肯游书院者，相率师余，余虽万万不逮马公，而邑人士皆马公弟子之裔，所谓阐周张朱程，以昌明其理学者，极知僭逾，犹如腼颜为诸士讲之。乃坐视当时，培植文风之举，废坠而不修，恐非善体前人意者。且既有成其势，亦不能终止。惟是功巨力绵，库无羡，丁无役，仍如马公时，而诸寅好以为人心所好。义举无难，乐共劝捐，属余为引，因为叙其所以，宜修而不容已之故，以导夫邑人士之愿子弟读书者，使毋吝焉。

注释：文昌阁在印江县城西书院侧。明知县史谏建以培风水，后多次重修。清知县郑仕范撰重修碑记。详见马士芳《重建文昌阁记》注。此碑文另有版本载录。参见思南县志编纂委员会办公室：（嘉靖·道光·民国）《思南府、县志》（点校本），1991年版，第416页。

郑士范（1795-1873），字冶亭，清末绅士，经学家。凤翔县高王寺人。道光二年（1822）乡试第一，后在贵州历任印江、安化、贵筑知县及平越知州，重视兴教办学。后回凤翔，晚年居家著述。撰有贵筑、印江、安化、平越诸志，以及《春秋传注约编》《归雨集》《帚狩寮集》《朱子年谱》《许鲁斋年谱》等。

校记：①原文"徼倖"，即"侥幸"，径改。
②"隶"，古同"逮"，异体字。另版本为"逮"。备考。见思南县志编纂委员会办公室（点校本）第416页。

建修文昌阁碑记[1]　　甘雨施

余既仕黔之明年、权思王①篆，甫下车，祗谒各庙，惟文昌帝君无专祠；借祀于邑书院之言是堂，而以先代神位附陈于东庑之侧，非所以昭诚敬隆祀典也。

是秋民和岁稔，集都人士谋立祀，卜城之西南得地一区，系前太守周肖濂先生捐廉所置；欲建育婴堂，因经费不继，事中寝，遂成荒圃。其地高朗轩豁，三台峙于前，五老镇于后，德水圣山，环绕映带，特钟文明之象，邑人士佥以为可。请于郡伯马田侯先生，甚嘉许之；遂捐廉以倡。邑之乐善者，闻而兴起，或解助，或募劝，共得若干金。命绅士邬文芳、安统绪等董其事，庀材鸠工，越三百余日而告成。后殿设先代牌位，正殿肖文昌圣像，前厅为礼拜之地，左廊为樽俎之所，缭以垣墉，坊阁屹峙，向三台而

〔1〕　思南县志编纂委员会办公室：（嘉靖·道光·民国）《思南府、县志》（点校本），2002年版，第412页。

正位，为一邑称盛焉。工既竣，闻于大中丞贺藕畊②先生，先生曰："事神治民，均为治之要也。文昌帝君之神，亘于古今，周于天壤，其训典之昭垂，有默化人心于不觉者。况灵迹显著，荒陬妇孺，罔不知敬知畏，因其所明而诱导之，其说易入，而收效更神。统古今亿万世、亿万人，无不同此阴骘③之理。帝心即吾心也，吾心所起之念，所行之事，时时省察于心，惬乎不惬乎；则帝心之惬不惬可知，即帝心之佑不佑可知矣。祸福休咎，岂待他询哉！"该令当自警省，即以之遍告士民，互相劝勉，共协乎阴骘之原，而敦笃乎徙义崇德之域。以之治民而民无不化，以之事神而神无不享修已。治人之道，未有切于此者，岂徒以辉煌庙貌，博崇祀之虚名哉。余谨志之，居常以自省；即书上石，为士民劝。而并刊乐输姓氏于左。

注释：文昌阁在思南府启圣祠后，嘉靖十四年（1535），教授钟添建。（嘉靖《志》）有二：一在府城北，煎茶溪联奎山顶，创自乾隆初年。道光甲午年（1834），里人重建，外为待月台，有古柏三株。嘉庆间，阁内钟忽哑，柏亦枯萎。重修后，钟鸣如初，柏复荣茂。一在府城北后坝，建自前明。乾隆二十六年（1761）重修。按（乾隆《志》）云：在府城北郭外，印江、务川俱有。

所引原书编撰者对个别碑文字附注有释义，本书删。此碑另有版本载录，个别文字略有差异。参见（嘉靖·道光·民国）《思南府、县志》（点校本），思南县志编纂委员会办公室，1991年版，第406-407页。

甘雨施，字岱云，（四川）荣昌人。嘉庆十三年（1808）中举人后入仕途。道光十五年（1835）考评一等，签发到贵州任职。先后任贵溪，安化、湄潭、桐梓、遵义、修文等地知县。颇有政声。道光二十八年，升任独山州知州，二十九年调开州，任代理知州。平生所著诗文不少，但未刊刻。道光年间曾到山东曲阜去拜谒孔庙、孔林，著有《拜谒孔子庙堂记》《谒孔林记》。十分关注民生的安定，著有《行保甲说》。道光三十年，"乞休"回荣昌。

校记：① "思王"即今印江。唐武德三年（620）建思王县，即今印江自治县朗溪镇。
② "畊"，古同"耕"，此处为人名字，不改。
③ "阴骘"，原意指默默地使安定，转指"阴德"。

重修印江文昌塔序[1]　　邓应台

自来贤士大夫宦游之地，虽弹丸小邑，必有所设施，以见其异，及人和政理，即一亭一榭，其流风遗迹，皆能使后之人缱恋追思，芟树而生歌咏之感，矧其为修废举坠，大有造于斯民者哉！印江县西书院，旧有文昌阁，又名文塔，建于前明知县史谏，至康

---

[1]　思南县志编纂委员会办公室：（嘉靖·道光·民国）《思南府、县志》（点校本），1991年版，第387-388页。

熙二十年（1681）知县马士芳重修之。嗣后屡修屡圮。官斯土者，每欲筹款兴建，而功巨力绵，辄复敛手，断碑残础，几于蔓草荒烟，盖斯阁之废久矣。

道光十六年（1836）春，凤翔郑君士范来署斯邑，少尹王用仪佐之，循览旧址，慨然兴思，谓欲昌文教，先培风水。青乌家言，此阁当印水西来之冲，挽既倒之狂澜，作中流之砥柱，胥于是乎赖。虽其说近于不可知之数，而藉以鼓舞人材，则于邑人良大有裨也。于是商榷士庶询谋，金同首捐廉为倡，委少尹王用仪总核之，绅耆王宪中、魏廷辉等，或司劝输，或任督率，虑终图始，积寸累铢，币岁内计得钱二千九百串有奇，木石之需，厘然毕集，旧者擢其坚，新者求其固。而副参何飞鹏、广文张其训、翟奎观诸君，悉能与少尹分端料理，非郑君之明于用人，曷克若是之处置各当哉！十七年（1837）冬郑以母忧去官，其时间架粗立而工犹未半也，三图之民徬徨嘘欷，咸以不获卒事为憾。而郑君不以印为传舍，一切善后之计，靡不豫为之谋。少尹勷事既久，成竹在胸，率诸首士力肩郑君之责，而受成于摄篆①之张君士瑛，凡经画出入，悉无问言，旋大令许君捧檄至，下车伊始，即为详旧章、捐清俸，一无所变异，仍委少尹主手，勉勉然如荷任于郑君，而且恐不克当史君、马君之意者，至十九年（1839）而阁功遂战②。阁制方圆八面，自踵至顶高七层，共十二丈有奇，内承以柱，重以楼，高可升也。外甃以砖、垩以粉，坚且洁也。左揖笔架，右俯圣登，拔地通天，巍然独峙，较昔尤为完美，诸君及绅耆咸谓邑小民贫，此事不可没也，而述其颠末，以序为请，予维修举废坠良有司之责也。自史君建之历六十年，而马君修之又百余年，而郑君始重修之，岂簿书鞅掌③未暇及此欤！抑以丁无役、库无羡、经理无恃，以至于今也，乃郑君毅然为之，其大有造于斯民者，为何如而后先辉映，使人观感知心亦油然生矣。然继马君之志者，郑君也。成郑君之志者，少尹及诸首士也。不有诸君，则郑君已去而告竣无期。予故乐其向义之有同心，而又深冀夫继起者之善保其后也。他如修德获报之说，邑人士第自为之理，心有不爽者。兹特记其重修之由，俾勒于石。

注释：文昌塔，即印江城西文昌阁。清嘉庆思南知府邓应台撰重修碑序。所引原书编撰者对个别碑文字附注有释义，本书删。

邓应台（1786-1850），字伯华，号云谷，江西金溪县人。嘉庆二十一年（1816）举乡试，在贵州历任婺川、遵义、开州、毕节、永从、贵筑、思南等县官职。二十五年，以精力衰而引疾归。居家建祠宇，增祭产，立义学、义仓，自身生活节俭。休养数年，自顾尚强健，思以余力报国，乃复出，刚抵京而卒。

校记：①"摄篆"，即代理官职，掌其印信。

②"战"，本书作者疑为"成"，备考。

③"鞅掌"，指事务繁忙。

印江关帝庙碑记[1]　　姜登高

汉寿亭侯关圣，以忠法天下，传后世，通邑大都无不庙貌辉煌，威严如在。登高奉命刺史思南，正值大师讨贼集于斯土，提镇诸公俱鳃鳃然，以忠自矢，每遇圣庙而相告，彼何人也？予何人也？有能忠者咸若是。适见其庙之颓也，心恻然，即为迁地振新，总镇柯公采倡厥始，提督周公卜世见而乐之，发大欢喜以壮之，总镇陈公华、兰公泗、李公师膺、李公懋功、李公元禄、邓公秉志、王公仕华、协谋副镇六公格、李公元英、吴公联暨各营副共襄厥事，前莅思唐赵公佳材亦资助焉。所费梓材、香田共一百五十余金，藉其鸠工傗功，则乡绅赵名先及千总万寿也。是役也，岂惟风人臣，媚夫子哉？盖深愧夫天下之为人臣而怀二心者。住持僧海澄与其师昌节，乞言以勒贞珉，因为之记。

注释：关帝庙在（印江）文庙右，康熙二十年（1861）捐建。余详知府姜登高碑记。

所引原书编撰者对个别碑文字附注有释义，本书删。

---

〔1〕　思南县志编纂委员会办公室：（嘉靖·道光·民国）《思南府、县志》（点校本），1991年版，第390页。

玉屏

按：玉屏县，始建于清朝雍正五年（1727）。明置平溪堡，清置玉屏县。县城位于舞阳河南岸。县以舞阳河水清似玉，隔河山峰耸立如屏，故名。元为平溪等处蛮夷长官司。明洪武二十三年（1390）置平溪卫，属湖广都司；万历二十九年（1601）还隶湖广。清雍正五年（1727）平溪卫改隶贵州；同年改平溪卫为玉屏县，属思州府。民国二年（1913）属黔东道；十二年（1923）直属于贵州省。1950年属铜仁专区，1958年撤销玉屏县并入铜仁县，1961年恢复玉屏县。1984年11月，经国务院批准，撤销玉屏县，设立玉屏侗族自治县。现为贵州省铜仁市下辖县。

修文昌宫记[1]　　　张澍

今上即位之四①年，九涂荣镜，六幕同文。犹复崇儒重道，加意菁莪。爰允儒臣之请，于畿甸首善之区，建宫以祀文昌。仍沛纶音，饬十三省大吏，董率所属，于府州县各建宫虔祀，并颁祝告之词，用妥神灵。凡以诞敷文德②，乐育子衿，潜化顽悍，跻治淳熙之至意也。岁壬戌（嘉庆七年·1802），余履玉屏任。视事后，簿书稍暇，巡览郊坰。见屏山东有文昌阁，败瓦飘零，残椽倾圮，将委诸蔓草荒烟。慨然兴叹，思有以新之，以培风脉。而地冲差繁，供张竭蹶，力弗能敷。适邑绅士咸欲捐资重建，且谋卜地城内，以便岁时用享。原任绥阳郑广文，洪孝廉并文学诸君，造余以碑记请，且谓余之不鄙夷其地，而乐与敷袗讲艺也。黉序子弟，莫不争先淬砺，思执衿道德之圃，案礼文雅之场，倘更得昌言以启其牖，不独亲炙之不安咫闻，蕲③有以规于远大，即后来者闻风兴起，顺就甄陶，不至偭规改错，亦所以成埏埴之志也。余曰："然！"乃进诸君而谂之曰："凡人之学，学为忠孝而已，忠孝根于性生，而④亦本于经术。黔虽介在荒服，文采风流，远逊函夏，然汉时盛览，字长通，牂牁名士，与司马相如为友，作《合组歌》《列锦赋》，知赋家之心。毋敛尹珍，字道真，自以生于遐裔，未践庠序，乃从

---

[1]　张澍撰；王云五主编：《续黔书及其他一种》，商务印书馆，民国25年版，第12–13页。或张澍撰；陈鼎著：《续黔书·黔游记·有其他一种》，中华书局，1985年版，第12–13页。

汝南许慎受五经，师应奉学图纬，通三才，还乡教授，南域由是知学。孝桓时，尹氏以经术选用，历尚书丞、郎、荆州刺史，而应奉为司隶校尉，师生并显。平夷傅宝，夜郎尹贡，亦有明德，历尚书郎、长安令、巴郡太守、彭城相，号南州人士。明代如马氏心菴、陈氏五栗，研钻理窟⑤，克绍关洛之传。而清平孙文恭、思南李少参，笃学超诣，鸿文经世，为时所宗。夫以獉狉之中，卓然崛起，功业文章，流芳汗简，而微言懿旨，复有以启后人之灵府，岂非圣贤、非异人任而学之可几哉？至于精禋邀福，谓可以登桂籍而膺仕版，非余之所期望也。"众曰："然！"工竣，遂诠此言以记之。

注释：文昌阁在玉屏屏山东，张澍撰碑记。碑记标点为本书作者所加，供参考。此碑文另有版本载录，参见贵州省文史研究馆古籍整理委员会编：《贵州通志：金石志·古迹志·秩祀志》，贵州大学出版社，2010年版，第341页。

张澍（1776-1847）清代著名文献学家，凉州府武威县（今甘肃省武威市）人。嘉庆四年（1799）进士，入翰林院庶吉士充实录馆纂修，未几引疾归。后起任贵州玉屏、四川等知县。

校记：①"四"，另版本为"明"，备考。见《贵州通志：金石志·古迹志·秩祀志》，2010年版，第341页。下同。

②"德"，另版本为"教"，备考。

③"蕲"，另版本无此字，备考。

④"而"，另版本无此字，备考。

⑤原字为"左出与右骨的合一字"，本书作者经查字典未见此字。同"窟"，径改。另版本为"窟"。

按：唐乾元元年（758），卢阳复名锦州，今松桃地属常丰县。宋开宝年间（936-975），改平土洞置平头司，改乌罗洞置乌罗司。其间，西属思州东仍属锦州。元至元二十四年（1287），置思州宣慰司，隶湖广行省，乌罗、平头二司归其所辖。明洪武四年（1371），改乌罗龙干等处长官司置乌罗长官司；七年（1374），改平头著可通达等处长官司置平头著可长官司，隶思州宣慰司；永乐三年（1405），置答意、治古（今松桃东部）二第官司，十一年（1413）二月，废思南宣慰司。清康熙四十三年（1704），设铜仁理苗同知置正大营厅，雍正八年（1730）迁正大营理苗同知至长冲（今老松桃），置松桃厅。十一年（1733），松桃厅由长冲移至蓼皋山下建城（今松桃县城）。嘉庆二年（1797），升松桃厅为直隶军民厅，属贵东道。至道光十五年（1835），松桃直隶厅辖一卫、二司、十四汛，由贵州省直接管辖。民国二年（1913），改松桃直隶军民厅为松桃县，属黔东道。1950 年 3 月正式建立松桃县人民政府，属铜仁地区专员公署领导。1956 年 12 月，松桃苗族自治县正式成立，仍隶铜仁专员公署至今。

重修松桃直隶厅城隍庙碑记[1]　　杨以增

城隍之见于载籍者，莫先于《易》。邱文庄以为祀于开元之后。考诸《戴记》"天子大蜡八水庸在焉"，水，隍也。庸，城也。此正祭城隍之始。北齐慕容俨镇郢城时，先有神祠号"城隍神"，是六朝已著此称矣。盖一方之水旱疾疫，神实司之。必妥其神而后人民安、雨旸①若。松桃，故苗疆地。雍正八年（1730）建城，为铜仁分郡。嘉庆初，因苗变奏改直隶厅。庙创于始城时。乾隆三十二年（1767）曾经修理。历年既久，风雨剥落。道光辛卯（1831）正月，增来守此土。窃见规模湫隘，殿宇渗漏，愍焉久之。爰与士民约，重加缮葺，咸踊跃捐赀，购拓地基，改建门楼，以为演戏所。大殿之废者，整而

---

〔1〕　贵州省文史研究馆古籍整理委员会编：《贵州通志：金石志·古迹志·秩祀志》，贵州大学出版社，2010 年版，第357 页。

新之。翼以芳舍，固其垣墉。工凡五阅月而毕。本年夏秋之交，水泽愆期，设坛祈祷，立沛甘霖。益信灵应昭著，实与先农、先稷同为春祈秋报之神。夫而后降福穰穰，水旱疾疫之不作，嘉惠于我民苗，讵有已②时哉？！是为记。

注释：城隍庙在松桃直隶厅城厅街口，建自雍正八年（1730），重修于乾隆三十二年（1767）。至乾隆五十一年（1786），孙良慧改建大殿五间。嘉庆二、三年（1797-1798）间，庙僧因原厢房糟朽，拆建左右厢房各四间。道光十年（1830），杨以增倡资重加修葺。

杨以增（1787-1855），字益之，号至堂，别号东樵。清代藏书家。聊城县城里（今山东省聊城市）人。出身诗书世家。嘉庆二十四年（1819）举人，道光二年（1822）进士。后赴贵州先后任荔波、贵筑知县，兴义、贵阳知府，再任广西左江、湖北安襄荆郧道员。道光十八年（1838）为父守丧，家居时开始建"海源阁"藏书楼。服阕，调任河南开封陈许道员，后转任两淮盐运使、甘肃按察使。继升任陕西布政使、陕西巡抚，后又代理陕甘总督、江南河道总督兼漕运总督。咸丰五年（1855）卒于江苏清江浦任所，谥号"端勤"。

校记：①原文"暘"，误。据文意，应为"暘"（即旸），径改。见汉语成语"雨旸时若"。②原文"巳"，疑为"已"之误，径改。

续修文昌宫两廊厢房记[1]　　徐鋐

文昌宫，在城南对河，始为前任黄公昌禔购修义学地。乙卯（乾隆六十年·1795）毁于苗。厅人士醵金作会，权其子母，于道光二年（1822）改建文昌宫大殿五楹，更建岑楼其上，至轩敞也。会费短工止。前门后殿，均付缺如。且粗椇①之收藏，庖厨之涤濯，胥无其所。越十一年，今杨致堂观察，实署兹土，乃续建后殿三楹，对厅三楹，宫门一楹，而规模始具。盖因其基址，殚力营建，以妥神灵。前之人，如是其敬谨也。越十三年，余承乏于兹。朔望履其地，穆然见前人虔其祀事，经营构造之各得其宜，心仪者久之。自维踵事增华，或有未逮，然宜增宜葺之责，亦不敢因仍苟且，委诸异人。因于十五年（1835），相地制宜，就左右两廊，添置厢房各四间，空其中以为陈设祭器之所。且为祭祀时，各文武员弁憩息地。后叠花砖以为障，前开麀眼以为棂。堂皇阶除，墁以贞石。由是宫制以备。余非好为藻缋②以饰观也。所以袭前人之敬谨，藉得恪祀事，奉明禋，以祈帝君之大造福于斯土，而万年享其庇荫也。爰撮颠末，以为乐善者劝。

注释：文昌宫在（松桃直隶厅）城东门外，迤南对岸，书院右。其基地，经黄昌禔

〔1〕 贵州省文史研究馆古籍整理委员会编：《贵州通志：金石志·古迹志·秩祀志》，贵州大学出版社，2010年版，第342页。

捐廉购买修造，（乾隆）六十年（1795）毁于苗。道光二年（1822）改建。十一年，杨以增续修。十五年，徐铉始建左右厢房，规制大备。

此碑文另有版本载录，参见黄家服、段志洪主编：《中国地方志集成贵州府县志辑8：民国贵州通志（三）》，巴蜀书社，2006年版，第271页。

徐铉，江苏宜兴人，清道光年间，曾任代理松桃直隶厅同知、郎岱同知。主修《松桃厅志》。

校记：①"俎桓"，古代祭祀所用器具，盛食物的木制器皿。古同"俎豆"，不改。
②"缋"，同"绘"，不改。

续修武庙后殿拜亭记[1]　　　徐铉

余檄署兹土，肃谒圣帝庙，见军民之兴工于其间而未讫事也。时则正殿、后殿、左廊、右廊、拜亭、戏台，均严整完固，并于后殿之右，置室三楹，更建凉亭以资憩息。余既嘉军民之慕义而又美其经营部署井井有条，足以壮神居而肃瞻仰也，则喜甚。既乃周视余地，见后殿之前，地尚宽敞，爰命续建拜亭一所，且于左隙添置厨房三楹，右隙添置厨房一楹，俾春秋从事，得以浣勺，洁登铏，荐牲醴，展祀事。越数月而工告成。由于前后殿宇，四围墙垣，饰以南油，涂以北漆，丹其桷，碧其栏，崇墉言言，传之白垩，焕乎巍乎，宫制大备。以是为神所凭依，必如是而后规模愈以整肃，气象愈以庄严也。是举也，悉由厅人士乐善慕义，踊跃图功。余特踵后而成其美耳。工既竟，爰与厅绅士军民共乐之。

注释：武庙在松桃直隶厅城西门内蓼皋山顶。乾隆二年（1737）建，至乾隆五十六年（1791），以前殿台卑小，捐资改建大殿，并左右厢房、戏台。嘉庆十年（1805），台毁于火，是年重建。道光十三年（1833），复改修正殿、拜亭、左右厢房，移前建之大殿，改为后殿，其右另设后殿。工未竣，徐铉复令续修后殿前拜亭、左右厨房，规模雄壮，庙貌一新。

重修炎帝龙神庙记[2]　　　徐铉

厅之炎帝、龙神庙，建自嘉庆己巳年（1809），前任张公保辟榛莽，培基址，两庙平

[1]　贵州省文史研究馆古籍整理委员会编：《贵州通志：金石志·古迹志·秩祀志》，贵州大学出版社，2010年版，第331页。
[2]　贵州省文史研究馆古籍整理委员会编：《贵州通志：金石志·古迹志·秩祀志》，贵州大学出版社，2010年版，第365页。

列，地当北门渡对岸。岭势蜿蜒而来，与城北峥锁岭互为水口锁钥，庙建于此，宜矣。其上，即先农坛。余维炎帝庙祀，载在祀典。龙神庙则自雍正初年，颁像天下，各府州县奉祀维虔。凡以隆报燧皇，祷祈雨泽奠民命，乂民生，典至渥也。署厅以来，见规模褊浅，惧无以妥神居，慨然有志于修培，时则东门桥、厅志诸大工未及蒇事。越乙未（道光十五年·1835）而始克，鼎而新之。易宗桷，饰垣墉，甃石以崇阶墀，建亭以设牲醴。基址轩敞，庙貌尊严。庶几春秋从事藉展敬诚，而神之福松阳而昭感应者，靡有涯也。夫事神治民，有司职也。倘因仍其旧而不加修葺，守土之谓何。今幸各功告成，从此神妥其居，民歆其福，守土者亦因是以稍竭其诚，且使二水汇流，得以蔽亏收束。是诚工之必不可缓者。又，庙旧有公产，案存科房。其始建年月，前任另有碑记。谨书续修崖略，以告后之君子。

　　注释：炎帝龙神庙，在松桃直隶厅城北对岸，正殿三楹，张保建。道光十五年（1835），徐鋐重修。

德江

按：三国时，吴以思州分置黔阳县，思南为黔阳县地，与酉阳又有隶属。西晋仍属涪陵郡万宁县地，隶梁州。南朝刘宋时，属武陵郡地。隋先属黔州涪川县地，后属巴东郡扶阳县地。唐初属巴东之扶阳县地、改属务州、思州地，后属费州之扶阳县地。宋初属黔州领内羁縻州地，后属思州务川县地。元属思州水特姜长官司地。明属思南府水德江长官司地。清属贵州布政司思南府安化县地。清光绪六年（1880），贵州巡抚岑毓英奏移铜仁县于江口、安化县于大堡（今德江县城），八年正式迁移安化县于今德江县城。民国二年（1913）安化县改隶贵州镇远道。民国三年（1914）撤思南府，改安化县曰德江县（因查湖南省有安化县，乃以乌江在县境一段俗称德江而改德江县），属黔东道。民国三十三年（1944）德江县改隶铜仁督察区。1955 年 9 月，思南七八山、三合场两乡划归德江县管辖。至此，德江县界完全定界至今。现隶属于贵州省铜仁市。

"一品洞天"摩崖[1]

注释：此摩崖位于德江县煎茶镇车站东三百米处的遵铜公路旁。该处有一天然溶洞，洞深难测，钟乳千姿百态，有泉水曲流于外。每逢雨后，洞中有白云飞出，故有"飞云洞"之称。洞口有二，左口上书"飞云"篆刻；右口上为"一品洞天"楷书题刻。字均八十厘米见方，款识剥落不明，传说有二：一为明代贵州巡抚郭子章应庵主之请所书；一为清末里人廖百川所题。洞内两壁还有"佛境""仙源"等崖刻。

大龙阡摩崖[2]

注释：此摩崖位于德江县城东南五公里，傍城而过的玉溪河发源于此。大龙阡，系

---

[1] 德江县地方志编纂委员会编：《德江县志》，贵州人民出版社，1994 年版，第 829 页。
[2] 德江县地方志编纂委员会编：《德江县志》，贵州人民出版社，1994 年版，第 829 页。

天然溶洞，洞高三十余米，纵深难测，分上中下三层。洞内两壁有"大龙阡""人境仙源""虎啸龙吟"及咏颂大龙阡风光诗词等崖刻，多为明、清和民国时期所作。

文昌宫题刻[1]

注释：文昌宫位于德江县城东部小溪土家族乡红龙村，共四层，高四丈许，呈六角形。第一层为料石制砌，刻有"罐中栽花""神兵执器""野鹿衔花"和"鹭鸶叼鱼"等图案。二至四层均为盒子砖砌成，开有六个梅花窗。

二层正面辟有一道小圆门。门上横额为"忠孝圣神"，左联为："此地合钟灵仁见天开文运"；右联为："有光皆射斗欣看瑞应昌期"。内正壁和左右壁，均绘有六朵祥云。三层正面上书有"文昌宫"三个大字；左联是："凤阁流丹万丈文光悬斗宿"；右联是："鳌峰耸翠一天云气会风云"。第四层六角镶有翘檐，每个翘檐有一个"卍"字符（即万字符），尖顶已缺。

此宫碑记被损，尚存一碑脚，据当地老人传说建于清乾隆年间。

〔1〕 德江县地方志编纂委员会编：《德江县志》，贵州人民出版社，1994年版，第830页。

沿河

> 按：西汉先属酉阳县，后属涪陵县，东汉分属涪陵县和永宁县。蜀汉在县地置汉复县，沿河县分属汉复县和万宁县。北周宣政元年（578），沿河地置费州。沿河在北周分属黔州和费州。隋开皇十九年（599），招慰蛮僚奉诏置务川县，治地在今沿河县城东岸。贞观四年（630）改务州为思州。天宝元年（742）改思州为宁夷郡，领务川、思王、思邛三县。乾元元年（758）复名思州。南宋、元、明、清时期沿河县城均为土司驻地。元置沿河祐溪长官司，治今沿河县城西岸，沿河司直到民国三年才改为沿河县。民国三十一年（1942）贵州省政府调整县域时，撤后坪县并入沿河县和务川县，形成今沿河县域。1986 年 10 月，国务院批准撤销沿河县，设立沿河土家族自治县。1987 年 11 月，沿河土家族自治县正式成立。现属贵州省铜仁市辖县。

火神庙张三丰诗碑[1]　　张三丰

注释：沿河历代司衙多设在河西，只有民国初置县后，曾设在河东（今粮管所地址），但民国十六年（1927）河东衙门烧毁，又迁建在河西今日的县委地址。因而河西的宫观林立，寺庙密布，这些庙宇大都创建于明、清两代。据统计，河西有十五座大庙，河东有六座大庙，两岸共二十一座。

火神庙位于水浒庙左侧坎下，庙庭前原有楼阁一座，相传张三丰曾游憩于此，悬像其中，因之名曰"宜仙阁"。壁有七律回文诗一首，署"大明三丰戏题"。诗曰："桥边苑对柳塘湾，夜月明时偏户关。遥驾鹤来归洞晚；静弹琴坐傍云闲。烧丹觅火无空灶；采药寻仙有好山。瓢挂树间人隐久，罢尘绕水响潺潺。"以上诗句，用二尺宽、一尺六寸高的青石一块镌刻成碑，刊于火神庙山门前右侧墙上。

宜仙阁毁后，惟火神庙神堂、侧屋尚存，山门完好，张三丰回文诗碑无损。直到民国三十一年（1942）春，县长杨化育修葺火神庙宇为民教馆图书室，中置各种图书三千余册，室壁悬挂周恩寿之《宜仙阁记》十二祯。复筹款在宜仙阁旧址建四方亭一座，题

---

[1]　沿河土家族自治县政协委员会文史资料研究委员会：《沿河文史资料第 1 辑》，1990 年版，第 138–139 页。

额曰"复兴亭"。该亭三面朱栏，一面墙壁，置张三丰诗碑于壁正中。

宜仙阁记[1]　　周恩寿

　　夫一楼何奇，吕纯阳每过必醉；片石非宝，陈希夷长眠不醒。依稀嶖岭①之笙，飘缈幔亭之乐。凡仙踪所至，即名迹长留。所以紫气东来，函谷志牛蹊之影；采②云西返，汉宫传乌使之音。即令帝子阁中，而今安在；仙翁河上，一去不回。然当选胜登临，凌虚慨慕，每不觉神明与接，今古都忘。人隔千年何妨尚友，诗成百韵总是游仙。殆山以有仙则名，地因其人而显欤！况乎事非荒邈，境绝尘嚣。绿树老林仿佛挂瓢③之影，苍松古石迷离曲枕之形。登集灵之台，日光斜照；游通真之观，星耀高悬。有不抚景以流连，寄情于绵邈乎！如吾沿有宜仙阁者，乃王君秀嵘倡首创建也。相传古仙张三丰曾游憩于此，悬像其中，因以名焉。宅即炎宫，庙邻水浒；层楼高耸，大河前横。原叠石以成台，即因树而为屋；绕溪烟于一扑，占水竹之二分。浓荫满空，瓦疑藤盖；芳晖绕砌，径欲苔封。而且门列屏风，窗临彩月；乌杨树对，黄木桥通。雁塔秋高，气延其西爽；龙门春涨，派泻乎东流。碧分锡岭之云，白映珠岩之雪。仙人溪畔石亦跳羊，大士岩前滩还卧虎。楼台杨柳，揽来入望之江山；鸡犬桑麻，疑是别有之天地。若夫几缕朝霞，半窗明月；风雨如晦，梅雪争春。柳阴密而新莺啼，槐影圆而清蝉唱。吹来风笛，江城水阁之间；听去霜钟，人迹板桥之外。云烟万变，耳目一新，景固无时而不佳，趣惟在人之自领也。则有骚人韵士，或当令节良辰，乘兴携筇，呼朋载酒，寻来古渡沙碛前头，问去渔舟石溪西畔。访仙人之故迹，曲以通幽；瞻遗像于高楼，拜无不肃。黄鹤已杳，青鸟欲飞。若步虚之有声，因想象而莫罄。宛对围棋之石，如登礼斗之亭。怀古苍茫，抚今慷慨。于是俯清流而涤虑，觇远岫以舒眸；半水半山尽堪入画，一觞一咏亦足怡情。无致不幽，有怀皆畅。琴尊间作宫商并呈，值蟾魄之方临饮，疑镜里听莺鸣之迭和声。在树间，花飞座以添筹，竹敲窗而入韵，幽情正恰逸兴遄飞。长啸发而清风生，余响散而行云遏。举杯以邀明月，得句则问青天。珠玉嗽落于随风，金石铿成于掷地。或歌或唱，居然同咏霓裳；不带不簪，宛若相逢邂逅。招空中之鸾鹤，吸世外之烟霞；陶陶然心逐鸥闲，飘飘乎身疑羽化。登斯楼者，其亦仙乎！以此名之，尤其宜也。岂必种无根之树，开聚顶之化，而神出八荒，丹还九转也哉！然而《广舆》不记则古迹终湮，《封禅》无书即仙踪亦没。兹王君游从骑鹤之场，妙构栖鸾之所；解腰缠而不惜，运意匠以殊劳。而复广集名流，遍征题咏，谬推不佞，独责序言。其举固卓尔不群，其意尤倏然独远矣。仆本恨人忝逢胜会，雪鸿爪滞，云鹤心奢，自甘终老以无求，尚冀长生之可学。与其驰驱于野马，何若咤叱乎石羊。只以生无异骨，莫题金室之名；惟是勉

〔1〕　沿河土家族自治县地方志办公室编：《沿河县志》（校点本），自治县地方志办公室，1996 年版，第 247－248 页。

吮枯毫，拟仿桃园之记。自惭谫陋极至，僭逾不类哑钟，聊为嚆矢，题诗敢拟于崔颢，夺席还徯乎戴凭。愿从王远以游，长听孙登之啸。贞珉载泐，胜迹弥彰，但教寻此遗碑，即无殊于拔宅。纵令威已去，犹留白鹤于滩头；傥子骥从来，应识青狮之渡口。

注释：宜仙阁在（沿河）河西火神庙前，水浒庙左侧坎下。庙庭前原有楼阁一座，相传张三丰曾游憩于此，悬像其中，因之名曰，“宜仙阁”。周恩寿撰碑记。所引原文末附有按语：“《宜仙阁》之作，迹近荒诞，惟文则琅玱可诵，故存之。”此碑记另有载录，参见黄家服、段志洪主编：《中国地方志集成·贵州府县志辑45：民国平坝县志·民国铜仁府志·民国沿河县志》，巴蜀书社，2006年版，第681页。

周恩寿，字荫棠，沿河人，光绪丁酉（1897）科优贡。余不详。

校记：①“缑岭”，又名缑氏山，在河南偃师县。指修道成仙之处。

②“采”，通“彩”。

③“挂瓢”，典故名，意指隐居或隐者傲世。

宜仙阁记[1]　冯庆樾

延江为黔中巨川，漫漭①瀰沛入思南郡，至涪而汇大江。千里以内，水曲山环，屹崒②嶜礴，清淑之气郁结，而产金矿、丹砾、珍禽、奇兽，诚为灵秀所钟。因地僻人鲜，称道虽美弗彰。甲辰冬（光绪三十年·1904），余奉檄防沿，见而心奇，以沿为思郡下游，相去二百余里，水益深、山益峻，意必有倜傥瑰玮之士及飘遥神举之流出于其间，一时未之闻见，不然山川不能如此奇特也。乙巳冬（1905），上人建阁江隈，求作记，并述仙人张三丰于嘉靖间过而盘桓止宿，建阁处至今夏无蝇蚊。举其遗迹以告余，余曰：“泉石幽邃，宜于仙矣，飘遥神举之流信有征矣，其倜傥瑰玮之士当必因而挺生。”以符余言，不可不记，遂榜其阁曰：“宜仙。”记而泐诸石上，至③江山之好，登临之乐，百世不易。奚记焉。

注释：宜仙阁在（沿河）河西火神庙前，水浒庙左侧坎下。庙庭前原有楼阁一座，相传张三丰曾游憩于此，悬像其中，因之名曰，“宜仙阁”。此碑记为清末冯庆樾撰。

冯庆樾，字荫青，清末四川什邡名士。曾任贵州仁怀知县。光绪三十一年（1905）任沿河司弹压委员，为人刚正不阿，任期一年，颇有政绩，走时“沿民扶老携幼以送，至今颂其德”（引自民国《沿河县志》）。

校记：①原文“漭”，应为“漭”，径改。

②原文“萃”，应为“崒”，径改。

③“至”，疑为“誌”（志）之误，备考。

---

〔1〕沿河土家族自治县地方志办公室编：《沿河县志》（校点本），1996年版，第247页。

石阡

按：隋开皇元年，废南阳郡置寿州于石阡。开皇十八年，改寿州为充州。唐武德三年，复置充州。武德四年，重置夜郎县。唐贞观四年，置夷州。宋大观三年，复置都上县。元世祖至元年间，置石阡军民长官司于今治所。明永乐十一年（1413），置石阡府，分辖龙泉县及石阡、苗民、葛彰葛商三个长官司。清顺治十六年，仍领上述一县三长官司。康熙二年，废葛彰葛商长官司。乾隆七年三月，石阡府分设七里。民国元年，中华民国建立，初沿袭清制。民国十六年，直属贵州省。民国二十四年，国民党改组贵州省政府，实行行政督察区，石阡划归铜仁行政督察区。1970 年起属铜仁地区至今。

重修玉皇阁记[1]　　杨毓华

朔方地轴，义水天关，坤维开缺陷之端，舆论笃栽培之力。娲煎石补，何如绀殿排空？鳌驾山来，岂若琼楼列嶂。襟照四阁，凌霄可摘星辰。鳞次两廊，积雪堪污洞府。古水不云而盘蚌，修篁临渊而钓龙。风华夺出鹤林，景韵如生鹭岭。俄而丙丁不祀，戊己司阨，苍螭碧瓦，纷纷化作劫灰。绣柱雕宋，寸寸镕成妖烬。乱坠天花之福地，但闻蛙泣蝉哀，轰翻①贝叶之灵场，祇见兽蹄鸟迹。幸有僧人大恩者，俗姓黎氏，川北顺庆人也，怙恃双无，喜神扃之不昧。年华一纪，伏众化之默，维祝发通灵，期证菩提之域。凝心妙②法，直探寂灭之原。未几杯③渡思唐，潜踪半假。茂创丛林，造楼台宫观，辉煌夺赤城丹璧之霞。既而锡飞阡麓，缉登五显，大勤功行，施衣帽被绵，利济分优钵杨枝之水。尔乃禅修不已，心信无休。见红云捧处，巍巍俨天人共戴之尊。窥碧落空中，隐隐是神仙咸归之极。但现身无所，将说法何因？爰集阇黎④某等，经营旧址，发挥旧舍，容成较历。郢匠运斤，草工铅黄，陶人范埴，建至尊之上下殿阁，广云僧之

---

〔1〕 黄家服、段志洪主编：《中国地方志集成贵州府县志辑 8：民国贵州通志（三）》，巴蜀书社，2006 年版，第 292-293
　　　页。或贵州省文史研究馆古籍整理委员会编：《贵州通志：金石志·古迹志·秩祀志》，贵州大学出版社，2010 年版，
　　　第 387 页。

左右廊房。庄严阖部金容，黝垩周遭阆苑，役使于重光渊献，竣报于丁大荒落。规模太远，气象万千，吞纹澜而入口波漾。橑题招虚岫以投怀光劀⑤，斗拱三台贮白马之经，群迷仰觉五老。爇黄金之鼎，大界披香。温泉玉漱，霏霏仿佛⑥空中有色。官井香流，麒麒依稀动处，示无信调御之珠庭，而高真之甲地也。於戏！捐储输蓄，赞赠固藉于众擎，而竭橐倾囊，圆满多出于己力，事克有济，尤赖宰官以言观成。则郡侯平阴程公讳际云、城守营李公讳朝□⑦、儒学金公讳浑、经历司傅公讳凤等，均成董。戒作师张皇是举，合尖而告竣焉。猗欤休哉，毓华躬逢其轨，宜⑧扬愧乏鸿文，约略初终，轧苴聊光，令典凡以志不朽于千秋，起观瞻于万禩⑨云尔。谨记。

注释：玉皇阁，在石阡城西北，明万历二十年（1592），郡守陆郏建。顺治十四年（1657）毁。重修。康熙九年（1670），郡守彭可谦重修。

碑记标点为本书作者所加，供参考。此碑记另有载录，个别文字略有差异。参见黄家服、段志洪主编：《中国地方志集成·贵州府县志辑47：乾隆玉屏县志·民国玉屏县概况·民国玉屏县志资料·康熙平溪卫志书·民国德江县志·民国石阡县志·民国江口县志略》，巴蜀书社，2006年版，第586-587页。此版本称碑记撰者为"杨毓华"，而所引的两个版本均作"阳毓华"，备考。本书作者据考，拟定为"杨毓华"撰记。

杨毓华，石阡人，明举人，官云南临安府太守。余不详。

校记：①原字"繙"，即"翻"，径改。

②原字"玅"，即"妙"，径改。

③原字"盂"，即"杯"，径改。

④"阇黎"，梵语汉译词，亦译作"阇梨"，为"阿阇梨（黎）"之省，意为高僧，也泛指僧人。

⑤原字为"左黎与右刂的合一字"。经查字典未见此字，本书作者疑为俗字，同"劀"，径改。

⑥原字"髣髴"，同"仿佛"，径改。

⑦此"□"字符，另有版本为"栋"。见《中国地方志集成贵州府县志辑47》2006年版，第586页。

⑧所引版本原字模糊，似为"宜"。有版本作"宜"，见《贵州通志：金石志·古迹志·秩祀志》2010年版，第387页。本书作者疑为"宣"字，备考。见《中国地方志集成·贵州府县志辑47》2006年版，第587页。

⑨原字"禩"，古即"祀"，意为祭祀或年。不改。

城南东岳庙碑记[1] 费以矩

人生五浊缘深，七情孽重，根尘缠使，谁非有漏之因，爱欲贪嗔，尽是无边之罪。

〔1〕 黄家服、段志洪主编：《中国地方志集成贵州府县志辑47：乾隆玉屏县志·民国玉屏县概况·民国玉屏县志资料·康熙平溪卫志书·民国德江县志·民国石阡县志·民国江口县志略》，巴蜀书社，2006年版，第572页。

然而，草随风偃，水逐波流分明，铁网敢作，妖狐竞①飞，现在汤池，偏有黠鼠来渡，不思刀兵水火，何以收天涯地角之魂？但欲巧械深机，聊且博日居月诸之快，迨夫梦短梦长，终归大梦，花开花落，总是空花。黑劫风狂，多少玉人埋玉，黄泉路暗，几见仙子成仙？若非见像以惊心，谁肯急流而退步？惟兹东岳庙中十三殿，上塑阎罗之案，青天张青眼以来观，引浩劫之群孽，镜将孽缘而尽照。张汤载笔断成磔鼠之文，南史直书不谊射之笔，有时水□火镬喷雪雨而煽腥风，请看马面牛头如鹰鹯之逐鸟雀，啜其泣矣，嗟何及乎！莫言事属荒唐，还问因所。现在人禽限界，冷暖②自知，理欲关头，痛痒非别，君肯作如是观。应下通身之汗，倘更能回头想，何异顶门之针？此布金诸长者，大有造于人心也。用勒贞珉以告来者，嗟乎！刊③传感应千篇，齐号准提十日，本欲为欺世之君子，适成其自欺之小人。阅尽人情，可胜太息。夫无所为而为善，天下一人而已矣。有所为而为善，不犹愈于无所畏而为不善乎？然则布金诸人，又曷可少哉！

康熙二十七年（1688）岁次戊辰菊月④上浣吉旦。郡举人费以矩撰。

注释：东岳庙在石阡城南，费以矩撰碑记。碑记标点为本书作者所加，供参考。

费以矩，字仄平，石阡人。康熙癸卯（1663）举人，官新宁知县。余不详。

校记：①原文"兢"，古同"竞"，径改。

②原文"煖"，即"暖"，径改。

③原文"刋"，即"刊"的讹字，径改。

④"菊月"，即阴历九月的别称。

太虚洞摩崖石刻[1]

注释：太虚洞位于石阡县城渡河南去两公里之燕子岩山腹中。洞前左下侧有明建太虚楼阁寺宇。阁为三层，高十一米，阁底有戏台。向有"黔南第一景"和"第一仙洞"的美称。古人对此洞吟咏记叙颇多。现经调查清理，洞中尚存摩岩碑碣二十二处。太虚洞开拓于明洪武初。明万历进士胡允恭撰重修碑记。

据《贵州通志·名胜志》及《石阡县志·仙释》载：城南太虚洞有老人，鹤发童颜，步履如飞，能通五经，知未来祸福，自称白头罗公，未知何许人，著有白岩河石舟诗。其诗为清乾隆三十二年（1767），石阡知府罗文思刻于城南十五里之白岩河"石舟"上。诗中有"从今出洞游天上"之句等。并题刻"洪武三年（注：1370）十二月三日白头罗公留句"。

明万历三年（1575），知府郑一信重加整修，于洞中第二室沿左壁各景处阴刻"海图""仙家白日""禅堂""知音""观音室""龙翔""虎踞"等楷书摩岩七起并将此洞命

---

〔1〕　贵州省石阡县地方志编纂委员会编：《石阡县志》，贵州人民出版社，1992年版，第567页。

名为"太虚洞"。

万历二十七年（1599），又有人于洞中第一室左侧悬岩处，线刻斗大行楷"观音洞"三字，万历三十四年（1606），知府江大鲲，扩辟洞门，整修寺宇。万历三十八年（1610），知府石恂又作培修。推官李应期于"万佛赞岩"景处，朱书"万佛崖"三大字，气势磅礴。

万历四十六年（1618），知府曾之可，感洞中道路狭塞，亲访群众，得其通窍处，又经修葺并在南洞口筑台基，建成空中楼阁。曾之可亲书"黔南第一景"匾额悬于阁上。次年（1619）进士胡允恭，于后洞口铭刻《重修太虚洞碑记》，今字迹可辨。

此后，至清康熙九年（1670），知府彭可谦在明刻"观音洞"摩岩下左横书刻"第一山"三大字。康熙十六年（1677），又经重修并勒重修碑记一块于南洞口（已断裂）。康熙五十一年（1712），知府黄良佐再次进行整修，于洞中第一室左"小山"岩壁凿岩碑以记其事。次年（1713），石阡营防御使杨维温书刻斗大"太虚洞"三字于第一室右下壁，其书法工楷。康熙六十一年（1722），教授田仁淳在其所著《太虚洞》一文中，描述了当时四方老少畅游此洞的盛况。

到乾隆二十九年（1764）冬，知府罗文思鸠工修培，扩凿后洞并将后洞易名为前洞，洞口去顽石，于土山处筑台砌阶；又于洞左口左翼小丘建"太虚亭"，供游人小憩。洞口右侧有明人丁玉"天外天"摩岩。罗文思于其左上之洞额题刻"黔南第一景"五大字。之外，罗文思还撰写《游太虚洞记》和镌刻《创修太虚洞后洞记》（今碑不见，两文载于《石阡县志·文艺志》）。至乾隆三十一年（1764），郡守张明亮，于第二洞室路边巨石处，墨书"第一仙洞"等字，今字迹犹新。

此后，直到民国十八年（1929），县商会会长廖河恩书刻"千奇内蕴"四大字于第二室左山突出之绝壁，并勒太虚洞石碑于洞口。

重修太虚洞记[1]　　胡允恭

国志，凡境内名山大川，幽岩古洞，皆备载之，非以侈游览也。俾执政者一出而问俗采谣，赈疲恤困，游览之间，其资于政治者，尤亲切焉，则景胜之不可废也。阡阳弹丸耳，既隶职方，犹然郡也。山川所纪，虽不侔于五台、嵩岳、金崎、螺江，足齿上国；而八景所纪：如文笔栖霞、将军峻岭、漱玉温泉。龙川古渡，俱历见于前贤之题咏，不可谓非此地之形胜也。惟兹古洞旧名燕子岩，草昧初传，有神物处焉，人莫敢近。嘉隆间开垦稍众。始辟之于惠安郑公祖，而命名"太虚"，则楚雄之江公祖。然洞

---

〔1〕 石阡县文物志编辑组文化馆编印：《石阡县文物志》，1982年版，第77-78页。

门辟矣，前蔽崇冈，无异面墙，如吞山光挹江濑何。今吉水曾太公祖以名世大贤拜命阡阳，不薄边鄙，于丙辰（万历四十四年·1616）之冬，政通人和，兴举废坠，如水口空旷，则新创浮屠，屹乎成千载之砥柱；东门圮陋，则移建别址，魏然壮一郡之干城。若书院废与文昌祠颓，俱一旦更新。丹垩辉映，此皆公之培造化合神明不日而奏厥功者。惟是亲巡阡陌，问民疾苦。过斯洞而登临，极赏其开辟之奇，尤慨其景况之隘也。因召父老而得其通窍之处，捐奉金若干，鸠工凿之，三阅月而工竣。石室高明，则祀观音大士。瞻仰皆普陀之胜。洞口筑基，则成空中楼阁。对越惟星斗之章。若夫雁塔影摇，如尽东南之美；悬河远泻，莫穷逝者之藏。目之所收，心之所会，皆山水之动静，风云之变态，与花鸟之活泼也。而斯洞不诚奇胜也哉！游斯洞者其乐有不极哉！然语有之，满堂晏笑，一人向隅，则满堂之人不乐。假令闾阎愁叹相闻，困苦不息，欲其寻芳览胜乐事山水而开放自如也其可得乎？惟公则能同乐于民者也。公善政不可枚举，大都民歌士诵，州处群萃，各安其居，则民之乐也，可以成公之乐；惟公后民乐而成此乐，则斯洞之辟，斯乐之极，固千载一时也。使后之贤人君子，有蹈公而续此游者，如其年丰时和，万物畅遂，则神恬心旷，歌南风，进霞觞，偕民乐以为乐，则斯洞之游也，民之幸也。如其岁欠时厉，黎庶颠连，则目击心动，发仓廪，议轸恤，引民忧以为忧，则斯洞之游也，尤吾民之幸也。然则公以游豫者而寄之于览胜之余，后亦以览胜者而公游豫之盛，则苍生之福也，阡阳之幸也，孰谓郡之景胜，第供游览而已哉？郡人士德公至远且大，恐岁久或湮，欲识公利泽于不朽，而以笔研属之恭。恭愚贱敢当此役。惟思康衢击壤，皆以扬圣化，即愚贱非所论也。因积众论而记公辟洞之所自与游览之所资，亦窃附于衢壤之歌云尔。

　　注释：太虚洞位于石阡县城渡河南去两公里之燕子岩山腹中。明万历进士胡允恭于后洞口铭刻重修碑记。乾隆二十九年冬（1764），知府罗文思鸠工修培，还撰写《游太虚洞记》和镌刻《创修太虚洞后洞记》（今碑不见，两文载于《石阡县志·艺文志》）。详见石阡县文物志编辑组文化馆编印：《石阡县文物志》，1982 年版，第 75—76页。或参潘礼华主编：《铜仁地区文物志第 1 辑》，铜仁地区文管会，1985 年版，第92—96 页。

　　此碑于明万历由石阡进士胡允恭刻立。碑高一百五十厘米，宽七十七厘米。碑文另有载录，参见黄家服、段志洪主编：《中国地方志集成·贵州府县志辑 47：乾隆玉屏县志·民国玉屏县概况·民国玉屏县志资料·康熙平溪卫志书·民国德江县志·民国石阡县志·民国江口县志略》，巴蜀书社，2006 年版，第 585—586 页。

　　此碑拓本见载于潘成义主编：《中国西南地区历代石刻汇编第 19 册：）贵州卷》，天津古籍出版社，1998 年版，第 48 页。经查，所录碑记部分文字与拓本文字略有差异。详见原碑拓本。

　　胡允恭，字中澹，贵州省铜仁地区石阡县人。明万历四十三年（1615）举人，四十七年（1619）进士。授武昌府推官，以廉直得罪了上官，被勒改授大名府教授，转国子博士。以忧归，支持当地官员施善政于民，甚有德于乡里。《黔诗纪略》录其诗一首。

创修太虚后洞记[1]　　罗文思

从来景之在寰宇者，而使人迹所易到，目得尽窥，其为景必不奇。若神异不让十州，幽胜有如三岛，而竟令过者莫知，闻者叹阻，奇之不出，景乌乎贵？余莅阡阅两载矣，性癖耽山水，于太虚洞最赏心，公余即往游其中。竖者柱矗，悬者珞缀，扬者龙飞，突者兽蹲。或乳液融结，神人屹立，或溜沙铺润，金光四溢，奇形纷诡，莫可名状。尝自为八咏景之，以纪其胜。惜去郭偏远，且非炬无以游览，人多病焉。爰捐俸鸠工自其后洞兴作。口狭则辟之使开，洞高则凿之使下。断其悬柱，除其乱石，通洞中之隔碍，平洞外之坎坷。凡以欲名胜之景有目共睹，不没天壤间耳。但其下甚险峻，不有阶级，其何以升。乃缘山作径，叠以石而款段，肩舆可直上无难，洞前平地颇宽，虽幕天席地，足畅襟怀。然寥然一洞，不足饰观瞻，复于上翼一亭，对江山之明秀，抚村落之盈宁。望里一皆画图，信口可成诗句。觉百凡胜概，纷聚毕来。天人之工交致，即内外之景互呈，几何不令览者应接不暇也哉！嗟乎！以是洞之神异幽绝，使生于大都各区，必早有有力好事者营以万金，侈以众观，笙簧鞺鞳，宵膏继晷，极游览之乐事，当不区区作如是观也。然向者不足多，而万象幽涵之不使空没者，山灵其许我乎！因于其工作报成之偏裹山麓，今则仰止在前；向者空谷希音，今则行人接踵。是余之矢力开山日而乐为之记。

注释：详见胡允恭重修太虚洞记注。此碑记另有载录，文字略有差异。参见曾君坚：《石阡县文史资料第5辑》，1990年版，第33—34页。或黄家服、段志洪主编：《中国地方志集成·贵州府县志辑47：乾隆玉屏县志·民国玉屏县概况·民国玉屏县志资料·康熙平溪卫志书·民国德江县志·民国石阡县志·民国江口县志略》，巴蜀书社，2006年版，第591页。

罗文思，字日睿，四川合江人。雍正癸卯（1723）拔贡，乾隆戊午（1738）举人。任陕西商州知州，升贵州石阡府，居官明允，洁己爱民，兴利剔弊，事事修举，所至循声卓然。

---

[1]　石阡县文物志编辑组文化馆编印：《石阡县文物志》，1982年版，第79页。

石舟诗刻[1]　　白头罗公

注释：石阡县中魁乡白岩河北岸半坡有巨石，形酷似舟，头南尾北，石舟长八米，尾高四米，头部1.5米。据《贵州通志·名胜志》及《石阡县志·仙释》称，"旧志载，城南太虚洞有老人，鹤发童颜，步履如飞，能通五经，知未来祸福，自称白头罗公，未详何许人，著有白岩河石舟诗，载《重石志》。又省志载罗公于镇远仙释，亦云不知其名。明洪武间隐居新文里山中，不知所往。"

"白头罗公"白岩河石舟诗曰："我昔乘舟赴蜀江，归来击岸孰能扛？从今出洞游天上，一脉川源寄迹双。"清乾隆三十二年（1767）知府罗文思据以书刻于石舟上，首部刻"石舟"二大字，约三十三厘米见方，颈部刻"白头罗公，载省、府志。太虚洞有像"十三个楷书字，前腰部刻"洪武三年十二月三日白头罗公留句"十五字，腰部刻白头罗公原诗，尾部刻"乾隆三十二年丁亥郡守罗文思镌书"十五字。至今字迹清晰易辨。1981年县人民政府公布为重点文物保护单位。

关于石舟诗刻，可详见潘礼华主编：《铜仁地区文物志第1辑》，铜仁地区文管会，1985年版，第113-114页。

增修启灵观碑记[2]　　张明威

历观古寺观之设，或依山或傍水，必有裨于人心风土者，而后建之以大其观，其余雕梁画栋，浮碧耀金。初非专为桑门寄迹、醉翁逃禅之薮也。阡城河西北有启灵观者，创自前明，俨凤峙于帝阙，地居乾亥，争龙跃于天门。含远山吞长江，隐隐约约与玉皇诸阁罗列而并峙，是地之为灵也昭昭矣。登是观者，日浮浪卷，龙川耀其前，月露风华，文澜映其后。且也东皋月出，五老则沈影，而听梵音，西山气爽，元峰则高标而飞姓字，其启人心之灵也何如，然后知前之莅斯土者，建树有自，而后之采其风者，不可增修无方也。乾隆戊辰（1748）夏，我太守公祖姚来守斯土，下车之始，即以培养风土、励人心为首务。故阡之文峰立见其玉成，而斯观亦为水口之锁钥，其所以须公之惠我阡人者，正未有艾也。独是梵王之刹，虑其盛盛则易以容奸；而衲子之居，虑其孤孤，则难以观美。故前楹者，观之屏藩也。廊庑者，观之营卫也。天井者，观之丹墀也。斯观之前止，有正殿而无前楹并廊庑、天井未修，迄僧性真住是，徒智连住是，孙德道即曾孙僧纲行福又住是，祖孙衣钵，历有年所。力勤俭用，积有余赀，是以不惜艰辛，至乾

---

〔1〕 贵州省石阡县地方志编纂委员会编：《石阡县志》，贵州人民出版社，1992年版，第567页。

〔2〕 黄家服、段志洪主编：《中国地方志集成贵州府县志辑47：乾隆玉屏县志·民国玉屏县概况·民国玉屏县志资料·康熙平溪卫志书·民国德江县志·民国石阡县志·民国江口县志略》，巴蜀书社，2006年版，第592-593页。

隆乙亥（1755），始营缮工材，前楹甫构，而行福担履西归矣。至若廊庑、天井并装修犹灭如也。厥后，其徒佛参董其事，亟力营干，早作夜思，历己巳春而工告成。嘻！观止矣。自此，三乘肇起而四大排空，暮鼓千锤，两岸之蓁芜尽辟；晨钟一击，满城之桃李齐开。庶几人杰出自地灵，或亦物华而启天宝云尔。是为序。

注释：启灵观，在石阡城河西北。碑记标点为本书作者所加，供参考。

张明威，石阡人，清乾隆年间举人，余不详。

六月庙重修碑记[1]　　安珏

六月庙者，易为乎名之也。先民之君此土者，创立庙貌以事川主，而四时敬礼焉。每于六月旱时，祷雨于其间，神能，祈无废应，而民之也第神固无不也。福至为主，物每经时而易毁，日深月长，风残雨蚀。前之规濯继严者，今则败朽堪伤矣。恩等幸遇升平，民物之丰，固非神为之，民祐顾可圻其氓焉没乎？爰集众各耶分宝取□□□正于壮丽。而教之颓者，一旦焕然矣。无论神鉴其诚①，将惠锡柞②无？既而凡众善之所以致于神者，又乌不可志也。后之居民③此土者，亦将有感于斯文而集之。（捐资姓名略）

石阡府学廪生安珏敬书，石阡帅兴录修。

道光十三年（1833）岁在癸巳嘉平月④朔之日谷旦。

注释：此碑记另有载录，参见汪育江编著：《乌江流域考察记》，贵州科技出版社，2000年版，第154页。

校记：①原文"城"，疑为"诚"之抄误，径改。

②原文"柞"，疑为"祚"之抄误，备考。

③原文"民"，疑为衍文。

④"嘉平月"，即农历十二月的一种别称。

"神恩浩荡"碑[2]　　佚名

盖闻人生于世所善者无灾无害，所恶者以苦以病，所畏者兵戈扰乱。惟我敝地四方八面上下周围，顺贼猖狂，烧杀掳抢，老幼惊惶，无处逃躲。远近男女老幼人等，各投洞府，尽皆受害。惟我三佛洞中神灵显应，救劫生民。予等思之，后若太平，理宜伸之，仰瞻厚德，敢不忘恩。惟我田应成金悲悯皇天默佑，霞持修培神圣，诚心创修，各

〔1〕彭福荣：《乌江流域民族地区历代碑刻选辑》，重庆出版社，2007年版，第605页。
〔2〕石阡县文物志编辑组文化馆编印：《石阡县文物志》，1982年版，第93页。

自捐需殿宇，改换金身。上洞中洞奈何。予等独木难修大厦，是以

　　合众人等公为之。吁！一人有庆，万佛无疆也矣。

　　释迦佛、川主菩萨、云禄大夫、雷公菩萨、观音佛、白马将军、赵大元帅、齿痛佛、梓潼君、柄灵大王、山王帝主。

　　同治五年（1866）六月一日谷旦。

　　军功田应成助钱三千文。

　　注释：三佛洞位于（石阡县）城西北三十公里十二山梁子西侧，属川岩坝乡老林村，洞口在哨齐岭东侧槽谷北沿崖间，分上中下三洞。面对三峰山，溪流直泻下洞，战乱年代常为禁囚之所。上洞深仅数十米，但宽如敞厅，内有天生石狮、仙人床、瓦片鞋、光光脚等怪石景观，中洞深不可测，乡人于洞内修房建庙以避乱。今中洞存碑十块。此录其中之"神恩浩荡"碑和"三联碑"。"神恩浩荡"碑在三佛洞中洞口发现，已折为三截。"三联碑"为三块碑合成在一处者，亦在中洞口。

三联碑[1]　　佚名

　　盖闻理贵穷源而□委，事宜原始以要终。故开其先者，要为溯其来由，则前功不没；垂诸后者，要为杜其流弊，则后守可长，不然则争端起而剥蚀良多矣。吾乡之三佛洞，其著名也久矣，当其先只此一洞尔，未尝有殿宇可观，未尝有神佛可祀，未尝有檀越为施，未尝有田土作香烟。讵知神佛本无形声，而胜景名山，乃为凭依之地。且必庙貌巍峨之所在，而始见威灵哉。同治初年，小丑跳梁，势甚猖獗，各方居民逃亡受害者指不胜屈焉。而我三佛洞附近乡村于是并举吴洪顺并田应成等，率领数百家之白叟黄童，托身其中，卒能保其身家，全其性命者，虽属首领诸君同心协力众志成城之功，不可谓非神灵之默佑使然也。爰于地方清肃，四境安然，本处众姓同发善心，众兴义举，使修庙数次，以成功德，以壮观瞻。各姓愿等处田地施入其中，永作神佛香烟之费，一切契券掌之首人。以后施主住持，概不得私行退卖也。神赖人之力以谋为，人赖神之恩以祐佑，庶永垂不朽焉。至于田土地名数目粮项并志于左，以示不忘。谨序。（承办首人略）

　　皇清光绪十有八年（1892）岁次壬辰仲冬下浣众首等敬立。

　　注释：三联碑，即为三块碑合成在一处者，在三佛洞之中洞口。详见上"神恩浩荡"碑。

〔1〕　石阡县文物志编辑组文化馆编印：《石阡县文物志》，1982年版，第94页。

参考文献

（弘治）《贵州图经新志》

（嘉靖）《贵州通志》

（康熙）《天柱县志》

（康熙）《定番州志》

（康熙）《湄潭县志》

（康熙）《清浪卫志略》

（康熙）《思州府志》

（康熙）《平溪卫志书》

（康熙）《龙泉县志草》

（清）田雯撰：（康熙）《黔书》

（雍正）《安南县志》

（乾隆）《毕节县志》

（乾隆）《独山州志》

（乾隆）《贵州通志》

（乾隆）《南笼府志》

（乾隆）《开泰县志》

（乾隆）《黔西州志》

（乾隆）《平远州志》

（乾隆）《普安州志》

（乾隆）《玉屏县志》

（乾隆）《清江志》

（乾隆）《绥阳志》

（乾隆）《镇远府志》

（乾隆）《黔南识略》

（嘉靖）《普安州志》

（嘉庆）《黄平州志》

（嘉靖）《思南府志》

（嘉庆）《正安州志》

（嘉庆）《仁怀县草志》

（嘉庆）《黔西州志》

（清）张澍撰：（嘉庆）《续黔书》

（清）李宗昉撰：（嘉庆）《黔记》

（清）犹法贤撰：（嘉庆）《黔史》

（清）陈熙晋纂修：（嘉庆）《仁怀直隶厅志》

（道光）《遵义府志》

（道光）《广顺州志》

（道光）《大定府志》

（道光）《贵阳府志》

（道光）《安平县志》

（道光）《平远州志》

（道光）《铜仁府志》

（道光）《松桃廳志》

（道光）《永宁州志》

（道光）《思南府续志》

（咸丰）《荔波县志稿》

（咸丰）《安顺府志》

（咸丰）《兴义府志》

（咸丰）《永宁州志补遗》

（咸丰）《正安新志》

（同治）《毕节县志稿》

（光绪）《安南县乡土志》

（光绪）《古州厅志》

（光绪）《黎平府志》

（光绪）《荔波县志》

（光绪）《湄潭县志》

（光绪）《平越直隶州志》

（光绪）《普安直隶厅志》

（光绪）《黔西州续志》

（光绪）《兴义府志续编》

（光绪）《续修正安州志》

（光绪）《天柱县志》

（光绪）《余庆县志》

（光绪）《增修仁怀厅志》

（光绪）《镇宁州志》

（光绪）《都濡备乘》

（光绪）《水城厅采访册》

（宣统）《贵州地理志》

（清）傅玉书：《桑梓述闻》。

（清）唐树义等编；关贤柱点校：《黔诗纪略》，贵州人民出版社，1993 年。

（民国）《都匀府亲辖道里册》

（民国）《独山县志文徵志》

（民国）《都匀县志稿》

（民国）《岑巩县志》

（民国）《八寨县志稿》

（民国）《册亨县乡土志略》

（民国）《德江县志》

（民国）《独山县志》

（民国）《荔波县志资料稿》

（民国）《贵定县志稿》

（民国）《今日之贵州》

（民国）《黄平县志》

（民国）《江口县志略》

（民国）《剑河县志》

（民国）《平坝县志》

（民国）《开阳县志稿》

（民国）《麻江县志》

（民国）《晴隆县志》

（民国）《清镇县志稿》

（民国）《普安县志》

（民国）《石阡县志》

（民国）《三合县志略》

（民国）《施秉县志》

（民国）《水城县志草稿》

（民国）《桐梓县志》

（民国）《思南县志稿》

（民国）《思县志稿》

（民国）《威宁县志》

（民国）《瓮安县志》

（民国）《息烽县志》

（民国）《婺川县备志》

（民国）《兴义县志》

（民国）《兴仁县补志》

（民国）《修文县志稿》

（民国）《续修安顺府志》

（民国）《沿河县志》

（民国）《续遵义府志》

（民国）《遵义新志》

（民国）《玉屏县志资料》

（民国）《镇宁县志》

（民国）李世祚修，犹海龙等纂：（民国）《桐梓县志》

（民国）刘显世、谷正伦修；任可澄、杨恩元纂：（民国）《贵州通志》

贵州省文史研究馆古籍整理委员会编：《贵州通志·万年历》，贵州大学出版社，2010 年。

（明）王耒贤、许一德纂修：（万历）《贵州通志》（日本藏本），书目文献出版社，1991 年。

本社编选：《中国地方志集成贵州省志辑：康熙贵州通志》，凤凰出版社，2010 年。

贵州省文史研究馆古迹整理委员会编：《贵州通志：金石志·古迹志·秩祀志》，贵州大学出版社，2010 年。

贵州省赤水县志编纂委员会编：《赤水县志》，贵州人民出版社，1990 年。

黔西县志编写委员会：《黔西县志》，贵州人民出版社，1990 年。

思南县志编纂委员会办公室：（嘉靖·道光·民国）《思南府、县志》（点校本），1991 年。

瓮安县地方志编纂委员会编：《瓮安县志》，贵州人民出版社，1995 年。

惠水县史志编纂委员会办公室：《惠水县志》，贵州人民出版社，1988 年。

紫云苗族布依族自治县县志编纂委员会编：《紫云苗族布依族自治县志》，贵州人民出版社，1991 年。

贵州省兴义县史志编纂委员会编：《兴义县志》，贵州人民出版社，1988 年。

潘成义主编：《中国西南地区历代石刻汇编第 19 册：贵州卷》，天津古籍出版社，1998 年。

国家图书馆金石组编：《中国历代石刻史料汇编》，北京图书馆出版社，2000 年。

黄家服、段志洪主编：《中国地方志集成贵州府县志辑》（全 50 册），四川巴蜀书社，2006 年。

贵州省地方志编纂委员会编：《贵州省志：宗教志》，贵州民族出版社，2007 年。

贵州省地方志编纂委员会编：《贵州省志：文物志》，贵州人民出版社，2003 年。

贵州省文物管理委员会；贵州省文化厅合编：《贵州省文物工作资料汇编第 2 篇》，1983 年版。

冯楠总编：《贵州通志：人物志》，贵州人民出版社，2001 年。

黄永堂点校：《贵州通志：艺文志》，贵州人民出版社，1989 年。

贵州省地方志编纂委员会：《贵州省志：名胜志》，贵州人民出版社，1987 年。

贵阳市地方志编纂委员会办公室校注：《贵阳府志》，贵州人民出版社，2005 年。

贵阳市志编纂委员会编：《贵阳市志：宗教志》，贵州人民出版社，1996 年。

贵阳市志编纂委员会编：《贵阳市志：文物志》，贵州人民出版社，1993 年。

许先德、龙尚学：《贵阳名胜古迹》，贵州人民出版社，1991 年。

胡嶲：《三合县志略（全）》，台湾：成文出版社，1968 年。

李志高：《郎岱县志长编》，1995 年。

（清）郑珍、莫友芝纂：《遵义府志》，遵义市志编纂委员会办公室（内部发行），遵义市人民印刷厂印刷，1986 年。

贵阳市花溪区地方志编纂委员会编：《贵阳市花溪区志》，贵州人民出版社，2007 年。

贵州省清镇市政协委员会编：《清镇文史资料选辑第 14 辑：清镇文物古迹专辑》，2004 年。

贵州省务川仡佬族苗族自治县志编纂委员会编：《务川仡佬族苗族自治县志》，贵州人民出版社，2001 年。

贵州省都匀市史志编纂委员会编：《都匀市志》，贵州人民出版社，1999 年。

罗甸县地方志编纂委员会编：《贵州省罗甸县志》，贵州人民出版社，1994 年。

安顺市地方志编纂委员会点校：《安顺府志》，贵州人民出版社，2007 年。

贵州省普定县地方志编纂委员会编：《普定县志》，贵州人民出版社，1999 年。

毕节县地方志编纂委员会：《毕节县志》，贵州人民出版社，1996 年。

大方县地方志编纂委员会编：《大方县志》，方志出版社，1996 年。

贵州省织金县志地方志编纂委员会编：《织金县志》，方志出版社，1997 年。

贵州省金沙县地方志编纂委员会编：《金沙县志》，方志出版社，1997年。

贵州省福泉县地方志编纂委员会编：《福泉县志》，贵州人民出版社，1992年。

贵州省威宁彝族回族苗族自治县志编纂委员会编：《威宁彝族回族苗族自治县志》，贵州人民出版社，1994年。

贵州省镇远县志编纂委员会编：《镇远县志》，贵州人民出版社，1992年。

贵州省锦屏县志编纂委员会编：《锦屏县志》，贵州人民出版社，1995年。

从江县地方志编纂委员会编：《从江县志》，贵州人民出版社，1999年。

贵州省施秉县地方志编纂委员会编：《施秉县志》，方志出版社，1997年。

贵州省丹寨县地方志编纂委员会编：《丹寨县志》，方志出版社，1999年。

贵州省黎平县地方编纂委员会编：《黎平县志》，贵州人民出版社，2009年。

贵州省晴隆县志编纂委员会编：《晴隆县志》，贵州人民出版社，1993年。

贞丰县史志征集编纂委员会编：《贞丰县志》，贵州人民出版社，1994年。

贵州省普安县地方志编纂委员会编：《普安县志》，贵州人民出版社，1999年。

德江县地方志编纂委员会编：《德江县志》，贵州人民出版社，1994年。

沿河土家族自治县地方志办公室编：《沿河县志（校点本）》，铜仁报社印刷厂，1996年。

贵州省石阡县地方志编纂委员会编：《石阡县志》，贵州人民出版社，1992年。

桐梓县地方志编纂委员会编：《桐梓县志》，方志出版社，1997年。

织金县地方志办公室修订：《平远州志·平远州续志》，织金县地方志办公室，2002年。

林超民等编：《西南稀见方志文献（多卷）》，兰州大学出版社，2003年。

彭福荣主编：《乌江流域民族地区历代碑刻选辑》，重庆：重庆出版社，2007年。

姚敦屏主编：《天柱碑刻集》，天柱县文体广电旅游局，2013年。

张子刚编撰：《从江文史资料第7辑：从江石刻资料汇编》，2007年。

安成祥编撰：《石上历史》，贵州民族出版社，2015年。

天柱县政协编：《清水江文书·天柱古碑刻考释》，贵州大学出版社，2016年。

黔西县志办公室编：《黔西楹联碑记集萃》，黔西县志办公室，1992年版。

贵州省六盘水市政协委员会文史资料研究委员会：《六盘水文史资料第3辑》，1988年。

遵义市政协委员会文史资料委员会编：《遵义文史资料第16辑》，1990年。

仁怀政协学习文卫委编：《仁怀历代文钞》，中国文史出版社，2009年。

凤冈县政协委员会文史资料委员会：《凤冈文史资料第2辑》，1985年。

政协贵州省都匀市委员会：《都匀文史资料选辑第3辑》，1984年。

瓮安县政协委员会文史资料研究委员会编：《瓮安文史资料第3辑》，1991年。

福泉市政协委员会文史资料委员会编：《福泉文史资料选辑第10辑》，2002年。

周道祥主编：《安顺文史资料第14辑》，贵州省安顺市政协文史资料委员会，1993年。

金沙县政协委员会文史资料研究委员会：《金沙文史资料选第4辑》，1989年。

镇远县政协委员会文史资料研究委员会编：《镇远文史资料第2辑》，1988年。

天柱县政协委员会文史资料委员会：《天柱文史资料第4辑》，1992年。

天柱县政协教卫文史委员会编：《物华天宝：天柱风物录》，2001年。

从江县文化志编纂领导小组编：《从江县文化志》（1951-2005）。

韦贵兴主编：《远古遗风：从江文史资料第5辑》，政协从江县文史委员会，2005年。

政协贵州省施秉县委员会编：《施秉纪胜施秉文史资料总第13辑·施秉旅游文史资料第5辑》，2005年。

黎平县政协委员会文史资料征集研究委员会：《黎平文史资料选辑第3辑》。

沿河土家族自治县政协委员会文史资料研究委员会：《沿河文史资料第1辑》，1990年。

曾君坚：《石阡县文史资料第5辑》，1990年。

黔南州文史资料研究委员会：《黔南文史资料选辑总第6辑》，1987年。

王明析编：《务川历史古籍文献资料辑录》，遵义康达彩色印务有限公司，2010年。

毕节地区政协工委编：《黔西北文史资料2》，2001年。

贵州省黔西南布依族苗族自治州史志征集编纂委员会编：《黔西南布依族苗族自治州志：文物志》，贵州民族出版社，1987年。

贵州省文物管理委员会、贵州省文化厅合编：《贵州省文物工作资料汇编第2篇》，1983年。

潘礼华主编：《铜仁地区文物志第1辑》，铜仁地区文管会，1985年。

张鹏健：《遵义市第三次全国文物普查重要新发现图集》，2011年。

钱大勇主编：《遵义地区文物志》，遵义地区文物管理委员会、遵义地区文化局，1984年。

石阡县文物志编辑组文化馆编印：《石阡县文物志》，1982年。

贵州省安顺地区文化局编：《安顺文物》，贵州省安顺地区文化局内部资料。

王正贤著：《奇异的石头世界·贵州岩石载体文化》，贵州教育出版社，2000年。

张耀裕、高腾蛟编：《凤冈县文物志1》，1981年。

印江文化体育广播电视旅游局编：《印江土家族苗族自治县文物志》，2012年。

湄潭县文化馆编：《湄潭文物志第1辑》，湄潭县文化馆，1984年。

黔南布依族苗族自治州文化局编：《黔南文物志稿1》，黔南布依族苗族自治州文化局，1983年。

贵州省毕节地区地方志编纂委员会编：《毕节地区志：文物名胜志》，贵州人民出版社，1994年。

贵州省文管会、贵州省文化局编：《贵州文物志稿》，贵州省文管会贵州省文化局，1983年。

唐光启主编；毕节市七星关区党史地方志办公室编：《鸡鸣三省文史资料辑》，三秦出版社，2015年。

刘祥斌主编：《镇远名胜古迹》，贵阳雄晖彩色印务有限公司印刷，？年。

王传福主编；贵州省档案馆编：《贵州名胜旧览》，中国档案出版社，2008年。

史继忠编著：《贵州文化》，内蒙古教育出版社，2006年。

安顺市文联编撰：《黔中墨韵文丛》，天津人民美术出版社，2005年。

赵平略译注：《贵州古代纪游诗文译注》，贵州人民出版社，2006年。

贵阳志编纂委员会编：《贵阳名胜诗词选》，贵阳志编纂委员会，1984年。

范增如著：《明清安顺风物诗文注评》，贵州民族出版社，1999年。

朱五义编撰：《修文名胜风光诗文选》，修文县志编纂委员会办公室，1991年。

陈全林编：《新编张三丰先生丹道全书》，团结出版社，2008年。

雷岳编注：《妙联荟萃》，贵州人民出版社，2007年。

邓洪波编：《中国书院诗词》，湖南大学出版社，2002年。

杨国林、熊生祥著：《张三丰诗词歌谣集》，中国文史出版社，2007年。

冯楠总编：《贵州通志·人物志》，贵州人民出版社，2001年。

贵州省文史研究馆点校：《贵州通志：宦迹志》，贵州人民出版社，2004年。

侯清泉编著：《历代名人与贵州》，贵州人民出版社，2004年。

林建曾、肖先治等编著：《贵州著名历史人物传》，贵州人民出版社，2001年。

政协贵州省从江县委员会编：《从江人物录》，2010年。

黄万机著：《客籍文人与贵州文化》，贵州人民出版社，1992年。

后　记

　　《左传》云："筚路蓝缕，以启山林。"拙作得以终稿付梓，全赖作者近八个春秋的辛勤付出，可谓艰辛备尝！为完成这项研究，于繁忙的工作之余，几乎用尽了作者全部的闲暇来进行资料查寻搜集、甄别抄录、注释校订、断句标点以至于实地踏勘等古文献编撰的常规工作。同道皆知，对古碑文献的爬梳辑录，向来是一项细致且艰辛的工作，它需要研究者有长期安坐冷板凳的精神毅力和淡泊功利的胸怀境界来支撑，绝非朝夕之功所能成就。一分辛劳换来一分收获，实为不虚之言。

　　本书所辑录的碑刻有七百余通（尚有不少细项未计入），几乎囊括了贵州道教碑刻主要的存世文献。但无论如何，也难免挂一漏万，因为作者的研究视野和能力有限，加之文献功底较为薄弱，所以难免会有个别碑文因散逸于文海而难以一时尽搜。不少碑文或因战乱、历史运动等而遭遇毁坏或散佚；也有一些碑刻因无法清晰辨识而未能收录；再有田野调研欠缺和研究经费不足等局限。因此，尚有小部分辑录工作只能留待将来或学界同仁的接续去充实完善。客观地说，对于贵州道教碑刻文献的辑录与校注，本应是一项国家社科基金项目所能成就的工作，而本书是基于省级哲社规划课题成果的后续之作。因此，毋庸讳言，本书之欠缺在所难免，尚待日后臻于完善，期盼专家学者同仁不吝批评指教！

　　饮水思源。此书之成就，自然不能忘记感恩被征引的古今文献所有作者的贡献。学术之薪火相传，于此冒昧地借用一下唐代韩愈的《与于襄阳书》一言："莫为之前，虽美而不彰；莫为之后，虽盛而不传。"诚然，没有先贤遗留下来丰富的文献，也就没有今日拙作的成果；没有今人对于古人文献的辑录与踵事增华，古人珍贵的才思与文字也难免埋没。昌黎先生此言甚是！

　　值此拙书杀青付梓之时，这里需要特别感谢新华出版社的鼎力支持和慷慨帮助！尤其是责任编辑为此书的出版，从初始结缘的热心，中经倾注心力的编辑，以至于最后的圆满出版，始终保有的那种对学术的敬重、对编辑工作的敬业和对作者的真诚友善等精神品质，实在让我感到由衷钦佩！另外，也真诚感谢中国社会科学出版社编辑韩国茹女士、中国政法大学出版社总编室主任柴云吉先生等诸多出版界的学者专家的学术法眼与关照，他们不忍拙作被埋没于世，不仅都乐意为此书的出版面世提供机会，还给予了不少宝贵的指点和热心帮助！

要感谢为本书的研究与撰写曾给予过建议和指点的相关专家学者。尤其要感谢贵州省社会科学院文化研究所著名文史专家王路平教授一直以来对本书出版的重视与关切。也要感谢贵州省哲学社会科学规划办、贵州省图书馆、贵阳市图书馆、乌当区图书馆、贵州省各级文史部门、贵州省道教协会等单位的支持。

最后，本书的出版，还要感谢作者现任职所在的单位贵州师范学院马克思主义学院给予的鼎力资助！还有，这些年来家人给予的理解支持，以及与同道好友林世仁先生一任自然的诗酒快慰，无论如何亦是不能忘记的。

世间万物，皆有缘分。约略六七年前，拙作曾因"五行缺金"而错失出版之机。无奈之下，延至今日方得因缘聚合，诚不可谓不坎坷。所以，倘若没有上述这一切顺缘的助力，拙作无法得以顺利问世。

这些都值得铭记。